About Access Archaeology

Access Archaeology offers a different publishing model for specialist academic material that might traditionally prove commercially unviable, perhaps due to its sheer extent or volume of colour content, or simply due to its relatively niche field of interest.

All *Access Archaeology* publications are available in open-access e-pdf format and in (on-demand) print format. The open-access model supports dissemination in areas of the world where budgets are more severely limited, and also allows individual academics from all over the world the chance to access the material privately, rather than relying solely on their university or public library. Print copies, nevertheless, remain available to individuals and institutions who need or prefer them.

The material is professionally refereed, but not peer reviewed. Copy-editing takes place prior to submission of the work for publication and is the responsibility of the author. Academics who are able to supply print-ready material are not charged any fee to publish (including making the material available in open-access). In some instances the material is type-set in-house and in these cases a small charge is passed on for layout work.

This model works for us as a publisher because we are able to publish specialist work with relatively little editorial investment. Our core effort goes into promoting the material, both in open-access and print, where *Access Archaeology* books get the same level of attention as our core peer-reviewed imprint by being included in marketing e-alerts, print catalogues, displays at academic conferences and more, supported by professional distribution worldwide.

Open-access allows for greater dissemination of the academic work than traditional print models, even lithographic printing, could ever hope to support. It is common for a new open-access e-pdf to be downloaded several hundred times in its first month since appearing on our website. Print sales of such specialist material would take years to match this figure, if indeed it ever would.

By printing 'on-demand', meanwhile, (or, as is generally the case, maintaining minimum stock quantities as small as two), we are able to ensure orders for print copies can be fulfilled without having to invest in great quantities of stock in advance. The quality of such printing has moved forward radically, even in the last few years, vastly increasing the fidelity of images (highly important in archaeology) and making colour printing more economical.

Access Archaeology is a vehicle that allows us to publish useful research, be it a PhD thesis, a catalogue of archaeological material or data, in a model that does not cost more than the income it generates.

This model may well evolve over time, but its ambition will always remain to publish archaeological material that would prove commercially unviable in traditional publishing models, without passing the expense on to the academic (author or reader).

El Mesolítico en Cantabria centro-oriental

Tomo I

Mercedes Pérez Bartolomé

Archaeopress Publishing Ltd
Summertown Pavilion
18-24 Middle Way
Summertown
Oxford OX2 7LG

www.archaeopress.com

ISBN 978-1-78969-246-4
ISBN 978-1-78969-247-1 (e-Pdf)

TOMO I

© Mercedes Pérez Bartolomé and Archaeopress 2019

Printed and bound in Great Britain by
Marston Book Services Ltd, Oxfordshire

All rights reserved. No part of this book may be reproduced or transmitted, in any form or by any means, electronic, mechanical, photocopying or otherwise, without the prior written permission of the copyright owners.

A mis padres y hermanos

*El deber del hombre es ayudar a la naturaleza, no contrariarla,
porque entonces se volverán contra él sus propias obras,
y el hombre debe trabajar en su dicha y perfección.*

Miguel de Unamuno (1886): "Evolución y revolución"

AGRADECIMIENTOS

El agradecimiento que expreso en estas páginas nunca será suficiente para manifestar la infinita gratitud y deuda personal y científica que he adquirido con las personas e instituciones que se citan. Espero recordar a todas las que de una u otra forma han hecho posible que este trabajo de investigación llegara a su término

En primer lugar quiero manifestar mi agradecimiento al director de esta tesis, el doctor José Manuel Quesada López por confiar en mí y aceptar la dirección de la tesis y, por su apoyo y asesoramiento durante este proceso de investigación.

Agradecer a la Consejería de Educación Cultura y Deporte de Cantabria, la concesión de los proyectos de prospección y excavaciones arqueológicas, así como las subvenciones de gran parte de las analíticas y dataciones radiocarbónicas, que han sido fundamentales en este proceso de investigación.

Estos proyectos no hubieran podido realizarse adecuadamente sin la generosa colaboración del Centro de investigación y Museo de Altamira. De forma especial quiero agradecer a Carmen de las Heras y Pilar Fatás, que me facilitaran la utilización del laboratorio y los medios para el procesado de los restos arqueológicos recuperados en las excavaciones. Así como el estudio de materiales depositados en los fondos del museo, bibliografía y apoyo en mis proyectos.

Quiero agradecer también al Museo de Prehistoria y Arqueología de Cantabria (MUPAC), las facilidades prestadas en la consulta de los materiales arqueológicos, así como los recursos de su laboratorio y la colaboración de sus miembros, que personalizo en los directores, Pedro Ángel Fernández Vega y Roberto Ontañón Peredo.

En el estudio de los materiales, debo agradecer a Manuel R. González Morales que me haya facilitado el estudio de los restos líticos de los yacimientos del Perro y La Fragua en el laboratorio de la Universidad de Cantabria y, a Federico Bernaldo de Quirós, la revisión de la malacofauna y las industrias líticas de la Pila.

Sin la colaboración de las instituciones no hubiera sido posible realizar este trabajo de investigación, y, sin la guía y experiencia de Emilio Muñoz y Jesús Ruiz Cobo, hubiera sido prácticamente imposible la localización de cada una de las cavidades y de los yacimientos, base documental de este trabajo. Las discusiones y valoraciones mientras compartíamos el disfrute de los descubrimientos y la belleza de los paisajes, compensación al esfuerzo que supone recorrer un territorio tan abrupto, forman parte del bagaje teórico que se expone en esta investigación.

Importante ha sido en mi formación la práctica en excavaciones arqueológicas y debo agradecer a sus directores que me permitieran participar en ellas. Morlote y Muñoz en El Portillo del Arenal (Camargo), Ángeles Valle en las excavaciones de Castil Negro (Peña Cabarga) y en La Ermita de Sta. Ana (Castro Urdiales), donde se ha localizado un asentamiento mesolítico al aire libre. A Carmen Llamosas y José Antonio de las Heras, en la excavación en la terma romana de Maliaño. A Jesús Ruiz Cobo y Peter Smith, en las excavaciones en Cofresnedo y a todos los compañeros con los que como partí experiencias y que hicieron que durante tantos años fuera tan divertida la arqueología.

Debo agradecer a todos aquellos que de forma generosa han participado en las excavaciones que he llevado a cabo en estos años. En especial a Alfredo Prada, conservador-restaurador en el Ministerio de Cultura, que con tanto cuidado ha tratado los restos arqueológicos que han necesitado protocolos especiales de conservación y, ha dirigido y efectuado el proceso de consolidación de los yacimientos posterior a la excavación. Recordar a Pedro Gómez, Jesús Ruiz, Peter Smith y Emilio Muñoz los inseparables compañeros de excavación y de tantas horas de charlas y discusión. A los especialistas, que han realizado de forma totalmente generosa los estudios de los materiales recuperados: Francisco Etxeberría Gabilondo, Eufrasia Roselló y Arturo Morales, Jesús Ruiz Cobo y Paloma Uzquiano. También agradecer a los que han compartido la investigación en el yacimiento del Carabión: Pedro Castaños, María José Gil García, Mª Blanca Ruiz Zapata y Marta Solar.

Una gran deuda tengo con los compañeros de la ACDPS por su acogida, y con quienes inicié los primeros proyectos de actuaciones arqueológicas en las cuevas del Piélago (Miera) y en La Chora (Asón): Peter Smith, Ignacio Castanedo, Belén Malpelo, Mariano Luis Serna, y compañeros del CAEAP: Alejandro Bermejo, Víctor Crespo, Jesús Gómez, Carlos González. Agradecer especialmente a Silvia Santamaría su ayuda con la cartografía.

Agradezco también el apoyo y la documentación que me han aportado Ana Cava y Ana Neira en el transcurso de esta investigación y a los compañeros de la Asociación de las Cuevas del Castillo por su confianza, apoyo y la oportunidad de exponer parte de estas investigaciones en los ciclos de Conferencias de Puente Viesgo.

No puedo dejar de recordar y agradecer a Victoria Cabrera, que confiará en mí y me impulsara a realizar los estudios del doctorado, cuando inicié la formación en la práctica arqueológica, como estudiante de la UNED, en las excavaciones que dirigía en la cueva del Castillo (Puente Viesgo) en los años 2002-2004.

Y no puedo dejar de mencionar, que esta tesis está dedicada a toda mi familia. Muy especialmente a mis padres que me transmitieron el valor del esfuerzo, del trabajo la perseverancia y el respeto al trabajo de los demás. A mis hermanos, que siempre me han comprendido y por todo el amor y la energía que me han transmitido.

INTRODUCCIÓN

El proceso de las adaptaciones que los últimos cazadores-recolectores realizaron ante los cambios que supuso la mejora climática en el Holoceno, ha sido uno de los temas tradicionales de estudio en la región cantábrica. Desde el inicio de los descubrimientos de los yacimientos de conchero en la región, la investigación se ha centrado en el oriente de Asturias, donde se definió una cultura local, el Asturiense, con características propias, que se extendió como ámbito cultural a toda la región cantábrica. Las excavaciones llevadas a cabo en Cantabria y País Vasco son muy posteriores, aunque se reconocieron yacimientos de conchero en estos inicios de la investigación (Calderón y Arana, 1877; Sautuola, 1880; Vilanova y Piera, 1881; Sierra, 1909 y Carballo, 1914).

De tal modo que, la investigación en Cantabria ha consistido en excavaciones efectuadas sobre un reducido número de yacimientos, que en parte se encuentran en proceso de estudio. En los últimos años se ha incrementado la investigación fundamentalmente sobre estudios de fauna y malacofauna, y la aportación de un abundante conjunto de dataciones radiocarbónicas. Por otro lado, los trabajos de síntesis que abordan el Mesolítico en la región cantábrica (Arias, 1991; Fano, 1997 y 2004), se han basado en la información disponible de yacimientos del oriente de Asturias y del País Vasco, en los que se incluye el escaso número de yacimientos estudiados en Cantabria.

Este estado de vacío en la investigación del Mesolítico en Cantabria, explica las causas por las que nos planteamos abordar el estudio del poblamiento Mesolítico en Cantabria centro-oriental. El primer objetivo ha sido recopilar la información disponible, y considerando el elevado corpus de yacimientos de conchero documentados en Cantabria, hacer una revisión exhaustiva de todos los yacimientos de conchero identificados en proyectos de prospección, con el fin de aportar nuevos datos con los que pretendemos colaborar al conocimiento del Mesolítico en la región cantábrica. Se aportan proyectos de investigación realizados en el área de estudio y, la recopilación de datos arqueológicos de cada uno de los yacimientos reconocidos, que se recoge en el registro arqueológico, junto con documentación planimétrica y fotográfica de los yacimientos y restos arqueológicos, que debido a su mala conservación y exposición a procesos erosivos, están en peligro de desaparecer.

Abordamos el estudio del Mesolítico en esta zona, entendiendo el término como una manifestación de evolución y cambio sociocultural y, lo aplicamos para referirnos a las sociedades postazilienses que habitaron la región entre el IX y VI milenios cal BC hasta la instauración de la economía productiva. Se trata de analizar las trasformaciones económicas y socioculturales que efectuaron las sociedades de cazadores-recolectores en su adaptación al medioambiente surgido del cambio climático del Holoceno, sin olvidar los procesos evolutivos que experimentan los grupos sociales basados en sus experiencias y procesos cognitivos.

La elección del marco espacial ha estado determinada por las razones expuestas de vacío de la investigación y con la finalidad de precisar los ámbitos culturales del Asturiense y del Mesolítico oriental. Otra causa ha sido continuar la trayectoria iniciada en el trabajo de investigación sobre el poblamiento epipaleolítico y mesolítico en el Alto Miera, en nuestro trabajo de investigación para la obtención del DEA en la Universidad Nacional de Educación a Distancia (UNED) (2005).

Una vez explicadas las causas de la elección del tema de nuestro trabajo de investigación, ésta se ha planteado en ocho partes interrelacionadas entre sí. Resumiremos a continuación los diferentes capítulos en los que se ha estructurado esta tesis.

La Parte I está dedicada al análisis historiográfico y planteamientos teóricos de la investigación, así como los objetivos planteados y la información disponible sobre las intervenciones arqueológicas efectuadas en yacimientos de Cantabria centro-oriental. La Parte II trata una aproximación al medio físico y ambiental. La Parte III recoge el registro arqueológico estructurado por valles que se expone en el Tomo II. La Parte IV trata de reconstruir el patrón económico. En la Parte V se estudia las industrias y las materias primas líticas. En la Parte VI se analiza el marco cronológico y las transiciones Paleolítico-Mesolítico-Neolítico. En la Parte VII se aborda la distribución territorial del poblamiento y los patrones de asentamiento y, finalmente en la Parte VIII se formulan las conclusiones sobre las características económicas y socioculturales del Mesolítico en Cantabria centro-oriental.

Parte I. En el capítulo 1 se analiza el concepto de "conchero" y la delimitación del término en esta investigación. Seguidamente se realiza una revisión diacrónica del devenir historiográfico de las investigaciones de estos yacimientos y los diferentes planteamientos teóricos que se adoptan en dichas investigaciones. Por una parte, se señalan las principales características teóricas de la investigación en general, y por otra, se recoge el proceso de la investigación local. Se basa en la recopilación de las aportaciones de los principales investigadores que han trabajado en la región, desde un marco teórico Histórico-Cultural en los inicios, a la introducción de los planteamientos de la Nueva Arqueología en los años 60, con la participación de investigadores norteamericanos (Clark, y Straus), y de la Escuela económica de Cambridge (Bailey, 1973) y la influencia que el Funcionalismo y el Procesualismo ejercieron en los investigadores locales y finalmente la influencia del Materialismo Histórico (Gassiot, 2000).

En el capítulo 2, a partir de la información contenida en el capítulo previo, se explican los objetivos generales y concretos de la investigación, la metodología y el planteamiento junto con las hipótesis planteadas, así como el posicionamiento teórico.

El capítulo 3 se ha dividido en cinco apartados, mediante los que se ha tratado de exponer la información disponible sobre los yacimientos investigados en Cantabria centro-oriental (apartado 3.1). Se presenta una síntesis de la información obtenida en excavaciones arqueológicas, estudios de malacofauna o sobre los que solamente se han obtenido dataciones radiocarbónicas. En los apartados 3.2-3.5 se describen los proyectos de investigación que se aportan en esta investigación: proyectos de excavaciones efectuadas en yacimientos de conchero, de muestreo para dataciones radiocarbónicas en los diferentes valles, el estudio de colecciones de industrias depositadas en museos y los proyectos de prospección realizados en cada uno de los valles en que se divide el territorio.

Parte II. Se trata la contextualización del marco espacial en el capítulo 4. En el primer apartado se describe el marco físico del Cantábrico centro-oriental y se delimita el área geográfica de estudio. En los siguientes se describen las características físicas de la región cantábrica y de las unidades geográficas de Cantabria en particular, así como los paisajes cársticos y la evolución del glaciarismo en la cabecera de los valles Asón y Miera y la incidencia en el poblamiento (4.2-4.4). En el apartado 4.5 se trata de describir el ambiente paleoclimático y ambiental en el Holoceno inicial y medio. Por una parte se describen las características del clima a escala global, los eventos fríos y su repercusión en el poblamiento y, por otra, se intenta una aproximación al paleoambiente de Cantabria en el Mesolítico, mediante el análisis de los datos de polen y antracología efectuados en yacimientos y turberas de la región cantábrica y de otros parámetros, como la sedimentología y la fauna como indicadores climáticos. Finalmente se aborda la evolución del nivel del mar y su incidencia en la línea de costa, en la formación de nuevos paisajes y la repercusión en el poblamiento.

Parte III. En el capítulo 5 se hace una breve introducción al registro arqueológico que se describe en el Tomo II. El marco espacial del registro se extiende de oeste a este, desde la margen derecha de la ría de San Martín de la Arena (Suances) hasta la ensenada de Ontón (Castro Urdiales) y desde la línea de costa en el norte hasta la Cordillera Cantábrica por el sur.

El territorio se ha dividido, siguiendo la geomorfología de Cantabria, estructurada por los ríos, en unidades de poblamiento por valles de oeste a este: 5.1. Valle del Pas, 5.2. Valle del Miera, 5.3. Zona costera de las rías de Ajo-Noja, 5.4. Valle del Asón, 5.5. Valle del Agüera y 5.6. Castro Urdiales. Cada uno de los valles se ha clasificado en zonas geográficas: costa, llanura litoral, valles interiores y valles altos. El registro se completa con cartografía e imágenes que forman parte de la documentación.

Parte IV. Trata del análisis del patrón económico en el capítulo 6. Tomando los escasos datos cuantitativos disponibles de los diferentes recursos explotados (macrofauna, malacofauna, pesca, recursos vegetales y materias primas líticas), se ha tratado de analizar la organización económica y las estrategias de subsistencia. En el apartado 6.1 se realiza una síntesis de los estudios de macrofauna efectuados en 4 yacimientos (Barcenilla, La Fragua, Cubío Redondo y Carabión). Se hace también una comparación con los datos cualitativos obtenidos en superficie. Sobre ictiofauna (6.2) solo se dispone de datos de dos yacimientos (Las Salinas y Carabión). En el apartado 6.3. se efectúa el análisis malacológico, haciendo una valoración de los índices de taxones y las frecuencias en relación con la proximidad al recurso, así como la evolución de la explotación de los moluscos marinos y de los gasterópodos terrestres. La valoración del peso de los recursos vegetales, en la economía se analiza en el apartado 6.4 con datos obtenidos en los análisis de polen y antracología efectuados en un reducido número de yacimientos.

Parte V. En el capítulo 7 se describen las industrias líticas recuperadas en yacimientos con excavación arqueológica. Se analizan los materiales retocados, los índices de laminaridad, de material retocado y de microlitos geométricos. Se documenta le técnica de doble bisel y su cronología, su valoración como "fósil director", y, también como indicio de transferencia tecnológica entre poblaciones de cazadores-recolectores y agricultores. Las materias primas líticas, fundamentalmente los tipos de sílex y la situación de los filones en el territorio, se estudian en el apartado 7.2. Se hace una breve reflexión sobre la escasa presencia de industria ósea en el apartado 7.3.

Parte VI. En el capítulo 8 se documenta la información cronológica. Este parámetro es precisamente el que ha aportado más datos hasta el momento. Se dispone 52 fechas de cronología mesolítica en depósitos del centro-oriental de Cantabria, obtenidas sobre 22 yacimientos, de las que aportamos 15 dataciones (28,84%), obtenidas en el proceso de esta investigación. Los lapsos en las fechas nos han llevado a analizar las posibles incidencias de los eventos climáticos fríos en el poblamiento o en determinados yacimientos, derivado de sus propias morfologías, la influencia en la fauna y en la distribución territorial. En el apartado 8.2 se analiza el ámbito cronológico del Mesolítico en la región cantábrica y las frecuencias comparadas en cada uno de los milenios. En los apartados 8.3- 8.4, 8.5. 8.6 se analiza el proceso de transición Paleolítico-Mesolítico en Cantabria verificando los hiatos y variaciones que se producen en el poblamiento derivados de los cambios medioambientales. En el 8.7 se analiza la transición Mesolítico-Neolítico entre el VI-V milenios cal BC y, la cuestión sobre la introducción de la economía productora en la región.

Parte VII. Está dedicada a analizar la distribución territorial del poblamiento y el patrón de asentamiento. En el capítulo 9, partiendo de la ubicación de los núcleos de poblamiento, determinados en parte por la geomorfología del territorio, se ha estructurado en áreas relacionadas con la distancia a la línea de costa y la diversificación de los recursos. Tomando las distancias *intrasite* e *intersite*, se ha trazado un esquema de ocupación del territorio. Se establece como hipótesis la relación entre las preferencias en la elección de los asentamientos y las necesidades tanto económicas como sociales, determinadas a su vez por la oferta de cavidades que ofrece el territorio, pues aun considerando la posibilidad de que muchos yacimientos situados al aire libre se hayan perdido o no han podido ser identificados, se percibe una tendencia de continuidad en la ubicación de los asentamientos en cavidades y abrigos rocosos. Se analizan diferentes variables de las características topográficas del territorio, características físicas de los asentamientos y su distribución en cada uno de los valles. En el apartado 9.6. se analiza la evolución del poblamiento desde el Tardiglaciar al Holoceno Medio (etapas cronoculturales: Magdaleniense Superior-Final / Aziliense / Mesolítico) en la zona de estudio, con el fin de valorar los posibles cambios en la demografía, aunque un mayor número de yacimientos no indique taxativamente un aumento de la población, pues pueden ser ocupados los asentamientos por los grupos de forma discontinua.

En el apartado 9.7. se analizan las pautas de territorialidad relacionadas con la disponibilidad de los recursos y la potencia de los depósitos. En el apartado 9.8. se analiza la incidencia de los aspectos socio-culturales. Se establece en el apartado 9.9 un hipotético patrón de asentamiento, reflejo de los patrones de subsistencia y la manera concreta en que la sociedad se beneficia de los recursos, lo que definiríamos como modo de vida. La elección de los lugares y los ciclos de movilidad y estacionalidad estarían en gran parte influidos por la disponibilidad y accesibilidad de los recursos: áreas de captación de fauna, de recursos vegetales y materias primas. Estos serían factores de causalidad de la distribución territorial. Se analizan la incidencia de los aspectos socio-culturales y las hipótesis sobre las estrategias de movilidad y la incidencia en las paleodietas y en el registro funerario.

Parte VIII. En esta parte, capítulo 10, se aborda la discusión sobre las hipótesis planteadas, los temas de debate y las conclusiones finales: los rasgos culturales del Mesolítico en Cantabria centro-oriental en aspectos económicos, tecnológicos y sociales. Así mismo se analizan los marcadores de diferenciación tecnológica y/o cultural con el Asturiense y el Mesolítico del País Vasco Atlántico y la transición al Neolítico.

ÍNDICE

AGRADECIMIENTOS	I
INTRODUCCIÓN	III
ÍNDICE	VII
RELACIÓN DE SIGLAS	XIX
ÍNDICE DE IMÁGENES. TOMO I	XXI
ÍNDICE DE TABLAS	XXIII

TOMO I

PARTE I

CAPÍTULO 1. EL MESOLÍTICO EN CANTABRIA: HISTORIA DE LA INVESTIGACIÓN DE LOS YACIMIENTOS DE CONCHERO

1.1. El concepto de conchero	1
1.2. Delimitar el término de conchero.	3
1.3. El Mesolítico en Cantabria. Descubrimiento y evolución de las investigaciones	3
1.4. Etapa de reconocimiento. Hallazgos de los primeros concheros (1876-1902)	6
1.5. El auge de las investigaciones prehistóricas (1902-1938) La definición del Asturiense	7
1.6. De 1939 hasta las investigaciones de G. A. Clark, 1968	10
1.7. La revitalización de las excavaciones (1968-1980): la introducción del Procesualismo	12
1.8. Los años 80 y 90 del siglo XX. La consolidación del Procesualismo	13
1.9. El siglo XXI. La investigación en los últimos años	15
1.10. Las aportaciones de la prospección sistemática	17
1.11. Conclusiones	18

CAPÍTULO 2. OBJETIVOS, PLATEAMIENTO Y METODOLOGÍA

2.1 Objetivos generales de la investigación	21
2.2. Objetivos concretos	22
2.3. Metodología: planteamientos e hipótesis	22

CAPÍTULO 3. ESTADO ACTUAL DE LA INVESTIGACIÓN

3.1. La información disponible: los estudios realizados en excavaciones arqueológicas:	25
3.1.1. Barcenilla	26
3.1.2. La Garma A	26
3.1.3. Cueva del Mar	27
3.1.4. El Truchiro	27
3.1.5. Morín	27
3.1.6. Tarrerón	28
3.1.7. Abrigo de la Peña del Perro	28
3.1.8. La Fragua	28
3.1.9. La Chora	29

3.1.10. Cubío Redondo	29
3.1.11. Cofresnedo	29
3.1.12. El Mirón	30
3.1.13. Ilso de Hayas	30
3.1.14. Cueva de la Trecha	30
3.1.15. Santa Ana	31
3.1.16. Covacho del Cuco	31

3.2. Proyectos de actuaciones arqueológicas realizados en esta investigación — 32
- 3.2.1. Proyectos de prospección arqueológica — 33
- 3.2.2. Excavaciones arqueológicas: — 34
  - 3.2.2.1. Abrigo del Carabión — 34
  - 3.2.2.2. Cueva de Sopeña — 35
  - 3.2.2.3. Las Salinas — 36
- 3.2.3. Dataciones radiocarbónicas en los valles del Asón, Agüera y Miera. — 37

3.3. Estudio de las colecciones depositadas en museos: — 38
- 3.3.1. Museo Nacional y Centro de Investigación de Altamira — 38
- 3.3.2. Museo de Prehistoria y Arqueología de Cantabria (MUPAC). — 38

3.4 Estudio de industria lítica recuperada en excavaciones arqueológicas:
- 3.4.1. Peña del Perro — 39
- 3.4.2. La Fragua — 39

PARTE II

CAPÍTULO 4. EL MARCO GEOGRÁFICO DEL CANTÁBRICO CENTRO-ORIENTAL

4.1. El marco geográfico del cantábrico centro-oriental — 41

4.2. Delimitación geográfica del área de estudio — 42

4.3. El marco físico: el contexto geográfico y geológico. — 43
- 4.3.1. La plataforma litoral — 43
- 4.3.2. Los valles interiores — 44
- 4.3.3. La Cordillera — 44

4.4. La erosión kárstica — 45

4.5. Morfología glaciar — 46
- 4.5.1. Evolución y cronología del glaciarismo — 48
- 4.5.2. Deglaciación posterior al Máximo Glacial en el área local — 51
- 4.5.3. La erosión glaciar — 51

4.6. El clima y el medio ambiente en el Holoceno inicial y medio — 52
- 4.6.1. La información paleobotánica disponible en Cantabria — 53

4.6.1.1. Liencres (Santander)	55
4.6.1.2. Barcenilla (Barcenilla-Bajo Pas)	56
4.6.1.3. El Mirón (Ramales de la Victoria- Medio Asón)	56
4.6.1.4. Abrigo de La Peña del Perro (Santoña)	56
4.6.1.5. Cubío Redondo (Matienzo)	56
4.6.1.6. Carabión (San Mamés de Aras-Bajo Asón)	56
4.6.1.7. Sopeña (Miera)	57
4.6.1.8. Las Salinas (Miengo-Bajo Pas)	57
4.6.1.9. Covacha del Cuco (Castro-Urdiales)	57
4.6.1.10. Turbera de Los Tornos-Soba	58
4.6.1.11. Cueva playa de Las Arenas (Cantabria)	58
4.6.1.12. Cueto de la Avellanosa (Tudanca, Cantabria)	58
4.6.1.13. Peña Oviedo (Camaleño-Valle del Deva)	58
4.6.1.14. Turberas de Merón y Oyambre	59
4.6.1.15. Playas de Jerra (Cantabria)	59
4.6.1.16. Turbera de Río Frío (Cantabria)	59
4.6.2. Zona oriental de la cornisa cantábrica, País Vasco Atlántico: paleobotánica	60
4.6.2.1. Pico Ramos (Muskiz)	60
4.6.2.2. Pareko-Landa (Sollube)	60
4.6.2.3. Urdaibai (Gernika)	60
4.6.2.4. Kobeaga II (Ispaster)	60
4.7. Sedimentología	61
4.7.1. Sedimentología del yacimiento del Cubío Redondo	61
4.7.2. Sedimentología del yacimiento del Carabión	61
4.8. La fauna como indicador del paleoambiente	63
4.8.1. Microfauna	63
4.8.2. Macrofauna, aves y malacofauna	63
4.8.3. Los moluscos como indicadores climáticos	63
4.9. Las variaciones en el nivel del mar y su incidencia en la formación costera	64
4.10. Conclusiones	66

PARTE III

CAPÍTULO 5. EL REGISTRO ARQUEOLÓGICO

5.1. Cuestiones previas: presentación	67
5.2. El marco espacial	67
5.3. Intervenciones arqueológicas efectuadas en yacimientos del área de estudio	69

PARTE IV

CAPÍTULO 6. PALEOECONOMÍA

6.1. Macrofauna — 71
   6.1.1 Fauna del Abrigo de Barcenilla — 71
   6.1.2. Fauna de La Fragua — 72
   6.1.3. Fauna del Cubío Redondo — 74
   6.1.4. Fauna del Abrigo del Carabión — 75
   6.1.5. Fauna del Tarrerón — 77
   6.1.6. Fauna de Sopeña — 77
   6.1.7. Valoración comparativa — 77
   6.1.8. Datos cualitativos de fauna. — 78
      6.1.8.1 Datos cualitativos de yacimientos con datación C14 AMS — 79
      6.1.8.2. Datos cualitativos en superficie — 79

6.2. Ictiofauna — 80
   6.2.1. Ictiofauna en el Abrigo del Carabión — 80
   6.2.2. Ictiofauna de Las Salinas — 82
   6.2.3. Ictiofauna identificada en superficie — 83
   6.2.4. Técnicas de pesca — 84

6.3. Malacofauna — 86
   6.3.1. Análisis arqueomalacológico — 87
   6.3.2. Representación de especies malacológicas en yacimientos situados en una distancia inferior a 1 km de la costa: — 88
      6.3.2.1. Diversidad de taxones — 90
      6.3.2.2. Zonas de recolección — 90
   6.3.3 Representación de especies malacológicas en yacimientos situados en la Llanura litoral — 94
      6.3.3.1. Diversidad de taxones — 95
      6.3.3.2. Zonas de recolección — 96
   6.3.4. Representación de especies malacológicas en los valles interiores — 99
   6.3.5. Representación de especies malacológicas en yacimientos situados en los valles altos — 99
   6.3.6. Representación de especies malacológicas en yacimientos con datación radiocarbónica — 101
   6.3.7. Datos cualitativos de malacofauna efectuados en superficie y en estratigrafías en yacimientos sin datación radiocarbónica — 104
      6.3.7.1. Valle del Pas — 104
      6.3.7.2. Valle del Miera — 105
      6.3.7.3. Costa y Valle del Asón — 105
      6.3.7.4. Valle del Agüera — 106
   6.3.8. La utilización de los moluscos como herramientas — 107
   6.3.9. Los moluscos como objetos de adorno — 107
   6.3.10. Evolución de la explotación de los moluscos — 109
      6.3.10.1. Estrategias de recolección — 109
      6.3.10.2. La sustitución de *Littorina littorea-Phorcus lineatus* — 109

6.3.10.3. Los cambios en el género *Patella*	110
6.3.10.4. Los caracoles terrestres	111
6.3.10.5. La explotación del territorio	112
6.3.10.6. La presión sobre los recursos	112
6.3.10.7. Las técnicas de recolección	117
6.3.10.8. Las épocas de recolección	119
6.4. La recolección de vegetales	119
6.4.1. Palinología	119
6.4.2. Carpología	120
6.4.3. Antracología	121
6.4.3.1. Análisis antracológico de Barcenilla	121
6.4.3.2. Análisis antracológico del Carabión	121
6.4.3.3. Análisis antracológico de La Peña Perro	122
6.4.3.4. Análisis antracológico de Sopeña	122
6.4.3.5. Análisis antracológico de Las Salinas	123

PARTE V

CAPÍTULO 7. LAS INDUSTRIAS

7. La industria lítica — 125

7.1. Análisis de la muestra	126
7.1.1. Los restos de talla	126
7.1.2. Índices laminar por nivel	129
7.1.3. Tipología de los talones	130
7.1.4. Los materiales retocados	131
7.1.5. Índices de material retocado	134
7.1.6. Tipología	135
7.1.7. Los microlitos geométricos	136
7.1.8. La técnica doble bisel	140
7.1.9. El macroutillaje	152
7.2. Las materias primas líticas:	154
7.2.1. Los tipos de silex	156
7.3. La industria ósea	163

PARTE VI

CAPÍTULO 8. EL MARCO CRONOLÓGICO DEL MESOLÍTICO EN CANTABRIA CENTRO-ORIENTAL

8.1. Los datos disponibles — 165

8.2. Análisis de la muestra — 169

8.3. El proceso de transición Paleolítico-Mesolítico en Cantabria: continuidad o ruptura — 170

8.4. Conclusiones sobre el proceso de transición Paleolítico-Mesolítico en Cantabria centro-oriental. — 173

8.5. ¿Hubo un segundo agujero negro? — 174

8.6. Conclusiones que podemos obtener en casos concretos de Cantabria centro-oriental. — 176

8.7. La transición Mesolítico-Neolítico en la región cantábrica — 176

8.8. La introducción de la ganadería y de la agricultura — 177

8.9. La introducción de la cerámica — 178

PARTE VII

CAPÍTULO 9. DISTRIBUCIÓN TERRITORIAL: PATRONES DE ASENTAMIENTO

9.1. Distribución territorial: consideraciones previas — 181

9.2. Variables analizadas en la localización de los asentamientos — 182
    9.2.1. Distribución de los yacimientos por valles — 182
    9.2.2. Distancia a la línea de costa — 185
    9.2.3. Situación en el área litoral — 188
    9.2.4. Situación en valles interiores — 191
    9.2.5. Situación en valles altos — 193

9.3. Variable topográfica — 195
    9.3.1. Topografía del entorno — 196

9.4. Morfología de las cavidades — 200
    9.4.1. Los soportes — 201
    9.4.2. Orientación de las cavidades — 203
    9.4.3. Insolación potencial — 205

9.5. Relaciones interespaciales — 206
- 9.5.1. Los agrupamientos: distancias *intrasite* e *intersite* — 207
  - 9.5.1.1. Núcleos de poblamiento en el Valle del Pas — 207
  - 9.5.1.2. Núcleos de poblamiento en el Valle del Miera — 207
  - 9.5.1.3. Núcleos de poblamiento en las Rías de Ajo Noja — 208
  - 9.5.1.4. Núcleos de poblamiento en el Valle del Asón — 208
  - 9.5.1.5. Núcleos de poblamiento en el Valle del Agüera — 209

9.6. La evolución del poblamiento en el Tardiglaciar-Holoceno medio — 210
- 9.6.1. El Magdaleniense superior-final en el Valle del Pas — 210
- 9.6.2. El Aziliense en el Valle del Pas — 210
- 9.6.3. El Magdaleniense superior-final en el Valle del Miera — 210
- 9.6.4. El Aziliense en el Valle del Miera — 211
- 9.6.5. El Magdaleniense superior-final en el Valle del Asón — 211
- 9.6.6. El Aziliense en el Valle del Asón — 211
- 9.6.7. El Magdaleniense superior-final en el Valle del Agüera y Castro Urdiales — 212
- 9.6.8. El Aziliense en el valle del Agüera y Castro Urdiales — 212
- 9.6.9. Hipótesis sobre la evolución de la población desde el Magdaleniense superior-final al Mesolítico en la zona centro-oriental de Cantabria. — 215
- 9.6.10. La progresión en la frecuencia de las dataciones radiocarbónicas — 217

9.7. Pautas de territorialidad — 217
- 9.7.1. El concepto de territorio — 218
- 9.7.2. Preferencias en la ocupación del territorio — 219
  - 9.7.2.1. Relacionada con la disponibilidad de los recursos — 220
  - 9.7.2.2. La potencia de los depósitos — 221
    - 9.7.7.2.2.1. Los depósitos en el Valle del Pas — 221
    - 9.7.2.2.2. Los depósitos en el Valle del Miera — 221
    - 9.7.2.2.3. Los depósitos en las Rías de Ajo-Noja — 222
    - 9.7.2.2.4. Los depósitos en el Valle del Asón — 223
    - 9.7.2.2.5. Los depósitos en el Valle del Agüera/ Castro Urdiales — 227

9.8. Aspectos socioculturales — 228
- 9.8.1. Información sobre paleodietas — 228
- 9.8.2. El tipo de hábitat — 230
- 9.8.3. El registro funerario — 232
- 9.8.4. El uso funerario de las cuevas en el VI milenio Cal. BC: el enterramiento de la cueva de El Truchiro — 233
- 9.8.5. Manifestaciones funerarias en el V milenio — 235
  - 9.8.5.1. Enterramiento en El Portillo del Arenal — 235
  - 9.8.5.2. El depósito funerario del Carabión — 235

9.9. Patrones de asentamiento: el concepto de patrón de asentamiento y planteamientos teóricos — 237
- 9.9.1. El patrón de asentamiento en Cantabria centro-oriental en el Mesolítico — 241
  - 9.9.1.1. La incidencia del medioambiente en el patrón de asentamiento — 241
  - 9.9.1.2. Incidencia de la geomorfología del territorio — 242

9.9.2. La incidencia de los aspectos económicos:	242
9.9.2.1. Áreas de captación de recursos	243
9.9.2.2. Áreas de captación de la fauna	244
9.9.2.3. Áreas de captación de malacofauna	246
9.9.2.4. Áreas de captación de Ictiofauna	247
9.9.2.5. Áreas de captación de recursos vegetales	247
9.9.2.6. Áreas de captación de materias primas líticas	247
9.10. La incidencia de los aspectos socioculturales	**248**
9.10.1. Movilidad residencial logística	250
9.10.2. Incidencia en paleodietas	251
9.10.3. El registro funerario	251

PARTE VIII

CAPÍTULO 10. CONCLUSIONES: RASGOS CULTURALES DEL MESOLÍTICO DEL SECTOR CENTRO-ORIENTAL DE CANTABRIA:

10.1. Registro arqueológico	**253**
10.2. Delimitación del territorio cultural	**254**
10.3. Paleoambiente: los cambios en el medio biótico	**256**
10.3.1 Situación cronoclimática del poblamiento mesolítico	256
10.3.2. Las variaciones en la línea de costa	257
10.4. El patrón económico	**258**
10.4.1. La caza de ungulados	258
10.4.2. La explotación de moluscos y otros recursos marinos	259
10.4.3. Ictiofauna	260
10.4.4. Recolección de vegetales	261
10.5. Las industrias	**262**
10.5.1. Industrias líticas: los restos de talla	262
10.5.2. Industrias líticas retocadas	262
10.5.3. El índice microlaminar	263
10.5.4. La técnica del doble bisel	264
10.5.5. Características tecnológicas	265
10.5.6. El macroutillaje	265
10.5.7. Materias primas líticas	265
10.5.8. Las características de la industria lítica en el Mesolítico de Cantabria centro-oriental	266
10.5.9. Características de la industria ósea	267
10.6. El marco cronológico	**267**

10.7. Organización territorial: patrones de asentamiento: ... 268
   10.7.1. La incidencia geomorfológica del territorio ... 268
   10.7.2. La incidencia del patrón económico ... 269

10.8. Tipos de asentamientos ... 271

10.9. Movilidad residencial ... 272

10.10. Evolución del poblamiento: crecimiento demográfico ... 273

10.11. Modelo hipotético de sociedad ... 274
   10.11.1. Cambios en la dieta ... 275
   10.11.2. Objetos de adorno ... 276
   10.11.3. El pensamiento simbólico ... 276

10.12. Cronología del Mesolítico en la región cantábrica ... 277

10.13. La transición Mesolítico-Neolítico ... 278

10.14. Unidad o diversidad cultural en el Mesolítico de la región cantábrica ... 279
   10.14.1. Marcadores de diferencia cultural con el Asturiense ... 279
      10.14.1.1. Diferencias en el patrón de asentamiento ... 279
      10.14.1.2. Diferencias en el patrón económico ... 279
      10.14.1.3. Diferencias en la tecnología ... 282
   10.14.2. Diferencia o semejanza cultural con el Mesolítico del País Vasco cantábrico ... 284

10.15. Reflexión final ... 287
10.16. Proyectos futuros de investigación ... 293

BIBLIOGRAFÍA ... 295

APÉNDICE DOCUMENTAL ... 353

TOMO II

ANEXO CAPÍTULO V: EL REGISTRO ARQUEOLÓGICO https://tinyurl.com/9781789692464TomoII

TOMO II

ANEXO CAPÍTULO V: EL REGISTRO ARQUEOLÓGICO

5.0. Introducción — 3

5.1. Valle del Pas: el marco físico — 6
    5.1.1. Geología y litología — 6
    5.1.2. Valle del Pas: situación y relación de yacimientos — 11
    5.1.3. Ría de San Martín de la Arena (Suances oeste) — 13
    5.1.4. Ría de Mogro — 18
    5.1.5. Valle de Piélagos — 48
    5.1.6. Sector Barcenilla — 70

5.2. Valle del Miera: el marco físico — 92
    5.2.1. Situación geográfica y rasgos generales — 92
    5.2.2. Hidrología — 92
    5.2.3. Geología y Litología — 93
    5.2.4. Climatología — 95
    5.2.5. Valle del Miera: situación y relación de yacimientos — 96
    5.2.6. Sector Bahía de Santander — 99
        5.2.6.1. Sector NW de la Bahía de Santander — 102
        5.2.6.2. Sector SW de la Bahía de Santander — 114
        5.2.6.3. Ría de Boo: Camargo — 118
        5.2.6.4. Ría de Solía: Valle de Villaescusa — 137
        5.2.6.5. Ría de San Salvador: Valle de San Vitores — 147
        5.2.6.6. Ría de Cubas: La Marina de Cudeyo — 154
        5.2.6.7. Valle del Aguanaz: Entrambasaguas — 170
        5.2.6.8. Ría de Cubas: Monte de La Garma — 175
        5.2.6.9. Sector NE. Ribamontan al Mar — 188
    5.2.7. Valle interior del Miera — 194
        5.2.7.1. Navajeda — 194
        5.2.7.2. Riotuerto — 199
        5.2.7.3. Angustina — 203
    5.2.8. Valle alto del Miera — 208
        5.2.8.1. Miera — 208
        5.2.8.2. Valle de Soba — 227

5.3. Rías de Ajo-Quejo — 242
    5.3.1. Ría de Ajo — 244
    5.3.2. Ría de Ajo: Arroyo de la Bandera — 256
    5.3.3. Ría Cabo Quejo — 264
    5.3.4. Ría de Cabo Quejo (Marismas de Santoña) — 276
    5.3.5. Sector Castillo — 293

5.4. Valle del Asón — 300
- 5.4.0.1. Características generales de la cuenca — 300
- 5.4.0.2. Geología y Litología — 301
- 5.4.0.3. Climatología — 303
- 5.4.0.4. Situación y relación de yacimientos — 304
- 5.4.1. Marismas de Santoña: Sector Noja — 309
- 5.4.2. Marismas de Santoña: — 314
- 5.4.3. Costa de Laredo — 354
- 5.4.4. Ría de Limpias — 376
- 5.4.5. Ría de Rada: Valle de Aras — 393
- 5.4.6. Ría de Limpias: Rasines — 441
- 5.4.7. Valle del Calera-Ramales — 453
- 5.4.7. Valle del Carranza — 466
- 5.4.8. Valle de Matienzo — 473
- 5.4.9. Valles altos. Valle de Soba: nacimiento del Asón — 500
- 5.4.10. Valle del Gándara: Manzaneda — 511
- 5.4.11. Valle de Ancillo — 518
- 5.4.12. Valle de Socueva: Sector Cubera — 534
- 5.4.13. Valle de Arredondo-Bustablado — 554
- 5.4.14. Valle de Ruesga — 574
- 5.4.15. Valle del río Calera — 602

5.5. Valle del Agüera: el medio físico — 612
- 5.5.0.1. Geología — 612
- 5.5.0.2. Morfología del valle — 614
- 5.5.0.3. Climatología — 614
- 5.5.0.4. Descripción sectorial — 615
- 5.5.0.5. Situación y relación de yacimientos — 616
- 5.5.1. Ría de Oriñón — 619
- 5.5.2. Playa San Julián — 631
- 5.5.3. Valle interior: Liendo — 637
- 5.5.4. Valle de Manás — 653
- 5.5.5. Valle de Guriezo: Peña S. José — 660
- 5.5.6. Valle de Guriezo: Peña La Granja — 668
- 5.5.7. Valle de Guriezo: Alto La Jaya — 671
- 5.5.8. Costa este Ría de Oriñón — 682
- 5.5.9. Costa de Castro Urdiales — 696
- 5.5.10. Valle de Sámano — 735
- 5.5.11. Valle de Mioño — 749

ÍNDICE DE IMÁGENES. TOMO II — 757

LISTADO DE SIGLAS

ACDPS: Asociación Cántabra para la Defensa del Patrimonio Subterráneo

AER: Asociación Espeleológica Ramaliega

CAEAP. Colectivo para la Ampliación de Estudios de Arqueología de Cantabria

DGICYT: Dirección General de Investigacion Cientifica y Tecnica. Ministerio de Educación y Ciencia.

EBM: Expedición Británica a Matienzo.

ED50: European Datum 50

GAES: Grupo de Actividades Espeleológicas y Subterráneas

GEIS. C/R: Grupo de Espeleología e Investigaciones Subterráneas Carballo/Raba

GELL: Grupo Espeleológico la Lastrilla

IIIPC: Instituto Internacional de Investigaciones Prehistóricas de Cantabria

IGME: Instituto Geológico y Minero de España

IGN: Instituto Geográfico Nacional

IPHP: Institut de Paléontologie Humaine de París

MUPAC: Museo de Prehistoria y Arqueología de Cantabria

MTNE: Mapa Topográfico Nacional de España

PPRM: Proyecto Prehistoria Reciente de Matienzo

SAEC: Sociedad de Actividades Espeleológicas de Cantabria

SCC: Speleo Club Cántabro

SESS: Servicio de Espeleológica Seminario Sautuola

SEIS: Sección Espeleológica de Investigaciones Subterráneas

SES: Sociedad Espeleológica Sautuola

UAM: Universidad Autónoma Madrid

UC: Universidad de Cantabria

UNED: Universidad de Educación a Distancia

UTM: Sistema de coordenadas Universal Transversal de Mercator

ÍNDICE DE IMÁGENES. TOMO I

Fig.4. Modelo digital de elevaciones (compuesto con datos procedentes de http://www2.jpl.nasa.gov/srtm y http://www.ngdc.noaa.gov/mgg/topo/globe.html) mostrando el relieve de la Cordillera Cantábrica con los principales dominios morfoestructurales. (Alonso, J. L., 2007) 41

Fig. 4.1. Modelo digital de elevaciones de la región Vasco-cantábrica y principales estructuras tectónicas. (Alonso, J. L., 2007) 42

Fig. 4.2. Situación de la zona de Cantabria centro-oriental en la región Cantábrica. 43

Fig.4.5. Formas glaciares y límite del hielo en las Montañas de Pas. (Serrano *et al.* 2013). 47

Fig. 4.5.1. Localización del área glaciar (Frochoso *et al*, 2013) 49

Fig. 4.9. Evolución de la línea de costa en la región cantábrica entre el 15.500 y el 5700 cal BP (Gutiérrez Zugasti, 2009). 66

Fig. 6. Barcenilla. Porcentajes de Ungulados identificados en los niveles mesolíticos. 72

Fig. 6.1.2. Porcentajes de NR de Ungulados identificados en el nivel mesolítico de La Fragua 73

Fig. 6.1.3. Porcentajes del NR de Ungulados identificados en el Cubío Redondo 74

Fig. 6.1.4 Porcentajes del NR de Ungulados identificados en el nivel mesolítico del Carabión. 75

Fig. 6.1.7. Frecuencias de taxones en La Fragua (costa), Carabión (Llanura litoral) y Cubío Redondo (Valle interior-montaña). 78

Fig. 6.2.1. Abrigo de La Baja: Vértebras de pez 83

Fig. 6.2.2. Covacho de La Baja: vértebra de pez marino. 83

Fig. 6.2.3. Los Cuartos II: mandíbula de pez marino. 84

Fig. 6.2.4. Abrigo de Hoyo Villota I: fragmento de mandíbula de pez. 84

Fig. 6.2.5. Abrigo del Carabión. Vértebras de pez 84

Fig. 6.2.6. Anzuelo biapuntado de Tresenroque (Llanes) (Pérez Bartolomé, In.) 85

Fig. 6.2.7. Punta de hueso ranurado con inserción de microlitos (T. Rimkus, 2016: 38 86

Fig. 6.3.1 Frecuencias de taxones de malacofauna en la zona litoral centro-oriental de Cantabria 91

Fig.6.3.2. Frecuencia de taxones % NMI de malacofauna en la zona litoral centro-oriental de Cantabria 91

Fig. 6.3.3. Las Salinas *Phorcus lineatus* nivel 2 92

Fig. 6.3.4. Ejemplares de *Patella intermedia* nivel 2 Las Salinas 92

Fig. 6.3.5. Ejemplares de *Patella ulyssiponensis* nivel 2 de Las Salinas. .. 93

Fig. 6.3.6. Ejemplares de *Mytilus ed.* y *M. galloprovincialis* Las Salinas nivel 2. 93

Fig.6.3.7. Frecuencias de taxones de malacofauna en yacimientos de la Llanura Litoral. 96

Fig. 6.3. 8. Representación total de frecuencias de taxones de malacofauna en La Llanura litoral Centro-oriental de Cantabria. 96

Fig. 6.3.9. Ejemplares de *Ostrea edulis* del nivel 1 del Carabión 97

Fig.: 6.3.10. Ejemplares de *Scrobicularia plana*, nivel 1 del Carabión .. 98

Fig. 6.3.11. Valva de *Ruditapes decussatus*, nivel 1 del Carabión. ... 98

Fig.6.3.12. Ejemplares de *Cepaea nemoralis*, nivel 1 del Carabión. .. 99

Fig.: 6.3.13. Sopeña: *Cepaea nemoralis* 101

Fig. 6.3.14. Carabión, colgantes sobre *Nassarius reticulatus* 108

Fig. 6.3.15. Frecuencias de *Patellas* niveles Las Salinas 115

Fig. 6.4.3.2. Frecuencias de taxones arbustivos en el Carabión 122

Fig. 6.4.3.5. Gráfico de frecuencias de taxones en Las Salinas (Uzquiano, P.). 123

Fig. 7.1. Gráfico de Índices lascas-láminas de yacimientos de los niveles mesolíticos de Cantabria centro-oriental 127

Fig. 7.1.2. Gráfico índice laminar por niveles. 130

Fig. 7.1.3. Gráfico de Índices de tipos de talón. 131

Fig. 7.1.5. Gráfico de frecuencia de material retocado. 134

Fig. 7.1.6. Gráfico de Índices de tipología 136

Fig. 7.1.8. Enmangamiento de los microlitos geométricos (Gibaja y Palomo, 2004) 141

Fig. 7.1.8. b. Barcenilla Trapecio 141

Fig. 7.1.8. c. Las Salinas Nivel 2 base: Triángulo 142

Fig. 7.1.8. d. Abrigo del Carabión Nivel 1: Segmento retoque doble bisel. 142

Fig. 7.1.9. Cueva del Mar. Pico asturiense 152

Fig. 7.1.9.1 Cubo de Gracedo. Pico asturiense roto 153

Fig. 7.1.9.2. Cueva de La Yedra. Núcleo NUPC. 154

Fig. 7.2. Las Salinas. Núcleo de sílex del Rostrío. 154

Fig. 7.2.b . Gráfico de frecuencias de materias primas 155

Fig. 7.2.1. Detalle de nódulos de sílex en Monte Picota (Cantabria). 156

Fig. 7.2.2. Mapa con situación de los filones de sílex en Cantabria centro-oriental 157

Fig. 7.2. 3. Afloramiento de sílex en el Rostrío (Virgen del Mar) ... 158

Fig. 7.2.4. Nódulo de Sílex del Rostrío. 158

Fig. 7.2.5. Fragmentos de sílex del Rostrío 158

Fig. 7.2.6. Sílex aptense Peña San José (Agüera). 159

Fig. 7.2.7. Fragmentos de sílex aptense. 159

Fig. 7.2.8. Sílex Urgoniano del Cretácico Inferior. Sonabia-Castro Urdiales. 160

Fig. 7.2.9. Detalle de nódulos de sílex del Cretácico inferior (Sonabia)..160

Fig. 7.2.10. Sílex de tipo litoral calcedonítico de Langre. 161

Fig. .7.2.11. Sílex de tipo litoral calcedonítico de Langre 161

Fig. 7.2.12. Sílex del Flysch arenoso del afloramiento de Kurtzia. 161

Fig. 7.2.13. Ría de Limpias: Nódulo de sílex. 162

Fig. 7.2.14. Ría de Limpias: Sílex del tipo "canto de playa" 162

Fig. 8.2. Gráfico de frecuencias dataciones BP en el Mesolítico centro-oriental de Cantabria. 170

Fig. 8. 3. Evolución de los ungulados consumidos en los yacimientos del Cantábrico Oriental, desde el Solutrense hasta el Mesolítico (a partir del NMI) (Marín Arroyo, A.B. 2008). 172

Fig. 9.1. Mapa de la Cornisa Cantábrica señalando los límites del Asturiense- Mesolítico centro-oriental de Cantabria y Mesolítico País Vasco. 182

Fig. 9.2. Frecuencias de yacimientos en cada uno de los valles de Cantabria centro-oriental 183

Fig. 9.2.1. Situación de los yacimientos Mesolíticos en Cantabria centro-oriental. 184

Fig. 9.2.2. Frecuencias de distancia a la línea de costa actual......186

Fig. 9.2.3. Gráfica de distribución territorial................................186

Fig. 9.2.3.1. Mapa situación de yacimientos en la costa y llanura litoral. 190

Fig. 9.2.4. Situación de asentamientos en valles interiores (Color azul) 192

Fig. 9.2.5. Situación de yacimientos mesolíticos en los valles altos del Miera y Asón. 194

Fig. 9. 3. Gráfica de distribución de altitud absoluta. 196

Fig. 9.3.1. La Hazuca. Situación sobre el valle del Miera. 198

Fig. 9.3.2. La Veguilla. Situación sobre el valle secundario del río Carbajal. 199

Fig. 9.4. Porcentajes de tamaño de las cavidades. 202

Fig. 9.4.1. Abrigo de Suaria (Arredondo). Valle Alto Asón.............203

Fig. 9.4.2. Gráfico de frecuencias de orientación de las cavidades204

Fig. 9.6. Frecuencias de yacimientos en cada uno de los valle en el Magdaleniense, Aziliense y Mesolítico 213

Fig. 9.6.1. Frecuencias totales del poblamiento Magdaleniense, Aziliense y Mesolítico 213

Fig. 9.6.2. Grafica de evolución del poblamiento Paleolítico-Mesolítico.214

Fig. 9.6.3. Grafica de evolución del poblamiento Magdaleniense, Aziliense y Mesolítico en cada uno de los valles. 214

Fig. 9.6.4. La colonización de los valles altos del Miera y Asón: El Poblamiento Paleolítico-Aziliense y Mesolítico. 216

Fig. 9.7. Elementos que influyen en la configuración de un territorio. 219

Fig. 9.7.2.6. La Chora. Testigo concrecionado a 1,36 m 224

Fig. 9.7.2.6b. La Chora: Detalle de testigo concrecionado. 225

Fig. 9.7.2.6c. La Chora: Testigo con fauna concrecionado.............225

Fig. 9.7.2.6d. Emboscados. Testigo 1: Estratigrafía nivel de conchero 226

Fig. 9.8. Reconstrucción del espacio ocupado de Kampanoste (según I. Barandiarán, 2006: 262). 231

Fig. 9.8.1. Cueva Cerro del Uro utilizada como Aprisco en Monte (Santander)..231

Fig. 9.8.2. Cabaña adosada en Balmori (P. de Asturias)...............232

Fig. 9.8.4. Depósito funerario El Truchiro (Arias, 2012)................234

Fig.9.8.5. Cráneo del Carabión. (Etxeberría, F. 2010)...................236

Fig. 9.8.5.1. Parte externa de los huesos de la región parietal 236

Lámina 7. Industria lítica retocada N1 del Cabión.......................143

Lámina 7.1. Industria lítica del Carabión C5 N1 144

Lámina 7.2. Las Salinas. Industria lítica Nivel 2 145

Lámina 7.3. La Fragua Industria lítica Nivel 1 146

Lámina 7.4. Abrigo de la Peña del Perro Industria lítica Nivel 1 ...147

Lámina 7.5: Cubío Redondo. Industria lítica (Ruiz Cobo y Smith, 2001 ..148

Lámina 7. 6. Cubío Redondo. Industria lítica (Ruiz Cobo y Smith, 2001..149

Lámina 7.7. Ilso de Hayas. Industria lítica de la zona de hábitat (Serna González y Villar Quintero, 1997......................................150

Lámina 7.8. Las Pajucas. Industria lítica (Apellániz y Nolte, 1967 151

ÍNDICE DE TABLAS. TOMO I

Tabla 3.1. Relación de yacimientos con excavación o actuación arqueológica en Cantabria centro-oriental años 70-90 del X......... 25

Tabla 4.5. Glaciarismo en el entorno de Castro Valnera: domos glaciares y cronología(Sobre datos de Frochoso *et al*, 2013 50

Tabla 4.6. El registro paleobotánico disponible de Cantabria en el Holoceno.. 54-55

Tabla 4.7.2. Estructura sedimentológica del Abrigo del Carabión y procesos indicadores de cambios climáticos (Reducido de Solar Fernández, M. 2010 62

Tabla. 4.9. Posición de la línea de costa con respecto a la actual durante el final del Pleistoceno y los inicios del Holoceno ((Gutiérrez Zugasti, 2009)... 65

Tabla 5. Distribución territorial de los yacimientos 68

Tabla 5.3. Yacimientos en los que se han efectuado intervenciones arqueológicas en cada uno de los valles de Cantabria centro-oriental 69-70

Tabla 6.1.1. NMI (número mínimo de individuos) de macrofauna en niveles mesolíticos de Barcenilla 71

Tabla 6.1.2. La Fragua: NR, (número de restos faunísticos), NMI (número mínimo de individuos) y W (Peso) y del Nivel mesolítico . 73

Tabla 6.1.3. NR y NMI de macrofauna del Cubío Redondo 74

Tabla 6.1.4. NR (número de restos faunísticos), NMI (número mínimo de individuos), W (peso), del nivel mesolítico del Carabión 75

Tabla 6.1.5- Estimación de edad de los ciervos del Carabión........ 76

Tabla. 6.1.7. Porcentaje del NR identificado en los niveles mesolíticos 78

Tabla 6.1.8. Frecuencia de presencia de fauna en superficie nº de yacimientos. Clave: C: costa, LL.L Llanura litoral, V.I. Valle Interior, V. A. Valle Alto 79

Tabla 6.2. Relación NR (número de restos) de ictiofauna de El Carabión (porcentajes de cada taxón calculados sobre el total de restos identificados) (9).. 80

Tabla. 6.2.2. Desglose del NR y NMI de peces recuperados en el Nivel 2 de Las Salinas así como sus porcentajes correspondientes sobre el total identificado... 82

Tabla 6.3.1 Datos cuantitativos de malacofauna en 5 yacimientos de Cantabria centro-oriental 88-89

Tabla 6.3.2. Diversidad de taxones en los niveles mesolíticos de yacimientos situados en la costa.. 90

Tabla. 6.3.3. Frecuencias de taxones de malacofauna en la Llanura litoral en Cantabria centro-oriental... 94

Tabla. 6.3.4. Diversidad de taxones de malacofauna en los niveles mesolíticos de yacimientos situados en la Llanura litoral.............. 95

Tabla.6.3.5. Datos cuantitativos de taxones de malacofauna NMI identificados en yacimientos en los valles altos 100

Tabla.6.3.6. Frecuencias de taxones identificados en yacimientos con datación C14 AMS. Cueva del Mar conteo sobre depósito en el MUPAC (CAEAP, 1997). 102

Tabla. 6.3.7: Frecuencias de taxones en yacimientos del valle delPas 104

Tabla 6.3.7.2. Frecuencias totales de taxones en superficie en el valle del Miera.. 105

Tabla 6.3.7.3. Frecuencias totales cualitativas de taxones de malacofauna en el valle del Asón. Clave: A: abundante, P: presente 106

Tabla 6.3.7.4. Frecuencias totales cualitativas de taxones en el valle del Agüera...106

Tabla 6.3.10. Evolución de los porcentajes del género *Patella* en niveles en la región cantábrica entre el MSF y el Neolítico (Gutiérrez Zugasti, 2009)...111

Tabla 6.3.11. Mediana y media de longitud y altura del tamaño de las conchas de lapas entre 13200 y 2600 cal BC. Álvarez Fernández *et al* (2011)...114

Tabla 6.3.12. Frecuencias de taxones en los niveles de Las Salinas.... 114

Tabla 6.3.13. Frecuencias: Barcenilla %NMI de malacofauna en los niveles mesolíticos. 116

Tabla 6.3.14. Frecuencias relativas de NMI por talla y valores medios en el Abrigo del Carabión 117

Tabla 7.1. Frecuencias y porcentajes de restos de talla y útiles en yacimientos mesolíticos del centro-oriental de Cantabria 126

Tabla 7.1.1. Índice de lascas /láminas de los yacimientos mesolíticos analizados en Cantabria centro-Oriental..127

Tabla 7.1.1.2. Frecuencias de restos de talla en yacimientos mesolíticos del centro-oriental de Cantabria...128

Tabla 7.1.2. Índices de frecuencia laminar.................................129

Tabla 7.1.3. Índice de tipos de talones 130

Tabla 7.1.4. Los materiales retocados en los yacimientos mesolíticos de Cantabria centro-oriental 132-133

Tabla 7.1.5. Índices de material retocado 134

Tabla 7.1.6. Índices de tipología 135

Tabla 7.1.7. Índices de microlitos geométricos y no geométricos en Cantabria centro-oriental 137

Tabla 7.1.7.b Clasificación jerárquica de los niveles del Mesolítico geométrico sobre (Alday Ruiz y Cava Almuzara, 2009 138

Tabla 7.1.7.c Índices de microlitos geométricos por regiones durante la primera mitad del Holoceno en la región cantábrica 138

Tabla 7.2. Frecuencias de materias primas en yacimientos del Mesolítico centro-oriental de Cantabria 155

Tabla 7.2.1. Variedad de sílex identificados en los niveles mesolíticos de Barcenilla. 156

Tabla 8.1. Fechas disponibles para el Mesolítico de Cantabria centro-oriental y límites Aziliense y Neolítico. La calibración de las fechas de radiocarbono se ha efectuado con el programa Cal-Pal2007_HULU (Weninger y Jorris, 2008). Las fechas sobre concha no se han calibrado debido al efecto reservorio, dada la falta de un valor ΔR conocido que permita una aproximación local al parámetro ΔR. Las fechas señaladas en negrita (14) se han obtenido en esta investigación... 167-168

Tabla 8.2. Frecuencias de dataciones en años BP sin calibrar 170

Tabla 8.3. Frecuencias de taxones NMI en La Fragua: nivel 4 magdaleniense (MG), aziliense N.3 (AZIL) y N. 2 mesolítico (MES)). Carabión: N. 3 aziliense (AZIL) y N. 1 mesolítico (MES 173

Tabla 8.8. Yacimientos neolíticos con cereales en la región cantábrica (Sobre Zapata, 2007: 14)...177

Tabla 8.9. Dataciones absolutas disponibles para el intervalo 5000-4300 cal BC en la región cantábrica (determinaciones obtenidas por C14 convencional o AMS) 179

Tabla 9.2.1. Distribución de yacimientos por valles......................183

Tabla 9.2. 2. Situación de los yacimientos en el territorio por valles en relación con la distancia a la línea de costa 185

Tabla 9.2.3. Concentración de yacimientos en el entorno de los estuarios 188

Tabla 9.3. Frecuencias de situación de yacimientos en la variable altitud absoluta 195

Tabla 9.3.1. Variables topográficas de las cavidades....................197

Tabla 9.4.1. Frecuencias de tipos de cavidades por tamaño 201

Tabla 9.4.2. Tabla de frecuencias de orientación de las cavidades 204

Tabla 9.4.3. Insolación potencial media de las cavidades en el Tardiglaciar (García Moreno, 2010 205

Tabla 9.6. Frecuencias de poblamiento en el Magdaleniense superior final, Aziliense, y Mesolítico y su ubicación: C. (Costa), LL.L (Llanura litoral), V.I. (Valle interior), V.A (Valle alto......................212

Tabla 9.6.1. Frecuencias totales del poblamiento magdaleniense, aziliense y Mesolítico 213

Tabla 9.6.10. Frecuencias de dataciones radiocarbónicas en yacimientos mesolíticos/neolíticos de la zona centro-oriental de Cantabria 217

Tabla 9.7.2. Estratigrafías y espesor de yacimientos de conchero seleccionados en el sector centro-oriental de Cantabria...... 222-223

Tabla 9.8.3. Yacimientos de la Región Cantábrica con restos humanos. (*) Restos humanos hallados en sepulturas.........................233

Tabla 9.9.2.2. Frecuencias de taxones de fauna NMI en diferentes zonas del territorio en el Mesolítico..244

Tabla 9.9.2.6. Tipos de sílex en yacimientos de costa llanura litoral y montaña...248

Tabla 10. Evolución del Registro Arqueológico de yacimientos mesolíticos de Cantabria centro-oriental entre los años1990-2015 254

Tabla 10.3. Situación cronoclimática de yacimientos de Cantabria centro-oriental en el Mesolítico..257

Tabla. 10.4.2. Secuencia crono-cultural para el Mesolítico del País Vasco atlántico...286

CAPÍTULO 1. EL MESOLÍTICO EN CANTABRIA: HISTORIA DE LA INVESTIGACIÓN DE LOS YACIMIENTOS DE CONCHERO

En este capítulo se pretende ofrecer una síntesis de la evolución de la investigación de los yacimientos de conchero en Cantabria, siguiendo un orden cronológico y, abordando simultáneamente, el marco teórico que ha influido en cada época.

En primer lugar precisamos el concepto de conchero en Europa y en la región cantábrica.

1. 1. El concepto de conchero

Desde su descubrimiento la definición del término de conchero ha sido variada. Gutiérrez Zugasti (2009) hace una revisión del concepto en Europa desde el ámbito anglosajón, francés y en la región cantábrica.

En el área anglosajona, (McManamon, 1984 y Widmer, 1989 en Claassen, 1991:252) hacen una clasificación a partir de las actividades realizadas en los yacimientos y la importancia de la explotación de los moluscos. En este contexto McManamon clasifica los concheros en cuatro tipos: desecho principal con actividades limitadas, o con amplio rango de actividades, desecho secundario-conchero y desecho secundario como basurero general.

Widmer (1989), hace una clasificación relacionada con la anterior, si bien difiere en la 4ª clasificación:
1) *Sell midden site: depósito secundario de acumulación exclusiva de conchas tras su consumición, sin otras actividades evidentes en el yacimiento.*
2) *Shell midden: discretos depósitos o lentejones compuestos exclusivamente de conchas.*
3) *Shell-bearing midden site: depósito compuesto de desechos secundarios de diferentes tipos de restos, incluyendo conchas, generado por un amplio rango de actividades.*
4) *hell-bearing habitation site: desechos de conchas incluidos en una matriz utilizada para necesidades arquitectónicas. Las conchas podrían haber servido como alimento o no.*

Andersen (1993:61), sobre el estudio del conchero danés de Bjørnsholm, propone una clasificación de los yacimientos situados en la costa de carácter geográfico, estableciendo diferencias dependiendo de su ubicación, sean *køkkenmøddinger* o no. Esta clasificación parece estar más relacionada con los patrones de asentamiento que con la formación de los concheros. Hace una clasificación en cinco tipos de asentamientos: 1) en playas expuestas, 2) en cabos orientados al sur, cerca de la abertura de los fiordos, 3) en cabos orientados al sur pero situados en el interior del fiordo, 4) situados en la desembocadura de los ríos y 5) situados en islas, en el fondo de los fiordos o en zonas abiertas.

En Francia han abordado la clasificación de los concheros desde un punto de vista de su composición, Chernokian (1988: 31-32) y Dupont (2003: 62-63; 2006 en Gutiérrez Zugasti, 2009: 18). El primero propone los términos de *milieu coquillier* en lugar de los más habituales amas *coquillier* y *niveau coquillier*. Chernokian (1988) después de sus excavaciones en Songon Dagbé (Costa de Marfil), distingue los concheros teniendo en cuenta los tipos de acumulaciones, así diferencia entre depósitos de primer orden, de segundo orden, de tercer y cuarto orden.

Por otro lado, Dupont (2003) propone una clasificación considerando el modo del depósito, la morfología del conjunto y el volumen del conchero. Establece tres categorías: amas coquillier, *dépôt-coquillier* y *lit-coquillier*. Los dos primeros se refieren a la gran acumulación de conchas, siendo mayor en amas, mientras que en *lit-coquillier*, las conchas se acumulan en estratos horizontales.

En la región cantábrica se ha centrado el debate en la precisión del término de conchero y en los tipos de conchero, si aparece suelto en el sedimento, concrecionado o cementado en las paredes de la cavidad, ya que los concheros documentados en la región se ubican siempre en el interior de las cavidades, generalmente en las zonas inmediatas a la boca de cuevas y abrigos. Es posible que hubiera concheros al aire libre, pero es difícil su localización, bien por estar expuestos a la erosión o a la actuación antrópica, que precisamente en la zona litoral ha sufrido procesos intensos de urbanismo y modificación del paisaje natural.

Desde el comienzo de las investigaciones en el inicio del siglo XX, Vega del Sella trata de definir el concepto de conchero: "*Hemos adoptado el nombre de concheros para significar unos amontonamientos de conchas de mariscos que sirvieron de alimentación al hombre cuaternario*" (Vega del Sella, 1923:8-9, en G. Zugasti, 2009: 19).

Carballo define estos yacimientos, que puso en relación con los kjökkenmöddings, como paraderos, formados por desperdicios de cocina, cenizas, restos de moluscos, toscos utensilios de pedernal, vestigios de carbón, industria ósea, picos y en ocasiones cerámica (Carballo, 1926:11).

La investigación de Clark en la zona asturiana en los años 70 del XX, da mayor relevancia a la composición del conchero y lo define como: "*escombreras artificiales compuestas de una gran cantidad de fragmentos de huesos y desperdicios, siempre llenos, como su nombre indica, de numerosas conchas*" (Clark, 1973:133).

González Morales (1982:193) define el conchero como "*amontonamiento de restos de conchas de moluscos marinos, huesos, material lítico y óseo y otros elementos, la forma común de manifestación de estos yacimientos epipaleolíticos litorales*".

Arias (1996: 407) define los concheros, siguiendo la propuesta de Muckle como: "d*epósitos de origen antrópico en los que las conchas constituyen el tipo de residuo más abundante*". Si bien, considera esta definición difícil de aplicar, cuando se deben interpretar informes de diferentes autores. Por ello se han propuesto definiciones más imprecisas, pero más fáciles de utilizar como la de G. Waselkof (1987:85): "*un depósito cultural cuyo principal elemento constitutivo visible son las conchas*". En este contexto los concheros asturienses podrían incluirse en esta definición. El problema se plantea al atribuir el término "conchero" a depósitos en los que los restos malacológicos generalmente aparecen en una matriz sedimentaria y mezclados con otros tipos de restos arqueológicos. Por ello propone para este tipo de depósitos la utilización del término "depósito rico en moluscos". En todo caso, lo importante es la presencia del marisqueo en los sistemas de subsistencia. El que la presencia de conchas sea exclusiva o estén mezcladas con otros restos (huesos, carbón o instrumentos) puede depender de la funcionalidad del yacimiento.

Bailey *et al*. (2013) reconoce una gran variabilidad dentro de un mismo periodo y ámbito geográfico entre los yacimientos de conchero, de tal forma que el término se aplica en contextos sedimentarios muy diferentes que contienen evidencias de la explotación de moluscos.

Considero que el término "conchero" está aceptado de forma generalizada para referirnos a este tipo de depósitos que contienen malacofauna marina y/ o terrestre. Si bien, la definición puede ser abordada desde diferentes puntos de vista, la morfología del conchero puede aportar valiosa información sobre las actividades realizadas en el yacimiento y la reconstrucción de las estrategias de subsistencia de los cazadores-recolectores. Sin embargo, se depende de una valoración comparativa de los aportes de los diferentes recursos explotados, para poder establecer la importancia de los moluscos en el aporte energético de la dieta. Por otro lado la composición del conchero también puede ser indicador del paleoambiente, de la estacionalidad de las ocupaciones y de los procesos de trabajo utilizados en su explotación (Gassiot, 2005; Gutiérrez Zugasti, 2009).

1.2 Delimitación del término de conchero

En el registro arqueológico de yacimientos de conchero en el centro-oriental de Cantabria, se observa que el conchero se encuentra en su mayoría incluido en sedimento, junto con otros restos de fauna, carbones y restos líticos (escasos) o concrecionado en las paredes de las cavidades, generalmente en la boca o próximo a ella y, en algunas cavidades de pequeño tamaño, colmatando hasta el techo la cavidad. En su conjunto, el mayor problema que presentan los concheros es el mal estado de conservación, debido a procesos erosivos por causas hidrogeológicas o acción antrópica.

Se ha considerado como conchero mesolítico los depósitos que integran restos de moluscos marinos y terrestres en proporciones diferentes, que incorporan otros restos arqueológicos de fauna, ictiofauna, carbones, macrorrestos e industrias y no presentan evidencia de cerámica, fauna doméstica o plantas de cultivo que evidenciarían una economía productiva de cronología neolítica. Por otro lado, se ha tenido en cuenta la situación estratigráfica y sedimentológica en la que se encuentran depositados.

1.3. EL Mesolítico en Cantabria. Descubrimiento y evolución de las investigaciones

Introducción

El Mesolítico en la región oriental de Cantabria no ha sido objeto de estudio sistemático. Si bien desde los comienzos de las investigaciones y prospecciones del terreno en el siglo XIX, se localizaron yacimientos con presencia de concheros postpaleolíticos, que no se identifican culturalmente, o no son objeto de estudio, debido a que el objetivo fundamental en esa etapa era la localización de cavidades con arte rupestre y yacimientos paleolíticos.

La identificación cronocultural del Mesolítico ha sido controvertida y muy tardía, a pesar de que la identificación del tipo de yacimiento de conchero fue paralela a la de otras etapas de la Prehistoria en el siglo XIX. Compleja ha sido también la terminología empleada en las diferentes regiones para denominar esta etapa intermedia entre el Paleolítico y la economía productora del Neolítico. No vamos a abordar aquí el surgimiento y evolución del concepto de Mesolítico, que ya ha sido tratado por Ayarzagüena Sanz (2000: 11-32)[1] , y en la reciente tesis de Gallego Lletjos (2013)[2], se hace un estudio exhaustivo sobre el origen y evolución del concepto.

Recordemos que el término es empleado por primera vez por el arqueólogo irlandés, Hodder Westropp (1866)[3] para denominar la etapa intermedia entre las dos en que había dividido la Edad de Piedra John Lubbock (1865)[4] : el Paleolítico y Neolítico. En principio no tuvo mucho éxito y actualmente equivaldría al Paleolítico superior, pero planteó un debate que se desarrolló durante todo el siglo XIX sobre la teoría del hiato. La posible existencia de un lapsus en el poblamiento entre el Paleolítico y el Neolítico.

El concepto de Mesolítico llega a España introducido por Vilanova en 1872 con la publicación del *Origen naturaleza y antigüedad del hombre* y, numerosos artículos en revistas, en los que divide la edad de Piedra en cuatro etapas, situando el Mesolítico en un momento previo al Neolítico. Realiza una caracterización de esta etapa en los aspectos geológico, paleontológico, arqueológico y antropológico. Asociaba un fósil guía paleontológico, el reno y un útil que funcionaba como fósil director, el cuchillo, lo que dio lugar a denominar el Mesolítico como "Edad del Reno" o "Perio-

---

1 M. Ayarzagüena Sanz. "Surgimiento y creación del concepto de Mesolítico" *Espacio, Tiempo y Forma*. Serie I, Prehistoria y Arqueología. (2000), 11-32.
2 N. Gallego Lletjos, "El Mesolítico de la Península Ibérica. Historia crítica de la investigación y estado actual del conocimiento". (Tesis doctoral, Universidad Complutense. Madrid, 2013).
3 H. M. Westropp, "Analogous forma of implements among early and primitive races". *Memoirs of the Anthropological Society 2* (1866), 288-293.
4 John Lubbock, *Prehistory Times as Illustrated by Ancient Remains, and the Manners and Customs of Modern Savages*. Londres. Williams and Norgate. (1865).

do de los Cuchillos". En realidad, Vilanova identificó como Mesolítico, restos que hoy se atribuyen al Paleolítico. Incluía también todas las industrias con una talla más elaborada anteriores a la piedra pulimentada. Así fueron incluidos en el Mesolítico, yacimientos que presentaban cerámica y piedra tallada, que hoy se consideran Neolíticos o de la Edad del Bronce, junto con yacimientos del Paleolítico Superior.

El descubrimiento de Piette (1887)[5] en Mas d'Azil de una industria característica posmagdaleniense, aportaba información concreta sobre una cultura posterior a la edad del reno y anterior al Neolítico, sin embargo, él nunca utilizó el término Mesolítico. El arqueólogo inglés Allen Brown (1892) recupera la utilización del término sobre los hallazgos en las excavaciones efectuadas en Francia y las que estaba realizando en el valle del Támesis. Finalmente será con el francés J. Morgan (1909)[6] en el inicio del siglo XX, cuando el término se introduzca de forma internacional.

Otra cuestión que ha generado confusión ha sido la denominación para esta etapa, basada en la tipología de las industrias, de los términos Epipaleolítico o Mesolítico, para referirse a una misma cultura o a etapas diferentes. El término Epipaleolítico tiene su origen en la Prehistoria de Escandinavia (Stejerna, 1911, en Gallego Lletjos, 2013: 77). Se refería a una etapa industrial del Postglacial en continuidad con la cultura Paleolítica. El término fue aceptado por la escuela francesa y en los años 50 se normalizó con los prehistoriadores, Bordes, S. Bordes, Laming Emperaire, Tixier, extendiéndose hacia aquellas áreas de influencia de la escuela francesa como el área mediterránea de España, donde se utiliza el término Epipaleolítico.

En la región cantábrica hasta época muy reciente se ha utilizado el término Epipaleolítico para referirse a la etapa posterior al Aziliense. González Morales (1982)[7] sitúa el Asturiense en el contexto de los tiempos epipaleolíticos, y (Arias, 1991: 91-139), incluye en el Epipaleolítico postaziliense, los yacimientos asturienses y los postazilienses del Cantábrico oriental. En el País Vasco, Barandiarán optó por la preferencia del término Epipaleolítico para todas las culturas situadas entre el Aziliense y el Neolítico, por considerar que había una permanencia en la tipología de las industrias y en los modos de subsistencia con el Magdaleniense (Barandiarán y Cava, 1989) y estableció una secuencia en tres fases: 1) Epipaleolítico inicial, antiguo o genérico, incluía el Aziliense y Epipaleolítico laminar, Postaziliense laminar, Epipaleolítico microlaminar que llegaría hasta el IX milenio; 2) Epipaleolítico pleno o Mesolítico, Epipaleolítico geométrico (microlitismo no geométrico), datado en el VIII milenio y 3) Epipaleolítico o Mesolítico final, Epipaleolítico geométrico con cerámica, en el que incluía el Tarrerón, entre otros yacimientos vascos.

En los últimos años el término Epipaleolítico se refiere al complejo industrial Aziliense, considerándolo como una etapa final del Paleolítico Superior, que tiene su desarrollo en el final del Tardiglaciar, entre la oscilación Alleröd y el inicio del Preboreal (11.800-10.000 BP sin cal.). Sobre esta diferenciación, Alday (2006: 306), especifica reservar el término Epipaleolítico para los conjuntos microlaminares (azilienses o sauveterrienses) por la continuidad que parecen mantener respecto del Paleolítico superior terminal y reservar el de Mesolítico para el ciclo que abre la unidad de muescas y denticulados (Primera secuencia del Mesolítico en el País Vasco y Valle del Ebro).

El término Mesolítico actualmente se utiliza de forma general para referirse a esta etapa de los últimos cazadores-recolectores-pescadores, previa a la economía productora, que se desarrolla en el Holoceno (Kozlowski, 2003; Spikins, 2008) en el Boreal y en parte del Atlántico (10000-6.500 BP sin cal. En la región cantábrica respecto al término Mesolítico, parece haberse llegado a un consenso sobre su uso para referirnos al periodo cronológico que transcurre a partir del IXº milenio BP (Fano, 2004). La transición hacia la economía productora es una cuestión en litigio en la región cantábrica. En Cantabria se consideraba el inicio en el último tercio del V milenio, debido a la ausencia de fauna doméstica en los yacimientos (Tarrerón, La Trecha y Cubío Redondo, datados a mediados del V milenio). Recientes

---

5   E. Piette, "L'époque de transition entre l'âge du renne et celui de la pierre polie". Congrés International Anthropologique de Paris (1889), 203-209.
6   Jacques Morgan, Les premieres civilisations, E. Leroux, París (1909).
7   Manuel R. González Morales, El Asturiense y otras culturas locales. La explotación de las áreas litorales de la región cantábrica en los tiempos epipaleolíticos. C.I.M.A. Monografías nº 7. Santander, 1982.

proyectos de dataciones en yacimientos de la región, han adelantado la fecha en torno al último tercio del VII milenio BP en el País Vasco: Arenaza y Marizulo (Arias y Altuna, 1999), Kobeaga II (López Quintana, 2000; Fernández Eraso, 2010), Linatzeta (Tapia et al. 2008). En Cantabria la fecha más antigua obtenida corresponde a la cueva de Los Gitanos (AA-29113: 5945±55, Ontañón, 2000).

Si bien, el territorio se encuentra dividido en un mosaico de culturas, que se denominan Asturiense, en la parte occidental de la región cantábrica, sin estar establecido un límite preciso, como explicamos en el Capítulo 2. En el extremo oriental de la región, el Mesolítico geométrico del País Vasco, diferenciado también del Valle del Ebro, con una secuencia cultural bien definida (Alday y Cava, 2006: 223-300)[8]. Entre ambos territorios, se encuentra el sector centro-oriental de Cantabria, en el que no se ha abordado un estudio global y caracterización del Mesolítico, debido a la escasa investigación realizada en este ámbito geográfico.

Centrando nuestra investigación en el espacio centro-oriental de Cantabria, abordamos el estudio del descubrimiento y evolución teórica, siguiendo las etapas en que se ha llevado a cabo la investigación en la región.

1.4. Etapa de reconocimiento. Hallazgos de los primeros concheros (1876-1902)

Las investigaciones prehistóricas en Cantabria se inician por eruditos y aficionados locales en la segunda mitad del siglo XIX. El prestigio de la incipiente ciencia prehistórica en Europa impulsa a estos estudiosos, pertenecientes a la burguesía local, como M. Sanz de Sautuola, E. de la Pedraja y E. Pérez del Molino, y a investigadores con una orientación naturalista, vinculados con la Institución Libre de Enseñanza, Salvador Calderón y Arana y Augusto González Linares.

Uno de los primeros datos de que se dispone es una nota de Calderón y Arana (1877) en la que describe sus exploraciones junto con González Linares en la cueva de Cualventi, que denominan de Oreña, en la que detectan un conchero que ponen en relación con los *kjökkenmöddings* nórdicos, que ya eran bien conocidos en la época, pero que diferencian de aquellos en la ubicación, ya que el conchero no se encuentra al aire libre, sino al abrigo de la cavidad.

"Esta caverna - curiosísima y excepcional entre todas las de España hasta aquí conocidas- muestra por los restos que contiene haber sido una estación humana de caracteres intermedios entre las paraderas o kjökenmodingos y la habitación en cavernas". (Calderón y Arana, 1877)[9] en en *"El Hombre fósil 80 años después"* (González Morales, 1996:372).

Localizan otros concheros en las cavidades de Altamira y Venta del Cuco, aunque únicamente el segundo era conchero holocénico (Madariaga de la Campa, y San Emeterio, 1976)[10].

Sautuola fue el único que publicó las investigaciones que realizó, dando una orientación específicamente cultural a sus investigaciones prehistóricas, publicando observaciones sobre los yacimientos, utilizando una metodología y un lenguaje modernos para la época, influido por las investigaciones que se estaban haciendo en Francia y de las teorías expuestas por Vilanova y Piera (Sautuola, 1880).

---

8   A. Alday y A. Cava, "La unidad de muescas y denticulados del Mesolítico en el País Vasco: la formación de un modelo cultural". En El Mesolítico de muescas y denticulados en la cuenca del Ebro y el litoral mediterráneo peninsular (Coord.) Alfonso Alday (Diputación Foral de Álava, Vitoria (2006), 223-300).
9   Salvador Calderón y Arana, Caverna de Oreña (Santander). *Boletín de la Institución Libre de Enseñanza* (Santander, 1. 877).
10   B. Madariaga de la Campa, "Historia de los descubrimientos prehistóricos". *La Prehistoria en la Cornisa Cantábrica*.. Sautuola, (1976), 3-32.

La primera cita de hallazgo de moluscos marinos se encuentra en la exploración que hace en el Ayuntamiento de Camargo, en el pueblo de Revilla:

"Continuada la excavación en diferentes días y registrados con minuciosidad los escombros, he conseguido reunir algunos centenares de objetos...... bastantes conchas marinas del género patella, mucho mayores que las que hoy se ven en la costa, algún ejemplar de ostras..." (Sautuola, 1880: 4-5).

Más adelante, en la descripción del yacimiento de la galería principal de Altamira cita:

"Inmediato a estas piedras empieza un banco o capa de más de un metro de espesor por algunos sitios, compuesto de un gran número de cáscaras del género patella, (...), caracoles marinos, huesos de mil tamaños, dientes y muelas de diferentes animales, como los encontrados en la cueva de Camargo..." (Sautuola, 1880:12).

"Al citar esta gran masa de restos de animales, compuesta de un número infinito de cáscaras, no puedo menos de hacer notar la semejanza que en su composición presenta con los depósitos hallados en las costas del mar de Dinamarca y que se conocen con el nombre de Kjökkenmöddings, o sea montón ó aglomeración de conchas" (...) para que la comparación fuera más exacta, que en nuestro depósito apareciesen cascos de vasijas de barro, y espinas y huesos de pescados. Podría decirse que a nuestro depósito le falta también la circunstancia de hallarse á la orilla de la mar; así es la verdad, pero si se considera que en línea recta no dista de la costa más de dos ó tres kilómetros, y que aun en Dinamarca se encuentran algunos á varias millas de tierra adentro, desaparece la diferencia indicada" (Sautuola, 1880:14-15)

No obstante, ya percibe la mayor antigüedad de estos concheros, y en la síntesis, sitúa cronológicamente ambas cavidades en el Paleolítico.

En otras visitas superficiales que realiza en Santillana del Mar, en la venta del Cuco cita otra cueva, más bien pequeña en la que vuelve a localizar malacofauna:

"...se encontró a mano izquierda de la entrada, y á no mucha distancia de ella, una capa de conchas del género patella, no muy grandes, recubiertas casi todas por una capa estalacmítica algo gruesa, cuyo hallazgo me hizo modificar la primera impresión." (Sautuola, 1880: 24-25).

En el aspecto teórico son importantes las aportaciones de Vilanova y Piera, catedrático de la Facultad de Ciencias de la Universidad Central, que en la obra, "Origen, Naturaleza y Antigüedad del Hombre" (1872), expone las teorías sobre Prehistoria vigentes en Europa occidental. En ella describe los kjökkenmöddings daneses y la dispersión territorial de este tipo de yacimiento. También plantea el debate sobre su cronología, neolítica o, según la teoría de Worsae, entre la primera y segunda edad de piedra, debido a la ausencia de piedra pulimentada.

Vilanova estuvo vinculado con los investigadores locales, discípulo suyo fue González Linares y Sanz de Sautuola, con quien defendió la autenticidad de las pinturas de Altamira. Visitó varias veces la región, impartió un ciclo de conferencias en Torrelavega sobre Prehistoria, donde cita algunos yacimientos recién descubiertos (Vilanova y Piera, 1881).

"En cuanto al Kjokenmodingo, redúcese á depósitos de restos de comida, según la etimología de la palabra danesa, que nosotros podemos sustituir por la de Paradero, expresión empleada en América para expresar el depósito de despojos que dejan las tribus errantes en aquellos puntos donde permanecen algún tiempo". (Vilanova y Piera, 1881: 76).

Seguidamente explica que los Paraderos no son exclusivos de la época neolítica, sino que algunos, como el de Altamira, pertenecen a la época del cuchillo (Paleolítico, en la secuencia que hace de la Prehistoria).

En esta primera etapa de investigación no hay ningún estudio profundo sobre los concheros. Los investigadores se limitan a señalar su existencia, comparándolos con los *kjökkenmöddings* daneses, aunque observando diferencias en la ubicación de los concheros, los cántabros en cavidades, la ausencia de cerámicas y la mayor antigüedad.

En esta época de inicio de la Prehistoria como ciencia desprendida de la Geología, los objetivos eran demostrar que el hombre era mucho más antiguo de lo que se creía, y explicar el origen de la vida y del hombre, siguiendo las corrientes evolucionistas. González Linares es el introductor del "darwinismo" en las corrientes de investigación de la región. Otro objetivo era clasificar o secuenciar las etapas desde la aparición del hombre hasta el comienzo de la historia. Establecen una primera secuencia, dividida en dos grandes épocas, llamadas de la piedra y de los metales, y la primera dividida en arqueolítico o paleolítico, mesolítico o neolítico y la época de los metales en periodos del cobre, bronce y del hierro. La definición que hace Vilanova del Mesolítico difiere de los criterios actuales:

> "*el periodo mesolítico se designa con el nombre de animales emigrantes, por cuanto viven aún los mismos que entonces, siquiera no habiten los mismos países que á la sazón, debiendo citar entre ellos como más notables al reno ó Rengifero, el Bisonte, la Marmota y otros muchos*".

1.5. El auge de las investigaciones prehistóricas (1902-1938). La definición del Asturiense

El 1º tercio del siglo XX es uno de los periodos de mayor esplendor de la investigación arqueológica en la región cantábrica. Se incorporan prehistoriadores franceses al estudio de la cueva de Altamira. Se inicia así una etapa de investigación influida por la escuela francesa. En octubre de 1902 Cartahialc y Breuil conocen a Alcalde del Río, y éste comienza de forma sistemática la exploración de las cavidades de la región. Paralelamente y de forma independiente, Sierra reconoce la parte oriental de Cantabria, colaborando con Alcalde del Río (Madariaga de la Campa, 1972:39-41).

Los objetivos de los investigadores locales, Alcalde del Río y Sierra están dirigidos al reconocimiento y estudio del arte paleolítico, aunque Sierra, según se desprende de sus publicaciones, tiene interés por la Prehistoria postpaleolítica. (Madariaga de la Campa, 1972). Ambos reconocen varias cavidades con conchero holocénico en El Castillo, Valle, Meaza, Cáscaras, Concha, Costales, Moro, Mar, Truchiro, Palomas, Tornillos, El Otero y Bona. Realizan sondeos amplios en casi todas, aunque fueron catalogados como paleolíticos, excepto Costales que fue atribuido al Neolítico, al encontrarse juntos conchas de *Cepaea nemoralis*, restos humanos y cerámica. (Madariaga de la Campa, 1972) y en la Meaza se hace alusión a un posible nivel "neolítico". En la cueva del Valle hace una relación de los moluscos (*Patella vulgata*, *Hélix nemoralis*, *Ostrea edulis*, *Mytilus edulis*, *Littorina littorea* y un ejemplar de *Dentalium*). En la cueva El Moro de Elechas (Marina de Cudeyo), reconocida el 29-12-1905, cita malacofauna marina (*Ostrea*), fragmentos de cráneo humano y vasijas de cerámica. (Sierra, 1908).

En realidad, se limitan a documentar la existencia de malacofauna marina, sin situar, ni definir cronológica ni culturalmente, los yacimientos de conchero. Únicamente en la cueva de la Doncella (Monte Hano - Santoña), Sierra percibe la singularidad del enorme yacimiento de conchero con especies marinas de estuario, que pone en relación con la situación de la cavidad en el entorno de la marisma y un conchero de *Helis* cementado (Sierra, 1913).

En 1904 se llevó a cabo la primera excavación de la cueva del Valle por Lorenzo Sierra y el Institut de Paléontologie Humaine de París, con la intervención de Henri Breuil y Hugo Obermaier. Continúan las excavaciones en 1912 y 1913 subvencionadas por el IPH con la colaboración de Bouyssonie, Sierra, Breuil y Obermaier. Trabajan en el "camarín 1", localizando la marca de compactas caracoleras de *Hélix*, junto con esquirlas de huesos de animales y carbón. Detectan en excavación científica el primer conchero de *Cepaea nemoralis* atribuido al Aziliense. La publicación de sus descubrimientos en "*Notas para el mapa paletnográfico de la provincia de Santander*" en 1908, fue el primer avance de una serie de trabajos realizados en la región.

La I Guerra Mundial trunca el proceso de investigación, cesan las publicaciones y muchos materiales quedan sin estudiar, y otros olvidados, como algunos materiales de la cueva del Valle, depositados en el fondo de Museos y almacenes, o perdidos para siempre. En esta etapa, el objetivo de la investigación, fue establecer la secuencia crono-estratigráfica cultural del Paleolítico, y se prestó muy poca atención a la Prehistoria postpaleolítica. Únicamente se identifica el Aziliense, que es considerado como una prolongación del Magdaleniense.

Con el fin de la I Guerra Mundial en la primera mitad del siglo XX, surge en Europa una nueva corriente teórica, derivada de la desilusión que produce el fracaso de los resultados de la revolución industrial. Por otro lado, la progresiva industrialización de Europa conducía al aumento de la competitividad entre las naciones por adueñarse del mercado y, los excesos del evolucionismo unilineal, hacen que se fije la atención en el aspecto contrario: las divergencias culturales y peculiaridades grupales. La Arqueología jugará un papel clave en el proceso, pues el pasado tiene que ser interpretado de forma ajustada a las necesidades del presente (Hernando, 1992:15). Las culturas pasan ahora a entenderse como unidades específicas, creadas por la actividad propia de un pueblo, que tiene unas características propias, y que por difusión o transmisión, se extienden hacia otros territorios. Estos planteamientos enlazaban con los conceptos del nacionalismo, que avanzaba por Europa desde finales del siglo XIX (Palacio Pérez, 2003:301 y Hobsbawm, 1991: 111-172). Los restos materiales se van a convertir en el objetivo prioritario de los arqueólogos apoyados por las instituciones.

Esta nueva corriente Histórico-Cultural se extiende por la Península Ibérica influida por la tradición francesa. El centro de interés se pone en la cultura material, tratando de establecer las secuencias cronológico-culturales, a partir de fósiles guía, que permitan la delimitación de áreas culturales y las influencias tecnológicas (difusionismo). La necesidad de buscar relaciones entre los grandes conjuntos culturales y, hallar el punto de unión entre el mundo Paleolítico y Neolítico, llevó a que surgiera la teoría del "hiato". En las cavidades excavadas se encontraba un vacío cultural posterior al Paleolítico, por lo que la transición cultural quedaba rota. A principios de siglo, el tema de "hiato" y la continuidad del Paleolítico Final al Neolítico, será una de los aspectos prioritarios de la investigación prehistórica. Vega del Sella reconoce que el Asturiense no llena el espacio entre el final del Paleolítico, incluido el Aziliense y el Neolítico.

Los primeros estudios sobre el Mesolítico de la región cantábrica, se deben a las investigaciones del Conde de la Vega del Sella sobre el Asturiense, en el oriente de Asturias. En 1914, publicaba los resultados de sus excavaciones en la Cueva del Penicial, donde ya identifica el "pico asturiense":

"...*pudiendo sólo decirse que resulta un tipo de industria nuevo y probablemente local de esta zona de Asturias*" (Vega del Sella, 1914).

Las excavaciones en la Cueva de Balmori y Cueto de la Mina, Arnero, Fonfría y Mazaculos, y la parición de picos asociados con la parte superior cementada e inferior de un depósito de conchas, que podría estar sobre un nivel magdaleniense, o sobre un nivel aziliense, le permiten considerar el útil entre el Paleolítico y el Neolítico. Además, señala el sincronismo aproximado con los *kjökkenmöddinger*, por la semejanza de las especies, y con el campiñense francés. Propone el nombre de Asturiense para esta cultura, tomándolo de Obermaier, quien en su primera edición de *El hombre Fósil* (1916), ya citaba el Asturiense y su cronología postpaleolítica (Fano, 2004: 340).

En 1916 Vega del Sella ha fijado por primera vez la asociación del pico asturiense con unos depósitos -*los concheros*- que presentan una fauna determinada, en lo que se refiere a moluscos marinos y los ha situado en la secuencia estratigráfica regional, actuando con criterio estrictamente científico. (González Morales, 1982: 19). El Conde establece la diferencia entre la fauna de moluscos de los niveles paleolíticos, caracterizados por la presencia de *Littorina littorea* y la sustitución por *Trochus lineatus* en los niveles asturienses. También observa la disminución del tamaño de las *Patellas* en los depósitos asturienses, atribuyéndola a la sobreexplotación del litoral, más que por motivos ambientales. En 1923 publica la monografía *El Asturiense. Nueva industria preneolítica*, en la que sistematiza de forma casi definitiva sus investigaciones y precisa la situación estratigráfica del Asturiense por encima del nivel Aziliense, localizada en los yacimientos de Balmori y La Riera (Vega del Sella,1923:45-48). En esta obra, al final, aborda la relación del Asturiense con el Neolítico, introduciendo la teoría del hiato, que el Asturiense no alcanza a llenar, manteniendo una ruptura entre el Paleolítico Final (incluyendo el Aziliense) y el Asturiense, así como una continuidad entre este y el Neolítico.

En las sistematizaciones realizadas por Vega del Sella, apenas cuenta con yacimientos de Cantabria, únicamente cita el conchero de Las Cáscaras (Vega del Sella, 1923), aunque también en la cueva de Morín reconoció restos de conchero de tipo asturiense (Vega del Sella, 1921).

En la misma época, a partir de 1914, cuando la investigación de Alcalde del Río y Sierra, pierde intensidad y, el equipo internacional (Obermaier, Wernet, Breuil...), que trabajaba en las investigaciones en la Cueva del Castillo (1910-1914) se deshace, será Carballo quien tome el protagonismo en las investigaciones y asume cargos directivos en la gestión del patrimonio y la dirección del Museo Provincial de Prehistoria (Palacio, 2003: 299-300). En esta etapa va a desarrollar una intensa actividad investigadora, especialmente en el Paleolítico. Sin embargo, el proceso de su actividad arqueológica le lleva a interesarse por los yacimientos con conchero. Identifica yacimientos de este tipo en Cantabria, citando los hallazgos en cuevas: Las Cáscaras (Pelurgo, cerca de Comillas), el de Muñegro (Valle de Aras) y el de Cubillo (Arredondo). También cita estaciones al aire libre, epigeas, incluye en estas el Molino Gasparín (Colombres-Asturias) y Ciriego, (Liencres-Cantabria) sobre los acantilados del mar. Otras en el umbral de las cuevas, como Mazaculos (La Franca-Asturias).

En Asturias realizó excavaciones en Molino Gasparín, aportando la primera información sobre las prácticas funerarias del periodo (Carballo, 1926). Entre los hallazgos en superficie, Carballo reivindicó haber sido el descubridor del primer pico asturiense, hallado en 1908 en Ciriego (Carballo 1924). En realidad se trata de un pico atípico. Otro hallazgo de este útil al aire libre, lo localiza en los montes de Cabezón de la Sal (Cantabria), también atípico. Carballo, sitúa cronológicamente estos concheros dentro del periodo mesolítico, diferenciándolos perfectamente de etapas anteriores, por las diferencias en las industrias y en al arte mueble y, del Neolítico, por carecer de cerámica.

En un primer momento, Carballo no considera el Asturiense como una cultura con carácter propio, sino como una "forma lítica", negando el Asturiense como facies cultural y denominando *cuerquense* al Mesolítico local, debido al predominio del *Quercus* a comienzos del Holoceno. Posteriormente rectifica sus opiniones ante los argumentos publicados por Vega del Sella, admitiendo la existencia del Asturiense, que sería para Carballo una manifestación local del *cuerquense* y sucedería en la Región cantábrica al Aziliense. Estaba caracterizado por una pobrísima industria lítica que demostraba una gran decadencia cultural, sucediendo a un periodo ya decadente el Aziliense, debido al progresivo aislamiento geográfico de la región. También considera característica del Asturiense la aparición del conchero en cavidades, frente a los del resto de Europa, donde se encuentran al aire libre. Respecto del pico asturiense, debido a localizarse en diferentes regiones y contextos, no lo considera como útil guía (Carballo, 1926:38):

"para representar un periodo prehistórico". Sin embargo el importante descubrimiento de Colombres aporta elementos suficientes para establecer el período asturiense que yo había negado en mi "Prehistoria Universal".

J. Fernández Montes, seguidor de Carballo, investigó la Prehistoria con cerámica realizando la primera síntesis regional, aunque sus estudios han permanecido inéditos. En su investigación realizó varias excavaciones, entre ellas las de las cuevas del Moro de Gajano y los Moros de San Vitores, ambas con concheros holocénicos (Fernández Montes, 1936).

Sobre el incipiente análisis paleoambiental y espacial, Ordoño, (2008: 82-83) expone:

"De manera excepcional tenemos que destacar los primeros intentos de reconstrucción paleoambiental a través del análisis bioestratigráfico de la fauna (Vega del sella, 1921; Aranzadi y Barandiarán, 1935) y, sobre todo la formulación

de las primeras hipótesis sobre las estrategias de caza y pesca, en las que por primera vez se citan "territorios de caza" (Hernández Pacheco, 1923), la discusión nomadismo-sedentarismo (Obermaier, 1925), los patrones de asentamiento y la estacionalidad, el transporte de presas e incluso el posible intercambio de materias primas (Carballo y Larín, 1933), si bien son aproximaciones todavía incipientes".

En el País Vasco, Aranzadi y Barandiarán (Aranzadi y Barandiarán, 1928, 1931 y 1935) realizan excavaciones en yacimientos de conchero de Lumentxa, El Polvorín, Ermittia y Santimamiñe, que servirán de referencia sobre la explotación del litoral en la zona oriental de la región cantábrica.

1.6. De 1939 hasta las investigaciones de G. A. Clark 1968

La guerra civil supone la interrupción de la investigación arqueológica en la región. En 1941 se fundó el Museo Regional de Prehistoria y Arqueología de Santander, dirigido por J. Carballo, que retoma desde el Museo Regional la actividad investigadora, con grandes dificultades por la falta de apoyos oficiales. Desde este puesto impulsa las investigaciones arqueológicas, creando con A. García Lorenzo un equipo de prospección, excavación y acondicionamiento para visitas de los yacimientos más significativos. Se realiza con el equipo de Camineros de la Diputación, que lleva a cabo una amplia labor escasamente documentada.

El método de prospección de los camineros consistía en la realización de sondeos estratigráficos para comprobar la potencia y el interés de los yacimientos arqueológicos. La prospección abarcó casi toda la región. Se reconocieron los concheros de Cachirula I, Hoyo I, La Pila, Las Salinas, Casa de los Cristales, Carabión, Cubo, Carro, Helguera, Trampascuevas, La Baja y Pechón, aunque no fueron identificados como mesolíticos. Sin embargo, la aportación al conocimiento de los concheros no fue relevante, al quedar inéditas las investigaciones realizadas (Muñoz Fernández, San Miguel Llamosas y CAEAP, 1988). En esta primera etapa es escasa la labor investigadora y permanecen los principios teórico-metodológicos de la etapa anterior.

De forma puntual se producen las excavaciones realizadas por Calderón de la Vara y Andérez en la cueva de la Meaza, con un potente conchero asturiense, que se publican en pequeños trabajos monográficos, aunque poco detallados. (Andérez, 1953; Calderón de la Vara, 1955).

En esta época se producen algunas teorías sobre el Asturiense y los concheros que son seguidas en el resto de España. Se utiliza como útil guía, el pico asturiense, y se atribuyen a esta cultura las industrias donde aparecen picos semejantes. Así se atribuyen al Asturiense las cuevas del Macizo de Montgri (Cataluña), pertenecientes al Musteriense; el Camposanquiense de Galicia y el Ancoriense o Asturiense portugués (Clark, 1976). También Vega del Sella había atribuido al Asturiense algunos yacimientos del Cantábrico Oriental, como Santimamiñe y el yacimiento de Biarritz (Vega del Sella, 1923).

En los años 50 se produce una reactivación de la investigación en la región cantábrica. Jordá se traslada a Oviedo y reinicia la investigación sobre el Asturiense, que había quedado abandonada tras la desaparición de Vega del Sella. Una nueva teoría aportan F. Jordá Cerdá y N. Llopis Lladó, basada en el rejuvenecimiento cárstico de las cavidades, basándose en estudios geológicos, proponen una cronología para el Asturiense anterior al Paleolítico Superior (Jordá Cerdá, 1959)[11]. En la década siguiente M. Crusafont (1963), situó el Asturiense, tomando como fósil guía de esta cultura el pico, en un momento anterior al Achelense, dentro de una fase evolucionada de la Peble-Cultura africana. Todas estas teorías estuvieron vigentes hasta la investigación de Clark. G. A. sobre el Asturiense Cantábrico.

---

11   Jordá Cerdá, F. (1959). En el V Congreso Nacional de Arqueología en Zaragoza plantea el problema de la cronología del Asturiense.

En Cantabria se reactiva la investigación arqueológica y se producen diversos trabajos, como los efectuados por Carballo en El Castillo, Calderón de la Vara y Andérez en La Meaza y Santián, Martínez Santa Olalla en El Pendo. Janssens y González Echegaray, (1958) realizan tres campañas de excavación en el Juyo, y Crane y Griffin (1960:46) obtienen una datación C^{14}. Estas intervenciones trataban de asentar la teoría de Carballo sobre el origen del Aziliense.

En el País Vasco, Barandiarán regresa del exilio en Francia y retoma la investigación de la Prehistoria vasca, promoviendo la formación de equipos de arqueólogos y la creación de la Sociedad de Ciencias Aranzadi, desde la que se impulsará el desarrollo de la arqueología vasca. Las intervenciones se centran en el Paleolítico y en el Aziliense.

Al final de esta década se produce el desarrollo de la Espeleología deportiva en Cantabria por grupos extranjeros y nacionales. Estos grupos contribuyeron al descubrimiento de concheros en cavidades.

En los años sesenta se da un impulso a las excavaciones arqueológicas al crearse en 1962 el Seminario de Prehistoria y Arqueología "Sautuola", que desarrolló una importante labor de investigación, dirigida por sus principales representantes, Joaquín González Echegaray y, el entonces director del Museo Provincial, Miguel Ángel García Guinea. Desde estas instituciones se da un gran impulso al estudio de la Prehistoria Reciente. Se responsabilizan de esta investigación, primero Bejines Ramírez, que se retira muy pronto, y es sustituido por Rincón Villa, que publica los resultados de las investigaciones en 1985. En estos años aparecieron algunos trabajos de síntesis como el de Cheynier y González Echegaray (1964:327-346) sobre la cueva del Valle.

En el año el año 1962, González Echegaray y García Guinea, inician la excavación del yacimiento de La Chora, publicada en el año siguiente. Aunque la excavación se realiza en el vestíbulo, en el área del yacimiento Paleolítico, citan el gran conchero que se encuentra en superficie en el comienzo de la galería norte, sin más detalles. (González Echegaray y García Guinea (1963: 5). En este proceso de investigación, Madariaga de la Campa estudia la malacofauna, si bien no especifica los niveles en que se ha recogido, todo apunta a que se refiere al yacimiento Paleolítico, sin embargo, cita numerosas especies y, en el caso de las *Patellae*, observa que algunas son de tamaño pequeño y, que las especies que aparecen, pertenecen al inicio de un clima más benigno, especialmente por la aparición de la ostra portuguesa. (Madariaga de la Campa, 1963: 73-76)

El Museo Regional de Prehistoria llevó a cabo las excavaciones en las cuevas del Piélago I y II (Mirones, Miera) durante los años 1967-69, dirigidas por García Guinea, localizando el gran conchero de *Cepaea nemoralis* y la secuencia cultural completa que le permite definir el Aziliense cantábrico como cultura epipaleolítica.

En esta etapa de investigación del Seminario, se localizaron varios yacimientos de conchero: Cerro del Uro (Santander), Alto del Peñajorao (Camargo), Ventano Lorao (Voto), Cuevas de Pinto, El Covacho y Lapas (Liendo), en los que realizaron sondeos arqueológicos, aunque no aportaron muchos datos, ni se clasificaron como concheros mesolíticos.

A comienzos de los años setenta, derivada del Seminario Sautuola, se crea la Sociedad Espeleológica Sautuola (SESS). Esta sociedad se dedicó al desarrollo de la espeleología deportiva y a la prospección arqueológica, colaborando con el Seminario Sautuola. En esta etapa se localizan los concheros de Hoyos IV, La Cuevona, Montealegre, La Torca y Collado. Sin embargo no se publican.

En el País Vasco J. M. Barandiarán, continua realizando excavaciones en yacimientos de conchero como Urtiaga (Barandiarán, 1960), Goikolau (Barandiarán, 1962), Santimamiñe (Barandiarán, 1961-1963), Lumentxa (Barandiarán, 1965-1966), Aitzbitarte IV (Barandiarán, 1961-1965), Abbitaga (Barandiarán, 1969) y en Marizulo (Laborde *et al*. 1965-1967).

1.7. La revitalización de las excavaciones (1968-1980): la introducción del Procesualismo

A finales de los años 60, con la participación de investigadores americanos como Freeman, junto con González Echegaray, en las excavaciones de Morín (1966-1969), se introduce una nueva corriente teórica en la investigación arqueológica, que tiene su origen en la escuela americana que sustituirá a la de tradición francesa, la llamada Nueva Arqueología. Los nuevos planteamientos no solo tratan de diferenciar las secuencias culturales, sino también de interpretar la forma de vida de los cazadores-recolectores con la introducción de distintas disciplinas.

La aplicación de los nuevos métodos se inicia con el estudio del Asturiense por G. A. Clark en 1968. La introducción de nuevas técnicas, apoyado en una serie de fechas de C^{14}, sobre muestras obtenidas en sondeos y excavaciones realizadas en yacimientos de la zona oriental de Asturias, demuestran el carácter post-pleistoceno de los concheros asturienses. De esta forma establece la cronología del Asturiense entre el 8900 y 7000BP (Clark, 1976: 271). Aporta también una diferenciación con los concheros post-asturienses, que Vega del Sella había ya planteado tímidamente.

Aunque el primer objetivo de Clark es el establecimiento de la cronología del Asturiense, se puede observar un cambio hacia las ideas procesualistas, al admitir la trayectoria de cambio lento y adaptación, basado en los recursos disponibles de origen terrestre y marino (Clark, 1972: 18). Otro aspecto que abordó fue el estudio de la industria lítica analizando todos los restos de talla, además de los útiles, escapando a la cuestión del fósil guía, basado en el "pico asturiense". En el yacimiento que denominó Liencres - en realidad Rostrío- estudió las industrias líticas que incluían una variedad de útiles y restos de talla, con láminas, laminitas y denticulados, junto con picos asturienses, lo que le permitió hacer una caracterización del Asturiense que le relacionaba con el Paleolítico Superior. Posteriormente se ha considerado este yacimiento como una mezcla de industrias de cronología posterior (González Morales, 1982:89-90).

Desde una orientación procesualista, Bailey (1973) se va a centrar también en el estudio de los concheros asturienses, sin embargo, representa la introducción en España de la escuela Paleoeconómica de Cambridge. Su llegada a la región cantábrica supuso la instalación del "*site catchement analysis*", planteamiento que se centra en los estudios sobre los patrones de asentamiento de los grupos de cazadores-recolectores. Bailey plantea uno de los problemas de investigación que suscita el Asturiense, la distribución espacial. Sobre la ubicación de los yacimientos exclusivamente en la zona litoral, Bailey, desde un procedimiento inductivo (Gassiot, 2000:95), basado en la productividad en términos de alimentación consumible, extraíbles de los diferentes biotopos presentes y patrones de acceso al territorio económicamente útil, hace la primera propuesta basada en la baja *productividad* del litoral cantábrico y el bajo poder nutritivo de las lapas, para inferir la necesidad de explotación de un sistema dual de biotopos complementarios: una explotación estival del interior y una invernal en la costa (Bailey, 1973:78).

Nuevas aportaciones en la línea teórica del Procesualismo americano y su aplicación interdisciplinar se concretizan en el proyecto paleoecológico de la Riera (Clark y Straus, 1977, 1983; Straus y Clark, 1978, 1986; Straus *et al.* 1981). En este proyecto se trata de examinar la relación entre la selección de biotopos y los cambios climáticos, la influencia en los patrones de asentamiento, la estacionalidad y la funcionalidad de los yacimientos. Straus, basándose en la falta de secuencias estratigráficas, donde Aziliense y Asturiense tuviesen una continuidad cronológica, y en el solapamiento de dataciones radiocarbónicas entre ambos periodos, desde un punto de vista funcionalista, propone la contemporaneidad de ambos, como un sistema adaptativo, con funciones diferentes dentro del sistema. Los asentamientos azilienses, situados en el interior de la región, continuarían una economía basada en la caza y los asturienses, situados de forma estable en la costa, habrían realizado una adaptación a una economía diversificada. Posteriormente esta teoría quedó descartada, al identificarse en la excavación del yacimiento del Perro, en la desembocadura del Asón (González Morales *et al.* 1992 y 2000) una secuencia estratigráfica datada en el Magdaleniense-Aziliense-Mesolítico.

Sin embargo, a pesar del planteamiento erróneo de la hipótesis de Straus, abrió un debate sobre patrones de asentamiento, la movilidad de los grupos y la transición Pleistoceno al Holoceno en la región cantábrica. Además supuso la consolidación de conceptos e ideas que siguen vigentes en la historiografía cantábrica, el modelo de asentamiento y movilidad basado en los desplazamientos estacionales costa-interior, siguiendo los valles fluviales que caracterizan la geografía de la región, ya planteado por Bailey (1973), y conceptos propios de la Nueva Arqueología, como la movilidad logística frente a la residencial y la complementariedad de los asentamientos dentro de un esquema de ocupación del territorio general (García Moreno, 2010).

En la zona oriental de Cantabria, los primeros datos que se obtienen sobre una excavación científica, se deben a Apellániz que inicia en 1968 la excavación de la cueva del Tarrerón, en Cantabria, pero inmediata a Vizcaya. El nivel III, conchero de especies marinas y terrestres, con industrias líticas y óseas escasas, aporta la primera fecha que se obtiene en la zona oriental sobre un conchero holocénico (Apellániz, 1971). Esto permitió identificar una cultura dentro del periodo Mesolítico con características diferentes del Asturiense, que en principio denominó *Tarreroniense*. El mismo autor continúa sus excavaciones en el País Vasco y en 1975 en la cueva de Kobeaga II (Ispáster, Vizcaya), identifica el conchero de especies marinas, y por las características de la industria lítica (poco abundante), lo atribuye a una facies tardenoisiense, previa a la neolitización. En estos años se excava también Arenaza (Apellániz y Altuna, 1975), y Berrobería (Barandiarán, 1979).

1.8. Los años 80 y 90 del siglo XX. La consolidación del Procesualismo

En los años 80 se incorpora una nueva generación de investigadores españoles influenciados por la corriente del Procesualismo, pero con una perspectiva histórica, lo que permitirá la apertura de nuevos debates como el que surgirá en torno a la neolitización de la región cantábrica. En los últimos años del siglo, comienzan a aparecer planteamientos teóricos, influenciados por el Materialismo Histórico, que llega a la región por el contacto con investigadores afines a dicha corriente (Bate, 1989 y 1992; Estévez y Vila, 1995) (Gutiérrez Zugasti, 2009: 37-38).

Uno de los investigadores que inician esta nueva etapa de tendencia procesualista es González Morales, que va a realizar la siguiente sistematización del Asturiense. En 1982 se publica su tesis, *El Asturiense y otras culturas locales*, en la que hace una revisión del Asturiense siguiendo la línea iniciada por Clark en los años 70. En esta revisión se aportan nuevos yacimientos de la zona oriental de Asturias y sólo considera en sus análisis los sitios "no asturienses", bajo el nombre de "otras culturas locales" que recogía los pocos yacimientos de conchero del Cantábrico oriental conocidos hasta ese momento, situados en el País Vasco con denominación epipaleolíticos: Marizulo, Santimamiñe, Kobeaga II, y Tarrerón (Cantabria).

Una vez más se produce el vacío de investigación en la zona oriental de Cantabria. La revisión de materiales y los resultados obtenidos en la excavación de Mazaculos II (González Morales, 1978) le llevaron a revisar algunas conclusiones de Clark. Define el Asturiense como un sistema económico-social perfectamente adaptado al medio regional, con una permanencia de cuatro milenios, hasta la introducción de la economía productora en la región a mediados del cuarto milenio. En cuanto a los patrones de asentamiento, considera el Asturiense como una ocupación exclusivamente costera, estable a lo largo del año, basada en una economía de subsistencia centrada en la caza del ciervo en el invierno, y la recolección de moluscos en el verano, además de otros recursos vegetales. Otro aspecto importante, basado en la obtención de nuevas dataciones radiocarbónicas, fue la diferenciación cultural y cronológica entre el Asturiense y el Aziliense, refutando la teoría de contemporaneidad (costa/interior), propuesta por Straus. (González Morales, 1995a).

En los años 90, González Morales centra sus trabajos en la zona oriental de Cantabria, con el proyecto "*La Prehistoria de las Marismas*", cuyo objetivo era definir los procesos que caracterizan el paso a la Prehistoria reciente en la cuenca baja del río Asón y las Marismas de Santoña. El descubrimiento en 1984, por unos aficionados, del Abrigo del Perro con yacimiento arqueológico y grabados rupestres, fue el inicio de un nuevo planteamiento del estudio de la zona del monte Buciero. Se conocía la existencia de otros abrigos y cavidades con evidencia de ocupación postpaleolítica, por lo que se aborda un estudio a largo plazo para aprovechar todo el potencial que ofrecía la zona para la investigación científica. Las excavaciones en el abrigo de la Peña del Perro permiten identificar un nivel de conchero mesolítico sobre el nivel aziliense, "*sin definición cultural más precisa por la falta de material característico*". En este nivel 1.3 se obtiene una fecha C^{14}: 9.260 ± 110 BP (González Morales y Díaz Casado, 2000: 93-96).

Una nueva excavación en el Monte Buciero, se realiza en la cueva de La Fragua (1990-1996). En los niveles 1 y 3, se identifica un yacimiento de conchero holocénico que ha aportado fechas C^{14} con un intervalo de 9600-6650 BP. (González Morales, 2000: 178).

Dentro del mismo proyecto, González Morales, *et al.* (2000: 150-151), llevan a cabo la prospección arqueológica de la zona del bajo Asón y Marismas de Santoña y toma de muestras en las cuevas del Otero, La Chora y El Valle. De este proyecto se obtiene la fecha C^{14} en el conchero de la La Chora (Voto).

En 1992, una excavación de urgencia en la cueva de La Trecha (Islares, Castro Urdiales) (González Morales *et al.* 2002: 49-54), que estaba afectada por el trazado de la Autovía del Cantábrico, aporta cuatro dataciones radiocarbónicas para el periodo Mesolítico.

Manuel R. González Morales y Lawrence G. Straus llevan a cabo en la actualidad el Proyecto: "*La Prehistoria del Valle del Asón: La Cueva del Mirón (Ramales de la Victoria)*". En la publicación referente a las excavaciones de 1996-1999, aportan tres dataciones C^{14}, tomadas en el nivel 10.1 del Mirón con fechas que van desde el 9550±50 BP al 8380±175 BP, atribuidas al Mesolítico (González Morales y Straus, 2000 a: 331-336).

Un avance en la sistematización de esta etapa se debe a Arias Cabal (1985) en su memoria de Licenciatura en la Universidad de Cantabria (UC): "*Transformaciones económicas y cambio social en el paso de la Prehistoria reciente en el Oriente de Asturias*". Este trabajo se completa con la tesis: "*Los procesos de neolitización en la región cantábrica*" (1989) y la *publicación*, "De cazadores a campesinos. La transición al Neolítico en la región cantábrica". Universidad de Cantabria (1991). En estas publicaciones, además de sistematizar la mayor parte de los datos disponibles, ofrece teorías que tratan de explicar el proceso del cambio. Sin embargo, el desconocimiento de yacimientos en la zona oriental de Cantabria -solo se disponía de datos del Tarrerón- hace que siga permaneciendo un vacío en la información y conocimiento de esta etapa en Cantabria.

En el valle del Miera, en el monte de La Garma, se conocía la existencia de las cuevas del Truchiro y del Mar, como ya dijimos, descubiertas por Sierra en 1903, pero no se realizaron investigaciones arqueológicas hasta 1995. En ese año se inicia un proyecto de investigación: "*Los orígenes de las sociedades campesinas en la región cantábrica*". Este proyecto facilitó el inicio de excavaciones dentro del programa: "*Sondeos arqueológicos en yacimientos en cueva del Bajo Miera*", dirigidos por Arias Cabal y Ontañón Peredo. En el proyecto se incluyen las cuevas de La Garma A y B, recién descubiertas en 1991. Las excavaciones en las cuevas del monte de La Garma, evidencian yacimiento de conchero mesolítico en La Garma A, Cueva del Mar y algunos indicios en la Garma B. En el Truchiro se obtiene una datación C^{14} sobre restos humanos. Este proyecto ha aportado un buen número de dataciones radiocarbónicas (Arias *et al.* 2000: 274).

En 1995 Ruiz Cobo y Smith dirigen el proyecto "*La Prehistoria Reciente de Matienzo*" (PPRM), con objetivos de prospección y excavación en yacimientos de distinta cronología en el área de la depresión cerrada de Matienzo. En los años 1996-97 llevan a cabo, dentro del citado proyecto, la excavación del yacimiento del Cubío Redondo, documentando una ocupación mesolítica de montaña y aportando nuevas dataciones C^{14}. Los trabajos culminan con la publicación: "*El yacimiento de Cubío Redondo (Matienzo, Ruesga): Una estación mesolítica de montaña en Cantabria*" (Ruiz Cobo y Smith, 2001). En los años 2000 y 2001, dentro del proyecto PPRM, se intervino en la cueva de Cofresnedo, documentando diversos yacimientos con cronologías desde el Paleolítico a la Edad del Hierro, y, un yacimiento de conchero mesolítico, concrecionado en la boca de la cavidad.

En la prospección para la elaboración del catálogo de yacimientos en la depresión de Matienzo, se descubrieron nuevos yacimientos de conchero en las cavidades de La Cubía de Sel de Suto, Cueva Marcos, los talleres de sílex en La Muela y La Piluca. Estos trabajos culminan con la publicación, "*La Cueva de Cofresnedo en el valle de Matienzo. Actuaciones Arqueológicas 1996-2001*" (Ruiz Cobo y Smith, 2003).

En los años 90 surgen diferentes tesis y tesinas que abordan el estudio de los concheros o aspectos tangenciales. En 1997, M. A. Fano realiza su tesis doctoral, "*El hábitat mesolítico en el Cantábrico occidental. Transformaciones ambientales y medio físico durante el Holoceno antiguo*". Universidad de Salamanca. Aborda el estudio del hábitat, entendido como el lugar en el que el hombre fija de una manera más o menos estable su residencia, y desde esta perspectiva, analizar los factores que determinan las condiciones de habitabilidad y el papel jugado por los diferentes asentamientos. Incluye también un análisis de la insolación potencial que recibirían los yacimientos mediante un SIG. Una vez más el área de investigación se centró en la costa Oriental de Asturias.

La Memoria de Licenciatura de Muñoz Fernández (1997, inédita), "*Los concheros holocénicos en Cantabria*", sistematiza los yacimientos de conchero holocénico atribuibles a los periodos cronoculturales desde el Aziliense-Neolítico-Calcolítico y romanos. En este trabajo aporta un centenar de yacimientos atribuidos al Mesolítico, si bien la información disponible está basada en gran parte en observaciones superficiales, debido a la falta de excavaciones realizadas en Cantabria.

En el País Vasco, en los finales de los 80 y 90, se excavan dos yacimientos situados al aire libre: Pareko Landa (López Quintana, 1996 y López Quintana y Aguirre, 1997) y Herrico Barra (Altuna *et al.* 1993; Mariezcurrena y Altuna, 1995).

1.9. El siglo XXI: La investigación en los últimos años

El marco teórico del inicio del siglo XXI es una continuidad de la etapa anterior. Sigue vigente el Procesualismo y una ligera expansión del Materialismo Histórico, aunque los debates continúan siendo los mismos que en la década anterior (Arias y Fano, 2003 y 2005; González Morales, 1999; Fano, 2007). Con el nuevo siglo llegan nuevos planteamientos para la resolución de esos debates. Una de las técnicas más interesantes es la desarrollada para la obtención de información sobre paleodietas. Los estudios realizados por Arias y Fano (Arias, 2006; Arias y Fano, 2005) han proporcionado datos interesantes sobre la composición de las dietas de los cazadores-recolectores, durante el Mesolítico y el Neolítico, a partir de análisis de isótopos estables de nitrógeno (14N/15N) y carbono (12C/13C) que permiten conocer el origen de las proteínas ingeridas. Se han realizado estudios en yacimientos de Asturias (Los Canes- Arangas) y País Vasco (J3- Hondarribia).

La tesis de Gassiot, desde una epistemología situada en el Materialismo Histórico, "*Anàlisi arqueològica del canvi cap a l'explotació del litoral*". Universidad Autónoma de Barcelona (2000), analiza las adaptaciones litorales como respuesta a las condiciones ambientales, desde el aspecto de la productividad. En esta investigación incluye el Asturiense y yacimientos del País Vasco, revisando las diferentes propuestas ecológico-culturales propuestas por Clark, Bailey, Strauss, Castaños, González Sainz y González Morales, basados en la diversificación e intensificación de los recursos. Propone otras variables insertas en los cambios sociales, como el trabajo objetivado y el valor nutricional, a partir de las calidades de los recursos (Ibid. 2000:102-104)

En el año 2002, Straus, González Morales, Fano y Gelabert, publican el artículo "*Last Glacial human settlement in eastern Cantabria*". En este artículo, en el apartado llamado epílogo mesolítico, citan los concheros localizados en el proyecto "Estuario del Asón": El Perro, La Fragua, La Chora, un posible conchero mesolítico en la cueva de la Baja y, otro yacimiento al aire libre, en el Ilso de Hayas. Más alejado, a 12 km al este del Asón, citan la cueva de La Trecha (Islares,

Castro Urdiales), conchero mesolítico sin cerámica, pero contemporáneo de las ocupaciones neolíticas antiguas de la región vasco-cantábrica, incluyendo los megalitos y los niveles de ocupación del Mirón. En lo referente al poblamiento mesolítico en el curso medio y alto del Asón, lo consideran "*casi vacío de evidencias de ocupación humana*", si bien citan la reciente excavación del Cubío Redondo, que ha aportado dos fechas C^{14} entre el 6630 y 5780 BP (Ruiz Cobo *et al.* 1999). Reconocen alguna visita esporádica en la cueva del Mirón en el Mesolítico temprano. El único indicador de ocupación en el Mesolítico final en zona de montaña sería el Tarrerón. Concluyendo, consideran que el interior no tuviese atractivo en el periodo Boreal y antiguo Atlántico, quizás por la abundancia en recursos comestibles que tuviera el entorno del estuario.

Roberto Ontañón Peredo desde 1995 dirige el proyecto "Investigaciones arqueológicas en Montealegre", que se realiza en un conjunto de cavidades en el que se incluye el abrigo del Cráneo. El nivel B2, por la presencia de un potente conchero marino de especies holocénicas, ha sido atribuido al Mesolítico (Ontañón Peredo, 2008:153).

La creación del Instituto Internacional de Investigaciones Prehistóricas de Cantabria en la Universidad de Cantabria (IIIPC) en el año 2004, ha supuesto un avance y potenciación de la investigación en los diferentes campos y etapas cronológicas de la Prehistoria de Cantabria. En el campo del Mesolítico, la investigación se ha especializado fundamentalmente en estudios sobre malacofauna, arqueofauna, paleodietas y reconstrucción del paisaje.

Nuevas excavaciones se han iniciado en el País Vasco en J3 (Iriarte *et al.* 2005), en Linatzeta (Tapia *et al.* 2008), donde se han documentado depósitos funerarios atribuidos al Mesolítico. En Santimamiñe se ha hecho una revisión de la estratigrafía del depósito (López Quintana y Guénaga, 2007).

Nuevas excavaciones también en Asturias, en El Toral III (Noval Fonseca, 2014) y El Mazo (Gutiérrez-Zugasti *et al.* 2013) aportan información sobre el Mesolítico en la zona occidental.

En los últimos años diversas tesis abordan temas relacionados con el Mesolítico de la región cantábrica en general. Esteban Álvarez Fernández, en su tesis "*Los objetos de adorno-colgantes del Paleolítico Superior y del Mesolítico en la Cornisa Cantábrica y en el Valle del Ebro: una visión europea*". Universidad de Salamanca (2006), hace revisión de un buen número de yacimientos de la cornisa cantábrica en el área de expansión del Mesolítico desde el valle del Pas a Castro-Urdiales, sin embargo, solamente se hace referencia en el Mesolítico a un colgante de la Garma A.

Gutiérrez Zugasti I. (2008), continúa en su línea de investigación sobre la malacofauna con su tesis "La explotación de moluscos y otros recursos litorales en la región cantábrica durante el Pleistoceno final y el Holoceno inicial". Universidad de Cantabria. Sus trabajos de investigación continúan en la actualidad fundamentalmente dentro de este ámbito.

Marín Arroyo, A. B. (2010) realiza la tesis, "*Arqueozoología en el Cantábrico oriental durante la transición Pleistoceno/Holoceno, La Cueva del Mirón*", presentada en la Universidad de Cantabria.

Cuenca Solana, D. inicia un nuevo campo de investigación en su tesis "*Utilización de instrumentos de concha para la realización de actividades productivas en las formaciones económico sociales de los cazadores-recolectores-pescadores y primeras sociedades tribales de la fachada atlántica europea*". Universidad de Cantabria (2013). En el proceso experimental, realizado en el Mesolítico sobre conchas procedentes de los yacimientos de El Toral III (Andrín, Asturias), se ha podido comprobar la utilización de conchas de lapa y de bivalvos en el procesado de materia vegetal, cuero y ocre orientado a la manufactura de bienes de consumo indirecto empleados en posteriores procesos productivos.

La reciente tesis doctoral de Nuria Gallego Lletjos "*El Mesolítico de la Península Ibérica. Historia y crítica de la investigación y estado actual del conocimiento*", Universidad Complutense, Madrid (2013), en la que realiza un exhaustivo análisis del origen, y evolución de la investigación del Mesolítico en el conjunto peninsular, ofreciendo una perspectiva global del estado de las investigaciones desde un punto de vista analítico y crítico. En él se analiza esta parte de la región cantábrica basada en el análisis de las publicaciones.

Una síntesis sobre el Mesolítico de la Región cantábrica en general, ha sido realizado por Fano (2004): *"Un nuevo tiempo: El Mesolítico en la Región cantábrica"*, en el que hace una revisión historiográfica de la investigación en la región y se analiza el estado de la información de yacimientos mesolíticos de la región entre el IX y el VI milenio BC, basado fundamentalmente en yacimientos del oriente de Asturias y del País Vasco, con la escasa presencia de los conocidos en Cantabria (El Perro, La Fragua, Cubío Redondo, La Trecha y la zona de La Garma).

1.10. Las aportaciones de la prospección sistemática

Sin duda hay que considerar la gran importancia que ha tenido la prospección en el descubrimiento de los yacimientos de conchero. En la década de los años sesenta se produce un incremento de grupos de espeleología que incluyen prospecciones arqueológicas en sus zonas de exploración, como la Asociación Espeleológica Ramaliega (AER), el Grupo Espeleológico la Lastrilla de Castro Urdiales (GELL), que descubren nuevos yacimientos con especies marinas en la zona de Castro Urdiales, y han dado a conocer en diversas publicaciones. El Speleo Club Cántabro (SCC), la Sociedad de Actividades Espeleológicas de Cantabria (SAEC), La Sección Espeleológica de Investigaciones Subterráneas (SEIS) y el Grupo de Espeleología e Investigaciones Subterráneas Carballo/Raba (GEIS. C/R).

Muy importantes fueron las investigaciones en el karst del Asón, llevadas a cabo por el Speleo Club de Dijon en la década de los años cincuenta. En estos trabajos se descubrió el conchero de *Cepaea nemoralis* del Abrigo de Cubera, en el Alto Asón, publicando su estratigrafía. Los trabajos de los equipos de espeleólogos franceses culminan con el estudio sobre el karst del Asón realizado por Mugnier (1969), quien señala la existencia de rellenos post-glaciares con gasterópodos terrestres en siete cavidades, algunas de ellas han sido identificadas recientemente como concheros mesolíticos.

Gutiérrez Cuevas, miembro de la SESS y del Seminario Sautuola, recopila en el manuscrito *"Las Cuevas de la Montaña que contienen interés arqueológico"* (1969), ochenta y tres cavidades relacionando el contenido arqueológico (Muñoz y Santamaría, 2003). Hace una clasificación diferenciando los yacimientos clásicos, los yacimientos reconocidos por el equipo de Camineros, dirigido por García Lorenzo y los yacimientos reconocidos por el Seminario Sautuola y otros autores de la época. En este documento se relacionan los yacimientos de conchero de Cualventi (Oreña), Los Moros de San Vitores (Villaescusa), La Meaza (Comillas), El Carabión, los concheros de Pechón, La Casa de los Cristales (Voto). Se citan también otros yacimientos sin reconocer el conchero: La Chora (Voto), Cofresnedo (Matienzo), Coverón (Riva), La Puntida (Miera), El Gallinero (Villaescusa) y Alto del Peñajorao (Camargo).

El grupo de espeleología La Lastrilla (GELL), en el extremo oriental, en Castro Urdiales, ha realizado una prospección sistemática de las cavidades de la zona, entre los años 1970 y 2000, documentando numerosos yacimientos de conchero holocénico y realizando una importante actuación de defensa de estos yacimientos ante el avance del proceso urbanístico en la zona. Estos trabajos se concretaron en la publicación de la *"Carta Arqueológica de Castro-Urdiales (Cantabria), Paleolítico- edad del Hierro"* (Molinero Arroyabe, J. T. 2000).

Los grupos CAEAP, GEIS CARBALLO / RABA y ACDPS, dirigidos por Muñoz Fernández, han llevado a cabo de forma continuada la prospección de los valles de Cantabria y del oriente de Asturias, y la revisión sistemática de las cavidades, con el objetivo de localizar las evidencias de ocupación postpaleolítica. Para ello han contado con proyectos autorizados por la Consejería de Cultura, Turismo y Deporte de Cantabria. Fruto de los trabajos de prospección sistemática llevada a cabo, han sido el descubrimiento de la mayoría de los yacimientos de conchero que hoy conocemos y que han dado lugar a la publicación de las siguientes cartas arqueológicas: *Carta arqueológica de Santoña* (Muñoz Fernández y Gómez Arozamena, 1986). *Catálogo topográfico de las cavidades con interés arqueológico: Besaya-Miera (Zona II)* (Muñoz Fernández y Gómez Arozamena, 1987). *Carta Arqueológica de Cantabria* (Muñoz Fernández; San Miguel Llamosas y CAEAP, 1988). *Carta Arqueológica de los Municipios de Argoños, Arnuero, Escalante, Meruelo y Noja* (Muñoz Fernández, San Miguel Llamosas y Gómez Arozamena, 1991). En estos documentos se identifican las especies malacológicas que se encuentran en superficie en los yacimientos y, otros restos arqueológicos, generalmente de forma muy sucinta, sin clasificaciones.

En continuidad con el trabajo de prospección, miembros del grupo CAEAP han publicado síntesis de estudios referentes al periodo mesolítico: *El Asturiense y Las Culturas Post-Asturienses* (Muñoz Fernández, 1994), *Las industrias con picos asturienses en Cantabria* (Muñoz Fernández, Serna Gancedo, Malpelo y Morlote, 1992), sin que haya una precisión clara para la definición de las culturas del sector oriental.

Las publicaciones más recientes del grupo CAEAP, abordan de forma más precisa los trabajos de prospección realizados en las últimas décadas. A esta etapa pertenecen: *Catálogo de Cavidades de Camargo Actuaciones Espeleológicas 1986-2002.* Ed. Ayuntamiento de Camargo y Parlamento de Cantabria (2002), *Catálogo de Cavidades de Piélagos Actuaciones Espeleológicas 1986-2003.* Ed. Ayuntamiento de Piélagos (2007).

Recientes proyectos de prospección realizados por los grupos CAEAP y GEIS/RABA, autorizados por la Consejería de Cultura de Cantabria, en los valles del Asón y Miera, han aportado nuevos hallazgos de yacimientos de conchero.

1.11. Conclusiones

El análisis de la historiografía nos ha permitido comprobar que el descubrimiento y la identificación de los yacimientos de conchero mesolítico se inician en las primeras etapas de la investigación arqueológica en la región cantábrica. En el siglo XIX, los primeros investigadores, Calderón Arana y González Linares, ya identificaron las semejanzas de los depósitos hallados en la región con los kjökkenmöddings nórdicos, sin embargo, en esta primera etapa de investigación, no se realizan estudios sobre estos yacimientos.

En el primer tercio del siglo XX se llevó a cabo una intensa investigación en la región cantábrica. En el oriente de Asturias, el conde de la Vega del Sella es el primer investigador que se dedica a estudiar los concheros, caracterizando el Asturiense en 1923. En Cantabria, Jesús Carballo, identifica los concheros que encuentra en las grandes cavidades y les sitúa cronológicamente dentro del periodo mesolítico, diferenciándolos perfectamente de etapas anteriores, y del Neolítico, por carecer de cerámica. Su intervención en Molino Gasparín (Bojes-Asturias) supuso la primera información sobre las prácticas funerarias en el Asturiense.

En Cantabria, en los años 50 se reactivan las actuaciones arqueológicas y se centran en la secuenciación del Paleolítico y en el estudio del Arte Rupestre. Es importante el descubrimiento de nuevos yacimientos por el equipo de Camineros de la Diputación, dirigido por García Lorenzo, entre ellos varios yacimientos de conchero, sin embargo, lamentablemente la información no ha trascendido.

Hasta los años 70, continúa el parón en la investigación del Mesolítico. La apertura de la situación política favoreció la incorporación de investigadores americanos, entre ellos G. Clark que centrará la investigación en el Asturiense (Clark, 1971), la incorporación de dataciones radiocarbónicas le permitieron fijar cronológicamente esta cultura, aportando abundante información sobre paleoambiente y tecnología. Hay que recordar que a partir de la caracterización del Asturiense por Vega del Sella todos los yacimientos de conchero se asignaron a esta cultura. La investigación se centró principalmente en el oriente asturiano.

En esta misma época la excavación en la cueva del Tarrerón en Cantabria (Apellániz, 1971), evidencia una cultura con características, especialmente tecnológicas, que le diferencian del Asturiense y le sitúan culturalmente en el ámbito del Mesolítico del País Vasco.

En la década siguiente la investigación ha continuado centrada en el Asturiense: La tesis de González Morales (1982): "*El Asturiense y otras culturas locales*", en la que se hace una revisión de esta cultura, en continuidad con la línea de Clark, incluye un reducido número de yacimientos de Cantabria, con información muy escueta. En los 90 este mismo investigador inicia la investigación en las Marismas de Santoña, con excavaciones en la Peña del Perro y La Fragua que permitieron determinar la transición Pleistoceno/Holoceno en la zona oriental de Cantabria, al comprobar la innegable superposición estratigráfica del nivel de conchero mesolítico sobre el nivel aziliense (González Morales, 1995: 67) y la clara sustitución de Littorina littorea por *Phorcus lineatus*, gasterópodo de aguas templadas.

A partir de los 90 se han sucedido síntesis sobre estudios del Mesolítico en la región cantábrica: Arias (1991) aborda la transición al Neolítico en la región cantábrica, en la que hace una revisión completa de la información disponible sobre el Epipaleolítico y Neolítico. En Cantabria solamente se incluye en los yacimientos de cronología mesolítica el Tarrerón (es la única información disponible). Fano (1997) incide en su tesis: "*El hábitat mesolítico en el Cantábrico occidental, Transformaciones ambientales y medio físico durante el Holoceno antiguo*", en la investigación del Asturiense, desde el estudio del hábitat. Este mismo autor ha realizado una síntesis sobre el Mesolítico de la Región cantábrica en general (Fano, 2004): "*Un nuevo tiempo: El Mesolítico en la Región cantábrica*", en el que se analiza el estado de la información de yacimientos mesolíticos de la región entre el IX y el VI milenio BC. Muñoz Fernández, en el trabajo de acceso a la Licenciatura (1997 Ined.), realiza un estudio general de los concheros holocénicos de Cantabria desde el Aziliense hasta época romana. En la zona de Cantabria centro-oriental atribuye 40 yacimientos al Mesolítico, situando el límite entre el Asturiense y el Mesolítico del sector oriental en la zona central de la región y precisa el límite en el río Miera.

La realización de proyectos de investigación a partir de los 90, como "*El estudio integral en el Monte de La Garma*" (Arias et al. 1995, actualmente en estudio), han aportado información parcial sobre el Mesolítico en la zona oriental de Cantabria, que se ha concretizado fundamentalmente en un buen número de dataciones radiocarbónicas. Ruiz Cobo y Smith (1996-2001) en el proyecto "*Prehistoria Reciente de Matienzo*", aportan dos estaciones de hábitat Mesolítico en la zona de montaña interior con dataciones radiocarbónicas y estudio interdisciplinar de los materiales recuperados.

En los últimos años el conocimiento del Mesolítico en esta zona de Cantabria, se ha visto incrementado con los análisis de malacofauna (Gutiérrez Zugasti, 2009), realizados sobre concheros holocénicos y análisis de arqueofauna (Marín Arroyo, 2005, 2007 y 2009), sobre la fauna recuperada en los yacimientos de Mazaculos (Asturias) y La Fragua (Cantabria).

Por último, los proyectos de prospección de los diferentes valles de Cantabria, han aportado un importante número de yacimientos de conchero holocénico de atribución cultural al Mesolítico (Ruiz Cobo et al. 2007-2010)

Globalmente se observa, en el contexto general de la zona centro-oriental de Cantabria, una información arqueológica reducida sobre los yacimientos de conchero, debido al escaso número de excavaciones efectuadas, a pesar del importante corpus de yacimientos identificados. Por otro lado, en la mayoría de los casos las publicaciones son parciales, debido a que se encuentran en proceso de estudio. Un importante avance ha supuesto la investigación en malacofauna y las dataciones radiocarbónicas.

CAPÍTULO 2. OBJETIVOS, PLATEAMIENTO Y METODOLOGÍA

2.1 Objetivos generales de la investigación

La revisión de la documentación disponible y la historia de las investigaciones han permitido valorar el vacío que se ha producido en Cantabria en la investigación del Mesolítico. Desde el inicio de los descubrimientos e investigación de los yacimientos de conchero, las intervenciones arqueológicas y proyectos de investigación se han centrado en el oriente de Asturias, considerando todos los yacimientos de la región cantábrica dentro de esta cultura hasta los años 70 del siglo veinte. La excavación en el Tarrerón puso en evidencia un Mesolítico con características diferenciables del Asturiense. No obstante la investigación de los yacimientos de conchero no tuvo continuidad en Cantabria hasta la intervención en el bajo Asón en los años 90 con el proyecto "La Prehistoria de las Marismas" que se concretizó en las excavaciones realizadas en la Peña del Perro y La Fragua y el proyecto del Monte de La Garma, con varios depósitos de yacimientos datados en el Mesolítico. La información actual sobre la investigación de estos yacimientos es muy preliminar. La intervención en el Cubío Redondo, un cazadero de montaña, confirmó una ocupación del poblamiento en las áreas alejadas de la costa en un momento avanzado del Mesolítico. La intervención en La Trecha se ha realizado por razones de urgencia por lo que la información disponible es muy escasa.

Por otra parte es conocida la abundante documentación aportada sobre yacimientos de conchero identificados por investigadores asociados a grupos independientes como el CAEAP, el GEIS C/R, y diversos grupos de espeleología, que ha sido publicada en Cartas Arqueológicas

Este vacío en la investigación, unido al conocimiento de los abundantes yacimientos de conchero que existen en Cantabria y el mal estado de conservación en que se encuentran, fue una de las razones determinantes para abordar el estudio sistemático en la zona centro-oriental de Cantabria de las sociedades que habitaron esta región en esta etapa final de los últimos cazadores-recolectores. Por otro lado, este proyecto da continuidad al iniciado en el valle alto del Miera, "El poblamiento epipaleolítico y mesolítico en el alto Miera", en el trabajo de investigación para acceso al DEA, en la UNED (2005).

El objetivo general de esta investigación es contribuir al conocimiento de las formas de vida de las sociedades de los últimos cazadores-recolectores que habitaron la región cantábrica entre el IX y el VI milenio cal BC, espacio cultural Mesolítico en la región cantábrica, mediante el análisis de los cambios observados en la gestión de los recursos, la variación de los patrones de asentamiento, los cambios tecnológicos y socio-culturales, como consecuencia de las transformaciones paleoambientales que se producen al finalizar el Tardiglaciar, en el Holoceno temprano y medio.

El área geográfica de investigación es la zona centro-oriental de Cantabria, en el marco de la región cantábrica, basado en el estudio arqueológico de yacimientos situados en la zona costera y en los valles interiores en el espacio comprendido entre la ría de San Martín de la Arena (Suances) por el oeste y la ría de Ontón (Castro Urdiales) límite por el este con el País Vasco.

No se pretende generar un modelo socio-económico para el Mesolítico de esta zona, se trata de encontrar respuestas a las hipótesis y debates planteados a lo largo de las etapas de investigación. No obstante se establecerán análisis comparativos con el poblamiento mesolítico occidental asturiense y con el oriental del País Vasco atlántico, en aspectos socioculturales, económicos y tecnológicos.

2.2. Objetivos concretos

- Formular hipótesis teóricas y metodológicas con las que se pretende avanzar en el conocimiento del Mesolítico.

- Aplicar el concepto de Mesolítico en este ámbito geográfico, desde una perspectiva socioeconómica.

- Definir criterios para discriminar la selección y organización del registro arqueológico.

- Ofrecer la situación en que se encuentra el estudio del Mesolítico en el sector oriental de Cantabria.

- Buscar información relevante al problema planteado, a partir de fuentes bibliográficas y documentales.

- Tratar de interpretar el clima y medio ambiente, para valorar la influencia que pudo tener sobre el patrón económico y ocupación del territorio de los grupos sociales mesolíticos.

- Realizar un estudio directo de cada uno de los yacimientos, mediante proyectos de prospección y revisión de todo el registro arqueológico.

- Obtener datos empíricos mediante la realización de proyectos de sondeos y dataciones radiocarbónicas que nos permitan aportar mayor información en el conocimiento del Mesolítico en el centro-oriental de Cantabria.

- Procesar la información recopilada mediante la aplicación de técnicas analíticas y procedimientos inferenciales que conduzcan a la elaboración de una síntesis interpretativa final del poblamiento mesolítico en Cantabria centro-oriental.

2.3. Metodología: planteamientos e hipótesis

Se parte de una revisión crítica de la documentación disponible, para conocer el corpus de yacimientos de conchero identificados en Cantabria.

- Un primer paso ha sido definir el concepto de conchero y su composición con el fin de discriminar la atribución al periodo cultural de estudio, diferenciándole de los yacimientos azilienses y neolíticos.

- Prospección del área de estudio con el fin de localizar nuevos asentamientos.

- La unidad básica de análisis son los propios yacimientos. Se ha creado una ficha donde se recoge la información de cada asentamiento sobre la situación geográfica y topográfica mediante coordenadas UTM ETRS89. Ubicación e identificación del yacimiento en la cavidad y de la estratigrafía, en los casos en que es perceptible, así como de los restos arqueológicos contenidos en el depósito, identificando y cuantificando los diferentes taxones de moluscos, fauna, industrias y restos significativos. Se completa con información historiográfica sobre la investigación, así como documentación fotográfica de la cavidad, del yacimiento, de los restos arqueológicos y el plano topográfico.

- El conjunto de esta documentación, se recoge en el registro arqueológico de yacimientos mesolíticos del sector centro-oriental de Cantabria, estructurado siguiendo los caracteres fisiográficos de la región por valles, diferenciando los territorios de la costa, llanura litoral y valles interiores y altos. La distribución territorial se ha documentado sobre cartografía IGM del mapa geológico de España E. 1:50.000 y 1: 25.000, con programas AutoCAD y CorelDraw, diferenciada por valles, áreas y núcleos de poblamiento.

- Se han estudiado los materiales depositados en museos: Museo de Prehistoria y Arqueología de Cantabria (MUPAC), en el Centro de Investigación de Altamira y, los materiales recuperados en las excavaciones de La Fragua y Peña del Perro depositados en el laboratorio de la Universidad de Cantabria, tratando de identificar los rasgos tecnológicos característicos.

- Los proyectos de excavaciones efectuadas en el Bajo Asón: Abrigo del Carabión; en el Alto Miera: Cueva de Sopeña y en el Bajo Pas: Cueva de Las Salinas, han permitido aportar información cuantitativa sobre arqueofauna, paleoambiente, industrias y dataciones radiocarbónicas, con intervención de grupos interdisciplinares, cuyos resultados se incorporan en los diferentes capítulos de esta investigación y han sido publicados en Memorias y artículos en revistas especializadas.

- Teniendo en cuenta el amplio registro de yacimientos documentados, y siendo consciente de la problemática que presenta la información obtenida en observación superficial, se ha tratado de ampliar la situación cronológica de yacimientos de conchero en los que no se ha efectuado excavación arqueológica, mediante muestreo de yacimientos en cada uno de los valles y en diferentes variables topográficas para efectuar dataciones radiocarbónicas.

- Se ha llevado a cabo el procesado de la información recopilada con la finalidad de elaborar una síntesis interpretativa final. Se trata de encontrar respuestas a las hipótesis y debates planteados a lo largo de las etapas de investigación:

A) En aspectos generales:

· Avanzar en el conocimiento de los cambios ambientales durante los períodos Boreal y Atlántico inicial y la repercusión que tuvo en la biocenosis y en la economía y organización territorial y social de los grupos prehistóricos que habitaban la región.

· Analizar el patrón de asentamiento: la distribución a lo largo de la línea de costa y la ocupación del interior y parte alta de los valles. Tradicionalmente se ha atribuido al poblamiento mesolítico una distribución territorial próxima a la línea de costa, con escasa ocupación de las zonas del interior de los valles.

· Valorar la explotación de los moluscos como parte integrante de la dieta y la relación con la distancia de los yacimientos a la línea de costa.

· Analizar la discusión sobre las semejanzas o diferencias culturales que existen con el Asturiense y el Mesolítico del País Vasco.

- Analizar el debate sobre la transición Mesolítico/Neolítico en la región cantábrica.

B) En aspectos concretos:

Para llevar a cabo esta investigación, nos centramos en aspectos que consideramos definitorios, tanto de los asentamientos como del papel que debieron jugar dentro de un panorama más global, que estaría integrado en un paisaje social:

- Situación y emplazamiento de los asentamientos. Se tienen en cuenta parámetros como la altitud, accesibilidad, orientación, insolación y proximidad a los cursos de agua.

- Morfología de los asentamientos. Diferenciando los tipos de hábitats, cuevas, abrigos y asentamientos al aire libre. Así como los tamaños y las condiciones de habitabilidad.

- Modelos diferenciales en la explotación de los recursos.

- Relaciones entre asentamientos y núcleos de poblamiento. Se tienen en cuenta la distribución de los yacimientos, la distancia a los vecinos más próximos, su localización dentro de las zonas de contacto y paso entre las diversas unidades fisiográficas

- El poblamiento de los valles altos: la colonización en el Holoceno.

- Valoración del significado económico de la situación de los yacimientos en el territorio.

- Análisis de los recursos potenciales. Intentamos observar el territorio como el espacio físico socializado y culturizado en el que se desarrollan el conjunto de las relaciones de las sociedades humanas.

- El análisis de áreas de captación (Site Catchment Analysis, SCA) (Vita-Finzi y Higgs, 1970) nos ha permitido rastrear los puntos de procedencia de recursos y materiales cuyos restos arqueológicos aparecen en los yacimientos.

- Identificar los recursos alimenticios disponibles, lo que permite inferir el tipo de economía que practicaron.

- Plantear la posible función del yacimiento atendiendo a sus características internas y al territorio que le rodea.

- Identificar las características tecnológicas y culturales.

- Explicar los procesos de cambio y evolución social: aumento demográfico y desequilibrios entre población y recursos.

- Analizar las diferencias socioculturales y económicas con relación al resto del poblamiento mesolítico de la cornisa cantábrica.

C) Debates planteados:

· La diferenciación territorial entre el área Asturiense y el Mesolítico de la zona oriental del cantábrico.

· El debate del poblamiento de la parte interior y alta de los valles

· La discusión sobre las semejanzas o diferencias culturales que existen con el Asturiense y el Mesolítico del País Vasco.

· El debate de la transición Mesolítico-Neolítico. Un último debate se refiere a la adopción de la economía productiva en la región cantábrica, donde parecen prolongarse formas de economía basadas en la caza y recolección, sin evidencias de economía productiva y, en algunos casos, con presencia de cerámica, en el VI y V milenio cal. BC.

El enfoque epistemológico parte de un punto de vista materialista, al considerar que mediante el estudio de los restos dejados por las sociedades de cazadores-recolectores podemos aproximarnos al conocimiento de su economía y de sus estrategias de subsistencia. Por otro lado mantenemos planteamientos procesualistas en la importancia que se da al estudio paleoambiental y económico y su relación con los patrones de asentamiento. Se aporta un enfoque inductivo y explicativo en la identificación de los cambios y repercusiones que se generan en las formas de vida y en las relaciones socio-culturales, basándose en la verificación de los datos y de los contextos culturales, para interpretar las secuencias de los comportamientos humanos en el tiempo.

Las conclusiones, debido a las limitaciones impuestas por lo sesgado de la información arqueológica, deben tomarse como un avance en las hipótesis, pendientes de estudios y verificaciones que abarquen un ámbito más amplio de yacimientos investigados con proyectos multidisciplinares.

CAPÍTULO 3. ESTADO ACTUAL DE LA INVESTIGACIÓN

3.1. La información disponible: los estudios realizados en excavaciones arqueológicas

El análisis de la historia de las investigaciones ha permitido conocer las fuentes disponibles sobre la investigación del Mesolítico en la región. La información procede de un escaso número de excavaciones, algunas en proceso de estudio, por lo que no se han publicado sus Memorias de forma completa y la información se ha obtenido en publicaciones de resultados parciales.

En los años 70-90, del XX, se han realizado excavaciones o sondeos en 13 yacimientos situados en los diferentes valles que componen el área de estudio, y que se relacionan en la Tabla (3.1).

Valles	Cavidad	Estratigrafía: Niveles Mesolíticos	Información arqueológica	Datac. C^{14}
Pas	Barcenilla	Niv. (5-10)	Fauna/Industria/Paleoambiente	2
Miera	Garma A	Niv. 2/Q	Malacofauna/Industria	8
	Truchiro	Conchero	Inhumación/ Malacofauna.	3
	C del Mar	Conchero		3
	Morín	Conchero		1
Asón	Pª del Perro	Niv. 1	Malacofauna/ Fauna/ Antracología	1
	Fragua	Niv. 1	Malacofauna/Macrofauna	3
	Chora	Conchero	Malacofauna	1
	Ilso de Hayas	Superficie	Industria	1
	Mirón	10.1	Carpolog./Microfauna./ Sedimentolog/ Paleoambiente	3
	Cubío Redondo	Conchero	Fauna/Industria/Sediment./ Malacofauna	2
	Cofresnedo	Conchero		1
	Tarrerón	Niv. III	Industria	1
Agüera	Trecha	Conchero	Malacofauna	3
	Sta. Ana	Superficie		1

Tabla 3.1. Relación de yacimientos con excavación o actuación arqueológica en Cantabria centro-oriental años 1970-2000

A continuación hacemos un resumen de la información aportada en cada una de las intervenciones arqueológicas. Una descripción más completa se presenta en el registro arqueológico (Capítulo 5).

Valle del Pas

3.1.1. Abrigo de Barcenilla

Situación: Barcenilla (Piélagos), margen derecha del río Pas.
Coordenadas UTM ED50: 424.380 / 4.804.225.
Altitud absoluta: 180 m.
Distancia a la línea de costa: 7,6 km
Clasificación: Abrigo.
Paisaje. Llanura litoral.
Clasificación: Abrigo .
Estratigrafía: En el sondeo efectuado de 0,5 m², se ha exhumado una estratigrafía de 10 niveles de ocupación, sin llegar a base. Los niveles 5-10 han aportado una secuencia cronocultural atribuida al Mesolítico.
Materiales: Se han efectuado estudios de malacofauna, palinología, antracología, fauna e industrias que se incluyen de forma total en el capítulo 6 (Paleoeconomía).
Malacofauna. Se han recuperado 2.533 NMI en los niveles 5-10, de cronología mesolítica, siendo las especies más abundantes, *Patella intermedia* (32%) y *Mytilus galloprovincialis* (30,02%). El conjunto total de especies de *Patella* es el taxón más frecuente (94,80%).
Industrias: Las industrias líticas recuperadas en los niveles mesolíticos (5-10) han aportado 220 restos de talla, con predominio del sílex de buena calidad, de procedencia local. En el grupo de los útiles (25), se han recuperado dos microlitos geométricos: en el nivel 10 un trapecio asimétrico con retoque abrupto, en el nivel 8 un triángulo con retoque abrupto.
Dataciones radiocarbónicas: Se han obtenido 2 dataciones por TL en los niveles neolíticos y dos en los niveles 5 y 8 dos dataciones radiocarbónicas (7336 ± 55 y 7878 ± 42).
Referencia: Muñoz Fernández, E.; Morlote Expósito, J. M. Santamaría Santamaría. S.; Castaños Ugarte, P.; Ruiz Zapata, B.; Gil García, M. J.; Uzquiano Ollero, P. (2013).

Valle del Miera

En el monte de la Garma (Omoño), en la ladera suroeste, se ubican las cavidades Garma A y B y cueva del Mar y en la base de la ladera la pequeña cueva del Truchiro.

3.1.2. La Garma A

Situación: Monte de La Garma (Omoño).
Coordenadas UTM ED50: 446.240/4.809.080.
Altitud absoluta: 84 m.
Distancia a la línea de costa: 6 km.
Clasificación: Cueva pequeña.
Paisaje. Alto de ladera en llanura litoral.
Estratigrafía: El yacimiento de conchero se encuentra en el vestíbulo y galería. Se ha exhumado una estratigrafía de 6 niveles, el nivel 2/Q contiene una ocupación mesolítica.
Malacofauna. Estudio de los cambios del tamaño de los moluscos (Álvarez-Fernández, E. (2013).
Industrias: En un estudio sobre el Mesolítico geométrico en la Región Cantábrica, Arias y Fano (2009:69-91), , informan sobre las industrias de La Garma A, Nivel 2/Q, con 47 piezas retocadas, presenta un índice de 2,1 microlitos geométricos.
Muñoz (1997, inédito) ha estudiado un conjunto de industrias.
Dataciones radiocarbónicas. En el nivel mesolítico se han obtenido ocho dataciones radiocarbónicas que abarcan

una cronología (8295 ± 65 BP - 6870±50 BP).
Referencias: Arias, P. y Fano Martínez, M.A. (2009); Arias, P. y Ontañón Peredo, R. (1995-2000); Muñoz Fernández, E. (1997. Ined.).

3.1.3. Cueva del Mar

Situación: Monte de La Garma (Omoño).
Coordenadas UTM ED50: 446.392 / 4.809.284.
Altitud absoluta: 64 m.
Distancia a la línea de costa: 6 km.
Clasificación: Cueva mediana.
Yacimiento: Conchero muy potente, prácticamente destruido.
Paisaje. Media ladera en la llanura litoral.
Industrias: Pico asturiense, hallado en superficie.
Dataciones radiocarbónicas: Se han obtenido cuatro fechas en el conchero entre (7225 ± 44 BP y 6725 ± 52 BP).
Referencia: Fano, M. A. (2007).

3.1.4. Truchiro

Situación: Monte de La Garma (Omoño).
Coordenadas UTM ED50: 446.250 / 4.809.000.
Altitud absoluta: 45 m.
Distancia a la línea de costa: 6 km.
Clasificación: Cueva pequeña.
Paisaje. Base de ladera en la llanura litoral.
Malacofauna: Estudio de los moluscos (Álvarez-Fernández *et al.* 2013).
Inhumación: En excavación dirigida por Armendáriz (2002), bajo un nivel Calcolítico, se ha exhumado una inhumación individual.
Dataciones radiocarbónicas: Hueso humano: 7390 ± 60 cal BP (Arias y Álvarez-Fernández, 2004). Sobre falange de ciervo: 8296±31BP y sobre carbón: 7015±45BP (Álvarez-Fernández *et al.* 2013)
Referencia: Armendáriz, A. (2002); Arias, P.; Álvarez-Fernández, E. (2004) y Álvarez-Fernández, E.; Aparicio-Alonso, Mª T.; Armendáriz, A.; Ontañón, R. y Arias, P. (2013).

3.1.5. Cueva Morín

Situación: Villaescusa.
Coordenadas UTM ED50: 430.550 / 4.801.160.
Altitud absoluta: 57 m.
Distancia a la línea de costa: 2,43 km.
Clasificación: Cueva.
Paisaje. Llanura litoral.
Estratigrafía: Contiene una estratigrafía muy completa del Paleolítico Medio, Superior y Aziliense. El nivel de conchero se conserva adherido en la pared izquierda del vestíbulo.
Malacofauna: Vega del Sella cita la composición del conchero formado por la combinación de especies características del roquedo del medio litoral: *Patella, Phorcus, y Littorina* con especies de roca, típicas de los estuarios y rías: *Mytilus* y *Ostrea* y de fondo fangoso: *Scrobicularia* y *Ruditapes*.
Dataciones radiocarbónicas: Se dispone de una datación obtenida en el estrato 27 (9000±150 BP) (Butzer, 1973).
Referencia: Butzer (1973) y Vega del Sella (1921).

Valle del Asón

3.1.6. El Tarrerón

Situación: Se encuentra en La Veguilla (Soba), en el límite suroriental de Cantabria.
Coordenadas: UTM ED50: 463.741 / 4.786.522 .
Altitud absoluta: 345 m.
Distancia a la línea de costa: 28 km.
Clasificación: Cueva pequeña.
Paisaje. Valle alto, en media ladera.
Estratigrafía: Se han exhumado tres niveles. El nivel III se ha atribuido al Mesolítico final.
Malacofauna: Abundante malacofauna marina y terrestre.
Industrias: Se identifican 11 sílex retocados y 48 no retocados. Entre los útiles un microlito geométrico (segmento de círculo con retoque semiabrupto).
Dataciones radiocarbónicas: En el niel III se ha obtenido una datación C^{14}, a partir de restos de madera carbonizada (5.780 ± 120 BP).
Referencia: Apellániz, J. Mª. y Nolte Aramburu, E. (1971 y 1979).

3.1.7. Abrigo de la Peña del Perro

Situación: Monte Buciero (Santoña).
Coordenadas UTM ED50: 464.745 / 4.809.820.
Altitud absoluta: 70 m.
Distancia a la línea de costa: 0,15 km.
Clasificación: Abrigo grande.
Paisaje. Acantilado, media ladera.
Estratigrafía: En la intervención arqueológica se ha exhumado una estratigrafía con tres niveles de ocupación, el nivel 1 contiene un conchero mesolítico.
Malacofauna: Las especies de moluscos marinos más abundantes son *Mytilus* (46,9%) y *Patellae* (31,84%) (Moreno 1995).
Dataciones radiocarbónicas: En el N1.3 se ha obtenido una datación C^{14} sobre carbón (9260± 110 BP).
Referencia: González Morales, M. R. y Díaz, Y. (1992); Moreno Nuño, R. (1995).

3.1.8. La Fragua

Situación: Monte Buciero (Santoña).
Coordenadas UTM ED50: 465.415 / 4.810.405.
Altitud absoluta: 130 m.
Distancia a la línea de costa: 0,16 km.
Clasificación: Cueva pequeña.
Paisaje: Acantilado, media ladera.
Estratigrafía: Se han exhumado 4 niveles, el nivel 1 se ha atribuido al Mesolítico.
Malacofauna: El estudio realizado por Gutiérrez Zugasti (2009:233-258) aporta los siguientes datos sintetizados: Las especies más abundantes son *Patellae* (más del 80% del NMI), seguido de *Mytilus galloprovincialis* (8,364% del NMI) y *Phorcus* lineatus (4,41% del NMI).
Macrofauna: Las especies más frecuentes en el nivel mesolítico serían los ungulados, especialmente el jabalí, seguido del ciervo, la cabra y bóvido. (Marín Arroyo, 2005).
Dataciones radiocarbónicas: En el nivel 1 se han obtenido dos dataciones C^{14} (7.530±70 BP a 6.650±120 BP).
Referencia: González Morales, M. R. (2000); Marín Arroyo, A. B. (2005) y Gutiérrez Zugasti, I. (2009).

3.1.9. La Chora

Situación: San Pantaleón de Aras (Voto).
Coordenadas UTM ED50:
Altitud absoluta: 50 m.
Distancia a la línea de costa: 8,64 km.
Clasificación: Cueva grande.
Paisaje. Llanura litoral, fondo de valle.
Estratigrafía: Potente conchero, no excavado, situado en el vestíbulo de la segunda boca y en la galería.
Malacofauna: Se ha efectuado el estudio sobre una muestra que ha aportado 192 NMI. El taxón más frecuente es *Scrobicularia plana* (34%), seguido de *Cepaea nemoralis* (14%) y en tercer lugar *Mytilus galloprovincialis* (13%), *Ostrea edulis* (13%) y *Patella intermedia* (8%) (Gutiérrez Zugasti, 2009).
Dataciones radiocarbónicas: Se ha obtenido una datación radiocarbónica en el conchero, sobre carbón (6360±80 BP) (Yudego, 1995).
Referencia: González Morales, M. R. (2000); Gutiérrez Zugasti, I. (2009) y Yudego, C. (1995).

3.1.10. El Cubío Redondo

Situación: Matienzo.
Coordenadas UTM ED50: 450.010 / 4.795.950.
Altitud absoluta: 230 m.
Distancia a la línea de costa: 23 km.
Clasificación: Cueva pequeña.
Paisaje. Valle interior, alto de ladera.
Estratigrafía: Se han exhumado cinco niveles, el 1-2 se han atribuido a una ocupación como cazadero de montaña en el Mesolítico.
Materiales: Se han recuperado restos de malacofauna, macrofauna, semillas, fragmentos de carbones, industria lítica y cerámica.
Malacofauna: Estudiada por Teresa Aparicio (2001), nos informa que la especie más abundante es *Cepaea nemoralis* (estiman unos 2.500/m²) seguido de *Mytilus* y *Patella intermedia.*
Macrofauna: Ha proporcionado 147 fragmentos. Se han identificado 5 ungulados (ciervo, corzo, cabra montés, rebeco y jabalí), y dos carnívoros (gato montés y garduña). La especie más frecuente es *Cervus elaphus* (50,34 %), seguida de *Capreolus capreolus* (15,64 %), *Capra rupicapra* (13,6 %) y *Sus scropha* (12,24 %). La *Capra hispanica* está presente de forma residual (0,7 %) (Castaños, 2001).
Industrias: El conjunto de se compone de 304 piezas, con predominio total del sílex. En el grupo de los útiles, destaca la presencia de microlitos geométricos con un trapecio atípico con retoque simple a doble bisel, una punta aziliense, perforador, dos piezas con muescas, cuatro raspadores y un buril atípico.
Dataciones radiocarbónicas: Se han obtenido dos fechas que han dado las siguientes cronologías: 5780±50BP y 6630 ± 50BP (Ruiz Cobo y Smith, 2001).
Referencias: Aparicio, M. T. (2001); Castaños, P. (2001) y Ruiz Cobo, J. y Smith, P. (2001).

3.1.11. Cofresnedo

Situación: Monte Naso (Matienzo).
Coordenadas UTM ED50: 452.280 / 4.796.370.
Altitud absoluta: 235 m.
Distancia a la línea de costa: 20 km.
Clasificación: Cueva grande.
Paisaje. Valle interior, media ladera.

Estratigrafía: Se identifican tres niveles en el conchero conservado en el lateral sur exterior.
Malacofauna: Presencia de malacofauna marina y terrestre.
Macrofauna: Presencia de *Capra hispanica, Capreolus capreolus* y *Sus scropha.*
Industrias: Lascas (4) en sílex local.
Dataciones radiocarbónicas: Se ha obtenido una datación C^{14} AMS (6845± 45 BP) *Referencia:* (Ruiz Cobo y Smith, 2003).
Referencia: Ruiz Cobo, J. y Smith, P. (2003).

3.1.12. El Mirón

Situación: Monte Pando (Ramales).
Coordenadas UTM ED50: 463.380 / 4.788.363.
Altitud absoluta: 250 m.
Distancia a la línea de costa: 20 km.
Clasificación: Cueva grande.
Paisaje. Valle interior, alto de ladera.
Estratigrafía: Posee un amplio depósito arqueológico de una ocupación entre el Musteriense y la Edad del Bronce. El yacimiento mesolítico se ha datado en el nivel 10.1 en la zona de la Cabaña.
Microfauna: Estudio de pequeños mamíferos (Cuenca-Bescos *et al.* 2008)
Carpología: En el estudio de macrorrestos vegetales se ha identificado el cultivo de trigo (Peña-Chocarro, 2005).
Dataciones radiocarbónicas: Se han obtenido tres dataciones radiocarbónicas de cronología en el Mesolítico (9550±50 BP; 8700±40 BP; 8380±175 BP).
Referencias: Cuenca-Bescos, G.; Straus, G. L., González Morales, M. R. García Pimienta, C. (2008); González Morales, M. R. y Straus, L. G. (2003), Peña-Chocarro. L.; Zapata, L.; García Gazolaz, J., González Morales, M. R.; Sesma, J.; Straus, L. G. (2005); Stevens, R.E.; Marín-Arroyo A.B.; González-Morales, M. R. y Straus, L. G. (2014).

3.1.13. Ilso de Hayas

Situación: Hayas (Guriezo).
Coordenadas UTM ED50: 468.616 / 4.801.350.
Altitud absoluta: 468 m.
Distancia a la línea de costa: 3,25 km.
Clasificación: Aire libre.
Paisaje. Cima de colina costera.
Estratigrafía: Superficie IH3.
Industrias: Pequeño lote de industria lítica.
Dataciones radiocarbónicas: Se ha obtenido una datación en IH3 sobre carbón que ha dado la fecha (7529±130 BP).
Referencia: Serna González, M.R.; Villar Quintero, R. (1997).

Valle del Agüera

3.1.14. Cueva de la Trecha

Situación: Islares (Castro Urdiales) (Destruida).
Coordenadas UTM ED50: 474.615 / 4.805.096.
Altitud absoluta: 45 m.
Distancia a la línea de costa: 0,5 km.
Clasificación: Cueva grande.
Paisaje. Ladera baja del Monte Hoz, sobre la desembocadura del Agüera.

Estratigrafía: Conchero conservado en varias zonas de la cavidad. No se describe la estratigrafía.
Malacofauna: Gutiérrez Zugasti (2009), estudia la malacofauna de los cuadros BB6 y CC6. El taxón más numeroso es *Patella intermedia* (22,756%), seguido de *Patella sp.* (18,005%), *Phorcus lineatus*, (14,369%) y *Mytilus galloprovincialis* (10,909%).
Dataciones radiocarbónicas: Se han obtenido cuatro dataciones C^{14} AMS (7.500±706 BP; 240±100 BP; 5.600±310 BP; 5.430±70 BP) (G. Morales *et al.* 2002: 52).
Referencias: González Morales, M. R.; Díaz Casado, Y.; Yudego Arce, C. (2002). (2002), Gutiérrez Zugasti, I. (2009).

3.1.15. Sta. Ana

Situación: Castro Urdiales.
Coordenadas UTM ED50: 481.723 / 4.804.401.
Altitud absoluta: 15 m.
Distancia a la línea de costa: 0 km.
Clasificación: Aire libre, superficie.
Paisaje. Acantilado.
Estratigrafía: Yacimiento conservado en superficie entre las rocas, bajo la construcción de la ermita del mismo nombre.
Industrias: Se ha recuperado un pequeño lote de industria.
Datación radiocarbónica: Se ha obtenido una datación C^{14} AMS sobre carbón (6440±40 BP).
Referencia: Valle Gómez, A.; Serna Gancedo, M. L.; Martínez Velasco, A.; Molinero Arroyabe, J. T. García Mingo, M. I. (2006).

3.1.16. Covacho del Cuco

Situación: Castro Urdiales.
Coordenadas UTM ED: 481.507 / 4.804.428.
Altitud absoluta: 17 m.
Distancia a la línea de costa: 300 m.
Clasificación: Covacho en amplio Abrigo.
Paisaje: Colina costera.
Estratigrafía: 2 m con 13 niveles fértiles.
Malacofauna: 121 moluscos marinos de roca en toda la secuencia. La especie más abundante es *Phorcus lineatus*, seguido de *Patella*.
Ictiofauna: Una vértebra de pez.
Avifauna: Un hueso y un pico no identificados.
Industria lítica: 3 lascas en sílex.
Referencias: Arozamena Vizcaya, J. E. (1979); Díaz Casado, Y. (2002); Molinero Arroyabe, J. T. (2000); Muñoz Fernández, E. (1997); Muñoz Fernández, E. y Montes Barquín, R. (2007).

3.2. Nuestra aportación a la investigación del Mesolítico en el marco geográfico centro-oriental de Cantabria

Los trabajos de investigación realizados en los últimos años se han materializado en proyectos autorizados y, en parte subvencionados, por la Consejería de Educación Cultura y Deporte de Cantabria. El marco geográfico en el que se han realizado ha sido la zona centro-oriental de Cantabria, con el fin de obtener datos empíricos sobre el contenido de los depósitos de conchero, verificar el estado de conservación de los yacimientos, elaborar documentación planimétrica y fotográfica, realizar sondeos y estudios interdisciplinares que nos permitan avanzar en el conocimiento de las pautas económicas, la gestión del territorio y patrones de asentamiento de los últimos cazadores-recolectores-pescadores en esta zona de Cantabria.

El punto de partida fue el proyecto: "El poblamiento Epipaleolítico y Mesolítico en el Alto Miera". Proyecto de investigación 3º ciclo para acceder al DEA en la Universidad Nacional de Educación a Distancia (UNED). Madrid. 2005. Autorizado por la Consejería de Cultura, Turismo y Deporte de Cantabria.

Dentro del marco de realización de la tesis doctoral sobre el Mesolítico en el centro-oriental de Cantabria, a partir de la información disponible, se ha programado la revisión exhaustiva del total de yacimientos de conchero documentados en Cantabria. Las actuaciones se han concretado en los siguientes proyectos:

- **Proyectos de Prospección arqueológica en los valles del Asón, Miera, Agüera y Pas.**

- **Excavaciones arqueológicas:**
  - Excavación en el abrigo del Carabión, Bajo Asón (2009), que ha permitido obtener cuatro dataciones radiocarbónicas y estudios interdisciplinares de los diferentes restos arqueológicos.

  - Sondeo en la cueva de Sopeña (Alto Miera) (2011). Se documenta la colonización de las zonas de montaña en el inicio del Holoceno.

  - Sondeo en Las Salinas, en el valle del Pas (2012). Se obtiene una secuencia de ocupación con dataciones radiocarbónicas que se extiende desde el Magdaleniense hasta el Mesolítico y evidencias de ocupaciones posteriores.

- **Dataciones radiocarbónicas:**
  - Toma de muestras para dataciones radiocarbónicas en los valles del Asón y Agüera (2006).

  - Proyecto de dataciones C^{14} AMS en ocho cavidades del valle del Miera (2011).

  - Proyecto de dataciones radiocarbónicas en Las Salinas en los niveles 1-2 (2015). Proyecto dataciones radiocarbónicas en los niveles 3-4 y datación TL en dos fragmentos de cerámica (2016).

  - Proyecto de dataciones en cuatro yacimientos en el Alto Asón (2017), con el objetivo de ampliar el estudio de la colonización de las zonas de montaña en el Holoceno.

Estos proyectos han aportado la información que se documenta en el Registro Arqueológico y presentamos sintetizada a continuación:

3.2.1. Proyectos de prospección arqueológica

El punto de partida ha sido la participación en proyectos de prospección del valle del Asón, (2005-2006), del valle del Miera (2008), valle del Nansa (2010), dirigidos por Ruiz Cobo y Muñoz, cuyos resultados se han publicado en BAR Internacional Series (2007/2008/2009/2010/2013).

2010. Dirección del Proyecto: "Prospección en el entorno de las Rías de Limpias y Oriñón" (Gómez; Pérez Bartolomé y Ruiz Cobo, 2016). Los objetivos planteados fueron la localización de yacimientos al aire libre, y de materias primas líticas.

a) *Yacimientos localizados en superficie:*
- En San Mamés de Aras (UTM ETRS89: 459.150 / 4.800.680 Z: 23 m s.n.m). Localización de restos arqueológicos en superficie en la margen derecha del río Clarón, en el entorno próximo al Carabión, aparecen en superficie fragmentos óseos, conchas marinas y algunas lascas de sílex y cantos de cuarcita con huellas de uso.

- Estación al aire libre de Limpias en el centro urbano (UTM ETRS89: 465.586 / 4.801.227 Z: 25 m s.n.m). En las obras de restauración de una placita se han podido recuperar restos de fauna y 44 piezas de industria lítica en sílex En cuanto a la cronología del yacimiento no aparecen en la serie retocada ninguna pieza especialmente significativa y, por otra parte, el tamaño de la muestra es muy reducido y escasamente representativo.

- Estación en la ría de Limpias en la margen este (UTM ETRS89: 469.958 / 4.806.992 Z: 15 m. s.n.m.). En la zona intermareal, aparecen en áreas próximas acumulaciones de nódulos de sílex junto con restos de talla y algunos materiales retocados (23 piezas), escasamente diagnósticas. Con los datos disponibles, creemos que pudiera tratarse de talleres al aire libre, atribuibles a una etapa cronocultural anterior a la transgresión Flandriense (6500 BP), en la que aún no estaría tan avanzada la línea de costa.

- Aire libre Playa de San Julián (UTM ETRS89: 469.958 / 4.806.992 Z: 15 m. s.n.m.). El depósito se encuentra, en media ladera de una colina que se alza de forma muy abrupta sobre la playa de S. Julián. Entre bloques de caliza aflora un paquete de sedimento arcilloso de 80 a 130 cm, en el que se observan los restos arqueológicos. Se trata de un conchero con predominio de especies marinas: *Patella, Phorcus lineatus* y *Cepaea nemoralis*.

- Abrigo de San Julián. La cavidad se encuentra en la base de un macizo calizo al pie de la ladera, en la playa de San Julián (UTM ETRS89: 470.110 / 4.806. 685). En una grieta excavada por erosión hidrológica, se observan algunos restos arqueológicos:
Malacofauna: Patella intermedia, Patella ulyssiponensis, Ostrea edulis, Mytilus edulis y *Phorcus lineatus.*
Industria lítica: 2 lascas de sílex de buena calidad. Macroindustria: 1 canto y 3 fragmentos.

- Punta de Islares. En la zona del puerto (UTM ETRS89: 474.766 / 4.806.035), en superficie se encuentran restos arqueológicos en áreas alteradas por erosión. Aparece industria lítica, fauna y malacofauna.

b) *Materias primas líticas:*
El sílex se encuentra de forma masiva en la punta de Sonabia (Liendo). Aparece en forma de nódulos en los acantilados y prácticamente en toda la superficie de la península, afloran nódulos y fragmentos de sílex (UTM ETRS89: 473.255 / 4.807.009;   473.654/ 4.807.108). Este filón es conocido, se ha formado en plataformas marinas carbonatadas del Cretácico Inferior Urgoniano (Aptiense-Albiense). En las zonas erosionadas por acción hidrológica aparecen algunas piezas con evidencias de retoque o acción antrópica.

La abundante formación de sílex que aparece en las calizas de la Península de Sonabia, es muy probable que fuera una fuente de materia prima de sílex explotada por el poblamiento prehistórico. La presencia de industrias sobre lasca y laminar, indica que se ha procesado el sílex y que ha habido ocupación por los humanos prehistóricos. Las industrias no son muy significativas, se trata de piezas con retoques simples directos, un denticulado y un raspador. Por otro lado, la presencia de malacofauna holocena (*Phorcus lineatus*, *Ostrea sp.* y *Patella* de pequeño tamaño), junto con los restos de talla, pueden indicar la presencia de ocupación al aire libre y talleres.

3.2.2. Excavaciones arqueológicas:

3.2.2.1. Abrigo del Carabión

Situación: San Mamés de Aras (Valle de Voto)
Coordenadas UTM ETRS89: 458.990 / 4.800.730
Altitud absoluta: 20 m.
Distancia a la línea de costa: 1,18 km a la ría de Rada (Estuario del Asón).
Clasificación: Abrigo-Cueva grandes.
Paisaje: Llanura litoral.
Estratigrafía: Se han exhumado 4 niveles:
   Nivel 0. Costra calcárea de entre 8-15 cm de espesor, con eboulis y tierra superficial y algunas conchas.
   Nivel 1. Subdividido en:
   1.1. Conchero en sustrato limos y arcilla con predominio de malacofauna marina de 5 cm de espesor.
   1.2. Conchero en sustrato de limos y arcillas de 35 cm de espesor, con abundante restos de malacofauna, macrofauna y carbones. Se han obtenido dos dataciones C^{14}.
   Nivel 2. Compuesto de arcillas y limos de 15 a 20 cm de potencia, con clastos de costra calcárea, bloques y *eboulis*. Arqueológicamente estéril.
   Nivel 3. Se compone de arcillas y limos, con cantos angulosos, abundante carbón, fauna e industria lítica, con un espesor de 25 cm. Una datación (C^{14}).
   Nivel 4. Limos amarillentos y arcillas, estéril, 25 cm excavados sin alcanzar el nivel de base.

Malacofauna: La muestra total está formada por 8.288 fragmentos de conchas procedentes de 1913 conchas. El mayor consumo está representado por el caracol de tierra, *Cepaea nemoralis* y, en las especies marinas se observa el consumo de especies procedentes de fangos (*Scrobicularia plana, Ruditapes decusatus, Solenidae*), biotopo que se encuentra más próximo al yacimiento, en la ría de Rada.

Ictiofauna. El conjunto recuperado se compone de 19 vértebras de pez y 2 fragmentos, la mayoría son Mugílidos, peces costeros y de estuario que toleran perfectamente las aguas salobres y pueden penetrar río arriba y anguila de pequeño tamaño (Morales y Roselló, 2016).

Macrofauna: En el nivel 1 el total de ítems recuperados es de 3.736. Se observa un predominio de *Cervus elaphus*, el 83,9 %, en menor cantidad *Capreolus c.* 7,4 % y *Sus scrofa* (6 %). La mayoría de los individuos cazados corresponden a hembras y juveniles (Castaños, 2016).

Industria lítica. La materia prima lítica predominante es el sílex (96 %), seguido de arenisca (2,6 %) y cuarcita (1,6 %). La industria recuperada en el nivel 1 es muy escasa y poco significativa. Los restos de talla suponen el 64,78% predomina el soporte sobre lasca, si bien, la industria laminar con 35,65%, indica una tendencia de continuidad respecto del nivel inferior aziliense. Los núcleos, 3 fragmentos, uno irregular y uno agotado, todos en sílex, presentan extracciones de lascas. El escaso número de núcleos indica que los útiles se trajeron ya preparados al yacimiento.

El índice de útiles supone el 9,85 %, con predominio del índice laminar y presencia de un microlito geométrico, un segmento de círculo.

Objetos de adorno: Se han recuperado cinco conchas perforadas de *Nassarius reticulatus*.

Depósito funerario: En el fondo de la cavidad, en el cuadro I1 se han recuperado seis fragmentos de huesos parietales que pertenecen a un cráneo de edad juvenil (Echeverría, 2016).

Dataciones radiocarbónicas: Se han obtenido 4 dataciones ^{14}C AMS: (10310 ± 60 cal BP del nivel inferior aziliense); (7800±50 BP- 8576 ± 52 BP- 6251 ± 34 cal BC); (5750 ± 40 BP- 6551±57- 4611 ± 57 cal BC); (5440 ± 40BP- 6251 ± 34 cal BP- 4301 ± 34 cal BC) (hueso humano).

Paleoambiente: Se han efectuado estudios de sedimentología(Solar, 2016), polen (Gil García y Ruiz Zapata, 2016), antracología (Uzquiano, 2016) y carpología (López Dóriga, 2015).

Referencias: Muñoz Fernández, E. San Miguel Llamosas, C. y CAEAP, (1988); Muñoz Fernández, E. (1997. Inédito). Pérez-Bartolomé, M. (2010, Admitido.); Pérez-Bartolomé, M. (2011); Pérez-Bartolomé, M. (2014); Pérez-Bartolomé, M.; Castaños, P; Etxeberria, F.; Morales Muñiz, A.; Roselló Izquierdo, E.; Gil García, Mª. J.; Ruiz Zapata, B.; Prada, A.; Solar, M.; Uzquiano, P. (2016); Ruiz Cobo, J. Muñoz Fernández, E. Bermejo Castrillo, A.; García Gómez, P.; Pérez-Bartolomé, M. y Smith, P. (2009).

3.2.2.2. Cueva de Sopeña

Situación: La Cárcoba (Miera).
Coordenadas UTM ETRS89: 439864 / 4791534.
Altitud absoluta: 684 m.
Distancia a la línea de costa: 28 km.
Clasificación: Cueva grande.
Paisaje: Valle alto, en media ladera.
Estratigrafía: Sector 1 (Cuadro A):
Nivel 1: Potencia 10 cm. Se compone de tierra y limos pardo-grisáceos, muy compactados. Incluye algunas conchas de *Cepaea nemoralis*, fragmentos de huesos y carbones. Se toma una muestra de carbón.
Nivel 2: Separado del anterior por una fina capa de concreción calcítica, de 1 cm de espesor. Potencia 70 cm. Se compone de limos pardo amarillentos muy cementados. Parte izquierda, prácticamente estéril, algún fragmento de carbón y alguna concha de *Cepaea nemoralis*. Parte derecha contiene abundantes fragmentos de carbón, esquirlas óseas, conchas de *Cepaea nemoralis* y fragmentos de avellanas. Se toma una muestra de fragmento de hueso.

Malacofauna: Está representada de forma casi exclusiva por el caracol de tierra *Cepaea nemoralis*, con 64 ejemplares, con presencia de fragmentos de *Mytilus sp*, *Ruditapes decussatus* (1 frg.) y *Ostrea edulis* (1 valva).

Macrofauna: Se encuentra muy concrecionada y se han recuperado escasos restos (ciervo, cabra y rebeco).

Paleoambiente: El estudio antracológico ha aportado la presencia de *Quercus robur* y *Corylus avellana* (Uzquiano, 2015).

Industria lítica: No se han recuperado restos.

Industria ósea: 2 lascas de hueso.

Dataciones radiocarbónicas: Se ha obtenido dos dataciones en el nivel aziliense y una sobre hueso en el nivel 2, mesolítico: (8460 ± 100 BP) (9431 ± 94cal BP) (7481 ± 94cal BC).

Referencias: Fernández Acebo, V. (1982); Muñoz Fernández, E. San Miguel Llamosas, C. y CAEAP (1988); Pérez-Bartolomé, M. (2005, Inédito); Pérez-Bartolomé, M.; Muñoz Fernández, E. (2015). Pérez-Bartolomé, M. (2016).

3.2.2.3. Las Salinas

Situación: Miengo (Bajo Pas).
Coordenadas UTM ETRS89: 418.730 / 4.809.130
Altitud absoluta: 20m.
Distancia a la línea de costa: 1,2 km.
Clasificación: Cueva-abrigo mediano.
Paisaje: Llanura litoral, próxima a la ría de Mogro.
Estratigrafía: Se han exhumado 4 niveles arqueológicos:

Nivel 0. Limos pulverulentos, grises, con gran cantidad de materia orgánica resultado del uso de la cueva y del abrigo como refugio por las cabras. Potencia de 3 cm. Esta capa se retiró pues estaba revuelta.
Nivel 1. Costra estalagmítica bien consolidada en algunos sectores, con 10-12 cm de potencia. Incorpora conchas de fauna y otras evidencias arqueológicas en su cara inferior.
Nivel 2. Capa de limos pardos, con algunos *eboulis* de pequeño tamaño, muy rico en materia orgánica, con gran cantidad de malacofauna, restos óseos y carbón vegetal. Potencia variable, en torno a los 50 cm.
Nivel 3. Limos arcillosos de tonos amarillentos, con algunos cantos. Potencia entre 7 y 10 cm, incluye un número muy inferior de conchas y sólo en su tramo superior.
Nivel 4. Más limoso y arenoso, con bloques. Alterado por intrusión de raíces. Se estima una potencia de 10 cm. No incluye conchas.

Malacofauna: Se han recuperado en el nivel 2, mesolítico un total de 11.228 individuos. Las especies más abundantes son los gasterópodos marinos, *Phorcus lineatus* (41,2%), *Patella intermedia* (36,2%); *Mytilus* representa solamente el 4,73%.
Aparecen también *Nassarius reticulatus, Littorina littorea, Littorina obtusata y Littorina neritoides*, entre otras. Los equinodermos están representados por un gran número de fragmentos de caparazón y espículas de *Paracentrotus lividus*. Del grupo de los crustáceos aparecen dos especies de la Clase Cirrípeda, *Balanus sp* y *Pollicipes cornucopia*.

Macrofauna: Se encuentra pendiente de estudio. Se ha identificado ciervo, jabalí subadulto y corzo.

Ictiofauna. Conjunto de 27 restos de los que se han identificado un NMI de 8 de 6 taxones diferentes.

Industria lítica: Se han recuperado 210 restos de talla en el nivel mesolítico, con predominio absoluto del sílex. Los restos de talla suponen el 95,19% y los útiles 5,71%. Entre ellos dos microlitos geométricos (triángulos escalenos con retoque abrupto). En cuanto a los soportes los más abundantes son sobre lasca (73,46% y laminar (26,53%).

Dataciones radiocarbónicas: Se han obtenido 6 dataciones: Nivel 1: Poz-75996: 6870±40BP. Nivel 2: Poz-64246: 9450±50 BP; Poz-75995: 6930±40 BP; Poz-75993: 6910±40 BP; Nivel 3: Poz-88018: 12310 ± 60 BP; Nivel 4: Poz-88019: 6990 ± 40 BP (intrusión por raices).

Referencias: : Muñoz Fernández, E.; Gómez Arozamena, J.; San Miguel Llamosas, C. y CAEAP (1987); Muñoz Fernández, E. (1997, Inédito); Pérez-Bartolomé, 2015 (Aceptado).

3.2.3. Toma de muestras para dataciones radiocarbónicas en los valles del Asón, Agüera y Miera

En estos proyectos se tomaron muestras en 4 yacimientos del valle del Asón, 1 en el valle del Agüera y en 8 del valle del Miera. Los resultados se exponen de forma más completa en los capítulos 7 (Dataciones radiocarbónicas) y 5 (Registro arqueológico).

Valle del Asón (2006):

- Abrigo del Carabión (llanura litoral). Se dató un fragmento de carbón en la parte superior del conchero (Z: -20 cm) que ha dado la fecha (Poz-18732: 5.750±40BP)

- Trampascuevas (Valle interior - Voto). Muestra de carbón en el nivel superior del conchero (Z: -24 cm), que ha aportado la fecha (Poz- 18730: 6770±50 BP).

- El Mazo: No pudo realizarse por falta de colágeno.

- San Roque (Rasines- Valle interior). La muestra se tomó sobre hueso, cuya fecha es (Poz- 18851: 10.500±50 BP). Atribución Aziliense.

- Abrigo de Cubera (Valle alto Asón). Se tomó una muestra de carbón en el nivel 1 del conchero (Z: -20 cm), que ha dado la fecha (Poz- 18733: 9190±60 BP).

Valle del Agüera (2006):

En el Abrigo de la Ermita de Santiago (Valle interior-Villaviad) se dató una concha de *Patellae*, en el nivel superior del conchero, que ha aportado una fecha (Poz- 18258: 7390±40 BP).

Valle del Miera (2011):

- Cueva de Cucabrera (Galizano-, acantilado). La muestra tomada en estratigrafía sobre carbón aportó la fecha (Poz- 45935: 5880 ± 50 BP).

- Portalón de Solahesa (Agüero- Llanura litoral). Muestra sobre hueso en la base del testigo de yacimiento situado en la boca exterior de la cavidad que ha dado la fecha (Poz- 45934: 69102 ± 50 BP).

- Los Moros de San Vitores (Medio Cudeyo- llanura litoral). La muestra se tomó sobre hueso en la parte superior del conchero. La fecha ha dado de un momento muy avanzado correspondiente seguramente a un enterramiento Calcolítico en el interior del conchero (Poz-45936:4150±35 BP).

- La Iglesia (Navajeda- llanura litoral). Se tomó una muestra de hueso en estratigrafía. La fecha obtenida (Poz-45932: 10490±60 BP) es de cronología aziliense. El conchero holoceno se encuentra muy alterado y redepositado por lo que la muestra se tomó en la estratigrafía conservada, que ha resultado anterior cronológicamente.

- Campizo (Riotuerto- valle interior). Se tomó una muestra de *Mytilus* en la base del nivel 4, que ha dado la fecha (Poz- 45941: 6630± 50 BP).

- El Llerao (La Cantolla - Alto Miera). Conchero de *Cepaea nemoralis* mal conservado, se tomó una muestra de hueso en superficie. La fecha obtenida (Poz-45933: 11120±60 BP), corresponde a una ocupación aziliense.

- La Yornal (Mortesante-Alto Miera). La muestra de hueso cogida en la parte superior del conchero de *Cepaea nemoralis*, ha dado un resultado anómalo (fecha muy reciente) debido probablemente a contaminación por el uso como aprisco.

- Sopeña (Alto Miera). Las muestras se tomaron en el proceso de excavación y se obtuvieron dos fechas de cronología aziliense (Poz- 45938: 11730±70 BP y Poz-45940: 11630±70 BP) y una sobre hueso en el Mesolítico pleno (Poz- 45937: 8460 ± 100 BP).

Los proyectos solicitados en los años 2013-2014, de toma de muestras para dataciones radiocarbónicas, en los valles del Pas, Miera y Asón, aunque han sido autorizados por la Consejería de Educación, Cultura y Deporte de Cantabria, no se han podido realizar por falta de subvención económica.

En total se han obtenido 15 fechas de cronología en el periodo cronocultural Mesolítico. Las tres fechas obtenidas de cronología aziliense, se atribuyen en principio a la toma de muestra en el nivel inferior del conchero.

3.3. Estudio de colecciones depositadas en museos

Los restos arqueológicos depositados en museos procedentes de excavaciones arqueológicas son reducidos. En el Centro de investigación de Altamira se encuentra depositado el material arqueológico completo de la excavación efectuada en La Pila (Bernaldo de Quirós y Gutiérrez 1992)

En el Museo de Prehistoria y Arqueología de Cantabria (MUPAC), se encuentra depositada la malacofauna recuperada en la excavación efectuada en el Abrigo de la Peña del Perro (González Morales *et al.* 1995) y los materiales arqueológicos recuperados en la excavación efectuada en el Cubío Redondo (Ruiz Cobo y Smith, 2001). Otros materiales procedentes de sondeos efectuados en los años 50/ 90 no han podido ser localizados en algunos casos. La mayoría de los conjuntos proceden de hallazgos en superficie en yacimientos de conchero.

3.3.1. Centro de Investigación y Museo de Altamira

En el Centro de investigación de Altamira he tenido la posibilidad de revisar la malacofauna y la industria lítica de la cueva de La Pila (Miengo), recuperados en la excavación de urgencia dirigida por Bernaldo de Quirós y Gutiérrez (1992). Se han revisado los materiales de los niveles I y II contacto con el III. Los primeros niveles se encontraban muy revueltos y el nivel III está atribuido a una cronología Aziliense. La frecuencia de puntas azilienses, microgravettes y buriles en la industria lítica de los niveles I-II, evidencia que se encuentran mezclados con el nivel Aziliense, por lo que es difícil discriminar y diferenciar las posibles industrias de tipo mesolítico.

3.3.2. Museo de Prehistoria y Arqueología de Cantabria (MUPAC)

Las colecciones depositadas en este museo proceden de materiales recuperados en superficie, en proyectos de prospección. Muchos de los lotes se componen de malacofauna, fauna y algunas industrias. El hecho de ser materiales recogidos en superficie, no permite una valoración segura cronocultural, por lo que se ha prescindido de su inclusión.

- **Abrigo de Cubera**. Se conservan dos lotes en el MUPAC. Uno ha sido estudiado por Ruiz Cobo *et al.* (2007). Se compone de tres lascas y una lámina. Una industria escasamente significativa. Un segundo lote Nº 4870, se compone de tres piezas características de la cultura Aziliense, que pueden ser atribuidas al nivel inferior de ocupación.

- **Abrigo encima de La Fragua**: Un lote de malacofauna marina: *Patella intermedia*, 2 conchas pequeñas; *Patella ulyssiponensis*, 1 concha pequeña y *Phorcus lineatus*, 1 concha.

- **Cueva de El Collado**. Pequeña cavidad situada en la parte alta del valle. Se encuentra depositado un lote, recogido en superficie, con referencia 4.241 compuesto de fauna (*Capra sp* y *Bos sp*).

- **Cueva de Sopeña.** Se han depositado pequeñas colecciones de fauna (ciervo y cabra) y algunas piezas de industria lítica. Debido a su procedencia de diferentes áreas de la cavidad junto con fragmentos de cerámica, no se asignan a un periodo concreto.

- **Cueva del Mar**. Se encuentra depositado un "pico marisquero", en ofita de color negro. (72-61-22 mm). El CAEAP recogió en superficie abundante fauna, ictiofauna, malacofauna y un lote de industrias líticas en sílex y cuarcita, además de cerámica. La industria no puede atribuirse a una ocupación concreta por encontrase en revuelto superficial junto con cerámica.

3.4. Materiales recuperados en excavaciones arqueológicas

He tenido la posibilidad de analizar la industria lítica recuperada en las excavaciones realizadas en la Peña del Perro y La Fragua, facilitada por el Dr. González Morales, en el laboratorio la Universidad de Cantabria.

3.4.1. Peña del Perro: industria lítica

Se compone de un pequeño lote del N1, compuesto por 160 piezas, con predominio de sílex (152), cuarcita (6) y cuarzo. (2).

Útiles: 8 útiles, clasificados según la tipología Sonneville-Bordes:

- Un buril sobre fractura. Nº 30
- Un buril sobre rotura. Nº 30
- Lasca simple con retoque directo. Nº 65
- Lasca secundaria con retoques simples en ambos bordes. Nº 66
- Lamina simple con retoque marginal directo en ambos lados. Nº 66
- Lámina simple con retoque simple inverso en ambos bordes y dos escotaduras. Nº 66
- Lámina simple con denticulado marginal directo. Nº 75
- Laminilla simple estrangulada y truncada. Nº 68.

Restos de talla. Los restos de talla se componen de 149 piezas y un canto. El 70,73% de los soportes es sobre lasca, el 15,85% sobre lámina y el 13,41 % sobre laminilla.

3.4.2. La Fragua: industria lítica

El conjunto de industrias líticas se compone de 91 piezas: 84 piezas en sílex, 5 en cuarcita, 2 en arenisca y 90 cantitos de cuarcita que pueden ser geológicos.
Útiles: 11 útiles, clasificados según la tipología Sonneville-Bordes:

- Raspador sobre lasca simple. Nº 8

- Perforador sobre lasca simple. Nº 23
- Pieza con retoque astillado sobre lasca secundaria. Nº 76
- Lasca simple con retoque simple en un borde. Nº 65
- Lasca simple con escotadura lateral directa. Nº 74
- Lasca bitruncada. Nº 64
- Lámina simple con retoque simple en un borde. Nº 65
- Lámina simple con retoque simple en ambos bordes. Nº 66
- Laminilla truncada. Nº 84
- Truncatura convexa sobre lasca secundaria de borde de núcleo. Nº 63
- Triángulo Nº 77.

Restos de talla. Los restos de talla se componen de 80 piezas. El 77,51% sobre lasca, el 4,08 sobre lámina y el 18,36% sobre laminilla.

Estos proyectos se han completado con la elaboración de Memorias de las actuaciones arqueológicas realizadas y los resúmenes publicados por la Consejería de Cultura de Cantabria:

- Actuaciones Arqueológicas en Cantabria. Arqueología de Gestión 2004-201.
- Actuaciones Arqueológicas en Cantabria. Arqueología de Investigación 2004-2011.

Estos proyectos se han divulgado en **Memorias de Actuaciones Arqueológicas en Cantabria** (2014 y 2016).

Comunicaciones en Congresos: Meso 2010 (Santander), Muge 150th anniversary, XVII Congreso Mundial de la UISPP Burgos, 1-7 septiembre 2014. MESO 2015. The Ninth Conference on the Mesolíthic in Europe. Belgrado, Serbia 14-18 September 2015.

Conferencias: XXIII Ciclo de Conferencias en Puente Viesgo (2013), en homenaje a Benito Madariaga. XXIV Ciclo de Conferencias en Puente Viesgo (2014), en homenaje a Lawrence Straus. XXVI. Ciclo de Conferencias en Puente Viesgo (2016), en homenaje póstumo al guía y conservador de la cueva prehistórica de Los Casares (Guadalajara), Emilio Moreno.

Ponencias en Jornadas de ACANTO: (2004), (2011).

Publicaciones en revistas especializadas. Se relacionan en la Bibliografía.

CAPÍTULO 4. EL MARCO GEOGRÁFICO DEL CANTÁBRICO CENTRO-ORIENTAL

4.1. El marco geográfico del cantábrico centro-oriental

El área de estudio se sitúa en la zona centro-oriental de Cantabria. En realidad desde el punto de vista de la geografía física Cantabria forma parte de un territorio más extenso, la Cornisa Cantábrica, una estrecha y alargada franja comprendida entre el mar y la cordillera del mismo nombre, que a grandes rasgos engloba las comunidades autónomas del P. de Asturias, Cantabria y País Vasco. Esta región posee unas características específicas, debido a su localización y configuración geomorfológica, que hacen de ella una unidad de análisis bien definida. Se compone, básicamente, de un frente montañoso formado en la orogenia alpina, orientado de este a oeste y paralelo al litoral. Los límites están establecidos al norte por el Mar Cantábrico y al sur la cordillera del mismo nombre. Sus límites laterales están algo menos definidos, debido a que el relieve presenta formas más moderadas: al este, los Montes Vasco-Cantábricos, actúan como elemento de transición entre la cordillera y los Pirineos, mientras que por el oeste, la orientación de los sistemas montañosos pasa a ser NE-SO, plegados sobre el Zócalo Varisco, de tipo metamórfico y granítico (Marquínez, 1992).

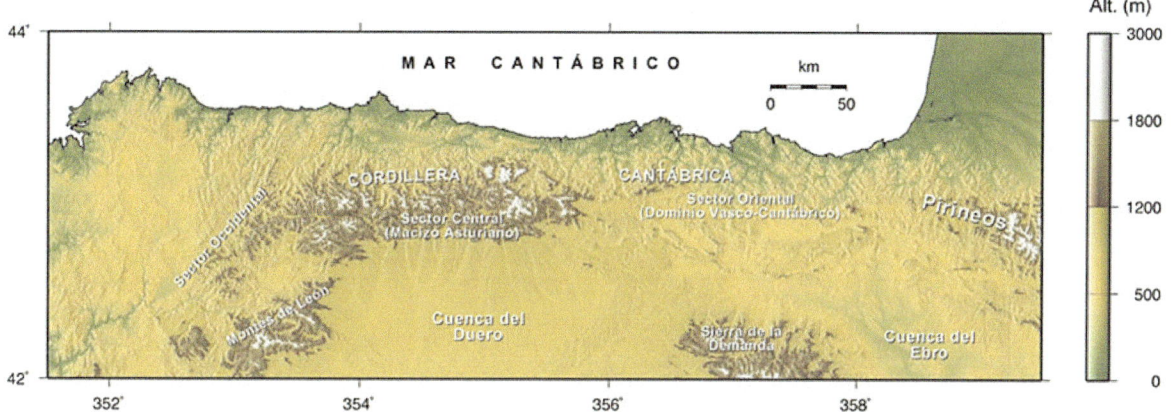

Fig. 4. Modelo digital de elevaciones (compuesto con datos procedentes de http://www2.jpl.nasa.gov/srtm y http://www.ngdc.noaa.gov/mgg/topo/globe.html) mostrando el relieve de la Cordillera Cantábrica con los principales dominios morfoestructurales. (Alonso, J. L. 2007)

A nivel geológico, la región se encuadra en el Dominio Peri-Asturiano, en el que destacan los sedimentos mesozoicos, fundamentalmente del Jurásico y del Cretácico inferior (Vidal, *et al*. 2001). No obstante esta homogeneidad general, en la Cordillera se definen dos ámbitos morfoestructurales (M. Hoyos, 1989): la mitad occidental (occidente y centro de Asturias) constituido por materiales del zócalo paleozoico, con caracteres de macizo antiguo deformado intensamente por la orogenia herciniana y, posteriormente por la alpina. En esta parte destacan los afloramientos de pizarras, areniscas y cuarcitas; el sector oriental se caracteriza por la presencia de una importante cobertera sedimentológica y una litología dominada por calizas, areniscas y conglomerados (García Codrón, 2004). Esta diversidad morfoestructural, junto al diferente contexto geotectónico, propiciaron que la deformación alpina tuviese distintos efectos en ambas mitades, resultando la diferencia de paisajes que puede observarse entre ambas: más abrupto y con mayores elevaciones en el sector asturiano, y más moderado en la zona vasco-cantábrica (Frochoso Sánchez y Castañón Álvarez, 1998; Marquínez, 1992).

La singularidad de la región se debe en gran parte a la cercanía de la cadena montañosa a la costa, lo que da lugar a un relieve abrupto, en el que se produce un importante desnivel, al pasar de cimas que en ocasiones alcanzan más de 2.000 metros de altitud al nivel del mar en distancias que oscilan entre los 25 y los 50 km. En la mitad occidental de la región el relieve es más elevado: Picos de Europa (2.648 m), macizo de Peña Prieta (2.536) Peña Sagra

(2.402), Alto Campoo (2.222) entre otros. En la zona oriental las altitudes son más moderadas, culminado en el Monte Valnera (1.718), aunque con relieves sumamente agrestes y fuertes desniveles entre las cimas y los fondos de valle. Las altitudes decrecen hacia la costa aunque también se levantan macizos montañosos destacados como Peña Cabarga (568), Candina (486) o Cerredo (643).

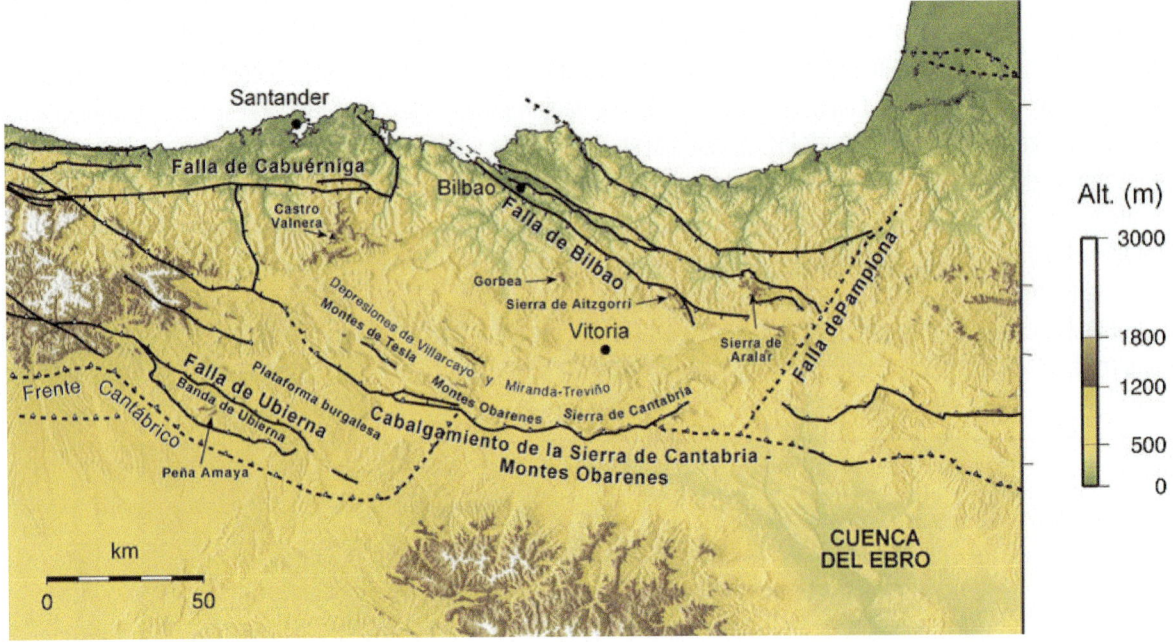

Fig. 4.1. Modelo digital de elevaciones de la región Vasco-cantábrica y principales estructuras tectónicas responsables del relieve. (Alonso, J. L. 2007)

4.2. Delimitación geográfica del área de estudio

El área de estudio se circunscribe a la zona centro-oriental de Cantabria, entre la ría de San Martín de la Arena (Suances) por el oeste y la ría de Ontón (Castro Urdiales) por el este. La proximidad del frente montañoso al litoral da lugar a algunas de las peculiaridades que mejor definen la geografía de Cantábrica:

- El territorio se encuentra estructurado en valles fluviales perpendiculares a la costa, de orientación general sur-norte, paralelos entre sí, y separados por cordales montañosos (García Codrón, 2004), lo que hace que dichos valles puedan ser considerados como "... unidades morfológicas bien definidas..." (González Sainz y González Morales, 1986: 56). Esta morfología del relieve se debe a la acción erosiva de los ríos cantábricos, cortos y caudalosos, que deben salvar un gran desnivel en una corta distancia. Por esto los cauces se adaptan principalmente a las pendientes sur-norte siguiendo un curso prácticamente recto hasta su desembocadura, cortando perpendicularmente las alineaciones montañosas.

- La situación de la cordillera es responsable de la climatología de tipo oceánico de la región, debido a que impide el paso de las masas de aire procedentes del océano. Esto da lugar a una elevada tasa de precipitaciones, que en los meses de invierno se producen bajo la forma de nieve en las zonas montañosas más altas, debido al gradiente térmico, al que se ven sometidas las masas de nubosidad al tratar de sobrepasar el macizo montañoso.

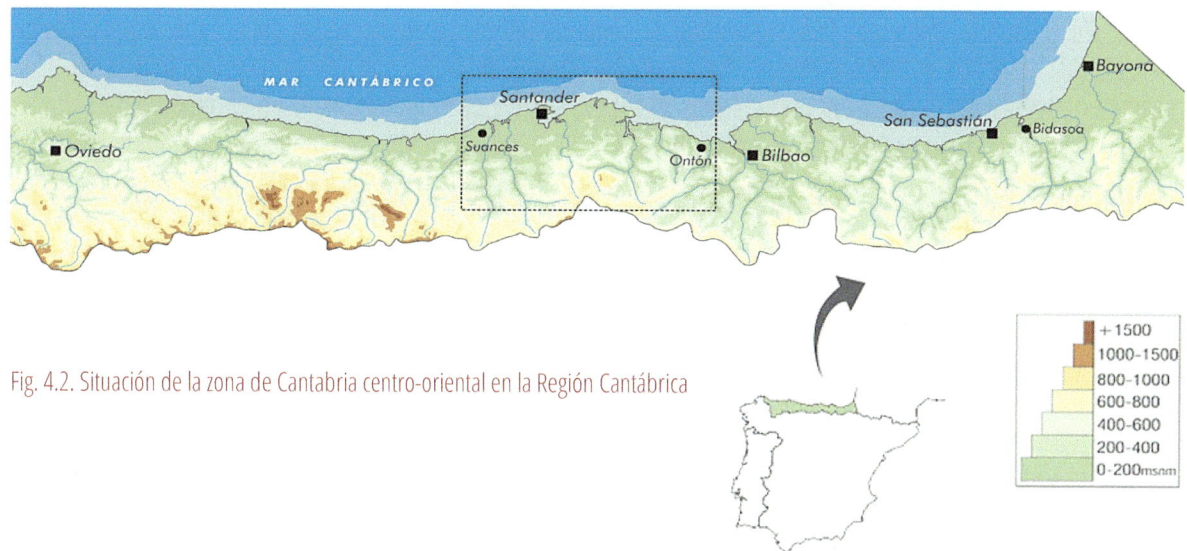

Fig. 4.2. Situación de la zona de Cantabria centro-oriental en la Región Cantábrica

Por otro lado, la distinta orientación del relieve da lugar a diferentes configuraciones de la línea de costa. En general el litoral cantábrico es abrupto, de carácter acantilado, con puntos de acceso al mar normalmente en forma de playas y pequeños estuarios; sin embargo, en algunos lugares determinados se produce una mayor penetración del mar, normalmente coincidiendo dicha penetración con la orientación del relieve, o con depresiones que propician la formación de bahías y estuarios como en Santander y Santoña, (Cearreta, *et al.* 1992).

4.3. El marco físico: el contexto geográfico y geológico

Transversalmente la región se puede dividir en tres zonas:
- La plataforma litoral: que incluye la rasa y la franja litoral.
- Los valles interiores o medios, separados de la unidad anterior por las sierras prelitorales.
- Los macizos montañosos de la Cordillera Cantábrica (que cierran la región por el sur).

4.3.1. La plataforma litoral

Se trata de una planicie comprendida entre la línea de costa y las primeras estribaciones montañosas, llamada La Marina, se caracteriza por un relieve suave, sin grandes accidentes, con importantes aportes sedimentarios procedentes de los rellenos aluviales. Esta franja discurre casi constante desde un extremo al otro de la región, sin embargo, no es una unidad uniforme. Marismas, arenales y rías, además de estuarios y bahías, le confieren una gran variabilidad morfológica. La actual configuración de la costa cantábrica se ha generado en el Holoceno debido a los episodios transgresivos, en los que se formaron forman los principales estuarios y rías de la región (Cearreta, *et al.* 1992; Mary, 1992).

Por el contrario, durante las fases glaciares, el descenso del nivel marino habría hecho emerger una parte de la plataforma continental, aumentando la superficie de llanura litoral. No obstante, la línea de costa no se situaría a mucha distancia de la actual, ni siquiera durante las pulsaciones más frías (en las que el nivel del mar descendería hasta 100 metros), debido a lo estrecho e inclinado de la plataforma oceánica (Cearreta, *et al.* 1992; Ercilla, *et al.* 2008). Sin embargo, el descenso de las aguas habría obligado a los ríos a adaptar su perfil de equilibrio, excavando valles por debajo del nivel de las vegas actuales. El ascenso del nivel marino producido durante el Tardiglaciar y el Holoceno, habría inundado estos valles fluviales, dando lugar a muchas de las rías y estuarios actuales (Cearreta, *et al.* 1992; García Codrón, 2004).

En el aspecto ambiental, la llanura litoral se beneficia del efecto atemperador del océano, especialmente intensa en el Cantábrico, gracias al efecto producido por la Corriente del Golfo, que transporta una gran masa de agua caliente ecuatorial a las costas atlánticas europeas. Esto propicia que en el litoral cantábrico el clima sea moderado, con escasa amplitud térmica estacional. La Corriente del Golfo aporta también gran humedad, lo que da lugar a la alta tasa de precipitaciones del norte peninsular. En cuanto a la vegetación, las zonas bajas del litoral se integran en la ecorregión denominada Cantabro-Atlántica, caracterizada por una fuerte influencia oceánica (Ramil Rego, *et al.* 2006). Lo que da lugar a la formación del bosque mixto atlántico, formado por una amplia variedad de especies, entre las que junto al roble aparecen olmo, castaño, fresno y avellano. Este tipo de vegetación parece haber estado presente en la zona costera desde finales del Tardiglaciar, a juzgar por los datos aportados por diversos diagramas polínicos, estando plenamente desarrollado el bosque mixto atlántico al menos desde mediados del Holoceno (Iriarte, *et al.* 2006; López García, *et al.* 1996; Ramil Rego, *et al.* 2001).

4.3.2. Los valles interiores

Este territorio está comprendido entre la llanura litoral y las estribaciones de la Cordillera Cantábrica. Excavado por la fuerte acción erosiva de la red fluvial ha dado lugar a valles estrechos y alargados encajonados entre relieves abruptos en la parte medio-alta. En su tramo medio pueden formar amplias vegas, aunque separadas entre sí por alineaciones montañosas, que en algunos casos llegan hasta la costa. No obstante, estas vegas están separadas unas de otras por cordales montañosos que en ocasiones se extienden hasta la misma línea de costa. En términos generales, pueden diferenciarse dos tipos de valles interiores, atendiendo a su orientación general: los que se disponen de sur a norte, transversales a la costa, en los que los cauces fluviales han seccionado los accidentes del relieve; y aquellos que discurren paralelos al litoral. En este caso, los valles se encuentran separados de la costa por alineaciones montañas, denominadas Sierras Prelitorales, resguardados por éstas de los vientos del norte, lo que les proporciona un clima más suave y benigno. Esto hace que se puedan observar importantes diferencias entre los se orientan perpendicularmente a la costa y los que discurren paralelos a ella. (García Codrón, 2004)

El medio ambiente atemperado de los valles interiores ha dado lugar a la formación de bosques caducifolios, dado su clima suave y sus altas precipitaciones, puesto que suponen una continuación de las condiciones ambientales oceánicas hacía el interior (Ramil Rego, *et al.* 2006). Sin embargo, pueden darse fuertes contrastes en la composición arbórea a lo largo de las laderas en zonas donde el relieve es abrupto (García Codrón, 2004). Las zonas de pendientes altas y sustratos calizos con suelos de escasa potencia del tipo litosol, dan lugar a la formación del bosque de encinar y matorral mixto de especies xerófilas. Desde el comienzo de la deglaciación durante el Interestadio del Tardiglaciar los robles y otras meso-termófilas tienen una presencia continua en el paisaje cantábrico, experimentando una gran expansión con la llegada del Holoceno, y llegando a desplazar al pino de estos valles sublitorales (Iriarte, *et al.* 2007-2008; López García, 2000; Ramil Rego, *et al.* 2001).

4.3.3. La Cordillera

El límite sur está marcado por la Cordillera Cantábrica, una alineación montañosa, fruto de la orogenia alpina, que puede considerarse una continuación de los Pirineos (Marquínez, 1992). En la zona oriental de Cantabria, la divisoria se identifica en la línea de cumbres donde destacan Castro Valnera (1.718m), el Picón del Fraile (1.652 m) y Peña Lusa (1.575 m) como cumbres dominantes de un macizo que se eleva desde Arredondo (161 m) y asciende por Peña Lavalle (1.034 m) y Veinte (1.507 m). En el Miera destacan los picos de Pizarras (1.474 m) y el Porracolina (1.414 m).

La divisoria forma una importante barrera orográfica de más de 1200 m de altura, situada a 25 km del mar. Estas condiciones topográficas, altitud moderada, fuertes desniveles y proximidad al mar condicionan su clima. Se trata de un clima de montaña atlántico con intensas precipitaciones todo el año, que superan los 2500 mm/año. Existen indicadores para la zona de cumbres que apuntan mayores precipitaciones. Entre ellas, las turberas de cobertera (de ladera, cumbre y collado), cuyas condiciones para su desarrollo exigen unas precipitaciones mayores de 3000 mm/año (Martínez-Cortizas y García Rodeja, 2001), y precipitaciones horizontales, garantizadas por la elevada nubosidad. Estas condiciones estuvieron presentes durante el Pleistoceno, con frío intenso derivado de la altitud y extrema oceanidad por el efecto pantalla de la barrera montañosa cercana al mar (Serrano *et al.* 2013).

Todo el área se integra en la región estructural cántabro urgoniano del aptiense-albiense (cretácico inferior y medio) con espesores superiores a los 1000 m, sobre la serie detrítica wealdense, en la que alternan arcillas y arenas y que sirve de nivel de base impermeable a los fenómenos cársticos del piso superior. La presencia de calizas en todo el conjunto urgoniano implica un modelado cárstico (dolinas, poljés, extensos lapiaces, simas, pozos), con afloramientos de potentes macizos calizos. La disposición de los estratos y fracturas, condiciona trasvases hídricos desde la cuenca mediterránea a la atlántica (Ruiz García, 2006).

El territorio, a pesar de la escasa elevación de las cumbres, presenta un relieve muy abrupto debido a los diferentes procesos de erosión transporte y sedimentación, en función de la energía del relieve debido al carácter torrencial de los ríos por el fuerte desnivel que deben salvar. Por otro lado la erosión producida por el intenso fenómeno glaciar que sufrió la cabecera de los valles ha contribuido notablemente a la grandiosidad del paisaje. La acción fundamentalmente erosiva de los hielos, transformados a partir de la nieve precipitada, pero también sedimentaria (morrena) es la que ha predominado e incidido sobre el sustrato rocoso.

4.4. La erosión kárstica

Derivado del sustrato calizo otro importante agente erosivo es el proceso de karstificación. Las rocas carbonatadas dan lugar a espectaculares paisajes kársticos (Mugnier, 1969, Fernández, 2000), tanto en superficie como en profundidad, aunque también se desarrollan cavidades en areniscas en el Picón del Fraile y puerto de Lunada relacionadas con intercalaciones de estos materiales detríticos en las calizas Urgonianas (Martínez Cedrún *et al.* 2014)

Son varios los factores que condicionan la morfología kárstica: los hidrológicos (tipo de recarga), geológicos (litología y estructura) y climatológicos (precipitaciones y temperaturas), paralelamente todos ellos condicionan el desarrollo o ausencia de la cobertura edáfica que tiene un papel importante en el proceso de disolución por medio de las aguas salvajes o de arrollada y las subterráneas (Fernández *et al.* 1995).

En estos terrenos calizos, las aguas de arrollada tienen una elevada capacidad de infiltración, siendo las responsables de la formación en el exterior de morfologías kársticas. Los materiales carbonatados-detríticos del Complejo Urgoniano (Aptiense-Albiense Inferior), de más de 1.000 m de potencia, reposan sobre la serie arcillo-arenosa del Wealdense con areniscas muy cementadas, que junto con las arcillas se van a comportar como impermeables constituyendo el nivel base de las aguas que karstifican la zona superior. Las rocas del Complejo Urgoniano de la región del Asón (Fernández, 2000) muestran alternancias entre calizas y materiales detríticos claramente estratificados en suaves buzamientos y una gran red de fracturas con predominio de diaclasas próximas a la vertical que han provocado la generación de complejos sistemas subterráneos, estratificados con gran desarrollo de galerías, pozos y salas a diferentes niveles; todo ello unido a un fuerte desnivel entre las zonas de alimentación y zonas de surgencia (Martínez Cedrún *et al.* 2014)

La morfología kárstica en superficie o exokarst alcanza un desarrollo extraordinario en la región del Asón y Miera donde los lapiaces, paisajes caracterizados por la presencia de acanaladuras en la superficie de la caliza por disolución de la roca caliza conocidos como garmas, se extienden por amplias zonas difíciles de transitar. Los lapiaces o garmas más representativos del Alto Asón son los lapiaces tabulares y en agujas.

Otras formaciones características del paisaje kárstico son las dolinas que actúan como pequeños sumideros de planta circular de las aguas superficiales que pasan a ser subterráneas para dar lugar a grandes cavernamientos. Suelen estar alineadas siguiendo fallas y su fondo aparece colmatado por los materiales residuales procedentes de la erosión de la caliza. Los campos de dolinas más extensos y con mayor densidad se encuentran en la cabecera de las cuencas de los ríos Pisueña, Miera, Asón. En el Miera destacan los campos de dolinas del macizo de Mortesante y Las Enguizas y los del macizo de Picones.

Características son también las enormes depresiones conocidas como "hoyos". Tienen un origen kárstico aunque en realidad son grandes torcas de planta circular modificadas con posterioridad por procesos glaciares (funcionaron como circos glaciares) y el régimen kárstico. El más espectacular de la región es el Hoyón de Saco, relacionado con el nacimiento del río Asón a través de una red subterránea compleja propiciada por las capas alternantes de calco-detríticas que dan lugar a la popular surgencia colgada o cascada del Asón.

Al norte del río Asón, se encuentra el espectacular polje de Matienzo el mayor de España. Una enorme depresión cerrada en forma de Y de fondo plano tapizada por arcillas de decalcificación producto de la disolución del sustrato de roca caliza del Cretácico Inferior y rodeada de paredes escarpadas falladas; los materiales impermeables Wealdenses actúan como nivel base por el que discurre el río Matienzo (río epigeo de escaso recorrido que se sume a través de ponors, sumideros de la cueva del Molino y Carcavuezo, para constituir ríos hipogeos en un entramado complejo de conductos activos). Aunque la circulación de las aguas es principalmente subterránea, existen valles que representan vestigios de una hidrografía muy antigua (Rat, 1959), desarrollados en unas condiciones especiales muy diferentes a las actuales, tales como gradiente hidráulico muy bajo, karstificación poco intensa o presencia de permafrost en épocas glaciares. Ejemplo de estos valles son el valle suspendido de la Ventana, colgado a 500 m por encima de los cursos de agua actuales y que atraviesa de S-N la línea de cumbres del macizo de San Vicente con un perfil transversal en V excavado en calizas urgonianas; otro es el valle fósil de Ancillo excavado según la dirección del eje del anticlinal de Ancillo (Martínez Cedrún *et al.* 2014).

4.5. Morfología glaciar

En el ámbito geográfico del estudio de este trabajo los conjuntos glaciares se circunscriben en torno al macizo que forman las cabeceras de los valles del Miera y Asón que alcanza la cota de mayor altitud en Castro Valnera (1718m). Constituye un espacio singular, en una montaña de baja altitud, donde se emplazaron glaciares extensos respecto a otros macizos con presencia glaciar de la Cordillera Cantábrica (Frochoso y Castañón, 1996; Serrano *et al.* 2013). La disposición del macizo montañoso en amplia plataforma caliza compartimentada por depresiones internas que siguen líneas de fracturación predominante E-O y NE-SO y los tipos litológicos (areniscas, margas, limolitas y calizas), su estructura o disposición ligeramente inclinada a favor del buzamiento SE, junto con la carstificación, han originado unos bloques morfoestructurales sobre los que se instalaron los glaciares pleistocenos ejerciendo una intensa labor erosiva (Frochoso *et al.* 2009). El conjunto glaciar Valnera-Asón ocupó una extensión aproximada de 75 km^2 y estuvo compuesto por un gran campo de hielo o casquete de montaña (icefield), uno de los más amplios de la Cordillera Cantábrica, de características excepcionales por la extensión que alcanzó y su baja altitud mitigada por la componente oceánica y condiciones topoclimáticas particulares, que dejó en el paisaje importantes morfologías. Los glaciares del Grupo Valnera estaban formados por lenguas de hielo que drenaban hacia cuencas diferentes, así: el glaciar del Trueba (17 km) drenaba hacia el Ebro, el del Miera y Valdició hacia el Miera, y los de Bustalveinte, Hoyo de Saco, Hondojón, Rolacías, glaciares de Peña Lusa, etc., a los valles de Asón y Gándara. El glaciar del Miera estuvo alimentado desde la zona más elevada, Castro Valnera, alcanzando una longitud de 5 km (Serrano *et al.* 2013) (Fig. 4.5).

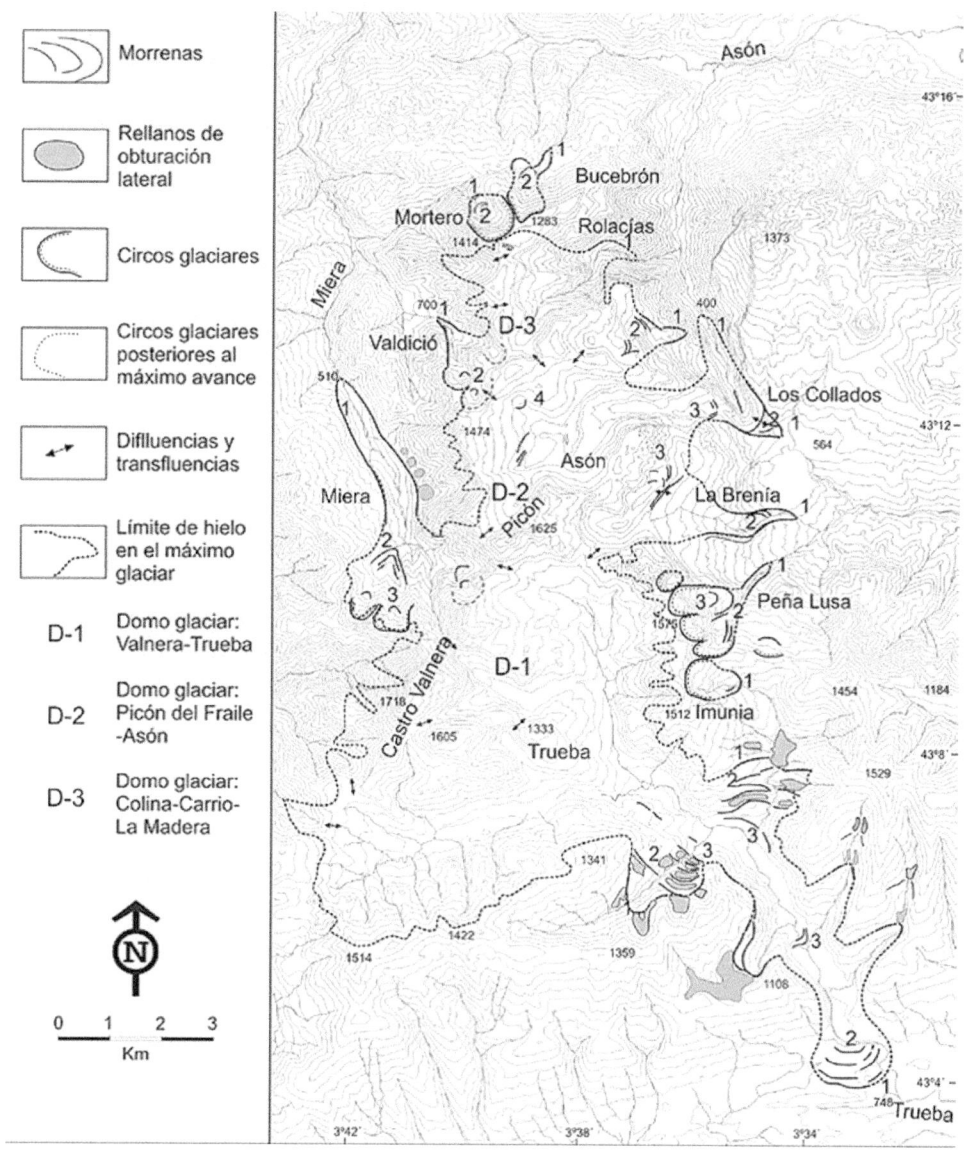

Fig.4.5. Formas glaciares y límite del hielo en las Montañas de Pas. 1, Fase I, avance glaciar local. 2, Fase II, avance y estabilización. 3, Fase III, retroceso y estabilización. 4, Fase 4, de glaciares de circo (Serrano *et al.* 2013).

La excepcional glaciación de Castro Valnera se debe a la conjunción de condiciones excepcionalmente favorables, paleoclimáticas y topográficas. Su vertiente septentrional alojó durante el máximo glaciar hasta siete aparatos de diferentes dimensiones. Unos, muy elementales, dominados por culminaciones inferiores a 1.500 m (Alto de la Mina, 1.414 m; Cerro de las Pizarras, 1.472 m; Alto de la Colina, 1.458 m), que no llegaban a definir bien una lengua a lo largo de los aproximadamente 2 km de desarrollo máximo. Otros, dominados por culminaciones escasamente superiores a los 1.500 m, sí llegaron a encauzarse en los valles y proporcionaron lenguas. Entre ellos, el alto valle del Miera fue ocupado por un glaciar, que tras un recorrido algo menor a 6 km, alcanza el máximo avance a los 620 m s.n.m. y está señalado por un complejo morrénico bien conservado constituido por sendas morrenas laterales que enlazan con la frontal y con una terraza fluvioglaciar muy deteriorada por la incisión postglaciar. Las morrenas laterales obturaron la sucesión de valles laterales, generando cinco rellanos colmatados por depósitos lacustres. Estas señalan una longitud de 5 km y un espesor de hielo para la máxima expansión del glaciar de 70 m en la porción final de la lengua glaciar, alimentado por el domo de Castro Valnera y un circo individualizado. En la cabecera se conserva en muy buen estado un complejo frontal con su frente a 850-900 m s.n.m. que señala un avance y equilibrio glaciar de lengua simple y de muy reducida longitud con dos avances menores. Restos morrénicos frontales se localizan de nuevo a 1000-1100 m, señalando un último periodo de equilibrio glaciar, con un glaciar de circo de muy reducidas dimensiones (Serrano *et al.* 2013)

En la cabecera del Asón, la lengua de hielo procedente de las zonas altas de Bustalveinte ocupada por un domo glaciar, en la que confluían además hielos de los glaciares de Saco y Hondojón, este último por medio de un escalón, caía en la garganta del Asón a modo de bloques o seracs, situando su frente a una altitud muy baja (300m) y a 9 km de su cabecera, para descender por el valle siguiendo el cauce fluvial actual y desarrollar el típico perfil transversal en U. (Frochoso Sánchez y Castañón Álvarez, 1998: 124).

4.5.1. *Evolución y cronología del glaciarismo*

La evidencia de la glaciación en el Pleistoceno en la Cordillera Cantábrica se reconoció en época relativamente temprana, pero hasta el siglo XIX no se inició un estudio sistemático. Obermaier (1914) distingue dos glaciaciones en los Picos de Europa y su esquema se repitió para la Cordillera Cantábrica, por ejemplo, incluyendo Castro Valnera (1.718 m) y la plataforma kárstica de las cumbres del Asón. Las observaciones durante la segunda mitad del siglo XX se centraron en la discusión de los límites y la intensidad de las dos glaciaciones, por ejemplo, que permitió la delimitación muy precisa de la zona afectada por los glaciares en la Cordillera Cantábrica. La glaciación máxima identificadas en estas áreas no se extendía más allá de las zonas estrictamente montañosas; las lenguas glaciales no alcanzaron las colinas. Sólo en casos muy raros, como el glaciar Trueba en el macizo de Valnera, las lenguas glaciares se extienden en depresiones periféricas.

La cronología de la glaciación y dataciones absolutas han sido el aspecto más importante de estudio en el Cantábrico. El último máximo glacial global (LGM) y el último máximo glacial local (LLGM) en estas montañas se cree que es sincrónico, pero los esquemas cronológicos han cambiado cuando se han obtenido nuevas fechas sobre el desarrollo del máximo glaciar en los Pirineos. Las fechas obtenidas en las vertientes norte y sur en la zona pirenaica, en diferentes depósitos, proporcionan evidencia de un máximo glacial antes de 30 ka BP, aunque otras fechas indican también su coincidencia con la LGM. Las fechas de glaciación de la Cordillera Cantábrica también se han obtenido incluyendo la vertiente sur del macizo de Valnera. Estas fechas indican que el último máximo glacial local en la Cordillera Cantábrica se llevó a cabo antes del 35 ka BP (Frochoso *et al.* 2013).

Recientes estudios realizados en el conjunto glaciar de Castro Valnera (Frochoso *et al.* 2013) (Fig. 4.3.1.) aportan nuevas dataciones para el último máximo glacial local. La secuencia obtenida en los depósitos de Los Collados a partir de 9,5 m de profundidad, muestra un continuo depósito de al menos 78.54 ± 7.1 ka BP de 40.42 ± 5.1 ka BP, con citas intermedia a 6,5 m ($75,05 \pm 5,91$ ka BP) y 5,3 m ($64,59 \pm 5,07$ ka BP) de profundidad.

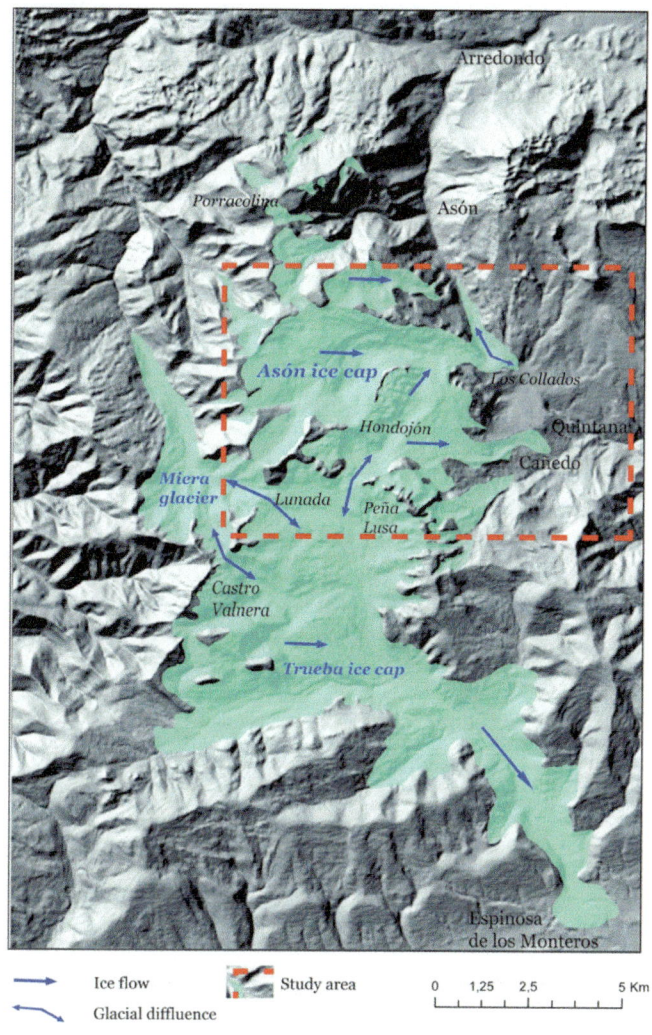

Fig. 4.5.1. Localización del área glaciar. (Frochoso *et al.* 2013)

Aunque el núcleo de los depósitos glaciales relacionados aparentemente muestra una secuencia vertical, ininterrumpida, el glaciar estuvo sometido a avances y retrocesos durante un largo período de tiempo. Durante este largo período, es posible que hubiera cinco pequeños pulsos glaciares en Los Collados, que pueden deducirse de la ramificación difluente de estas morrenas (Tabla 4.5.).

Glaciarismo	Valnera-Trueba 1707 m. snm	Picón del Fraile-Asón 1625 m. snm	Colina-Carrio-La Madera 1414-1434 m. snm	Cronología: Frochoso *et al.* 2013
Local Last Glacial Maximum (LLGM) 76,5 km² Una de las más extensas de la Cordillera Cantábrica	Lenguas glaciares: **Miera** Longitud: 5 km Espesor: 70 m Altitud: 650 m (El Toral) **Lengua glaciar Valdició** Altitud: 680 m	Lengua glaciar **Asón**: **Collados, Gándara** Altitud: 300 m (más bajo de la P. Ibérica) **Glaciar de Brenía**: Longitud: 5,3 km Altitud: 500 m **Bustalveinte.** L: 9 km / Alt: 340 m	Lengua glaciar **Rolacías** Espesor: 100 m Altitud: 450 m **Glaciar Hoyón de Saco**	78.54 ±7.1 ka to 40.42±5.1 ka, Early Würm MIS5-MIS4 **Quintana-Cañedo, morrena**.
Glaciares individualizados	**Mortero**	Inmunia Lusa	Porracolina	**Soba:** 44,978±2,365- 37.5 ka Heinrich IV event. MIS 3
Tongue Disjunction Phase (TDP1)	Campos de hielo –lenguas de hielo **Miera**	Campos de hielo	Campos de hielo **Carrio- La Madera-Colina**	27 ka- 25 ka -20.15ka MIS2
Tongue Disjunction Phase TDP2	Glaciares de circo **Valdició**	Glaciares de circo **Rolacías**	Glaciares de circo **Asón**	21 ka- 18 ka.
Late Glacial Phase (LGP)				14.5ka-10 ka. MIS 2

Tabla 4.5. Glaciarismo en el entorno de Castro Valnera: domos glaciares y cronología (Sobre datos de Frochoso *et al.* 2013)

Después, entre 64,59 ka BP (Nivel A) y 40,42 ka BP (nivel B), hubo una variación estratigráfica y cronológica que coincide con el último episodio glacial. Estos datos también son coincidentes con los obtenidos en el exterior de la morrena difluente lateral de Cañedo, donde las muestras que pertenecen a la más alta capa (nivel B) presentó una edad coherente con la misma capa en Los Collados (de 44.97 a 41.56 ka BP), dentro de un margen de error. Parece que la transición de un régimen con un glaciar activo a un glaciar escasamente activo fue muy rápido (entre 45-40 ka BP), lo que contrasta con una larga LLGM tal (de 78 ka hasta 45 ka BP con depósitos de continuación).

Así pues, de forma general se distinguen tres fases. La primera de estas fases, sería la más antigua y se correspondería con el máximo glacial, durante la cual existiría una única lengua de hielo de unos 5 km de longitud y unos 80 m de espesor, situándose su zona de ablación o de deshielo a una altitud de entre 620-630 metros sobre el nivel del mar actual. Esta fase ha sido datada entre 78.54±7.1 - 40.42±5.1 ka BP. (Frochoso *et al.* 2013).

Durante la fase intermedia, la superficie cubierta por el hielo quedaría limitada a la cabecera del valle, la lengua de hielo se reduciría hasta 1 km de longitud y la zona de ablación se situaría hacia los 850-900 metros de cota. Ha sido datada en 44,978±2,365- 37.5 ka (Ibídem). Es en esta segunda fase cuando probablemente se forman las morrenas laterales más pequeñas que se pueden observar en la cabecera del valle.

Durante la fase final, más reciente (hace unos 10.000 años), el hielo quedaría circunscrito a los circos glaciares que todavía pueden observarse individualizados en la cabecera del valle y sus correspondientes pequeñas morrenas frontales, frutos de las últimas pulsaciones.

4.5.2. Deglaciación posterior al Máximo Glacial en el área local

El retroceso de los glaciares en el valle de Asón coincidió con ocupación humana continua desde hace más de 35 ka BP en la cueva del Mirón en el valle interior que se corresponde con el clima más suave.

La susceptibilidad magnética de los sedimentos de la cueva, en relación con otros sitios arqueológicos ibéricos muestra que hubo un período relativamente suave entre el 43 y el 37,5 ka BP. Este período coincide con el final de la etapa de glaciares activos en el macizo del Asón. Hay muchos paralelismos entre el retroceso de los glaciares y el evento Heinrich 4, que también ha sido identificado como una etapa de abruptas fluctuaciones del clima en la Península Ibérica durante MIS 3. Trabajos recientes sugieren que durante MIS3 los glaciares de montaña de la Península Ibérica pueden haber sido objeto de una rápida retirada causada por eventos cálidos asociados con ciclos DO (por ejemplo, interestadios 8 y 12 de fecha a 37 ka BP y 45 ka BP, respectivamente). Estos hechos indican condiciones más secas en las montañas de la Península Ibérica durante MIS3 que durante MIS4 y MIS2.

En el territorio del Asón, las bajas altitudes, la posición sur y ligeras variaciones en la temperatura y la humedad pueden explicar el rápido crecimiento o, por el contrario, el deterioro y retroceso de los glaciares.

Un nuevo avance glaciar, Fase Disyunción (TDP), más corto que el LLGM, se produjo en la plataforma de Asón. De acuerdo a las edades obtenidas para las morrenas del LLGM, se sugiere que el desarrollo de esta nueva fase coincidió con la LGM dentro MIS 2, que ha sido descrito en las montañas de Europa entre 30 y 18 ka. Este avance global también se observó en los Pirineos, lo que indica una fase fría en torno al 20 ka. Este período frío, se observa también en la susceptibilidad magnética de los sedimentos cerca de la plataforma del Asón, que mostró una fase fría que comenzó unos 27 ka BP y terminó en la etapa más fría alrededor de 20,5 y 17,5 ka BP.

Es probable que después de la TDP, los glaciares desaparecieran de la cabecera del Asón. Además el ambiente frío solo produjo un pequeño número de pequeños glaciares residuales (RIP). En los Pirineos y los Alpes, se ha documentado una etapa similar de la glaciación con fluctuaciones de los glaciares alpinos durante el Pleistoceno hasta la transición Holoceno. En cualquier caso, en estas montañas este enfriamiento puede haber ocurrido en un momento no determinado durante la última fase Glacial entre 14,5 - 10 ka. (Frochoso *et al.* 2013)

4.5.3. La erosión glaciar

La dinámica glaciar ha dejado su impronta en el paisaje al proporcionar peculiaridades morfológicas, como valles en artesa, escalonamientos en los glaciares de valle, cubetas de sobreexcavación, etc. Esta dinámica es la que determina la formación de depresiones con forma de silla de montar y el pulido de las superficies sobre las que se apoya, así como el ensanchamiento de las depresiones previas como es el caso de las depresiones de origen kárstico, muy abundantes en las Montañas del Asón, que el hielo removilizó para acrecentarlas, tanto en anchura como en profundidad, dando lugar a amplias cubetas mixtas glaciokársticas, en cuyo fondo plano cubierto de sedimentos detríticos se han desarrollado praderías. Recientes estudios geomorfológicos y evolución de los glaciares de las montañas del Asón (Frochoso *et al.* 2009 y Serrano *et al.* 2013) ayudan a interpretar las huellas del glaciarismo en esta región caracterizada por amplias depresiones kársticas previas a la glaciación y extensas áreas de acumulación en las que el hielo inundaba todo el relieve y aprovechaba las condiciones favorables morfoestructurales (plataforma ligeramente inclinada) para manifestar una dinámica sin un encauzamiento claro, más propio de un glaciar de plataforma, con el desarrollo de superficies de abrasión según movimiento generalizado del hielo hacia el E-SE, siguiendo las suaves pendientes marcadas por el buzamiento de los materiales (plataforma de La Colina, mesa del Picón del Fraile, etc.).

4.6. El clima y el medio ambiente en el Holoceno inicial y medio

Hacia el 11.600 cal BP se produce un incremento en la temperatura media del Hemisferio Norte, con un aumento ente 5 y 10º C en unos pocos años, verificado en los hielos de Groenlandia (Mayewski *et al.* 1996). Los datos recientes revelan que el Younger Dryas último episodio frío del Tardiglaciar concluyó de manera brusca, produciéndose de forma inmediata la subida de las temperaturas. Al adoptar las corrientes oceánicas su modo de funcionamiento actual, las aguas superficiales del Atlántico Norte se volvieron a calentar y en poco tiempo las temperaturas ascendieron varios grados en Europa. De este modo dio comienzo el último período interglaciar del Cuaternario, el Holoceno, cuyo paleoclima no ha sido tan estable como hasta hace poco se creía. Una nueva pulsión fría se produjo 150 años después al romperse el dique del Báltico causando un evento frío entre 9.9 y 9.5 BP con la bajada general de las temperaturas una media de 4ºC en 100 años. Cincuenta años después se habían normalizado las temperaturas del Holoceno (Björck, E. A. 1996).

El más anormal de estos episodios fríos se registró entre el 8.400 y el 8.000 cal. BP. El evento 8200 cal. BP es uno de los momentos de variabilidad climática más característicos del Holoceno, una etapa especialmente fría en el seno del periodo paleoclimático atlántico ocurrida ca. 7400-7200 BP (ca. 8400-8000 cal. BP/ ca. 6450-6050 cal. BC) (Bond *et al.* 1997; Barber *et al.* 1999; Dean *et al.* 2002; Heiri *et al.* 2004). En el Atlántico Norte, de hecho, es el periodo más frío de todo el Holoceno (Wiersma y Renssen, 2006).

Este evento se definió originalmente a partir de un cambio negativo registrado en el $\delta^{18}O$ de diversos sondeos sobre hielo en Groenlandia (GRIP, Greenland Ice Core Project). El $\delta^{18}O$ es considerado un buen indicador de paleotemperaturas, ya que valores altos de éste coinciden con aumentos de la temperatura. Durante el evento 8200 cal. BP se constató una disminución de este indicador en el sondeo GRIP, lo que permitió afirmar la ocurrencia de un evento frío en tal marco cronológico (Tinner y Lotter, 2001). Diversos proxis han podido documentar igualmente esta pulsación fría, particularmente en Groenlandia, Atlántico Norte y Europa occidental (Alley *et al.* 1997; Klitgaard-Kristensen *et al.* 1998; von Grafenstein *et al.* 1998; MacDermott *et al.* 2001; Magny *et al.* 2003; Heiri *et al.* 2004; Muscheler *et al.* 2004). Kurek *et al.* (2002) han cifrado en 4ºC la disminución de la temperatura durante este evento en Norteamérica (López Sáez *et al.* 2008).

El origen de este evento parece estar relacionado con un aumento del flujo de agua dulce y fría procedente del deshielo de los casquetes polares americano-groenlandeses hacia el Atlántico Norte, que ralentizó la circulación termohalina en este océano (Clarke, 2003); siendo este mecanismo la causa más probable capaz de producir el enfriamiento rápido acontecido (Wiersma y Renssen, 2006). Sin embargo, este proceso no está todavía suficientemente documentado ni entendido (Bond *et al.* 1997; Barber *et al.* 1999). Este flujo de aguas frías alteró las condiciones paleoclimáticas de la Europa atlántica, dando lugar a temperaturas mucho más frías en todo este territorio con variaciones de humedad diferentes según el área considerada (en la P. Ibérica, condiciones secas en el área mediterránea, y húmedas en la región cantábrica). Como consecuencia de diversas anomalías en la precipitación anual derivadas de este evento Holoceno, Magny *et al.* (2003), confirman una disminución en 2ºC de la temperatura entre 8400-8300 cal. BP, sincrónica. Posteriormente, en poco tiempo, agotado el aporte de agua dulce, las corrientes se restablecieron y las temperaturas volvieron a ascender (Renssen, 2001; Baldini, 2002).

Heiri *et al.* (2004), en su estudio sobre diversos proxis paleoambientales en secuencias alpinas, consideran que el evento 8200 cal. BP está más bien relacionado con las causas antes citadas que con variaciones de la actividad solar, aunque según estos autores tal evento habría tenido probablemente una mayor amplitud cronológica (8200-7600 cal. BP). Por su parte, Muscheler *et al.* (2004) consideran que el evento 8200 cal. BP tuvo que ser demasiado corto en el tiempo como para considerar sin ambigüedad su origen en los cambios acontecidos en el patrón global de circulación oceánica, y consideran, basándose en la comparación entre el ^{10}Be y los registros climáticos, que este evento frío también pudo estar relacionado con una menor actividad solar (López Sáez *et al.* 2008).

Desde el punto de vista climático, el evento 8200 cal. BP fue similar al Dryas reciente, pero de menor recorrido cronológico (Guiot y Cheddadi, 2004; Wiersma y Renssen, 2006), unos 300-400 años, por lo que sólo podrá apreciarse en aquellas secuencias paleopalinológicas que incluyan este marco temporal preciso, especialmente en aquéllas en las que se siguió un análisis de alta resolución, mientras que en las que se realizaron a menor detalle es probable que el evento no sea registrado, lo cual no implica que no ocurriera (López Sáez et al. 2008).

El interés arqueológico de este evento se fundamenta en su correlación temporal con abundantes hiatos cronológicos y culturales en numerosos yacimientos a lo largo de todo el Mediterráneo, desde Grecia a la Península Ibérica, lo cual complica la visión de la transición Mesolítico-Neolítico en Europa occidental (Manen y Sabatier, 2003).

Serrano y González Amuschategui (sf.), sobre la alteración en las tobas (rocas calizas muy porosas), debidas a los cambios en la temperatura y humedad, observan los cambios detectados en la montaña y costa cantábricas (García Amorena, 2008; Moreno et al. 2011; Pérez Obiol et al. 2011). Se trata de un horizonte orgánico generalizado y una respuesta vegetal que coinciden cronológicamente con el evento 8.2 ka que se interpreta como una respuesta a este evento climático Boreal abrupto que implicó una crisis erosiva y acumulaciones orgánicas en los niveles tobáceos.

En la región cantábrica, a estos cambios bruscos de las temperaturas, se les han atribuido descensos o movimientos poblacionales, los llamados "agujeros negros" (analizados en el capítulo 9, que trata el poblamiento) y cambios en las estrategias económicas (Estévez, 2005).

Se han podido observar hiatos en ciertos yacimientos debidos a procesos erosivos, producidos por arrastre de barros y/o por circulación hídrica. Este proceso se documenta en la Turbera de Los Tornos, el paso de la zona 4 a la 6 se produce tras un hiato sedimentario, con la pérdida del registro de aproximadamente 3000 años en los 3 cm de espesor de turba que separan la fecha basal de 8596 años cal. BP de la de 5317 años cal. BP para la zona 6, ello apunta a una irregularidad en el depósito y/o sobre todo a la erosión del mismo.

En el Abrigo del Carabión, en la estratigrafía se constata el lapso entre el nivel 1, conchero mesolítico (datado en la base 7800 ± 50 BP) y el nivel inferior, nivel 3 de cronología Aziliense (datado 10310 ± 60 BP). Le separa un hiato de 15-20 cm, formado por barros de ladera y un gran bloque de desprendimiento. En este nivel 2 no se han recuperado pólenes. Este abandono de las cavidades también se ha podido comprobar en El Mirón con un lapso entre 8380±175 y 5790±90 BP; El Abrigo de la Peña del Perro, se abandona a partir del 9260±110 BP (salvo que los niveles superiores pudieran estar erosionados).

4.6.1. La información paleobotánica disponible en Cantabria

El incremento de las temperaturas en el Holoceno provocó cambios en la flora y en la fauna a nivel global. La subida de las temperaturas estuvo acompañada de un aumento de la humedad en las costas atlánticas del continente europeo, lo que produjo una rápida expansión de la vegetación arbórea de tipo caducifolio en el área Atlántico-Cantábrica (Iriarte y Hernández, 2009). En cuanto a los indicadores climáticos, la información sobre análisis de sedimentología, palinología, antracología procedentes de niveles mesolíticos es escasa.

Los primeros análisis polínicos cuaternarios de la Península Ibérica se realizaron a mediados del s. XX (Bellot y Vieitez, 1945). Sin embargo, la investigación sistemática de las diferentes unidades biogeográficas se restringe a los últimos 40 años. Los objetivos habituales en la mayor parte de estos trabajos han sido la repercusión de la dinámica climática en relación con las condiciones regionales, en especial con los cambios originados en los hábitats, la flora y la fauna, y en consecuencia su incidencia sobre las poblaciones humanas (Ramil Rego et al. 2005/2006).

La aplicación de este tipo de estudios en el área cantábrica, se inicia en la década de los 50 del siglo XX con los estudios palinológicos realizados en los niveles pleistocenos de las cuevas de Isturitz (Pirineos atlánticos), (Leroi-Gourhan, 1959) y El Pendo (Cantabria) (Leroi-Gourhan, 1980).

En la zona oriental de área cantábrica (País Vasco), a partir de los años 90 del XX se han incrementado los estudios de paleobotánica tras la creación del Laboratorio de Arqueobotánica del Área de Prehistoria (Dpto. de Geografía, Prehistoria y Arqueología) de la Universidad del País Vasco/ Euskal Herriko Univertsitatea.

En Cantábrica son escasos los estudios de polen realizados en yacimientos mesolíticos. Se dispone de análisis polínicos y/o antracológicos efectuados en un reducido número de yacimientos y en depósitos no antrópicos de la zona de estudio (se incluyen también los realizados en la zona occidental) (Tabla 4.6).

Yacimiento	Nivel	C^{14} BP	Taxones	Referencias
Liencres	(1) 47 cm (2) (3)	6959 BC 5545. BC.	*Pinus sp.* (28%), *Evica sp.* (26%). Bosque mixto: alisos, pinos y avellanos. Herbáceas Filicales (humedad) Descenso del arbolado	Clark y Menéndez Amor (s. f)
Barcenilla Polen	Mesolítico 5-10	7.020±30 BP 6380±40 BP	Escasos arbustivos: *Juníperus*	Ruiz Zapata, 2013
Barcenilla Antracología	5-10	7.020±30 BP 6380±40 BP	*Quercus robur, Castanea nativa, Fagus selvática, Rhamnus alaternus*	Uzquiano, P. 2013
El Mirón Carpología Antracología Isótopos	303.3 Neolítico Mesolítico	5550±40 BP 8740±40 BP	Cereal: *T. aestivum /durum* *Quercus*	Peña Chocarro, 2005 Zapata *et al.* 2013 Ruiz y Zapata, 2015 Stevens *et al.* 2014
Peña del Perro Antracología	1 Mesolítico	9260± 110 BP	Presencia casi exclusiva de *Quercus caducifolio*.	Uzquiano, 1995.
Cubío Redondo Carpología	Conchero	6630±50 BP 5780±50 BP	*Corylus* y bellotas (*Quercus sp.*)	Ruiz Cobo y Smith, 2001.
El Carabión Polen	1 Mesolítico	7800 ± 50 BP 5750 ± 40 BP	Dominio de *Corylus. Quercus c.* y *Castanea* de forma puntual.	Gil García y Ruiz Zapata, 2016.
El Carabión Antracología	1Mesolítico	7800 ± 50 BP 5750 ± 40 BP	Expansión del bosque caducifolio. *Quercus caducifolio* y *Quercus ilex*. Evolución hacia dominio bosque caducifolio: *Corylus, Fraxinus* y *Quercus c* y presencia de madroños.	Uzquiano, 2016.
Sopeña Antracología	2 Mesolítico	8460±100 BP	Bosque caducifolio: *Quercus* y *Corylus*.	Uzquiano, 2016.
Las Salinas Antracología	2 Mesolíco	9450±50 BP 6990±40 BP 6930±40 BP 6910±40 BP	Bosque caducifolio costero: *Castanea* y *Betula*. Matorral de los macizos kársticos (*Crataegus, Prunus, Sorbus*).	Uzquiano (En este trabajo)

Covacho del Cuco Polen	Estratigrafía 200 cm		Paisaje vegetal abierto. Herbáceas Astaraceae, *Plantago* y Chenopodiaceae-Amaranthaceae. Arbustivo: Ericaceae, Rosaceae y Cistaceae. Arbóreo: *Corylus, Alnus, Salix. Quercus* nivel superior.	Ruiz Zapata y Gil García, 2007
Turbera de Los Tornos (Soba) Polen	3	7830 ± 90 BP	Abundante *Betula, Quercus* c., *Pinus* y *Salix*,	Peñalba, 1989
ZONA OCCIDENTAL DE CANTABRIA				
Cueva Playa de las Arenas (Tina Mayor)	Límite Inf.	10.000±600BP	*Pinus, Quercus, Corylus,* Oleáceas. Condiciones templadas.	López, P. (S.f)
Cueto de Avellanosa (Tudanca)		6881 cal. BP	Expansión del bosque con dominio de *Pinus* junto con *Corylus, Quercus, Betula, Ulmus* y *Fraxinus*.	Mariscal, 1983
Peña Oviedo La Campa	4 2 Base	8950 ± 50 BP 8640 ± 50BP 5960 cal. BP	Dominio de dos taxones: *Pinus silvestrys-nigra* y *Quercus* caducifolio. Descenso de Pinus y aumento de *Quercus* y *Corylus*	Díez-Castillo, 1996-97.
Turberas: Merón y Oyambre		7060 y 6030 cal BP	*Laurus* e *Ilex, Salix atrocinerea* y *Fraxinus*, y eurosiberianos (*Quercus robur, Betula, Corylus* avellana y *Frangula alnus*)	García-Amorena, 2007- 2008).
Playas de Jerra Antracología Carpología	Jerra 1 Jerra 2	5880 ± 130 B.P. 5330±120BP	Bosque mixto: Avellanos y pinos. Descenso del arbolado. Posible momento Transgresivo del mar.	López, P. (S.f)
Río Frío Cantabria límite León-Palencia Turbera(170 m altitud)		10210 ± 115 B.P. = 8260 cal. BC 8785± 100 B.P cal. 6835 BC	Inicio Preboreal: *Quercetum mixtum*. Bosque de pinos y bosque caducifolio.	López, P. (S.f.)

Tabla 4.6. El registro paleobotánico disponible de Cantabria en el Holoceno.

4.6.1.1. Liencres (Santander)

El breve estudio realizado en Liencres aporta los resultados de varias muestras. La primera de ellas recogida a 47 cm de la roca madre. En ésta, el polen era escaso, apreciándose porcentajes altos de *Pinus sp.*, con un 28 %. Junto a ellos aparece el característico paisaje de brezos, *Evica sp.*, con un 26 %. Se observa un aumento de los pinos durante el Preboreal-Boreal, fechándose en el 6959 y 5545 BC. La segunda muestra presenta un bosque mixto compuesto por alisos, pinos y avellanos. Entre las herbáceas, las Ericáceas forman el grupo más importante, habiendo un desarrollo grande de las Filicales, indicando un aumento de humedad. La tercera muestra ofrece un fuerte descenso de los árboles, creciendo el porcentaje de las herbáceas. Hay que suponer en este momento la presencia del hombre, aumentando el radio de las landas, aprovechables como medio ganadero. Esta vegetación puede decirse que es similar a la que existe en la actualidad en la zona (Clark y Menéndez Amor, 1975).

4.6.1.2. Barcenilla (Barcenilla-Bajo Pas)

Situada en la llanura litoral a 6 km de la costa; altitud 180m. En el análisis palinológico (Uzquiano, 1992) se detectaron escasos granos de polen en los niveles mesolíticos (5-10). Puede ser explicado por procesos de lavado postsedimentarios, más que por problemas de conservación diferencial. Se detecta la presencia de taxones arbustivos (*Juniperus*) y Ciperácea. (Anexo 4.6.1)

En el análisis antracológico se han identificado especies arbóreas termófilas: *Quercus robur, Corylus avellana, Castanea sativa, Fagus silvática* y *Rhamnus alaternus*. La muestra de madera utilizada como combustible parece indicar que las especies que presentan mayor frecuencia son el roble y el haya. Según los datos antracológicos obtenidos por el momento, las primeras evidencias de *Fagus* en este área de la Sierra Peñajorao tendrían una edad holocena y, desde un punto de vista cultural, mesolítica, coincidiendo con otros datos antracoanalíticos obtenidos en el este de Asturias, no obstante en otras áreas del litoral oeste de Cantabria (Cueva de la Pila) la presencia de *Fagus* se remonta al Tardiglaciar en depósitos del Magdaleniense final y Aziliense (Uzquiano, 1992).

4.6.1.3. El Mirón (Ramales de la Victoria- Medio Asón)

Situado en el valle del Calera a 20 km de la costa; altitud 260 m snm. A pesar de lo limitado de los restos, el estudio arqueobotánico (Peña Chocarro *et al.* 2005) demuestra la presencia de varias especies de cereal, entre las que destacan *Triticum dicoccum, T. monococcum* y el *T. aestivum/durum*. Este último, de gran interés entre los restos cereales, ya que constituye la primera evidencia de su cultivo en la región, lo que ha permitido fechar los inicios de las prácticas agrícolas en esta región en 5550 años BP (4520-4050 años cal. BC).

En el Holoceno la madera usada en la combustión es de forma prioritaria el *Quercus* desde el inicio de la secuencia (8700 ± 40 BP, 7932e7595 cal BC), con escasa presencia de *Corylus avellana* y ceniza de *Fraxinus* y *Rosaceae* (Zapata, 2012 y Ruiz Alonso y Zapata, 2015).

4.6.1.4. Abrigo de La Peña del Perro (Santoña)

Situado en la costa, en el acantilado este del Monte Buciero. El análisis antracológico realizado en nivel 1, Mesolítico, aporta escasos datos (Uzquiano, 1995: 79). Muestran la presencia casi exclusiva de *Quercus caducifolio*, escasa presencia de *Castanea sativa*, coincidiendo con el abandono del hábitat, hacia el 9.000 BP.

4.6.1.5. Cubío Redondo (Matienzo)

Situado en el valle interior de Matienzo a 23 km de la costa; altitud 230 m snm. Los restos recuperados mediante flotación han sido datados en 6630±50 BP y 5780±50 BP. Se han identificado fragmentos de *Corylus*, y bellota (*Quercus sp.*) carbonizados (Ruiz Cobo y Smith, 2001).

4.6.1.6. Carabión (San Mamés de Aras-Bajo Asón)

Situado en la llanura litoral a 1,18 km de la costa; altitud 20 m snm. El estudio de la columna de polen analizada en el Carabión (Anexo. 4.6.1.6) en el Nivel 1, datado en 7800 ± 50 BP; 8576 ± 52 cal BP y 5750 ± 40 BP, ha permitido identificar 5 taxones arbóreos. *Corylus* es el principal taxón a lo largo de toda la secuencia y *Castanea* aparece de forma puntual. En la primera parte de la secuencia (0-20 cm) se incrementan los taxones arbóreos (*Corylus, Quercus c.* y *Pinus* y, aparece por primera vez *Castanea*). En el estrato herbáceo predominan Poeaceae y Rumex. Esta última puede estar potenciada positivamente por el consumo humano. El estrato (20-40 cm) se encuentra predominio de herbáceas y baja presencia de taxones arbóreos, siendo los más frecuentes *Corylus* y *Quercus c.* y de forma puntual *Betula*. En la vegetación herbácea se encuentran Apiaceae, Brasicaceae y Fabaceae, familias de interés agrícola.

La vegetación que posiblemente constituiría el paisaje del yacimiento y de su entorno, sería de un paisaje muy abierto en el que pudo existir un robledal y avellanar aclarado y con escasa presencia de estrato arbustivo (*Juniperus* y *Cistaceae*) en el inicio de la secuencia. Este tipo de vegetación determina la existencia de unas condiciones climáticas relativamente templadas y húmedas, que quedan constatadas por los bajos valores que alcanzan los taxones indicativos de condiciones secas. No ha quedado constancia de la existencia de formaciones de ribera, que con toda probabilidad debería existir (Gil García y Ruiz Zapata. ined.)

En el análisis antracológico (Uzquiano, 2016) se diferencian en las ocupaciones del Mesolítico dos momentos: hacia 7,8 ka BP taxones colonizadores como el Abedul ceden en favor de los robles caducifolios.Se produce la extensión del bosque caducifolio característico de estas latitudes y la presencia discreta de encinas (*Quercus ilex*).

Hacia 5,8 Ka BP, el bosque caducifolio es la formación dominante en esta zona caracterizado por el dominio de los robles caducifolios junto con avellanos y fresnos. El encinar cantábrico costero parece confirmarse a partir de la presencia de encinas (*Quercus ilex*) cuyos valores a pesar de ser algo superiores a los registrados en la etapa precedente, siguen siendo discretos, y por la presencia de madroños (*Arbutus unedo*), arbusto que suele aparecer asociado a la encina teniendo en cuenta los datos biogeográficos actuales (Cendrero *et al.* 1986).

4.6.1.7. Sopeña (Miera)

La cueva de Sopeña está situada en el alto Miera a 684 m de altitud absoluta.

El análisis de los restos de maderas quemadas hace suponer que explotarían el roble como combustible y también el avellano aunque éste último quizá esté más ligado a la recolección y consumo de avellanas: las ramillas donde se encontraban los frutos acabaron en el fuego una vez recogidas las avellanas.

Por otro lado, la ausencia de otros taxones, simplemente se debe a los procesos postdeposicinales, que originarían la destrucción de otros carbones más frágiles (ej. sauces, álamos), menos abundantes en el registro de este período (pino, castaño, haya) o más fragmentados (las especies de matorral que al ser de ignición quedan siempre muy fragmentadas). Siempre suele preservarse el material más utilizado y/o más resistente (Uzquiano, P. Ined.).

4.6.1.8. Las Salinas (Miengo-Bajo Pas)

La cueva de Las Salinas está situada en la llanura litoral a 1,2 km de la costa y altitud absoluta 20 m. El estudio antracológico (Uzquiano, en este trabajo) en el nivel 2, de cronología Mesolítico, nos informa de la explotación de la madera de las formaciones caducifolias costeras: los carbones más frecuentes proceden del robledal acidófilo, de *Castanea* y *Betula* junto al matorral de los macizos kársticos (*Crataegus, Prunus, Sorbus*). Por otro lado la presencia de *Quercus ilex* es discreta y los escasos restos corresponden a ramillas de pequeño calibre. El avellano está igualmente presente. Los restos de madera de avellano podrían corresponder a las ramas de donde se recolectaron los frutos.

4.6.1.9. Covacho del Cuco (Castro-Urdiales)

El covacho del Cuco forma parte del conjunto de cavidades del Abrigo del Cuco, situado en la zona costera de Castro-Urdiales, en el área urbana. El estudio del polen (Ruiz Zapata y Gil García, 2007), se realizó sobre 15 muestras de una columna de 220 cm. La presencia de polen fue escasa en las secuencias basales y parte superficial, mientras que, fue abundante en la zona central que ha permitido conocer la evolución del paisaje vegetal en el Tardiglaciar.

Los datos nos informan de la existencia de un paisaje vegetal muy abierto, dominado por herbáceas tipo *Astaraceae* (liguliflorae y tubuliflorae), *Plantago* y *Chenopodiaceae-Amaranthaceae*, y otros componentes herbáceos. Escasa presencia del estrato arbustivo, representado fundamentalmente por *Ericaceae*, acompañado en ocasiones por *Rosaceae* y *Cistaceae*, escasa presencia de taxones de ribera y de elementos acuáticos. El estrato arbóreo escasamente representado con valores inferiores al 20%. *Corylus* es el único taxón que se mantiene presente en toda la secuencia. *Salix* y *Ulmus* están en el inicio y posterior de forma puntual *Fagus*. Todos ellos son sustituidos en la zona superior por *Quercus, Alnus, Fraxinus* y *Pinus*.

Se dispone también de estudios polínicos realizados en depósitos no antrópicos. En la zona centro-oriental (Turbera de Los Tornos-Soba). En la zona occidental de Cantabria se han efectuado estudios de antracología en yacimientos de Peña Oviedo y La Calvera (Valle del Nansa), Cueva Playa de Las Arenas (Tina Mayor) y en turberas del Cueto de Avellanosa (Tudanca), Merón y Oyambre (San Vicente de la Barquera).

4.6.1.10. Turbera de Los Tornos-Soba

La Turbera se encuentra en la parte superior del puerto de Los Tornos (Soba-Cantabria). La secuencia polínica de los Tornos cubre el período comprendido entre 8596 años cal. BP y el siglo XX. El estudio palinológico ofrece información sobre cuatro niveles, de los que el tercero de cronología: Gif-7666 profundidad: 182-188= 7830 ± 90; 8596 cal BP le sitúa en la etapa cronológica del Mesolítico. Los taxones arbóreos que presentan mayor frecuencia son *Betula, Quercus c., Pinus* y *Salix*, por este orden. En las herbáceas Poeaceae, Ciperaceae y esporas monoletas son los taxones más frecuentes. La vegetación de la turbera en este nivel era boscosa, dominada por *Betula* y *Salix*, con la presencia próxima de *Quercus* y *Pinus,* en cambio, anteriormente a este período, las arcillas de la base en el sondeo TOR5C registran una vegetación muy abierta, con menos *Betula* y sin *Quercus* ni *Pinus* (Peñalba, 1989).

El segundo estudio polínico (Muñoz Sobrino *et al.* 2005) en los Tornos muestra una secuencia muy similar a la anterior. Los autores utilizan las mismas dataciones radiocarbónicas para fechar los cambios de vegetación y obtienen adicionalmente una nueva fecha: 2777 años cal. BP para el inicio de la expansión de *Fagus*.

La nueva secuencia tiene en la base una particularidad en la curva de *Corylus*, que sufre una disminución de frecuencias relacionada con el aumento de Poeaceae en el denominado "evento Hr2". Este evento es atribuible a una acción antrópica temprana en forma de clareos del bosque por fuego (es previo al cultivo de cereales en la región), pero los autores sugieren que también pueda tener una implicación climática y estar relacionado con el evento 8.2 ka.

Posteriormente, se recupera *Corylus*, dando paso a los inicios del óptimo climático del Holoceno, período más cálido relacionado con una expansión de los bosques en altitud. Sin embargo, con anterioridad a 5317 años cal. BP, tiene lugar de nuevo, una fase de Poaceae (Hd-2a), ligada a un período más frío y húmedo, con turberas de alimentación pluvial en las cimas de los montes.

4.6.1.11. Cueva playa de Las Arenas (Cantabria)

La cueva de la playa de Las Arenas, situada cerca de la desembocadura de la Ría de Tina Mayor, presenta, como resultado de los análisis efectuados, una vegetación rica en *Pinus, Quercus, Corylus, Oleáceas* y otros árboles indicadores de condiciones climáticas templadas. Estas especies están acompañadas por escasas herbáceas, destacando las Gramíneas. Se ha fechado el límite inferior en 10000 ±600 B.P., situándose en el comienzo del Holoceno, es decir, en la base del Preboreal (López, Pilar, s.f.)

4.6.1.12. Cueto de la Avellanosa (Cuenca del río Nansa, Tudanca, Cantabria)

Se localiza cerca de la localidad cántabra de Tudanca, en la cuenca del río Nansa, en la vertiente septentrional de la sierra del Pico del Cordel. Esta zona destaca por su carácter montañoso, con sierras que superan los 2000 m de altitud.

El estudio polínico de esta turbera fue llevado a cabo por Mariscal (1983). Se obtuvieron tres dataciones radiocarbónicas para una columna de 340 cm. Estas dataciones ubican cronológicamente el inicio de la turbera en el Holoceno (6881-1072 años cal. BP)

Lo más característico es el dominio de *Pinus* durante la primera mitad del mismo, desde hace 7000 años cal. BP hasta fechas inmediatamente posteriores a 3020 años cal. BP. Aparecen también elementos caducifolios como *Corylus, Quercus, Betula, Ulmus* y *Fraxinus*.

4.6.1.13. Peña Oviedo (Camaleño-Valle del Deva)

El conjunto de Peña Oviedo está constituido por el Abrigo de la Calvera y la Campa de la Calvera, separados entre sí escasamente 300m (Díez-Castillo, 1996-97).

La secuencia antracológica del conjunto se ha dividido en 4 fases. En la fase IV (8950 ± 50 BP y 8640 ± 50 BP) (atribuida al Aziliense), se ha documentado un dominio de únicamente dos taxones: *Pinus sylvestris-nigra* y *Quercus caducifolio*, lo que puede deberse, al menos en parte, a la recogida de leña en un entorno muy limitado espacialmente. Otros taxones están presentes de forma muy modesta (*Maloideae, Corylus* avellana y leguminosas).

La fase III en la base de la Campa (5195±25 BP) ha permitido identificar un bosque en el que *Quercus caducifolio* aumenta ligeramente con respecto a la fase anterior, pero el cambio más substancial lo constituye la caída de los pinos a favor de otras especies del cortejo del robledal, entre las que destacan *Maloideae* y *Corylus* avellana. Hay que destacar la presencia de concentraciones de avellanas que evidencian el uso de este recurso para la alimentación.

4.6.1.14. Turberas de Merón y Oyambre

El estudio realizado por (Garzón *et al.* 1996; Mary, 1990), revelan que los sedimentos holocenos se acumularon entre 7060 y 6030 cal BP. La turbera de Oyambre es coetánea con los sedimentos del Merón (García-Amorena *et al.* 2008). La identificación de las maderas, junto con las hojas, frutos y semillas permitió reconocer elementos lauroides (*Laurus* e *Ilex*), hidrófilos (*Salix atrocinerea* y *Fraxinus*) y eurosiberianos planocaducifolios (*Quercus robur, Betula, Corylus* avellana y *Frangula alnus*) (García-Amorena, 2007- 2008). Estas especies, junto con la ausencia de coníferas, concuerdan con el resto de yacimientos del entorno que reflejan la extensión de robledales a comienzos del Holoceno y muestran la costa cantábrica como refugio de flora termófila (Costa *et al.* 1997, García-Antón *et al.* 2006, Ramil-Rego *et al.* 1998 y Mary, 1990).

4.6.1.15. Playas de Jerra (Cantabria)

En las playas de Jerra se han realizado dos sondeos, Jerra 1 y Jerra 2. El primero de ellos se realizó sobre una capa de turba situada en la zona oriental del valle del Oyambre. Datada en el 5880 ± 130 BP (Gif. 2.633), presenta una vegetación formada principalmente por un bosque mixto, siendo sus principales especies los avellanos y pinos.

El segundo sondeo proporciona otra fecha de C^{14}: 5300±120 BP (Gif. 2.917). Ambos quedan incluidos en el final del Atlántico. Se observa un descenso de la masa arbórea que es difícil atribuir a la presencia del hombre, debido a que no aparece ningún tipo de polen que indique la presencia de cultivos. Sin excluir del todo la influencia humana, el desarrollo de las landas en este momento puede ser la consecuencia lógica de un período de denudación causado por un movimiento transgresivo del mar (López, s.f.).

4.6.1.16. Turbera de Río Frío (Cantabria)

Situada en los límites con las provincias de León y Palencia. Esta zona estuvo ocupada por un lago, que rellenaba un circo glaciar, y que se llenó a partir de los últimos tiempos postglaciares. Se efectuó un sondeo que abarcaba desde la fase final del Tardiglaciar hasta la actualidad, dando con ello una secuencia completa de la vegetación durante el Holoceno. La fase final del Tardiglaciar, marcada por el predominio de los pinos, está fechada en el 10210 ± 115 BP; 8260 BC, y corresponde al final del Dryas reciente.

El comienzo del Preboreal queda marcado por el desarrollo de *Quercetum mixtum,* aunque siguen dominando los pinos. Entre las herbáceas destacan los porcentajes de Gramíneas, estando presentes las Compuestas, principalmente Artemisia, indicando que las condiciones frías no han desaparecido del todo, a pesar de que está clara la mejoría climática.

Durante el Boreal (8785±100 BP; 6835 cal BC), las especies más cálidas comienzan a desarrollarse de una forma continua, estando presentes constantemente el robledal mixto, avellano y abedul. El porcentaje de pólenes arbóreos alcanza el 90 %.

4.6.2. Zona oriental de la cornisa cantábrica, País Vasco Atlántico: paleobotánica

En el extremo oriental de la cornisa cantábrica se observa una evolución del paleoambiente en el Holoceno, similar a la observada en Cantabria. El estudio polínico del País Vasco (Iriarte, *et al.* 2007-08)[1], aporta información paleoambiental de yacimientos situados en situación geográfica y cronológica similar a los de Cantabria.

4.6.2.1. Pico Ramos (Muskiz, 190 m s.n.m.)

Situado casi en el límite con Cantabria (Castro Urdiales). En el nivel 4, con dataciones escalonadas entre c 6800 y 5400 BP, la madera de roble constituye el 93% de los fragmentos identificados acompañados por escasos restos de avellano, rosáceas como el endrino (*Prunus spinosa*) y elementos de encinar como la propia encina y el madroño (*Arbutus unedo*) (Zapata, 2002).

4.6.2.2. Pareko-Landa (Sollube, 526 m s.n.m.)

Asentamiento al aire libre, se observa que hacia la segunda mitad del VIII milenio se produce un descenso de la cubierta arbórea (45%) y se rompe la codominancia *Corylus/Quercus caducifolio tp.* a favor del dominio del avellano. En este momento el roble tiene unos valores similares con *Pinus* y *Alnus*.

4.6.2.3. Urdaibai (Gernika, 5 m s.n.m.)

Situado en el estuario del Bidasoa, el estudio palinológico de Playaundi (Sánchez Goñi, 1996) sobre la única muestra adscrita al VIII milenio (7810 ± 130 BP) se caracterizada por la existencia de un bosque codominante de *Quercus caducifolio tp.* y *Corylus*, con presencia esporádica de *Carpinus betulus* tp., *Abies*, *Betula* y *Alnus*. Estas particularidades se mantendrán durante el 7.º milenio, destacando la presencia puntual y esporádica de *Fagus* y la menor representación de *Quercus ilex* tp. A lo largo de este milenio, en la zona costera se inicia la progresión del aliso como consecuencia de las variaciones sufridas en la línea de costa debido a los procesos de transgresión y regresión del mar (Urdaibai y Playaundi) (Iriarte, *et al.* 2007-08).

4.6.2.4. Kobeaga II (Ispaster, 205 m.s.n.m.)

El estudio antracológico (Zapata, 2000), se caracteriza por un dominio de la madera de roble (76-81%), acompañada por escasos fragmentos de encina, avellano, y rosáceas como pomoideas tipo espino albar (c. 7700 - 7000 BP).

A modo de conclusión, desde el inicio del Holoceno, se observa una evolución en la vegetación, en la que especies caducifolias tienen una relevante representación y, a finales del X milenio, la cubierta forestal es importante. *Corylus* es el principal taxón arbóreo, tanto en su desarrollo como en su presencia a lo largo de la secuencia. En menor proporción están presentes *Quercus caducifolio* y *Pinus*. A partir de VIII milenio destaca el bosque mixto caducifolio en el que sus dos elementos más significativos son *Corylus* y *Quercus* caducifolio. Las especies arbóreas que les acompañan son variadas (*Tilia, Carpinus, Betula, Ulmus, Fraxinus, Castanea, Ilex*, etc.), aunque su aparición difiere según los depósitos. Se observa cierta variación de especies en las zonas situadas en altitud por encima de los 500 m donde *Pinus* es la especie dominante seguido de *Quercus c*, mientras que en las zonas costeras se produce una progresión de plantas hidrófilas y termófilas, como *Salix* y *Fraxinus*.

---

1 M. J. Iriarte; Pérez Díaz, S.; Ruiz Alonso, M.; Ruiz Zapata, L. Paleobotánica del Epipaleolítico y Mesolítico vascos. Veleia, 24-25 (2007-2008), 629-642.

4.7. Sedimentología

Son muy escasos los estudios de sedimentos realizados hasta la fecha en la región cantábrica. En la zona de estudio se dispone de análisis de sedimentos en el Cubío Redondo[2] y en el yacimiento del Carabión (Solar Fernández, 2016).

4.7.1. Sedimentología del yacimiento del Cubío Redondo

Se identifican dos niveles. El nivel inferior compuesto de arcillas y gelifractos, depositados en algún momento del Cuaternario. Las capas de gelifractos y el nivel del conchero corresponden al Tardiglaciar y al Holoceno. Entre ellas se sitúa un momento de reactivación hídrica del sistema. Una costra estalagmítica flotante cercana al techo evidencia que la cavidad estuvo casi colmatada en un momento anterior a la ocupación mesolítica. Después del hiato erosivo que eliminó una parte de la secuencia de arcillas, se formó un nivel de gelifractos, sobre charcos arcillosos, posteriormente tuvo lugar la ocupación (Sebastián Palomares, 2001).

4.7.2. Sedimentología del yacimiento del Carabión

Se han identificado un total de cinco niveles, coincidentes con los diferenciados en la estratigrafía arqueológica. Se equiparan a niveles edáficos dadas las características del depósito, se trata una sucesión de niveles sedimentarios más que de horizontes edafológicos. En este caso, lo que se identifican son varios niveles cuyo origen no es la disgregación, alteración y diferenciación del producto de alteración de la roca sino una sucesión de sedimentos "alóctonos" procedentes de la dinámica kárstica relacionada con el proceso de colmatación sedimentaria del abrigo. Sin embargo, si se identifican ciertos rasgos de edafogénesis o evolución posterior del depósito sedimentario, por lo que podríamos calificarle como un suelo joven. La información sedimentológica se simplifica en la Tabla 4.7.2.

El tipo de materiales identificados en el depósito del Carabión nos informan sobre los procesos morfogenéticos que los han generado. A su vez dicha información contribuye a la interpretación de los sucesos paleoclimáticos y su relación paleogeográfica. En este sentido cabría realizar la interpretación siguiente:

En una primera fase, el espacio del abrigo formaba parte de una cavidad kárstica tipo galería. Los depósitos sedimentarios de este momento son los más profundos (Nivel 4) y están formados por arcillas residuales procedentes de la descalcificación de las calizas del sistema kárstico al que pertenece el abrigo, los cuales fueron sido depositados en un medio hídrico poco energético. Estas condiciones podrían corresponder a un clima frío que podría ser el de la última glaciación Würm.

El siguiente nivel (Nivel 3), corresponde a un momento en el que reinan las condiciones periglaciares con procesos de gelifracción y crioclastia, en condiciones de bajas temperaturas y alternancia de procesos de hielo-deshielo. Esta interpretación se encuentra avalada por la fecha de datación del depósito, en el Aziliense. La ribera del mar se encontraba a decenas de kilómetros respecto de la línea de costa actual y el río Carabión, además de encontrarse más encajado, no discurría por el trazado actual, sino unos 100 m más al Este.

El proceso de calentamiento global es progresivo y, los procesos periglaciares de meteorización física van perdiendo peso, siendo sustituidos por los propios de dinámica de ladera. Así se llega a una situación en la que el abrigo del Carabión, sin interrumpir los aportes pedregosos del techo de la cavidad, empieza a recibir grandes aportes de coladas de barro asociadas a la dinámica de vertientes. Se trata de un periodo muy húmedo en el que este lugar no estará habitado, quedando registro sedimentario (N. 2) procedente exclusivamente de los procesos naturales. Para que estas condiciones se diesen el clima tenía que ser frío (mayor temperatura que en el nivel 4 y muy húmedo).

---

2 El análisis de sedimentos ha sido realizado por J.I. Sebastián Palomares. Departamento de Suelos del Laboratorio Agroalimentario de Santander (2001)

Continúa el incremento de las temperaturas globales hasta el máximo térmico en el Flandriense, momento en el que el nivel del mar alcanza su máximo más reciente y la línea de ribera del mar alcanza un metro por encima del nivel actual. Durante este período, húmedo y cálido, predominan los procesos de meteorización química sobre la mecánica. Los aportes pedregosos producto de la alteración del techo de la cueva vuelven a recobrar importancia en el registro sedimentario, pero en esta ocasión, alternando con fragmentos de espeleotemas (coladas) producto de los procesos de precipitación química en las paredes de la cavidad (N. 1).

La cornisa que protege el abrigo se va desmoronando progresivamente y retrocediendo, dejando así paso a los rayos solares y favoreciendo la colonización del suelo del abrigo por la vegetación. Es en este momento cuando comienza realmente el proceso de edafogénesis sobre el depósito sedimentario, en el que se combinan los efectos de los procesos químicos, físicos y biológicos. El resultado es un horizonte orgánico (Nivel 0) con complejos húmicos, localmente sellados por las coladas de calcita producto de la precipitación química de carbonatos.

Finalmente, parece que el río Clarón abandona su cauce y se instala al pie de la cornisa rocosa a escasos metros del yacimiento. La topografía y estratigrafía del depósito muestra un escarpe erosivo que alcanza en profundidad al nivel estéril. (Ibídem).

Podemos comprobar en el informe geológico y sedimentario la evolución del clima desde el final del Tardiglaciar (nivel 4), con un ambiente frío relacionado con la última glaciación Würm, el clima experimenta una mejoría (nivel 3) permaneciendo las condiciones frías en torno al 10.000, que puede situarse en el inicio del Holoceno en el Boreal. En el nivel 2 se identifica una pulsión fría y muy húmeda, que se pudiera relacionar con el evento 8.2. Finalmente se percibe el aumento progresivo de las temperaturas dando paso a un clima cálido y húmedo.

Niveles	Procesos indicadores de cambios climáticos
N.0. Espeleotemas: colada de calcita	Procesos kársticos de precipitación química: clima templado. Erosión actual fluvial y de escorrentía superficial
N. 1. Sedimento rojizo Estructura pedregosa Cantos de caliza subangulosos con vértices redondeados Fragmentos de coladas de calcita	Sedimento expuesto a los agentes atmosféricos. Sedimentación graviclástica, escamación del techo del abrigo. Procesos kársticos de disolución química: clima húmedo. Procesos kársticos de precipitación química: clima templado. Los procesos fluviales no intervienen en la sedimentación. Erosión actual fluvial y de escorrentía superficial. Aguas de origen kárstico con muchos carbonatos
N. 2. Color rojizo Estructura migajosa arcillosa y pedregosa no clastosoportada Cantos de caliza de igual litología a la del abrigo. Mayor contenido de arcillas	Sedimento expuesto a los agentes atmosféricos Aportes externos de terrígenos: coladas de barro o aportes fluviales Sedimentación graviclástica, escamación del techo del abrigo Aguas de origen kárstico con muchos carbonatos
N. 3. Color rojizo Estructura muy pedregosa. Cantos de caliza muy angulosos con vértices no redondeados. Ausencia de fragmentos de coladas de calcita.	Sedimento expuesto a los agentes atmosféricos. Sedimentación graviclástica, escamación del techo del abrigo. Alteración mecánica, procesos crionivales: clima frío. Ausencia de precipitación química: clima frío Escamación del techo del abrigo. Aguas de origen kárstico con muchos carbonatos.
N. 4 Estructura limosa. Escasos elementos gruesos. Color ocre. Presencia de moscovita Agregados con cemento calcítico.	Productos de descalcificación. Corriente poco energética. Techo del abrigo aún en proceso de alteración química Depósitos típicos de cueva, de decantación. Sedimentos procedentes de la alteración de capas superiores. Aguas de origen kárstico con muchos carbonatos.

Tabla 4.7.2. Estructura sedimentológica del Abrigo del Carabión y procesos indicadores de cambios climáticos (Reducido de Solar Fernández, 2016.)

Análisis efectuados recientemente, como el análisis sedimentológico realizado en Kobeaga II (Areso y Uriz, 2000) o el análisis micromorfológico de El Mirón (Courty y Vallverdu, 2001), coinciden en señalar la mejora climática del Holoceno (Fano, M. A. 2004). Lo confirma también la cementación de los yacimientos de conchero en las cavidades, y la formación de las costras y concreciones estalagmíticas que se asocian a ese registro son debidas a procesos fisicoquímicos, favorecidos por unas condiciones cálidas de temperatura y humedad (Butzer, 1964: 204). Como ejemplo reciente bien documentado cabe citar la potente costra estalagmítica localizada en La Garma A, infrayacente al nivel Mesolítico y datada por Termoluminiscencia hacia el 9000 BC (Arias, González Sainz *et al.* 1999).

4.8. La fauna como indicador del paleoambiente

Los cambios en la presencia de ciertas especies de fauna, asociadas a medios boscosos y condiciones atemperadas, aportan información sobre procesos de cambio en el paleoambiente.

4.8.1. Microfauna

Son pocos los datos disponibles sobre microfauna para el período de estudio. El nivel 10.l del Mirón (9550± BP) ha proporcionado una colección de microfauna propia de un clima templado y húmedo, con especies adaptadas a los medios boscosos como el topillo rojo (*Clethrionomys glareolus*), el lirón gris (*Glis glis*) y la ratilla agreste (*Microtus agrestis*) entre otros (Altuna *et al.* 2004 y Cuenca-Bescos *et al.* 2008).

En el Cubío Redondo se detecta la abundante presencia entre los roedores de *Apodemus* y *Eliomys*, especies de bosque. Entre los micrótidos, *Microtus* y *Pitymis*, frecuentes en bosques caducifolios (Smith, P. 2001).

4.8.2. Macrofauna, aves y malacofauna

En el registro arqueológico del Holoceno se comprueba el incremento de especies de ungulados coherente con el medio ambiente que indican los análisis paleobotánicos. *Sus scrofa* y *Capreolus capreolus*, especies asociadas a la expansión del bosque caducifolio. Ambas especies están presentes en prácticamente todos los yacimientos mesolíticos estudiados.

Así mismo, se documenta la presencia de aves bien adaptadas al medio forestal en El Cubío Redondo (Sánchez Marco, 2001): *Buteo buteo* (ratonero), *Tito alba* (lechuza común), *Pica pica* (urraca) y *Pyrrhocorax graculus* (chova).

Estas aves también se han documentado en yacimientos del País Vasco: *Buteo buteo* en Santimamiñe (Gaillard, 1931), Arenaza (Elorza, 1990), *Tito alba* se encuentra en niveles azilienses en Santimamiñe (Ibídem); *Pica pica* aparece en Santimamiñe (Ibidem), *Pyrrhocorax graculus* en Urtiaga y Aitzbitarte IV (Elorza, 1990).

4.8.3. Los moluscos como indicadores climáticos

Los moluscos se han tomado como indicadores climáticos en arqueología por la preferencia climática que muestran algunos taxones. Este tipo de inferencias se deben tomar como una aproximación al clima y medio ambiente, ya que la mayoría de las especies presentes en el Cantábrico, se adaptan a una amplia variedad de condiciones climáticas, o euritermas y en muchos casos euro-halinas, soportando diversas gradaciones de salinidad (Gutiérrez Zugasti, 2009:78-79).

En la región cantábrica, ya fue observado por Vega del Sella en su monografía sobre Cueto de la Mina (1916), la sustitución de *Littorina littorea,* especie adaptada a las aguas frías por *Phorcus lineatus*, especie propia de aguas más cálidas. Tradicionalmente se ha identificado en el registro arqueológico la presencia de *Littorina littorea* con un clima frío y una cronología paleolítica, y la presencia de *Phorcus lineatus* con un clima templado y cronología post-paleolítica. Sin embargo en algunos autores (Gómez Tabanera, 1973: 128 y Madariaga, 1966:80) manifestaron ciertas reservas, debido a que adolecía de cierto simplismo (Gutiérrez Zugasti, 2009).

En los últimos años se ha podido comprobar que ambas especies cohabitan (Álvarez Fernández, 2012; Moreno, 1994; Gutiérrez Zugasti, 2005), siendo el aspecto diferenciador la proporción en la que aparecen en los yacimientos. Mayor presencia de *Littorina Littorea* durante el Paleolítico Superior y Aziliense, mientras que *Phorcus lineatus* es predominante en el Mesolítico y Neolítico. Por tanto una mayor presencia de *Phorcus lineatus* indica una mejoría en las condiciones climáticas, respecto a los momentos donde predomina *Littorina littorea*, por lo que es posible obtener algún tipo de información sobre la condiciones climáticas y ambientales, aunque no se deben tomar como fósiles-guía, ni climática ni cronológicamente. (Gutiérrez Zugasti, 2009:80). Esta valoración, el autor la apoya confirmando la presencia de ambas especies actualmente en diversas zonas del Cantábrico.

No obstante, en los yacimientos sondeados en este proyecto Las Salinas 9450 ±50 BP, un potente conchero; Carabión 7800±50 BP; Sopeña (situada en alta montaña, alejada de la costa, es escasa la presencia de moluscos marinos) y en los yacimientos analizados con dataciones radiocarbónicas atribuidas al Mesolítico (8 yacimientos) no se observa la presencia de *Littorina littorea*. En los observados en superficie, en contados casos, aparece una concha de esta especie. En la zona occidental asturiana se encuentra escasa presencia de este taxón (NMI) en unos pocos yacimientos: Balmori (10), Coberizas (3), La Riera (0,12%), Arnero (1), y Bricia (3) y Mazaculos (P). En la zona oriental: en Santimamiñe IV (P) (Gutiérrez Zugasti, 2009). Lo que pudiera indicar la influencia de las condiciones climáticas en la sustitución de una especie por otra.

Otras especies que pueden proporcionar información climática son el género *Patellae*. Las especies frecuentes en los yacimientos (*Patella vulgata, Patella intermedia y Patella ulyssiponensis*) tiene preferencias climáticas y ecológicas diferenciadas. *Patella vulgata* es una especie bien adaptada a las aguas frías, mientras que *Patella intermedia* tiene preferencias climáticas templadas. *Patella ulyssiponensis* se situaría en un término medio entre las preferencias de las otras dos especies. En el registro arqueológico se observa la disminución de *Patella vulgata* y el progresivo aumento de *Patella intermedia*, siendo la especie preferente en el Mesolítico. La mayor abundancia de una u otra especie nos puede informar de indicios de unas condiciones climáticas, pero no de forma absoluta.

4.9. Las variaciones en el nivel del mar y su incidencia en la formación costera

Tras el último máximo glaciar, que supuso el descenso del nivel del mar unos 150m por debajo del nivel actual (Cearreta *et al.* 1992), comenzó un proceso de transgresión causado por el cambio en las condiciones climáticas que inundó las zonas litorales transformando las desembocaduras de los ríos en estuarios y su paulatino relleno sedimentario. Se estima que hacia el 10.000 el nivel del mar se encontraba a unos 40-50 m por debajo del nivel actual (Ters, 1973 y Mary, 1992)

El proceso de subida del nivel del mar a lo largo del Holoceno se ha seguido en distintos puntos de la costa cantábrica (Cearreta *et al.* 1992; Cearreta y Murray, 1996; Edesa 1991; Flor y Martínez, 1997; García-Artola, Cearreta y Leoro, 2011; Mary ,1992), pero por el momento resulta difícil precisar la situación de la línea de costa a lo largo del tiempo.

Cearreta *et al.* (1992:84) proponen la fecha de 8900-7800 cal BP, basado en estudios de plataformas de abrasión marina de depósitos de zonas litorales, para el primer proceso de transgresión marina en la costa cantábrica, que correspondería con el máximo Flandriense. Esta tendencia es de progresivo ascenso del nivel del mar con momentos regresivos.

El reciente estudio realizado en el estuario de Urdaibai (País Vasco) (García-Artola, Cearreta y Leorri, 2011),

mediante el análisis de las secuencias sedimentarias, muestra una tendencia general de dos fases principales:
- Ascenso rápido del nivel relativo del mar desde unos 21 m por debajo del nivel medio marino actual (dnmm), hasta unos 5 m (dnmm), entre el 8.500 cal BP y 7.000 cal BP cuantificado en unos 9-12 mm año por comparación con los resultados presentados en Leorri y Cearreta (2009).
- Un segundo ascenso relativamente lento del nivel del mar desde 7.000 cal BP hasta el siglo XX. La estimación del ascenso relativo del nivel marino deducida a partir de los SLIPs más jóvenes de 7.000 años (García-Artola *et al.* 2011:48) aportan una tasa de ascenso marino preantropogénico para este estuario entre 0,3 y 0,7 mm año por comparación con los resultados presentados en Leorri y Cearreta (2009b), que se acerca a las estimaciones de la contribución eustática por la fusión del hielo continental (Lambeck y Chappell, 2001).

Estos resultados nos informan de la transformación de la costa de Cantabria, con la reducción del territorio (que no ha sido posible verificar de forma exacta aún), y se constata la formación de los estuarios hacia el 8900/8500 cal BP.

Una aproximación a la evolución de la línea de costa en la región cantábrica ha sido realizada por Gutiérrez Zugasti sobre trabajos realizados junto con García Moreno (2009: 77-78). La reconstrucción de la línea de costa se ha realizado a partir de datos globales, tomados a escala planetaria (Fairbridge, 1961; Uriarte, 2003) como datos regionales relativos a la costa atlántica francesa (Ters, 1973). Debido a la escasa información y a la dificultad para identificar momentos regresivos, la curva se ha construido con tendencia continua progresiva (Tabla 4.9 y Fig. 4.9)

BP	Sd	Cal BP	Sd	Nivel del mar
13000	1	15570	30	-80
12500	1	14900	60	-80
12000	1	13880	60	-75
11500	1	13390	50	-70
11000	1	12890	50	-65
10500	1	12530	80	-65
10000	1	11480	100	-60
9500	1	10760	40	-55
9000	1	10200	20	-40
8500	1	9510	20	-30
8000	1	8890	80	-20
7500	1	8350	20	-15
7000	1	7850	30	-10
6500	1	7430	20	-10
6000	1	6840	30	2
5500	1	6300	20	1
5000	1	5740	20	1

Tabla. 4.9. Posición de la línea de costa con respecto a la actual durante el final del Pleistoceno y los inicios del Holoceno (Gutiérrez Zugasti, 2009).

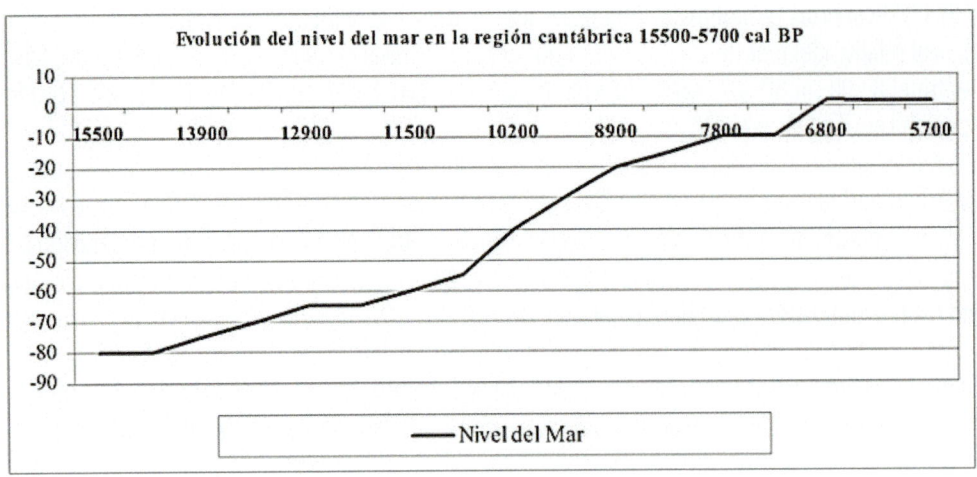

Fig. 4.9. Evolución de la línea de costa en la región cantábrica entre el 15500 y el 5700 cal BP (Gutiérrez Zugasti, 2009)

4.10. Conclusiones

La revisión de la información aportada por los estudios de palinología, antracología, sedimentología y la evolución en las especies faunísticas, aunque la información es fragmentaria, nos informa sobre una evolución climática progresiva a partir del 11500 cal BP, (excepto la Oscilación del Preboreal, el evento 9.3k, hacia el 11200 cal BP), manteniéndose estable hasta el 5500 (salvo el evento 8.2 ka 8400-8000 cal. BP). En esta etapa se constata el proceso de reforestación con el progresivo aumento del estrato arbóreo, el avance del bosque mixto, y de especies significativas como *Quercus* y *Corylus* y a la vez que se produce el descenso de *Pinus* y de especies arbustivas y herbáceas.

La subida de las temperaturas dio lugar a un progresivo ascenso del nivel del mar, que produjo la inundación de los espacios litorales, y la acumulación de un importante volumen de sedimentos en la parte baja de los valles, producto de la modificación del nivel de base marino, que provocaron la pérdida de zonas y yacimientos que estuvieron habitados por las sociedades prehistóricas.

La mejoría de las condiciones climáticas favoreció el desarrollo de una diversidad faunística, lo que permite inducir que las sociedades mesolíticas que habitaron en la región cantábrica en el Holoceno, a partir del Boreal dispusieron de un medio natural similar al actual, con una cobertera vegetal caracterizada por el bosque mixto caducifolio y un clima de tipo oceánico, quizá más húmedo que el actual.

CAPÍTULO 5: EL REGISTRO ARQUEOLÓGICO

5.1. Cuestiones previas: presentación

La información disponible, analizada en el capítulo 3, nos ha permitido conocer el corpus de yacimientos de conchero, atribuidos a la etapa cronocultural del Mesolítico en Cantabria. A partir de esta información, se han llevado a cabo proyectos de actuaciones arqueológicas con el fin de obtener datos empíricos que nos permitan identificar la forma de vida en los aspectos económicos, sociales y culturales de los últimos cazadores-recolectores de la región. Se han concretizado en proyectos -que se describen en el capítulo 3- de prospección y revisión de yacimientos, realización de excavaciones en tres depósitos y, proyectos de dataciones que han aportado 15 fechas de cronología atribuida al Mesolítico en 9 yacimientos. Estos proyectos nos han permitido revisar el conjunto de todos los depósitos de conchero de Cantabria tratando de diferenciar, por su contenido, situación estratigráfica y dataciones C^{14} AMS (62 dataciones en total), los niveles mesolíticos de los niveles azilienses y neolíticos, junto con otros parámetros, como la ausencia de industrias características de esas culturas, ausencia de cerámica y de evidencias de economía productiva, en los casos en los que no se disponen de estudios arqueológicos o de dataciones absolutas.

Estos proyectos han aportado la información que se presenta en el Registro Arqueológico. En la revisión de yacimientos se ha comprobado el tipo de cavidad y sus características físicas, la situación del yacimiento, la estratigrafía (en los casos que se conserva o está accesible), el tipo de depósito, los componentes y el estado de conservación. Se ha elaborado documentación planimétrica y fotográfica de los yacimientos y cavidades. Asimismo, se han documentado los diferentes restos arqueológicos y se hace recuento y diferenciación de las especies de moluscos que componen el conchero. Paralelamente se ha completado el registro con los datos obtenidos de publicaciones y la revisión de materiales depositados en los museos: MUPAC, Centro de Investigación Altamira y en la Universidad de Cantabria (UC).

5.2. El marco espacial

El marco espacial del registro arqueológico se extiende de oeste a este, desde la margen derecha de la ría de San Martín de la Arena (Suances) incluido en el valle del Pas (Coordenadas UTM ETRS89 X: 416.355 Y: 4.809.590) hasta la ensenada de Ontón (Castro Urdiales) (coordenadas UTM ETRS89: X: 487.517; Y: 4.800.000) y, desde la línea de costa en el norte hasta la Cordillera Cantábrica por el sur.

El territorio se ha dividido siguiendo la geomorfología de Cantabria, estructurada por los ríos que discurren de sur a norte, separados por cordales montañosos, lo que genera que esos valles puedan ser considerados como unidades geológicas bien definidas. Esta configuración incide en la distribución espacial y en las comunicaciones, por lo que sirven de vía de comunicación costa interior. El territorio se ha estructurado de oeste a este por valles: 5.1. Valle del Pas, 5.2. Valle del Miera, 5.3. Zona costera de las rías de Ajo-Noja, 5.4. Valle del Asón, 5.5. Valle del Agüera y 5.6. Castro Urdiales. Se inicia el análisis de cada uno de los valles con un estudio geográfico-geológico y climático. Dentro de cada valle el territorio se ha estructurado en zonas geográficas: costa, llanura litoral, valles interiores y valles altos (Tabla nº 5).

Cuencas	Costa	Llanura Litoral	Valles interiores	Valles altos	Σ
Pas	11	19			30
Miera	10	24	4	12	50
Ajo-Noja	16	5			21
Asón	18	30	16	42	106
Agüera	13	6	10		29
Castro Urdiales	11	9			20
Total	79	93	30	54	256

Tabla 5. Distribución territorial de los yacimientos

En el siguiente nivel de clasificación se ha tenido en cuenta la agrupación de los asentamientos y se ha dividido el territorio en núcleos/sectores de poblamiento. Cada sector se introduce con un mapa de localización de los asentamientos, situados con coordenadas ETRS89, una breve descripción del contexto geográfico y le sigue la descripción de cada uno de los yacimientos sobre situación geográfica y topográfica, morfología del asentamiento, descripción del yacimiento y su composición, así como de los diferentes restos arqueológicos que se recogen mediante la siguiente ficha:

Localidad:	Término:
Coordenadas:	Distancia a la costa:
Altitud:	Tipo:
Situación	Orientación

Historia de la investigación

Descripción de la cavidad.

Descripción del yacimiento.

Estratigrafía

Materiales.

Atribución cultural.
Estado de conservación.

Bibliografía.

Se completa con documentación fotográfica de las cavidades, de los depósitos, restos arqueológicos significativos y planimetría.

5.3. Intervenciones arqueológicas efectuadas en yacimientos del área de estudio

			Registro arqueológico		
Valles	**Situación**	**Yacimientos**	**Estratigrafía**	**Datación ¹⁴C AMS**	**Datos arqueológicos**
Pas	Costa	La Pila	MG/Azil/Mesolítico?		Malacofauna
		Barcenilla	5 Niveles Mesolít. N. 8 N.5	7020 ± 30BP; 5928 BC 6380 ± 40 BP;5386 BC	Malacofauna Fauna Industria/Polen Antracología
	Llanura litoral	Salinas	N2 base N2 medio N2 alto N1	9450±50BP; 738±69BC 6930±40BP; 5814±48BC 6910±40BP; 5814±48BC 6870±40BP; 5763±40BC	Malacofauna Fauna/Ictiofauna Industria/Polen Antracología
Miera	Costa	Cucabrera		5880±50 BP; 4759±51BC	
	Llanura litoral	Garma A	Nivel 2/Q	8295±65BP;6896 BC 8175±65 BP; 6666BC 8165±65 BP; 6650BC 7985±65 BP; 6448BC 7710±90 BP; 6714BC 6920±50BP; 5910BC 6870±50BP; 5849BC	Malacofauna Industria
		Truchiro	N2 N2 Depósito funerario	8296±31BP; 7685±56 7015±45BP; 5912±56 6470±70 BP;5557 BC	Malacología Industria Antropología
		Mar	Conchero base Conchero aislado Conchero medio	7225±44BP; 6212BC 7013±42BP; 5991BC 6825±52 BP; 5783BC	Pico asturiense
		Morín	Est. Geolog.. 27	9000±150 BP	
		Solahesa	N. 2	6910 ± 50 BP; 5802 BC	
	Valle interior	Campizo	N. 2	6630 ± 50 BP; 5569 BC	
	Valle alto	Sopeña	Nivel 2	8460±100 BP 7481 ± 4BC	Malacofauna Fauna/Polen Industria Antracología

		Registro arqueológico			
Valles	**Situación**	**Yacimientos**	**Estratigrafía**	**Datación ¹⁴C AMS**	**Datos arqueológicos**
Asón	Costa	Pª del Perro	Nivel 1 Mesolítico	9260±110BP; 8763BC	Malacofauna Industria Antracología
		La Fragua	I Inf. I med. I superf.	7530±70BP; 6484 BC 6860±60 BP; 5850BC 6650±120 BP; 5776 BC	Malacofauna Fauna Industria
	Llanura litoral	Carabión	Nivel 1. Mesolítico Depósito funerario	7800±50 BP; 6626 BC 5750 ± 40BP; 4611BC 5440 ± 40 BP;4301BC	Sedimentología Malacofauna Fauna/Ictiología Industria/Polen Antracología
		Ilso de Hayas	IH-3	8440±130BP 7735-7136 BC	
		Chora	Conchero	6360±80 BP; 5484 BC	Malacofauna
	Valle interior	Trampascuevas	Nivel 1	6770 ± 50; 5678 ± 34	
		Cubío Redondo	Conchero	6630±50BP; 5550 BC 5780±50BP; 4665 BC	Sedimentología Malacofauna Fauna Industria/Polen Antracología
		Cofresnedo	Conchero	6845±45 BP; 5724 BC	
		Mirón	10.1 10.1 10.1	9550±50BP;9152-8755 BC 8700±40BP; 7830BC 8380±175 BP; 7825BC	Carpología Microfauna Sedimentología Paleoambiente
	Valles altos	Cubera	Nivel. 1	9190±60 BP 8422 ± 86 BC	
		Tarrerón	Nivel III	5780±120BP;4856BC	Industria
Agüera	Costa	La Trecha	I Conchero	7500±70 BP 6240±100 BP	Malacofauna
		Arenillas	Conchero	7734±38BP	Malacofauna
		Covacho Cuco	Conchero		Malacofauna
		Ermita Sta. Ana	Superficie	6440±40	
	Valle interior	Ermita Santiago	Conchero	7390 ± 40BP; 6292BC	

Tabla 5.3. Yacimientos en los que se han efectuado intervenciones arqueológicas en cada uno de los valles de Cantabria centro-oriental.

El Registro Arqueológico, en el que se describe cada uno de los yacimientos, se ha separado en el II Tomo, que trata exclusivamente este capítulo.

CAPÍTULO 6. PALEOECONOMÍA

En este capítulo se trata de hacer una aproximación al registro paleoeconómico disponible actualmente sobre los recursos económicos explotados por los cazadores-recolectores en el centro-oriental de Cantabria en el Mesolítico. Recogemos la información disponible sobre fauna, antracología, malacología, ictiofauna, industrias y materias primas.

6.1 Macrofauna

Existen escasos estudios de ámbito general sobre la fauna del Mesolítico realizados en la región cantábrica. Una primera síntesis se debe a Arias (1991), realizada con una muestra de datos disponibles de concheros asturienses. Quesada (1999) realiza una síntesis sobre Paleoeconomía Asturiense, analizando las estrategias de caza de ungulados sobre datos de 12 yacimientos del oriente de Asturias.

En la zona centro-oriental de Cantabria, no se ha abordado un estudio general de Paleoeconomía.

La muestra disponible procede de un reducido número de yacimientos en los que se ha efectuado excavación arqueológica, siendo en casi todos los casos, reducido el espacio excavado. En la cueva de Barcenilla (Barcenilla-Pas), (Muñoz Fernández *et al.,* 2013), se realizó un sondeo de 0,5m². En El Cubío Redondo (Matienzo- Asón) (Ruiz Cobo y Smith, 2001), el área excavada es inferior a 3 m². El estudio de la Fragua (Marín Arroyo y González Morales, 2004), procede de una excavación de 6 m², si bien el yacimiento se encontraba alterado por una zanja excavada. Del resto de cavidades con excavación arqueológica y dataciones radiocarbónicas, no se han publicado en su totalidad las memorias de excavación, por lo que no disponemos de datos referentes a la fauna. Por otro lado los estudios no son homogéneos, en algún caso los datos son muy escasos.

En el proceso de esta investigación, se han llevado a cabo proyectos de sondeos en yacimientos, en diferentes zonas del territorio. En la llanura litoral, en el Carabión (San Mames de Aras-Asón) (2009), se realizó una excavación sobre 1 m². En el valle alto del Miera, en el año 2011 realizo un sondeo de 0,5 m² en el nivel de conchero de la cueva de Sopeña (Miera) y en el año 2012 se efectúo un sondeo de 0,5 m² en las Salinas (Miengo- Bajo Pas).

6.1.1. Fauna del Abrigo de Barcenilla

El estudio arqueozoológico (Castaños, 2013), ha aportado algunos datos sobre la caza de ungulados en los niveles mesolíticos. La muestra es muy escasa debido al estado de fracturación que presentaban los restos óseos, no obstante, se observa la presencia de tres taxones de ungulados: *Cervus elaphus*, *Capra hispanica* y *Sus scrofa*. El ciervo y jabalí son especies que habitan en bosques mixtos, cuyo desarrollo se inicia con la bonanza climática del Holoceno. Corresponde también con el entorno de la cavidad, situada en la llanura litoral, en un terreno abierto con suaves ondulaciones.

Fauna de Abrigo de Barcenilla N: 5-9		
Ungulados	NMI	NMI %
Cervus elaphus	1	25
Capra hispanica	1	25
Sus scrofa	2	50
Identificados	**4**	
No identificados	12	
Total	**16**	

Tabla 6.1.1. NMI (número mínimo de individuos) de macrofauna en niveles mesolíticos de Barcenilla

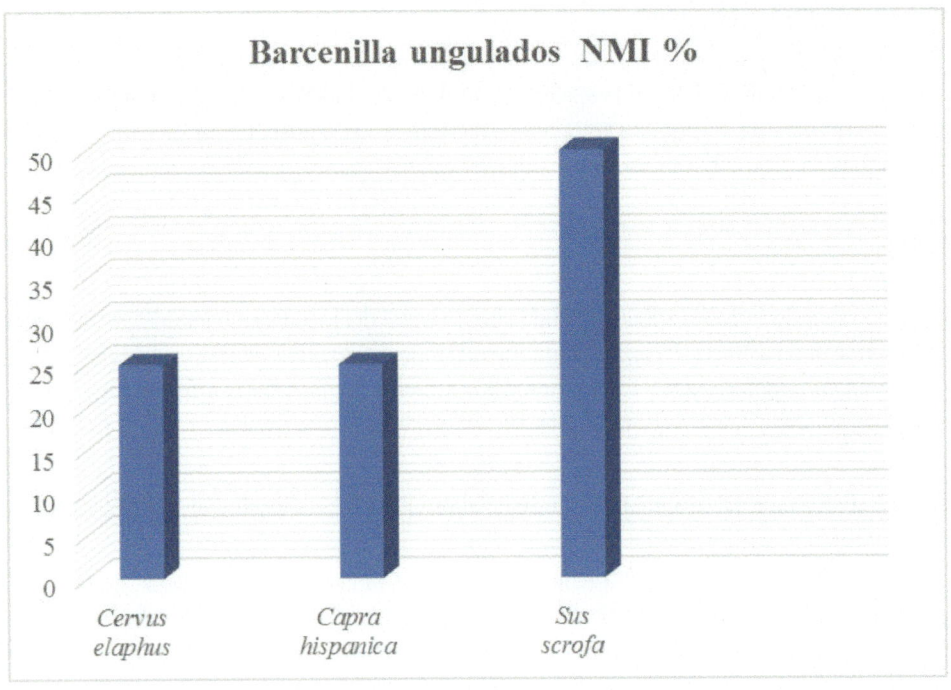

Fig. 6. Barcenilla. Porcentajes de Ungulados identificados en los niveles mesolíticos

6.1.2. Fauna de La Fragua

El análisis arqueozoológico (Marín Arroyo, 2005 y 2007), aporta los datos correspondientes a la macrofauna del nivel mesolítico y sus porcentajes (Tabla 6.1.2)

El jabalí fue el taxón que aportó mayor masa, seguido de cerca por el ciervo y el bovino. En el grupo de los cánidos se han encontrado trazas de corte antrópico en el zorro, que parecen corresponder a un aprovechamiento cárnico (Marín Arroyo, 2005:146).

A partir del análisis anatómico se ha comprobado que el jabalí y ciervo adulto no se transportaban íntegramente al yacimiento, trasladando únicamente las extremidades y la cabeza y abandonando en el lugar de caza el esqueleto axial. En el caso del ciervo se ha observado que solamente los animales jóvenes se trasladaban íntegramente.

La zona de caza de estos ungulados, teniendo en cuenta que su hábitat es el bosque abierto, distaba varios kilómetros del yacimiento. Por otro lado el peso de los adultos oscilaba entre 100 y 200 kg y en los juveniles en torno a 75 kg por lo que se explica el traslado completo de los individuos juveniles y, parciales de los adultos, procedimiento observado también en el Magdaleniense y Aziliense.

Fauna de la Fragua N. 1					
Ungulados	NR	NR%	NMI	PESO (gr.)	PESO %
Bos /bison	4	0,73	2	91,9	12,79
Cervus elaphus	18	3,28	2	138,3	19,24
Capreolus capreolus	8	1,46	3	8,7	1,21
Capra hispanica	6	1,09	3	22	3,06
Sus scrofa	19	3,47	4	220,6	30,69
Total			14		
Carnívoros					
Canis sp.	3	0,55	1	2,3	0,32
Vulpes vulpes	1	0,18	1	1,3	0,18
Meles meles	1	0,18	1	1,9	0,26
Caprinos	8	1,46		35,5	4,94
Mamífero grande	2	0,36		16,2	2,25
Mamífero medio	48	8,76		45,5	6,33
Mamífero pequeño	1	0,18		0,6	0,08
No identificable	428	78,28		133,9	18,63
TOTAL	547		17	718,7	100

Tabla 6.1.2. La Fragua: NR, (número de restos faunísticos), NMI (número mínimo de individuos) y W (Peso) y del Nivel mesolítico.

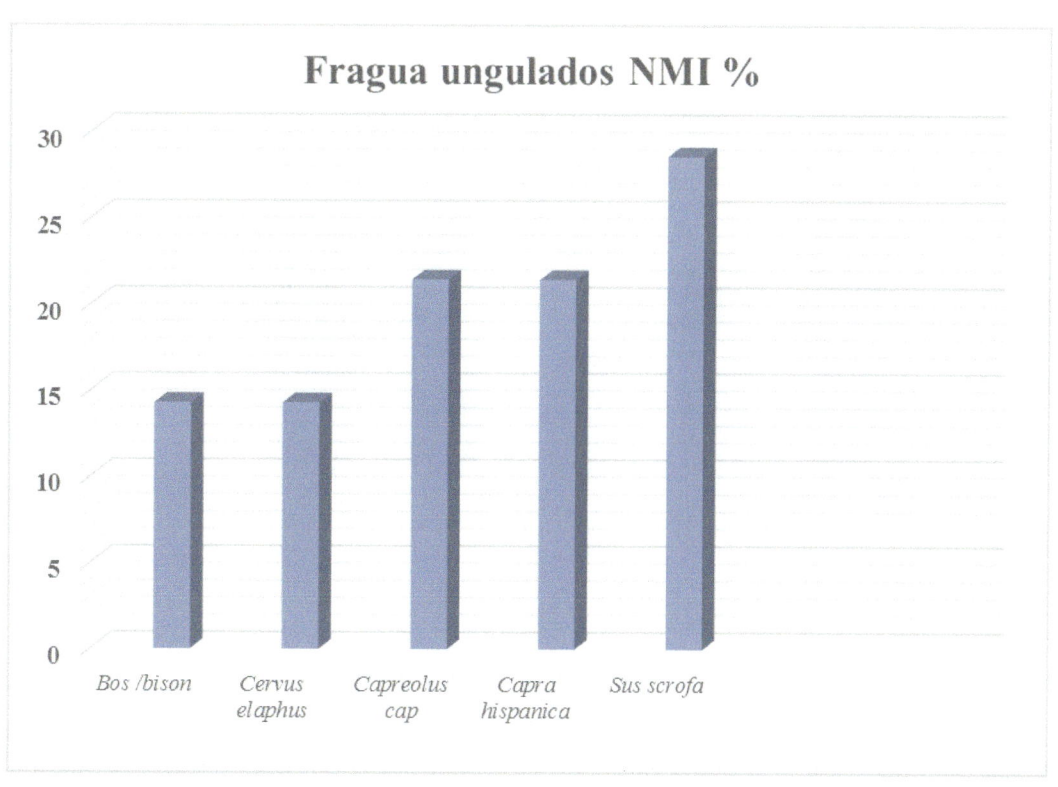

Fig. 6.1.2. Porcentajes de NR de Ungulados identificados en el nivel mesolítico de La Fragua

6.1.3. Fauna del Cubío Redondo

La muestra ósea, se encontraba muy fracturada y muchos fragmentos presentaban un elevado grado de carstificación, por lo que se decidió no utilizar el peso de los restos (Castaños, 2001) (Tabla 6.1.3).

Fauna del Cubío Redondo			
Ungulados	NR	NRI%	NMI
Cervus elaphus	74	50,34	4
Capreolus capreolus	23	15,64	2
Capra hispanica	1	0,7	1
Rupicapra rupicapra	20	13,6	2
Sus scrofa	18	12,24	3
Carnívoros			
Felix silvestris	2	1,4	2
Martes foina	9	6,12	2
Total	**147**		**16**

Tabla 6.1.3. NR (número de restos faunísticos), y NMI (número mínimo de individuos) de macrofauna del Cubío Redondo

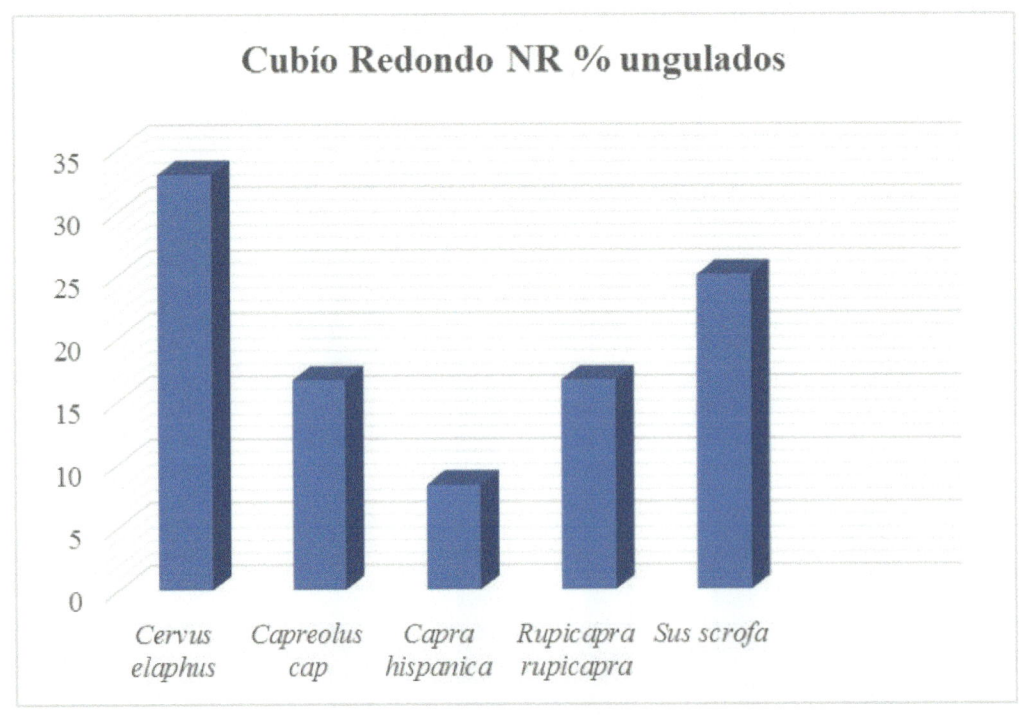

Fig. 6.1. 3. Porcentajes del NR de Ungulados identificados en el Cubío Redondo

En el conjunto de los restos faunísticos se han identificado 147 fragmentos anatómica y taxonómicamente que suponen alrededor del 40 % en peso del total de huesos recuperados. Se han identificado 5 ungulados (ciervo, corzo, cabra montés, rebeco y jabalí), y dos carnívoros (gato montés y garduña). La especie más frecuente es *Cervus elaphus* (50,34 %), que corresponde a 4 individuos, seguida de *Capreolus capreolus* (15,64 %), *Rupicapra rupicapra* (13,6 %) y *Sus scrofa* (12,24 %). La *Capra hispanica* está presente de forma residual (0,7 %).

6.1.4. Fauna del Abrigo del Carabión

El análisis arqueozoológico de restos faunísticos recuperados en el nivel 1 se compone de 3.734 restos óseos. La mayor parte de los huesos presentan un alto grado de fragmentación, razón por la cual sólo 467 han sido susceptibles de identificación anatómica y taxonómica. Esta fracción identificada representa el 12,14% de todo el material de fauna recuperado (Castaños, 2014 y 2016) (Tabla. 6.1.4.).

Fauna Abrigo del Carabión N. 1					
Ungulados	NR	NR%	NMI	W	W%
Bos primigenius	4	0,96	1	70	1,9
Capra hispanica	2	0,48	1	3	0,08
Rupicapra rupicapra	5	1,2	1	8	0,2
Cervus elaphus.	350	83,9	13	3296	91,8
Capreolus capreolus	31	7,4	3	107	3,0
Sus scrofa	25	6,0	2	105	2,9
Herbívoro pequeño	41			98	
Ursus a.	2		1		
Carnívoros					
Vulpes vulpes	1		1		
Lynx sp.	1		1		
Meles meles	2		1		
Ave	1		1		
T. identificado	467		26	3687	
Indeterminado	3267			2192	
Total	**3734**				

Tabla 6.1.4. NR (número de restos faunísticos), NMI (número mínimo de individuos), W (peso), del nivel mesolítico del Carabión.

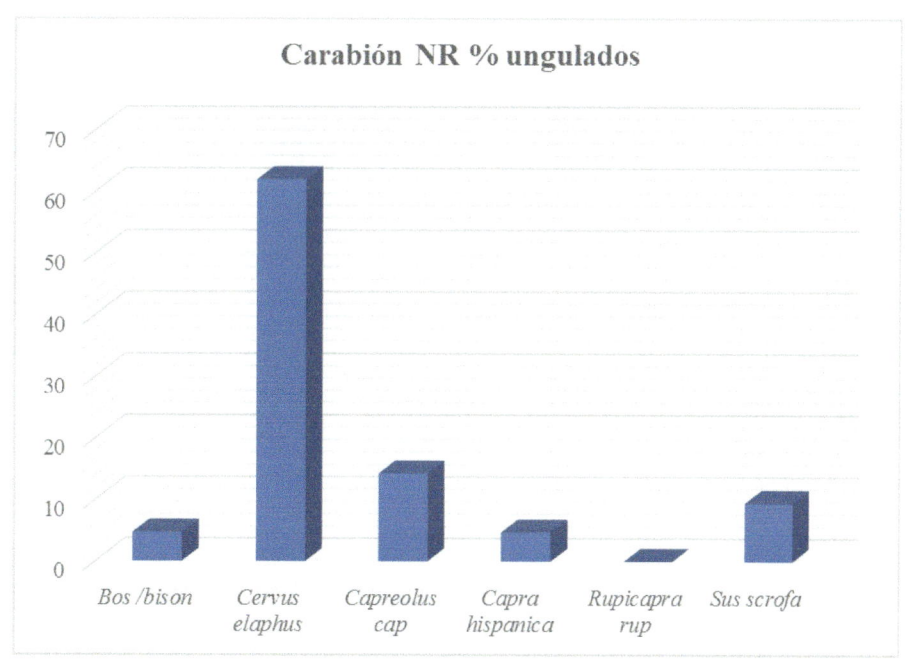

Fig. 6.1.4 Porcentajes del NR de Ungulados identificados en el nivel mesolítico del Carabión

Las especies que presentan mayor frecuencia son *Cervus elaphus* (83,99 %), seguido de pequeños herbívoros, *Capreolus capreolus* (7,4) y *Sus scrofa* (6%). Esta relación de especies encaja bien con las condiciones paleoclimáticas de inicios del Holoceno, que suele caracterizarse por un mayor protagonismo de especies adaptadas al medio forestal y monte bajo (corzo y jabalí respectivamente). Se han identificado también dos tipos de aves. Los restos de carnívoros son escasísimos, (algún diente) que no evidencian el consumo humano.

El dato más significativo es el predominio claro de los restos de ciervo del total de restos recuperados. Las frecuencias relativas de los demás ungulados son irrelevantes frente a la del ciervo (Tabla 6.1.4). Frecuencias de ciervo que superen el 90% de los restos, son escasos en la región cantábrica. El modelo de aprovechamiento de Carabión está muy próximo al de Herriko Barra y representa la continuación de estrategias cinegéticas centradas preferentemente en la captura del ciervo, que son las más frecuentes durante el Tardiglaciar Cantábrico.

Sobre las estrategias de caza en el Carabión, hay un conjunto de cinco individuos cazados antes de la madurez sexual. Los restos de fragmentos de cuerna indican la ausencia total de machos. A partir estos datos se puede suponer que la mayor parte de los ciervos cazados son hembras y juveniles. En cuanto al acarreo de las piezas, se ha podido verificar en el caso del ciervo por la abundancia de restos. El mayor porcentaje lo representa la cabeza por la frecuencia de dientes (22,96%), seguido del tronco (20,72%). Las extremidades brazo, pierna y pies tiene una frecuencia relativa similar (19,6-12,88-19,88). El alto porcentaje de la presencia del tronco (vértebras y costillas), indica que hubo presas que fueron trasladadas enteras al yacimiento.

El aprovechamiento de las piezas, los fragmentos de diáfisis se relacionan con la extracción de la médula y la fractura de las epífisis también puede indicar la explotación intensiva para la obtención de grasa del tejido esponjoso, que se aloja en el interior de las trabéculas de este tipo de hueso, en el caso de que no se deba la rotura al pisoteo.

En cuanto a la estacionalidad, los restos de ciervo del nivel mesolítico, representan un mínimo de 13 individuos: dos infantiles, dos juveniles, un subadulto y ocho adultos (Tabla 6.1.5). Estos datos son demasiado escasos para poder establecer las épocas de caza del ciervo o la posible estacionalidad en la ocupación del yacimiento. Los únicos ejemplares para los que se puede establecer con cierta precisión el momento de la caza son los neonatos.

La información que aportan los meses de caza de las piezas, apuntan que esta se efectuó a lo largo de todo el año.

Dentición	Edad	Nivel 1	Meses de caza
D3-4 0	Neonatos	2	Junio-Julio
D3-4 +	12-20 meses	1	
D3-4 +++	20-27 meses	1	Enero-Agosto
M3+/-	27-30 meses	1	Septiembre Diciembre
M3 +	Más 30 meses	2	
M3 ++		4	
M3 +++		2	
Total		13	18
Juveniles		5	8
Adultos		8	10

Tabla 6.1.5- Estimación de edad de los ciervos del Carabión.

6.1.5. Fauna del Tarrerón

En el nivel III del Tarrerón de cronología atribuida al Mesolítico (Apellániz, 1971) se han identificado restos óseos muy fracturados, con evidencia de haber sido procesados. La mayoría de los restos proceden de *Cervus elaphus,* algunos de *Capra sp.* (*Capra hispanica*) y restos escasos de *Bos sp.* Aparecen también algunos huesos de aves indeterminadas.

6.1.6. Fauna de Sopeña

Los restos de fauna se encuentran totalmente incrustados en la concreción caliza, lo que hace difícil por el momento realizar el estudio. Se han identificado restos de cabra, ciervo y rebeco.

6.1.7. Valoración comparativa

El análisis de los datos cuantitativos disponibles sobre los cinco yacimientos, nos muestra algunas diferencias en la composición de las especies cazadas. En La Fragua, situada en la costa, el taxón más abundante es *Sus scrofa* con un NMI de 4, es el que mayor peso aporta (30,69%), le sigue *Cervus elaphus*, con 2 NMI (19,24%) y *Capra hispanica* con 3 individuos, aporta (3,06%) del total.

El Carabión, situado en la llanura litoral, muy próximo a la ría de Rada, la muestra indica ser un cazadero especializado en la caza del ciervo, con 13 piezas identificadas, es el que aporta mayor cantidad de masa (91,8%), el siguiente taxón *Capreolus capreolus*, con 3 ejemplares (3 %) y *Sus scrofa* con 2 ejemplares aporta un peso de (2,9%). Las especies de roquedo, rebeco y cabra son residuales, con un ejemplar de cada uno de ellos.

En Cubío Redondo, situado en un valle interior, considerado un cazadero de montaña, la especie más frecuente es *Cervus elaphus*, con 4 individuos (50,34% NR), le sigue *Sus scrofa*, con 3 individuos (12,24% NR). *Capreolus capreolus* está representado con 2 piezas (15,64% NR), *Rupicapra rupicapra* con 2 piezas también (13,6%NR) y *Capra hispanica* con 1 ejemplar (0,7%NR). En el grupo de ungulados están bien representados el ciervo, jabalí y corzo. Se observa la territorialidad de la caza en las especies de roquedo, con la presencia de rebeco, con una frecuencia similar al corzo, sin embargo la cabra, especie también de roquedo, solamente aparece un ejemplar (No se ha calculado la masa por estar muchos fragmentos concrecionados)

La información cualitativa del Tarrerón, situado en un valle interior, en un medio de montaña, aporta 3 taxones: *Cervus elaphus, Capra hispanica* y *Bos sp.* No aparece *Sus scrofa*.

Barcenilla, situada en la llanura litoral, ha aportado escasos restos de fauna, muy fracturados, por lo que el número de individuos identificado es muy reducido: *Cervus elaphus* 1 NMI, *Capra hispanica* 1 NMI y *Sus scrofa* 2 NMI. En la muestra están representadas las especies comunes en el Holoceno, destacando la mayor frecuencia de jabalí.

Valorando de forma comparativa el NR% identificado (no se incluye Barcenilla, debido a que se ha identificado solamente el NMI y la baja frecuencia distorsiona los resultados, ni El Tarrerón, por no disponer de datos cuantificados) (Tabla 6.1.7.) se comprueba que el taxón más frecuente es el ciervo en todos los casos, destacando el mayor porcentaje del Carabión. El siguiente taxón que ha dado mayor frecuencia de NMI identificados es el jabalí en La Fragua (4 NMI- 30,69% peso) y en el Cubío Redondo. El corzo también está presente en todos los yacimientos, con mayor frecuencia en El Carabión, mientras que el rebeco solamente se encuentra en el Carabión (1NMI) y en el Cubío Redondo (2 NMI), la mayor frecuencia en este yacimiento encaja con la situación de la cavidad en un medio de roquedo, sin embargo, no sucede lo mismo con la cabra, especie también propia de este medio, con escasa presencia en Cubío Redondo.

Taxones	Fragua	Cubío Redondo	Carabión
Bovini	0,73		0,96
Capra hispanica	1.09	0,7	0,48
Rupicapra r.		13,6	1,2
Cervus elaphus	3,28	50,34	83,9
Capreolus c.	1,46	15,64	7,4
Sus scrofa	3,47	12,24	6,0

Tabla. 6.1.7. Porcentaje del NR identificado en los niveles mesolíticos

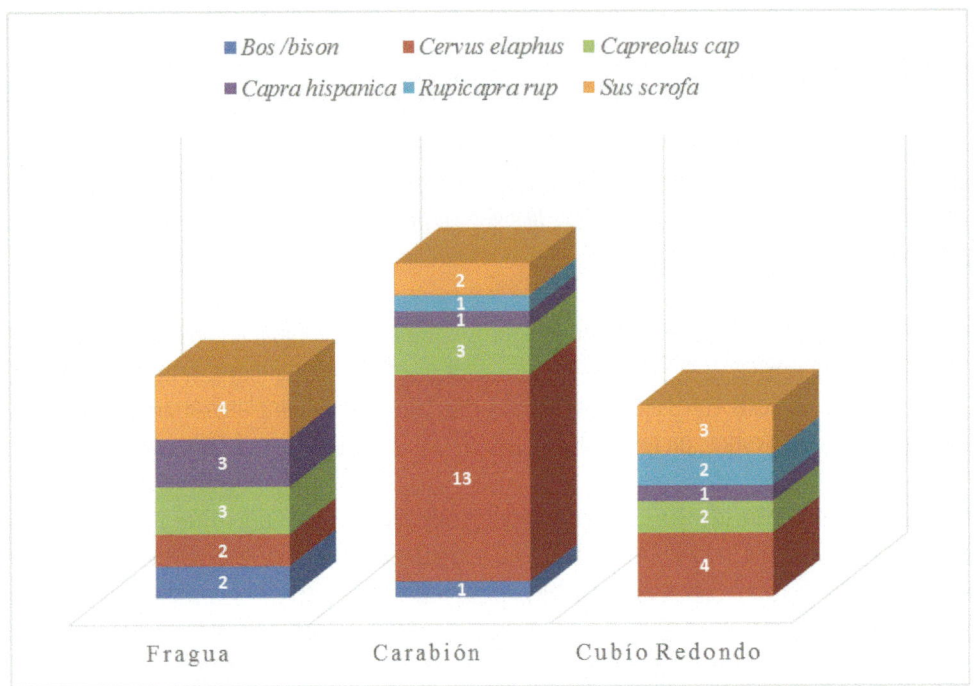

Fig. 6.1. 7. Frecuencias de taxones en La Fragua (costa), Carabión (Llanura litoral) y Cubío Redondo (Valle interior-montaña)

Si valoramos la masa aportada por los ungulados (solo tenemos este dato de la Fragua y Carabión), el ciervo es el que aporta una mayor cantidad de masa en el Carabión, (91,8%), mientras que en la Fragua es el jabalí (30,69%). Estas preferencias suelen estar relacionadas con los recursos que ofrece el entorno inmediato de la cavidad, en el caso del Carabión la situación corresponde a un medio abierto de bosque mixto, hábitat propio de los ungulados, mientras que la Fragua se encuentra situada en un acantilado rocoso en el litoral.

Estos datos tiene una valoración que se debe tomar de forma orientativa, debido por un lado, a lo reducido de la muestra, por otra parte, hay que tener en cuenta la diferencia de los volúmenes excavados en los diferentes yacimientos, y también, la diferente información que aportan los datos, como consecuencia de la deficiente conservación de los restos óseos en los yacimientos.

6.1.8. Datos cualitativos de fauna.

Se revisan los restos de fauna observada en superficie, en yacimientos en los que se ha obtenido datación radiocarbónica, pero no se ha efectuado excavación.

6.1.8.1. Datos cualitativos de yacimientos con datación C14

Valle del Miera: De los yacimientos intervenidos en el monte de La Garma (Garma A-B, Truchiro, Cueva del Mar), no se dispone de información sobre la fauna.

Valle del Asón:

- En la llanura litoral, en La Chora, están presentes *Cervus elaphus* y *Capra hispanica*.
- En los valles interiores: En Trampascuevas se ha identificado solamente *Cervus elaphus*. En Cofresnedo: *Capra hispanica*, *Capreolus capreolus* y *Sus scrofa*.
- En los valles altos: En Cubera hay presencia de *Capra hispanica,* taxón propio de la zona de roquedo en el alto Asón

Los datos son muy escasos, en general se observan fragmentos óseos no identificables.

6.1.8.2. Datos de fauna en superficie

En el conjunto de la zona en estudio se han identificado escasos restos faunísticos en superficie, la mayoría están muy fragmentados, los más fácilmente identificables y mejor conservados son las mandíbulas y dientes (Anexo Tabla 6.1.8). Los datos resumidos se recogen en la tabla (6.1.8.2).

En el conjunto de los territorios, las especies observadas son las comunes en el Holoceno: *Cervus elaphus, Sus scrofa, Capreolus capreolus* y *Capra hispanica* en la llanura litoral y en los valles interiores. En la parte alta de los valles se observa una mayor frecuencia de *Capra hispanica* junto con *Cervus elaphus*. Las especies de roquedo, además de cabra, están representadas con rebeco, en 6 cavidades del Asón. En el conjunto las presas más frecuentes son ciervo, registrado en 15 cavidades y cabra en 18, en los valles altos del Asón. El jabalí presenta la mayor frecuencia también en los valles altos del Asón, se ha identificado en 4 yacimientos.

Macrofauna: Datos presencia de fauna en yacimientos centro-oriental de Cantabria		Cervus elaphus	Capreolus capreolus	Sus scrofa	Capra hispanica	Rupicapra rupicapra	Ictiofauna
Pas	LL. L.	4	2	1	3		1
Miera	LL.	5	1	2	4		
	V. A.			1	3		
Asón	Ll. L	3		2		2	3
	V. I	5	1		6	1	1
	V.A	15	7	4	18	3	
Agüera	Costa				1		
	LL.L				1		
	V.I.	1					
Castro Urdiales	Costa	2		1			3
	V.I.	1					
Total		**36**	**11**	**11**	**36**	**6**	**8**

Tabla 6.1.8. Frecuencia de presencia de fauna en superficie n° de yacimientos. Clave: C: costa, LL.L Llanura litoral, V.I. Valle Interior, V. A. Valle Alto.

6.2. Ictiofauna

El consumo de pescado ha sido documentado en numerosos yacimientos arqueológicos en diferentes etapas de la Prehistoria. Una evidencia es el utillaje, los arpones magdalenienses y azilienses relacionados con la pesca. En el Mesolítico son frecuentes unas piezas biapuntadas de hueso identificados como anzuelos. En la región cantábrica se han localizado estos anzuelos en yacimientos de Asturias y País Vasco

En la zona sur de la cordillera Cantábrica, en el Espertín (Neira Campos, 2008), también se ha recuperado uno de estos anzuelos biapuntados, pero con una característica diferenciadora, preparación de la zona de enmangue con dos escotaduras centrales. En la zona centro-oriental de Cantabria este útil ha sido identificado en Cullalvera[1] fuera de contexto, un anzuelo biapuntado que parece corresponder a un momento mesolítico (González Sainz; Muñoz y Morlote, 1997:73- 100)

La presencia de restos de pescado entre la fauna recuperada en los yacimientos no es abundante, posiblemente sea debido al mal estado de conservación de los yacimientos y, tal vez también, al procesado de los restos. El lavado sobre cribas de paso fino de malla, ha permitido recuperar vertebras de pez, espinas y escamas en los yacimientos del Carabión y Las Salinas.

6.2.1. Ictiofauna en el Abrigo del Carabión

El estudio de los restos de peces (Roselló-Izquierdo y Morales-Muñiz, 2016) sigue los protocolos del Laboratorio de Arqueozoología de la Universidad Autónoma de Madrid (Roselló, 1989). Debido al mal estado de conservación no se han podido hacer mediciones, a pesar de ello se ha estimado la talla para algunos elementos por comparación con ejemplares de su colección. Es por tal razón que la talla estimada lo es siempre de modo aproximativo (Tabla 6.2.).

Casi el 60% de la muestra (12 piezas; 57% del total estudiado) está constituido por vértebras. Les siguen 4 piezas del esqueleto craneal (19% del total estudiado) y 2 elementos de los radios de las aletas (9'5%). En general, todos los huesos son de reducido tamaño y todos se encuentran, en mayor o menor medida, fracturados. Esta es la principal razón por la que casi el 60% de la muestra no pudo ser identificada taxonómicamente y lo que explica que casi la quinta parte del total estudiado (4 piezas) ni tan siquiera haya podido ser identificada anatómicamente.

TAXÓN	NIVEL	CUADRO	NR	%
Anguilla anguilla	Mesolítico	D5	2	22
Chelon labrosus	Mesolítico	C5	2	12
	Meso-Neolítico	C5	1	11
Liza sp.	Mesolítico	D5	1	11
Mugilidae	Aziliense	C5	2	22
Sparidae	Mesolítico	C5	1	11
Sin identificar	Aziliense	C5	12	57
Total estudiado	-	-	**21**	100

Tabla 6.2. Relación NR (número de restos) de ictiofauna de El Carabión y porcentajes de cada taxón (9).

---

[1] Cullalvera contiene yacimiento y arte Paleolítico. No se ha identificado yacimiento mesolítico.

1. *Anguilla anguilla*: las dos vértebras representan animales pequeños o muy pequeños, siempre por debajo de los 20 cm, que supondrían pesos en torno a los 10 gramos.

2. *Espárido:* la pieza bucal (dentada) representa un ejemplar de talla y peso indeterminado.

3. *Chelon labrosus*: las dos vértebras pertenecen a ejemplares comprendidos entre los 35-45 cm, con pesos que se situarían en torno a los 500 gramos.

4. *Liza sp.*: se trata de una vértebra de un ejemplar en torno a los 45 cm y un peso entre los 500-800 gramos.

5. *Mugilidae*: Desconociendo incluso el género, resulta mucho más difícil estimar la talla del animal a través de la comparación directa con los ejemplares de referencia. Aun así, estos peces determinados a familia estarían, como los de los géneros Liza y Chelon, en tallas medias comprendidas entre los 30-40 cm y, en cualquier caso con pesos comprendidos entre 250-500 gramos.

Aunque la ictiofauna del Carabión es escasa, un hecho resulta evidente: el dominio de los mújoles que suponen el 66% de lo identificado. El hecho resulta más llamativo porque sólo en otro yacimiento cantábrico, el de Laminak II, consta la presencia de estos peces (Roselló & Brinkhuizen, 1994). Se da, además, la circunstancia de que en este abrigo próximo a Lequeitio, los mújoles no suponen más que un 0'3% de los más de 7.000 restos de peces documentados en el depósito y son de tallas ligeramente inferiores a los del Carabión (25-30 cm de longitud estándar), si bien entran dentro del rango de lo potencialmente capturado por el hombre. En realidad, en los pocos yacimientos de la Península Ibérica donde los mújoles suponen porcentajes importantes de la ictiofauna, se encuentran también en los yacimientos mesolíticos de Cabezos de Arruda y Amoreira en Portugal que, a pesar de la distancia a la que se encuentran de la actual línea de costa, parece ser que se situaban dentro del régimen de oscilación de las mareas atlánticas en el río Tajo. Y es aquí donde sin duda yace la explicación de la abundancia proporcional de los mugílidos en El Carabión, ya que incluso hoy en día el régimen de mareas en el estuario del Asón aún deja sentir su influencia en la zona y creemos que en el periodo Mesolítico que nos ocupa hubo de haber tenido mayor amplitud de la que hoy exhibe.

El cuadro paleoecológico que emerge, por tanto, es el de una ictiofauna asociada a un biotopo de ría o estuario, en donde, por mor de la densidad y tallas que alcanzan, la pesca del mújol hubo de ser una actividad sumamente productiva. El hecho de que, al parecer, entre la malacofauna de El Carabión no domine la especie más típica de ría (el berberecho) puede quizás apuntar a que los lugares de recolección de la fauna marina en este abrigo no estarían en el entorno más inmediato del asentamiento sino en las zonas río abajo donde este se convertiría en estuario.

La información de la que disponemos sobre tallas nos indica la posibilidad de que, aunque menguada, la ictiofauna del Carabión nos esté indicando dos vías de llegada de ictiofauna al yacimiento. Así, los mújoles parecen haber sido acumulados como restos de una actividad pesquera, por los humanos. Tal hipótesis se nos antoja mucho menos probable en el caso de la anguila, cuya diminuta talla, además de obligar a pensar en un tipo de arte de captura diferente a la de los mújoles, nos plantea el enigma de para qué habrían servido unos peces con una minúscula cantidad de carne.

La presencia de peces minúsculos sugiere la posible actividad de otro agente acumulador en el yacimiento y, por tanto, al origen mixto del conjunto íctico (que no sería entonces producto exclusivo de la pesca por parte del hombre). Tal vez estos minúsculos peces se deban a restos de descartes pesqueros de algún tipo de arte de enmalle o de empalizadas situadas en los cursos de agua para interceptar los flujos de peces anfídromos que se producirían con el régimen de mareas. Está claro que son necesarios más datos contextuales para descartar estas hipótesis o, en su caso, perfilar cualquier otra de modo más ajustado a aquella realidad pretérita.

6.2.2. Ictiofauna de Las Salinas

El estudio de los restos de peces recuperados en el nivel 2, (Roselló-Izquierdo, en este trabajo) (Laboratorio de Arqueozoología. Depto. Biología Universidad Autónoma de Madrid.

En la Tabla 6.2.2. se ofrece el desglose de restos recuperados (NR) según taxones, los números mínimos de individuos que les corresponden (NMI), así como el total de restos sin identificar (SI).

	NIVEL 2				
TAXÓN/ESPECIE	NR	NR	%	NMI	%
Congrio, *Conger conger*	1	2	10	1	12,5
Dentón, *Dentex dentex*	-	1	5	1	12,5
Herrera, *Lithognathus mormyrus*	-	6	30	1	12,5
Dorada, *Sparus aurata*	-	1	5	1	12,5
Lisa o mújol, *Chelon labrosus*	-	9	45	3	37,5
Baboso, Blennidae	-	1	5	1	12,5
TOTAL IDENTIFICADO	1	20	100	8	100
Sin identificar (SI)	-	7	26	-	-
TOTAL ESTUDIADO	1	27	126	-	-

Tabla. 6.2.2. Desglose del NR y NMI de peces recuperados en el Nivel 2 de Las Salinas así como sus porcentajes correspondientes sobre el total identificado

Lo más significativo es la identificación de 6 taxones en una colección tan reducida de 20 restos. Tal riqueza se traduce en una diversidad importante para un yacimiento de la prehistoria cantábrica que, a su vez, determina una relativamente alta equitabilidad (Roselló *et al.*, en preparación). Lo que todo ello nos indica es que las gentes de Las Salinas capturaron un apreciable número de especies. Tal hecho, que desconocemos en qué medida habría que matizar de haber sido otras las técnicas de recuperación de restos, apunta a una pesca de carácter "oportunista", sin centrarse demasiado en una determinada especie en ecosistemas acuáticos con una diversidad piscícola notable. Habremos de matizar este hecho, no obstante, dado que, junto con una mayoría de especies que podemos calificar sin duda como resultado de una pesca ejercida por el hombre, tenemos evidencias de un sexto taxón que no parece encajar en este marco de referencia. En efecto, el resto de baboso (Blennidae) recuperado en la Talla 5 del Cuadro A del Sector 1, corresponde a un animal de talla 10-15 cm de Longitud máxima (LT) y a un grupo de peces cuya presencia en las muestras pudo deberse a otras vías de acumulación en el yacimiento (¿restos de comida en el estómago de los congrios? ¿egagrópilas de aves marinas como los cormoranes o las gaviotas?). Se trata de una cuestión ésta de difícil solución con los datos de que disponemos y nos alerta sobre un hecho de enorme transcendencia a la hora de valorar el origen de los acúmulos de restos ícticos: la heterogeneidad tafonómica de las muestras.

Por lo que se refiere a los hábitats que cabe inferir de estas ictiocenosis, destacar como el conjunto de especies capaces de penetrar en agua salobre (es decir, mújoles y doradas) representan el sector dominante, tanto a nivel del NR como, más importante aún, a nivel de NMI (Tabla 6.2.2.). Junto con otras especies neríticas (no asociadas al fondo) como la herrera y el dentón, aparecen también especies bentónicas propias de fondos rocosos (congrio y blenios, aunque, como acabamos de comentar, los segundos no representan seguramente actividad haliéutica). Dado que tanto mújoles como doradas penetran masivamente en zonas de estuario o desembocadura de ríos (los primeros a diario con las mareas y las segundas sobre todo en la época del desove) cabe especular con que la abundancia relativa de estos peces en Las Salinas nos remite a una zona litoral de este tipo.

En cuanto a las tallas de las especies consignadas en Las Salinas destacar como, salvo en el caso de las bentónicas (congrio y blenios), éstas se sitúan entre los 25-50 cm de Longitud máxima (Longitudes estándar entre 23-45 cm). A nivel de pesos, los márgenes inferiores de este rango se situarían en torno al cuarto de kilo (200-300 gramos) en tanto que los mayores ejemplares podrían incluso superar los 2 kg (1,5-2,5 kg). Estas tallas no se consideran como excepcionales dado que tampoco ninguna de ellas se sitúa en los valores máximos de ninguna de estas cuatro especies (dentón: 45-50 cm de LT en Las Salinas y hasta 1 m en la actualidad; herrera: 40-45 cm de LT en Las Salinas y hasta 50 cm en la actualidad; dorada: 43-58 cm de LT en Las Salinas y hasta 70 cm en la actualidad mújol: 25-40 cm de LT en Las Salinas y hasta 60 cm en la actualidad). La talla resultó ser el elemento clave en la determinación del NMI. Así, en tanto que en los mújoles se pudieron registrar hasta tres tallas (25 cm, 30-35 cm y 35-40 cm de LT) todas las vértebras de la herrera pertenecían a individuos de una misma talla, como no estaban repetidas y coincidían con elementos de un mismo raquis, se han asociado a un mismo individuo cuya columna vertebral se disgregó al incorporarse al sedimento.

6.2.3. Ictiofauna identificada en superficie

En la cueva de La Chora, en sedimento extraído de un laminador, entre los restos recuperados se ha hallado una vértebra de salmón (Pérez Bartolomé y ACDPS, 2004).

En superficie se han podido comprobar restos de ictiofauna en los siguientes yacimientos:

- En Santoña: Los Cuartos I: 1 vértebra y 2 fragmentos de pez; Los Cuartos II: Una vértebra y una mandíbula de pez.

- En el sector de costa de Laredo: Abrigo de La Baja: 4 vértebras grandes de pez; Covacho de La Baja: 1 vértebra grande de pez marino; Abrigo del Hoyo Villota: Fragmento de maxilar superior de pez; Abrigo Hoyo Villota II: Dos vértebras de pez muy grandes y una vértebra de pez pequeño.

- En la Llanura litoral: Abrigo de Peñaflor (Seña): Una vértebra y un hueso de pez.

- En los valles interiores: Valle de Carranza: Cueva de Las Caldereras: 1 vértebra de salmón.

Fig. 6.2.1. Abrigo de La Baja: Vértebras de pez   Fig. 6.2.2. Covacho de La Baja: vértebra de pez marino

Fig. 6.2.3. Los Cuartos II: mandíbula de pez marino

Fig. 6.2.4. Abrigo de Hoyo Villota I: fragmento de mandíbula de pez

Fig. 6.2.5. Abrigo del Carabión. Vértebras de pez

6.2.4. Técnicas de pesca

No se han hallado hasta el momento, útiles relacionados con la pesca en los yacimientos analizados en esta zona de Cantabria, salvo el citado anzuelo hallado en Cullalvera, sin contexto mesolítico. La ausencia de este tipo de útiles en el registro arqueológico, puede ser debida a la deficiente conservación por haberse fabricado en materiales vulnerables como la madera, aunque la materia de los "anzuelos biapuntados" suele ser de tipo óseo o en asta. Otra posibilidad, que se apunta en el estudio del Carabión, por la presencia de peces de tamaño muy pequeño y, por tanto, sin interés bromatológico, pudiera ser la utilización de trampas y nasas construidas con materia vegetal (Roselló-Izquierdo y Morales Muñiz, 2016).

En la región cantábrica se han localizado anzuelos biapuntados en varios yacimientos:

En Asturias, en Mazaculos II, 5 anzuelos biapuntados en hueso y uno procedente de las antiguas excavaciones de Vega del Sella (González Morales, 1982: 107 y 170). En La Riera, Vega del Sella (1930:15-18) cita:"...dos pequeñas esquirlas apuntadas por uno de sus extremos y una tercera que presenta los dos extremos biapuntados. Creo que las dos esquirlas deben considerase como el preludio de un anzuelo actual". En Tresenroque (Llanes) se ha recuperado un anzuelo biapuntado sobre hueso (Fig. 6.2.6) (Pérez-Bartolomé *et al.* Prospección 2016-2017).

En Cantabria occidental, en la cueva Subida de la Cruz (Comillas) un anzuelo en proceso de fabricación (Montes *et al.* 2013).

En el País Vasco se ha recuperado en Marizulo un biapuntado (Arias, 1991:137-138). En Santimamiñe 2 puntas dobles lisas (González Morales, 1982: 175). Un anzuelo recuperado en Kobega, datado (Ua-4286) 6945±65 BP (LÓPEZ QUINTANA, 1998-2000). Mención aparte citar en Aizpea 15 piezas incluidas en biapuntados, relacionables con anzuelos rectos (Barandiarán, 2001)

En la zona sur de la cordillera Cantábrica, en el Espertín, se ha recuperado uno de estos anzuelos biapuntados (sobre asta de ciervo con 53 mm de longitud, 11 de anchura y 5 de espesor) con una característica diferenciadora, preparación de la zona de enmangue con dos escotaduras centrales, en un nivel con dos dataciones radiocarbónicas (Gif-10053: (7790±120 BP) y (Beta-193760: 7080±40 BP) (Bernaldo De Quirós y Neira Campos, 2007-2008).

Fig. 6.2.6. Anzuelo biapuntado de Tresenroque (Llanes) (Pérez Bartolomé *et al.* en este trabajo)

En recientes proyectos de investigación en la costa del Mar Báltico (Haväng Sur de Suecia) se han encontrado restos de estructuras de madera de cronología 9.100-8.400 cal BP, que debieron estar unidas con cuerdas y se utilizaron como redes para la pesca en el mar (Hansson *et al.* 2016: 7-59 y arqueologiaenred.paleorama.es/2016/).

En yacimientos de Europa del este se han encontrado evidencias de útiles de pesca, que muestran una tecnología muy desarrollada y dirigida para la práctica de diversas técnicas pesqueras en niveles mesolíticos y neolíticos (Zamostje 2, Sergiev Possad- Moscow) (Maigrot *et al.* 2014). Se distinguen dos tipos: 1) útiles sobre hueso, asta y madera como anzuelos, puntas de arpones, cuchillos para procesar el pescado (sobre huesos de alce), flotadores y paletas de remos; 2) estructuras de pesca hechas de madera y representadas por trampas, pantallas y cercas. Se destaca el hallazgo de dos grandes nasas (especie de cesta entretejida con varillas de pino) trampas y cercas de madera (una de más de 4 m de largo) que aún conservan algunos cordajes producidos con fibras vegetales, muy bien conservadas por encontrarse en un medio húmedo bajo estratos de turbera. En el Mesolítico fueron más frecuentes las técnicas de pesca mediante estos recursos, el uso de anzuelos aumenta al final de la secuencia y en el Neolítico. Otro aspecto de las técnicas de pesca es la gran diversidad de tipos de paletas recuperadas en los niveles mesolíticos, lo que parece sugerir que pudiera haber diferentes tipos de embarcaciones usadas bajo diferentes condiciones, por ejemplo, en espacios abiertos o en reservorios llenos de malezas.

Este yacimiento es un caso excepcional de abundantes y bien conservados restos debido a su situación en las orillas de un gran lago, su funcionalidad fue la de un asentamiento estable, en el que el principal recurso faunístico fue la pesca (63%) (Chais, 2003).

Otro aspecto iniciado en la investigación sobre las técnicas de pesca en el Mesolítico, se fundamenta en el uso de los microlitos en el yacimiento de Katras I (Lituania) (Rimkus, 2016), basado en arqueología experimental sobre uso-desgaste de láminas y microlitos incrustables en la fabricación de herramientas compuestas. Después de comparar 248 láminas incrustables del primer asentamiento de Katra con las experimentales, utilizando análisis de uso y desgaste, se concluyó que 37 de esos artículos podrían haberse utilizado en la pesca o en el procesamiento de pescado. Esto es natural, dado el hecho de que las comunidades mesolíticas que establecieron asentamientos cerca de cursos de agua utilizaron diferentes herramientas de pesca. La confirmación de esta técnica queda pendiente de futuras investigaciones y de práctica experimental.

Fig. 6.2.7. Punta de hueso ranurado con inserción de microlitos (Rimkus, 2016: 38)

Las técnicas de pesca en la región cantábrica es un campo escasamente investigado, por el momento, no se dispone de evidencias tan significativas, salvo la presencia de los anzuelos biapuntados.

6.3. Malacofauna

El desarrollo de la intensa explotación de los moluscos marinos es uno de los parámetros esenciales en las estrategias de subsistencia de los últimos cazadores-recolectores y pescadores, ante los cambios que se producen en los biotopos, derivados del aumento de la temperatura y de la subida del nivel del mar. Lo que ocasionará pérdida de territorio en la costa, cambios en los paisajes costeros y la aparición de rías y estuarios que ofrecen nuevos recursos.

El estudio de la explotación de los recursos malacológicos en el área que nos ocupa, entre el 9.800 BP y el 5.500 BP está basado en tres fuentes de datos:

a) La información bibliográfica de los análisis de malacofauna realizados en yacimientos del área de estudio, en los que se ha efectuado excavación arqueológica, que aportan datos cuantitativos: La Pila (Miengo), Barcenilla (Piélagos), Garma A, Truchiro (Omoño), La Fragua (Santoña), La Chora (Voto), Cubío Redondo (Matienzo), y La Trecha (Islares).

b) Los datos cuantitativos de análisis efectuados sobre los yacimientos investigados en este trabajo: Las Salinas (Miengo- Pas), Sopeña (valle alto del Miera) y El Abrigo del Carabión (Voto- Bajo Asón).

c) Los datos cualitativos proceden de recuentos de malacofauna efectuados en los yacimientos en superficie o en estratigrafía, en los que hemos obtenido dataciones radiocarbónicas -se especifican en el Capítulo 7- y en parte de yacimientos que componen el registro arqueológico, en los que se han podido identificar las especies y efectuar algún conteo. Estos datos se toman con finalidad orientativa y comparativa con los datos cuantitativos.

El estudio de la arqueomalacofauna en esta zona de la región cantábrica ha experimentado un avance en los últimos años debidos a los análisis realizados en los yacimientos de El Perro (Moreno, 1995), Cubío Redondo (Aparicio, 2001), Cofresnedo (Ruiz Cobo y Smith, 2003), si bien este último aporta un registro muy escaso. La Chora (Gutiérrez Zugasti, 2009), La Pila (Gutiérrez Zugasti, 2009), La Fragua, nivel 1 y La Trecha (Gutiérrez Zugasti, 2009), El Carabión, nivel 1 (Pérez-Bartolomé, 2016), La Garma A y El Truchiro (Álvarez-Fernández, *et al.* 2011-2013) Sopeña, nivel 2 (Pérez-Bartolomé, 2016), Las Salinas, nivel 2 (en este trabajo).

Sin embargo, se observa una variabilidad en los criterios de clasificación de los moluscos. En el Perro y la Garma A, las *Patellas* se han incluido totalmente en el grupo *Patella sp.* y también un gran número en La Pila, La Fragua, El Truchiro y la Trecha, sin discriminar los diferentes tipos. En el taxón *Mytilus* también hay variabilidad en el criterio de clasificación: en La Pila, La Fragua y El Perro se consideran todos *Mytilus galloprovincialis*, sin embargo, en Las Salinas y en Barcenilla, se diferencian las subespecies: *Mytilus galloprovincialis*, *Mytilus edulis* y *Mytilus sp.*

Dentro del grupo de los gasterópodos terrestres, el de interés bromatológico, *Cepaea nemoralis*, no aparece en El Perro, mientras que en la Fragua, situada en el mismo área, a escasos metros, si se ha cuantificado. En La Garma A no se tienen en cuenta y, en Barcenilla no se han considerado, debido a la escasa presencia y dudosa atribución antrópica. El análisis de la Pila es cuestionable, pues el nivel mesolítico no se ha podido individualizar, por encontrarse muy alterados y revueltos los primeros niveles.

Otros taxones con menores frecuencias como los crustáceos, equinodermos, ciertas especies de gasterópodos, que no se han contabilizado en todos los yacimientos, no afectan a la valoración que se hace sobre las especies que tiene mayor peso específico en la dieta.

6.3.1. Análisis arqueomalacológico

Se analizan los moluscos, equinodermos y crustáceos atendiendo a una valoración cuantitativa de las especies y la composición malacológica de los concheros considerando la distancia a la línea de costa, con el fin de analizar la variabilidad en las estrategias de recolección. Establecemos un primer nivel de yacimientos situados en la costa a una distancia inferior a 1 km. Un segundo nivel, dada la escasa información disponible, entre 1-10 km, un tercer nivel entre 10-20 km y los situados en los valles altos, en distancias superiores a 20 km. Se analizan también las zonas de recolección.

La metodología empleada en este análisis malacológico se ha tomado de Moreno (1994) para el cálculo del número de restos (NR) y el número mínimo de individuos (NMI). El número mínimo de individuos se ha calculado a partir de ejemplares completos o de fragmentos que correspondan a partes anatómicas únicas por individuo (ápices y espiras en los gasterópodos, umbos en los bivalvos). La identificación taxonómica y anatómica de los restos se ha realizado con la propuesta de CLEMAM (Museo Nacional de Historia de París, http://www.somali.asso.fr/clemam/index.clemam.htm), Lindner, 1977, 2000 y WoRMS (World Register of Marine Species, http://www.marinespecies.org/).

6.3.2. Representación de especies malacológicas en yacimientos situados en una distancia inferior a 1 km de la costa

Los estudios de efectuados en cinco yacimientos situados en la línea de costa: La Pila y Las Salinas (Bajo Pas- Ría de Mogro); La Fragua y El Perro (Estuario del Asón) y La Trecha (Desembocadura del Agüera-Ría de Oriñón), nos informan de la diversidad de la malacofauna explotada y de las frecuencias de taxones (Tabla 6.3.1.).

En el conjunto de yacimientos analizados, sobre un total de 50.116 NMI, se observa una homogeneidad en las especies capturadas, representadas fundamentalmente por los gasterópodos marinos con un NMI total de 38.277 individuos, de los que 27.296 (54,46% NMI) pertenecen al taxón *Patella*; *Phorcus lineatus* con 9.700 representa el 19,35% NMI. Se observa el descenso de frecuencias de *Patella vulgata* (9,85%) y el ascenso de *Patella intermedia* (21,53%), aunque hay un buen número de Patellas sin especificar especie. Muy por debajo quedan los bivalvos marinos con 10.242 ejemplares (20,33% NMI), siendo el más frecuente *Mytilus* con 9.196 (18,34% NMI) del conjunto. El resto de especies tiene escasa representación.

Datos cuantitativos: abundancia de taxones en el Mesolítico en Cantabria centro-oriental										
Situados en la costa > 1 km										
Yacimiento y nivel	Pila I-II		Las Salinas II		Fragua I		Perro I		La Trecha 4	
Bivalvos marinos	NMI	NMI/%	NMI	NMI%	NMI	NMI/%	NMI	NMI/%	NMI	NM%
Anomia ephippium	1	0,011			1	0,008				
Cerastoderma edule							4	0,026		
Chamalea striata			1	0,008						
Hiatella rugosa							3	0,019		
Mimachlamys varia					1	0,008				
Mytilius galloprovincialis	198	2,19	23	0,20	1028	8,364	**7274**	46,97	186	10,91
Mytilus edulis			369	3,19						
Mytilus sp.			113	1,00						
Ostrea edulis	12	0,13	30	0,26	58	0,471	770	4,973	87	5,1
Parvicardium sp.							3	0,19	1	0,06
Petricola lithophaga					6	0,048				
Pododesmus sp.						0,032	1	0,06		
Pholas dactilus	5	0,55	15	0,13	2	0,301			14	0,82
Ruditapes decusssatus							1	0,006	3	0,41
Scrobicularia plana	1	0,011			47	0,382	1	0,006	7	0,18
Solem marginatus	1	0,011	1	0,008	3	0,024	71	0,459	1	0,06
Veneridae sp.	1	0,011	1	0,008	3	0,024	71	0,459	1	0,06
Total Bivalvos	**218**	**2,41**	**552**	**4,868**	**1.146**	**9,654**	**8.128**	**52,72**	**199**	**17,54**
Gasterópodos marinos	NMI	NMI%	NMI	NMI%	NMI	NMI%	NMI	NMI%	NMI	NMI%
Cambarus pictus							4	0,026		
Charonia lampas							1	0,006		
Gibbula sp.	52	0,57			3	0,024	95	0,614	2	0,12

Gibbula umbilicalis					6	0,048			2	0,12
Haliotis tuberculata							2	0,013		
Littorina littorea	607	6,71			1	0,008	55	0,355		
Littorina neritoides			2	0,016						
Littorina obtusata	1	0,011			4	0,032	28	0,181		
Littorina saxatalis			1	0,016			31	0,2		
Nassarius reticulatus	2	0,002	17	0,15	1	0,008			1	0,06
Nassarius sp.							38	0,245		
Nucella lapillus			2	0,017	1	0,008	9	0,058		
Phorcus lineatus	2383	26,33	**4623**	41,2	542	4,41	1907	12,316	245	14,37
Patella vulgata	2706	29,9	1182	10,52	875	7,119			176	10,32
Patella intermedia	871	9,62	4061	35,04	**5473**	44,532			388	22,75
Patella ulyssiponen.	148	1,64	756	6,73	1302	10,593			85	4,99
Patella sp.	1837	20,3			2505	20,382	4931	31,84	307	18,01
Peringia ulvae			3	0,02						
Total gasterópodos marinos	**8607**	**95,11**	**10.649**	**94,78**	**10.713**	**87,164**	**7.101**	**45,85**	**1206**	**70,25**
Gasterópodos terrestres										
Cepaea nemoralis	161	1,78	175	1,51	214	1,741			24	1,41
Cochlosoma sp.	14	0,154			5	0,04	3	0,019	17	1
Criptofalus aspersus									1	0,06
Elona quimperiana	1	0,011			1	0,008			1	0,06
Helicedae sp.							238	1,537		
Helicella itala	21	0,232			1	0,008			1	0,06
Ochilus sp.	4	0,044			1	0,008			3	0,12
Pomatias elegans	13	0,143			17	0,138	1	0,006	127	7,45
Pyrenearia cantabrica	4	0,044								
Retinella incerta									10	0,59
Total gasterópodos terrest.	**218**	**1,12**	**175**	**1,51**	**239**	**1,944**	**242**	**1,562**	**184**	**10,8**
Crustáceos										
Brachyura sp.	1	0,011	1	0,008	7	0,056			2	0,12
Balanus sp.			23	0,200	128	1,041			1	0,06
Pollicipes pollicipes	1	0,011	1	0,016	6	0,048			10	0,59
Equinodermos										
Paracentrotus lividus	1	0,011	6	0,48	1	0,008			1	0,06
NMI TOTAL	**9.046**	**100**	**11.407**	**100**	**12.240**	**100**	**15.471**	**100**	**1603**	**100**

Tabla 6.3.1 Datos cuantitativos de frecuencias de taxones de malacofauna en 5 yacimientos de Cantabria centro-oriental

6.3.2.1. Diversidad de taxones

En el conjunto de yacimientos situados en la zona litoral se produce una gran diversidad de taxones desde 20 en Las Salinas a 32 identificados en La Fragua (Tabla 6.3.2).

Yacimientos	Nº de Taxones	Bivalvos	Gasterópodos marinos	Gasterópodos terrestres	Crustáceos	Equinodermos
La Pila	27	6	10	8	2	1
Las Salinas	20	7	9	1	3	1
La Fragua	32	10	11	6	4	1
El Perro	23	9	11	3		
La Trecha	28	7	8	9	3	1

Tabla 6.3.2. Diversidad de taxones en los niveles mesolíticos de yacimientos situados en la costa

Las estrategias de subsistencia parecen estar basadas en la explotación intensiva de los gasterópodos marinos y en algún caso de los bivalvos marinos. En el grupo de los gasterópodos, *Patella* es el más abundante en La Fragua (82,62% NMI), las Salinas (53,47% NMI), La Trecha (55,58% NMI), El Perro (31,84% NMI). En todos los casos, se observa el retroceso de *Patella vulgata* (excepto en La Pila), el incremento de *Patella intermedia*, en la Fragua (44,53%), en Las Salinas (35,04%) y La Trecha (22,75%) y, la presencia de *Patella ulyssiponensis*, con mayor frecuencia en La Fragua (10,593% NMI). El taxón *Phorcus lineatus* es el más abundante en Las Salinas (41,2%), La Pila (26,33%) y El Perro (12,31%).

En el grupo de los bivalvos, *Mytilus galloprovincialis*, es el más frecuente en el Perro (46,97% NMI). *Ostrea* está escasamente representada, la mayor frecuencia se produce en la Trecha (5,1% NMI) y El Perro (5% NMI). Por otro lado, se observa la escasa presencia de *Ruditapes decussatus*, *Scrobicularia plana* y *Solem marginatus*, especies propias de sustratos de arena y fango del intermareal e inframareal. Los equinodermos están presentes en todos los yacimientos, excepto en El Perro, pero con índices inferiores al 1%.

En esta zona litoral, el gasterópodo terrestre *Cepaea nemoralis* está escasamente representado, aun considerando que solamente en uno de los yacimientos no se ha efectuado el recuento (El Perro). El valor más elevado lo ofrecen La Fragua con un NMI de (1,74%) del conjunto, Las Salinas NMI (1,51%) y en La Pila NMI (1,78%). En el conjunto no alcanza el 1%.

6.3.2.2. Zonas de recolección

La captación de los recursos en la zona litoral ha estado de forma prioritaria dirigida a la explotación de las zonas rocosas de costa abierta en el nivel intermareal alto y medio, como se documenta con la abundante presencia de *Patella vulgata*, *Patella intermedia* y *Phorcus lineatus*. En el intermareal bajo se aprecia la alta frecuencia de *Mytilus galloprovincialis* y *Patella ulyssiponensis*, si bien, *Mytilus galloprovincialis*, aunque es abundante en estuarios, también puede recolectarse en costas abiertas.

Las especies de estuario intermareal alto están representadas por *Ostrea edulis*, con valores inferiores al 1% NMI, excepto en El Perro y La Trecha que están en torno al 5% NMI. Los bivalvos de zonas arenosas y fangosas, *Ruditapes decussatus*, *Scrobicularia plana* y *Solem marginatus*, tienen frecuencias inferiores al 1% NMI en todos los casos, esto plantea la hipótesis de que los estuarios en ese momento no tuvieran la morfología ni la oferta de especies malacológicas actuales.

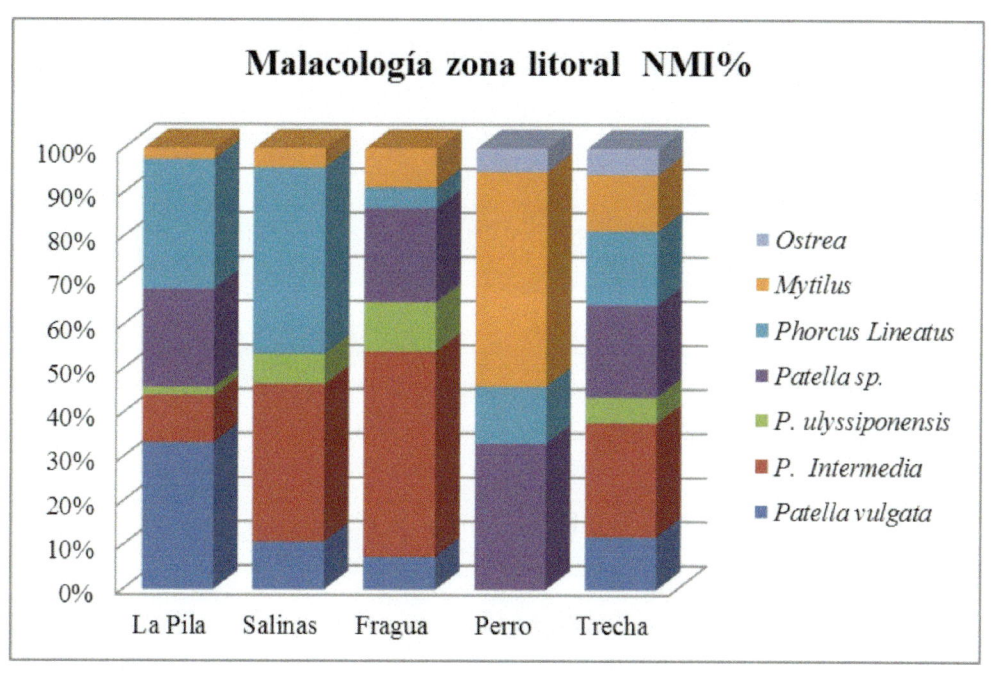

Fig. 6.3.1 Frecuencias de taxones de malacofauna en la zona litoral centro-oriental de Cantabria

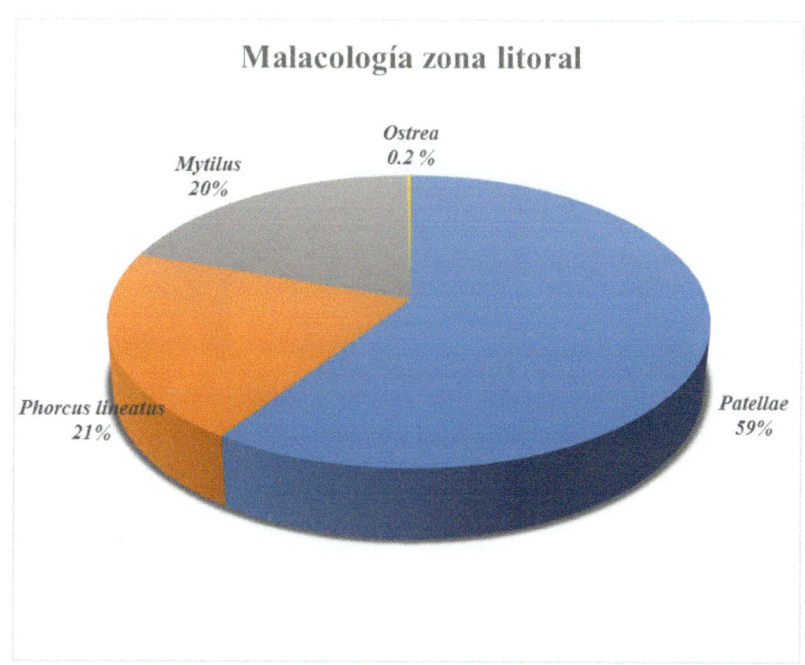

Fig.6.3.2. Frecuencia de taxones NMI% de malacofauna en la zona litoral centro-oriental de Cantabria

Fig. 6.3.3. Ejemplares de *Phorcus lineatus*. Las Salinas nivel 2.

Fig. 6.3.4. Ejemplares de *Patella intermedia*. Las Salinas nivel 2.

Fig. 6.3.5. Ejemplares de *Patella ulyssiponensis*. Las Salinas nivel 2

Fig. 6.3.6. Ejemplares de *Mytilus edulis* y *Mytilus galloprovincialis*. Las Salinas nivel 2

6.3.3 Representación de especies malacológicas en yacimientos situados en la Llanura litoral

En la franja litoral, situada entre la costa y unos 7-10 km hacia el interior, se encuentran cinco cavidades en las que se ha realizado estudio de malacofauna. Barcenilla (Valle del Pas), La Garma A y El Truchiro (Valle del Miera), La Chora y El Carabión (Valle del Asón) (Tabla. 6.3.3).

Datos cuantitativos: abundancia de taxones en el Mesolítico en Cantabria centro-oriental										
Distancia: 1-10 km a la línea de costa: Llanura litoral										
Yacimiento y nivel	Barcenilla V-X		Garma A 2/ Q		Truchiro N II		Chora conchero		Carabión N I	
	NMI	NMI/%	NMI	NMI%	NMI	NMI/%	NMI	NMI/%	NMI	NMI%
Bivalvos marinos										
Cerastoderma edule	2	0,07			3	0,21				
Hiatella rugosa							1	0,47		
Mytilus galloprovincialis	856	30,8	7		1	0,07	28	13,3		
Mytilus edulis	36	1,29								
Mytilus sp.					7	0,5			120	9,35
Ostrea edulis	30	1,08	2		1	0,07	27	12,8	134	10,4
Petrícola lithophaga							1	0,47		
Pholas dactilus	3	0,10								
Ruditapes decussatus	17	0,61					2	0,45	74	5,76
Scrobicularia plana					6	0,43	72	34,1	258	20,1
Solem marginatus			1		1	0,07	6	2,84	61	4,75
Veneridae sp.									81	6,31
Total Bivalvos	944	34			19	1,36	137	65	728	56,7
Gasterópodos marinos										
Gibbula umbilicalis	5	0,18								
Littorina obtusata	1	0,03								
Littorina neritoides	2	0,07								
Nassarius reticulatus			2						5	0,40
Phorcus lineatus	159	5,72	870	19,6	262	18,8			29	2,25
Patella vulgata	211	7,59	180	10	139	10,0			3	0,23
Patella intermedia	1188	42,7	555	20	204	14,6	17	8,06	23	1,8
Patella ulyssiponensis.	198	7,12	174	10	51	3,67	1	0,47	4	0,32
Patella sp.	1		782	35	456	32,8	4	1,9	33	2,57
Total gasterópodos marinos	1765	62,2	2.578	100	1.112	80	22	10,4	97	7,56
Gasterópodos terrestres										
Cepaea nemoralis					266	19,1	30	14,2	458	**35,7**
Elona quimperiana					1	0,07				
Helicedae sp.					9	0,64	1	0,47		
Ochilus sp.							1	0,47		
Pomatias elegans					1	0,07	1	0,47		
Total gasterópodos terrestres					277	20	33	15,6	458	35,7
Crustáceos										
Brachyura sp.	1	0,03					2	0,95	1	0,07
Balanus sp.	91	3,27					15	7,11		
Macropipus puber	1	0,03								
Pollicipes pollicipes	1	0,03					1	0,47		
Equinodermos										
Paracentrotus lividus	2	0,07	P							
TOTAL	2.805	100	2.578	100	1389	100	210	100	1284	100

Tabla. 6.3.3. Frecuencias de taxones de malacofauna en la Llanura litoral en Cantabria centro-oriental

6.3.3.1. Diversidad de taxones

En el conjunto de yacimientos situados en la llanura litoral, se han identificado un máximo de 19 taxones identificados en Barcenilla y 8 taxones en la Garma A. La mayor variedad se produce en los gasterópodos y bivalvos marinos (Tabla. 6.3.4).

Yacimientos /Niveles	Nº de Taxones	Bivalvos	Gasteróp. marinos	Gasteróp. terrestres	Crustáceos	Gasteróp. terrestres
Barcenilla V-X	19	6	8		4	
Garma A- Q	8	3	5			
Truchiro	13	5	5			
Chora conchero	17	7	3	4	3	4
Carabión 1	14	6	6	1	1	1

Tabla. 6.3.4. Diversidad de taxones de malacofauna en los niveles mesolíticos de yacimientos situados en la Llanura litoral

La información arqueomalacológica de la Garma, A, nivel 2/Q (Álvarez-Fernández *et al.* 2011)[2] se ha obtenido de una muestra sobre 1 m² del conchero, en el que se identifican fundamentalmente gasterópodos marinos (n. 2.578), de los que *Patella* es el más abundante (75 %). La mayor frecuencia se atribuye a *Patella sp.* (35%), no se discriminan las subespecies debido a la dificultad en la identificación por la ausencia de rasgos característicos causados por alteración postdeposicional. Se observa una disminución de frecuencia en *Patella vulgata* (10 %) y un aumento progresivo de *Patella intermedia* (20 %) y *Patella ulyssiponensis* (10 %), así como la reducción del tamaño especialmente en *Patella vulgata* desde el final del Magdaleniense. El siguiente gasterópodo más frecuente es *Phorcus lineatus* con una presencia aproximada del 19,6 %. El resto de taxones son testimoniales (*Mytilus galloprovincialis, Paracentrotus lividus*, especies de zona intermareal). *Ruditapes y Solem* son también raras, debido a su procedencia de áreas de fangos y arenas, situadas en el estuario del Miera a unos 7-8 km de distancia.

En esta zona equidistante de la costa entre 1,8 km del Carabión y 8,2 de la Chora, en el recuento total de taxones sobre un NMI de 8.266 la mayor frecuencia se encuentra en los gasterópodos marinos, siendo *Patellae* el más abundante con NMI 4.191 (50,70 %NMI). *Patella intermedia*, es la que tiene mayor frecuencia (20,03 % NMI), dentro del grupo de las *Patellae* alcanza el 47,41 %. También es la especie más frecuente en el conjunto malacológico de Barcenilla (42,77 %NMI), aunque hay que tener en cuenta que un alto porcentaje no se ha discriminado, incluyéndose en *Patella sp* el 29,65 %. *Phorcus lineatus* tiene frecuencias inferiores (16 % NMI), no está presente en La Chora, es escaso en El Carabión (2,25%), sin embargo, es bastante frecuente en la Garma (19,6 %) y el Truchiro (18,8 %).

En el grupo de los bivalvos marinos, *Mytilus* (12,52 %NMI), es el más abundante en el conjunto y también lo es en Barcenilla (32,12%NMI). Las especies de fangos y arenas están escasamente presentes con *Scrobicularia plana* (4,06 %NMI), *Ostrea* (2,34 % NMI) y *Ruditapes decussatus* (1,16% NMI) en el conjunto, si bien, *Scrobicularia* es el taxón más abundante en La Chora (34,12 % NMI), y en el Carabión (20,10 % NMI) representa el segundo taxón más frecuente, después de *Cepaea nemoralis*. En cuanto a los gasterópodos terrestres, solamente se han contabilizado los *Cepaea nemoralis* en el Truchiro, la Chora y Carabión, sin embargo, alcanzan una representación del 9,12 % NMI en el conjunto, siendo la especie más abundante en Carabión (35,69%). El resto de las especies tienen escasa representación.

---

[2] ALVÁREZ FERNÁNDEZ *et al.* "Mollusc shell sizes in archaeological contexts in northern Spain (13.200 to 2.600 cal BC): New data from La Garma A and Los Gitanos (Cantabria)". Archaeometry, 53(5), 2011, 963-985.

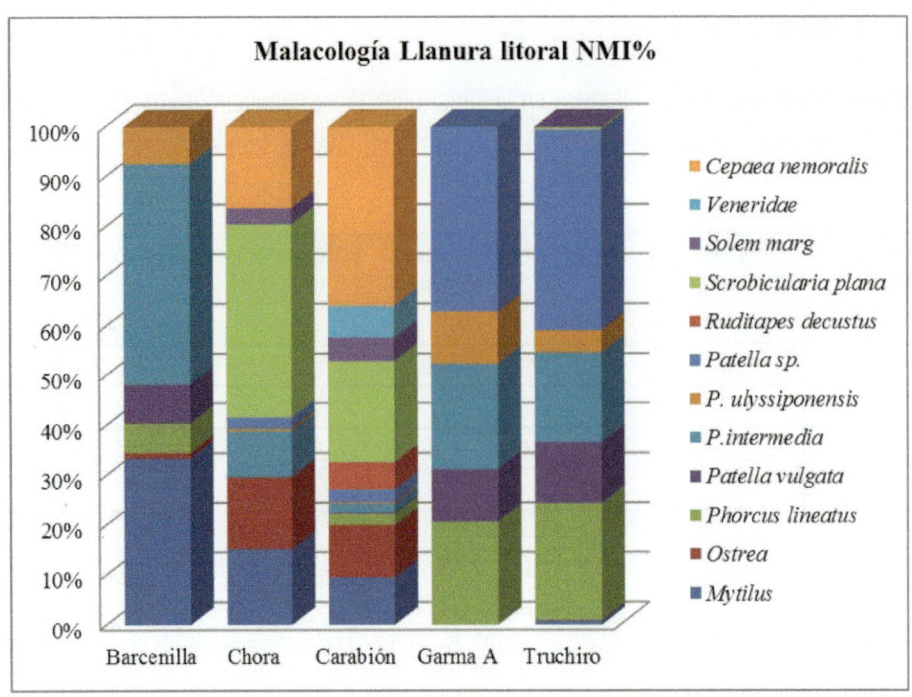

Fig.6.3.7. Frecuencias de taxones de malacofauna en 5 yacimientos de la Llanura litoral

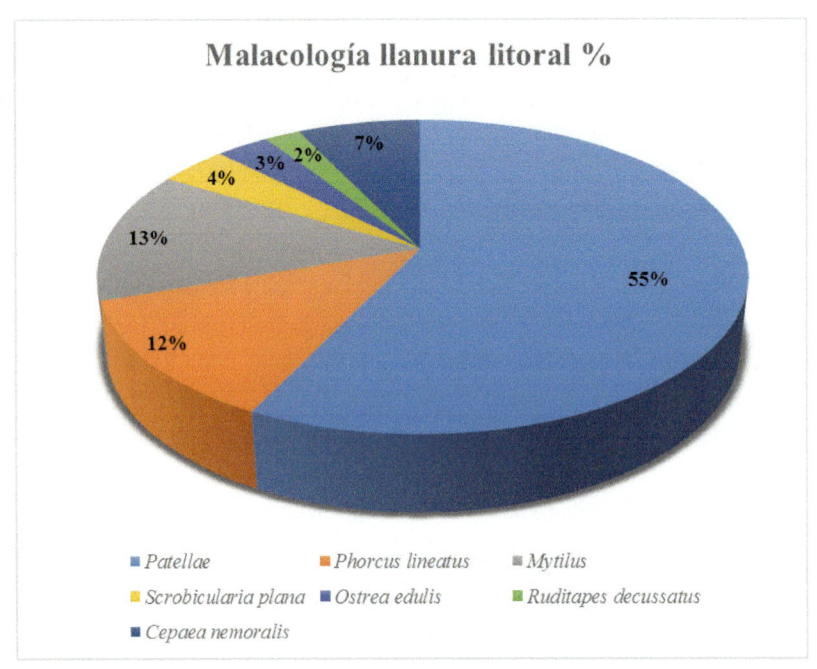

Fig. 6.3.8. Representación total de taxones de malacofauna en la Llanura litoral Centro-oriental de Cantabria

6.3.3.2. Zonas de recolección

La zona de captación de los recursos marinos en la llanura litoral sigue siendo la zona de costa abierta, como lo corrobora la abundante presencia de *Patella* (50,70 %) y *Phorcus lineatus* (16 %). Pero también se observa el incremento de los bivalvos propios de estuario del intermareal alto, como *Ostrea* (2,34 %) y del intermareal bajo, como *Scrobicularia plana* (4,2%) y *Ruditapes decussatus* (1, 16%). En el caso de *Mytilus* es más complicado atribuirle a zonas de estuario o intermareal, pues está presente en ambas.

Comparando los resultados de ambas zonas, se observa que entre los gasterópodos la mayor frecuencia la ostenta el género *Patella* en la costa 59 % NMI y en la llanura litoral 50,7 % NMI, y especialmente, *Patella intermedia*, con un 21,53 % NMI en la costa y, en la llanura litoral 20,03 % NMI. Los siguientes taxones presentan alguna variabilidad: en la costa es más abundante *Phorcus lineatus* con 19 % NMI, mientras que en la llanura litoral baja al 16 % NMI. En el grupo de los bivalvos marinos *Mytilus* es el taxón más frecuente en ambas zonas con una representación de 20 % NMI en la costa y 12,52 % NMI en la llanura litoral. Las especies de fangos y arenas tiene escasa representación en la zona costera y, sin embargo, en la llanura litoral, en los yacimientos situados en el entorno de las marismas de Santoña (rías de Rada y Treto), *Scrobicularia plana*, aumenta su frecuencia, de forma más intensa en la Chora y Carabión. En Barcenilla y Truchiro (Bahía de Santander), también aparecen, aunque en proporciones muy pequeñas. El caracol de tierra, *Cepaea nemoralis*, en la costa está escasamente representado (inferior a 1 %NMI), mientras en la llanura litoral se incrementa su presencia (9,12 %), si bien, es un valor escasamente representativo, debido a que solo se han contabilizado en dos de los yacimientos analizados.

Recapitulando, estos datos hay que tomarlos con cierta precaución, pues se han obtenido parte en sondeos inferiores a 1 m². En Barcenilla y Las Salinas los sondeos son de 0,50 m², si bien, ambos yacimientos están bien conservados. En el Carabión, muy erosionado por inundaciones periódicas, se hizo una intervención de 1 m², y en la Chora y Garma A se han efectuado muestreos sobre 1 m². La Chora y Carabión son los que aportan mayor presencia de especies de fangos y arenas, su recolección tuvo que hacerse con las rías ya formadas, donde se encuentra el hábitat propio de estas especies. Esto se confirma con las dataciones radiocarbónicas obtenidas en ambos yacimientos (La Chora: 6360±80 BP y Carabión: 7800±50 BP y 5750±40 BP), pues se consideran formadas las áreas de marismas hacia el 8.000 BP (Cearreta y Murray, 1996: 297), y en un estudio posterior en la Ría de Bilbao, se identifican sedimentos de materiales estuarinos con una edad comprendida entre 7.490-6000 cal. BP (Cearreta *et al.* 2007: 181). Por otro lado, Barcenilla también tiene una fecha similar (7020 ± 30 BP) y no presenta especies de estuario. En esto coincide con Las Salinas, ambas situadas en el entorno de la ría de Mogro, lo que hace suponer que tal vez en esta zona de marisma no estuviera formada el área de fangos. La presencia más abundante de *Cepaea nemoralis* en la llanura litoral hay que ponerla en relación con la diversidad de explotación de los recursos del entorno, y la presencia abundante de *Cepaea nemoralis* en el Holoceno.

Fig. 6.3.9. Ejemplares de *Ostrea edulis*. Carabión nivel 1.

Fig.: 6.3.10. Ejemplares de *Scrobicularia plana*. Carabión nivel 1.

Fig. 6.3.11. Valva de *Ruditapes decussatus*. Carabión Nivel 1

Fig.6.3.12. Ejemplares de *Cepaea nemoralis*. Carabión nivel 1.

6.3.4. Representación de especies de malacología en los valles interiores

De la zona interior de los valles entre 10-20 km solamente se dispone de datos cuantitativos de Cubío Redondo (Matienzo, Valle del Asón), que se comporta en este aspecto como un medio de alta montaña, debido a lo escarpado del acceso a la cavidad. Se incluye en este aspecto en los valles altos.

Cofresnedo (Matienzo) aporta escasa información debido al reducido testigo conservado del conchero. Solamente se documenta la presencia de *Mytilus, Phorcus lineatus, Cepaea nemoralis*. En sedimento exterior deslizado del yacimiento se recuperaron 4 conchas de *Phorcus lineatus* y una de *Ostrea sp.*

6.3.5. Representación de especies malacológicas en yacimientos situados en los valles altos

El poblamiento mesolítico de la parte alta de los valles está escasamente estudiado, posiblemente sea debido a que tradicionalmente los yacimientos de conchero se han asociado a una ocupación próxima al territorio de explotación de la zona litoral. Desde un punto de vista funcionalista, se consideraron mesolíticos los concheros situados en la costa y, azilienses los situados en el interior (Straus, 1979 y 1987). Aunque la secuencia cronológica entre ambas culturas quedó precisada en las excavaciones de El Perro y La Fragua, donde se pudo verificar la secuencia Magdaleniense-Aziliense-Mesolítico (González Morales, 1991-1992 y González Morales *et al*. 2000), aún hay un vacío en la investigación sistemática del Mesolítico en la zona alta de los valles. Este es uno de los debates pendientes, aunque la evidencia de fechas de cronología mesolítica en el medio y alto Asón: El Tarrerón (Apellániz, 1971) y las más recientes de El Mirón (Straus y G. Morales, 2003), Cubío Redondo y Cofresnedo (Ruiz Cobo y Smith, 2001 2003), lo siguen confirmando, así como las obtenidas en este trabajo en los yacimientos de Cubera (Arredondo- Asón) y Sopeña (Miera).

La muestra es muy reducida, solo se han cuantificado los restos malacológicos en el Cubío Redondo (Aparicio, 2001) y Sopeña (en este trabajo) (Tabla 6.3.5). En ambos yacimientos se evidencia la presencia casi exclusiva del caracol de tierra. El Cubío Redondo es una pequeña cavidad con una única galería, muy erosionada por reactivación hidrológica, y solo se conservaba yacimiento en el fondo de la cavidad, aunque en la boca se encuentra concrecionado un testigo del yacimiento con una potencia de 50-60 cm. Su función debió de ser un cazadero de montaña con ocupaciones temporales, debido a las escasas condiciones de habitabilidad. La muestra es escasa, 482 NMI, sin embargo, el cálculo estimado de presencia en 1 m² es de 2.500 *Cepaea nemoralis* (Ruiz Cobo *et al.* 2001), indican la importante explotación de este recurso, cuyo hábitat se encuentra en las laderas del entorno de la cavidad, frente a la escasa presencia de malacofauna marina, con fragmentos de *Mytilus* y una concha de *Patella ulyssiponensis*.

Yacimiento y nivel	Cubío Redondo conchero	Sopeña II	Total
Bivalvos marinos	NMI	NMI	
Mytilus galloprovincialis			
Mytilus edulis	4 + frg	Frg.	4+frgs
Ostrea edulis		1	1
Solem marginatus			
Total Bivalvos	**4+ frgs.**	**1+frg**	**5+frgs**
Gasterópodos marinos			
Phorcus lineatus			
Patella vulgata			
Patella intermedia			
Patella ulyssiponensis.	1		1
Total gasterópodos marinos	**1**		**1**
Gasterópodos terrestres			
Cepaea nemoralis	482	55	537
Total gasterópodos terrest.	**482**	**55**	**537**
Total	**487**	**58**	**545**

Tabla.6.3.5. Datos cuantitativos de taxones de malacofauna NMI identificados en yacimientos en los valles altos

En Sopeña solamente se conserva concrecionada una pequeñísima parte del yacimiento, que se extiende a lo largo del lateral izquierdo del vestíbulo con una longitud de unos 20 m y una potencia superior a un metro, concrecionado en el techo de la cueva. El intenso proceso erosivo que ha sufrido el yacimiento debido a la reactivación de la cavidad, ya que es una surgencia activa, cuyo nivel freático discurre en la actualidad por pisos inferiores. La reactivación ha debido ser intensa en algunos periodos, por el gran arrastre que ha sufrido el yacimiento, junto con el goteo que lo ha lapidificado. La intervención arqueológica se hizo en 0,5 m². El caracol de tierra es el taxón más abundante, representa el 88,34% del conjunto, sin embargo, hay una pequeña evidencia del consumo de malacofauna marina, con presencia de fragmentos de *Mytilus* en estratigrafía y una valva de *Ostrea* en superficie, entre los bloques de caliza.

El consumo polarizado en el caracol terrestre en los valles altos, nos informa de la explotación del entorno inmediato de las cavidades, zonas de bosque, praderías y maleza. La recolección sería estacional en los meses de abril a octubre, ya que esta especie desaparece en los meses de invierno para hibernar.

Recapitulando, se evidencia la abundante explotación del caracol de tierra en los yacimientos situados en los valles altos y la escasísima presencia de malacofauna marina. Probablemente la razón de esta ausencia sea debida a la situación geográfica. En el caso de Sopeña, la cavidad se encuentra en un valle secundario del Miera, en una zona muy agreste y carstificada, en una altitud absoluta de 687 m, y distante de la costa unos 28 km, aun considerando el proceso erosivo que ha sufrido el yacimiento, la escasa presencia de malacofauna marina, sin duda sea debida a la distancia en que se encuentra de la costa. El Cubío Redondo se encuentra en un medio agreste, a 230 m de altitud absoluta, en un cantil casi vertical y con escasas condiciones de habitabilidad. Los testimonios basados en *Mytilus* y *Ostrea*, se puede considerar la hipótesis de que fueran llevados a la cavidad en el momento de ocupación, tal vez estacional o en periodos cortos de caza, como primer recurso. ¿Y por qué precisamente estas dos especies? Seguramente se encontraron más rentables por la relación entre el coste energético que supone el transporte y el aporte en carne de estas especies, y tal vez fueran también más valoradas como lo son actualmente.

Fig.: 6.3.13. *Cepaea nemoralis* con concreción calcítica. Sopeña nivel 2.

6.3.6. Representación de especies malacológicas en yacimientos con datación radiocarbónica

En el conjunto de actuaciones arqueológicas realizadas en el área de estudio, se da la circunstancia de que en algunos yacimientos la información disponible son básicamente las dataciones radiocarbónicas, como sucede en Cueva del Mar que forma parte del Proyecto de investigación integral de La Garma y, cueva Morín, en la que solo se ha obtenido una datación. En otros casos, no se ha estudiado la malacofauna, como sucede en el Tarrerón (Asón), donde se cita la abundancia de restos de conchas, pero no se cuantifican, por estar muy fraccionadas (Apellániz, 1971:97). En otros casos, es difícilmente cuantificable, como sucede en Cofresnedo (muy escasa), Trampascuevas (solo se percibe en un corte del sondeo y en superficie) y en el Abrigo de la Ermita de Santiago, el yacimiento se encuentra muy erosionado.

Yacimientos con datación C14: frecuencia de taxones	Miera	Asón							Agüera	
Yacimiento	Cucabrera Costa	Mar Llan. Litoral	Solahesa Llan. litoral	Campizo Valle interior	Trampascuevas Valle interior	Cofresnedo Valle interior	Tarrerón V. alto	Cubera Valle alto	E. Santiago Valle interior	St Ana Costa
Bivalvos marinos										
Cerastoderma edule										
Mytilus galloprovincialis					1				1	
Mytilus edulis	P	4	2	1	32	P	P		1	P
Mytilus sp.		4	2			P				
Ostrea edulis		2	1		39	1	P			
Ruditapes decussatus					2					
Scrobicularia plana			1			1				
Solen marginatus			1		2				2	
Veneridae sp.										
Total Bivalvos	**P**	**6**	**5**	**1**	**76**	**2/P**			**4**	
Gasterópodos marinos										
Phorcus lineatus	30	30	2		2	5			3	
Patella vulgata	8	53	2		2				A	
Patella intermedia	10	80	8						A	
Patella ulyssiponensis.	1	39			1				2	
Patella sp.			3		1		P			
Total gasterópodos marinos	**49**	**202**	**15**		**6**	**5**			**A**	
Gasterópodos terrestres										
Cepaea nemoralis		3	10	56	7	32	A	A	8	
Total gasterópodos terrest.		**3**	**10**	**56**	**7**	**32**			**8**	
Crustáceos										
Balanus sp.		P								P
Brachura										P
Pollicipes pollicipes										P
Equinodermos										
Paracentrotus lividus		1								
TOTAL	**49**	**212**	**30**	**56**	**89**	**39**				

Tabla. 6.3.6. Frecuencias de taxones identificados en yacimientos con datación C¹⁴ AMS. Cueva del Mar depósito en el MUPAC (CAEAP, 1997). Clave: A: abundante, P: presente, E: escaso.

En los proyectos realizados en el desarrollo de la investigación de este trabajo, se han obtenido dataciones, sin realizar excavación arqueológica, en los diferentes valles y zonas de costa e interior. En el valle del Miera: Cucabrera (costa), Portalón de Solahesa (Llanura litoral), Campizo (valle interior). En el valle del Asón, se han datado los yacimientos, Trampascuevas (valle interior) y el Abrigo de Cubera (valle alto). En el valle del Agüera se obtuvo una datación en el yacimiento de la Ermita de Santiago (Liendo-valle interior), todas con cronología atribuida al Mesolítico. Los datos cuantificados son muy escasos podemos observar que en yacimientos situados en la costa, Cucabrera (Galizano-Ribamontán al Mar), los taxones más frecuentes son gasterópodos marinos, fundamentalmente *Phorcus lineatus* y *Patella*. En S. Ana (Castro Urdiales), el depósito se encontraba en superficie en un macizo costero conservado entre las rocas, en el subsuelo de una ermita. Las evidencias son escasas, presencia de *Mytilus* y crustáceos (Tabla 6.3.6).

En yacimientos situados en la llanura litoral, se ha hecho recuento de moluscos en la cueva del Mar (Omoño-Ribamontán al Monte) en el depósito de materiales depositado en el MUPAC (CAEAP, 1997). Se observa la abundante presencia de los gasterópodos marinos que suponen el 95,28%, siendo *Patella* el más abundante y la subespecie *Patella intermedia* la más numerosa (37,73%). En Solahesa (Agüero- Marina de Cudeyo), situada a 3 km de distancia de la costa, aunque los valores son muy escasos, también son más abundantes los gasterópodos marinos (50%). De Morín (Villaescusa) solo se dispone de la referencia que hace Vega del Sella (1921:21), en la que enumera la combinación de especies características del roquedo del medio litoral: *Patella*, *Phorcus*, y *Littorina* con especies de roca típicas de los estuarios y rías: *Mytilus* y *Ostrea* y de fondo fangoso: *Scrobicularia* y *Ruditapes*. El abrigo de la Ermita de Santiago (Liendo-Agüera), situado a unos 4 km de la costa, aunque no se han podido cuantificar las especies, se observa la abundante presencia de *Patella* y en el nivel superior *Solem marginatus*.

En los valles interiores, en Trampascuevas (Voto-Asón), el conchero se compone fundamentalmente de bivalvos marinos, *Ostrea* y *Mytilus* (86%). Cofresnedo (Matienzo-Asón) se comprueba la presencia de bivalvos y gasterópodos, aunque no se pueden cuantificar por encontrarse totalmente erosionado (en el exterior en la ladera en sedimento de arenas y arcillas se encuentran restos de conchas (*Phorcus lineatus* y *Ostrea edulis*). Estos dos yacimientos hay que ponerlos en relación con el área de influencia del estuario del Asón del que distan el primero unos 10 km y el segundo algo más de 20 km. El caracol de tierra está presente en todos los yacimientos y en Campizo (Riotuerto-Miera), situada en un valle secundario muy interior, a unos 19 km de la costa, es el taxón más frecuente, con escasa presencia de malacofauna marina (fragmentos de *Mytilus*).

En los Valles altos, los datos del Tarrerón (Veguilla-Soba) y Cubera (Arredondo) son orientativos. El Tarrerón es una cavidad de pequeño tamaño, seguramente un cazadero, sin embargo, parece que era abundante la presencia de bivalvos (*Mytilus*, *Ostrea* y *Solem*) y gasterópodos marinos (*Phorcus*), aunque no se hizo recuento de especies por encontrase muy fragmentadas:

(...) las conchas superan a los restos óseos", no se contabilizan, pero son de origen marino (mejillones, lapas, caracoles de mar y ostras, por orden de frecuencias. Los caracoles terrestres son escasos"). (Apelláñiz, 1971:97).

La abundante malacofauna marina que presenta el Tarrerón, es un caso único en los yacimientos situados en los valles altos, hay que ponerlo en relación con la facilidad de acceso a la costa. Aunque la distancia es superior a 20 km (considerando el relieve), se puede acceder a la ría de Treto, siguiendo un itinerario por el fondo de los valles del Calera y Asón, lo que facilita el acceso a estos recursos. En Cubera, distante de la costa actual unos 28 km y a 175 m de altitud absoluta, el conchero se compone exclusivamente de *Cepaea nemoralis*.

Recapitulando, tomamos estos datos con cautela, la muestra es muy escasa, el mal estado de conservación de los yacimientos no permite tomar datos cuantitativos, sin embargo, se puede apreciar en los yacimientos situados en la costa la mayor frecuencia de gasterópodos marinos (*Patella* y *Phorcus lineatus*), especies propias de zonas altas y medias del intermareal, lo que es común con lo observado en los datos cuantitativos obtenidos en estudios efectuados en yacimientos situados en la costa. En la llanura litoral son también abundantes los gasterópodos marinos con presencia de bivalvos.

En los valles interiores es más frecuente el caracol de tierra, con muy escasa presencia de malacofauna marina, siendo más notable cuando la costa es menos accesible por lo abrupto del terreno, como se observa en Campizo, sin embargo, hay que destacar la abundante presencia de bivalvos (*Mytilus y Ostrea*) en Trampascuevas-Voto, situada en el hinterland del estuario del Asón, donde se incrementa la presencia de bivalvos de estuario. Mientras que en los valles altos, el conchero se compone casi exclusivamente de caracol terrestre. En general se observa similitud con los resultados obtenidos en los yacimientos con datos cuantitativos.

6.3.7. Presencia de malacología en superficie y en estratigrafías en yacimientos sin datación radiocarbónica

Tomamos como referencia los recuentos de especies malacológicas efectuados en yacimientos de conchero, documentados en proyectos de prospección. El mal estado de conservación de este tipo de yacimiento, en muchos casos cementados por procesos deposicionales de circulación de agua, que ha originado la precipitación del carbonato cálcico, a los que se suman procesos erosivos y de meteorización posterior, lo que dificulta la posibilidad de realizar recuentos precisos de especies. Los datos son escasos, se toman como referente la presencia de diferentes taxones de malacofauna de tipo holocénico, y también, con el fin de valorar el área de influencia de la explotación de los recursos marinos.

Valle del Pas. En la costa y llanura litoral, ha sido posible efectuar recuento de especies en 25 yacimientos (Anexo Tabla 6.3.7.1). Se resumen los datos en la Tabla 6.3.7

Taxones	Costa (9 yacimientos)	Llan. litoral (16 yacimientos)
Mytilus	P 100%	F: 12,5 % / P 44%
Ostrea	P 88%	A: 6% / P: 25%
Ruditapes d.	P 44%	P 6%
Scrobicularia p.		P 12%
Veneridae.		P: 12%
Phorcus lineatus	A: 22% / F: 22% /P 44%	A: 18% / P: 81%
Patellidae	P 55%	A: 18% / P: 33 %
Cepaea nemoralis	P 55%	A: 18% / P: 37 %

Tabla. 6.3.7: Frecuencias de taxones en yacimientos del Valle del Pas. Clave: A: abundante, P: presente, E: escaso

En la zona costera, se observa mayor frecuencia de bivalvos, *Mytilus* se encuentra en el 100% de los yacimientos, *Ostrea* en el 88% y *Ruditapes* en el 44%. Entre los gasterópodos marinos el más frecuente es *Phorcus Lineatus*, con presencia en el 88% de los yacimientos y abundante en el 22% y *Patella* en el 55%. *Cepaea nemoralis* se encuentra también en el 55% de los yacimientos.

La llanura litoral presenta una reducción en los porcentajes de bivalvos *Mytilus* (56%) y *Ostrea* (31%), con presencia de especies de fangos, *Ruditapes decussatus*, solamente en un yacimiento (El Pendo), y *Scrobicularia* en dos (Cenovalle y La Soledad). Los taxones más abundantes son *Phorcus* (99%) y *Patella* (51%). Se comprueba la frecuencia de *Cepaea nemoralis*, en el 55% de los yacimientos.

Tomando estos valores cualitativos como referente, se observa en el valle del Pas, en los yacimientos situados en la costa, en superficie son frecuentes los bivalvos especialmente *Mytilus* y en menor proporción *Ostrea y Ruditapes*. El reducido número de yacimientos (9) en los que se han podido identificar los moluscos, de los que 4 (El grupo del Molinón) se encuentran en el área intermareal, probablemente desvían estos resultados de los obtenidos en yacimiento excavados, donde los datos disponibles apuntan a una mayor frecuencia de dos especies de gasterópodos marinos,

Patella y *Phorcus*. El gasterópodo terrestre, *Cepaea nemoralis*, sube la presencia en más del 50% de los yacimientos, debido posiblemente a lo cuestionado que fue este taxón, por su dudoso origen antrópico, no obstante, en esta investigación se ha tenido en cuenta en todos los recuentos donde se evidencia su inclusión en el conjunto de restos arqueológicos. Por otra parte, los datos cualitativos obtenidos en la llanura litoral tienen escaso rango comparativo, solamente con Barcenilla, del que no difieren mucho, excepto en el caracol de tierra escasamente presente en ese yacimiento.

6.3.7.2. Valle del Miera

En el conjunto del valle se han hecho recuentos en 20 yacimientos (Anexo Tabla 6.3.7.2b). Los datos resumidos se ofrecen en la tabla de frecuencias (6.3.7.2). Se han descartado los que presentan menor frecuencia.

Taxones	Costa (10 yac.)	Llan. Litoral (3 yac.)	Valle int. (1 yac.)	Valle alto (6 yac.)
Mytilus	P 50%	P 100%	P	
Ostrea	P 40%	P 66%	P	
Ruditapes d.	P 40%	P 33%		
Scrobicularia p.	P 30%			
Solem m.	P 40%			
Phorcus lineatus	A 40% P 30%			
Patellidae	F 20% P 20%	E 33 %	P	
Cepaea nemoralis	P 50%	P 33%	P	P 100%

Tabla 6.3.7.2. Frecuencias totales de taxones en superficie en el valle del Miera. Clave: A: abundante, P: presente, E: escaso

Se observa la mayor diversidad de los recursos marinos en yacimientos situados en la costa y llanura litoral, con preferencia de los bivalvos y gasterópodos, siendo más frecuentes *Mytilus*, *Ostrea* y las especies de fangos y arenas en la costa (*Ruditapes, Scrobicularia,* y *Solem*). *Phorcus* está presente en el 70% de los yacimientos de la costa, pero no se encuentra en la llanura litoral ni en los valles interiores y altos. En los valles interiores se evidencia la presencia de bivalvos marinos y del género de los gasterópodos, el más frecuente es *Patella*. Por otro lado, se constata la presencia de *Cepaea nemoralis* en todos los yacimientos, siendo casi exclusiva en los valles altos.

En la zona costera del Miera no se dispone de datos cuantitativos para poder comparar con los obtenidos en superficie. Los datos cualitativos presentan un equilibrio en la presencia de taxones en torno al 40-50 % de los yacimientos con valores más altos de los gasterópodos *Phorcus* y *Patella* presentes en el 70% y 40% respectivamente. También *Cepaea nemoralis* está presente en el 50% de los yacimientos.

6.3.7.3. Costa y Valle del Asón

En el conjunto de la zona litoral entre el Miera y el Asón, rías de Ajo, Quejo, Noja y el valle del Asón se ha efectuado recuento de especies en 76 yacimientos (Anexo Tabla 6.3.7.3.1a). Las frecuencias resumidas se ofrecen en la tabla (6.3.7.3).

En la zona costera se observa un patrón homogéneo con el obtenido en los datos cuantitativos. La mayor frecuencia de taxones procede de costa abierta, *Patella* y *Phorcus lineatus* (100%), aunque son también frecuentes los bivalvos con presencia entre el 10% y 38% de los yacimientos. El caracol de tierra de *Cepaea nemoralis* se encuentra en un tercio de los yacimientos de la costa.

Taxones	Costa (21 yac.)	Llan. Litoral (5 yac.)	Valle int. (24 yac.)	Valles alt. (26 yac.)
Griphaea ang.	P 19%	A 20%	A 4% P 8,33%	
Mytilus	P 38 %	A 20% P 40%	P 25%	P 27 %
Ostrea	P 23,8%	A 20% P 40%	A 8,3% P 4,5%	P 11,53%
Ruditapes d.	P 19%	P 60%	P 2%	
Scrobicularia p.	P 9,52%	A 20%	P 1,5%	
Solem m.	P 4,76%	P 20%	P 1,5%	
Phorcus lineatus	A 33%/ P 67%	A 60% P 40%	P 1,5%	
Patellidae	A 43% P 57%	A 20% P 80%	A 1% P 3,5%	
Cepaea nemoralis	P 33,33%	A 40% P 20%	A 54,16% P 29%	A 69,23% P 30,77%

Tabla 6.3.7.3. Frecuencias totales cualitativas de taxones de malacofauna en el valle del Asón. Clave: A: abundante, P: presente

En la llanura litoral se encuentran los mismos taxones, también con mayores frecuencias de los gasterópodos, *Phorcus* y *Patella*, presentes en todos los yacimientos. Los bivalvos, especies de zona de estuario, aparecen entre el 20% y el 60% de los yacimientos.

En la zona interior del valle se aprecia el descenso en la frecuencia de taxones de malacofauna marina, pero se constata la presencia de *Mytilus* en el 25% de los yacimientos y *Ostrea* en el 12,8%. Frecuencias muy bajas se producen en los gasterópodos marinos, *Phorcus* y *Patella*, mientras que aumenta el caracol terrestre *Cepaea nemoralis*, abundante en el 54,16% de los yacimientos y presencia en casi el 75%. (Anexo. 6.3.7.3.1b)

En la parte alta del valle es muy escasa la presencia de malacofauna marina, como en los anteriores valles está representada por *Mytilus* y *Ostrea*, con mayor frecuencia del primero en el 27% de los yacimientos. Por otra parte se generaliza la presencia del caracol terrestre en todos los yacimientos, siendo abundante y casi exclusivo en 18 yacimientos (Anexo. 6.3.7.3.1c).

Los datos cualitativos obtenidos en el valle del Asón tienen bastante semejanza con los obtenidos en las excavaciones arqueológicas: en la costa hay preferencia por *Patella* y *Phorcus* en el 100% de los yacimientos y *Mytilus* en el 38%. En la llanura litoral sube la frecuencia de las especies de estuario. En los valle interiores hay escasa presencia de gasterópodos, son frecuentes las especies de estuario y sube la frecuencia del caracol de tierra. En los valles altos se constata la ausencia de malacofauna marina y la frecuencia absoluta de *Cepaea nemoralis*. Los datos de los valles son muy semejantes a los datos cuantitativos.

6.3.7.4. Valle del Agüera

En el conjunto total del valle se ha efectuado recuento de especies de malacofauna en 28 yacimientos (Anexo Tabla 6.3.7.4b). Los datos se resumen en la Tabla (6.3.7.4).

Taxones	Costa (18 yac.)	Llan. Litoral (7 yac.)	Valle interior (3 yac.)
Mytilus	P 61%	P 42,85%	P 100%
Ostrea	P 5,55%		P 33,33%
Gibbula	A 5,55% P 22,22%		
Phorcus lineatus	A 16,66% P 50%	A 14,28% P 71,42%	P 33,33%
Patellidae	A 22,22% P 66,66%	A 28,57% P 28,57%	P 66,66%
Cepaea nemoralis	P 33,33%	A 14,28% P 14,28%	A 33,33% P 33,33%

Tabla 6.3.7.4. Frecuencias totales cualitativas de taxones en el valle del Agüera. Clave: A: abundante, P: presente

En la costa el taxón que presenta mayor frecuencia es *Patella*, se encuentra en el 89% de los yacimientos le siguen *Phorcus lineatus*, en el 66,66% y *Mytilus* en 61%. El caracol de tierra está presente en un tercio de los yacimientos. En la llanura litoral es más frecuente *Phorcus lineatus*, se encuentra presente en el 85,7% de los yacimientos y el más abundante en el 71,42%; en segundo lugar *Patella* (57,14%) y *Mytilus* está presente en el 42,85%. *Cepaea nemoralis* se encuentra en dos yacimientos. En el interior del valle es reducido el número de yacimientos, y solamente hay datos de malacofauna de tres. El taxón más frecuente en ellos es el bivalvo *Mytilus*, en paralelo con *Cepaea nemoralis*. Entre los gasterópodos marinos el más frecuente es *Phorcus lineatus* (66,66% de los yacimientos).

Tratando de comparar las frecuencias de especies observadas en superficie, en las cuatro zonas en que se ha dividido el territorio (costa, llanura litoral, valles interiores y valles altos), considerando el tipo de datos disponibles, la información procede de yacimientos ubicados en la costa (58), en la llanura litoral (31), en valles interiores (28) y en valles altos (32), parece que se produce una cierta homogeneidad (con alguna desviación) con los datos obtenidos en recuentos cuantitativos. Si bien se trata de presencias, ya dijimos que el mal estado de conservación de los yacimientos o el hecho de que se conserven en superficie algunas evidencias del yacimiento, que puede permanecer bajo el suelo actual, como se ha podido comprobar en Barcenilla, no ofrecen datos cuantificables de alto valor. Se toman únicamente de forma orientativa.

Por último, en los valles altos del Asón y Miera, los moluscos están representados casi exclusivamente por el caracol terrestre, con presencia de *Mytilus* y *Ostrea*. Esta exclusividad posiblemente se deba a la proporción de aporte cárnico. *Mytilus* es el más rentable con un aporte cárnico del 49,2% y en menor proporción *Ostrea* con 13,3% (Madariaga de la Campa, 1994:139)[3].

6.3.8. La utilización de los moluscos como herramientas

Se encuentra en inicio la investigación en la región cantábrica sobre la función como útiles de algunas conchas de moluscos. Ahora bien, desde el Paleolítico se les ha atribuido alguna función, en algún caso, como receptores de ocre, al encontrarse este pigmento en conchas de *Patella*, como sucede en Piélago II (Vega de La Torre, 1985).

La utilización como útiles, en el proceso experimental realizado en el Mesolítico sobre conchas procedentes de yacimientos de la región cantábrica (Cuenca Solana, 2013), se ha podido verificar en El Toral III (Andrín, Asturias), sobre un muestreo de 925 piezas, se han identificado 21 instrumentos de concha. El análisis funcional ha permitido comprobar la utilización de conchas de lapa y de bivalvos en el procesado de materia vegetal, orientado a la manufactura de bienes de consumo indirecto, empleados en posteriores procesos productivos.

La utilización de las conchas en el procesado de materiales perecederos que solamente pueden ser reconocida a través del análisis funcional de los instrumentos empleados para su obtención y/o manufactura, permite inferir que en este contexto se podrían haber manufacturado bienes de consumo de origen vegetal, quizás relacionados con el desarrollo de algunas actividades propias de cazadores-recolectores-pescadores basados en una economía de apropiación de alimentos (Cuenca Solana, 2013: 42). Por el momento no se tiene resultados sobre este aspecto en Cantabria.

6.3.9. Los moluscos como objetos de adorno

Un estudio sobre los objetos colgantes de adorno en el Paleolítico Superior y Mesolítico en la Cornisa Cantábrica y en el Valle del Ebro (Álvarez-Fernández, 2006), ofrece información sobre algunos colgantes documentados en la zona de estudio.

---

3 B. Madariaga de la Campa. "Consideraciones sobre la fauna malacológica en el Paleolítico Cantábrico. I. Altamira Nº 17(1994): 131-139. Ha investigado el rendimiento cárnico y nutritivo con especies modernas.

En el Mesolítico se han utilizado casi exclusivamente las conchas de molusco como objetos de adorno, y de forma preferente los gasterópodos, en forma de colgantes. En el conjunto de la Cornisa Cantábrica los colgantes sobre conchas de gasterópodos se elevan al 99%. En la zona de estudio se han documentado en La Garma A, Nivel Q (mesolítico) un ejemplar de la familia *Naticidae* que presenta una perforación en el borde del labro realizada mediante percusión indirecta y se advierten huellas de pulido por el uso, una concha de *Nassarius reticulatus* perforada por abrasión y una *Trivia*. En la cueva del Truchiro se ha estudiado un número indeterminado de ejemplares perforados de *Cerastoderma sp*. que formaban parte del ajuar funerario del enterramiento mesolítico. Esta inhumación, datada por radiocarbono en el Mesolítico final (TO-10912: 6470 ± 70 BP; 5424 ± 57 cal. BC), pertenece posiblemente a un individuo femenino. (Arias y Fano, 2003; Arias y Álvarez-Fernández, 2004; Álvarez-Fernández *et al.* 2013). En la cueva de Los Cuartos o Casa Blanca (Santoña), se halló también un ejemplar de Naticidae, en superficie, nivel atribuido al Mesolítico.

En El Carabión se han recuperado 4 conchas de *Nassarius reticulatus*, en el nivel 1. Poseen una perforación rota, abierta sobre el borde del labro, en la parte próxima a la columela. La rotura de esta zona seguramente se produce por el uso como colgante. El lavado sobre cribas muy finas ha permitido recuperar conchas de tamaños muy pequeños, como los *Nassarius* recuperados en Las Salinas, pero en este caso, no se han utilizado como colgantes.

Fig. 6.3.14. Colgantes sobre *Nassarius reticulatus*. Carabión Nivel 1.

Las especies utilizadas en Cantabria centro-oriental *Nassarius*, *Cerastoderma* y *Naticidae*, son de origen Atlántico, sin interés bromatológico, comunes en las playas, donde se recogen después de haber muerto el animal. En el conjunto de la Cornisa Cantábrica *Nassarius* representa el 15,3% en el Mesolítico (Álvarez-Fernández, 2006).

El contexto arqueológico donde suelen aparecer los colgantes suelen ser funerarios, sin embargo, los hallados en esta zona de Cantabria proceden de contextos de habitación, excepto el Truchiro, donde las conchas se encontraban depositadas sobre el pecho del inhumado.

6.3.10. Evolución de la explotación de los moluscos

Con los datos disponibles sobre el área de estudio, se pueden inferir algunas conclusiones sobre las estrategias de explotación de los recursos marinos en la zona centro-oriental de Cantabria en el Mesolítico.

6.3.10.1. Estrategias de recolección

La composición de los conjuntos malacológicos en los yacimientos mesolíticos es más diversificada y abundante que en la etapa anterior, en el Aziliense. En los yacimientos con secuencias continuadas de ocupación en los que se ha realizado análisis de la malacofauna, como es el caso de La Fragua, se observa un cambio notable. En el nivel 3, atribuido al Aziliense, la recolección de moluscos se basa fundamentalmente en el caracol terrestre (93,94% NMI), probablemente esté relacionado con la distancia a la costa en ese tiempo a unos 6 km del yacimiento, no resultaría rentable la explotación sistemática del litoral (Gutiérrez Zugasti, 2009:250-251), mientras que en el nivel 1 de cronología Mesolítico, el grupo de los gasterópodos marinos es el más abundante. También se ha podido comprobar en el Carabión, en el nivel 3 de cronología aziliense, la presencia de malacofauna es mínima, lo mismo sucede en el Piélago (valle interior del Miera).

La baja presencia de moluscos marinos en los niveles azilienses, comparada con la diversidad de especies y abundancia de frecuencias en los niveles mesolíticos, aun considerando las diferencias en la distancia a la costa, evidencia el aumento diversificado de la explotación de estos recursos en el Mesolítico.

En los niveles mesolíticos se observa una mayor variedad de taxones. Para no repetir exhaustivamente lo datos verificados en el análisis cuantitativo realizado en apartados anteriores, tratando de sintetizar los resultados, se observa en los yacimientos del área de estudio, la abundancia de taxones, sin embargo el patrón de explotación en la costa y llanura litoral está muy centrado en dos, *Patella* y *Phorcus lineatus*. Un tercer taxón, *Mytilus* está muy próximo en frecuencia a *Phorcus*. El grupo de los bivalvos incrementa la frecuencia en la llanura litoral, en las zonas próximas a los estuarios.

Respecto del incremento de bivalvos marinos, propias de áreas de estuario, puede ser debido, por un lado a causas geológicas, relacionadas con la subida del nivel del mar y un aporte fluvial de sedimentos que dieran lugar a la formación de áreas estuarinas que generaron nuevos biotopos mixtos de roquedo y fangos. Por otra parte, también se verían favorecidas por la mejora climática que se produce en el Holoceno, pues aunque estas especies se extienden actualmente desde Noruega a las costas de Marruecos y Senegal, las temperaturas del agua en el Tardiglaciar serían inferiores a las actuales en esas costas, pues la corriente del Golfo no llega al Cantábrico hasta el Holoceno.

6.3.10.2. La sustitución de Littorina littorea-Phorcus lineatus

La sustitución del gasterópodo *Littorina littorea*, abundante en el Aziliense, por *Phorcus lineatus* está generalizada en el Mesolítico y será una de las especies más abundantes. Este dato ya fue constatado por Vega del Sella (1916: 85):

> *"En los demás niveles magdalenienses aparece gran cantidad de Littorinas de un tamaño mucho mayor que el actual, llegando a formar verdaderos kjökkenmöddings. No encontramos ya la Littorina en el tramo asturiense, siendo sustituida por Trochus lineatus que hace su aparición en este momento".*

En esta etapa se tomó como una sustitución total de una especie por la otra, lo que supuso la consideración de fósil guía para determinar la cronología en los niveles en que aparecía *Phorcus lineatus*. Este criterio de sustitución total se ha mantenido por otros autores a lo largo de los años (Madariaga, 1964; Obermaier, 1925, Arias, 1991:392). Otros autores como González Morales (1982:73) lo consideran un fenómeno gradual, aunque relativamente rápido sobre lo observado en La Riera y Balmori. Los estudios malacológicos efectuados en los últimos años evidencian que hay fechas de solapamiento de ambas especies. En El Perro (Moreno, 1994), con secuencias que abarcan desde el

MSF, Aziliense y Mesolítico, se pudo comprobar que ambas especies habían convivido en todos los niveles, aunque en proporciones diferentes, con mayor abundancia de *Littorina littorea* en el MSF y Aziliense y, predominio de *Phorcus lineatus* en el Mesolítico (Gutiérrez Zugasti, 2009: 378).

En los últimos años se ha centrado el interés en dos aspectos: determinar el momento en el que se produce la inversión en las proporciones de ambas especies y, cuáles fueron las causas que generaron el cambio. La información aportada por las dataciones obtenidas en El Perro, han permitido establecer el proceso de inversión entre el 11.500 y el 10.200 cal BP (González Morales, 1992:189 y 1995: 67). Los niveles azilienses en los que *Littorina littorea* aparece de forma exclusiva (Gutiérrez Zugasti, 2009:378) se reducen a La Fragua (nivel 3: 10.930±200 cal BP, 9.600±140 BP). Este autor cita también S. Catalina (País Vasco) (Nivel 1 en una franja cronológica del 11.170±70 cal BP a 10.390±120 cal BP). Un reciente estudio de malacología efectuado en S. Catalina (Vásquez Sánchez y Rosales Tham, 2014: 129-130) aporta nuevos datos sobre la composición malacológica del depósito datado en el Magdaleniense y Aziliense (11.170±70 cal BP, 10.820±360 cal BP, 10.390±120 cal BP). En el Aziliense se contabilizaron 1.217 individuos de los que 405 corresponden a *Littorina littorea* y 128 a *Monodonta lineata* (*Phorcus lineatus*). *Littorina littorea* es el molusco más importante en el Magdaleniense Superior (47,2%, 52% y 62%). Decrece en el Magdaleniense Final (29,6%, 26,8% y 35,1%), y en el Aziliense desciende (14,4%, 19,7% y 28,5%). Paralelamente *Phorcus lineatus* va aumentando progresivamente desde el Magdaleniense Superior (3,5%, 2,6% y 1,7%), en el Magdaleniense Final (5,2%, 4,4% y 3,8%) (NR, NMI y peso), y aumenta su presencia con porcentajes de 9,1%, 6,9% y 5,1% en el Aziliense.

> *"En nuestro caso, no podemos observar clara esta sustitución porque aunque Littorina ha descendido porcentualmente por NR y NMI a medida del cambio climático, sigue ocupando el segundo lugar en la dominancia, y Monodonta lineata tiene la mitad de restos e individuos para el Aziliense, y 1/6 de los individuos que representa Littorina para el Magdaleniense Final"* (Vásquez Sánchez y Rosales Tham, 2014: 141)

Los yacimientos en los que *Phorcus lineatus* es mayoritario son más numerosos en la región cantábrica: Los Azules, nivel 3d (10880±190 cal BP y 3a 10760±230 cal BP); La Riera nivel 28 (9230±90 BP, sobre concha) y Ekain nivel II (10850±280 cal BP), atribuidos al Aziliense; en Mazaculos nivel 3.3 (10560±610 cal BP) adscrito al Mesolítico. En Cantabria se observa en El Perro (10450±140 cal BP) adscrito al Mesolítico (Gutiérrez Zugasti, 2009: 378).

En las recientes excavaciones realizadas en Cantabria se observa la exclusiva presencia de *Phorcus lineatus* y ausencia total de *Littorina littorea* en Las Salinas (niveles 1-2-3-4) datado el nivel 2 en la base (9.450±50BP; 10.688±69 cal BP) y el N3 (12.310±60 BP; 14.437±339 cal. BP)[4]. En el Carabión sin presencia de *Littorina* en el nivel mesolítico, ni en el nivel inferior aziliense (datado 10.310±60; 12.187 ± 196 cal BP). Estas fechas son anteriores a la horquilla que establece Gutiérrez Zugasti (2009:378), que el cambio se produjo hacia el 10.900-10.800 cal BP, mientras el final del Aziliense se produciría hacia el 10.700 cal BP y el inicio del Mesolítico hacia el 10.500 cal BP. Por lo que el desarrollo de *Phorcus lineatus* no fue debido a cambios culturales, sino más bien a la aceleración de la mejora climática que se produjo posterior al Dryas reciente, percibido a partir del 11.000 cal BP y tal vez puntualmente antes.

6.3.10.3. Los cambios en el género Patella

El cambio en el género *Patella* está también muy tratado en los estudios de arqueomalacología de la región cantábrica: Clark (1972, 1975, 1976), Straus y Clark (1986), Arias (1991), Álvarez Fernández (2007). En el Paleolítico, *Patella vulgata* de tamaño grande (*sautuolae*) era la especie más común, mientras que en el Mesolítico apenas aparece y cuando lo hace, el tamaño es reducido. Las especies que la sustituyen son *Patella intermedia* y en menor medida *Patella ulyssiponensis*. La sustitución de una especie por otra puede estar motivada por las preferencias climáticas. *Patella vulgata* es una especie

---

4   En el MUPAC se encuentra depositado un pequeño conjunto de moluscos marinos, recogido en superficie procedente del revuelto de restos del sondeo efectuado por el Equipo de Camineros (años 50 del siglo XX), en el que se encuentran 4 conchas de *Littorina littorea*.

de preferencia de aguas frías, mientras que *Patella intermedia* está más adaptada a ambientes cálidos, aunque también puede estar relacionada con el grado de exposición de la costa. Las costas del final del Pleistoceno eran más abrigadas y ello favorecía el desarrollo de la variedad *maior* (Gutiérrez Zugasti, 2009: 382). En La Fragua se ha podido comprobar un descenso temprano bajo la influencia del Dryas antiguo, mientras que en otros yacimientos permanecen estables durante el MSF y Aziliense hasta circa 13.000 cal BP. Una segunda caída brusca de la especie se produce hacia el 13.000 cal BP en la transición al Dryas reciente, con la bajada de la temperatura, que no debe influir en el descenso del tamaño de *Patella vulgata* que está adaptada a las aguas frías. El estudio efectuado por este autor sobre la evolución de las especies en yacimientos de la región cantábrica ofrece los resultados que se resumen en la tabla (6.3.10.).

% niveles	Patella vulgata	Patella intermedia	Patella ulyssiponensis	Nº niveles
MSF	100	55,6	38,9	N= 18
Aziliense	90,5	81	42,9	N= 21
Mesolítico	86,7	86,7	80	N= 15
Neolítico	76,9	84,6	84,6	N =13

Tabla 6.3.10. Evolución de los porcentajes del género *Patella* en niveles en la región cantábrica entre el MSF y el Neolítico (Gutiérrez Zugasti, 2009)

Podemos observar el descenso de *Patella vulgata* a partir del Aziliense y con mayor frecuencia en el Mesolítico y Neolítico. El importante incremento que se aprecia en *Patella intermedia* en el Aziliense, se mantiene hasta el Neolítico sin gran variación, se considera motivado por las condiciones climáticas. *Patella ulyssiponensis* tiene una evolución similar a la de *Patella intermedia*, aunque en cantidades menores, salvo en algunos yacimientos en los que predomina. Por lo que su evolución puede considerarse relacionada con la mejora de las condiciones climáticas.

6.3.10.4. Los caracoles terrestres

La presencia del caracol de tierra *Cepaea nemoralis* se inicia y es muy abundante en yacimientos azilienses (La Fragua, El Castillo, Valle y Piélago), sin embargo, no ha sido cuantificado en otros yacimientos (La Garma A, El Perro), debido a la diferencia de criterios sobre su presencia en los yacimientos por acción antrópica o intrusión natural. Se observa la presencia de esta especie en el Mesolítico, en casi todos los casos, junto con otros restos arqueológicos fruto de la actividad humana, como carbones, fauna, industrias etc., con una representación masiva en los yacimientos alejados de la costa (Campizo, valle interior del Miera) y en los valles altos (Cubío Redondo, Sopeña) donde alcanza casi el 100% del NMI en yacimientos con datos cuantitativos y, en mayor proporción observado en yacimientos con datos cualitativos.

El área de recolección serían las zonas de bosque, maleza y praderías situadas en el entorno de las cavidades, por lo que sería un recurso de fácil acceso. El caracol de tierra ha sido considerado poco estable por ser un recurso estacional, debido a que tiene un periodo de hibernación en los meses más fríos del año, sin embargo, está disponible en un espacio relativamente amplio del año. Estudios sobre la recolección efectuados por André (1979:263) estiman que son necesarias 12 horas de trabajo por persona para capturar 5.000 caracoles. Considerando que la recolección fuera efectuada por una persona, durante 2 horas al día, la presencia de los caracoles indicaría una ocupación de 6 días. Siguiendo este patrón, Gutiérrez Zugasti (2009: 390) lo aplica en La Fragua con un NMI restringido a 10.000, se emplearía en la recolección 12 días. Si el número real se acerca posiblemente a 20.000, se obtiene una ocupación de 24 días. Según otro estudio realizado por Rizner *et al.* (2009), en condiciones favorables (en otoño, en días lluviosos), es posible recolectar 274 caracoles en 15 minutos. En este caso recolectar 20.000 caracoles supondría unas 18 horas y por tanto la ocupación del yacimiento sería de unos 9 días, siguiendo el mismo patrón para el cálculo de André. Estos cálculos están hechos sobre la recolección por una sola persona, por lo que si participan en la recolección varias personas, se reduciría el tiempo invertido para obtener esas cantidades.

Parece que la recolección de los moluscos terrestres sería complementaria, junto con otros recursos que componen la dieta, y en los valles interiores y altos serían sustitutivos de los moluscos marinos. Sobre la recolección, es posible que fuera efectuada por mujeres y población subadulta, considerando la facilidad de su recolección.

6.3.10.5. La explotación del territorio

La malacofauna presente en los yacimientos está relacionada con la disponibilidad de su entorno litoral más próximo. En los yacimientos situados en la costa, los taxones más frecuentes son los gasterópodos marinos (*Patella* y *Phorcus*), cuya área de explotación son el roquedo y acantilados de la zona intermareal media y alta.

Por otro lado se aprecia la explotación de crustáceos y equinodermos en la zona costera. *Paracentrotus lividus* está presente en La Pila, Las Salinas, La Fragua y La Trecha. En el grupo de los crustáceos, *Brachura sp.* y *Pollicipes pollicipes* se encuentran también en La Pila, Las Salinas, La Fragua, La Chora y La Trecha, aunque son recursos puntuales, por las cantidades marginales que representan, ya que no alcanzan el 1% del NMI del total.

En la llanura litoral, se explotan también de forma intensiva los gasterópodos marinos y, en el área de influencia de las rías y marismas, se incrementan lógicamente las especies de estuario como *Ostrea*, de fangos y arenas como *Scrobicularia*, *Ruditapes*, y *Solem* y, presentes en el entorno del estuario del Asón, con influencia en los valles interiores, muy evidente en el valle de Aras-Voto (yacimientos del Carabión, Chora, Trampascuevas, Llanío, Cierro, Helguera..), incluso ascienden hasta más de 20 km, con presencia en Cofresnedo, Suaria, Cubillo y, abundante en Tarrerón. Hay que tener en cuenta que las rías acercan el recurso a los valles interiores y ofrecen especies de estuario mixto que se encuentran en los bordes de roquedo de los estuarios, con mayor aporte cárnico, como la ostra (presente actualmente en la ría de Rada), y otras especies propias de áreas de inundación y fangos como las almejas y navajas.

En la parte alta de los valles los moluscos marinos son sustituidos por el caracol terrestre, cuyo hábitat son las zonas de bosque, maleza y praderías inmediatas a las cavidades, por lo que se accede de forma inmediata a este recurso que no requiere herramientas ni especialización. La escasa presencia de malacofauna marina se focaliza en dos especies, *Mytilus* y *Ostrea*, con presencia en Sopeña, Cañuela, Campuvijo, Siñuelo, Suaria, Abrigo del Asón y Tarrerón.

6.3.10.6. La presión sobre los recursos

Un tema también de discusión es la disminución del tamaño de las *Patellas* y si este es debido a la presión sobre este recurso, motivado por el crecimiento demográfico, o bien, si se debe a cambios ambientales. Vega del Sella (1916:82-83) ya había observado el reducido tamaño de las *Patellas* y lo atribuye además de a cambios ambientales a la sobreexplotación del recurso motivado por el aumento de la población. Álvarez-Fernández (2007: 43-58)[5] en un estudio realizado en La Garma A, en niveles del Paleolítico Superior, comparando el nivel Gravetiense (E) con los niveles del Magdaleniense (N-O), ya observa la reducción del tamaño *Patella vulgata* en 10 mm. Sobre las causas lo atribuye a diferentes motivos: sobreexplotación de los recursos y cambios en la salinidad de las aguas del Cantábrico. Lo que sí advierte es que hay una selección intencional de los ejemplares adultos.

González Morales (1982:75 y 203) observa la progresiva reducción del tamaño de los gasterópodos, debida a la tendencia a la explotación intensiva desde finales del Paleolítico. Clark y Straus (1983: 131-147 y 1986: 255)

---

5   E. Álvarez Fernández. "*La explotación de los recursos marinos en la cornisa cantábrica durante el Gravetiense: primeros datos de los niveles E y F de la Garma A (Omoño, Cantabria)*". *Zephyrus*, 60, 2007: 43-58.

relacionan la disminución del tamaño de algunas especies de moluscos, con la sobreexplotación del recurso debido al aumento demográfico. Sin embargo, parece no estar determinada cuál ha sido la causa del descenso de los tamaños de las conchas. Arias (1991: 299) considera que no hay pruebas claras del proceso, la disminución del tamaño de las lapas, se podría explicar por la sobreexplotación, pero no es la única. Considera difícil valorar la influencia que pudieron tener los cambios de temperatura del agua o la ampliación del área de recolección. La mayoría de los autores sostienen que es debido a la presión sobre el recurso producido por el incremento demográfico.

Bailey y Craighead (2003: 175-204), en revisión de la malacofauna del yacimiento de La Riera, encuentran que la interpretación de los cambios del tamaño de las *Patellae* es una cuestión compleja porque una reducción en la longitud puede resultar de cualquiera de cuatro variables independientes: cambios en el clima con un descenso en las temperaturas del mar anuales; un incremento en la exposición, con la recolección de conchas de costas más expuestas; un cambio de zonación, es decir, una recolección de conchas de zonas más altas de la zona entre mareas; o una variación hacia edades más jóvenes, causada por un incremento en la presión recolectora. Variables adicionales del hábitat, como las variaciones en la salinidad de los estuarios o en la alimentación también pudieran influir.

El resultado principal del análisis muestra, que los cambios en la representación y características de los moluscos, observables en la secuencia de La Riera, son probablemente la consecuencia de cambios en el clima y el hábitat, más que el resultado de una mayor presión de las poblaciones sobre los recursos alimenticios. Existen señales de cambios pequeños que se pueden atribuir a la presión humana, pero son débiles e insuficientes para explicar los cambios grandes que se observan a través de la secuencia.

La observación directa sobre las conchas recuperadas en los sondeos realizados en Las Salinas, El Carabión y, en las observadas en superficie, es una constante el reducido tamaño de las conchas. En este aspecto, Gutiérrez Zugasti (2009: 432), confirma que la mayor parte de las especies principales presentan un descenso en sus tamaños medios y en las edades, que son independientes de los efectos de la mejora climática y pueden explicarse por la acción del ser humano.

El mismo autor, en La Pila, llega a la conclusión que no se ha producido sobreexplotación en el caso de las *Patellas*, el descenso de *Patella sp.* guarda relación con una mayor presencia de *Patella intermedia*. Por otra parte, la estructura de edades de *Patella vulgata* se mantiene estable. En el caso de La Fragua, advierte la selección de tamaños en *Patella* y *Phorcus lineatus* y la intensa explotación. En cuanto a la disminución del tamaño, se ha verificado sobre *Patella* una disminución de los tamaños medios entre el Aziliense y el Mesolítico, además es corroborado por la estructura de edades en *Patella vulgata*, con 33,4 mm en el nivel 4 (MSF) a 27,8 mm en el nivel 1(Mesolítico). En este caso, el cambio en los tamaños no está relacionado con el efecto del clima, ni con las variedades de la especie, ya que permanecen las mismas que durante el MSF, por lo que atribuye el descenso a una intensa recolección en el Aziliense que se hace más intensivo en el Mesolítico.

En el caso de *Patella intermedia*, el mismo autor, aprecia claramente el descenso en el tamaño de esta especie en La Trecha, a pesar de las buenas condiciones del clima en el Holoceno, que no debería afectar a esta especie, bien adaptada a los climas templados. Por lo que el descenso lo atribuye al intenso consumo humano.

Sobre *Patella ulyssiponensis*, la falta de muestras adecuadas, no permite hacer una valoración. En La Fragua se ha podido observar un descenso en los tamaños durante el Neolítico con respecto a los niveles mesolíticos.

En La Garma A (Álvarez Fernández *et al*. 2011), sobre un muestreo de 1 m² (Tabla. 6.3.11.), se comprueba el descenso del tamaño del diámetro máximo de *Patella vulgata* con una aceleración en el periodo 6.800-5.600 cal BC (Mesolítico), que se reduce en la horquilla 5.000-2.600. *Patella intermedia* y *Patella ulyssiponensis* son más constantes en el tamaño, sin embargo, se observa una disminución en su longitud a lo largo de la secuencia. En el caso de *Phorcus lineatus* las variaciones son menores y, el descenso en la talla en la transición al Holoceno, no es tan claro como en las otras especies.

Finalmente, se considera que el cambio en los tamaños puede ser debido a sobreexplotación, a cambios ambientales, o una combinación de ambos procesos. En el caso de *Patella vulgata* la disminución del tamaño se atribuye a cambios ambientales, que se inician hacia el 22.000 cal. BC como se ha documentado en Altamira (Solutrense y Magdaleniense) y en El Juyo (Magdaleniense) entre el 20.000-16.000 cal BC (Madariaga de la Campa y Fernández Pato, 1985: 77-95; Álvarez Fernández, 2005- 2006-2009).

La Garma A		13200-11700	6800-5600	5000-2600
P. vulgata	Median	34.48	27.59	26.38
	Mean	34.48	28.73	27.15
P. intermedia	Median	27.39	25.86	22.13
	Mean	27.88	25.94	22.32
P. ulyssiponensis	Median	29.70	29.59	26.88
	Mean	32.21	30.09	27.53
Phorcus lineatus	Median	19.54	19.99	17.41
	Mean	18.79	19.99	17.54

Tabla 6.3.11. La Garma A. Mediana y media de longitud y altura del tamaño de las conchas de lapas entre 13200 y 2600 cal BC. Álvarez Fernández *et al*. (2011).

En el sondeo efectuado en Las Salinas (Miengo), los niveles 1-2 con dataciones 14C AMS de cronología atribuida al Mesolítico, las frecuencias de moluscos son muy superiores a las de los niveles inferiores (3-4). El nivel 3 ha sido datado en el Magdaleniense superior final.

Valorando la evolución del conjunto de los moluscos de mayor frecuencia: *Patella, Phorcus lineatus y Mytilus*, (*Phorcus* es el más consumido). El paquete más grande de conchero es el nivel 2, los niveles 1 (superficie muy reducida), 3 y 4 tiene unos niveles estratigráficos de menor potencia, lo que puede indicar una etapa más corta de ocupación. Pero se evidencia la intensificación del consumo en los niveles 1-2. (Tabla 6.3.12.).

Las Salinas NMI	Nv 1	Nv 2	Nv 3	Nv 4	Nv sp	Total
Patella vulgata	114	1182	95	11	5	1407
Patella intermedia	326	4061	195	44	251	4877
Patella ulyssiponensis	46	756	31	7	26	866
Phorcus lineatus	316	4623	672	53	363	6027
Mytilus total	36	531	58	10	30	665
Ruditapes decussatus	1	15	2	0	1	19
Ostrea edulis	3	30	127	1	4	165
Cepaea nemoralis	40	175	247	14	69	545

Tabla 6.3.12. Frecuencias de taxones en los niveles de Las Salinas

En cuanto a la evolución de la composición interna del género *Patella*, salvo el nivel de revuelto superficial, los demás presentan valores homogéneos, con una media de 20 a 30 % de *Patella vulgata*, entre un 60 y un 70 % de *Patella intermedia* y menos de un 10% de *Patella ulyssiponensis*.

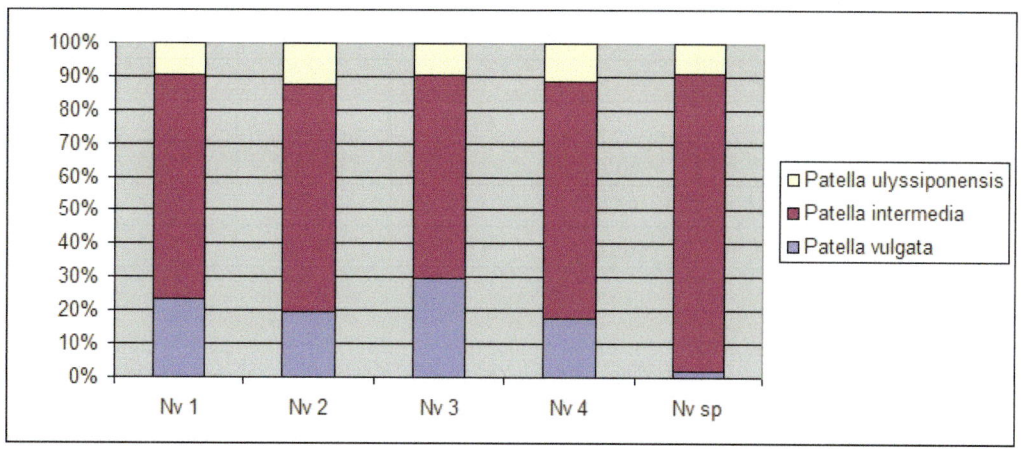

Fig. 6.3.15. Frecuencias de *Patellas* en los niveles de Las Salinas.

Sobre la variación en el tamaño de las especies, en el caso de *Phorcus* se ha comprobado que la métrica, tanto la longitud como el diámetro máximo, es mayor en el nivel 3 que en el 2. Así, en el nivel 2 la longitud media es de 17,48 mm y en el nivel 3 de 19,08 mm. No obstante la comparación estadística entre ambas muestras revela que, aunque la media del nivel 3 es superior a la del 2 (mesolítico), esta diferencia no es estadísticamente significativa a nivel 0,05 de significación, aplicando el test t, una vez comprobada la normalidad de la distribución de ambas poblaciones. Gutiérrez Zugasti (2009) considera que el descenso en las tallas a partir de 9.500 cal BP, se debe a la presión antrópica realizada en el Mesolítico y Neolítico. Un valor métrico de 17,5, como el del nivel 2 de Salinas, parece situarse en la zona media–avanzada de la secuencia.

En cuanto a la métrica de las especies del género *Patella*, *Patella vulgata* es la mayor, con un valor de diámetro superior a 28,81 mm (diámetro menor de 22,58). Con un valor muy similar le sigue *Patella ulyssiponensis*, con 27 (40–21,40). Por último, de un tamaño claramente inferior son las conchas de *Patella intermedia*, con 23,04-18,58 mm. En estos valores destaca la relativamente alta desviación típica de los valores de *P. ulyssiponensis*, que indican la existencia de una cierta amplitud métrica en la muestra.

Gutiérrez Zugasti (2009) ofrece una amplia serie métrica para estas especies, lo que permite la comparación de estos resultados. Si se compara el valor de diámetro de longitud de *P. vulgata* con la serie cronológica publicada por este autor, un valor de 28,8 sería similar a conjuntos mesolíticos o neolíticos como el de la Fragua 1 o La Trecha, con valores inferiores también a la métrica actual de esta especie.

La misma comparación con *Patella intermedia* indica que se trata de un valor realmente bajo, pues en de todos los yacimientos publicados por este autor solo La Llana aporta una métrica inferior. Es posible apuntar que esta especie debió sufrir una importante sobreexplotación desde este yacimiento. El valor de *Patella ulyssiponensis*, 27,4 mm, es también reducido, aunque para esta especie la serie comparativa es pequeña y presenta un comportamiento interno menos compacto, con la mayor parte de las series entre 28 y 32 mm.

En el resto de yacimientos de la zona de estudio en los que se ha efectuado análisis de malacofauna, no se han efectuado análisis métricos.

En Barcenilla, se han identificado 6 niveles mesolíticos (5-10) y 4 Neolíticos (1-4). El yacimiento se encuentra en un abrigo y puede considerarse un hábitat continuado, adosado al frente calizo. Su estado de conservación es muy bueno, no ha sufrido procesos erosivos y se encuentra muy bien consolidado en estratigrafía. (Tabla 6.3.13).

Barcenilla	N. 5	N. 6	N. 7	N.8	N. 9	N. 10
Taxones	NMI%	NMI%	NMI%	NMI%	NMI%	NMI%
Patella vulgata	6,77	4,41	6,12	8,56	9,01	**9,61**
Patella intermedia	30,08	57,27	**69,14**	50,39	57,08	42,22
Patella ulyssiponensis	4,23	6,20	5,56	4,58	**10,08**	9,86
Phorcus lineatus	**11,01**	4,57	5,56	7,37	4,50	5,12
Mytilus	44,06	**56,20**	41,37	13,34	15,87	16,17

Tabla 6.3.13. Barcenilla %NMI de frecuencias de malacofauna en los niveles mesolíticos

En los niveles mesolíticos de Barcenilla, aunque no se han efectuado medidas de las conchas, se puede observar en *Patella vulgata* un descenso progresivo y continuo desde el nivel inferior (10) al nivel superior (5), con una inflexión en el nivel 6. En la especie *Patella intermedia*, que es la más consumida (777-35% del cómputo total). Se puede observar una variación, primero creciente hasta el nivel 7 (69,14%) y desde aquí inicia un descenso más acusado en el nivel 5 (30,08%). *Patella ulyssiponensis* experimenta una ligera subida en el nivel 9 (10,08%) y, desde aquí se observan oscilaciones de subida y bajada hasta alcanzar un descenso significativo en el nivel 5 (4,23%). El tercer gasterópodo *Phorcus lineatus*, por el contrario, experimenta subidas en los niveles 8-7-5, alcanzando en este último la mayor proporción (11,01%), aunque con frecuencias bajas en toda la secuencia.

En el grupo de los bivalvos, *Mytilus* tiene una ligera bajada en los niveles 9-8 y subidas en los siguientes, alcanzando el valor más alto en el nivel 6, para descender en la parte superior de la secuencia, sin embargo, es el que presenta valores más altos en todos los niveles junto con *Patella intermedia*.

En los niveles atribuidos al Neolítico (1-4) (Anexo 6.3.9) continúa la tendencia en la reducción de las frecuencias con un NMI muy bajos y porcentajes en descenso en *Mytilus* entre el 30-11% NMI de los niveles 2-1, respectivamente. *Patella intermedia* desciende también por debajo del 20% y *Patella ulyssiponensis* mantiene unas frecuencias estables en porcentajes bajos, entorno al 7-8% NMI. Sin embargo, *Phorcus lineatus* con un NMI muy bajo, sube el porcentaje en los niveles 4-3 para descender al final de la secuencia.

Se comprueba en Barcenilla la disminución en las frecuencias de *Patella vulgata*, lo que es común en todos los yacimientos de la región cantábrica en el Mesolítico, el aumento progresivo de *Patella intermedia* y, su descenso al final de la secuencia, que se puede atribuir a la intensificación del consumo. También se observa en *Patella ulyssiponensis* un descenso progresivo hacia los niveles superiores, por el contrario *Phorcus*, con alguna oscilación, se mantiene en crecimiento al final de la secuencia.

En el Carabión (Tabla 6.3.14) se da la peculiaridad de que la especie más consumida es el caracol terrestre. Analizando la variación entre las tallas, en *Cepaea nemoralis* se verifica la intensidad de capturas en la talla 6 (0,557%NMI), a partir de aquí se produce un descenso progresivo, con repuntes en las tallas 4 y 2. En los bivalvos marinos se observa una mayor frecuencia en *Ostrea* y *Mytilus* en la parte superior de la secuencia, de cronología atribuida al Neolítico inicial. Las especies de fangos y arenas (*Scrobicularia* y *Ruditapes*) mantienen el porcentaje, incluso crece hacia los niveles superiores.

En el grupo de los gasterópodos, *Patella* ofrece una variación progresiva hacia la parte superior de la secuencia, con escasa representación y, *Phorcus lineatus* experimenta un descenso desde la talla 7 (0,88%NMI) hasta los niveles superiores (0,01-0,13).

Talla	Ostrea edulis	Scrobicularia plana	Venerupis decussata	Mytilus sp	Cepaea nemoralis	Patella sp	Solenidae	Phorcus lineatus
T 0	0,147	**0,326**	0,058	0,11607	0,183	**0,094**	0,063	0,013
T 1	**0,206**	0,258	0,062	**0,13402**	0,216	0,062	0,052	0,01
T 2	0,097	0,113	0,065	**0,12903**	0,5	0,048	0,032	0,016
T 3	0,101	0,225	0,065	0,10145	0,399	0,036	**0,065**	0,007
T 4	0,114	0,156	0,06	0,08383	0,473	0,042	0,042	0,03
T 5	0,112	**0,292**	0,034	0,14607	0,258	0,045	0,079	0,034
T 6	0,06	0,181	0,047	0,0604	**0,557**	0,02	0,047	0,027
T 7	0,059	0,147	0,118	0,11765	0,382	0,059	0,029	**0,088**
T 8	0,066	0,124	0,074	0,07438	0,537	0,05	0,041	0,033
T 9	0,066	0,184	0,118	0,06579	0,434	0,066	0,013	0,053
T 10 - 13	0,17	0,191	**0,149**	0,10638	0,298	0,021	0,064	0
Total	0,111	0,214	0,067	0,09967	0,38	0,052	0,051	0,024
Media	0,109	0,201	0,076	0,1029	0,385	0,05	0,048	0,028

Tabla 6.3.14. Frecuencias relativas de NMI por talla y valores medios en el Abrigo del Carabión.

TTeniendo en cuenta que no se ha realizado un análisis métrico de las especies, para valorar el consumo, podemos considerar las frecuencias de taxones. Vemos que la especie más consumida, el caracol terrestre, sí evidencia un retroceso hacia la parte superior de la secuencia, que puede ser debido a la presión sobre este recurso o, a las condiciones ambientales, como puede ser el descenso de la pluviosidad. Esta variación medioambiental la confirma el análisis polínico (Gil García y Ruiz Zapata, 2016), se observa una clara tendencia de condiciones más secas hacia el nivel superior. En las especies de estuario y arenas, las mayores capturas se producen hacia los niveles superiores, esto puede ser debido a las buenas condiciones ambientales que favorecieran el desarrollo de estos biotopos y la amplia disponibilidad del recurso que ofrecen las marismas para la demografía del entorno, ya dijimos la influencia de este hinterland en el interior del valle de Voto y del Asón.

La conclusión que podemos inferir en el aspecto de la sobreexplotación de los recursos marinos y su incidencia en la reducción del tamaño de la especies de mayor consumo (*Patella* y *Phorcus lineatus*), con los datos disponibles, parece que hay una evidencia clara en el caso de *Patella vulgata* y *Patella intermedia* y en menor proporción en *Phorcus lineatus*.

6.3.10.7. Las técnicas de recolección

La recolección eficiente de moluscos implica el conocimiento y control de las mareas, para utilizar el tiempo en que es posible efectuar la recolección, en torno a 2 horas, si bien es variable dependiendo del tipo de mareas, siendo el mejor momento cuando se producen mareas vivas, que suele suceder 3-4 días dos veces al mes. En esos momentos el espacio y el tiempo de emersión de la costa es mayor, pudiendo acceder a las zonas más bajas, lo que incrementa la variedad y cantidad de moluscos (Gutiérrez Zugasti, 2009).

Las especies que presentan mayores frecuencias en los yacimientos, son las de sustratos duros, *Patellae* y *Phorcus lineatus*. La recolección de *Patellae* requiere un instrumento que facilite desprenderla de la roca a la que se encuentra adherida. Relacionado con esta práctica se ha atribuido un útil, el "pico marisquero", frecuente en el Asturiense. La expansión de este útil se utilizó, en principio para asignar los yacimientos de conchero a esta cultura. En la región cantábrica este útil aparece de forma muy frecuente en la zona de expansión del Asturiense. En Cantabria occidental son muy frecuentes en los yacimientos situados en superficie en la Punta de Oyambre, donde se han recuperado 32 picos. Desde esta zona hacia occidente decrece la frecuencia y la tipología es en algún caso atípica (Abrigo de Sta. María, Roiz- Cantabria) (Pérez Bartolomé, Ruiz Cobo, 2013).

En la zona occidental de Cantabria se han recuperado en total 54 picos, entre Oyambre y la ría de Suances, donde pudiera situarse el límite entre el área del Asturiense y el Mesolítico de Cantabria centro-oriental. En la zona central de Cantabria, en Liencres (en realidad El Rostrío), Clark, documentó 3 picos, por lo que atribuyó el yacimiento al Asturiense, aunque la investigación posterior lo ha considerado de una cronología más reciente (González Morales, 1982:89-90).

En el entorno de la Bahía de Santander, este útil se ha hallado en S. Juan de la Canal III, en excavación, se recuperaron 3 picos, asociados a cerámica de un momento avanzado del Neolítico. La datación TL de la cerámica, situada inmediatamente debajo del pico, ha dado una fecha hacia el 3.000 cal BC. En superficie se han identificado en el Bocal (1), en Peña Oreo (1), en Campo Vallado, (1) de atribución dudosa, por encontrase en un contexto de diferentes etapas culturales.

En la zona oriental, en Mallaria (Ría de Ajo), se halló 1 pico atípico de base muy ancha sobre arenisca; en la Cueva del Mar, en superficie se ha recuperado 1 pico sobre ofita; en El Cubo de Gracedo 1 pico roto, sobre cuarcita y, en el yacimiento al aire libre de Isla, 1 pico roto, en un contexto de diferentes etapas culturales.

En los yacimientos excavados no se ha hallado este útil. Vemos la gran diferencia de difusión del pico marisquero, en la zona de Cantabria occidental asignada a la cultura Asturiense, están documentados 54 picos, mientras que en la zona centro-oriental, se documentan 10, de ellos 3 de cronología en el Neolítico y en algunos casos dudosa. Esto hace suponer que se utilizara otro útil, tal vez un simple canto. Este tema ha sido muy controvertido, tanto sobre la posible utilidad del pico, como sobre la recolección de las *Patellae*. Desde la opinión, que no presentan huellas de golpes a lo contrario (Gutiérrez Zugasti parece haber registrado huellas de golpe en conchas de *Patellae*, comunicación oral). En general se atribuye al pico asturiense la función de la recolección de los moluscos (Carballo, 1926:42; González Morales, 1982:199, 1995:71; Ruiz Cobo, 2003: 277; Vega del Sella, 1923:14). Otros autores no creen que se haya utilizado para esta actividad y proponen otros sistemas de recolección del género *Patellae*. Barandiarán (1953:260), en el Mesolítico de Santimamiñe, cita unos instrumentos de sílex con cierta semejanza con el pico asturiense, sin embargo, considera más adecuados los cinceles de hueso y las láminas de colmillo de jabalí. Madariaga (1968), a partir de experimentos con picos, expone razones a favor y en contra de su utilización, pero acepta el uso para esta función, o tal vez para la recolección de erizos.

La documentación etnográfica y arqueológica de otras partes del mundo informa en uno y otro sentido. Waselkov (1987:96-97) en (Gutiérrez Zugasti, 2009), recoge información etnológica de recogida de moluscos en Nguni del Sur (Transkei), las mujeres recogen las *Patellae* y *Haliotis*, con la mano o con la ayuda de una barra de hierro plana. Similar técnica mediante palancas de madera, utilizan los maoríes en Tasmania y otros pueblos de la costas de California. En yacimientos de Irlanda y Gran Bretaña se han identificado instrumentos biselados, realizados sobre cantos que se han asociado a la recolección de las *Patellae* (Lacaille, 1954 y Movius, 1969). Estos *bevel-enden* tolos, elaborados sobre piedra, hasta o hueso, se identifican como instrumentos para la recolección de las lapas, denominados *limpet hammers* o *limpet scoops*, ya que están asociados a concheros. Su forma es similar en hueso o piedra, con extremos biselados, lo que indica la importancia de la punta en su función, no la dureza del material. Parece que este es un campo de investigación abierto aún sin concluir.

La recolección de las especies de sustratos duros dentro de estuarios, como *Mytilus* y *Ostrea edulis*, necesita también un instrumento duro para separar el pie de la roca a la que están adheridos, tal vez también un simple canto fuera suficiente. En cuanto a la recolección en arenas y fangos, puede realizarse sin instrumentos o bien, con algún útil de madera, un palo, tridente o cuchara, son objetos que suelen utilizarse actualmente en los estuarios de la costa cantábrica, entre otros.

En cuanto al transporte de los moluscos, no hay ninguna evidencia arqueológica, lo más probable es que se utilizaran especies de cestas o bolsas de tejido vegetal. Esto se ha podido documentar etnográficamente por Meehan

(1982:82, en Gutiérrez Zugasti, 2009: 416): los Gidjingali, utilizan bolsas realizadas con tejidos de fibras vegetales, el *bulapurr* y el *djerrk*, fabricado con cuerdas de árbol para transportar *Tapes hiantina*.

Recapitulando, el empleo de instrumentos es necesario para la recolección de algunas especies y también para el transporte. Si se realizaron en madera, no se han conservado en los yacimientos, este material es demasiado vulnerable. Sin embargo, en las industrias líticas se aprecia la presencia de denticulados y escotaduras que se ponen en relación con el trabajo de la madera, que pudiera significar la producción de artefactos o útiles subsidiarios de esta actividad.

6.3.10.8. Las épocas de recolección

Sobre la estacionalidad en la recolección de los moluscos, no hay estudios realizados en la zona oriental del Cantábrico, los proyectos de investigación se han centralizado en la zona Asturiense. Se dispone para esa zona de estudios sobre *Phorcus lineatus* procedentes del Penicial, La Riera, La Llana y Mazaculos II cuyos resultados apuntan a una recolección en los meses de invierno. Los análisis de isótopos 16O-18O y análisis de líneas de crecimiento de moluscos indican que la recolección de moluscos fue una actividad estacional, realizada principalmente en otoño e invierno (Deith y Shackleton, 1986; Bailey y Craighead, 2003). Los estudios efectuados por Craighead (1995:344-346) sobre *Patella vulgata* y *Patella intermedia* en la cueva de la Riera, indican que estas especies fueron capturadas durante el otoño e invierno.

La información estacional se ha podido comprobar también en la Riera y Mazaculos II sobre la fauna de mamíferos (González Morales, 1992:189; Straus y Clark, 1986:268), la caza se realizaba a lo largo de todo el año, mientras que los moluscos se explotaban en invierno y posiblemente parte del otoño, época en que es más difícil conseguir recursos cinegéticos y se primaba la recolección de moluscos y vegetales (Gutiérrez Zugasti, 2009:369-370).

6.4 La recolección de vegetales

Los análisis polínicos y antracológicos realizados en Barcenilla (Ruiz Zapata, 2013) y en el Carabión (Gil García y Ruiz Zapata 2010), en Cubío Redondo (Ruiz Cobo y Smith, 2001), Covacho del Cuco (Ruiz Zapata, B. y Gil García, M. J. 2007), y en la turbera de Los Tornos (Peñalba, 1989), nos informan de la presencia en los yacimientos de abundantes restos de vegetales silvestres recolectados entre los que se incluyen bellotas, avellanas y pomoideas, los frutos comestibles de las rosáceas como la serba o la manzana silvestre.

6.4.1 Palinología

La muestra polínica de Barcenilla está caracterizada por el escaso contenido en granos de polen, hecho por otra parte, muy común en gran parte de las cuevas del norte peninsular; esta ausencia puede ser explicada por procesos de lavado postsedimentarios, más que por problemas de conservación diferencial (Anexo 6.4.1).

El estudio de la columna de polen analizada en el Carabión, muestra la existencia de árboles y plantas de interés económico (Anexos. 6.4.2-6.4.3.). En el Nivel 1 se han identificado 5 taxones de árboles. *Corylus* es el principal taxón a lo largo de toda la secuencia y *Castanea* aparece de forma puntual.

- El estrato de 0-20 cm se caracteriza por el incremento de los taxones arbóreos y los arbustivos. Los taxones arbóreos más frecuentes son *Corylus, Quercus c.* y *Pinus* y aparece por primera vez *Castanea*, si bien, solamente avellana se ha documentado en el registro arqueológico. El estrato herbáceo está codominado por Poaceae y *Rumex*. Esta última puede estar potenciada positivamente por el consumo humano.

- El estrato de 20-40 cm se encuentra dominado por las herbáceas y, baja presencia de los taxones arbóreos, siendo los más frecuentes *Corylus* y *Quercus c.* y de forma puntual *Betula*.

En la vegetación herbácea se encuentran Apiaceae, Brassicaceae y Fabaceae, familias de interés agrícola. Esto hace pensar que estos taxones de forma directa o indirectamente han sido potenciados por la presencia del hombre.

El estudio del polen del Covacho del Cuco (Ruiz Zapata, B. y Gil García, M. J. 2007), nos informa de la existencia de un paisaje vegetal muy abierto en los niveles inferiores, dominado por herbáceas. Escasa presencia del estrato arbustivo, representado fundamentalmente por Ericaceae, acompañado en ocasiones por Rosaceae y Cistaceae, escasa presencia de taxones de ribera y de elementos acuáticos. El estrato arbóreo es escaso, representado por *Corylus* que se mantiene presente en toda la secuencia. *Salix* y *Ulmus* están en el inicio y posterior de forma puntual *Fagus*. Todos ellos son sustituidos en la zona superior por *Quercus, Alnus, Fraxinus* y *Pinus*.

La turbera de Los Tornos- Soba ofrece información polínica sobre cuatro niveles, de los que el tercero de cronología: Gif-7666 profundidad: 182-188= 7830 ± 90BP, le sitúa en el Mesolítico. Los taxones arbóreos que presentan mayor frecuencia son *Betula, Quercus c., Pinus* y *Salix,* por este orden. En las herbáceas Poaceae, Cyperaceae y esporas monoletas son los taxones más frecuentes. La vegetación de la turbera en el inicio de su formación era boscosa, dominada por *Betula* y *Salix*, con la presencia próxima de *Quercus* y *Pinus*, en cambio, anteriormente a este período, las arcillas de la base en el sondeo TOR5C registran una vegetación muy abierta, con menos *Betula* y sin *Quercus* ni *Pinus*.

6.4.2. Carpología

La presencia de fragmentos de avellana carbonizados es frecuente en los yacimientos de conchero, sin embargo, no hay información de estudios sobre este recurso en yacimientos mesolíticos de Cantabria.

En el Carabión se ha recuperado un pequeño conjunto de fragmentos de pericarpio de avellana carbonizados en los niveles 1 y 3, siendo mucho más abundante en el nivel mesolítico, donde se han recogido en flotación 48 fragmentos. La mayoría son de *Corylus avellana* y en menor proporción Rosaceae (López Dóriga, 2015). En Las Salinas se ha recuperado también un pequeño conjunto de fragmentos de pericarpio de avellana.

En el Cubío Redondo se han identificado fragmentos de pericarpio de avellana carbonizados. Un fragmento parece corresponder a la cáscara de un fruto algo más grueso, quizás una nuez. Más frecuentes son los fragmentos de bellota (*Quercus sp*) del interior y exterior de la semilla carbonizados, identificados en 15 muestras.

Las avellanas, aun siendo escasos los restos recuperados en los yacimientos, son el fruto más documentado. La disponibilidad de este recurso fue muy abundante en los bosques holocénicos de Europa occidental. El origen parece ser exclusivamente climático, sin que por el momento se haya podido demostrar una intencionalidad humana mediante incendios antropogénicos que favorecieran su expansión. (Zapata Peña, L. 2000:152).

La alta posibilidad de carbonización se relaciona con las prácticas de manipulación intencional de los frutos, exponiéndolos al calor o al fuego para tostarlos o asarlos. El tostado de las avellanas puede estar relacionado con el proceso de su conservación, con el fin de aumentar el periodo de almacenamiento, romper la cáscara, mejorar su sabor, alterar su contenido en aceite, o facilitar su molienda. También podrían haber sido desechadas tras su consumo en la hoguera ya que arden muy bien (Ibídem).

Las bellotas se han identificado, solamente en el Cubío Redondo, a pesar de la presencia de encinas y robles. La escasa presencia de pericarpios de bellota en los yacimientos podría relacionarse con dos factores: su fragilidad y la posibilidad de que estuvieran descascarilladas en el momento de entrar en contacto con el fuego (McCorriston,

1994 en Zapata Peña, 2000:152). Los motivos para tostar este fruto sería similares a los señalados para la avellana: conservarlas, mejorar su sabor, eliminar toxinas etc. Las bellotas son similares a los cereales en valor nutritivo, por lo que pueden tener el mismo lugar que los cereales y se sabe que han formado parte de la dieta hasta época histórica La utilización de la bellota no solo se debe relacionar con la alimentación humana, se pueden utilizar como curtiente, aunque otras partes del árbol tiene mayor concentración de taninos. Teniendo en cuenta la gran disponibilidad de bellotas que existió a lo largo del Mesolítico y Neolítico en el norte de la Península Ibérica, parece extraño que los grupos humanos las despreciaran. La ausencia de este producto en el registro arqueológico se asocia con la forma de cocinarlas y procesarlas: se pueden conservar las que se carbonizan en contacto con el fuego, al ser tostadas, pero si se comieron crudas, hervidas o en puré, las posibilidades de conservación son escasas

De las castañas tampoco se evidencian restos en los yacimientos, si bien se ha documentado la presencia de *Castanea* en El Carabión y Las Salinas, aunque pueden corresponder a un momento ya Neolítico. Las Pomoideas del tipo serba, se encuentran en el nivel 2 de Las Salinas, *Sorbus aria*, sus frutos son comestibles.

Valorando los análisis polínicos, los grupos mesolíticos tuvieron a su disposición un amplio registro de recursos vegetales comestibles. Los frutos de las avellanas y en menor frecuencia, las bellotas, son los únicos que por el momento se han identificado en los yacimientos, posiblemente se debe a su conservación diferencial y al proceso de procesamiento ligado a su relación con el fuego. Algunos estudios de paleodietas señalan la importancia del componente vegetal (Arias, 2005).

6.4.3. Antracología

Los restos de madera quemada son muy frecuentes en los concheros mesolíticos, corresponde a los restos de hogares y se encuentran acumulados, junto con los restos faunísticos y demás productos derivados de la actividad humana.

6.4.3.1. Análisis antracológico de Barcenilla

Las especies identificadas son: *Quercus robur* (16), *Corylus avellana* (6), *Castanea sativa* (1), *Fagus silvática* (13), *Rhamnus alaternus* (4), *indeterminables* (1). Total 41. La muestra de madera utilizada como combustible parece indicar que las especies que presentan mayor frecuencia son el roble y el haya. Según los datos antracológicos obtenidos por el momento, las primeras evidencias de *Fagus* en la Sierra del Peñajorao tendrían una edad holocena y, desde un punto de vista cultural, en el Mesolítico, coincidiendo con otros datos antracoanalíticos obtenidos en el este de Asturias. No obstante en otras áreas del litoral oeste de Cantabria (Cueva de la Pila), la presencia de *Fagus* se remonta al Tardiglaciar en depósitos del Magdaleniense final y Aziliense (Uzquiano, 1992).

6.4.3.2. Análisis antracológico del Carabión

El análisis antracológico efectuado en El Carabión diferencia en las ocupaciones del Mesolítico dos momentos a tenor de las dataciones obtenidas y, de las fluctuaciones observadas a nivel florístico, a partir de los dos taxones principales *Betula* y *Quercus* (Uzquiano, 2016). Hacia 7,8 ka BP taxones colonizadores como el Abedul ceden en favor de los robles caducifolios. Asistimos a la extensión del bosque caducifolio característico de estas latitudes. Asimismo se registra la presencia discreta de encinas (*Quercus ilex*). Hacia 5,8 Ka BP, los resultados son algo más informativos que en la etapa precedente. El bosque caducifolio es la formación dominante en esta zona caracterizado por el dominio de los robles caducifolios junto a otros taxones mesófilos como avellanos y fresnos. El encinar cantábrico costero parece confirmarse a partir de la presencia de encinas (*Quercus ilex*) cuyos valores a pesar de ser algo superiores a los registrados en la etapa precedente, siguen siendo discretos, y por la presencia de madroños (*Arbutus unedo*), arbusto que suele aparecer asociado a la encina teniendo en cuenta los datos biogeográficos actuales (Cendrero *et al.* 1986).

La extensión del bosque caducifolio así como la presencia del encinar cantábrico serían las características florísticas más sobresalientes de estos momentos del Holoceno inicial-medio según los resultados antracológicos obtenidos. Estos mismos datos florísticos han sido puestos de manifiesto en otros yacimientos de la zona como las Cuevas de Mazaculos y La Llana situadas en el litoral este asturiano (Uzquiano, 1992 a, 1995).

En el Carabión se han explotado los recursos del bosque tanto para el consumo, como para el hogar. La madera para el fuego y la posible fabricación de instrumentos y útiles la habría obtenido del *Quercus c.*, *Betula* y *Corylus*, tres especies muy útiles por la calidad de su madera y ramas. La madera del *Quercus*, es dura y de muy buena calidad por su dureza para el fuego y para la construcción postes y herramientas. El Abedul, tiene unas ramas muy flexibles que se pueden utilizar para fabricar cuerdas y cestería. Las varas de avellano por su flexibilidad se han usado de modo tradicional para la construcción de entramados y cestos. La madera del avellano posee ciertas propiedades mecánicas y puede ser utilizado en la fabricación de pequeños enmangues y herramientas, especialmente de la parte que procede de la intersección rama-tronco. (Uzquiano, P. 2016).

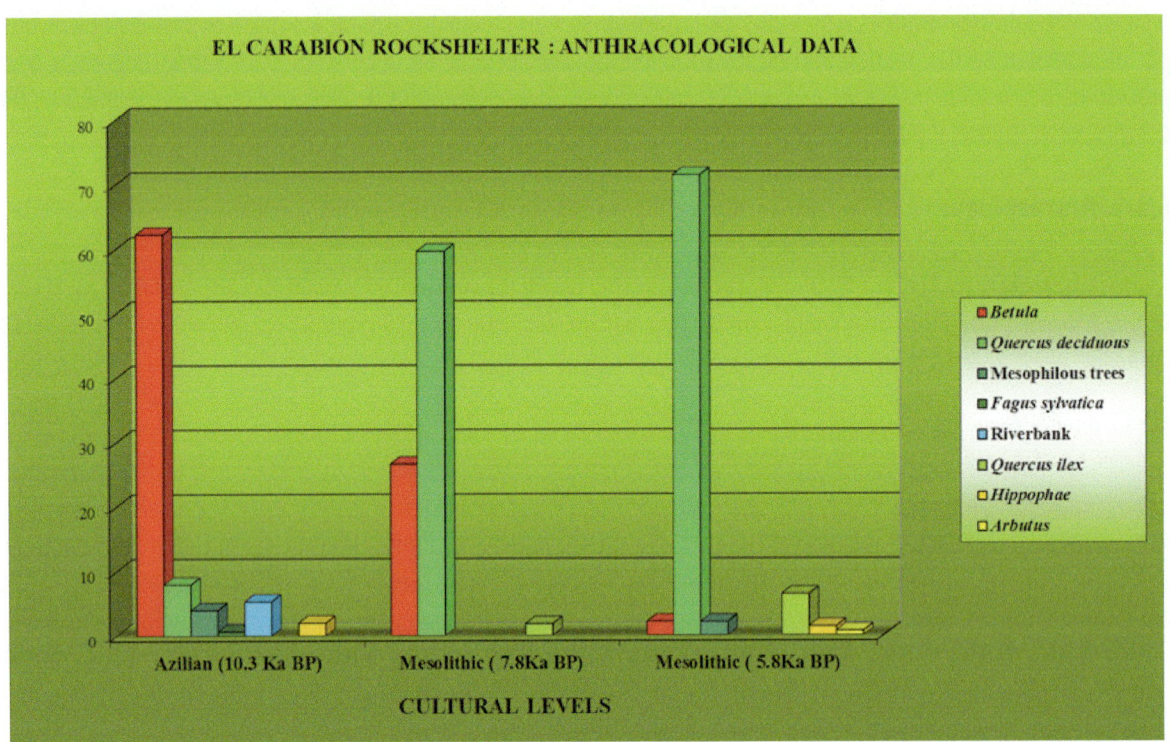

Fig. 6.4.3.2. Frecuencias de taxones arbustivos en el Carabión

6.4.3.3. Análisis antracológico de La Peña Perro

Los datos del nivel 1 Mesolítico son escuetos (Uzquiano, 1995: 79), muestran la presencia casi exclusiva de *Quercus* caducifolio, coincidiendo con el abandono del hábitat, hacia el 9.000 BP.

6.4.3.4. Análisis antracológico de Sopeña

Los restos de maderas quemadas hacen suponer que explotarían el roble como combustible y también el avellano, aunque éste último quizá esté más ligado a la recolección y consumo de avellanas: las ramillas donde se encontraban los frutos acabaron en el fuego una vez recogidas las avellanas. Por otro lado, la ausencia de otros taxones simplemente se debe a los procesos postdeposicinales que originarían la destrucción de otros carbones más frágiles (ej. sauces, álamos), menos abundantes en el registro de este período (pino, castaño, haya) o más fragmentados (las especies de matorral que al ser de ignición quedan siempre muy fragmentadas). Siempre suele preservarse el material más utilizado y/o más resistente (Uzquiano, 2016).

6.4.3.5. Análisis antracológico del nivel mesolítico de Las Salinas

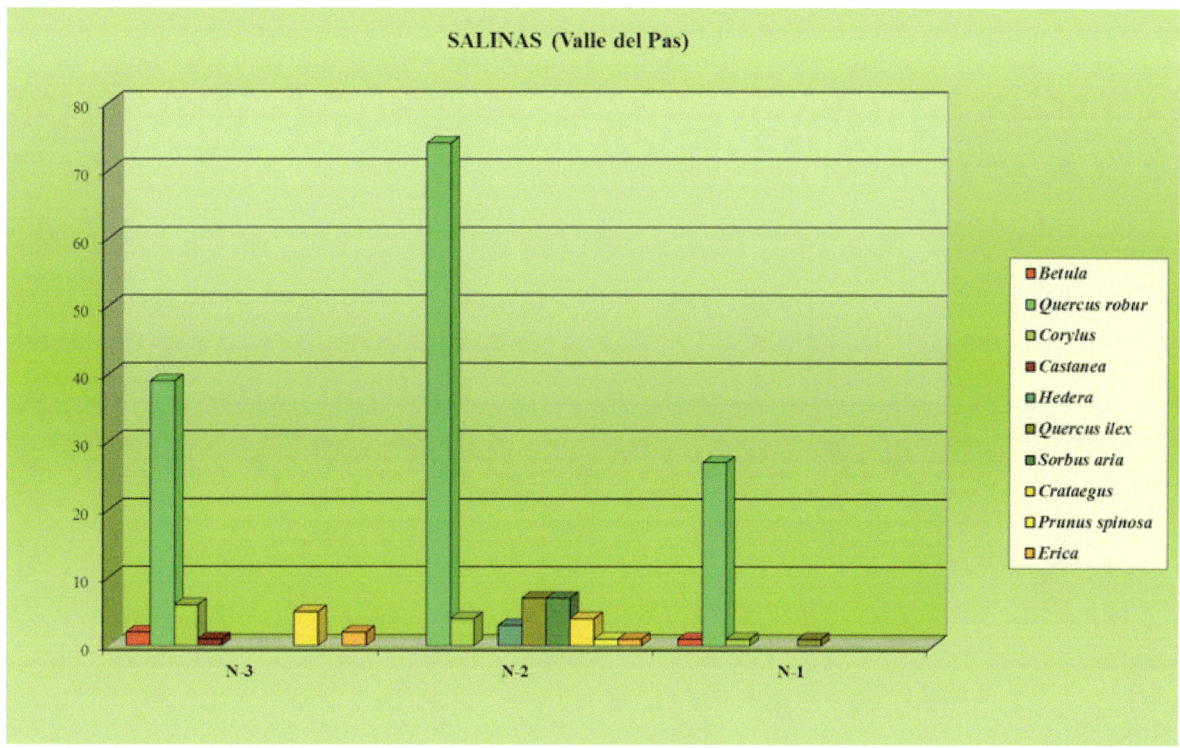

Fig. 6.4.3.5. Gráfico de frecuencias de taxones en Las Salinas (Uzquiano, en este trabajo.)

Recapitulando, los cazadores-recolectores mesolíticos explotaron, parece que intensamente los bosques, utilizando la madera como combustible y seguramente para la fabricación de útiles, cuerdas, trampas y demás instrumentos de caza y pesca, así como, para la construcción de cabañas y soportes, que debido a su mala conservación, no se han podido recuperar en los yacimientos. Consumieron también los frutos, avellanas y bellotas, recursos estacionales, fáciles de recoger y conservar. Además se verifica la presencia de otras plantas como las Fabaceae (leguminosas) y Apiaceae (apio). La importancia de este tipo de recursos es difícil de valorar. No se ha podido aún evaluar el peso de la alimentación vegetal, si bien estudios de antropología física documentan el consumo de vegetales desde el Paleolítico.

CAPÍTULO 7. LAS INDUSTRIAS

7. La industria lítica

La información que aporta la industria lítica es importante para comprender el nivel cultural y técnico de las sociedades prehistóricas, las relaciones intergrupales, los intercambios de materias primas y las influencias tecnológicas. Los útiles son un reflejo de la economía lítica y de los patrones de ocupación del territorio.

La documentación que poseemos de la zona oriental de Cantabria es reducida, debido al escaso número de excavaciones realizadas y muy limitadas espacialmente. La gran mayoría de yacimientos identificados como mesolíticos se debe a prospecciones arqueológicas en superficie, y aunque han proporcionado algunas piezas líticas, son de difícil atribución cultural, siendo además en muchos casos poco significativas.

Debido a esta falta de investigación, la muestra disponible es reducida y apenas ha sido estudiada. Disponemos de industrias de los siguientes yacimientos:

Barcenilla: Se ha efectuado un sondeo de 1 x 0,5m, exhumando una secuencia de 10 niveles. Los niveles 5-10 están atribuidos a una cronología en el Mesolítico, con una potencia de unos 80 cm. (Muñoz *et al.* 2013).

Las Salinas. Sondeo de 1x 0,5m, se han exhumado 4 niveles. Los niveles 1-2, de cronología mesolítica y potencia 44 cm. (Pérez Bartolomé, en este trabajo).

Cubío Redondo. Excavación, unos 2 m y potencia 35 cm. (Ruiz Cobo y Smith, 2001).

El Tarrerón. Excavación. Nivel III Mesolítico tardío-transición Neolítico (Apellániz, 1978). En estratigrafía parece que el nivel de conchero tenía una superficie de algo más de 1 m y una potencia de 60 cm.

Abrigo del Carabión: Excavación de urgencia y salvamento. Superficie 1m. Potencia del conchero 40 cm (Pérez Bartolomé, 2016)

La Garma A: Superficie excavada 11 m, potencia no especificada (inf. a 25 cm). Estudio de la industria: Muñoz (1997, inédito) (Arias y Fano, 2009).

La Peña del Perro. Excavación. Nivel 1 Mesolítico, superficie 1 m^2 en cuadro H17 y un espesor de 30 cm (González Morales y Casado, 2000). Estudio de la industria en este trabajo (Pérez Bartolomé, M.).

La Fragua. Excavación. Nivel 1 Mesolítico. Parece que se excavaron 6 m^2, pero no se especifica la superficie del conchero, ni la potencia. Estudio de la industria en este trabajo (Pérez Bartolomé, M.).

Las series estudiadas son bastante escasas desde 1.321 piezas en la Garma A, a 16 en Barcenilla nivel 5. Estas diferencias se fundamentan básicamente en la superficie excavada de los yacimientos desde medio metro cuadrado de Barcenilla y Las Salinas, un metro aproximadamente del Carabión, hasta los 11 m de La Garma A. Por otro lado es frecuente la escasa presencia de industrias líticas en los yacimientos de conchero. El sondeo efectuado en Sopeña (Miera), no ha aportado ninguna industria lítica, debido al intenso proceso erosivo de origen hidrológico que ha sufrido el yacimiento. La cavidad es una surgencia activa en la que se han sucedido procesos de reactivación posteriores al depósito mesolítico, por lo que el yacimiento ha sido erosionado casi en su totalidad, conservándose escasos restos concrecionados junto al muro y en el techo de la cavidad.

7.1. Análisis de la muestra

El conjunto lítico se compone de 2.736 piezas, el 93,78 % son restos de talla, mientras que el material retocado con 170 ítems representa el 6,21 % del conjunto (Tabla: 7. 1.) A pesar del intenso manipulado y tallado del sílex, faltan los estadios de preparación de los núcleos, que probablemente se realizarían en las canteras de aprovisionamiento.

Frecuencias de restos de talla y útiles					
Yacimientos	Nº de piezas	Nº Rest. de talla	% Restos de talla	Nº de útiles	% de utillaje
Barcenilla 5	16	13	81,25	3	18,75
Barcenilla 6	21	21	100		0
Barcenilla 7	13	13	100		0
Barcenilla 8	34	32	94,11	2	5,88
Barcenilla 9	52	52	100		0
Barcenilla 10	16	12	73,33	4	26,66
Carabión 1	203	183	90,14	20	9,85
Cubío Redondo	304	282	72,24	22	10,83
Fragua 1	91	80	87,91	11	12,08
Garma Q	1.396	1.321	94,62	75	5,37
Pª del Perro 1	160	152	95	8	5
Salinas 2	199	188	94,72	11	5,52
Tarrerón III	231	217	93,93	14	6,06
Total	**2.736**	**2.566**	**93,78**	**170**	**6,21**

Tabla 7.1. Frecuencias y porcentajes de restos de talla y útiles en yacimientos mesolíticos del centro-oriental de Cantabria

7.1.1. Los restos de talla

Las características más destacadas de los restos de talla es el dominio absoluto del sílex, con porcentajes mínimos de cuarcita, arenisca, cuarzo y ofita. Hay un predominio de las lascas sobre los productos laminares. Las lascas aparecen en un porcentaje del 54,24 %. Predominan ampliamente las simples sobre las corticales, que rara vez alcanzan valores por encima del 20%. Los productos laminares suponen un 15,23%, con predominio de las laminillas sobre las láminas, siendo más abundantes las laminillas simples Los índices laminares (Tabla 7.1.1) se sitúan entre 10% del Cubío Redondo y el 42,85% del Carabión, este es el que presenta un mayor índice laminar, seguido de la Peña del Perro con 20,77 % y Las Salinas con 27%. Las lascas de retoque son numerosas, suponen el 11,41% del total de los restos de talla. Las piezas han sido obtenidas de pequeños cantos o reducidos núcleos de sílex. Los núcleos, con 50 piezas, suponen el 1,94 % de los restos, todos en sílex, menos uno en cuarcita, de la Garma A, aparecen agotados o en fragmentos. Predominan los irregulares, uno prismático y uno discoidal de La Garma A. En Las Salinas, un núcleo procede del sílex local del Rostrío, muy próximo a la cavidad, cuyo origen está en la formación costera del Cretácico Inferior. El agotamiento de los núcleos nos informa de su explotación al límite. Por otro lado, la escasa presencia de lascas primarias, indica que los núcleos se llevaron ya preparados al yacimiento (Tabla 7.1.1.2.).

	Índice lascas/láminas							
	Barcenilla 5-10	Carabión N1	C.Redondo	Fragua N1	Garma A/ Q	El Perro N1	Salinas N2	Tarrerón N III
Lascas	83,33	57,14	30	78,72	81,75	79,22	72	84,61
Láminas	16,66	42,85	10	21,27	18,25	20,77	31	15,38

Tabla 7.1.1.. Índice de lascas /láminas de los yacimientos mesolíticos analizados en Cantabria centro-Oriental

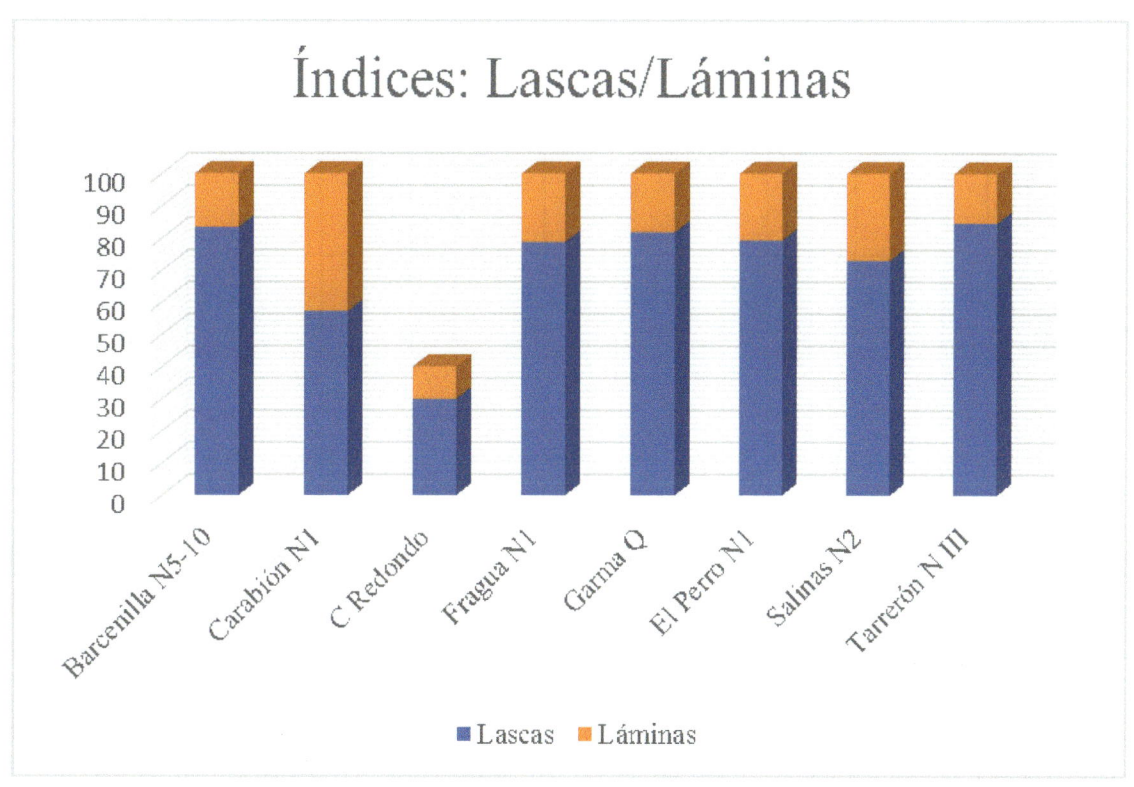

Fig.7.1. Gráfico de Índices lascas-láminas de yacimientos de los niveles mesolíticos de Cantabria centro-oriental

Industria lítica Mesolítico centro-oriental de Cantabria: Restos de Talla

Restos de talla	Barc. 5	Barc. 6	Barc. 7	Barc. 8	Barc. 9	Barc. 10	Carab. 1	Cubío Red.	Fragua	Garma Q	Perro 1	Salinas 2	Tarrerón III	□
1. Lascas simples	8	15	7	20	30	6	12	X	19	483	34	24	124	792
2. Lascas 2ª	2	2	1		9		15	X	13	322	14	26	8	412
3. Lascas primarias		1	1	1	2					49				54
4. Lascas simp bord núcleo	1	1		1	1	1	21	X		46	1	7		80
5. Lascas 2ª borde núcleo							14		5	17	12	11		59
6. Láminas simples		1	2		1	2	8	X	2	50	10	2	9	87
7. Láminas 2ª				1			5	X	2	16	3		3	30
8. Lámina simp bord núcleo	1						1	X		5		2		9
9. Láminas 2ª borde núcleo							2			3		2		7
10. Laminillas simples		1	1	7	3		12	X	4	107	11	10	12	168
11. Laminillas 2ª	1						5		2	17	2	2		29
12. Laminillas simp. bord. nuc.						1	2		4			5		14
13. Laminillas 2ª bord núc										1		2		3
14. Lascas simp. de fractura													44	44
15. Frag. simp. Inf. 1,5 cm							24		7		6	52		89
16. Frag. con córtex inf. 1.5 cm							4					15	1	20
17. Lascas de retoque				1	4	1	32	X	20	165	58	24	10	293
18. Laminillas golpe de buril								X		7		1	1	9
19. Núcleos			1 frg.	1	2		7	5	1	28		1	4 rot.	50
20. Cantos							8	5	5	1	1	13	2	35
21. Otros							2		90 cant	1 frg.		2 frg. lr.		5+90
TOTAL	13	21	13	32	52	12	183	282	80 + 90	1321	152	188	217	2566+90
ÚTILES	3			2		4	20	22	11	75	8	11	14	170
Total	16	21	13	34	52	16	203	304	91	1396	160	199	231	2736

Tabla. 7.1.1.2. Frecuencias de restos de talla en yacimientos mesolíticos del centro-oriental de Cantabria.

7.1.2. Índice laminar por nivel

Se trata de analizar la evolución del índice laminar en yacimientos con diferenciación de niveles o tallas para observar si hay una evolución desde la fase más antigua a la más reciente o final de la secuencia.

Yacimientos	Lm/Lllas	Lascas	Núcleos	Laminar%
Barcenilla 5	3	11		21,42
Barcenilla 6	2	17		10,52
Barcenilla 7	3	6	1 fragmento	33,33
Barcenilla 8	8	14	1	**36,36**
Barcenilla 9	4	38	2	9,52
Barcenilla 10	4	4	2	**50**
Carabión Sup	4	24	1 irregular	14,28
Carabión T1	4	9		30,76
Carabión T2	0	0		
Carabión T3	4	7		36,36
Carabión T4	2	7		22,22
Carabión T5	16	21	1 fragmento	**43,24**
Carabión T6	2	2		50
Carabión T7	0	0		
Carabión T8	0	6	1 agotado	
Carabión T9	0	4	2 fragmentos	
Carabión T10	16	9		**64**
Salinas T2	2	17		10,52
Salinas T3	5	15		25
Salinas T4	8	20		28,57
Salinas T5	11	20		**35,48**
Carabión N3 Aziliense	189	256	7 irregular/1 prismático	42,47
Salinas N4 /Magdaleniense	81	64		55,86

Tabla: 7.1.2. Índices de frecuencia laminar

La principal dificultad para valorar el índice laminar, es el escaso número de piezas recuperadas en la mayoría de los niveles, por lo que los índices se disparan. En el caso de Barcenilla, el nivel 10 con un número muy escaso de piezas, el índice alcanza el 50%; hacia el medio de la secuencia (niveles 8-7) tiene los porcentajes más altos por encima del 30%, para finalmente disminuir hacia el nivel superior entre 10,52 y 21,42%.

En el Abrigo del Carabión los índices más elevados se encuentran en la base del conchero, nivel 10, en el cuadro C5 con un índice de 64. En la talla 5, hacia la mitad de la secuencia, el índice desciende a 43,24, pero hay que tener en cuenta que se incluye el cuadro D5, contacto con C5, que por buzamiento del yacimiento queda en un nivel superior, por lo que la talla 5 en el cuadro D es parte inferior del conchero. Finalmente hacia el nivel de superficie el índice desciende (16,66). En el nivel 3 de cronología Aziliense, el índice está en 42,47.

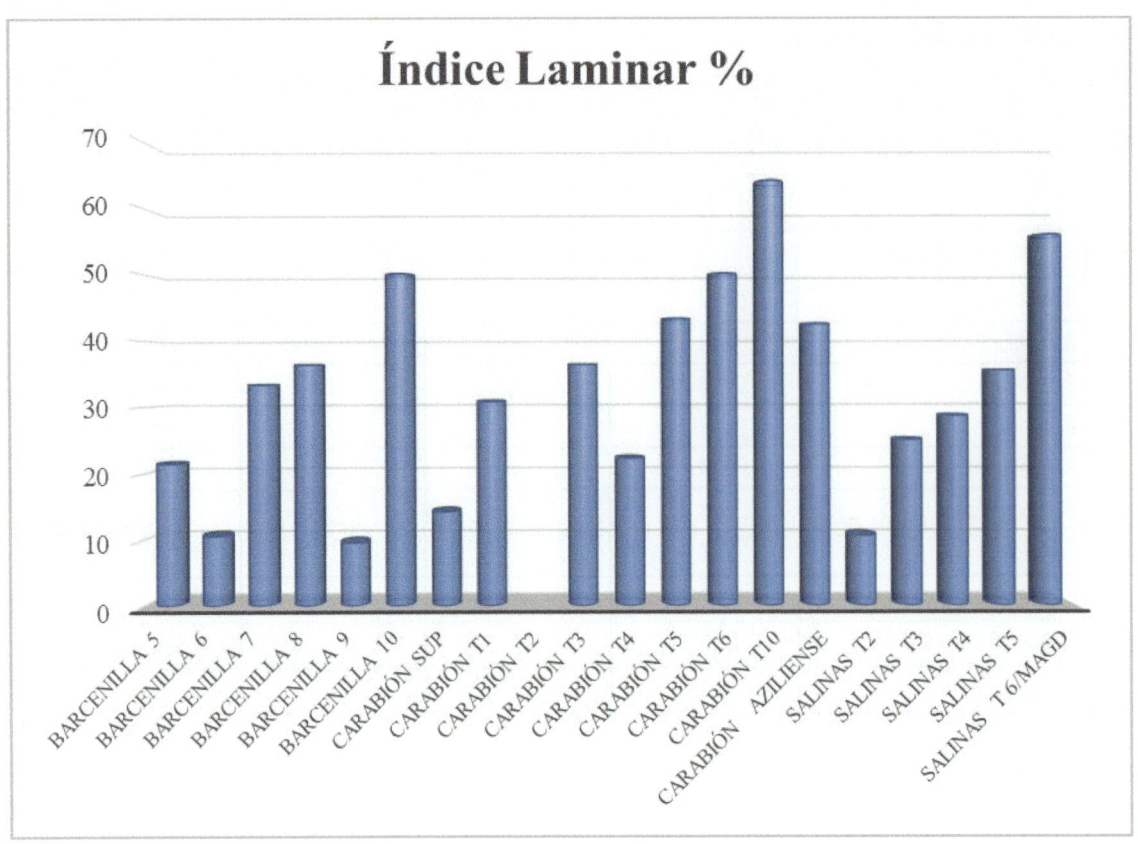

Fig.: 7.1.2. Gráfico índice laminar por niveles

Las Salinas, en la base del nivel 2 (talla 5), el índice está en 35,48, va descendiendo hacia la parte superior del nivel (talla 2) a 10,52.

7.1.3. Tipología de los talones

Las colecciones no son facetadas, predominando los talones lisos sobre los corticales. Los talones elaborados: puntiforme y diedro, presentan valores muy bajos.

Índices tipos de talones							
	Facetado	Diedro	Liso	Cortical	Puntiforme	Suprimido	Roto
Barcenilla 5-10		4,72	33,07	6,29	0,78	6,29	48,81
Carabión 1			4,54	19,09	5,45	6,36	28,18
Fragua 1	1,81		30,9	25,45	7,27	16,36	18,18
Garma A Q	0,59	2,04	31,22	12,54		7,33	46,24
Peña del Perro		1,26	35,44	29,11	1,26	18,98	13,92
Salinas			34,41	16,66	8,33	17,7	21,87
Tarrerón		12	65		20		

Tabla:7.1.3. Índice de tipos de talones

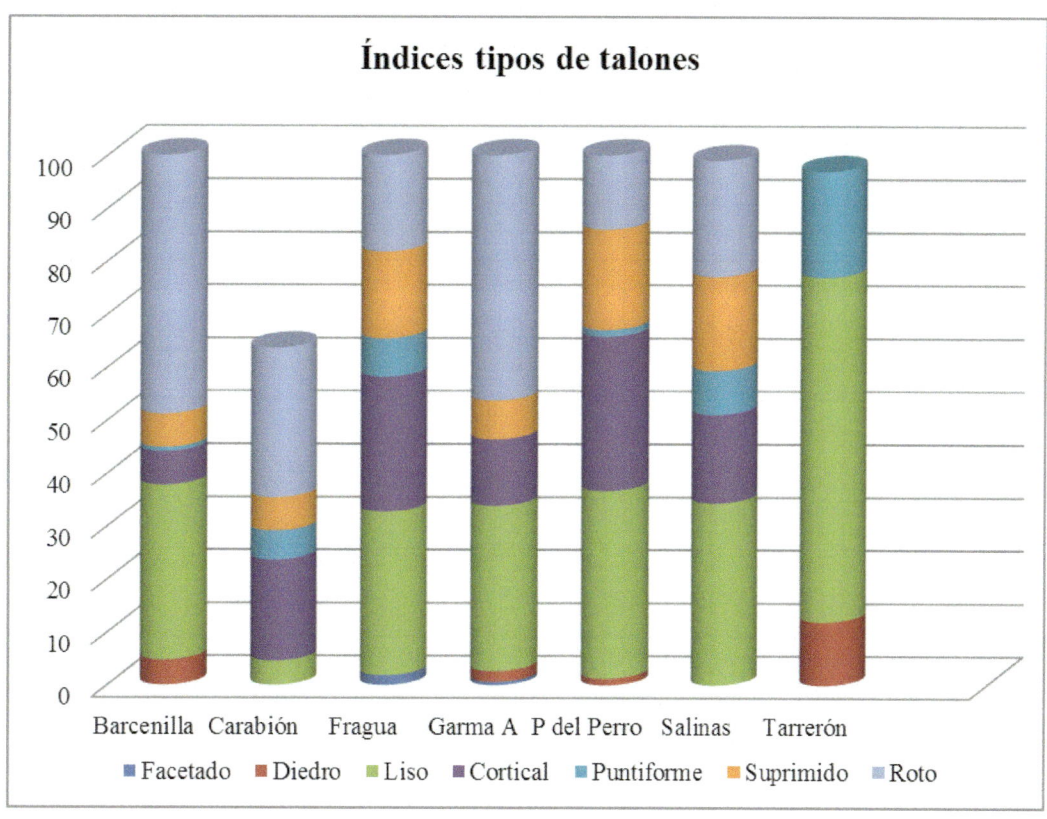

Fig. 7.1.3. Gráfico de Índices de tipos de talón en los restos de talla y útiles de yacimientos mesolíticos de Cantabria centro-oriental

7.1.4. Los materiales retocados

Las piezas retocadas porcentualmente son numerosas. Se han estudiado siguiendo la tipología de Sonneville-Bordes y Perrot (1954). Se ha tomado esta tipología por ser la más extendida y la que mejor puede caracterizar estas industrias, a pesar de que en los estudios más extendidos en el Cantábrico, hasta fechas muy recientes, se han utilizado las de Fortea y Laplace.

El estudio de los materiales se ha realizado basándose en las publicaciones de las monografías de los yacimientos, en los casos de Barcenilla, Muñoz *et al.* (2013) y Cubío Redondo (Ruiz Cobo y Smith, 2001). En el caso del Tarrerón se han utilizado los datos publicados por Arias (1991). En La Garma A, se ha tomado del estudio realizado por Muñoz (1997, inédito) y Arias y Fano (2009). El resto de yacimientos han sido clasificados por la autora (Tabla. 7.1.4.)

El conjunto de las industrias retocadas se compone de 170 piezas, todas en sílex. Ninguna de las colecciones ha proporcionado series por encima de los cien ejemplares, lo que generalmente es considerado válido estadísticamente, únicamente la colección recuperada en La Garma A se acerca, con 75 piezas. El resto de las colecciones son muy exiguas (Tabla 7.1.4), siendo la más rica la del Cubío Redondo, con únicamente 22 piezas. Las colecciones más reducidas son las del Abrigo de Barcenilla y la Peña del Perro.

El porcentaje de útiles en las colecciones es muy variable, especialmente en el Abrigo de Barcenilla, en cuyos niveles aparecen las cifras más altas y, la ausencia total de material retocado, si bien, como esta colección es muy exigua no es válida. En el resto de yacimientos los índices más bajos se producen en el Tarrerón (4,8%), La Peña del Perro (5%) y La Garma A (5,37). Los índices más elevados se encuentran en La Fragua (12,08%), Cubío Redondo (10,83%) y Carabión (9,85%). Estos porcentajes presentan gran diferencia comparados con los yacimientos del MSF y Aziliense, en los yacimientos mesolíticos el índice de utillaje es sensiblemente más alto, aunque este hecho se ve muy matizado porque las series más antiguas son muchísimo más amplias, generalmente con miles de ejemplares en cada nivel.

Material retocado Cantabria centro-oriental

SBP	Tipo de Útiles	Barc. 5	Barc. 8	Barc. 10	Carabión 1	Cubío R	Fragua 1	Garma Q	Perro 1	Salinas 2	Tarrerón III	☐
1	Raspador simple							2			1	3
4	Raspador ojival					1						1
5	Raspador sobre lasca retocada				1						1	1
8	Raspador sobre lasca					2	1	9				12
9	Raspador circular							2				2
10	Raspador unguiforme			1	2			3				5
11	Raspador carenado					1						3
12	Raspador carenado atípico					1		2				3
13	Raspador alto en hocico									1		1
14	Raspador plano en hocico					1						1
15	Raspador nucleiforme					1						1
23	Perforador				1		1					2
24	Perforador atípico					1						1
28	Buril diedro central				1							1
30	Buril sobre rotura					1		2	2			5
37	Buril sobre truncatura convexa				1							1
48	Punta la Gravette							2				2
51	Microgravette				1			1		1		2
58	Lámina de borde abatido							2				2
61	Truncatura oblicua							1				1
62	Truncatura cóncava							1		1		4
63	Truncatura convexa						1					1
64	Pieza bitruncada						1					1

Tipolg.		Material retocado Cantabria centro-oriental										
SBP	Tipo de Útiles	Barc. 5	Barc. 8	Barc. 10	Carabión 1	Cubío R	Fragua 1	Garma Q	Perro 1	Salinas 2	Tarrerón III	□
65	Retoque continuo en un borde	1			3	4	1	3	1	3	2	18
66	Retoques cont. en dos bordes				1	1	1		3			6
68	Lámina estrangulada							1	1			2
74	Escotadura				1	2	1	8	1		4	17
75	Denticulado							7	1	1	2	11
76	Astillado				2		1	5			3	12
77	Raedera				1	1		9				11
79	Triángulo		1				1			1		3
81	Trapecio			1		1 doble bisel		1				3
83	Segmento de círculo				1 doble bisel		1				1	2
85	Laminilla truncada						2					2
86	Laminilla de dorso	1	1	1		3		10		3		22
87	Laminilla de dorso truncada				1			2				2
90	Laminilla Dufour					1						1
91	Punta aziliense					1		1				2
92	Diversos							1chop/1perct				2
	Microburil	1		1								2
	Total	3	2	4	20	22	11	75	8	11	14	170

Tabla: 7.1.4. Los materiales retocados en los yacimientos mesolíticos de Cantabria centro-oriental

7.1.5. Índices de material retocado

Yacimientos	Nº de piezas	Nº Rest. de talla	Nº de útiles	% de utillaje
Barcenilla 5	16	13	3	18,75
Barcenilla 6	21	21		0
Barcenilla 7	13	13		0
Barcenilla 8	34	32	2	5,88
Barcenilla 9	52	52		0
Barcenilla 10	16	12	4	25
Carabión 1	203	183	20	9,85
Cubío Redondo	304	282	22	10,83
Fragua 1	91	80	11	12,08
Garma Q	1.396	1.321	75	5,37
Pº del Perro 1	160	152	8	5
Salinas 2	199	188	11	5,52
Tarrerón III	231	217	14	6,06
	2.736	**2566**	**170**	**6,21**

Tabla: 7.1.5. Índices de material retocado

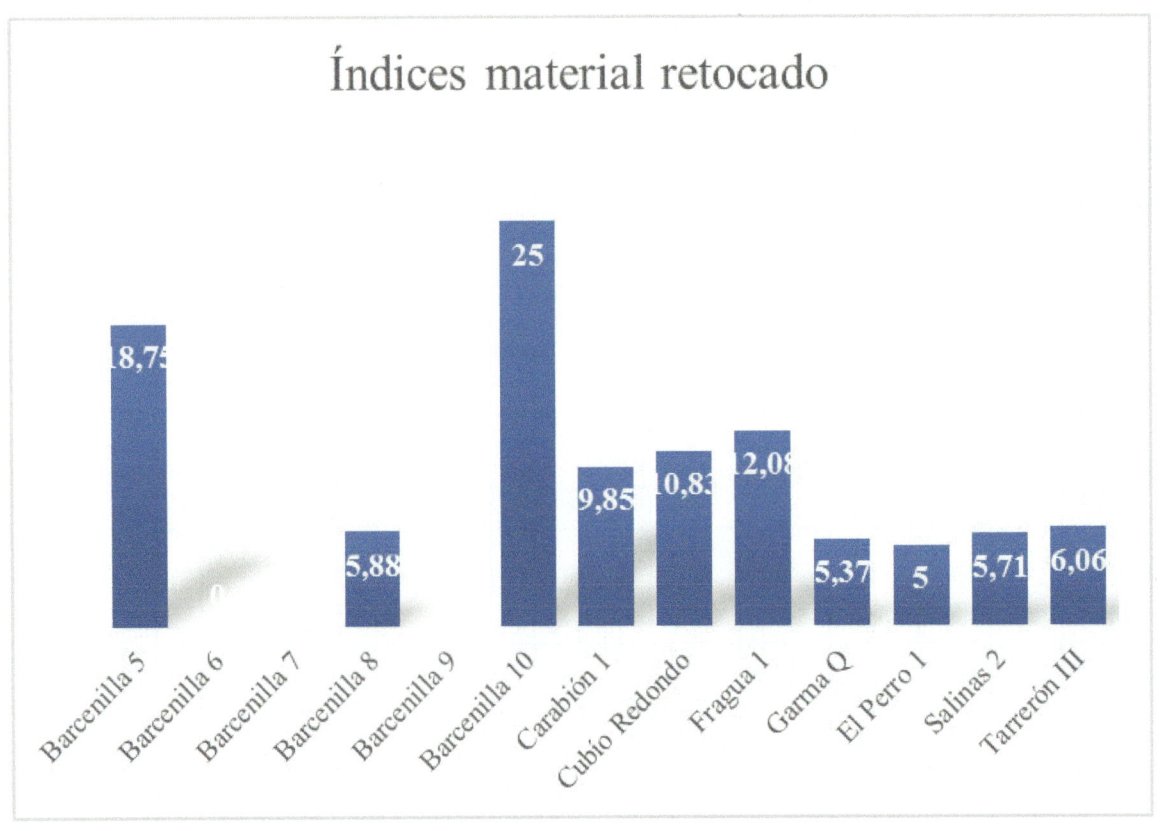

Fig.: 7.1.5. Gráfico de frecuencia de material retocado

7.1.6. Tipología

En el conjunto de la industria retocada con 171 piezas (Tabla 7.1.6.) el índice de raspador es importante con el 19,18% de la industria retocada. Son de diferentes tipos, aunque predominan los raspadores sobre lasca y los unguiformes, entre estos uno pedunculado, procedente del nivel 10 de Barcenilla. Los buriles representan el 4,06%, entre estos predomina el tipo más sencillo, de rotura, los diedros y sobre truncatura retocada. Los perforadores son mucho menos frecuentes, con el 1,74% del conjunto. Las puntas de la Gravette y microgravette también están representadas con 1,16% ambas. Las piezas con retoques simples en los bordes son muy numerosas con 19 ejemplares (11,04 %), destacando dos láminas estranguladas.

El utillaje microlaminar es numeroso, con 35 piezas que suponen el 20,46%, del material retocado, con predominio de las laminillas de dorso, y presencia de laminillas truncadas y de dorso truncadas, puntas azilienses, laminillas Dufour y microgravettes. Es interesante la presencia de dos microburiles, aunque no son estrictamente útiles, son piezas muy características.

Predomina el utillaje de sustrato: escotaduras, denticulados, astillados y raederas con el 29,06%. Las escotaduras y denticulados suponen 16,27% del conjunto. Este tipo de útiles está destinado a las funciones domésticas del trabajo y sobre la madera.

Índices de tipología		
Tipología	**Nº Piezas**	**%**
Raspador	33	19,18
Perforador	3	1,74
Buril	7	4,06
Punta Gravette	2	1,16
Microgravette	2	1,16
Lámina borde abatido	2	1,16
Truncatura	7	4,06
Retoque cont. un borde	19	11,04
Retoque cont. 2 bordes	6	3,48
Lámina estrangulada	2	1,16
Escotadura	17	9,88
Denticulados	11	6,39
Astillados	11	6,39
Raedera	11	6,39
Triángulo	3	1,74
Trapecio	3	1,74
Segmento de círculo	2	1,16
Laminilla truncada	2	1,16
Laminilla de dorso	19	11,04
Laminilla dorso truncada	3	1,74
Laminilla Dufour	1	0,58
Punta aziliense	2	1,16
Diversos	2	1,16
Total	**171**	**100**

Tabla: 7.1.6. Índices de tipología

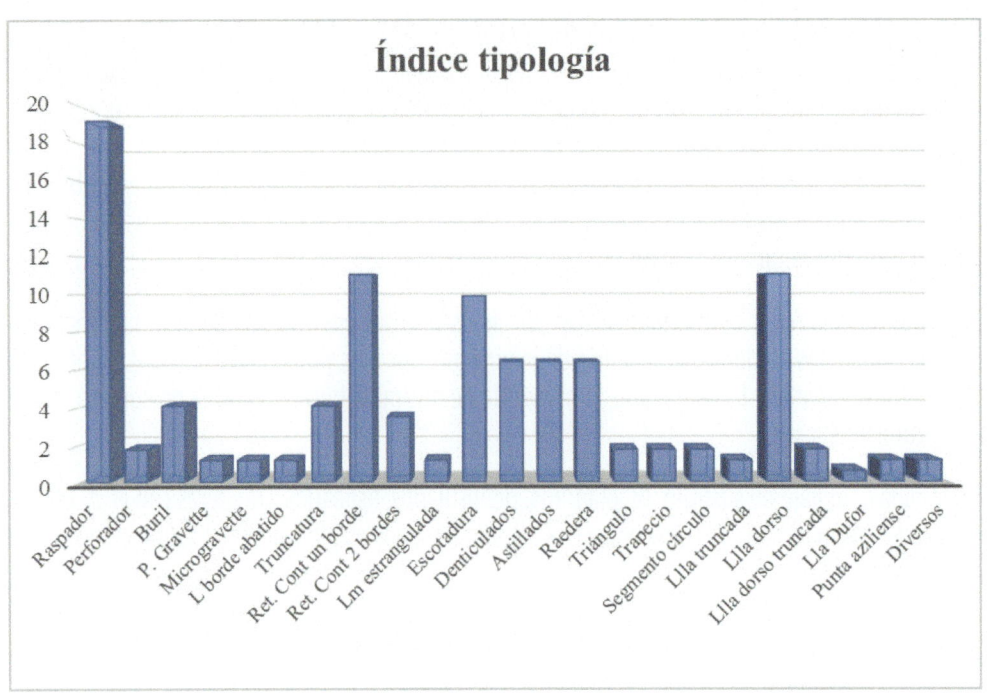

Fig.: 7.1.6. Gráfico de Índices de tipología

7.1.7. Los microlitos geométricos

Los microlitos geométricos, con 8 ejemplares, alcanzan el 4,67% del conjunto del material retocado. La representación es bastante homogénea, con triángulos (3), trapecios (3) y segmentos (2). Los segmentos de círculo, se han recuperado en el Tarrerón y Carabión, en una cronología avanzada, ya de transición al Neolítico. El hallado en el Tarrerón con retoque directo e inverso semiabrupto y el del Carabión con retoque simple doble bisel. Los triángulos se han hallado en Las Salinas (base N2, de reducidísimo tamaño 12-5-3 mm), en La Fragua y en Barcenilla, en el nivel 8, todos con retoque abrupto. Los trapecios con retoque abrupto proceden, del nivel 10 de Barcenilla, de La Garma A y el del Cubío redondo, con retoque doble bisel.

Los microlitos geométricos tienen una función casi de "fósil director"[1], junto con otros aspectos económicos, sociales y culturales para caracterizar una etapa del Mesolítico, que lo diferencia en la región cantábrica, del Mesolítico occidental asturiense. Aunque parece que en esa zona, en excavaciones recientes, están apareciendo microlitos geométricos, denticulados, raspadores, un tipo de utillaje de características semejantes al de la zona oriental. Concretamente en El Mazo (Andrín-Llanes) se ha recuperado un conjunto de microlitos geométricos compuesto de 1 segmento de círculo de doble bisel, 2 con retoque abrupto; 3 triángulos, uno con retoque abrupto y dos doble bisel, 3 trapecios con retoque abrupto. (Gutiérrez Zugasti *et al.* 2014).

---

[1] Es un tema en revisión (Aras Cabal y Fano, 2009) analizan la presencia de microlitos geométricos en la región cantábrica. Neira *et al.* (2014), presencia de estos útiles en el Espertín, al sur de la cordillera Cantábrica.

El estudio efectuado por Arias y Fano (2009) sobre el índice de microlitos geométricos en el marco de la región cantábrica, en depósitos de cronología Aziliense (5), Mesolítico (14), Neolítico (10), con un número de material retocado superior a 20 piezas. En la zona de Cantabria, se incluyen los yacimientos mesolíticos de La Garma A/Q, con un índice de 2,1 (sobre 47 piezas retocadas), Cubío Redondo, 4,8 (sobre 21 piezas retocadas). Los índices de los depósitos azilienses están entre 0,1 de Los Azules (Asturias) y 2,0 de Ekain (País Vasco); Los índices de los depósitos mesolíticos entre 0,9 de Los Canes (Asturias) a 15, 8 en el mismo yacimiento y 22,7 en Kobeaga (País Vasco). Vemos que los índices de La Garma y Cubío redondo quedan muy debajo de estos porcentajes.

En esta investigación se incrementan los depósitos con microlitos geométricos con los hallados en el Carabión (1 segmento de círculo), la Fragua (1 triángulo) y Las Salinas (1 triángulo), lo que ha dado un índice en el Carabión de 4,76, en Las Salinas 9,09 y en la Fragua 9,09. Por otro lado el Tarrerón con un segmento, el índice está en 7,14 (1/14) y en la Garma A. 1,33 (1/75). En los casos de Barcenilla, La Fragua, Las Salinas y Tarrerón el número de piezas retocadas está por debajo de 20, lo que incrementa el índice (Tabla 7.1.7.).

Yacimientos	Microlitos no geometric.	Microlitos geométricos	Nivel	C14 AMS cal BC	Retoque	N° piez. Retocad.	Índice microlit. geomét.
Barcenilla	9,21	Triángulo/Trapec.	5-10	5928 ± 42 5386 ± 55	Abrupto	9	22,22
Carabión	12,67	Segmento	1	4611 ± 57	Doble bisel	21	**4,76**
Cubío Redondo		Trapecio	Con-chero	5569±42 4631±62	Doble bisel	22	4,54
Fragua	8,79	Triángulo	1	5757 ± 63 5586 ± 90	Abrupto	11	9,09
Garma A	11,58	Trapecio	2/Q	6536 ±57 5810 ± 55 5767±51	Abrupto	75	1,33
Salinas	**24,50**	Triángulo	2/ base	8738±69	Abrupto	11	9,09
Tarrerón II	0	Segmento	III	4643±133	Abrupto	14	7,14

Tabla: 7.1.7. Índices de microlitos geométricos y no geométricos en Cantabria centro-oriental

Los índices de Barcenilla, Fragua, Salinas y Tarrerón, no son referentes estadísticos debido a la baja presencia de material retocado. En Las Salinas el triángulo con retoque abrupto se sitúa en el IX milenio cal BC. En Barcenilla, el triángulo hallado en el nivel 8 y el trapecio en el nivel 10, ambos con retoques abruptos, se sitúan en el VI milenio cal BC. El trapecio de La Garma en el VII –VI milenio en un momento pleno del Mesolítico. Los segmentos procedentes del Carabión, Tarrerón y el trapecio del Cubío Redondo, tiene una cronología en el V milenio cal BC, en un momento de transición al Neolítico o Neolítico inicial, en Cantabria. El retoque a doble bisel aparece en Carabión y Cubío Redondo, técnica que también es considerada en un momento Neolítico, aunque está apareciendo en algunos niveles mesolíticos.

Si comparamos estos índices, con los obtenidos en niveles mesolíticos de algunos yacimientos del País Vasco (Alday Ruiz, A. y Cava Almuzara, A. 2009: 118), las frecuencias son muy bajas en Cantabria. (Tabla. 7.1.7b).

	Medandia III Inf	Peña d	Kanpanoste G III	Aizpea I	Aizpea II
Fecha BP	7620±50	7890±120	6550±260	7790±70 7190±140	6830±70 6600±100
Dorsos	25,58	9,09	42,11	25	51,09
Triángulos	20,93	40,91	23,68	18,33	21,74
Trapecios	51,16	50	34,21	56,67	27,17
Segmentos	2,33	0	0	0	0

Tabla.7.1.7b. Clasificación jerárquica de los niveles del Mesolítico geométrico sobre (Alday Ruiz y Cava Almuzara, 2009)

En estos yacimientos los índices de microlitos geométricos son muy superiores a los de Cantabria en todos los casos. Son muy abundantes los trapecios y escasos los segmentos. El segmento de Medandia, los autores lo consideran circunstancial y asimilable a los dorsos biapuntados.

Analizando los índices de microlitos geométricos por regiones y cronologías sobre datos de Arias y Fano (2009: 85), incrementados con los nuevos hallazgos incluidos en este trabajo se presentan en la tabla 7.1.7.c.

	Asturias	Cantabria	País Vasco atlántico
9000-8000 cal BC	0,2	1,1	2,8
8000-7000 cal BC	0,5		
7000-6000 cal BC	2,3	1,1	2,0
6000-5000 cal BC	8,5	2,9	4,5
5000-4000 cal BC		1,1	

Tabla. 7.1.7. c. Índices de microlitos geométricos por regiones durante la primera mitad del Holoceno en la región cantábrica

Las frecuencias de microlitos geométricos en Cantabria son inferiores a las del País Vasco en todas las secuencias cronológicas. En Cantabria se incrementa la presencia de microlitos geométricos en el Mesolítico avanzado entre el VI-V milenios cal BC y en el V milenio cal BC en una etapa Neolítica sin que se haya identificado economía productora, ni cerámica.

La información disponible es escasa debido al reducido número de excavaciones practicadas en esta zona, sin embargo, se percibe la constante presencia de microlitos geométricos en el centro-oriental de Cantabria, en niveles mesolíticos, aunque en proporciones muy bajas.

Un aspecto importante sobre los microlitos geométricos es la funcionalidad. Los estudios traceológicos realizados sobre este tipo de industria coinciden en la función de elementos de proyectil y, en menor proporción, se han encontrado huellas de uso de trabajo en piel y en vegetales no leñosos. (Domingo, 2004; Fernández *et al*. 2008, Gibaja *et al*. 2002; Gibaja y Palomo, 2004). Domingo, en su tesis "La funcionalidad de los microlitos geométricos bases experimentales para su estudio aplicada a yacimientos del Valle del Ebro" (2005), realiza un estudio experimental de los microlitos sobre las huellas de uso en diferentes materiales y funciones: perforadores (piel, moluscos, madera, piedra), dientes de sierra, elementos de hoz, puntas y filos laterales de flechas y su aplicación a colecciones arqueológicas. En este trabajo también recoge una exhaustiva documentación sobre las diferentes funciones atribuidas a estos útiles a través del tiempo (Domingo, 2015:23).

Los resultados del trabajo experimental indican mala función como perforadores sobre materias duras, como la piedra o la madera seca. Tampoco los resultados son buenos como dientes de sierra. Se obtuvieron muy buenos resultados como elementos de hoz, utilizando segmentos de círculo, para siega de gramíneas, tanto salvajes, como cereal seco tipo Escanda. Los mejores resultados se obtuvieron como puntas y filos laterales de flechas, se consideraron excelentes en casi todos los casos.

Otra posibilidad analizada es la diferencia en la morfología de las flechas. Los microlitos pueden ser utilizados de diferentes formas en estos proyectiles: enmangados como puntas/ *barbelures* o como flechas de filo transversal. El programa experimental (Gibaja y Palomo, 2004) llega a la conclusión de que estas distintas formas de enmangamiento pudieron estar relacionadas con el tipo de animal cazado.

La abundante presencia de láminas y laminillas, en muchos casos sin retocar, junto con los microlitos geométricos, hace suponer una probable utilización de estas piezas en la fabricación de útiles compuestos, insertadas en puntas de lanza de madera, con utilización tanto para la caza como la pesca. Este aspecto se ha tratado en el punto 6.2 sobre las técnicas de pesca basada en experimentación de uso-desgaste de microlitos geométricos (Zamostje 2, Sergiev Possad- Moscow) (Maigrot *et al.* 2014).

En la región cantábrica no se dispone de investigaciones de este tipo. Además de su posible uso bélico -de lo que no hay evidencia en esta zona-, la funcionalidad estaría relacionada con la caza. Precisamente se detecta la abundante presencia de caza de ungulados en los yacimientos, tanto de costa como de interior y parte alta de los valles y, la escasa presencia de industria lítica específica para esta función. El utillaje sobre hueso no se constata, debido a su práctica desaparición desde el final del Paleolítico, lo que hace pensar en la utilización de otras técnicas. Ya hemos valorado la posible utilización de trampas por la presencia de piezas infantiles. Tal vez se utilizara la madera, abundante en los bosques mixtos, ya sugerida por González Morales (1982). Es una opción razonable que los grupos mesolíticos utilizaran esta materia prima tan abundante y que se percibe en la industria lítica por la presencia de muescas y denticulados, asociados a esta función.

También se ha atribuido una mayor frecuencia de este útil en áreas de montaña, relacionado con la caza, mientras que en la costa tendrían menor peso por el consumo abundante de moluscos, lo que tampoco parece acertado, ya que en la costa es importante la caza como se ha comprobado en los análisis de dietas y en los restos faunísticos. Por otra parte, los microlitos geométricos en Cantabria se hallan en las proximidades de la costa con índices superiores a las zonas de montaña (Barcenilla, La Garma A).

Se observan ciertas diferencias entre los geométricos hallados en los enterramientos y los encontrados en los contextos habitacionales o de desecho. En el caso de los enterramientos, se han hallado tanto geométricos dejados sin haber sido utilizados, como otros, que habiendo sido utilizados, estaban en óptimas condiciones de operatividad. Lo que ha sugerido que adquirieron un significado simbólico al ser dejados junto a los inhumados, mayoritariamente masculinos. Se trataba, en definitiva, de depositar como ajuar proyectiles que no estuvieran rotos o inutilizados (Gibaja y Palomo, 2004).

7.1.8. La técnica del doble bisel

La técnica del doble bisel aparece en yacimientos de la región cantábrica en contextos del VI milenio cal. BC.

País Vasco. Se han hallado segmentos de círculo con talla doble bisel en varios yacimientos del Neolítico inicial. En Pareko Landa (Bizkaia), en la parte superior del nivel Is-Smk, datado en 6650±130 BP (5790-5333 cal BC), ya en contacto con el nivel superior Sn (atribuido al Neolítico) (López Quintana 2005: 436). En Linatzeta (Guipuzcoa), en el hogar del nivel III, datado en 6110±30 BP (5210-4940 cal BC) (Tapia *et al.* 2008:124). En Herrico-Barra (Zarauz-Guipuzcoa), (5960±95 BP) (4960-4710 Cal BC) (Ua.- 4280). En Marizulo (Urnieta, Guipúzkoa) (5960±95 BP (4960-4710 Cal BC) (Ua.10272).

Asturias: En la cueva de Los Canes (Arangas), los niveles holocénicos datados entre el VII y V milenio cal BC, han proporcionado un conjunto de 27 microlitos geométricos, de los que seis están realizados con la técnica doble bisel (cuatro triángulos y dos segmentos de círculo) y cinco combinan esta técnica con el retoque abrupto. Proceden de contextos mesolíticos funerarios datados entre el VI y el V milenio cal BC. En el VI milenio se ha hallado en la estructura 6-III un segmento de círculo; en la Estructura 6-II un triángulo y un segmento de círculo en talla doble bisel; en la Estructura 6-I un triángulo en radiolarita con talla doble bisel y en la UE. 7, datada en el V milenio cal BC, se recuperaron 7 microlitos geométricos, de ellos, dos triángulos con retoque doble bisel con evidencia de interacción con sociedades neolíticas – presencia de cerámica-, pero sin presencia de economía productora (Arias y Fano, 2009:84).

En Cantabria centro-oriental la talla en doble bisel se ha documentado en Cubío Redondo y Carabión (ambos en el valle del Asón) en cronología del V milenio cal BC, como ya se ha citado, sin evidencia de economía productiva. En Los Gitanos (Ontañón, 2013), se ha recuperado un conjunto de 12 microlitos geométricos con talla doble bisel: 9 en el nivel 2 (6 segmentos, 2 triángulos y uno en preparación), lo que da un índice de 32,14 % sobre 28 útiles; 3 microlitos en el nivel 3, el índice se eleva a 25% sobre 12 útiles (hay que considerar que el número de piezas recuperadas es muy reducido). Se observa un incremento de estos útiles hacia los niveles superiores de la secuencia. En este yacimiento está identificada la cerámica y domesticación en el V milenio cal BC (A2: 5669± 541 BP cerámica, MAD-654 y A3: 5945±55 BP, AA-5788, Arias *et al.* 1999 y Ontañón, 2000, 2005 y 2013).

Concluyendo, la cronología de los microlitos con retoque doble bisel es compleja, no obstante es importante, no solo por el uso como discutible "fósil director". El uso del retoque en doble bisel y la configuración de segmentos pueden tomarse como rasgos neolíticos definitorios, considerado como rasgo común en la cuenca del Ebro (Alday, 2009: 167; Cava, 1990: 102; Fernández Eraso, 2004: 186; Montes y Alday, 2012: 54), sino también por la aplicación de esta técnica, que se ha considerado un indicio de transferencia tecnológica entre poblaciones de cazadores-recolectores y agricultores (Arias, 2007; Marchand, 2007; Guilaine et al, 2007:315) en (Arias y Fano, 2009:85).

Fig.7.1.8. Enmangamiento de los microlitos geométricos (Gibaja y Palomo 2004

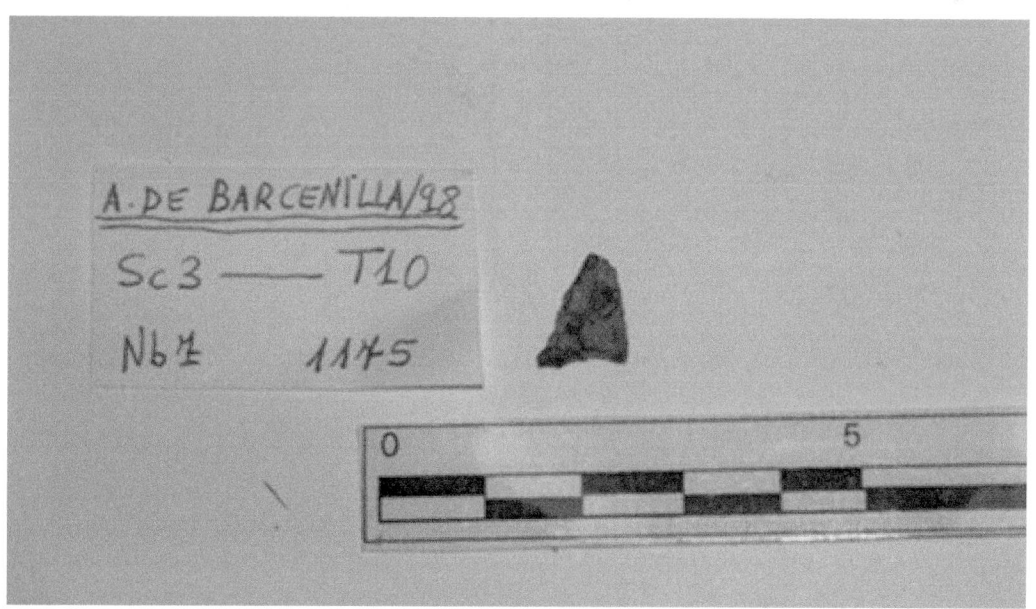

Fig. 7.1.8. b. Barcenilla N. 10. Trapecio

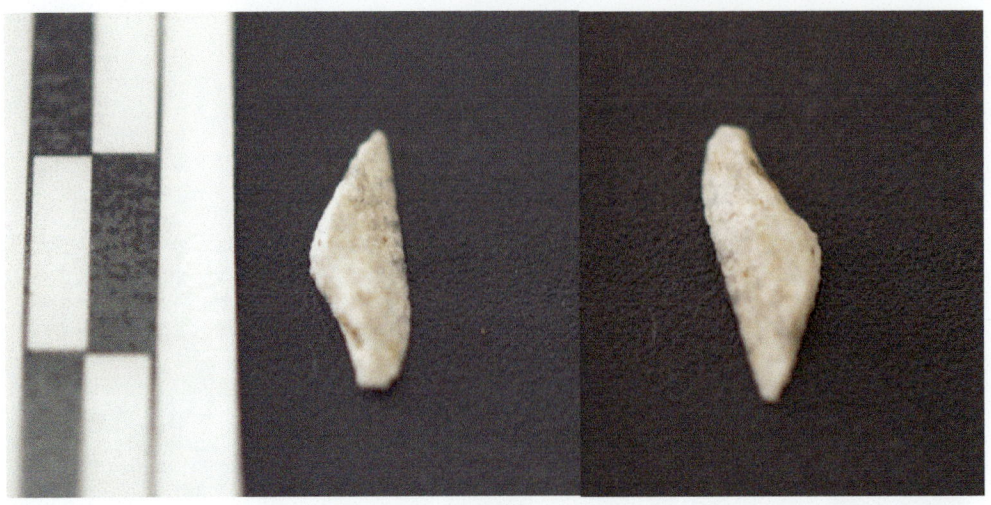

Fig.7.1.8.c. Las Salinas Nivel 2 base: Triángulo con retoque abrupto

Fig.7.1.8.d. Abrigo del Carabión Nivel 1: Segmento con retoque doble bisel

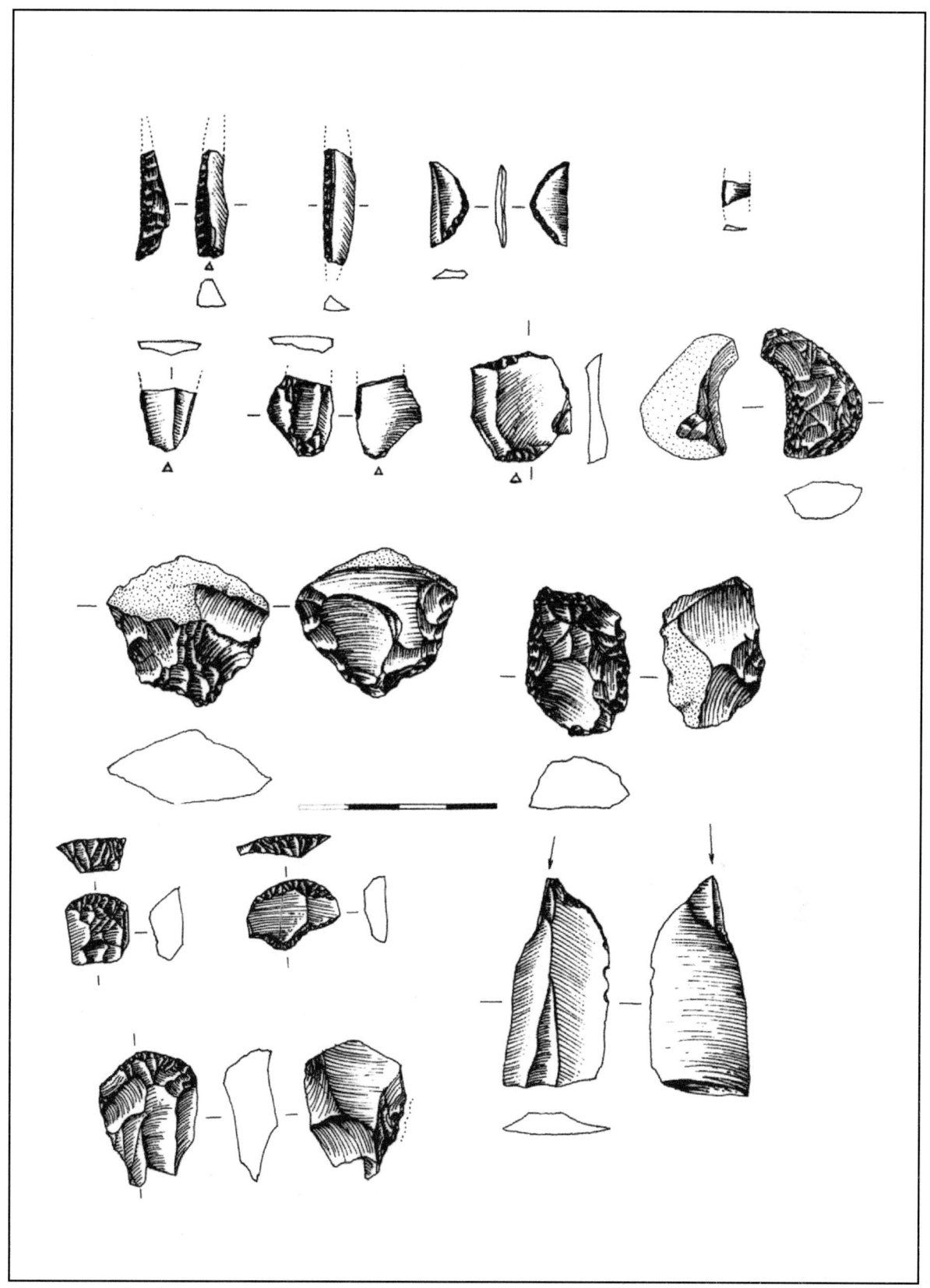

Lámina 7. Industria lítica retocada N1 del Carabión: Microgravette (1 rota); Segmento de círculo (3); Laminillas de dorso (2,4); Raspadores (11-12-13); Buril (14); Retoque marginal (5-6); Astillados (7, 8,9); Raedera carenada (10)

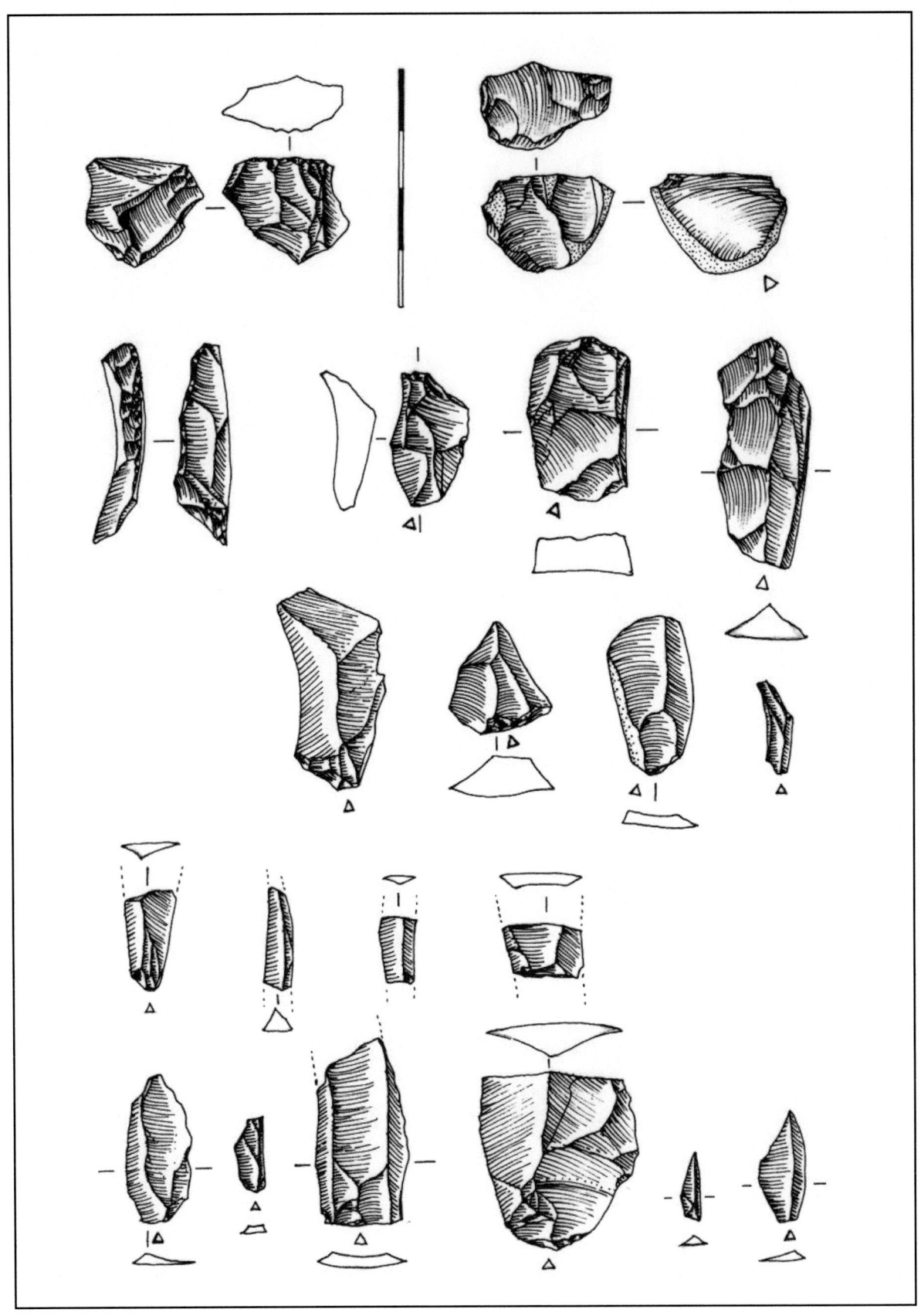

Lámina 7.1. Industria lítica del Carabión C5 N1: 1-2 Núcleos irregulares (agotados); Lascas (3-6 y 8); Industria laminar (7 y 9-20)

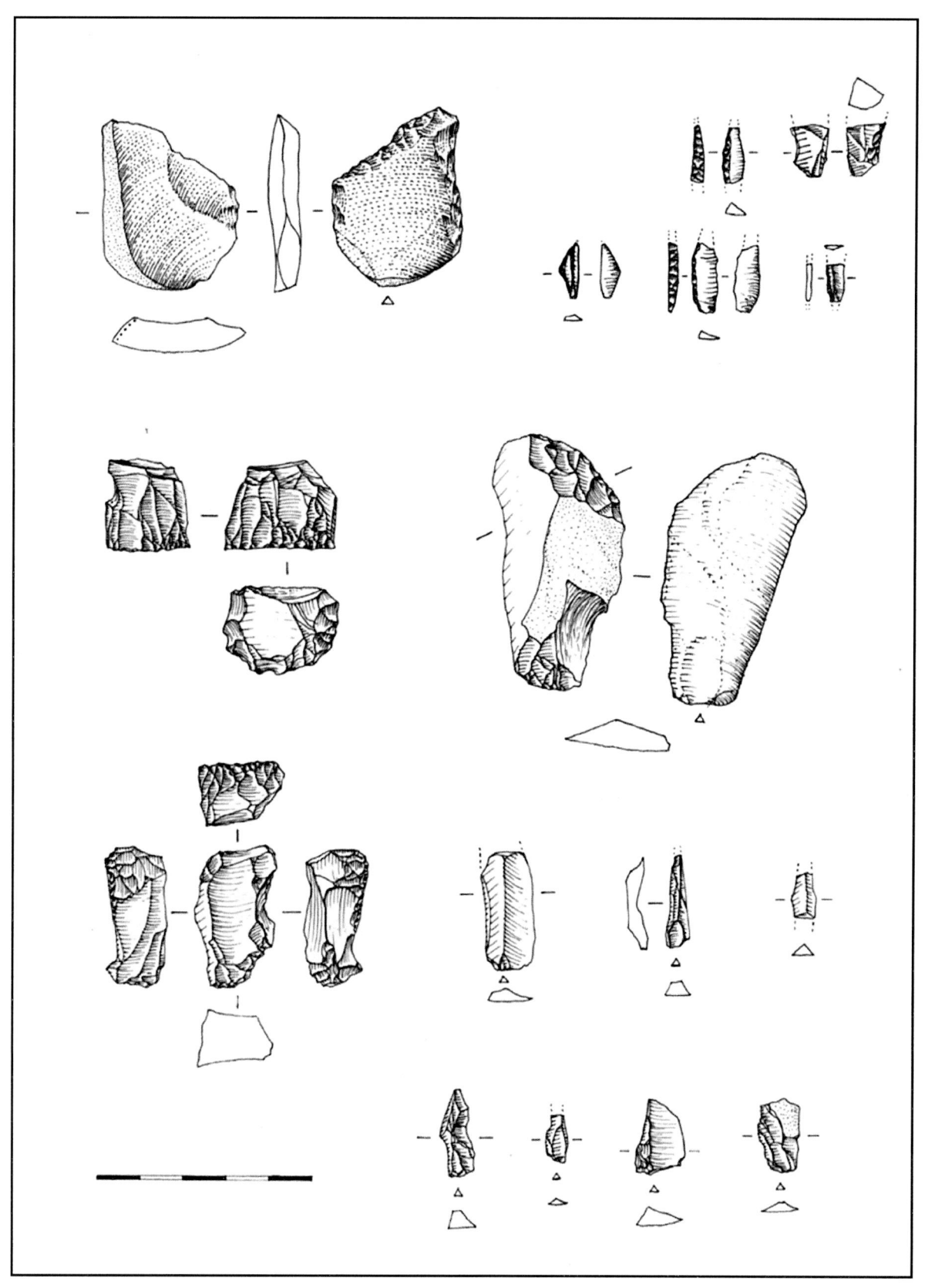

Lámina 7.2. Las Salinas. Industria lítica Nivel 2: Denticulado (1). Microlitos geométricos triángulo (4). Microgravette (3). Laminillas de dorso (6,7). Núcleo de laminillas (8). Raedera (9). Raspador (10). Lámina (111, 12, 13, 14, 15). Laminilla (17). Lascas (4, 16).

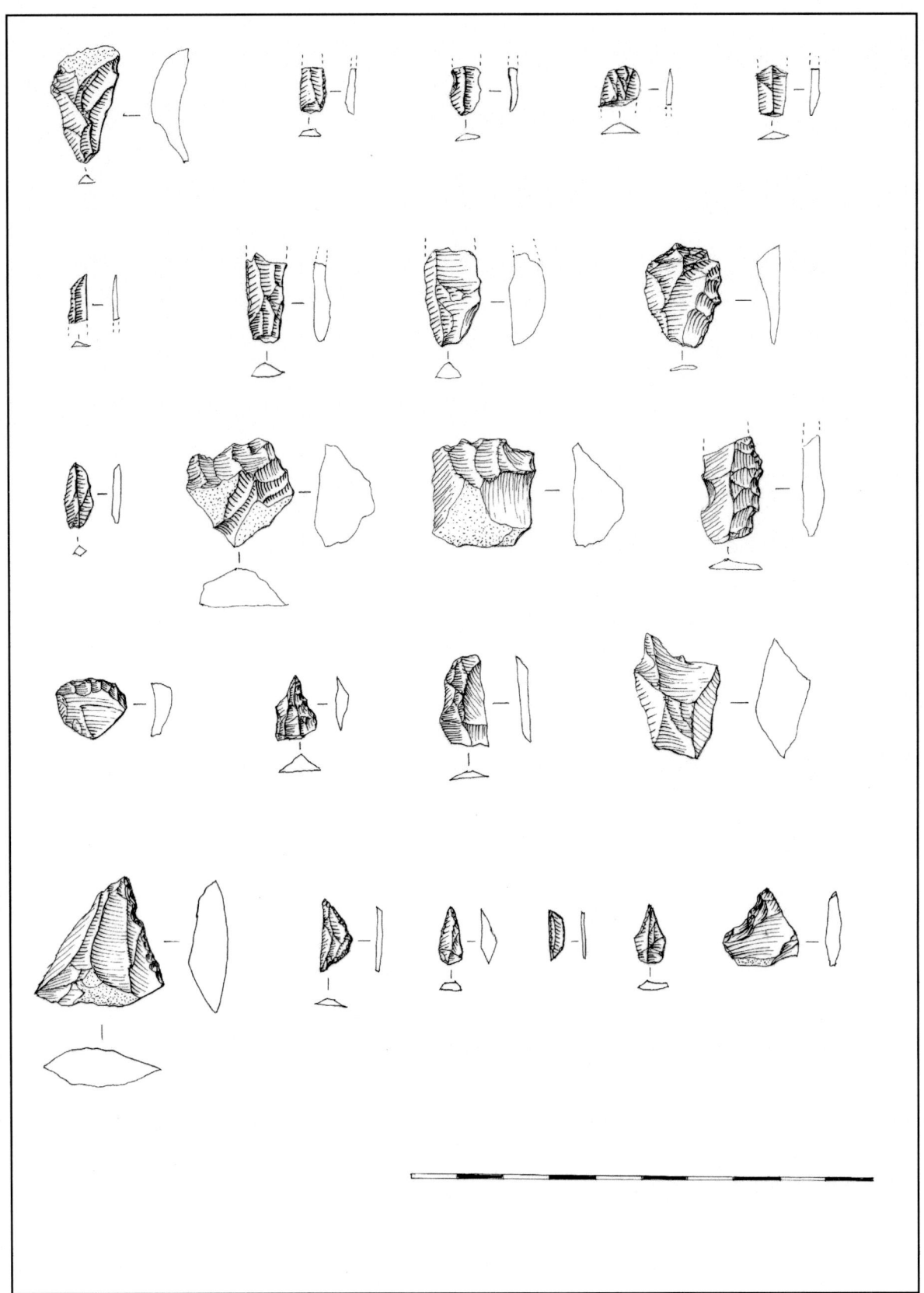

Lámina 7.3. La Fragua Industria lítica Nivel 1: Laminillas: (2-7, 20); Lascas: (1,8, 9, 10, 11, 15, 17,18, 21); Frag. de núcleo (12); , Láminas (13, 16); Raspador: (14); Microlito geométrico (19); Micropuntas (20-22); Escotadura: (23).

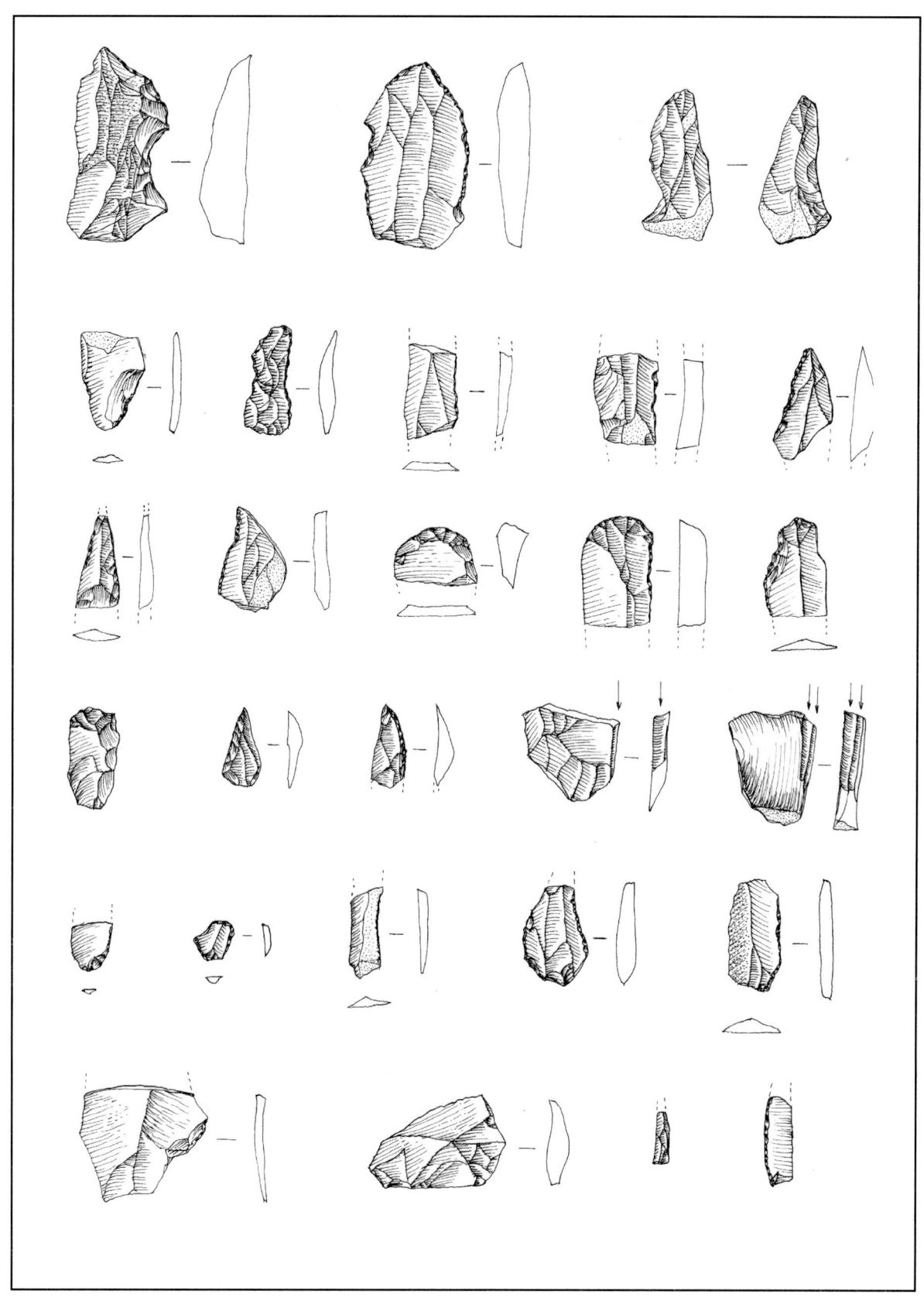

Lámina 7.4. Abrigo de la Peña del Perro Industria lítica Nivel 1. Raspadores (11-12); Escotadura (13) Punta aziliense (15); Buril (17-18); Láminas (2, 6, 7, 14, 23, 24, 27); Lascas (1, 3, 4, 8); Laminillas (5, 9, 16, 19, 20, 21, 25,26).

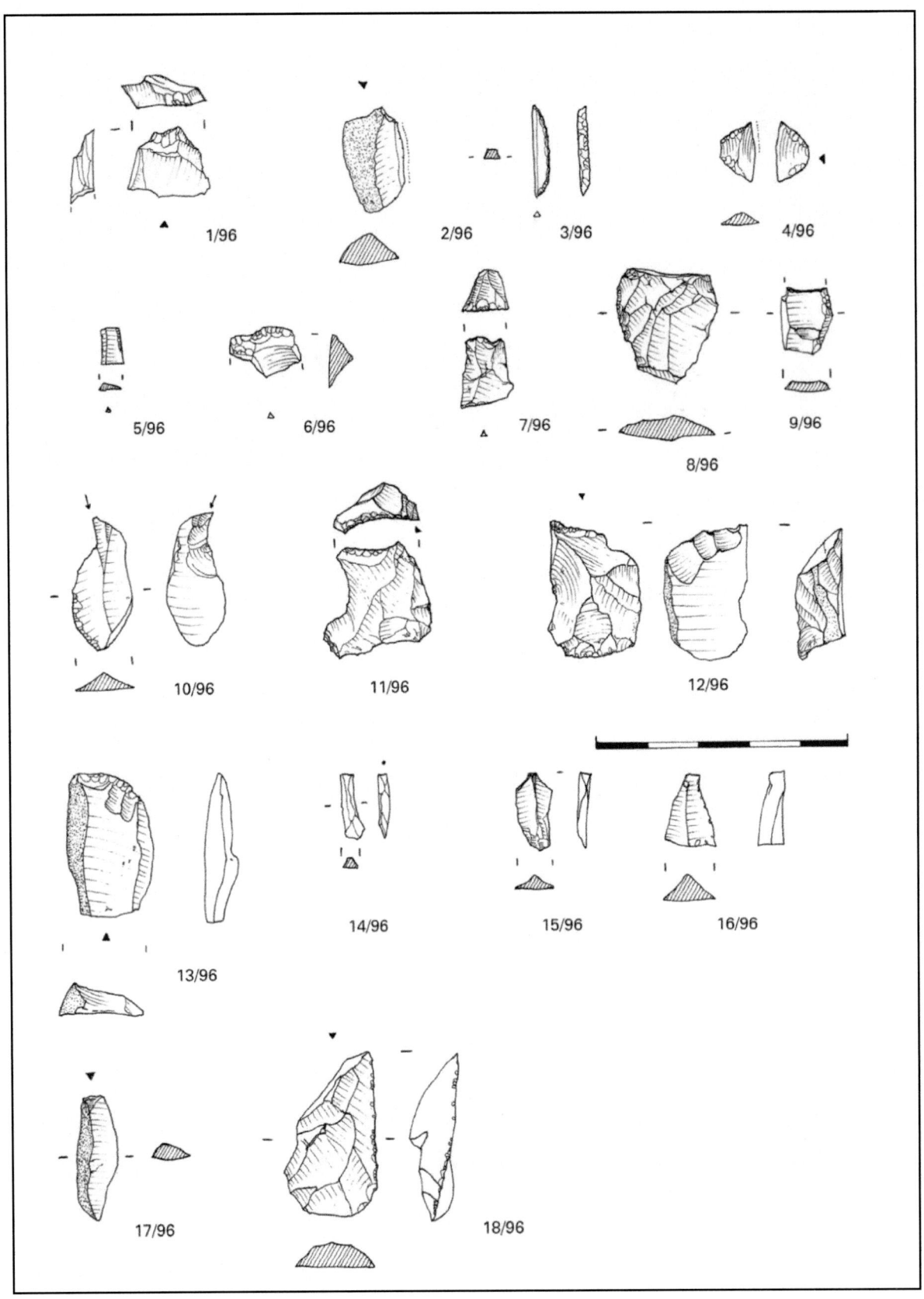

Lámina 7.5: Cubío Redondo. Industria lítica: Microlito geométrico, trapecio atípico (4); Punta aziliense (3); Buril (12,16, 17, 18); Raspador (6); Láminas de dorso (1, 2,6, 7, 8, 11, 12); Láminas (3, 4, 5, 9, 10, 16,17); Muesca (11); Perforador (12) (Ruiz Cobo y Smith, 2001).

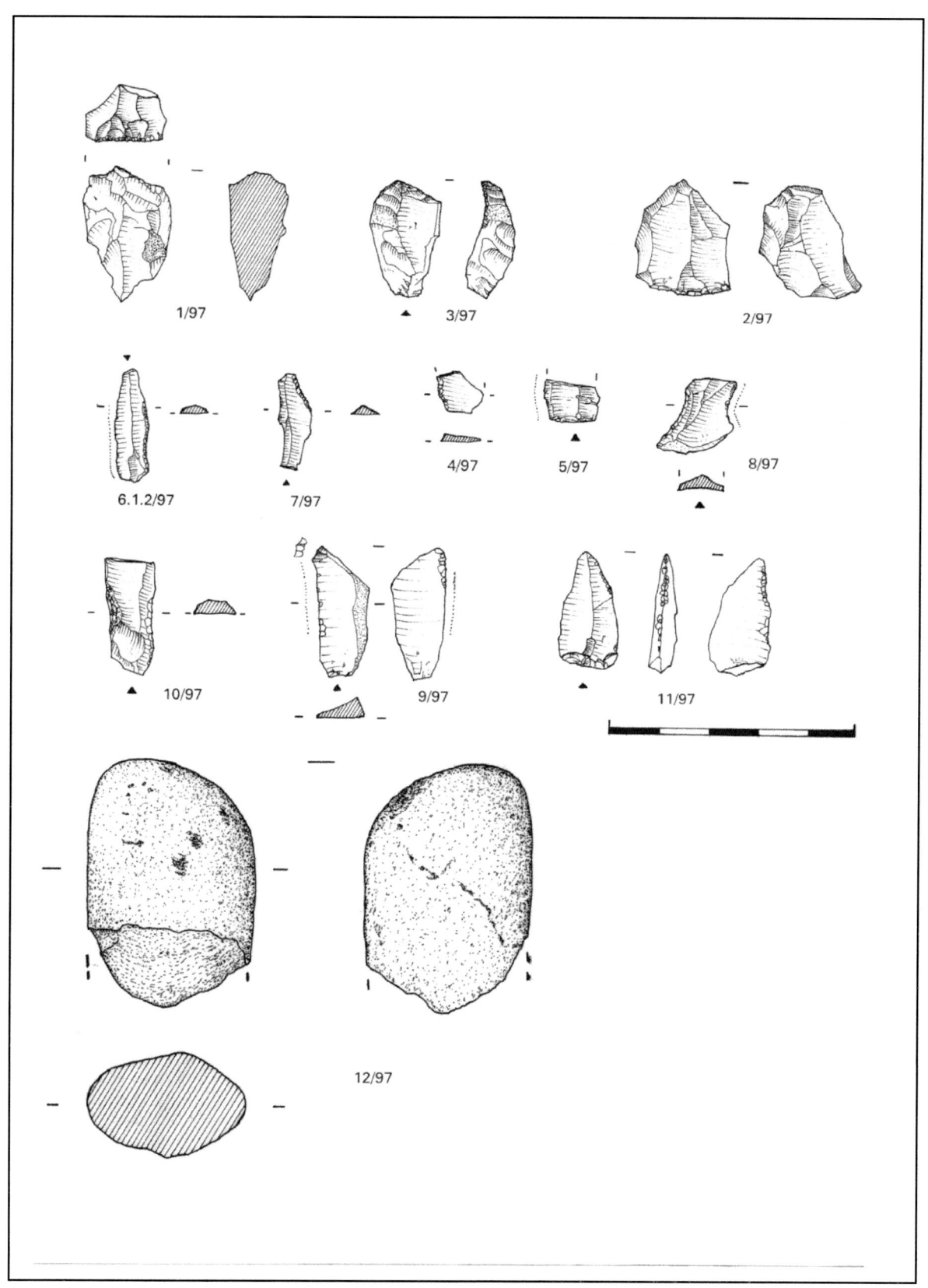

Lámina 7. 6. Cubío Redondo. Industria lítica. Raspadores (1, 2,3); Láminas (5, 6.9.10,11); Lámina de dorso (4, 7,8,). Canto pulido (12) (Ruiz Cobo y Smith, 2001)

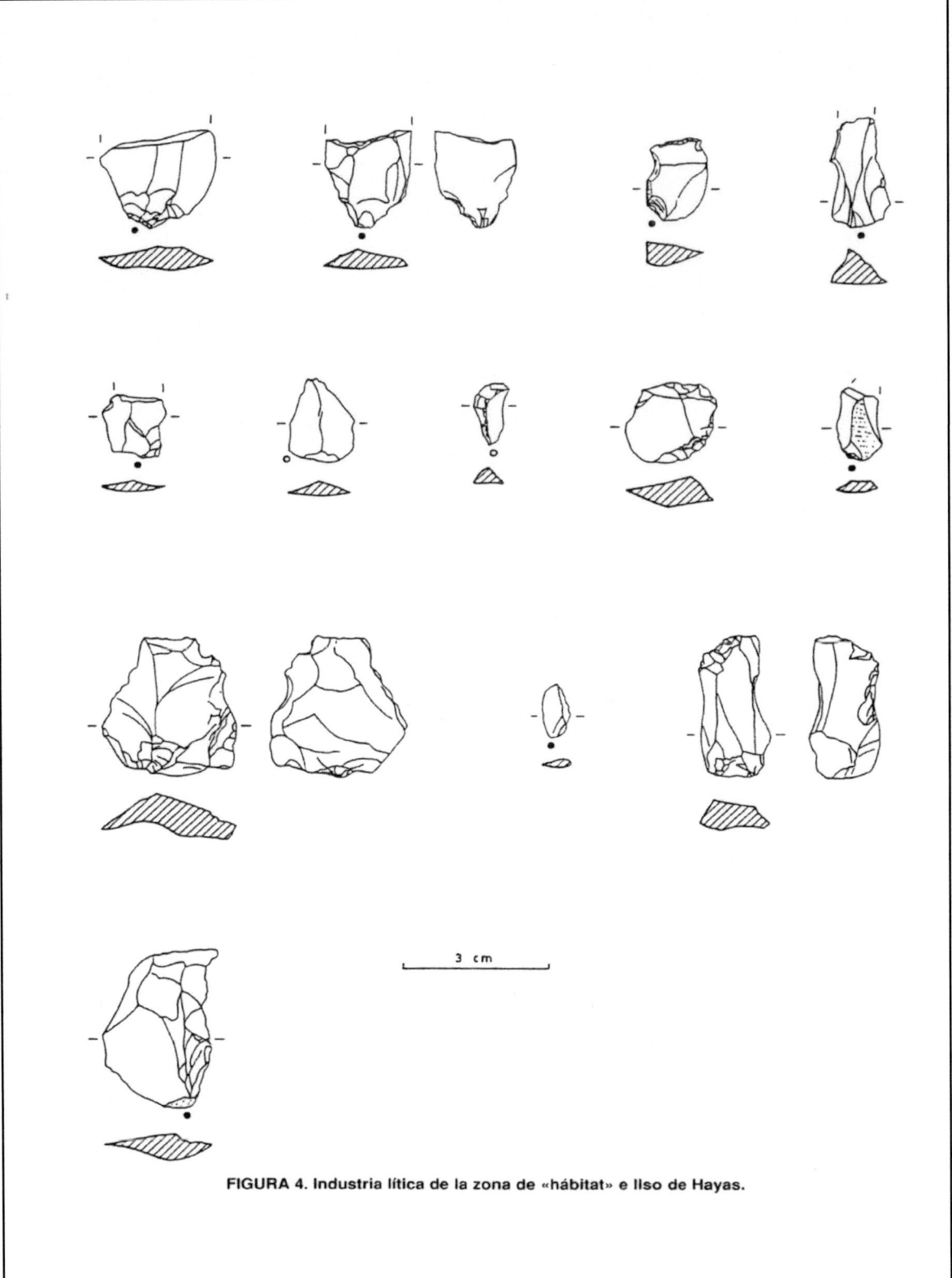

FIGURA 4. Industria lítica de la zona de «hábitat» e Ilso de Hayas.

Lámina 7.7. Ilso de Hayas. Industria lítica de la zona de hábitat (Serna González y Villar Quintero, 1997).

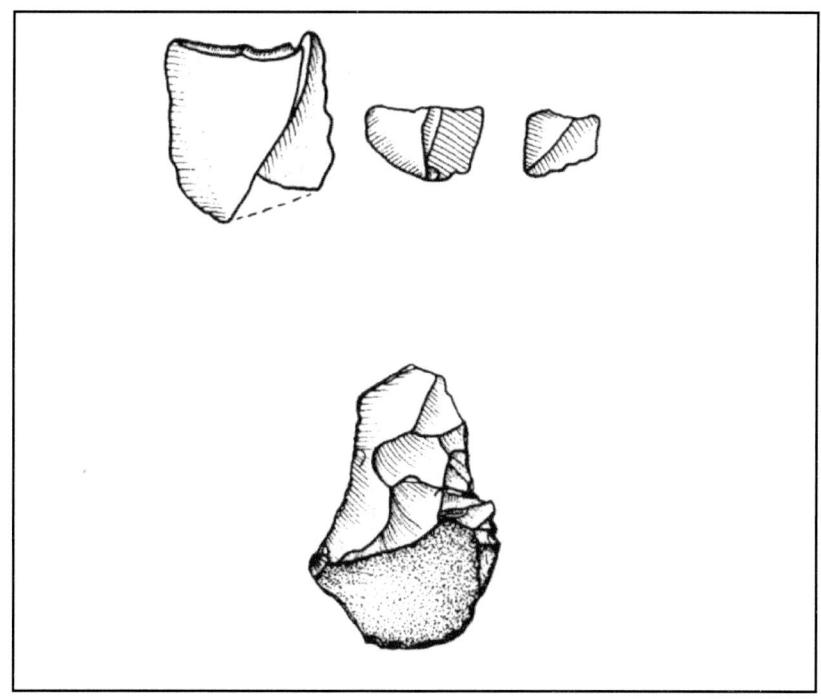

Lámina 7.8. Las Pajucas. Industria lítica (Apellániz y Nolte, 1967)

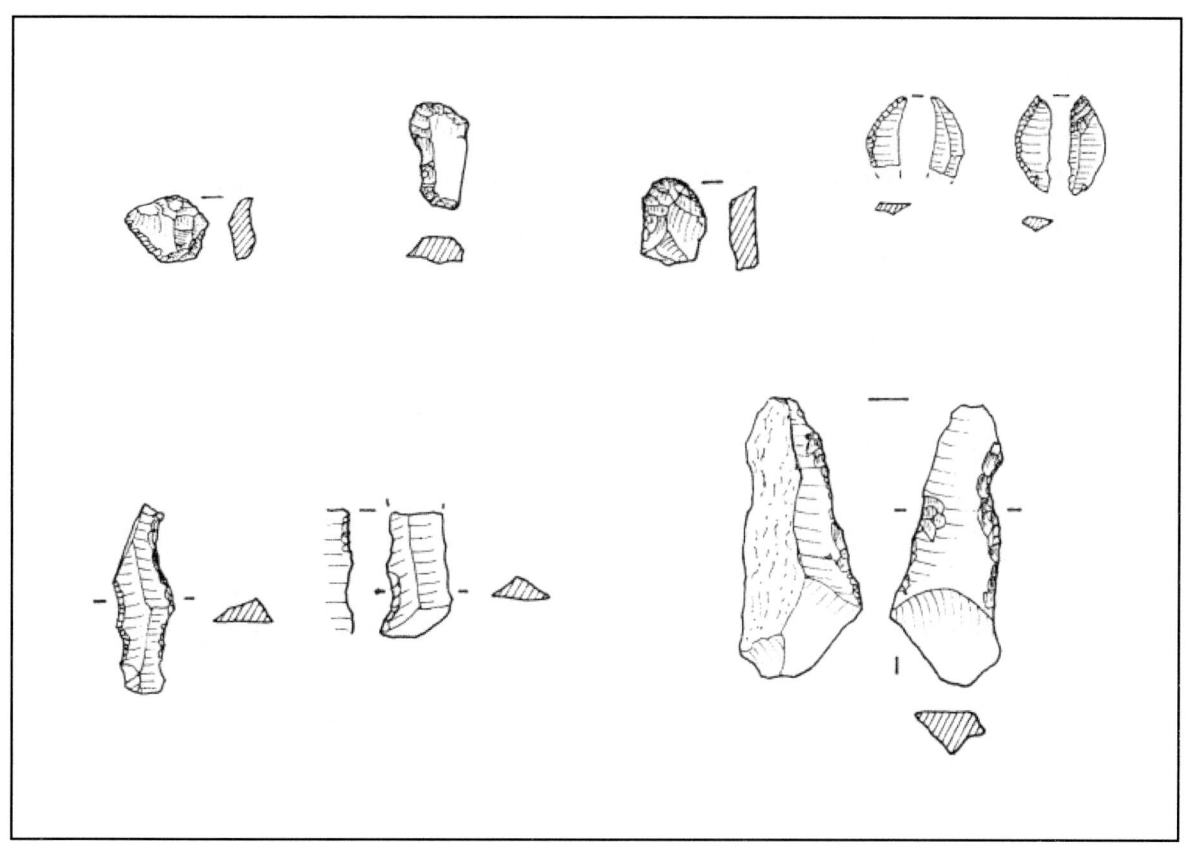

Lámina 7.9. Tarrerón. Industria lítica (Ruiz Cobo, 1994). Segmento de círculo (5)

7.1.9. El macroutillaje

La industria sobre cantos, generalmente de arenisca, es cuantitativamente mucho menos frecuente. Está representada por el pico marisquero, útil que fue considerado "fósil director" en el Asturiense. El pico marisquero es más frecuente en la parte occidental de la Bahía de Santander, donde aparecen varios ejemplares, en los yacimientos del Rostrío (denominado Liencres por Clark, G.1976) y en San Juan de la Canal III. En el primero, Clark, identificó industrias líticas que atribuyó al Asturiense, junto con industrias de la Prehistoria Reciente, fundamentalmente puntas de pedúnculo de aletas con retoques planos. Autores posteriores como, González Morales, M. R. (1982:89-90) y, Arias Cabal, P. (1991: 82-83), señalan la posibilidad de que las industrias pertenezcan a varios momentos cronoculturales. En el yacimiento de San Juan de la Canal aparecieron tres picos asturienses asociados a industrias líticas y cerámicas de un momento evolucionado del Neolítico. En la parte occidental de la Bahía de Santander (Monte) se ha localizado un fragmento de pico en un yacimiento en superficie en Campo Vallado, en un contexto de varias secuencias culturales, sin poder precisar. En El Bocal (Monte) otro pico en superficie.

En la zona oriental de la Bahía de Santander únicamente han aparecido picos aislados en la cueva del Mar, sobre ofita y con la base ancha, en Mallaria, pico asturiense atípico, con la base muy estrecha, recuperado por L. Escallada que realizó un sondeo en la cavidad hallando también un punzón óseo y presencia de cerámica, por lo que se le ha atribuido al Neolítico.

En el proyecto de prospección del Bajo Asón (Ruiz Cobo *et al.* 2009) se halló un pico en la cavidad del Cubo de Gracedo I. Está fabricado sobre canto de cuarcita oscura con unas dimensiones de 78mm de longitud por 72 de anchura y 32 de espesor y está fracturado en la parte distal.

Fig. 7.1.9. Cueva del Mar. Pico asturiense (MUPAC)

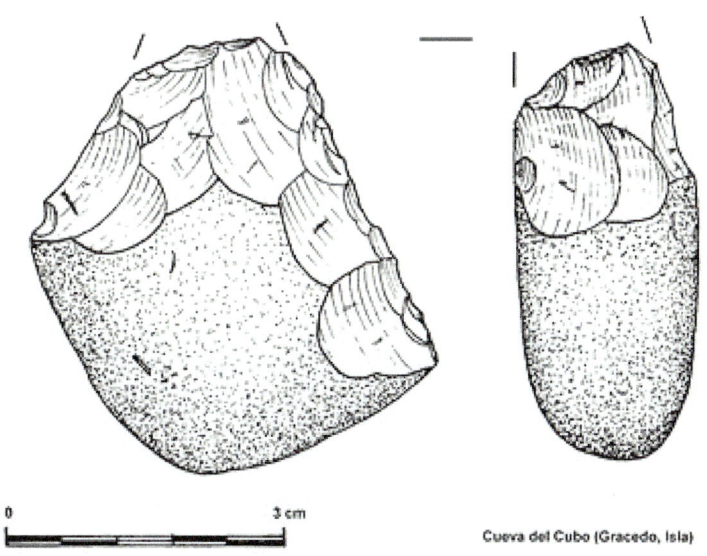

Fig. 7.1.9.1. Cubo de Gracedo. Pico asturiense roto (dibujo Ruiz Cobo *et al.* 2009)

Son frecuentes los cantos y fragmentos de arenisca, con huellas de uso y desgaste como percutores, machacadores, seguramente están relacionados con el procesado de los huesos, avellanas y bellotas. Se han identificado 26 cantos con huellas de uso como percutores o yunques y varios chopper. Un chopper sobre ofita se ha recuperado en La Garma A. En superficie en la cueva de La Yedra (Santoña) núcleo NUPC sobre cuarcita.

Fig. 7.1. 9.2. Cueva de La Yedra. Núcleo NUPC

7.2. Las materias primas líticas

La materia prima absolutamente dominante es el sílex, con valores casi siempre, por encima del 90%, salvo en los niveles 6-7 de Barcenilla, con escasos efectivos y con algunos cantos. Los sílex son muy variados, dominando generalmente los sílex negros y grises, mientras que los calcedoníticos del tipo Picota, apenas representan el 20%. Los sílex foráneos de gran calidad aparecen ocasionalmente. Con menor frecuencia que el sílex aparecen las cuarcitas y areniscas, en forma de canto la mayoría; el cuarzo presenta porcentajes muy bajos y la radiolarita, el cristal de roca y la lutita, solamente aparecen en un ejemplar.

Fig. 7.2. Las Salinas. Núcleo de sílex del tipo Rostrío

MATERIAS PRIMAS LÍTICAS MESOLÍTICO CENTRO-ORIENTAL DE CANTABRIA								
Yacimientos	Sílex	Cuarcita	Cuarzo	Arenisc	Radiol.	Crist. de roca	Lutita	☐ Nº piezas
Barcenilla 5	100							16
Barcenilla 6	73,08	7,69		15,38				26
Barcenilla 7	87,71	7,14	7,14					14
Barcenilla 8	97,06			2,94				35
Barcenilla 9	100							52
Barcenilla 10	94,12			5,88				17
Carabión 1	96,2	1,26		2,53				237
Cubío Redondo	96,7			0,98		1,64	0,65	304
Fragua	94,5	3,29		2,19				91
Garma Q	98,86	0,84	0,28					1396
Peña del Perro 1	94,93	2,53	1,26	0,63	0,63			158
Salinas 2	89,89	2,02	2,02	6,06				198
Tarrerón III	97,2	1,38	0,92	0,46				217
Total								**1718**

Tabla 7.2. Frecuencias de materias primas en yacimientos del Mesolítico centro-oriental de Cantabria

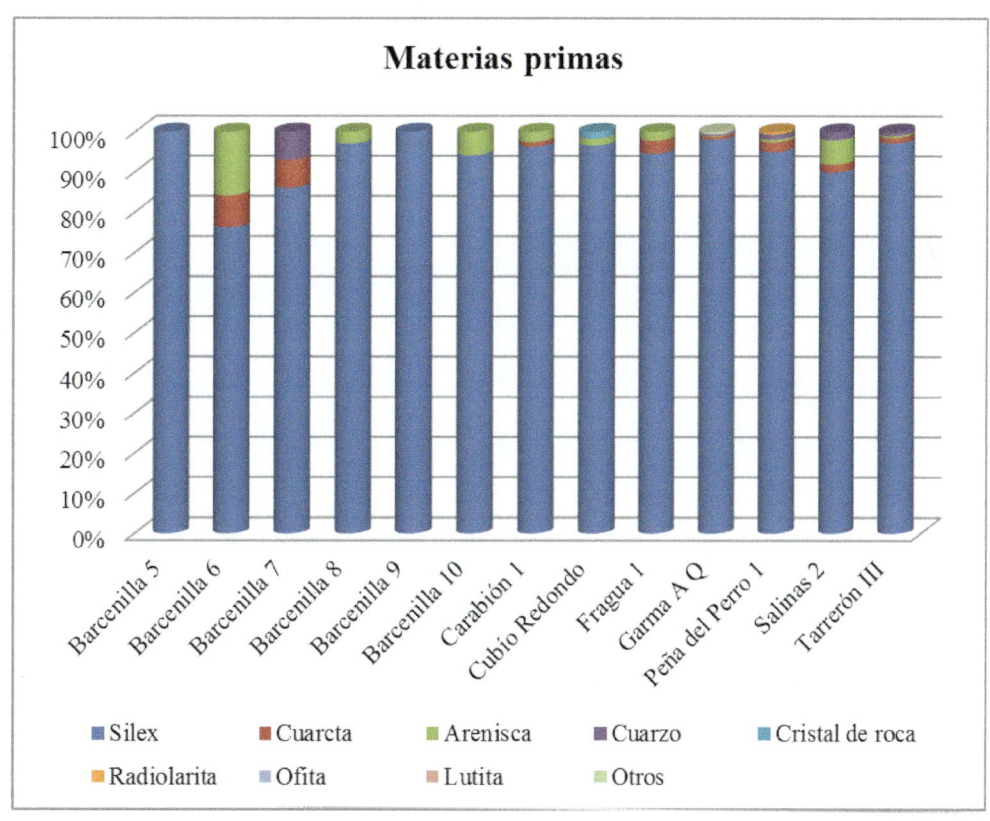

Fig.7.2.b. Gráfico de frecuencias de materias primas en los yacimientos de Barcenilla, Carabión, Cubío Redondo, La Garma, Fragua, El Perro, Las Salinas y Tarrerón.

7.2.1. Los tipos de sílex

Los sílex del Carabión y Las Salinas están pendientes de estudio. En los niveles de Barcenilla se han identificado algunas variedades de sílex:

Tipos de sílex %					
Yacimiento	Gris	Negro	Calcedonítico	Patinados	Total
Barcenilla 5	46,15		12,5	18,75	77,4
Barcenilla 6	21,05	47,37	21,05	10,53	100
Barcenilla 7	58,33	25,6		16,67	100
Barcenilla 8	23,53	52,94	8,82		85,29
Barcenilla 9	34,62	23,08	23,08	19,23	100
Barcenilla 10	81,25	6,25	12,5		100

Tabla 7.2.1. Variedad de sílex identificados en los niveles mesolíticos de Barcenilla

En el Cubío Redondo, el sílex representa el 96,7% de las materias primas con las variedades: gris y negro de tipo local (64%), opalino costero, gris de grano fino y el blanco (32,6%). En La Garma A aparece una variedad de sílex procedente de pequeños nódulos del tipo calcedonítico. En Barcenilla hay presencia del sílex del monte Picota.

Los tipos de sílex identificados en el conjunto de yacimientos, se han clasificado por su color, granulometría y, por comparación con sílex localizados en las formaciones silíceas de Cantabria. Un buen número procede de sílex de filones locales del tipo aptense en color negro y beis, de grano grueso equivalente al sílex de Loza, que se forma en el Maastrichtian-Paleocene Internal Marine Platform Flint, aparece en el sinclinal de S. Román, cerca de Monte Picota (Cantabria), en las inmediaciones de Santander. Los sílex de Loza y Monte Picota no eran utilizados normalmente en la Prehistoria, debido a su mala calidad de talla, aparecen de vez en cuando en morfologías nodulares (Tarriño, A. 2015).

Fig. 7.2.1. Detalle de nódulos de sílex en Monte Picota (Cantabria) (Tarriño, 2015)

En Cantabria el estudio de los filones de sílex se encuentra en proceso de investigación. En la zona centro-oriental se han identificado algunos afloramientos (Tarriño, 2015) y (Pérez Bartolomé et al, 2016)

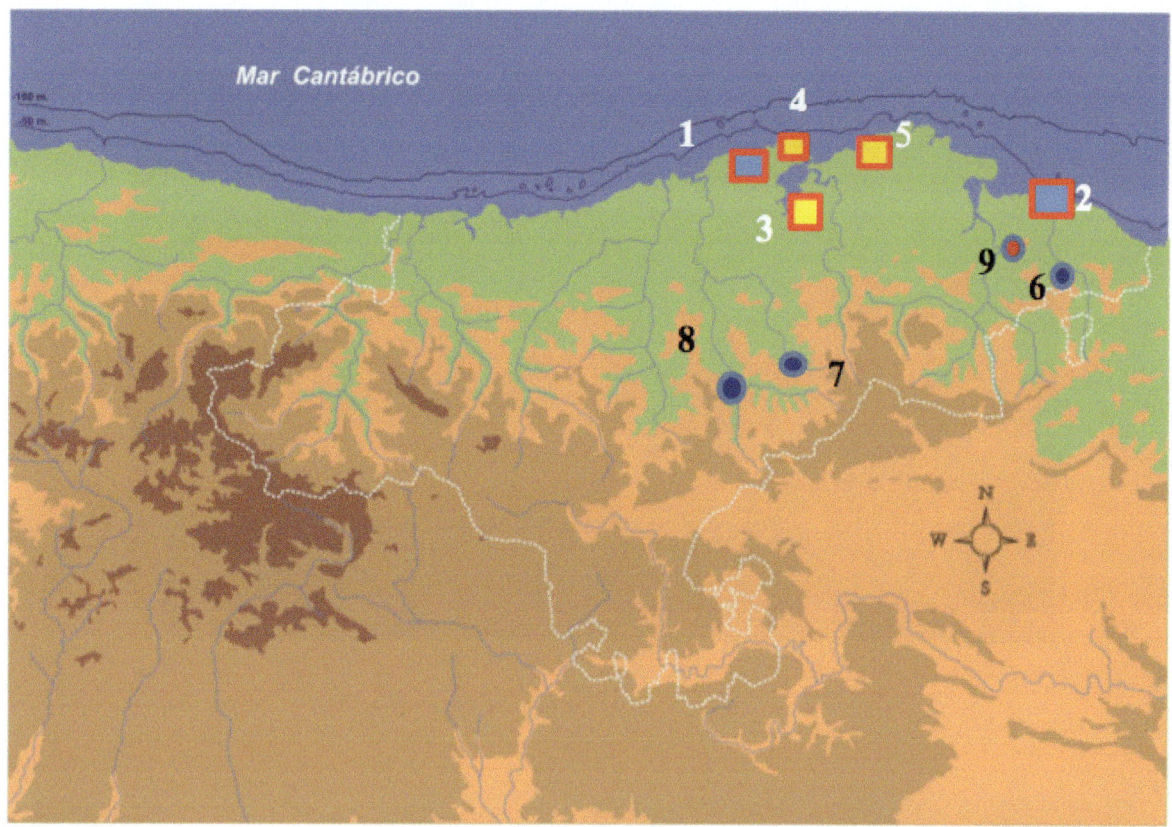

Fig.7.2.2. Situación de los de los filones de sílex en Cantabria centro-oriental: **Marine Platform flint Lower Cretaceous**: 1. (Santander); 2. Sonabia- Castro Urdiales. **Maastrichtian-Paleocene Internal Marine Platform flint:** 3. Picota. **Eocene External Marine Platform flint: 4.** Virgen del Mar (Sobre Tarriño, 2015:97). 5 Langre. **Afloramientos de sílex del Cretácico Inferior**: 6. Sílex Peña San José (Agüera); 7. Monte Brenas (Miera); 8. Monte Caracol (Miera) **9. Ría de Limpias**: Sílex (Pérez Bartolomé, *et al.* 2016).

El sílex de la formación Eocene External Marine Platform flint, es muy abundante en la zona costera de Cantabria, con afloramientos en La Virgen del Mar (Tarriño, 2015:97). Se localizan en el afloramiento de El Rostrío (coordenadas UTM: 428.823/ 4.814.146), en Punta de La Mesa-Cabo Cabezón de S. Pedro (UTM: 431.642/4.814.827) en El Bocal (433.175/4.815.429) y en Langre (Galizano) (442.787/4.814.102).

El sílex Récifal Plataforma Flint Urgoniano del Cretácico Inferior, aflora en la costa de Sonabia (Castro Urdiales, Cantabria) (Tarriño, 2015). Este tipo de sílex se ha formado en la plataforma marina a partir de esponjas silíceas que proliferan en las partes altas de los taludes arrecifales, donde las condiciones son apropiadas por el movimiento de aguas y disponibilidad de oxígeno para su desarrollo. La abundancia de sílice ha dado lugar a formaciones de nódulos de tamaños centimetritos e incluso excepcionalmente grandes (Rosales, 1995).

En los proyectos de prospección se han identificado nódulos de sílex en las formaciones calizas del Cretácico Inferior Aptiense-Albiense en el valle del Pas, en el entorno de las cuevas del Mato y La Soledad. En el Miera aparecen nódulos de sílex en el Monte Brenas y Monte Caracol. En el valle interior del Agüera, en la Peña San José, son abundantes los nódulos de sílex del tipo aptense.

Fig.7.2.3. Afloramiento de sílex en el Rostrío (Virgen del Mar)

Fig. 7.2.4. Nódulo de Sílex del Rostrío

Fig. 7..2..5. Fragmentos de sílex del Rostrío

Fig. 7.2.6. Fragmentos de sílex aptense

Fig. 7.2.7. Fragmentos de sílex aptense

Fig. 7.2.8. Sílex Urgoniano del Cretácico Inferior. Sonabia-Castro Urdiales

Fig. 7.2.9. Detalle de nódulos de sílex del Cretácico inferior en Sonabia-Castro Urdiales

Fig.7.2.10. Sílex de tipo litoral calcedonítico de Langre

Fig. 7.2.11. Sílex de tipo litoral calcedonítico de Langre patinado. Es frecuente este tipo de sílex en los restos líticos de los yacimientos mesolíticos

Fig.7.2.12. Sílex del Flysch arenoso del afloramiento de Kurtzia. Es frecuente en los niveles azilienses del Carabión, Piélago, Valle, entre otros y en algunos niveles mesolíticos

En el Proyecto de localización de materias primas realizado en Limpias y Oriñón (Gómez G., Pérez Bartolomé y Ruiz Cobo, 2010), se localizaron en la zona intermareal de la Ría de Limpias, abundantes nódulos de sílex, muy frescos, restos de talla y algunas industrias. Ha resultado difícil investigar la génesis de este tipo de sílex que aparece también junto con otro tipo denominado "cantos de playa", pequeños nódulos en forma de canto de color negro o melado. Estamos pendientes de que se realice el análisis petrográfico que pueda aportar información precisa.

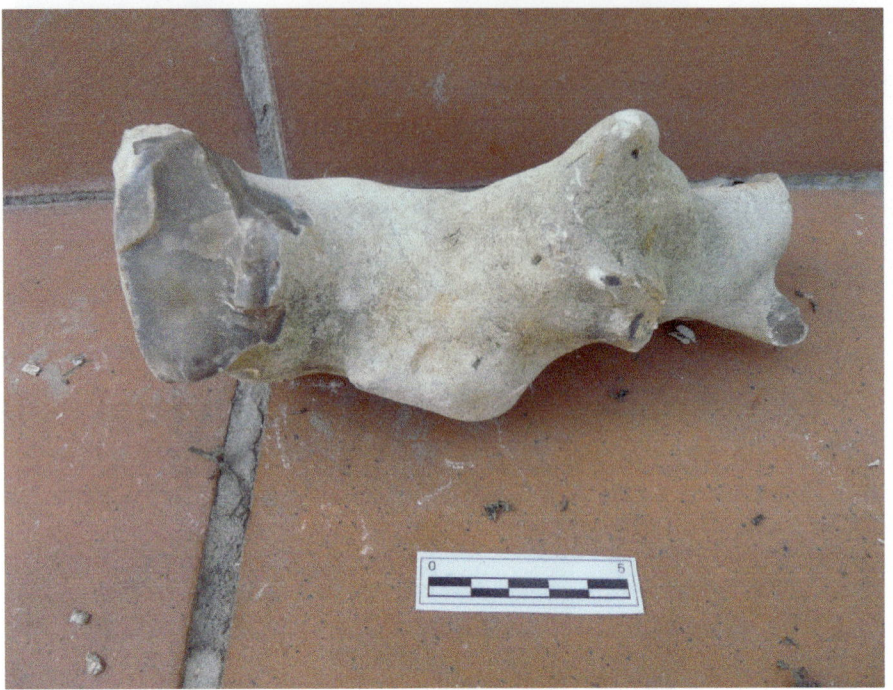

Fig.7.2.13. Ría de Limpias: Nódulo de sílex

Fig.7.2.14. Ría de Limpias: Sílex del tipo "canto de playa"

7.3. La industria ósea

Una característica general en el Mesolítico, es que prácticamente desaparece la industria sobre hueso y asta. Lo más destacado son los anzuelos biapuntados, frecuentes en el Asturiense. En la zona centro-oriental de Cantabria, este útil ha sido identificado únicamente en Cullalvera, un anzuelo biapuntado, fuera de contexto, que parece corresponder a un momento mesolítico (González Sainz; Muñoz y Morlote, 1997:73- 100).

En el registro arqueológico las evidencias son escasas. Solamente se ha recuperado en el Tarrerón un punzón de base articulada y un pitón de base preparada. En el Carabión se ha identificado una lasca de hueso en el cuadro C5, talla 3 (nº 1010), otra en el G2 talla 5 (nº 99) y punta de asta en superficie. En Las Salinas, una lasca de hueso en el nivel 2, talla 5 (nº 698).

CAPÍTULO 8. EL MARCO CRONOLÓGICO

El Mesolítico en la región cantábrica comprende un espacio cronológico comprendido entre la fecha más antigua obtenida en el Mirón (10.1: Gx-24464: 9550±50 BP; 8961 ± 134 cal BC) (Straus; G. Morales 2003b y las obtenidas para el Neolítico inicial en yacimientos del País Vasco: Marizulo NI (Ua-10272: 6425±85 BP; 5540-5260 cal BC) (Mariezcurrena, 1990) y (6035±100; 4964±138) (Alday y Mújica 1999), Arenaza IC2 (Oxa-7157: 6040±75 BP; 4954±100 cal BC) (Arias y Altuna, 1999). En reciente publicación (Fernández-Eraso *et al*. 2015:162-171) señalan la etapa del Neolítico temprano entre el 5700 y 4700 cal BC en el País Vasco. En Cantabria esta fecha, con las dataciones actuales, es un poco más tardía. La primera evidencia de economía productiva se obtiene en Los Gitanos A3 (AA-29113: 5945±55 BP; 4834 ± 71 cal BC) (Arias *et al*. 1999). En este ámbito se considera la etapa del poblamiento de los últimos cazadores-recolectores, entre el Epipaleolítico-Aziliense y el paso a la economía productora en la región cantábrica. Es precisamente la información cronológica, la que ha aportado más datos de yacimientos de concheros mesolíticos -hasta el momento- en Cantabria centro-oriental.

8.1 Los datos disponibles

Las intervenciones en la zona oriental de Cantabria, se han centrado en el Valle del Asón, en el Proyecto: "Prehistoria de las Marismas" de Santoña (González Morales *et al*. 2000), con intervenciones que han aportado fechas del yacimiento de la Peña del Perro, La Fragua y una datación en el conchero de La Chora, que precisó su cronología mesolítica. Este mismo equipo realizó excavaciones de urgencia en las cuevas de La Trecha y Arenillas (Arenillas-Castro Urdiales), en las que se obtuvieron dataciones de cronología Mesolítico-Neolítico. Por otro lado, el proyecto de investigación en la cueva del Mirón (Ramales), (González Morales y Straus, iniciado en 1996), ha facilitado también dataciones de una ocupación mesolítica de escasa entidad. Sin embargo, los niveles neolíticos presentan una cronología que ha permitido, junto con las fechas obtenidas en Los Gitanos, situar el proceso de neolitización en Cantabria en el V milenio calibrado BC, no muy alejada del resto de la región cantábrica.

Otro proyecto realizado en el valle del medio Asón: "La Prehistoria Reciente de Matienzo" (Ruiz Cobo y Smith, 1996-2001), ha aportado dataciones en los yacimientos del Cubío Redondo y Cofresnedo de cronología mesolítica.

En el valle del Miera, el proyecto de investigación del complejo arqueológico de La Garma, iniciado en el final de los años 90 del XX, (Arias, Ontañón y Armendáriz), ha facilitado una buena batería de fechas de diferentes yacimientos: Garma A y B, Cueva del Mar y El Truchiro.

Morlote y Muñoz, en los años (1995-2000), llevan a cabo el proyecto de sondeos y dataciones radiocarbónicas en cavidades del carst del macizo del Peñajorao (Valle del Pas). En el sondeo efectuado en el Abrigo de Barcenilla, se exhumo una amplia secuencia cronocultural en la que se han obtenido dataciones atribuidas al Mesolítico-Neolítico.

Por último, los proyectos realizados en el proceso de esta investigación, han estado dirigidos en gran parte, a la obtención de dataciones radiocarbónicas de yacimientos, de los que solamente se tiene información superficial, obtenida en proyectos de prospección que hemos realizado junto con otros grupos (ACDPS, CAEAP, CARBALLO/RABA), en cada uno de los valles de Cantabria centro-oriental. Estos proyectos se han concretado en recogida de muestras y realización de dataciones en los valles de Asón-Agüera (2006), Valle del Miera (2011) y Valle del Pas (2012, 2015 y 2016), cuyo proceso y resultados se describen en el capítulo 3 (apartado 3.2.3.).

En la Tabla 8.1. se recogen las fechas de radiocarbono disponibles de la zona centro-oriental de Cantabria en el Mesolítico, junto con las fechas límite del Aziliense y Neolítico, anotándose las referencias de yacimiento, nivel, naturaleza de la muestra, los resultados en años BP y las referencias bibliográficas. La calibración de las fechas de radiocarbono se ha efectuado con el programa CalPal2007_HULU (Weninger y Jorris, 2008). Las dataciones obtenidas sobre conchas no han sido calibradas, debido a los problemas planteados respecto al establecimiento del efecto reservorio en el Cantábrico, dada la falta de un valor ΔR conocido que permita una aproximación local al parámetro ΔR.

Se han obtenido en depósitos del centro-oriental de Cantabria 52 fechas de cronología mesolítica, obtenidas sobre 22 yacimientos. En esta investigación se han obtenido 15 sobre 8 yacimientos datados (tres de posible asignación cronológica en el Neolítico), lo que supone una aportación del 28,84% del total de dataciones para el Mesolítico en Cantabria.

Yacimiento	Nivel	BP	sd	Cal BP 1σ	sd.	Adscripción	Material	Ref. Lab.	Método	Bibliografía
Valle	Superficial	10120	280	11820	480	Aziliense	Carbón	GX-24639	C14	Gª Gelabert; Talavera, 2004
La Fragua	N. 3	9600	140	10930	200	Aziliense?	Carbón	GrN-20966	C14	González Morales, 2000
Mirón	10.1.I4c	9550	50	10910	140	Mesolítico	Carbón	Gx-24464	C14 AMS	Straus; G. Morales, 2003b
Las Salinas	**N. 5**	**9450**	**50**	**10688**	**69**	**Mesolítico**	**Hueso**	**Poz-64246**	**C14 AMS**	**Pérez Bartolomé, M. 2015**
El Perro	1.3	9260	110	10450	140	Mesolítico	Carbón	GrN-18116	C14	G. Morales y Díaz, 2000
Cubera	**N. 2**	**9190**	**60**	**10372**	**86**	**Mesolítico**	**Carbón**	**Poz-18733**	**C14 AMS**	**Pérez Bartolomé, M. 2016**
Morín	Est. geol 27	9000	150	10080	230	Mesolítico	Carbón	I-5150	C14	González Morales, 1982
Mirón	10.1.I4b	8700	40	9660	70	Mesolítico	Carbón	GX-25852	C14 AMS	Straus; G. Morales, 2003b
Sopeña	**N2**	**8460**	**100**	**9431**	**94**	**Mesolítico**	**Hueso**	**Poz-45937**	**C14 AMS**	**Pérez Bartolomé, M. 2016**
Mirón	J4/10.1/34	8380	175	9320	190	Mesolítico	Carbón	OX-24463	Conv-x	Straus; G. Morales, 2003b
Truchiro	N.2	8296	31	9335	56	Mesolítico	Hueso	OxA-23190	C14 AMS	Álvarez-Fdez. et al. 2013
Garma A	Estrato 2/Q	8295	65			Mesolítico	Concha	UBAR-655	C14	Mestres y Arias, 2006
Garma A	Estrato 2/Q	8175	65			Mesolítico	Concha	UBAR-657	C14	Mestres y Arias, 2006
Garma A	Estrato 2/Q	8165	65			Mesolítico	Concha	UBAR-656	C14	Mestres y Arias, 2006
Garma A	Estrato 2/Q	7985	65			Mesolítico	Concha	UBAR-658	C14	Mestres y Arias, 2006
Garma A	Estrato 2/Q	7710	90	8510	80	Mesolítico	Hueso	OxA-7495	C14 AMS	Arias et al. 2000
Garma A	Estrato2/Q	7685	65	8490	60	Mesolítico	Hueso	OxA-7284	C14 AMS	Arias et al. 2000
Carabión	**C5 N1 Inf.**	**7800**	**50**	**8576**	**52**	**Mesolítico**	**Hueso**	**Poz-32691**	**C14 AMS**	**Pérez Bartolomé, M. 2014**
La Trecta	Zona 4/CC6-1	7500	70			Mesolítico	Concha	URU-0038	C14	G. Morales et al. 2002
La Fragua	N. 1 Inferior	7530	70	8320	80	Mesolítico	Carbón	GrN-20965	C14	González Morales, 2000
Ilso de Hayas	SondeoIH-3	7529	130	8330	123	Mesolítico	Carbón	GrN-21231	C14	Serna; Villar Quinteiro, 1997
Erm. Santiago	**N. 2**	**7390**	**40**	**7878**	**42**	**Mesolítico**	**Concha**	**Poz-18258**	**C14 AMS**	**Pérez Bartolomé, M., 2016**
Arenillas	Conchero	7374	38			Mesolítico	Concha	OxA-27154	C14 AMS	Soares et al. 2016
Cueva del Mar	Conchero-base	7225	44	8060	70	Mesolítico	Carbón	AA-45575	C14 AMS	Fano, M. A. 2007
Arenillas	Conchero	7143	36	7975	23	Mesolítico	Hueso	OxA-2488-43		Soares et al. 2016
Barceni la	**N. 8 T11**	**7020**	**30**	**7878**	**42**	**Mesolítico**	**Hueso**	**Poz-18849**	**C14 AMS**	**Muñoz Fdez. et al. 2013.**
Truchiro	N.2 bajo Inhum	7015	45	7862	56	Mesolítico	Carbón	OxA-23367	C14 AMS	Álvarez-Fdez. et al. 2013
Cueva del Mar	Conch. aisl.	7013	42	7860	60	Mesolítico	Carbón	AA-45572	C14 AMS	Fano, M. A. 2007
Las Salinas	N4 (Intrus)	6990	40	7840	64	Mesolítico	Hueso	Poz-8818	C14 AMS	Pérez Bartolomé, M. en este trabajo.
Las Salinas	**N. 2 med**	**6930**	**40**	**7764**	**48**	**Mesolítico**	**Hueso**	**Poz-75995**	**C14AMS**	**Pérez Bartolomé, M. 2015**
Garma A	Estrato 2/Q	6920	50	7760	60	Mesolítico	Hueso	OxA-6889	C14 AMS	Arias et al. 2000
Solahesa	**N3 base**	**6910**	**50**	**7752**	**52**	**Mesolítico**	**Hueso**	**Poz-45934**	**C14 AMS**	**Pérez Bartolomé, M. 2016**
Las Salinas	**N. 2 alto**	**6910**	**40**	**7747**	**44**	**Mesolítico**	**Mesolítico**	**Poz-75993**	**C14 AMS**	**Pérez Bartolomé, M. 2015**

Yacimiento	Nivel	BP	sd	Cal BP 1σ	sd.	Adscripción	Material	Ref. Lab.	Método	Bibliografía
Las Salinas	**N. 1**	**6870**	**40**	**7713**	**40**	**Mesolítico**	**Mesolítico**	**Poz-75996**	**C14 AMS**	**Pérez Bartolomé, M. 2015**
Garma A	Estrato 2	6870	50	7720	60	Mesolítico	Hueso	OxA-7150	C14 AMS	Arias et al., 2000
La Fragua	A4/1 medio	6860	60	7710	60	Mesolítico	Carbón	GrN-20964	C14	González Morales, 2000
Cofresnedo	Conch. V0	6845	45	7680	50	Mesolítico	Carbón	GrA-20146	C14 AMS	Ruiz Cobo y Smith, 2003
Cueva del Mar	Conch. med.	6825	41	7660	40	Mesolítico	Carbón	AA-45573	C14 AMS	Fano, 2007
Trampascuevas	**N. 2**	**6.770**	**50**	**7628**	**34**	**Mesolítico**	**Carbón**	**Poz-18730**	**C14 AMS**	**Pérez Bartolomé, M. 2016**
Cueva del Mar	Conch. Sup.	6725	52	7590	50	Mesolítico	Carbón	AA-45576	C14 AMS	Fano, M. A. 2007
La Fragua	N. 1 Super	6650	120	7540	90	Mesolítico	Carbón	GrN-20963	C14	González Morales, 2000
Cubío Redondo	Conch.3-6	6630	50	7520	50	Mesolítico	Hueso	Beta-106050	C14 AMS	Ruiz Cobo y Smith, 2003
Campizo	**N 3 base**	**6630**	**50**			**Mesolítico**	**Concha**	**Poz-45941**	**C14 AMS**	**Pérez Bartolomé, M. 2016**
El Truchiro	Conchero	6470	70	7380	60	Mesolítico	Hueso hum	TO-10912	C14 AMS	Arias y Álvarez, 2004
Sta. Ana	Superficie	6440	40	7368	42	Mesolítico	Carbón	Poz-7428	C14 AMS	Valle Gómez et al. 2006
Barcenilla	N. 5 T6	6380	40	7336	55	Mesolítico	Hueso	Poz-18850	C14 AMS	Muñoz Fdez. et al. 2013
La Chora	Conch. Int.	6360	80	7300	70	Mesolítico	Carbón	GrN-20961	C14	Yudego 1995
La Trecha	Zon 2/Conch	6240	100			Mesolítico	Concha	URU-0039	C14	G. Morales et al. 2002
Los Gitanos	A3	5945	55	6780	70	Neolítico	Hueso	AA-5788	C14 AMS	Ontañón, 2000-280
Cucabrera	**Carbón**	**5880**	**50**	**6709**	**51**	**Neolítico?**	**Carbón**	**Poz-45935**	**C14 AMS**	**Pérez Bartolomé, M. 2016**
Mirón	Tr/1.5/303/16	5790	90	6600	100	Neolítico	Carbón	GX-25856	Conv-x	Straus; G. Morales, 2003b
Cubío Redondo	Conch.3-6	5780	50	6580	60	Mesolítico?	Carbón	Beta-106049	C14 AMS	Ruiz Cobo y Smith, 2003
Tarrerón	N. III	5780	120	6590	130	Mesolítico?	Carbón	I-4030	C14	Apellániz, 1971
Carabión	**C5 N1 Sup.**	**5.750**	**40**	**6561**	**57**	**Neolítico?**	**Hueso**	**Poz-18732**	**C14 AMS**	**Pérez Bartolomé, M. 2016**
Garma B	Estrato costr	5748	513			Neolítico	Carbonato	MAD-563	TL	Arias et al. 2000
Mirón	10 13C	5690	50	6490	60	Neolítico	Carbón	GX-23413		Straus; G. Morales 2003b
Los Gitanos	A2	5669	541			Neolítico	Cerámica	MAD-654	TL	Ontañón, 2000
La Trecha	Conchero	5600	310	6410	360	Meso/Neolit	Carbón	URU-0051	C14	G. Morales et al. 2002
Arenillas	Conchero	5580	80	6380	70	Neolítico?	Carbón	GrN-19596	C14	Bohigas y Muñoz, 2002
Mirón	303.3	5550	40	6350	40	Neolítico	Triticum d	GX-30910	C14 AMS	Peña-Chocarro et al. 2005
Garma B	Estrato costr	5525	568				Carbonato	MAD-438	TL	Arias et al. 2000
Carabión	**H1 N1**	**5.440**	**40**	**6251**	**34**	**Neolítico**	**Hueso hm.**	**Poz-30592**	**C14 AMS**	**Pérez Bartolomé, M., 2016**

Tabla 8.1. Fechas disponibles para el Mesolítico de Cantabria centro-oriental y límites Aziliense y Neolítico. La calibración de las fechas de radiocarbono se ha efectuado con el programa CalPal2007_HULU (Weninger y Jorris, 2008). Las fechas sobre concha no se han calibrado debido al efecto reservorio dada la falta de un valor ΔR conocido que permita una aproximación, local al parámetro ΔR. Las fechas señaladas en negrita (15) se han obtenido en esta investigación.

8.2. Análisis de la muestra

El análisis de las fechas permite hacer algunas valoraciones:

a) El marco cronológico del Mesolítico en Cantabria centro-oriental, con las dataciones disponibles, la horquilla que ofrece el Mirón con la fecha más temprana (9550±50 BP; 8961±134 cal BC) y (5790±90 BP; 4648±102 cal BC) (Straus y González Morales, 2003), fecha atribuida al Neolítico antiguo, junto con la obtenida en Los Gitanos (5945±55 BP; 4834±71 cal BC) (Arias *et al.* 1999) comprende un espacio temporal de unos 3.600 años. El límite con el Aziliense parece bastante preciso, está situado entre las fechas más tardías de Valle (10120±280 BP) (García Gelabert y Talavera, 2004), El Perro (10160±110 BP) (González Morales y Díaz, 2000) y Piélago II (10280±120 BP) (Soto Barreiros, 2003). La fecha final para el Aziliense en la Región cantábrica, se encuentra en Sta. Catalina N. 1 (9180±110 BP; 10390±120 BP, cal. BP) (Berganza *et al.* 2007) que se solapa con la obtenida en el Mirón para el Mesolítico. En Cantabria, el estrato 1 de La Garma A, sobre carbonato (9165±1088 BP) (Arias *et al.* 2000), pone fin al nivel Aziliense. Ese mismo estrato aporta una segunda fecha también sobre carbonato (8448±1987BP), de cronología en el ámbito cultural mesolítico.

b) Las fechas más tempranas atribuidas al Mesolítico en Cantabria centro-oriental del Mirón (9550±50 BP), Las Salinas (9450±50 BP), la Peña del Perro (9260±100 BP) y Cubera (9190±60 BP) se solapan con la del nivel Aziliense de Sta. Catalina (9180±110 BP). Si bien, la fecha de La Fragua (9.600±140BP), atribuida al Aziliense, la fauna podría corresponder a un momento postglacial (Marín, 2004). Las fechas finales/transición Mesolítico-Neolítico se encuentran en el Cubío Redondo (5780±50 BP), Tarrerón (5780±120 BP) atribuidas al Mesolítico/ Neolítico. La fecha del Carabión N.1, parte superior (Z: -20 cm) (5750±40 BP), creemos que pertenece a un momento ya Neolítico, aunque sin presencia de economía productiva, ya que la fecha del Mirón (5790±90 BP), está atribuida al Neolítico, y la fecha algo posterior, obtenida sobre cereal, (5540±40 BP) (Peña-Chocarro *et al.* 2005), adelanta la fecha de implantación de la economía productora en la región.

c) Sobre la etapa inicial, son escasos los yacimientos encuadrables en el X milenio: Mirón, Las Salinas, El Perro, Cubera y Morín. Este dato puede estar motivado por falta de dataciones, o tal vez pueda indicar una prolongación en la reducción del poblamiento, relacionado con el cambio brusco medioambiental que se produce entre 10,1/9,6 ka BP, que impulsara movimientos migratorios o de reajuste.

d) En el IX milenio entre (8700-8165 BP) se produce una acumulación apreciable de fechas (7) sobre un reducido número de yacimientos (Mirón, Sopeña, Truchiro y Garma A (3 fechas).

e) Una mayor concentración se observa en el VIII milenio entre (7985-7013 BP), con 14 dataciones obtenidas en diez yacimientos.

f) Finalmente, en el VII milenio, entre (6990 BP de Las Salinas, y 5960 BP de Los Gitanos, atribuido este último al Neolítico) se encuentran 20 yacimientos. En este milenio, las fechas empiezan a complicar la atribución cultural, dependiendo por un lado de los materiales datados (cerámica en Garma A con una fecha de 6721±493BP) (Arias *et al.* 2000). Por otro lado, las dataciones de Los Gitanos (5945±45 BP) y del Mirón (5790±90 BP) atribuidas al Neolítico, han ocasionado que últimamente, las dataciones a partir de (5780 BP), del Tarrerón, Cubío Redondo, Carabión (5750 BP) y La Trecha (5600 BP), que se habían atribuido al Mesolítico (por ausencia de evidencias económicas o culturales de neolitización), se están atribuyendo al Neolítico.

La ausencia de evidencias de economía productiva en yacimientos de esta zona de Cantabria, con dataciones avanzadas en el VI milenio, presenta un debate que se centra en el proceso de transición del Mesolítico-Neolítco.

Las frecuencias de fechas por milenios ^{14}C BP, sin calibrar[1] BP ofrecen los siguientes resultados (Tabla 8.2).

14C BP	Frecuencias
9.000	5
8.000	7
7.000	14
6.000	20

Tabla 8.2. Frecuencias de dataciones en años BP sin calibrar en el Mesolítico de Cantabria centro-oriental.

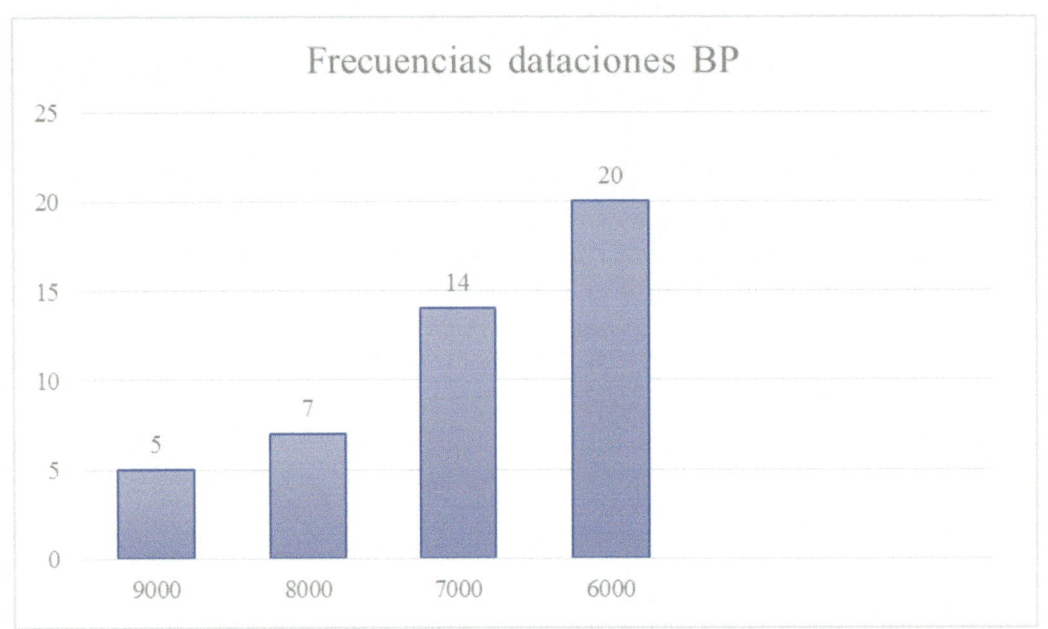

Fig. 8.2. Gráfico de frecuencias dataciones BP en el Mesolítico de Cantabria centro-oriental.

8.3. El proceso de transición Paleolítico-Mesolítico en Cantabria: continuidad o ruptura

La transición del poblamiento al final del Tardiglaciar e inicio del Holoceno se ha analizado como un proceso continuo en el Aziliense, desde 13ka BP hasta el 11 ka BP, (Laplace y Merino, 1979; en Estévez y Gassiot, 2002: 62), al tiempo que se producía después del Aziliense, un drástico cambio en los productos industriales, cambios en la fauna de moluscos (sustitución de *Littorina* por *Phorcus*), y una disminución de dataciones C14 entre 10,1 ka BP a 9,6 ka BP (González Sainz, 1989 y Straus, 1991). Este apagón, denominado "agujeros negros" (Estévez, 2002; Cueto, Marín, 2005), analizado por Estévez y Gassiot (2002) sobre 207 dataciones entre el 16 ka BP y 6 ka BP en la región cantábrica y regiones vecinas hasta el Mediterráneo, en las que se ha podido detectar un hiato entre esas fechas. De los yacimientos datados, 12 tienen fechas que se sitúan antes y después del agujero (aunque no todas se consideran válidas): Arenaza (10,3-9,6 ka BP) representa el agujero menor, Berroberría (10,16-8,86 ka BP), Ekain (12,05-9,54 ka BP), La Riera (10,34-9,09 ka BP), Azules (10,33-9,54 ka BP), El Mirón (10,25-9,55 ka BP), Morín (16-9 ka BP), Santimamiñe (>16-9,43 ka BP), Urtiaga (10,28-8,7 ka BP), Urratxa (10,25-9,55 ka BP). Por otra parte, 19 yacimientos tienen fechas solo antes del agujero. El más cercano al agujero es Valle (10,12 ka BP). Otros

---

1 Se valoran sin calibrar debido a que algunas fechas están efectuadas sobre conchas y no están calibradas.

13 yacimientos tienen dataciones solo después del agujero (9 son unicomponente). Las fechas más cercanas al agujero son las procedentes de Arenaza y La Fragua (9,6 ka BP).

Refiriéndonos exclusivamente a Cantabria, analizando de forma individual depósitos con varias secuencias de ocupación, con los datos disponibles, vemos en el caso de La Garma A, que presenta variedad de frecuencias de fechas, el hiato que se produce al final del nivel aziliense, obtenido sobre datación de la costra estalagmítica (11,002 y 9,165 ka BP) que le separa del nivel mesolítico (8,295 ka BP), se percibe un vacío en torno a dos milenios en los que la cavidad no fue ocupada por los humanos prehistóricos. Las fechas obtenidas en Sopeña (11,63-8,46 ka BP), marcan el mayor hiato (3,17 ka BP) (aunque hay que considerar que no se ha completado la columna de fechas), mientras que el menor se encuentra en El Perro (10,26-9,6 ka BP) y Mirón (10,25-9,55 ka BP). En el Carabión (10,31- 7,8 ka BP) el hiato, separado por un estrato estéril de 25 cm compuesto de barros de ladera, supone un *lapsus* de 2,51 ka BP. Se considera que los barros de ladera fuesen la consecuencia del aumento de la humedad que diera lugar a procesos erosivos que arrastrasen o descabezasen parte del depósito.

En otros casos, se produce un abandono total de la ocupación de la cavidad en torno a esas fechas. Así sucede en Rascaño (Miera), con una secuencia de ocupación desde el Paleolítico Superior Inicial hasta el Aziliense (27 ka BP-10,558 ka BP). En el Piélago (Miera), la cavidad se abandona también en torno al 10,28 ka BP. De la cueva del Valle (Asón), no hay dataciones posteriores a 10,12 ka BP.

El apagón entre el 10.160±120 BP y 9.600±140 BP (11.710±120 – 10.910±200 cal BP), no se puede atribuir a un problema meramente estadístico de muestreo, hay suficientes muestras antes y después del lapso. Aunque en algún caso se pudiera atribuir este hiato a un fenómeno de rexistasis y vaciado de muchas cavidades, no se puede explicar solo por procesos erosivos (Estévez y Gassiot, 2002).

El análisis de la muestra efectuada por Gassiot (2001) señala un hiato significativo de cerca de 900 años calendáricos entre el límite cronológico más bajo de las ocupaciones que han podido ser clasificadas como pertenecientes al Periodo Aziliense y las más antiguas del Mesolítico (Ibídem). En Cantabria oriental el hiato entre los niveles azilienses más recientes: El Perro (10,16 ka BP) y Valle (10,12 ka BP) y los que se pudieran considerar mesolíticos más antiguos: Mirón (9,55 ka BP), El Perro (9,26 ka BP), Las Salinas (9,45 ka BP) y Cubera (9,19 ka BP) hay una lapso de entre 461-566-756 y 826 años.

Esta ruptura coincide con el cambio brusco del estadial groenlandés GS1 o Dryas reciente al Holoceno. Los estudios paleoclimáticos realizados a partir de los sondeos en Groenlandia y los proxies marinos y continentales, indican que esta transición fue muy rápida (Dansgaard, *et al.* 1989; Severinngshaus, *et al.* 1998; Bjorck *et al.* 1996), en menos de 50 años la temperatura subió 15 C° hacia el (10,05 ka BP). En el atlántico norte, primero se duplicó la pluviosidad, y luego se estabilizó la temperatura, después de una subida equivalente a dos tercios de todo el cambio global postglaciar (Estévez y Gassiot, 2002). Unos 150 años después, se rompió el dique del Báltico, arrojando un vertido de 25 m de altura, que desaguó 1,5 a 3 millones de m3 de agua por segundo, durante uno a dos años. Este evento produjo una reacción en cadena por todo el planeta, datada entre (9,9 y 9,5 ka BP). Es la causa probable de la oscilación del Preboreal, que tiene la máxima pulsión fría entre (11.170- 11.150 cal BP) en Europa. Las temperaturas bajaron una media de 4C° en 100 años. Cincuenta años después las temperaturas normales del Holoceno se habían recuperado (Bjorck, *et al.* 1997).

El dato más significativo es que en la vertiente mediterránea (regiones vecinas del Valle del Ebro, Cataluña y País Valenciano), en la vertiente norte de los Pirineos y Meseta Castellana, existen 8 fechas que cubren ese hiato (6 en la vertiente mediterránea: Parco, Filador, Foradá, Gai, Guineu y Cingle Vermell y dos en los Pirineos: Forcas y Balma Margineda) aunque existe un número de 13 en los que si se marca el lapso (Estévez y Gassiot, 2002).

Considerando las dataciones y los datos paleoecológicos (Estévez, 1979), la diferencia fundamental entre la vertiente cantábrica y la mediterránea está en la mayor pluviosidad de la primera. En definitiva, el cambio medioambiental global brusco tiene una manifestación local en la cornisa cantábrica. En el espacio de tiempo que nos ocupa, habría bastado el incremento del doble de las nevadas, para acabar con la mayor parte de los ungulados, particularmente sensibles si ya están sometidos a una fuerte presión cinegética, como está bien documentado. La población de ciervos por su tamaño, necesidades alimenticias y etología sería la más sensible al cambio y podría caer en una dinámica de no recuperación de sus efectivos. Los valles abrigados de la costa serian la trampa perfecta mortal para los rebaños de ungulados. Bastaría una secuencia de algunos inviernos especialmente húmedos para acabar totalmente con la posibilidad de mantener una economía basada en la caza especializada del ciervo, que era la tendencia más marcada en este espacio afectado (Estévez y Gassiot, 2002).

En los valles altos del Miera, los cazadores azilienses de Rascaño, El Piélago y Sopeña, continuaron las estrategias de caza implantadas en el Magdaleniense, basada en la caza especializada de cabra y ciervo a lo largo del año, incrementada con rebeco y corzo (Quesada López, 1997); (Pérez Bartolomé, 2015 y 2016). Es probable que el incremento de las nevadas en la parte alta del valle afectase a la población de ciervos y, por otro lado, alterase las condiciones de habitabilidad de las cavidades y del entorno. Este mismo efecto pudo producirse en Sopeña, situada en un medio de alta montaña, la pluviosidad en forma de intensas nevadas, pudo ser la causa de la reactivación de la cavidad que ha producido el arrastre del yacimiento y la lapidificación del nivel aziliense.

En el gráfico de evolución de los ungulados (Fig. 8.3) sobre yacimientos del Cantábrico Oriental, (Marín Arroyo, 2008), se puede observar la curva descendente de la caza del ciervo, que inicia una inflexión a partir del Magdaleniense Superior, mientras que la cabra pirenaica, con oscilaciones, mantiene la frecuencia, aunque baja ligeramente. La curva descendente en el ciervo, parece coincidir con el episodio climático que estamos analizando y que se pone en relación con el agujero poblacional. También se puede observar la subida de frecuencias en otras especies, que marcan el consumo diversificado con el que se sale del proceso: especialmente jabalí y corzo.

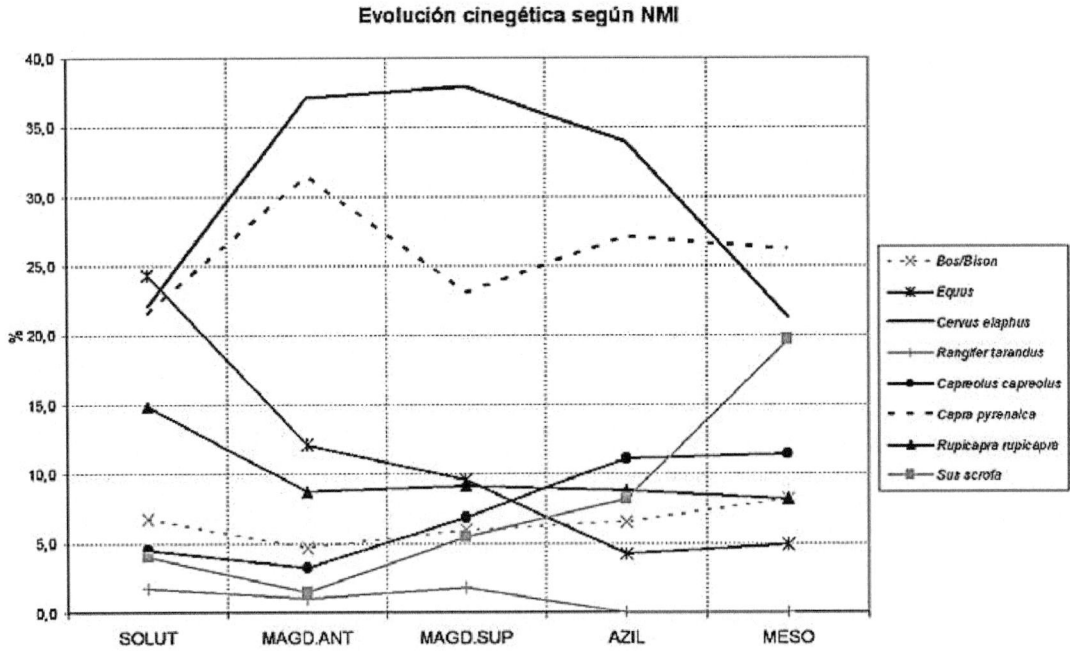

Figura 8.3.- Evolución de los ungulados consumidos en los yacimientos del Cantábrico Oriental, desde el Solutrense hasta el Mesolítico (a partir del NMI) (Marín Arroyo, 2008).

A nivel local, disponemos de datos de dos yacimientos con estudio faunístico de más de un nivel, anterior al agujero y posterior: La Fragua y El Carabión (Tabla 8.3).

	FRG MG N4	FRG AZIL N3	FRG. MES N2	FRG. MES N1	CRB AZIL N3	CRB MES N1
	NMI	NMI	NMI	NMI	NMI	NMI
Bos/bisón	2	1	1	2	1	1
Cervus elaphus	8	2	1	2	5	13
Capreolus cap	3	2	2	3	1	3
Capra hispanica	5	1	1	3	2	1
Rupicapra rupic.	1					1
Sus scropha	3		1	4		2

Tabla 8.3. Frecuencias de taxones NMI en La Fragua: nivel 4 magdaleniense (MG), aziliense N.3 (AZIL) y N. 2 (desocupación temporal) N.1 mesolítico (MES)). Carabión: N. 3 aziliense (AZIL) y N. 1 mesolítico (MES)

Podemos observar en La Fragua la evolución en el número de piezas de ciervo cazadas a partir del Magdaleniense, con un descenso muy significativo: pasa de 8 individuos en el Magdaleniense a 2 en el Aziliense y 2 en el Mesolítico. En el Carabión sucede lo contrario: tenemos datos del Aziliense, donde las capturas eran de 5 individuos (91,7% NR) y en el Mesolítico sube a 13 ciervos cazados (84% NR), y el valor del aporte de masa calculado asciende a 3.296 en el nivel mesolítico, frente a 841 en el nivel aziliense. Con estos datos podemos deducir que el aporte del ciervo a la dieta es un valor creciente en El Carabión en el Mesolítico. Hay que tener en cuenta que en este depósito el hiato cronológico es de 2,51 ka BP (salvo erosión), lo que podría haber dado lugar a la posible recuperación del ciervo. En ambos yacimientos se comprueba una especialización en la caza del ciervo en el Magdaleniense en La Fragua y desde el Aziliense en El Carabión, que evoluciona a una mayor diversificación de especies en el Mesolítico, con presencia de especies de bosque termófilo, con jabalí y corzo fundamentalmente, además de la presencia de aves y carnívoros de pequeño tamaño.

En Barcenilla, los datos de ocupación corresponden a niveles mesolíticos y neolíticos. En los niveles de ocupación mesolítica (8-10, sin llegar a base) de cronología (7,02-6,38 ka BP), el número de ciervos identificados es de 1 ejemplar, mientras que los niveles neolíticos (1-4), sube a 3 individuos. Parece que en este yacimiento se percibe también una recuperación del ciervo muy posterior al 2º agujero.

8.4. Conclusiones sobre el proceso de transición Paleolítico-Mesolítico en Cantabria centro-oriental

Hay que tener en cuenta, primero, la procedencia de los datos. En la Fragua el nivel magdaleniense corresponden a una etapa bastante anterior al apagón (12,9 ka BP), sin embargo, el nivel aziliense corresponde al periodo inmediatamente posterior (9,6 ka BP). En el Carabión, el nivel aziliense está muy próximo al inicio del hiato (10,3 ka BP), por el contrario, el nivel mesolítico es muy posterior (7,8 ka BP). Otro aspecto a tener en cuenta, es la diferente superficie/volumen del área excavada, en la Fragua 6 m², (aunque el yacimiento estaba alterado por excavación de una zanja y no se dispone de datos sobre el espesor de los niveles), en el Carabión el área excavada en el nivel mesolítico es inferior a 1 m².

En la Fragua, si el descenso en el número de ciervos cazados es debido a causas paleoambientales, la recuperación con la bonanza climática es escasamente significativa. Se podría decir que se hubiera efectuado un cambio o ajuste en la captación de los recursos locales, que quizá podrían estar relacionados con una reducción en el rango de movilidad humana. Esta hipótesis ha sido probada con el análisis de la utilización de los moluscos, mostrando que se recogieron abundantes especies marinas y estuarinas (Gutiérrez Zugasti, 2005). El nivel Mesolítico es un grueso estrato de conchero con grandes cantidades de lapas de tamaño reducido. Entre la fauna de mamíferos, tal escasez parece estar representado por el consumo incluso de carnívoros (que tienen una menor calidad nutricional), como se demuestra por marcas de corte en los restos de zorro que no sólo son indicativo de la eliminación de la piel, sino también de carne (Marín Arroyo y González Morales, 2007).

En el Carabión se han concentrado los recursos cinegéticos en la caza especializada del ciervo, con una mayor presencia de cabra en el nivel Aziliense. Se percibe la diversificación de la caza en el nivel mesolítico con nuevas especies propias de biotopo templado (corzo y jabalí, además de aves). El nivel mesolítico es contemporáneo con el N2 de la Fragua, sin embargo, se producen diferencias en el índice de caza de ungulados, especialmente el ciervo, muy superior en Carabión, junto con abundante consumo de moluscos, con índices muy altos de bivalvos estuarinos. En este caso, también puede atribuirse el cambio, además de factores paleoambientales, a un patrón económico ajustado a la captación de los recursos disponibles en el entorno de la cavidad, posiblemente motivado por el descenso del rango de movilidad.

8.5. ¿Hubo un segundo agujero negro?

El segundo agujero, tendría su origen en el evento 8200 cal BP uno de los momentos de variabilidad climática más característicos del Holoceno, una etapa especialmente fría en el seno del periodo paleoclimático atlántico acontecida ca.7400-7200 BP (8400-8000 cal BP/ 6450-6050 cal BC) (Bond *et al.* 1997; Barber *et al.* 1999; Dean *et al.* 2002; Heiri *et al.* 2004). En el Atlántico Norte, de hecho, es el periodo más frío de todo el Holoceno (Wiersma y Renssen, 2006).

Este evento se definió originalmente a partir de un cambio negativo registrado en el $\delta 18O$ de diversos sondeos sobre hielo en Groenlandia (GRIP, Greenland Ice Core Project). Lo que permitió afirmar la ocurrencia de un evento frío en tal marco cronológico (Tinner y Lotter, 2001). Diversos proxis han podido documentar igualmente esta pulsación fría, particularmente en Groenlandia, Atlántico Norte y Europa occidental (Alley *et al.* 1997; Klitgaard-Kristensen *et al.* 1998; von Grafenstein *et al.* 1998; MacDermott *et al.* 2001; Magny *et al.* 2003; Heiri *et al.* 2004; Muscheler *et al.* 2004). Kurek *et al.* (2002) han cifrado en 4°C la disminución de la temperatura durante este evento en Norteamérica.

El origen de este evento parece estar relacionado con un aumento del flujo de agua dulce y fría procedente del deshielo de los casquetes polares americano-groenlandeses hacia el Atlántico Norte, producida por el nuevo desagüe del Ojibwa-Agassiz, hacia el 8470 cal BP, el mayor drenaje del lago (fase Emerson), con un vertido de 1 millón de km^3 que causa la alteración de las condiciones normales de circulación marina en este océano; siendo este mecanismo la causa más probable capaz de producir el rápido enfriamiento sucedido (Wiersma y Renssen, 2006). Sin embargo, este proceso no está todavía suficientemente documentado ni entendido (Bond *et al.* 1997; Barber *et al.* 1999). Este flujo de aguas frías alteró las condiciones paleoclimáticas de la Europa atlántica, dando lugar a temperaturas mucho más frías en todo este territorio que, sin embargo, delimitan pautas de humedad diferentes según el área considerada (condiciones secas en ciertas regiones y húmedas en otras), como consecuencia de diversas anomalías en la precipitación anual derivadas de este evento. Magny *et al.* (2003) confirman una disminución en 2°C de la temperatura entre 8400-8300 cal BP. Este evento manifestado en proceso de aridez en la costa mediterránea entre 8.200 y 7.700 cal BP, se relaciona con la producción de un claro hiato (¿sedimentario? ¿arqueológico?) en yacimientos del área mediterránea de la Península Ibérica (López Sáez *et al.* 2008).

Este evento en el norte de la Península Ibérica produjo un clima húmedo lo que se manifestaría en la región cantábrica con abundante pluviosidad, con la consiguiente subida del nivel de los ríos y la inundación de las cavidades por procesos de infiltración y escorrentía, que se registran en numerosos yacimientos de la región cantábrica (confirmado en los estudios sedimentológico y palinológico del Carabión). Este lapso se comprueba también en Las Salinas entre el 9450BP y 6990BP.

En la región cantábrica, el segundo agujero identificado entre (8,195 y 7,71 ka BP) (9320±190 y 8510±90 cal BP), solo se cubría con las dataciones de Arangas (8025±80 ka BP) (Estévez y Gassiot, 2002). Nuevas dataciones (19) obtenidas sobre yacimientos de la región cantábrica van rellenando este espacio (Anexo: Tabla 8): J3 (8.190±100 BP y 7780±130 BP) (Iriarte *et al.* 2010), Garma A (8175±65, 8165±65 y 7985±65, 7710±90 y 7705±50 BP) (Arias *et al.* 2000), Toralete (7890±80 BP) (Mestres, 2006), Mazaculos II (7840±40 BP) (Drak y Garralda, 2009), Carabión (7800±50 BP) (Pérez-Bartolomé, 2014-2016), Espertín (7790±80 BP) (Neira *et al.* 2004). El más próximo al inicio es J3 y al final El Carabión (7,8 ka BP), El Águila (7,705 ka BP) (Mestres, 2006) y Kobeaga II (7,69 ka BP) (López Quintana, 2000). A partir de esta fecha son numerosas y continuadas las dataciones obtenidas sobre yacimientos mesolíticos en la región cantábrica, con 71 fechas entre 7,705 ka BP del Águila y 6,495 ka BP de Kobeaga II. Fernández-Eraso, 2010). Parece que el apagón estuviera motivado por la falta de dataciones, más que por una crisis de población. No obstante, valorando la cronología de algunos depósitos, se puede comprobar que se producen lapsus en ciertas cavidades.

Analizando de forma individual depósitos con varias secuencias de ocupación, vemos en el caso de La Fragua, con dataciones (12,96, 9,6, 8,29, 7,53, 6,86, 6,65 ka BP), se comprueba el hiato que se atribuye al primer apagón, un segundo entre (9,6-8,29 ka BP) y entre este último y 7,53 ka BP, en los que coincide con El Carabión y el posible efecto 8.2. El Perro, a partir del 9,6 ka BP la cavidad fue abandonada, es probable que se utilizaran otras cavidades del entorno como La Fragua. En el Mirón entre el nivel 10.1 (8,38 ka BP) y la siguiente fecha obtenida en el nivel 10 (5,69 ka BP), se produce un hiato que no parece sea debido a falta de muestreo, sino a abandono de la cavidad (G. Morales; Straus, 2000 b: 127). Estos autores encuentran especialmente significativo este hiato porque corresponde a momentos en los que se cuenta con varias fechas para la zona de la cuenca baja del Asón o la costa inmediata, en las cuevas de La Fragua, La Trecha (González Morales, 1995, 1999) y La Garma (Arias *et al.* 1999: 106), o la ocupación al aire libre del Ilso de Hayas (Serna *et al.* 1997). Su final coincide con la ocupación mesolítica muy tardía de la inmediata cueva del Tarrerón (Apelláñiz, 1971). Esperan tener datos más completos de estas ocupaciones y de las características de formación de este depósito, para poder verificar las hipótesis alternativas que se plantean, para explicar el aparente abandono de las áreas interiores de la zona, en una parte del Mesolítico (González Morales, 1999). Nuevas fechas obtenidas en zonas altas del valle, en Cofresnedo, Cubío Redondo (Matienzo); en Los Canes y Arangas (Asturias); El Espertín (León), rellenan este espacio cronológico.

Para concluir, en la región cantábrica, en el ámbito cronológico del 2º agujero (8,195 y 7,71 ka BP) se dispone de unas 19 fechas, que han ido completando el vacío ocupacional que parecía haber en este tramo cronológico en yacimientos a lo largo de la cornisa cantábrica (Anexo Tabla 8): Arangas, Mazaculos, El Mazo, El Alloru (Asturias); J3 y Berrobería (País Vasco); La Garma A y El Carabión (Cantabria); El Espertín (León). Otras fechas también están muy próximas al final del agujero: Sierra Plana (7,55 ka BP), Covajorno (7,54 ka BP), Colomba (7,57 ka BP) y Mazaculos II (7,16 ka BP) en Asturias; Pareko Landa (7,51 ka BP), Linatzeta (7,31 ka BP) y Kobeaga II (7,69 ka BP) en el País Vasco; La Fragua (7,53 ka, BP), La Trecha (7,5 ka BP), Ermita de Santiago (7,39 ka BP) en Cantabria.

No obstante, se perciben fases de abandono de las cavidades, señaladas con procesos de frío y abundante humedad, aunque la horquilla cronológica parece ser más amplia. Se encuentra bien documentado el hiato en el abrigo del Carabión entre 10,31 ka BP y 7,8 ka BP (15/20 cm estériles compuestos de barros de ladera). En Las Salinas entre 9,45ka y 6,99 ka BP. En la Fragua, el origen natural del Nivel 2, que carece de evidencia de presencia humana, encaja con un hiato entre 9,2 ka BP y 7,53 ka BP. En Cubío Redondo, se identifica un ambiente muy húmedo con formación de costra estalagmítica, sin evidencia de ocupación, previo a la ocupación mesolítica (6,63 ka BP). En El Truchiro se percibe un vacío entre 8,296 ka BP y 7,015 ka BP. Este espacio temporal, identificado en las cavidades citadas, es cubierto por las fechas de La Garma A N2 (8,295 ka, 8,175 ka, 8,165 ka, 7,985 ka, 7,71 ka y 7,685 ka BP). Es probable que este abandono de algunas cavidades sea debido al deterioro de las condiciones de habitabilidad por causas climatológicas, principalmente hídricas y se ocuparan otras con mejor situación y más favorables como hábitat.

8.6. Conclusiones que podemos obtener en casos concretos de Cantabria centro-oriental

Para concluir, algunas valoraciones sobre las fechas obtenidas en yacimientos de Cantabria centro-oriental:

a) Se han obtenido 52 fechas sobre 22 yacimientos de cronología mesolítica. Valorando el total de yacimientos atribuidos a este periodo cronocultural en la zona centro-oriental de Cantabria, consideramos que es un dato insuficiente, si bien, es esta parte centro-oriental de la región cantábrica la que presenta mayor frecuencia de dataciones en el Mesolítico. En este trabajo hemos tratado de aportar fechas de yacimientos de los diferentes ámbitos de ocupación (costa, llanura litoral, valles interiores y valles altos), que han permitido confirmar la hipótesis de ocupación de las zonas interiores y valles altos, no solo de la zona costera, más aún, la expansión de la colonización de la alta montaña desde épocas iniciales del Mesolítico.

b) El poblamiento de la cabecera de estos valles, sin duda, estuvo condicionado por el paleoambiente derivado del proceso glaciar y periglaciar. La gran masa de hielo era un potente emisor de muy bajas temperaturas. El área glaciar afectó en niveles más bajos (300 m s.n.m.) en Los Collados del Asón, lo que produjo el retardo en la población de esa parte alta del valle del Asón. La etapa final del último episodio glaciar datada hacia 14,5 ka -10 ka BP MIS2 (Frochoso *et al.* 2013), aunque las masas glaciares ya habían desaparecido, las fuertes nevadas generaban un ambiente muy frío hasta niveles bajos del valle. De la parte alta hemos obtenido una fecha en Cubera (9,19 ka BP), pero este yacimiento, aunque se encuentra en un medio de alta montaña, está situado a escasa altitud absoluta (175 m), mientras que la fecha obtenida en El Tarrerón (5,78 ka BP) situado a 304 m de altitud absoluta ya es muy tardía.

En los valles altos del Miera, la colonización se inicia en época más temprana, en la oscilación Allerod se dispone de fechas en Sopeña (684 m snm) (11,73- 11,63ka BP) y El Llerao (395 m snm) (11,12 ka BP) (Pérez Bartolomé, 2016) atribuidas al Aziliense. La fecha mesolítica de Sopeña (8,46 ka. BP), es la más temprana para esta etapa, por el momento, obtenida en cotas de alta montaña (Pérez Bartolomé, 2015 y 2016)

8.7. La transición Mesolítico-Neolítico

La transición al Neolítico en la región cantábrica ha sido objeto de estudio desde finales de los años 80 del XX (Alday, 2005; Alday, Cava y Mújica, 1996; Altuna, 1980; Arias, 1991, 1994, 1996, 1997 y 1999; Cava, 1990; Fernández-Eraso, 2004; Fernández-Eraso *et al.* 2005; Fernández-Eraso *et al.* 2015; González Morales, 1992 y 1995; González Urquijo, Ibáñez y Zapata, 1999 y Ruiz Cobo, Ined.), relacionado con la cronología, contemporánea o anterior al megalitismo y, la introducción previa o simultánea de la ganadería respecto de la agricultura. Alday (2012)[2] aborda una explicación de la introducción y expansión del Neolítico en la península Ibérica desde la perspectiva participativa de las comunidades mesolíticas. De forma global, la fecha que indicaría un límite en la permanencia de la economía basada en la caza y recolección, sería hacia 2º cuarto VI milenio cal BC (Alday, 2009:167) y también 1ª mitad VI milenio cal BC (Fernández-Eraso *et al.* 2014: 1-10).

Otro planteamiento sobre la introducción de la economía productiva en la región cantábrica difiere de esta cronología por falta de evidencias, que apoyen la existencia de un neolítico pre-megalítico en el norte de España (González-Morales, 1992), considerando sincrónico el comienzo del Neolítico y el megalitismo (Blas Cortina y Fernández Tresguerres, 1989).

En la cuestión cronológica, la mayor parte del debate parece haber derivado de una diferencia en los criterios que se estiman suficientes para reconocer la neolitización y, por extensión, dentro de ella, la introducción de la ganadería y/o agricultura. Sin embargo, también se consideran otros factores importantes de tipo

---

2   A. Alday. The Neolithic in the Iberian Peninsula: an explanation from the perspective of the participation of Mesolithic communities. Zephyrus, LXIX, enero-junio 2012, 75-94.

industrial, como la producción de cerámica o los cambios en la tecnología lítica, como el retoque a doble bisel. La tendencia, en los últimos años lleva a una búsqueda de evidencias que permitan deducir la práctica de estas actividades.

Respecto a la relación entre agricultura y ganadería, por razones de visibilidad arqueológica y de tradición disciplinar, se han priorizado los estudios de arqueozoología en detrimento de los arqueobotánicos, la agricultura ha sido la parte menos atendida en el reconocimiento de las actividades de producción (González Urquijo *et al.* 1999:559). El resultado es que la introducción de la ganadería es una cuestión estudiada desde principios de siglo, que ha producido una completa síntesis hace casi 20 años (Altuna, 1980), mientras que en el caso de la agricultura no ha sido abordado hasta los años 90 (Isturiz y Sánchez Goñi, 1990; Iriarte y Arrizabalaga, 1995; Iriarte y Zapata, 1996; Zapata, 1999, 2000 y 2007; Zapat*a et al.* 2004).

Otro aspecto, que ha contribuido al desequilibrio, se ha basado en la creencia actualista, basada en las desfavorables condiciones climáticas de la región cantábrica para el cultivo del cereal.

8.8. La introducción de la ganadería y de la agricultura

La presencia de fauna doméstica en el Cantábrico oriental se reconoce desde inicios del V milenio en Arenaza nivel IC2 (Altuna, 1980; Arias *et al.*1999; Cubas y Fano, 2011, Zapata, 2007), donde se produce un predominio de los domésticos sobre los salvajes y a lo largo del milenio en Kobaederra N. III (Zapata, 2007; Zapata *et al.* 1997), Los Gitanos (sub-nivel A3, Arias *et al.* 1999; Cubas y Fano, 2011, Ontañón *et al.* 2013), El Mirón nivel 303.3 (Altuna and Mariezkurrena 2003). La fauna doméstica se compone de ovicápridos y bóvidos, sin embargo, sigue presente en el registro arqueológico la fauna salvaje, especialmente en los ocupados durante la primera mitad del milenio. Destaca el caso de Herriko Barra (Zarauz), una ocupación al aire libre, donde la abundante fauna está formada sobre todo por ciervo (Mariezkurrena y Altuna, 1995). Esta presencia exclusiva de fauna salvaje ocurre también en otras pequeñas cavidades, como Pico Ramos (Zapata 1995), La Trecha (González Morales, 1996), Tarrerón (Apellániz 1971), Cubío Redondo (Castaños, 2001) y Carabión (Castaños, 2016).

La introducción de la agricultura en la región cantábrica es algo más tardía que en el resto de la Península que se sitúa ca. 5500-5200 cal BC, mientras que en la región cantábrica el rango es ca. 5200-4700 cal BC para el polen de Herrico Barra (Zapata, 2007: 13).

Yacimiento	Fecha BP	Cal BC (2σ)	Material	Asociado restos	Referencia
Herrico Barra	5960±95 6010±90	5200-4560 5210-4690	Hueso	Polen de cereal	Iriarte *et al.*
Kobaederra	5630±100 5375±90	4720-4260 4360-3990	Madera *Hordeum grain*	*Hordeum vulg.*	Zapata, 2002
El Mirón	5500±90 5790±90	4520-4050 4840-4410	Madera	*Triticum aestivum/ durum* *Triticum dicocum* *Triticum monococcum*	Peña-Chocarro, 2005
Lumentxa	5180±70	4220-3800	Madera	*Hordeum vulgare*	Zapata, 2002
Pico Ramos	5370±40	4330-4050	*Hordeum grain*	*Hordeum vulg.*	Zapata, 2017

Tabla 8.8. Yacimientos neolíticos con cereales en la región cantábrica (Sobre Zapata, 2007: 14).

La presencia de polen de cereales en la zona de costa se ha documentado en contextos datados en el V milenio calibrado BC en Herriko Barra nivel C (5960±95 BP) (Alday y Mújica, 1999; Zapata *et al.* 2004; Iriarte *et al.* 2005; Fernández-Eraso, 2008; Iriarte-Chiapusso, 2011; Mujika-Alustiza y Edeso-Fito, 2012). En El Mirón, se ha obtenido sobre grano de Triticum dicoccum la fecha: GX-30910:5550±40 BP (Peña-Chocarro *et al.* 2005:274). En Kobaederra NIII (5820±240 BP) y Lumentxa (5180±70 BP) sobre Hordeum vulgare (cebada) (Cubas y Fano, 2011; Iriarte y Zapata, 2004; Zapata *et al.* 1997; Zapata, 1999 y 2007).

8.9. La introducción de la cerámica

Las primeras producciones cerámicas del Cantábrico también se datan en la primera parte del V milenio, pero la relación entre esta tecnología y la economía productiva no está clara, al menos de momento. Es frecuente que en determinados contextos neolíticos, la cerámica sea la única manifestación cultural de neolitización. Sin embargo, en la mayor parte de las ocasiones, la cerámica se documenta en contextos con evidencias claras de domesticación (Tabla 8.9).

Los primeros conjuntos cerámicos de la región cantábrica se documentan en el yacimiento asturiano de Los Canes (Arias, 2005), en los cántabros de Los Gitanos (Arias *et al.* 1999; Ontañón *et al.* 2013) y El Mirón (González Morales y Straus, 2000) y los vizcaínos de Kobaederra (Zapata Peña *et al.* 1997) y Arenaza (Apellániz Castroviejo y Altuna Etxabe, 1975). El estudio de la cadena operativa de la producción cerámica, basándose exclusivamente en los procesos tecnológicos, ha permitido sostener que los procesos de elaboración son conocidos y se han elaborado en la zona. (Cubas, 2010).

Dentro de estos contextos, el material cerámico está presente en yacimientos con una incipiente economía de producción (se evidencia en El Mirón 10 y 303.3, Los Gitanos A4 y A3, Kobaederra III y Arenaza IC2), sin embargo, también está presente en yacimientos que únicamente presentan fauna salvaje (Arenillas y Los Canes).

La escasa evidencia arqueológica para estos momentos, no permite discernir esta cuestión, que en principio parece estar evidenciando una desvinculación entre la implantación de la economía de producción y la tecnología cerámica, aspecto constatado en otros ambientes europeos (Van Berg, 1991; Zvelebil, 2000) (Cubas, 2010).

En relación con la pervivencia de contextos aparentemente mesolíticos más allá del VI milenio cal BC, Arias (1991), planteó (al margen de otras consideraciones, como las relacionadas con la representatividad de las muestras de fauna disponibles) dos posibles explicaciones, no excluyentes entre sí: serían la evidencia material de un proceso de neolitización en mosaico, con coexistencia de sociedades de cazadores-recolectores; o bien ocupaciones funcionalmente especializadas de grupos ya conocedores de las nuevas prácticas económicas (Cubas y Fano, 2011). Arias otorgó el protagonismo del cambio a las poblaciones del Cantábrico, mediante un proceso de intercambio y aculturación con el Neolítico mediterráneo, introducido por grupos ya neolitizados, por la "vía del valle del Ebro", perviviendo la continuidad Mesolítico-Neolítico en aspectos como el patrón de poblamiento o la cultura material. (Arias, 1999: 418). Alday (2012:86) considera que el proceso de Neolitización Ibérica es sólo comprensible con la participación activa de las poblaciones mesolíticas y en un proceso de adaptación que necesitan los nuevos cultivos. Sólo así se explica la cohabitación geográfica de la mayor parte de la información del Mesolítico tardío y del Neolítico antiguo. Esto puede observarse en yacimientos con cronologías tardías en el Mesolítico como sucede en los citados en Cantabria (Tarrerón o en El Carabión, donde el nivel neolítico se superpone al nivel mesolítico sin diferenciación estratigráfica y sin que haya evidencia de factores de neolitización). También confirma que no existe ruptura en el patrón de organización de la población.

Recapitulando, el Neolítico en Cantabria centro-oriental se iniciaría en torno al 5000 cal BC y con indicios de una cronología más tardía en algunos yacimientos (Tarrerón, Cubío Redondo, Arenillas, La Trecha y Carabión, que no presentan evidencias de economía productiva, aunque se constata en los estudios del polen (en el caso del Carabión) la potenciación del desarrollo de otras plantas autóctonas de interés económico.

En la primera mitad del V milenio cal BC parece consolidado el núcleo del primer neolítico regional, el denominado Neolítico pleno cantábrico. Este se caracteriza por una economía en la que las nuevas técnicas productivas conviven con la continuidad en la caza, pesca, marisqueo, recolección de vegetales y con la presencia de cerámicas lisas.

Yacimiento	CA	Nivel	BP	Cal BC	Materia	Ref. Labor.	Evid Arqueologic	Bibliografía
Arenaza	P. V	IC2	6040±75	5210-4780 4770-4460	Hueso bos tau.	OxA-7157	Fauna domestica	Arias y Altuna, 1999
Pico Ramos	P.V.	4	6040±60	5230-4710	Carbón	Beta-193569		Zapata, 2000
Herrico Barra	P.V.	C	6010±90	5210-4710	Hueso	UA-4820	Polen cereal	Alday y Mújica, 1999
Los Canes	Ast.	UE7	5980±80	4880±47	Hueso humano	To-11219	Cerámica	Arias, 2005-2006
Herrico Barra	P. V.	C	5960±95	5200-4600	Hueso	Ua-4821	Polen de cereal	Alday y Mújica, 1999
Los Gitanos	Cant	A3	5945±55	4980-4710	Hueso	AA-29113	Fauna domest./ Cerámica	Arias et al. 1999
Los Canes	Ast.	UE7	5865±70	4910-4550	Carbón	AA-5788	Cerámica	Arias et al. 1999
Los Gitanos	Cant	A4	5834±566	4970-2710	Cerámic	MAD-860	Cerámica	Arias et al. 1999
Kovaederra	P.V.	III	5820±240	5310-4230	Carbón	UBAR-471	Domest/Cereal/ Cerámica	Zapata, et al. 1997
Mirón	Cant	303.3	5790±90	4560-4340	Carbón	GX-25856	Domest./Cereal/ Cerámica	Chocarro et al. 2005
Cubío Redondo	Cant.	Conche	5780±50	4770-4500	Carbón	Beta-106049		Ruiz Cobo ; Smith, 2001
Tarrerón	Cant	III	5780±120	4910-4360		I-4030		Apellániz, 1971
Los Gitanos	Cant	A3	5771±499	4770-2780	Cerámica	MAD-656	Cerámica	Ontañón, 2000
Arenaza	P. V.	IC2	5755±65	4618±74	Bos taur.	OxA-7156	Fauna domestica cerámica	Arias y Altuna, 1999.
Carabión	Cant	N1 Sp	5.750±40	4611±57	Carbón	Poz-18732		Pérez Bartolomé, 2014
Portillo del Arenal	Cant.	Sup.	5743±111	4840-4360	Hueso humano	AA-20043	Cerámica	Muñoz; Morlote, 2000.
Herrico Barra	P. V.	D	5730±110		Mat. Veg.	I-15350		Altuna et al. 1993
Mirón	Cant	N10	5690±50	4500/4340 4690/4380	Carbón	GX-23413	Fauna domestica cerámica	Straus; G. Morales, 2003
Kobaederra	P. V.	IV	5630±100	4710/4270 4360/3990	Carbón	UBAR-470	Domest/cereal/ Cerámica	Zapata, et al. 1997
Cuevas del Mar III	Ast.	Conch.	5610±100		Concha	UBAR-794	Concha	Fano, 2007.
La Trecha	Cant	Conch.	5600±310	5210-3800	Carbón	URU-0051	Carbón	G. Morales et al. 2002
Arenillas	Cant	Conch	5580±80	4600/4260	Carbón	GrN-19596	Cerámica	Bohigas ; Muñoz, 2002
Mirón	Cant.	303.3	5550±40	4870/4410	Cereal	GX-30910	Cereal	Strauss; G. Morales, 2003
Mirón	Cant	303.1	5520±70	4500/4240	Carbón	GX-25855	Fauna domestica/ cerám.	Strauss; G. Morales, 2003
Mirón	Cant	303	5500±90	4540/4070	Carbón	GX-25854	Fauna domestica/ cerám.	Strauss; G. Morales, 2003

Tabla 8.9. Dataciones absolutas disponibles para el intervalo 5000-4300 cal BC en la región cantábrica (determinaciones obtenidas por C14 convencional o AMS) (Sobre Cubas y Fano, 2011:79).

CAPÍTULO 9. DISTRIBUCIÓN TERRITORIAL: PATRONES DE ASENTAMIENTO

9.1. Distribución territorial: consideraciones previas

Analizados los diferentes cambios que se producen en los paisajes, en el ambiente, y en el territorio, derivados de la subida de las temperaturas en el inicio del Holoceno, en el área de Cantabria centro-oriental, en el capítulo 4, pasamos a analizar la situación de los asentamientos en este nuevo contexto. Se trata de comprobar las preferencias en la elección de los lugares de asentamiento y la relación que puedan tener con las estrategias económicas, los cambios sociales y culturales que se deriven y valorar la influencia que tuvieron estos cambios en los patrones de asentamiento.

El territorio se ha estructurado teniendo en cuenta los caracteres geográficos de Cantabria, determinada por la distribución del relieve, en valles de dirección sur-norte, separados por cordales montañosos, lo que genera que esos valles puedan ser considerados como unidades geológicas bien definidas. Esta configuración incide en la distribución espacial y en las comunicaciones por lo que han servido de vía de comunicación costa interior. No cabe duda que estas condiciones geográficas han tenido influencia en la ocupación del territorio por los grupos humanos prehistóricos y ha condicionado los movimientos poblacionales costa-interior de los valles.

Los límites del área del poblamiento mesolítico en el centro-oriental de Cantabria se sitúan por el oeste en la ría de San Martín de la Arena (Suances), límite con el área de expansión del Asturiense, por el este en la ría de Ontón (Castro Urdiales), límite con el País Vasco. La cultura asturiense en principio se atribuyó a todos los yacimientos de conchero de la cornisa cantábrica e incluso a los de la costa catalana y Biarritz. Posteriormente, al caracterizarse el mesolítico vasco como una cultura diferenciada especialmente por su tecnología, se puso el límite en Santoña y últimamente se está situando en la parte central de Cantabria, que viene a ser la Bahía de Santander. Las excavaciones efectuadas en los últimos años, en La Pila y Barcenilla, especialmente en esta última, donde se han exhumado 6 niveles de cronología en el Mesolítico, se observan diferencias en el aspecto tecnológico. La materia prima utilizada es de forma casi absoluta el sílex y los soportes son fundamentalmente sobre lasca y lámina con presencia de microlitos geométricos, que le diferencian de la cultura asturiense realizada en cuarcita y, derivada de este material, la técnica de talla sobre cantos de cuarcita es en gran parte del tipo NUPC (Arias, 1991), junto con la presencia del pico marisquero.

El territorio se estructura en valles de oeste a este: Pas, Miera, rías de Ajo-Quejo-Noja, valles del Asón y Agüera, diferenciando el poblamiento de cada valle en cuatro zonas: costa, llanura litoral, valles interiores y valles altos.

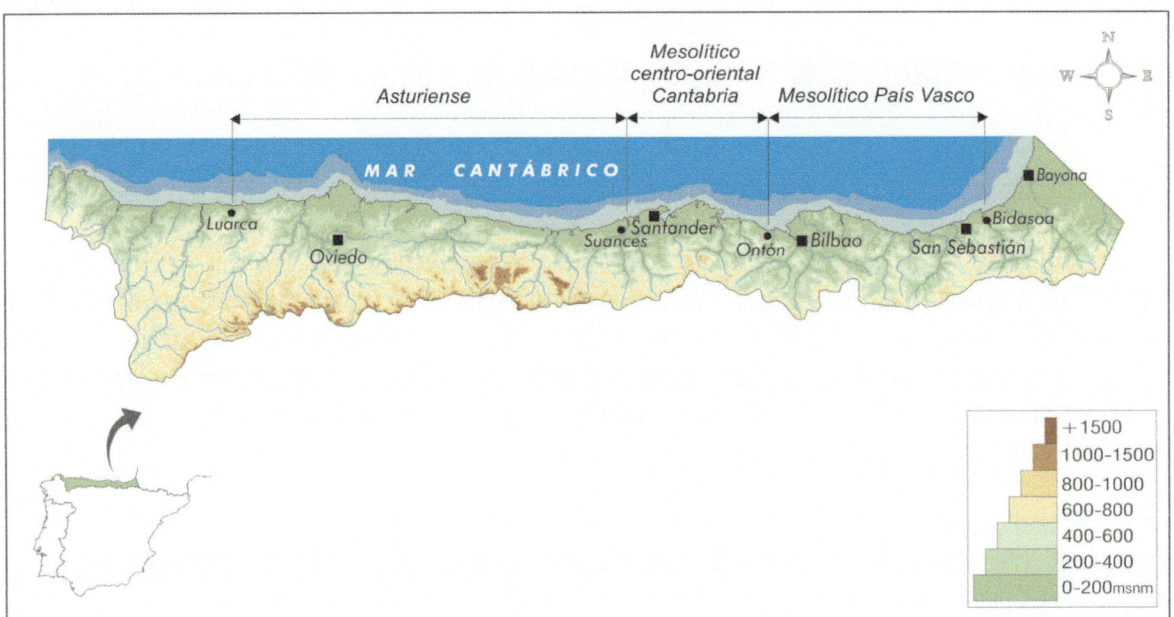

Fig. 9.1. Mapa de la Cornisa Cantábrica señalando los límites del Asturiense- Mesolítico centro-oriental de Cantabria y Mesolítico País Vasco

9.2. Variables analizadas en la localización de los asentamientos

Se analiza el conjunto de yacimientos tomando como referencia aspectos geográficos como la altitud o la distancia a la costa, ya que el tipo de yacimiento que se analiza es exclusivamente de tipo conchero y, aunque en la zona alta de los valles, el conchero es predominantemente de tipo terrestre, se pretende también analizar la relación que existe entre la distancia al mar, la explotación de los recursos marinos y la incidencia en el ámbito geográfico.

- Distancia a la costa. Se han estableciendo los siguientes parámetros: yacimientos situados en la línea costera, con distancias inferiores a 1 km; el siguiente segmento, situados en la llanura litoral, entre 1 a 5 km y 5-10 km; situados en valles interiores entre 10-20 km y finalmente entre 20-30/36 km, los situados en la zona alta de los valles.

- Atitud absoluta en la que se encuentran los yacimientos. En zonas de altura por encima de los 700 m s.n.m. no se han localizado yacimientos de conchero mesolítico en la región, excepto el yacimiento al aire libre de La Muela.

- Topografía del entorno: Se diferencia la posición que ocupa en el terreno, diferenciando entre ladera (Baja, media y alta), cima y fondo de valle.

Variables que recogen las características físicas de los asentamientos:

- Los soportes: diferenciando en cueva, abrigo o aire libre.

- El tamaño de las cavidades.

- La orientación: la dirección en que se encuentra la boca de las cavidades.

9.2.1. Distribución de los yacimientos por valles

En el espacio geográfico delimitado como área de distribución del Mesolítico de Cantabria centro-oriental, se han documentado 256 yacimientos distribuidos en la zona costera y en el interior y parte alta de los valles. La zona este de Suances, el interfluvio de los valles Saja y Pas, junto con Miengo, se han incluido en el Pas. La zona litoral entre el Miera y Asón, las rías de Ajo, Quejo y Noja, se agrupan en un sector costero. Finalmente, se agrupan en el extremo oriental, la zona costera de Castro Urdiales y los valles interiores de Sámano y Mioño. (Tabla 9.2.1).

Valles/Costa	Nº Yacimientos	%
Valle del Pas	30	11,71
Valle del Miera	50	19,53
Costa: Ajo-Noja	21	8,20
Valle del Asón	106	41,40
Valle del Agüera	29	11,32
Extremo oriental: Castro Urdiales costa, Sámano, Mioño	20	7,81
Total	**256**	**100**

Tabla 9.2.1. Distribución de yacimientos por valles

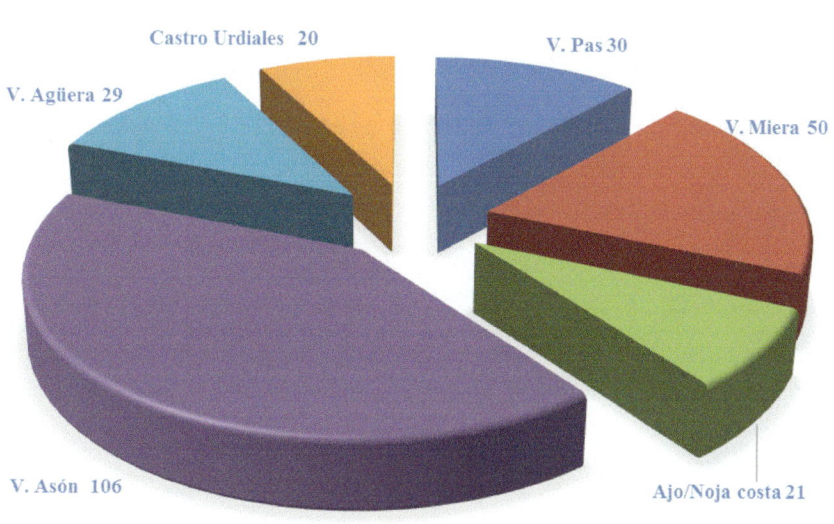

Fig. 9.2. Frecuencias de yacimientos en cada uno de los valles de Cantabria centro-oriental

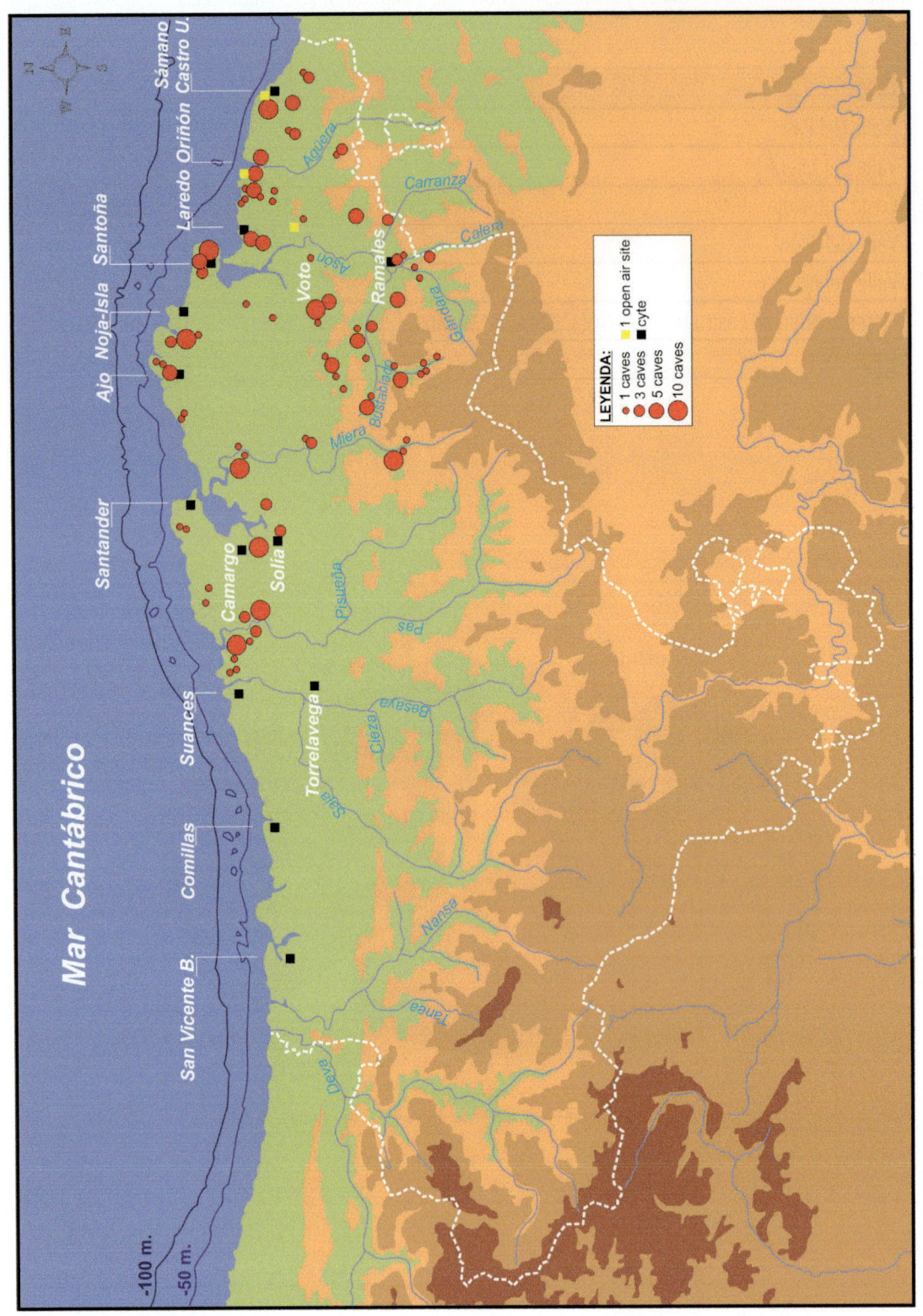

Fig. 9.1.2. Situación de los yacimientos Mesolíticos en Cantabria centro-oriental entre Suances y la ría de Ontón

9.2.2. Distancia a la línea de costa

Considerando la importancia que tiene la explotación de los recursos marinos en la economía de este tipo de poblamiento, se analiza la situación de las estaciones, relacionada con la distancia a la línea de costa. Teniendo en cuenta lo agreste del paisaje de los valles interiores de Cantabria, incluso en las zonas próximas al litoral, se han trazado rutas a través de los portillos o pasos entre los valles, tratando de buscar los itinerarios con menor pendiente y evitar los obstáculos como la vegetación, los paisajes muy carstificados, que dificulten los itinerarios para acceder a la costa. No se pretende trazar unas rutas óptimas, pues son muchas las variables que puede presentar el terreno, se trata de hacer una aproximación al itinerario que tenga un menor coste energético, para acercarse a la distancia de los yacimientos a la costa. Las medidas se han tomado con el SigPac, mediante segmentos que siguen los perfiles del relieve. Estas medidas no pueden tomarse como valores absolutos, ya que como decimos, son muchas las variables del terreno, pendientes, elevaciones intermedias, terrenos abruptos, por lo que se consideran como una aproximación, un referente.

Por otro lado, habría que considerar la distancia a la línea de costa en el Holoceno, entre el 9000 y 5500 BP (sin calibrar), etapa cronológica que estamos analizando. A comienzos del Holoceno, con el nivel marino entre -60 y -65 m, la línea de costa se situaría a menos de 4 km de la distancia actual. En torno al 8.500 cal BP, cuando se inicia la formación de los principales estuarios, el nivel del mar se encontraría unos 20-15 m más bajo y la costa se situaría a algo más de 500 m de la actual. Hacia el final, el nivel del mar habría alcanzado unos 2 a 3 m sobre el nivel actual.

Tomando como referencia la línea de costa actual, los yacimientos se encuentran en las distancias aproximadas que se señalan en la tabla (9.2.2.).

SITUACIÓN	Dist. costa km	Pas	Miera	Ajo-Noja	Asón	Agüera	Costa Castro Urdiales	Valles Sámano/ Mioño	Σ	%
Costa	Inf.1 km	11	10	16	18	13	11		79	30,46
Llan. Litoral	1-5	12	19	5	19	6		9	70	27,34
Llan. Litoral	5-10	7	5		11				23	8,89
Valle interior	10-15		2		6	10			18	7,03
Valle interior	15-20		2		10				12	4,68
Valle alto	20-25		6		15				21	8,20
Valle alto	25-30		6		16				22	8,59
Valle alto	30-36				11				11	4,29
Total		30	50	21	106	29	11	9	256	100

Tabla. 9.2. 2. Situación de los yacimientos en el territorio por valles en relación con la distancia a la línea de costa

Analizando la distancia a la línea de costa actual, se observa que el 30,46% de los asentamientos se encuentran en distancias inferiores a 1 km, y entre 1-5 km el 27,34 %. Sumando ambos datos, supone que más de la mitad (149 - 57,81 %) de los yacimientos mesolíticos se encuentran a una distancia entre 0 y 5 km de la costa, si bien el conjunto de los situados en la llanura litoral entre 1-10 km es de 93 (36,32%). En los valles interiores, entre 10-20 km, solamente se ubican el 11,71 %. En los valles altos, en distancias entre 20-36 km el 21,17 % del total del poblamiento mesolítico. (Fig. 9.2.3.).

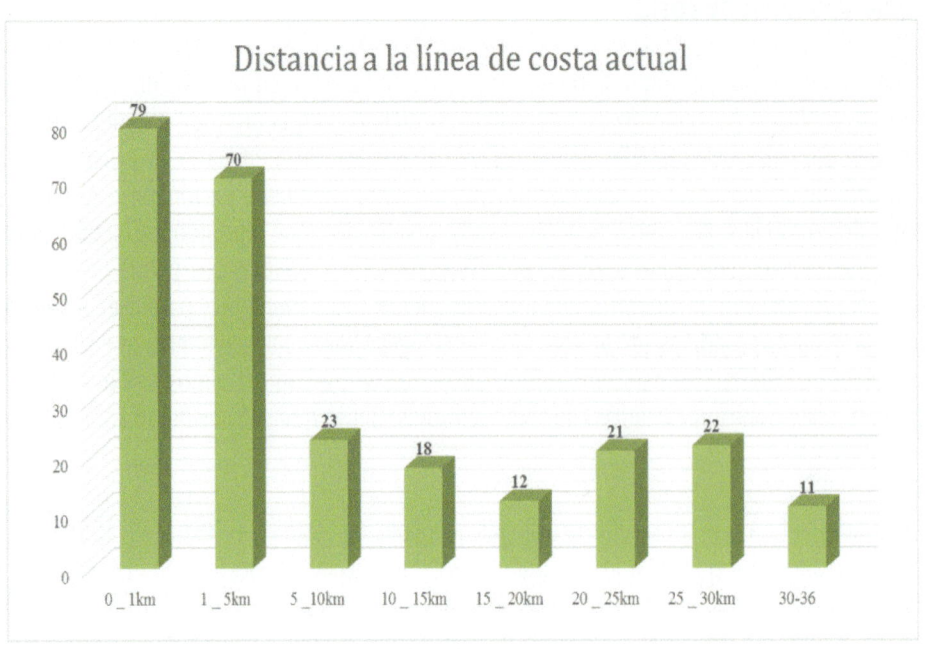

Fig. 9.2.2. Frecuencias de distancia a la línea de costa actual

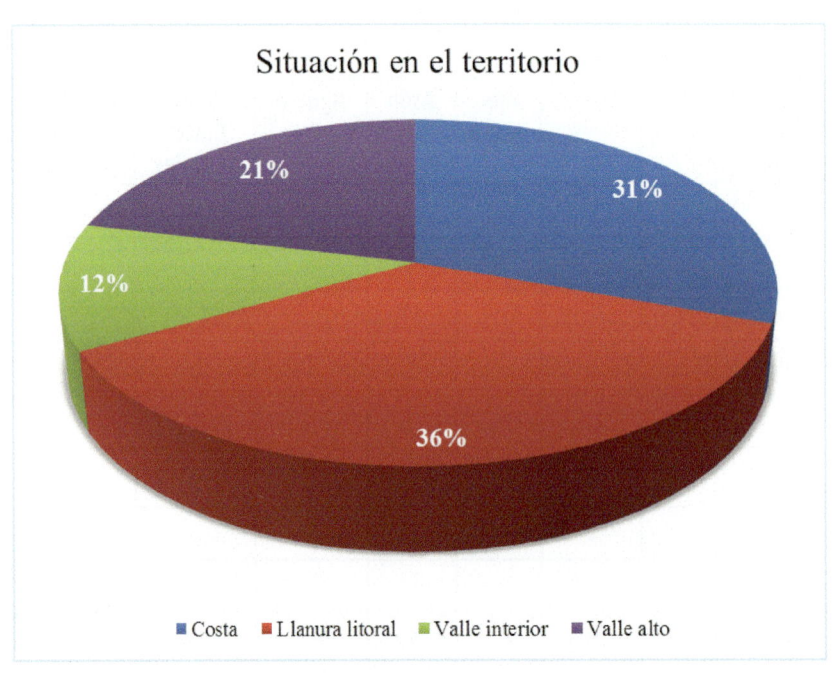

Fig. 9.2.3. Gráfica de distribución territorial

Haciendo un análisis comparativo del poblamiento en los cuatro valles, vemos que en el Pas los yacimientos se concentran en la línea de costa en distancias inferiores a 5 km (72,41 % del Pas), solamente 7 se encuentran entre 5-10 km. Se observa una preferencia del poblamiento en la costa y en la llanura litoral, con ausencia de yacimientos en el interior del valle. En la costa se da la circunstancia de que se han localizado yacimientos en el área intermareal (Los del Molinón), ubicados en la base de un *hum* costero, que se inunda regularmente en la pleamar.

El vacío de yacimientos en la zona interior del valle, no tiene una explicación muy clara que lo justifique, pues en el grupo del Monte Castillo, situado a unos 20 km de la costa, con un poblamiento continuado a lo largo del Paleolítico, Aziliense y Neolítico, sin embargo, no se han documentado evidencias de ocupación en el Mesolítico. Esto sucede también en otras cavidades del valle del Miera (Piélago, Rascaño y Salitre), y en el Asón, en la cueva del Valle y escasas evidencias en el Mirón. No hay una explicación que indique por qué se abandonaron estas grandes cavidades, tal vez la bonanza climática hizo que primara el interés por otros hábitats más aptos para compartir la superficie exterior y la proximidad a zonas con diferentes biotopos, o tal vez cambiaran las condiciones de habitabilidad de las cavidades, derivado del cambio medioambiental del Holoceno.

En la zona alta del valle del Pas, la ausencia de poblamiento se pone en relación con la geología del terreno. Esta zona está formada por rocas del Cretácico inferior compuestas de lutitas rojas, areniscas y conglomerados, materiales que no han favorecido la formación de cavidades. En la zona media del valle, en Toranzo, continúan los mismos materiales con intrusión de bancos de calizas y margas; en Puente Viesgo afloran las calizas blancas, como en el monte Castillo. Seguidamente vuelven a aparecer materiales del Triásico, y en la zona baja de nuevo aparece el sustrato del Cretácico inferior, con lutitas, areniscas y conglomerados. Las calizas formadas por ruditas y orbitolinas que dan lugar a un paisaje cárstico con formaciones de cavidades, aparecen en afloramientos calizos en la llanura litoral y zona costera, donde se concentran los yacimientos de conchero.

En el Miera se han documentado 50 yacimientos que suponen el 19,53 % del total del área. En la costa se ubican 10 yacimientos y, entre 0-5 km se encuentran 29 yacimientos, que suponen el 58% del Miera. En los valles interiores solamente se han documentado 4 yacimientos (8 % del valle) y en los valles altos 12 (24 % del valle). En el Miera se produce una concentración de yacimientos en la zona litoral, en distancias entre 0 y 5 km y en la parte alta del valle.

El valle del Asón, es el mayor receptor de yacimientos de conchero, con 106, que suponen el 41,40 % del total del área de Cantabria centro-oriental. Es también el que acumula mayor número de yacimientos en el área costera: 18 en la costa, y 19 en distancia de 1-5 km, que alcanzan el 24,18% de los yacimientos del Asón que se encuentran entre 0-5 km de la costa. En los valles interiores desciende el número de yacimientos a 16 y, en los valles altos, en una distancia entre 20 a 35 km se sitúan 42 yacimientos, que suponen el 16,40 % del total y el 39,62 % del valle del Asón. Se observa también en el territorio del Asón una polarización de yacimientos de conchero en la costa y un paralelo en los valles altos.

En el valle del Agüera se han documentado 29 yacimientos, el 11,24 % del total. En este valle también se concentran los yacimientos en la línea de costa. En distancias de 0-5 km se encuentran 24 yacimientos, suponen el 82,75 % del Agüera. Por el contrario, se produce un vacío en la zona interior, con solo 3 yacimientos catalogados. Esta situación se debe a la morfología de este valle. El río Agüera tiene un corto recorrido que ha generado un pequeño valle, con escasas elevaciones, por lo que los yacimientos se ubican en la zona media de los valles secundarios, y principalmente en la costa.

En la zona litoral de Castro Urdiales, 11 asentamientos se sitúan en los acantilados a lo largo de la línea de costa. En la zona más oriental, en los valles interiores de Sámano y Mioño se asientan 9 estaciones en distancias entre 1-10 km de la costa. Se trata de pequeños valles fluviales.

Como valoración final a la distribución territorial vemos que se produce una concentración del poblamiento en la línea de costa, en distancias entre 0-5 km, casi el 60%, aunque lo que consideramos la llanura litoral, entre 1-10 km se ubican 93 yacimientos, que suponen el 36,3% del total. El poblamiento en los valles altos con el 21,17% es superior al de los valles interiores, pero hay que tener en cuenta que en el valle del Pas hay un vacío de población en la parte alta del valle en esta etapa y, el Agüera por sus condiciones geográficas, es un valle corto con escasas elevaciones, carece de este territorio. Por lo que parece producirse en el Asón una expansión del poblamiento en los valles altos en el Holoceno que suponen el 39,62%, respecto de su cuenca. El Asón en la parte alta de la cuenca se abre en varios cursos subsidiarios, que han dado lugar a la formación de valles secundarios con formaciones de biotopos diversos, que sin duda atrajeron al poblamiento en la bonanza climática del Holoceno. En el Miera este poblamiento está en menor proporción con el 24%, relacionado con el menor tamaño de la cuenca alta de este valle, sin embargo, se produce también la colonización de los valles secundarios del alto Miera.

9.2.3. Situación en el área litoral

Analizando el poblamiento en el *hinterland* más inmediato de aprovisionamiento de los recursos marinos, valorando las distancias inferiores a 5 km, se observa la formación de agrupamientos en las orillas y márgenes de las rías y marismas. Un total de 165 yacimientos se encuentran situados en este entorno. La mayor densidad se produce en las Marismas de Santoña- Estuario del Asón y la Bahía de Santander (Tabla 9.2.3)

Pas	Miera	Ría de Ajo	Rías Quejo y Noja	Asón	Agüera	Costa Castro Urdiales
Ría de Suances E : 2	Bahía de Santander acantilado W: **6**	7	14	Marismas de Santoña: **18**	Ría de Oriñón: **17**	Acantilados: **11**
Ría de Mogro: 28	Bahía/Rías de Boo y Solía: **13**			Costa de Laredo: **7**	Playa S. Julián: **2**	
	Bahía/ Ría de San Salvador: **3**			R. de Limpias / Santoña: **7**		
	Bahía: Ría de Cubas: **12**			Ría de Rada /Valle de Aras: **16**		
	Acantilado E: **2**					
30	36	7	14	48	19	11

Tabla. 9.2.3. Concentración de yacimientos en el entorno de los estuarios

Se produce también una intensa concentración del poblamiento en áreas inmediatas a pequeñas rías como la de Mogro en la desembocadura del Pas, de tal forma que el poblamiento mesolítico en el Pas está concentrado en la zona litoral. Las rías de Ajo y Quejo-Noja y las zonas de acantilados como sucede en Castro Urdiales y NW de la Bahía de Santander, son también áreas de concentración de yacimientos.

La Bahía de Santander formada en la desembocadura del Miera con una superficie de unas 3.300 ha, junto con las rías de Boo, Solía, Tijero-San Salvador y Cubas, forman un amplio humedal con un área de influencia, *hinterland,* en el que se sitúan 36 yacimientos, que se agrupan fundamentalmente en el entorno de las rías y acantilados.

El *hinterland* más amplio se genera en el entorno de las Marismas de Santoña y estuario del Asón. Este conjunto de rías y marismas ofrece actualmente una superficie de humedales de 6.678,26 ha (González Pérez, 2006) que penetran hacia el interior hasta unos 15 km en las rías de Treto, Limpias y Rada. El estuario del Asón se considera formado hacia el 8000 BP (Cearreta y Murray, 1996), sin duda esta zona costera ofrecía un amplio potencial de recursos, tanto de acantilado como de marisma y estuario.

En los acantilados del Monte Buciero se ubican 15 yacimientos, a pesar de lo abrupto del terreno, aunque es probable que en la época del poblamiento, las laderas tuvieran perfiles más suaves, por encontrarse más alejada la línea de costa. En el área de influencia de este humedal, en el entorno de las rías de Limpias y Rada que se prolongan hacia el interior, entre 2 y 9 km respectivamente, se produce una concentración de 16 yacimientos a lo largo del valle de Aras-Voto, ubicados en las laderas de los valles que forman los ríos Clarín y Clarón. El conjunto del poblamiento alcanza un total de 48 asentamientos en el área del estuario. Por otro lado, vemos que la oferta de ese recurso se adentra hacia los valles interiores y, en menor medida en los altos, como veremos en el consumo de los moluscos marinos, a lo largo del valle del Asón. La explotación de los recursos malacológicos tuvo que tener influencia sobre el abundante poblamiento de este valle.

En el Agüera se concentran los yacimientos en los acantilados que bordean la ría de Oriñón (13 yacimientos) y en la línea de costa de Castro-Urdiales, en los acantilados y llanura litoral (11 yacimientos).

Yacimientos en la costa

1. La Pila, 2. Ñobre, 3. La Garma I, 4.La Garma II 5. Peñahorá I, 6. Peñahorá II, 7. Molinón II, 8. Molinón III, 9. Molinón IV, 10.Molinón V, 11. Peña Oreo I, 12. Peña Oreo II, 13.Peña Oreo III, 14. Cerro del Uro I, 15. Cerro del Uro II, 16. Cotrejón, 17. Cucabrera, 18.A. Cucabrera, 19. Hoyo del Cháparo, 20. Mallaría, 21. Santiago, 22. Casetona, 23. La Zorra, 24. Injanas, 25. Cubo de Gracedo I, 26. Cubo de Gracedo II, 27. Cubo de Gracedo III, 28. Noja-Lago, 29. Los Mazucos, 30. Esprilla, 31.A. Esprilla, 32. Peña del Agujero, 33. Regato, 34. Candenosa, 35. Doncella, 36. Cueva Oscura, 37. Helechal, 38. Casa Blanca, 39. Casa Blanca II, 40.Traslaencrucijada, 41. Varilla del Faro, 42. Horca Peña del Fraile, 43. La Fragua, 44. Encima de La Fragua, 45. Yedra II, 46. Higuera, 47. Covacho Higuera, 48. Encima del Perro, 49. Peña del Perro, 50. Fuerte de San Carlos, 51. A. Libre. Playa San Juan, 52. Playa San Julián, 53. Castillo, 54. Las Pulgas, 55. La Cruz I, 56. La Cruz II, 57. La Cruz III, 58. Cueva Negra, 59. San Roque II, 60. El Portalón II, 61. El Portalón, 62. San Roque I, 63. La Trecha, 64. El Cío, 65. La Carnicería, 66. Encinar I, 67. Encinar II, 68. El Cojo-Negra, 69. Covacha del Cuco, 70. Sta. Ana 71. Agapito, 72. El Galo.

Yacimientos llanura litoral

73. Las Salinas, 74. Los Moros, 75. Tasugo, 76. Cenovalle III, 77. El Mato, 78. Gies I, 79. Prezanes, 80 Las Calabazas. 81. Peña Cuadrada, 82. Los Riegos, 83. La Soledad I, 84. Llogro, 85. Los Reales II, 86. La Rasa II, 87. Covalejos, 88. Covalejos IV, 89. Cubrizas, 90. Barcenilla, 91. Peñajorao II, 92. Peñajorao XIV, 93. Peñajorao XXIII, 94. El Pendo, 95. El Ruso II, 96. Los Coteros VI, 97. Gurugú, II, 98. El Carburo, 99. El Refugio I, 100. La Venta XV, 101. El Carmen, 102. Peñona I, 103. Peñona II, 104. El Gallinero, 105. Morín, 106. Seminario de Pedreña, 107. C. del Moro, 108. Portalón de Solahesa, 109. Los Moros de San Salvador, 110. Promontorio I, 111. La Matorra III, 112. Santibáñez, 113. Los Murciélagos, 114. La Fuente del Francés, 115. La Presa, 116. Arco, 117. Mar, 118. La Garma A, 119. El Truchiro, 120. Gracedo, 121. El Castillo 1, 122. San Juan de Castro, 123. Argoños, 124. Patalea, 125. Lamadrid, 126. Palomas, 127. Abrigo de la Autovía, 128. Ampudia, 129. Carabión, 130. La Chora, 131. Cahonda, 132. Hoyo Villota II, 133. Hoyo Villota, 134. La Baja, 135. Covacho de La Baja, 136. Peñaflor, 137. La Presa, 138. San Ciruelo, 139. A. de la Cueva, 140. Ermita Santiago, 141. Covacho, 142. Ilso de Hayas, 143. Mazo Rucoba, 144. Sobre Mazo Rucoba, 145. Mazo, 146. Las Lapas, 147. Los Tornillos, 148. Manás, 149. Ahedo, 150. Rejuyo, 151. El Cráneo, 152. La Oriza, 153. La Jaya, 154. A. de Carlos, 155. A. de Carlos II, 156. C. de Carlos, 157. La Yunta, 158. Ziguste, 159. Vallegón, 160. Vallegón II, 161. A. de Vicuédrano, 162. Vicuédrano, 163. Vicuédrano II

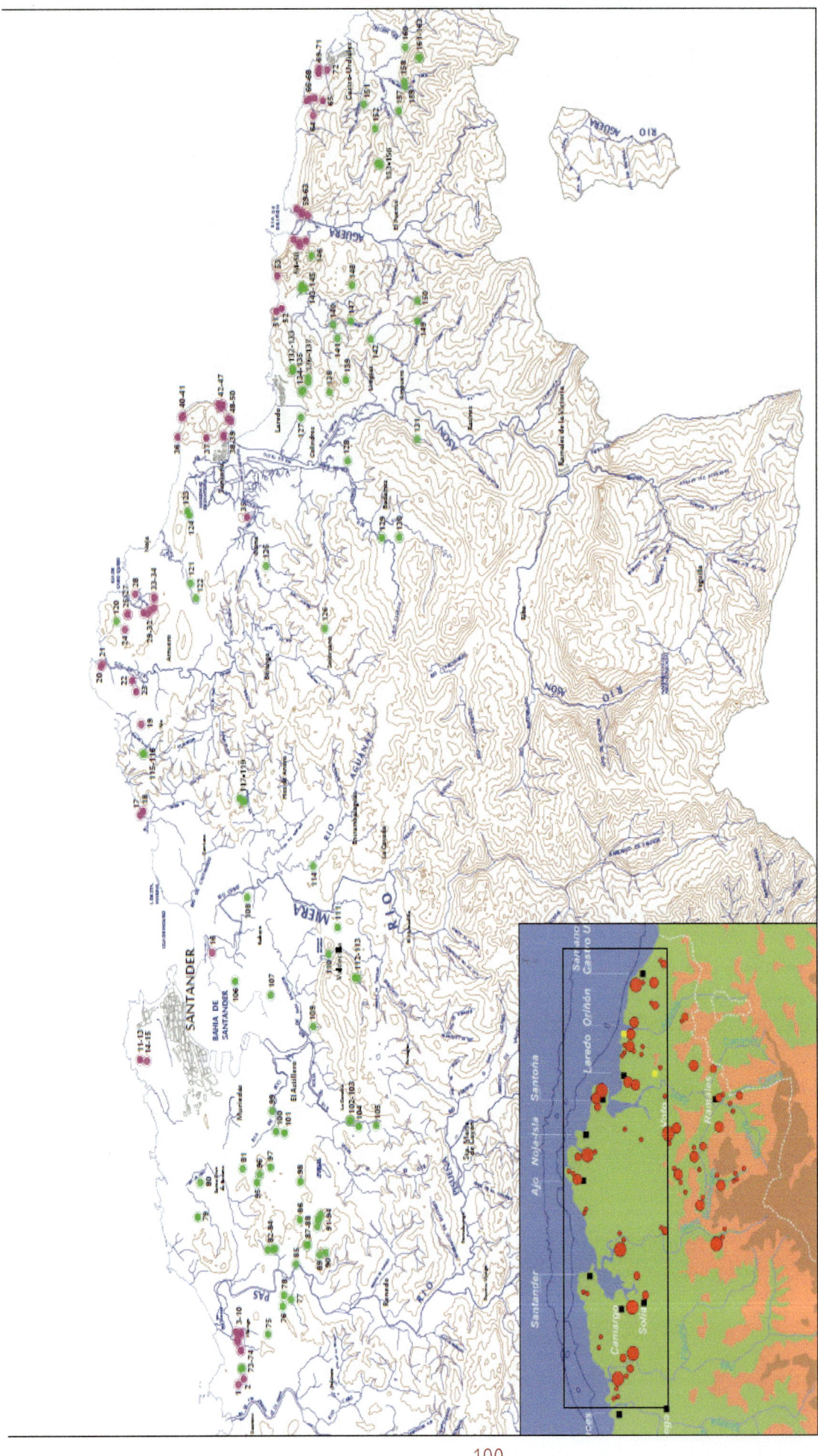

Fig. 9.2.3.1. Mapa de situación de yacimientos en la costa (color rosa) y llanura litoral (verde)

9.2.4. Situación en valles interiores

En el conjunto de los valles interiores, entre 10-20 km de distancia de la línea de costa, se han documentado 30 yacimientos, que representan el 8,94% de la zona. En el Miera solamente se encuentran cuatro yacimientos, Rotizo y Ahedo, situados en el fondo de valle, próximos a cursos de agua secundarios (Arroyo de los Bocarones). El Campizo, situado en el interfluvio con el Asón, se encuentra alejado del valle principal y también está asociado a cursos de agua secundarios. En una posición más elevada del fondo del valle, en la base de un frente calizo, se asienta Brenas.

En los valles interiores de la cuenca del Asón se han documentado 16 yacimientos de conchero, agrupados en varios núcleos de poblamiento: en la parte interior del valle de Aras-Voto (3) en Rasines (5), en Ramales-valle del Calera (4), en el valle de Matienzo (4). El poblamiento en los valles interiores está asociado a los cursos de agua: ríos Carranza, Calera, Clarín, Clarón, Asón y arroyos secundarios.

a) En el valle de Aras-Voto, en las laderas del fondo del valle se ubican las cuevas del Cierro, Ventano Lorao y Llanío, las dos últimas en alto de ladera.

b) El sector de Rasines se sitúa en la cuenca media del Asón. El territorio se ubica entre los cauces del río Asón por el oeste y el Ruahermosa por el este. Este sector se sitúa en el área de captación de los recursos marinos de la ría de Limpias. En este ámbito se ubican las cavidades de El Mazo, La Rozada, Torcollano, El Cuadro del Espadañal y el Abrigo de San Juan.

c) Valle del Calera-Ramales. En las proximidades del municipio de Ramales, el río Calera va muy encajado entre las calizas, generado un paisaje abrupto, que en la margen derecha es recorrido por una senda, denominada Camino del Haza. En esta ladera se ubican un conjunto de tres cavidades con yacimiento mesolítico: Los Nombres, Costales y el Mirón. Otro hábitat se ubica en una zona más al suroeste, en el Valle del Silencio, la cueva de las Aguas. Todas se encuentran a una distancia de 20-22 km, sin evidencia de presencia de malacología marina.

d) Valle del Carranza. En este valle, se distinguen tres áreas de poblamiento mesolítico. En el límite con la provincia de Vizcaya, se encuentran las cavidades de Venta La Perra, Las Caldereras II y próxima, la cueva de Esquiente. En la parte más alta del valle, al sureste, se sitúa el Abrigo de Basobrón. Todas en distancias de 23-25 km de la costa. Esquiente es el único yacimiento con presencia de malacología marina (*Patella*).

e) Valle de Matienzo. El área de localización de yacimientos mesolíticos se ubica fundamentalmente en el Valle cerrado de la Vega, en las laderas del Monte Naso a una distancia de la costa de 20-23 km. En este valle se han localizado seis cavidades situadas en media ladera: La Cubía de Sel de Suto, El Cubío Redondo y la Sima del Diente; en el valle cerrado, perpendicular, de Cubija se encuentra el Abrigo del mismo nombre; en la ladera este del monte Naso, Cofresnedo y Los Caracoles. En el fondo norte del valle de la Secada, en posición dominante, se halla la cueva de Los Emboscados.

f) En el Agüera, 10 asentamientos se ubican en el interior del valle. En La Peña San José, al sur del valle de Guriezo, en distancias de unos 15 km de la costa se encuentran 3 cavidades (La Cuevona, Tablas y Las Vacas). En la Peña La Granja, muy alejadas del río Agüera, están el conjunto de cuevas y abrigo de Carlos, y La Jaya, esta última se encuentra afectada por el trazado de la carretera. En el valle de Manás, se sitúan dos cavidades: Los Tornillos y el abrigo de Manás, por el fondo del valle discurren los arroyos de Rosberas y Rocillo. En Castro Urdiales, en los valles interiores, en distancias inferiores a 5km se encuentran las cuevas del Cráneo (2), Vallegón (2), Abrigo de la Oriza y en la cima del monte la cueva de Ziguste (Valle de Sámano). En el valle del río Mioño, se ubican 4 cavidades: el conjunto de Vicuédrano (3) y el Zorro.

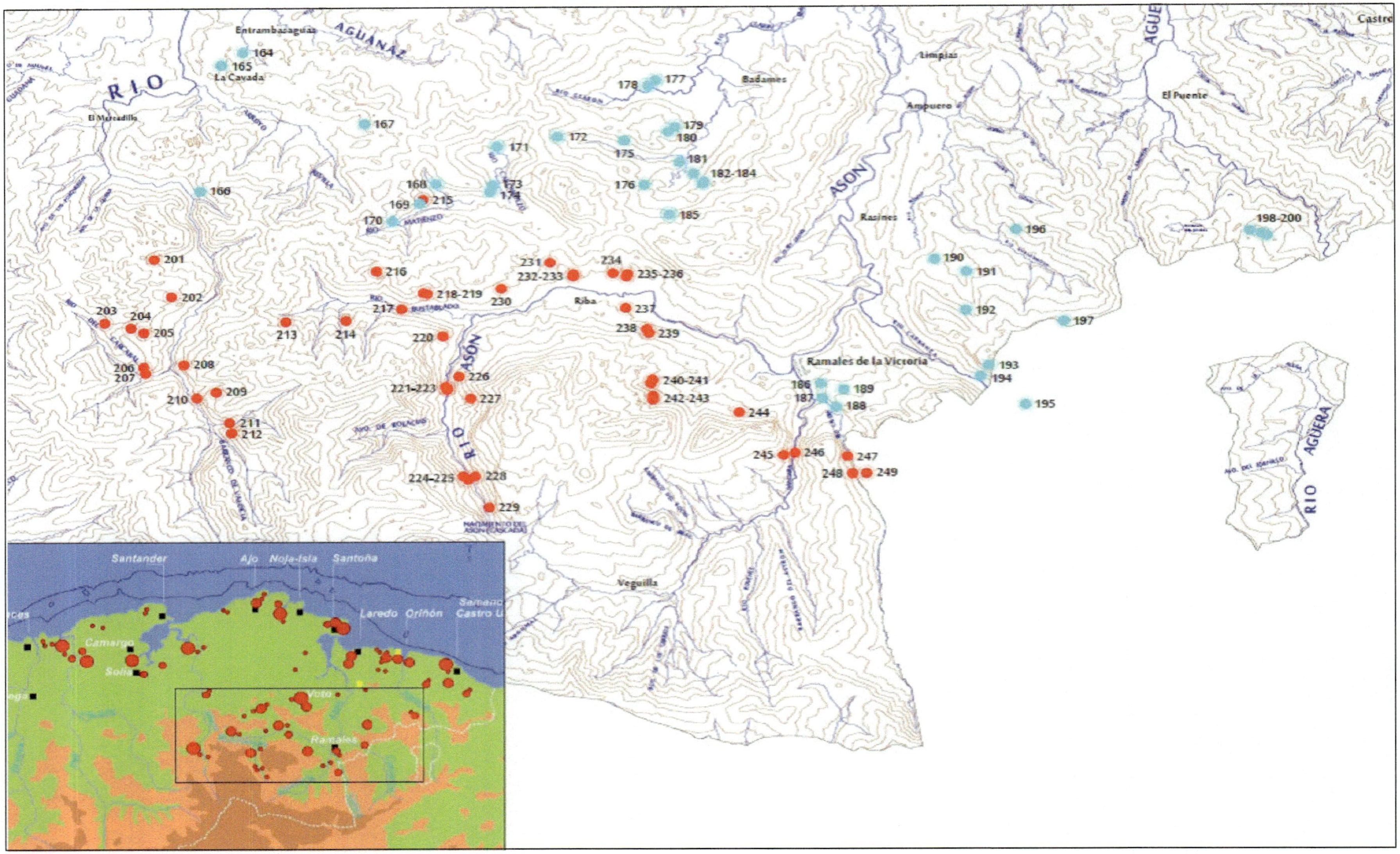

Fig. 9.2.4. Situación de asentamientos en valles interiores (Color azul)

Yacimientos valles interiores
164. Ahedo, 165. Rotizo, 166. Brenas III, 167. Campizo, 168. A. de Cubija, 169. Cubío Redondo, 170. La Cubía Sel de Suto, 171. Emboscados, 172. Cierro-Del Túnel, 173. Los Caracoles, 174. Cofresnedo, 175. La Helguera, 176. Cobrante, 177. Tres Ríos, 178. Casa de los Cristales, 179. Trampascuevas, 180. El Llanío, 181. La Rasa, 182. Peña Los Tojos, 183. Trecherón, 184. La Cubía, 185. Cueva Grande, 186. Costales, 187. Los Nombres, 188. Mirón, 189. Del Agua, 190. San Juan, 191. Mazo, 192. Rozada, 193. Caldereras, 194. Esquiente, 195. Basobrón, 196. El Cuadro-Espadañal, 197. Torcollano, 198. Las Vacas, 199. La Cuevona, 200. Tablas. (Fig. 9.2.4.).

9.2.5. Situación en valles altos

En la cabecera de los valles, en distancias superiores a 20 km, se han documentado 54 yacimientos, en el Miera y Asón. Se produce de nuevo la concentración del poblamiento en el Asón con 42 asentamientos, que suponen el 39,26% de la cuenca del Asón y el 21,09% del conjunto total de la zona centro-oriental de Cantabria.

En el alto Miera es menos significativo el poblamiento, con 12 yacimientos documentados, si bien respecto a su territorio, representa el 24%, una cuarta parte del poblamiento de la cuenca del Miera. Se producen dos áreas de ubicación de los yacimientos, asociados al valle principal, y al valle secundario que forma el río Carcabal en su margen izquierda.

La alta concentración de yacimientos en los valles altos de la cuenca del Asón indica la gran diversidad de recursos que ofrecía esta zona, que se abre en valles secundarios formados por afluentes del Asón: Gándara Carranza, Bustablado y Calera (Mapa 9.2.5). Los yacimientos se ubican en las laderas de estos valles que ofrecen diversidad de biotopos de tipo submontano: bosque mixto (puede alcanzar alturas hasta los 600m García Moreno, 2010), con diversidad de especies de caza (corzo, jabalí, ciervo), en las zonas de roquedo (cabra y rebeco) y en los fondos de valle, también pequeños mamíferos. Por otro lado, también es posible la recolección de vegetales y caracoles de tierra. En estas zonas altas claramente se observa la escasa presencia de los recursos del litoral entre 20-36 km.

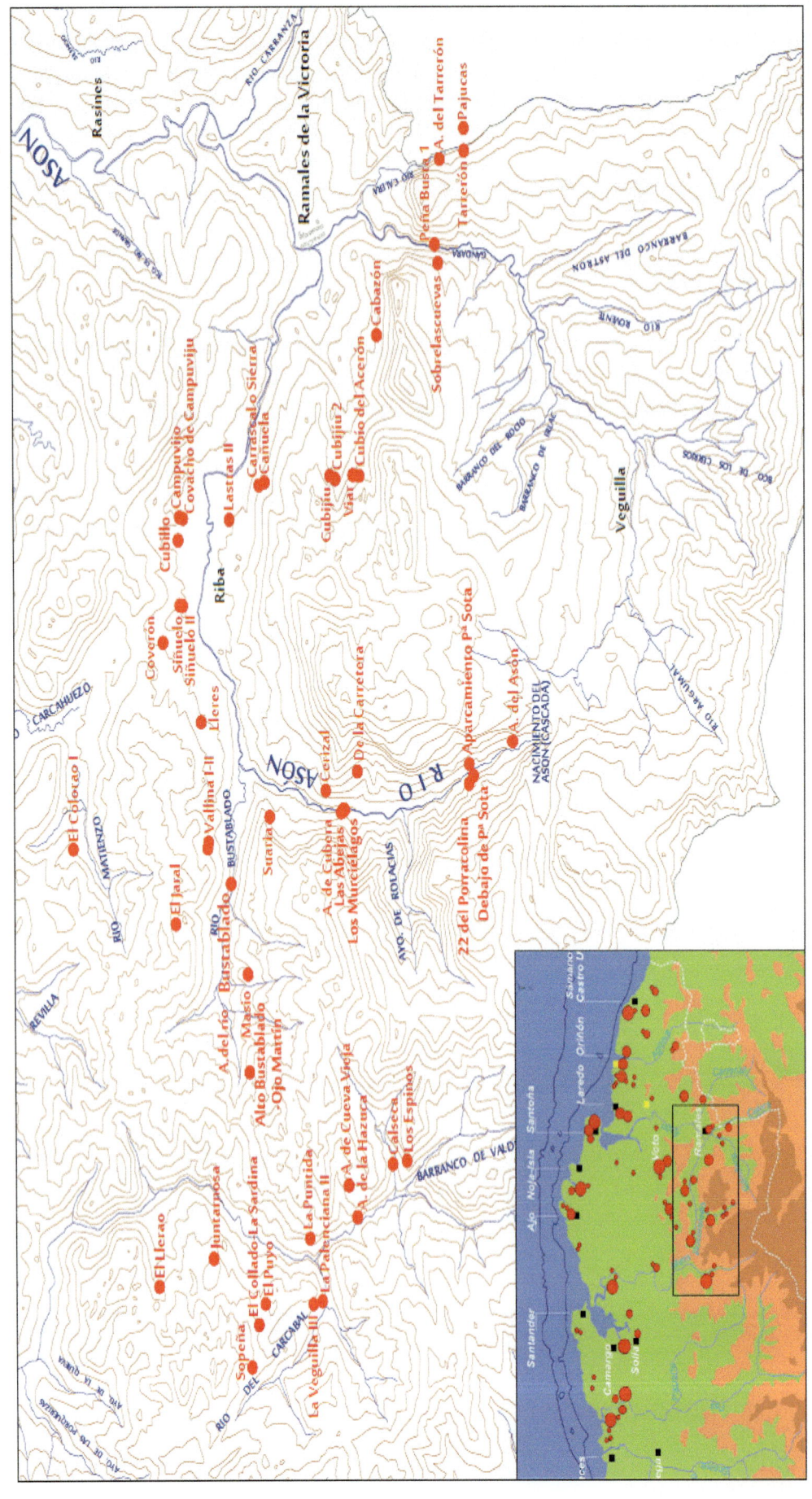

Fig. 9.2.5. Situación de yacimientos mesolíticos en los valles altos del Miera y Asón

9.3. Variable topográfica

Se ha tomado como referencia la altura absoluta sobre el nivel del mar. Entre 0-50 m de altitud, se encuentran las estaciones situadas en la llanura litoral, y en los fondos de valle, no obstante, dentro de este área se producen excepciones, como sucede con los ubicados en las colinas costeras, en el Monte Buciero (Santoña) y Monte Candina (Liendo-Agüera). En otros casos, los situados en laderas de macizos calizos emergentes en la llanura litoral, que llegan a alcanzar altitudes de 160-200 m, es el caso de los situados en el Macizo del Peñajorao (Pas), Monte de La Garma (Omoño-Miera), o el complejo de La Baja (Laredo-Asón).

Los rangos de altitud se han establecido como altitudes bajas 0-100 m s.n.m., medias entre 100-300 m y altas, por encima de los 300 m, que se ubican principalmente en los valles altos del Miera y Asón, con escasa presencia en el Agüera.

	0-50	51-100	101-150	151-200	201-250	251-300	301-350	351-400	401-450	451-500	501-550	551-600	600-650	650-750	Tot.
PAS	19	7		3	1										30
MIERA	23	7	4	1	1	2		1	3	1	2	2	1	2	50
AJO/QUEJO	15	5	1												21
ASON	12	14	9	18	15	8	7	6	3	4	2	5	2	1	106
AGÜERA	9	4	2	5	4	1		2	1	1					29
CASTRO URDIALES	8	1		2											11
SÁMANO/MIOÑO			4	1		4									9
	86	38	20	30	21	15	7	9	7	6	4	7	3	3	256

Tabla 9.3. Frecuencias de situación de yacimientos en la variable altitud absoluta

Respecto de la variable altitud, en cotas inferiores a 50 m s.n.m. se ubican 86 asentamientos (33,33%) del total. Entre 51-100 m se encuentran 38, (14,84%), lo que sitúa casi el 50% de los yacimientos en altitudes bajas. En altitudes medias, entre 101-300, se encuentran 86 (33,59%). En altitudes medio-altas 301-500, el número desciende a 29 (11,32 %) de los yacimientos y en cotas más elevadas, entre 501-750, se ubican 17 (6,64 %) de los asentamientos. (Fig. 9.3).

Se observa que la mitad del poblamiento se sitúa en zonas bajas, lo que coincide de forma preferente con la zona litoral, un tercio de los asentamientos se encuentran en altitudes medias, ubicados en laderas en la llanura litoral, acantilados y valles interiores. Los asentamientos en altitudes medio-altas, entre 300-500m s.n.m., 20 estaciones se sitúan en el medio/alto Asón y 7 en el Miera en la parte alta del valle. Finalmente por encima de los 500m, se reduce el número de asentamientos a 7 en el Miera y 10 en el Asón.

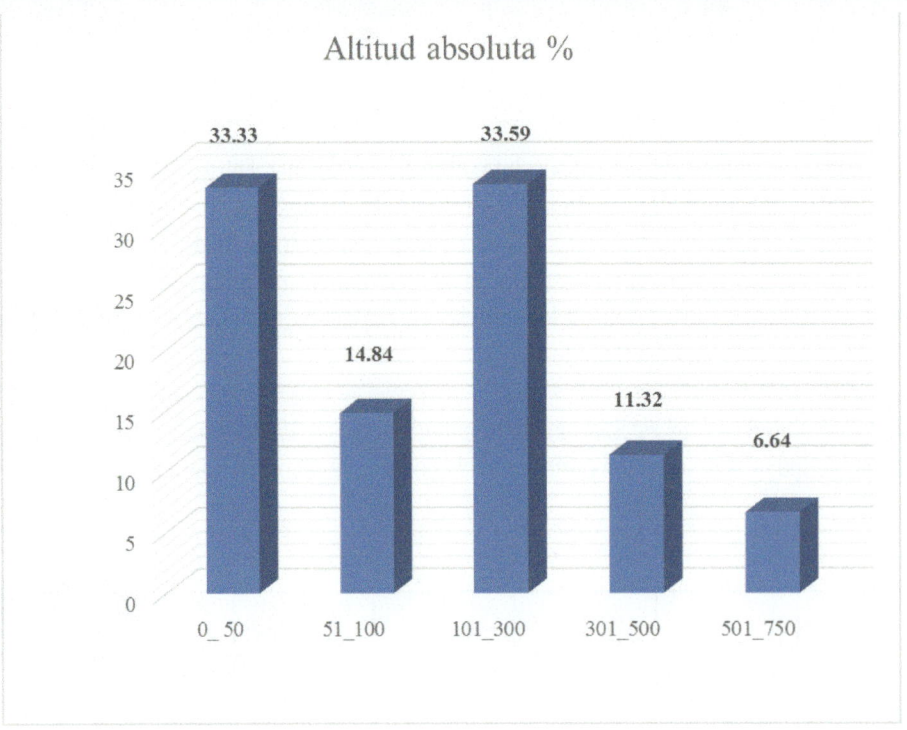

Fig. 9. 3. Gráfica de distribución de yacimientos en la variable altitud absoluta

9.3.1. Topografía del entorno

Se analiza la situación de las cavidades en relación con el entorno topográfico. Se han establecido las variables del terreno diferenciando las características de las áreas de ocupación: costa, valles interiores y valles altos.

La situación topográfica de las cavidades ofrece una gran dispersión, debido a su ubicación en sustratos calizos (Tabla. 9.3.1.)

a) En la costa se dan diferentes situaciones relacionadas con las formas del relieve litoral. En acantilados, colinas costeras, dolinas y macizos calizos se ubican 96 cavidades. Todas las estaciones se sitúan en las formaciones calizas, con preferencia se utilizan las ubicadas en las bases de *hums* y pequeños macizos, incluidas las que se encuentran en el área intermareal, en la ría de Mogro (El Molinón-Pas). En superficie, aire libre se han documentado 2 yacimientos situados en los acantilados: en la playa de S. Julián (Liendo) y en Sta. Ana (Castro Urdiales)

b) En la llanura litoral en fondo de valle se sitúan el 6,25% de los asentamientos y, en macizos calizos bajos 3,51%. Un yacimiento en superficie, al aire libre, se encuentra en el conjunto megalítico Ilso de Hayas, donde se ha obtenido una datación radiocarbónica.

c) El poblamiento en los valles interiores se asienta de forma preferente en media ladera, casi el 9% del conjunto. En alto de ladera en torno al 6% y en menor proporción los situados en base de ladera, 3,9% y en la cima 1,17%. La posición está en función de las estrategias de subsistencia. En la parte baja la disposición de biotopos complementarios del bosque: caza, recolección de vegetales y caracoles y la pesca en los ríos. En media ladera se dispone de un campo visual más amplio con mejores condiciones de orientación solar y, por tanto, más cálidas, con acceso a la caza y recolección de las zonas altas del valle Las situadas en alto de ladera y cima, responden a una funcionalidad logística de tipo cazadero ocasional. Estas cavidades son de pequeño tamaño, con escasas condiciones de habitabilidad.

Variables topográficas	Pas	Miera	Ajo/Noja	Asón	Agüera	Castro Urd.	Total	%
Intermareal	2						2	0,78
Base de *hum*	8	6	6	2	2	1	**25**	**9,76**
Colina costera cima	4	3		2	4	2	15	5,85
Colina costera alto ladera	2		1	1	2		6	2,64
Colina costera media ladera	2	4	2	4	6	1	19	7,42
Colina costera base	4	8	6	2		4	**24**	**9,375**
Dolina costera	6	1	2	2			11	4,29
Acantilado ladera baja					1	2	3	1,17
Acantilado media ladera		1		4			5	1,95
Acantilado alto ladera		1		8			9	3,51
Llanura costera			4				4	1,56
Fondo valle litoral	2	2		10	3		17	**6,64**
Macizo calizo costero bajo		8					8	3,1
Fondo de valle		2				4	6	2,34
Valle interior cima				2		1	3	1,17
Valle interior: Alto de ladera		1		10	4		15	5,85
Valle interior: Media ladera		1		15	2	5	**23**	**8,98**
Valle interior: Bajo ladera				6	4		10	3,9
Valle alto: Alto ladera		4		12			16	6,25
Valle alto: Media ladera		5		13			**18**	**7,03**
Valle alto: Bajo ladera				5			7	2,73
Valle alto: cima		2		2			4	1,56
Valle alto: Fondo				4			4	1,56
Aire libre cumbre				2	1		3	1,17
Total	30	50	21	106	29	20	256	100

Tabla. 9.3.1. Variables topográficas de las cavidades

La cuenca del Asón presenta una frecuencia de 33 asentamientos en el interior de los valles (31,13 %). El poblamiento se sitúa, como ya dijimos, en las márgenes de los valles del Carranza, Silencio, Ruahermosa y valle cerrado de Matienzo. En bajo de ladera se ubican 6 asentamientos, en media ladera 15. En alto de ladera se encuentran 10 estaciones: 4 en Rasines y 6 en el Valle de Aras, situados en el valle secundario de Caburrao. Se trata de cavidades muy pequeñas, escasamente habitables, situadas en una cornisa caliza con acceso al control sobre dos valles. Un asentamiento al aire libre, La Muela, se encuentra en un collado a 730 m de altitud.

En el Miera los asentamientos en la parte interior del valle son escasos. En base de hum se encuentran dos cavidades (Rotizo y Edino), en media ladera en un valle secundario El Campizo, y en alto de ladera se sitúa la cueva Brenas en la margen derecha con dominio sobre el valle.

En el Agüera, el poblamiento se concentra en el valle de Guriezo. Se trata de asentamientos situados al sur del valle, en la Peña San José y Peña La Granja, en las laderas de colinas de escasa potencia. Las cavidades se sitúan sobre valles secundarios, ubicadas 4 en alto de ladera (Las Vacas, Cuevona, Tablas y La Jaya), En la base, en un entorno de bosque mixto y roquedo (Los Abrigos de Carlos y Rejuyo). En el valle de Manás 2 asentamientos se sitúan en media ladera (Los Tornillos y Abrigo de Manás).

En Castro Urdiales, el poblamiento interior se concentra en los valles de Sámano y Mioño, recorridos por los ríos del mismo nombre, 9 asentamientos en media ladera.

Fig. 9.3.1. La Hazuca. Situación sobre el valle del Miera

d) En la zona alta de los valles, las estaciones están asociadas a las cuencas de los ríos, en posición de medio y alto de ladera.

El poblamiento en los valles altos del Miera y Asón se asienta también de forma preferente en media ladera (7,03%). En el Miera, 11 estaciones mesolíticas se encuentran en su mayoría en valles secundarios, sobre laderas abruptas (Valle de Merilla, recorrido por el arroyo de Carbajal), en valles altos colgados (Sopeña, El Puyo, Collado, Juntarnosa), alejadas de corrientes de agua, aunque es viable conseguirla en las proximidades en surgencias dentro del paisaje cárstico. En el valle principal, en lo alto de la ladera, se encuentran La Hazuca y Cueva Vieja, en situación estratégica de dominio sobre una amplia zona del valle. Los asentamientos en los valles altos, están bastante equilibrados, 4 en la parte alta: La Veguilla (Fig. 9.3.2.), el Puyo, Calseca y La Hazuca (Fig. 9.3.1.), responden a lugares con dominio sobre un amplio territorio, con diversidad de biotopos de caza de bosque, de roquedo y de pesca. Los situados en media ladera: Sopeña, El Collado, La Puntida, El Llerao, La Palenciana y Los Espinos, también se ubican sobre un amplio territorio, con acceso a la caza de roquedo y de bosque. Estas cavidades tienen buenas condiciones de habitabilidad, en general son cuevas amplias y bien orientadas. Dos cavidades se encuentran en la cima, el Abrigo de Cueva Vieja, situado en la margen derecha sobre el valle principal y Juntarnosa, aislada en un valle secundario, lugar estratégico de caza.

Fig. 9.3.2. La Veguilla. Situación sobre el valle secundario del río Carbajal

La cabecera del Asón ofrece diferentes paisajes dentro del conjunto de formaciones calizas que componen el relieve. Los agrupamientos se ubican en las laderas del cauce principal y en los valles subsidiarios, lo que parece indicar una mayor dispersión del poblamiento.

En los valles altos del Asón se ubican 38 asentamientos (38,84%). También predomina el asentamiento en media ladera con 13 yacimientos, bajo de ladera 5, alto de ladera 12, y 4 en la cima. Estas ocupaciones situadas en cotas de altitud por encima de los 300 m, responden a la colonización de las zonas altas de los valles tras la deglaciación del glaciar de Castro Valnera, que se extendía por la cabecera de los valles del Miera y Asón (Pérez Bartolomé, 2014)[1]. En el Asón las cavidades situadas en la cima de ladera, Cubijiu (560 m) y Cubío del Acerón (650 m), ambas son amplias y con buenas condiciones de habitabilidad. La frecuente situación en media y alto de ladera en el Asón, están muy equilibradas, 12 en la parte alta y 13 en media ladera. Estas preferencias hay que ponerlas en relación con la oferta de cavidades que ofrecen las formaciones calizas y la diversidad de recursos que ofrece el medio. En la zona de media ladera se tiene acceso a las áreas de bosque mixto con diversidad de biotopos, con recursos de caza, hábitat de ciervos, corzos, jabalíes y animales menores y, recolección de productos vegetales del bosque, y pesca en los ríos. En la zona alta de los valles las áreas de roquedo, ofrecen un nuevo ecosistema de hábitat de cabras y rebecos.

En el área del nacimiento del Asón, en la zona más abrupta, formada por laderas con fuertes pendientes, próximos a los Collados del Asón, hasta esta zona se extendía el glaciar de Castro Valnera, por lo que la colonización de esta parte alta del valle se inicia en el Holoceno, pero será a partir del Mesolítico cuando presente una mayor

---

1   Pérez Bartolomé y Muñoz Fernández. Comunicación en el Congreso "XVII Mundial Congress of Prehistoric and Protohistoric Sciencies 2014"Burgos, 1-7 de Sepiembre UISPP: *"Colonisation of the Upper Miera and Asón Valleys (Cantabria, Spain) in the Late Glacial Period and the Holocene"*.

diversificación del poblamiento, lo que se traduce en la existencia de un número importante de asentamientos, todos ellos en cuevas y abrigos: Abrigo del Asón (1), Abrigo debajo de Peña Sota (2), C. del Aparcamiento de Peña Sota (3),Cerizal. En una zona más baja, en el entorno a la surgencia permanente de Cubera, afluente del Asón, se agrupan los yacimientos de Cubera, Murciélagos y Abejas, formando una unidad de habitación. Próximos a esta estación se encuentran los abrigos de Suaria y de la Carretera.

En altitud más baja y relieves más moderados se ubican el conjunto del valle del río Bustablado, que discurre con orientación oeste-este hacia Arredondo donde su junta con el Asón. En media ladera se sitúan las cuevas de El Jaral, Vallina, El Colorao, Abrigos del Río Bustablado (2) y Cayuela. El Masio está más aislado, colgado sobre el valle de Bustablado, en posición dominante.

Un tercer grupo se sitúa en el valle secundario de Ancillo. El área de ocupación de este territorio se ubica sobre el flanco meridional del valle. Se trata de un valle fósil constituido en la parte alta por dos barrancos subparalelos de fuerte pendiente, que cortan las calizas urgonianas costeando el flanco norte de la Sierra del Hornijo. Paisaje muy abrupto, formado por un paquete de calizas aptienses (Complejo Urgoniano). Lo más significativo del paisaje es el proceso de carstificación, que ha dado lugar a formaciones de lapiaz, por donde se filtran las aguas de escorrentía. Esta es la razón de que siendo un valle colgado en altura, no presenta en el fondo un curso de agua continuo. La situación geográfica y el paisaje geológico y vegetal, configuran una zona de uso prácticamente exclusivo como cazadero de cabras, en la época del Holoceno, una vez que desapareciera el glaciarismo de la zona. Esta sería la razón de la ocupación de las cavidades por los habitantes de la época mesolítica. Cuatro cavidades con evidencia de ocupación se ubican en este valle en alturas entre 550-650m: Viar y Cubío del Acerón, se sitúan en la ladera izquierda, orientadas al este y sureste, Cubijíu I y II se sitúan en la ladera derecha del valle orientada al sur y Cabanzón en posición más baja (426m), se encuentra más al este, al pie de la Sª del Hornijo.

Valle del Gándara. Se trata de un valle encajado con pendientes muy abruptas. Encima del valle hay pequeños valles cársticos en las laderas de Peña Busta y Pico San Vicente. En el sector se encuentra la cavidad de Sobrelascuevas, en la margen izquierda del Gándara y las cuevas de Peña Busta (2), en la margen derecha.

Valle del Calera. El río Calera es afluente del Gándara y subafluente del Asón. Forma un valle de reducidas dimensiones y muy estrecho en casi todo su recorrido. Nace en los Montes de Ordunte (Salduero, Vizcaya) y recorre el límite entre Cantabria y Vizcaya hasta Lanestosa. En este trabajo se incluye solamente el sector norte, la Garganta del Calera, excavada entre Lanestosa (Vizcaya) y Ramales de la Victoria, al abrirse paso el río entre las peñas calizas de La Mortera y El Moro. En esta parte del valle se sitúan en la margen izquierda del valle, la cueva y abrigo del Tarrerón. En la margen derecha, en el límite de Cantabria y Vizcaya, el sector de Lanestosa, con un grupo de cavidades entre las que se encuentra Las Pajucas.

9.4. Morfología de las cavidades

- Otras variables de aspecto descriptivo que se han considerado son los soportes, el tipo de hábitat, clasificando los asentamientos en cueva, covacho, abrigo o aire libre. Diferenciando estos por tamaño, grande, mediano o pequeño y también teniendo en cuenta la métrica de la boca, en anchura y altura, el espacio útil disponible en vestíbulos. También es importante considerar el espacio de la plataforma exterior disponible.

- Una segunda variable que se ha tenido en cuenta es la orientación de la boca de las cavidades, por la influencia que la exposición solar tiene sobre la temperatura e iluminación de los hábitats.

9.4.1. Los soportes

El poblamiento en su totalidad se ubica en cavidades de diferentes tamaños en forma de cuevas, abrigos y covachos, con la excepción de 4 asentamientos situados al aire libre. (Tabla 9.4.1.).

Tipos cavidad	Pas	Miera	Ajo/Quejo	Asón	Agüera	Castro Urdiales	Σ	Frec Relat
Cueva grande	5	13	7	24	4	6	59	23,04
Cueva mediana	6	5	2	11	3	5	32	12,50
Cueva pequeña	6	17	4	28	12	2	69	26,95
Cueva-túnel grande		1		1			2	0,78
Cueva-túnel mediana		1		1			2	0,78
Cueva-túnel pequeña	3	2	1				6	2,34
Cueva-Abrigo grande				3			3	1,17
Cueva-Abrigo mediano				1			1	0,39
Abrigo grande		4		10	3	2	19	7,42
Abrigo mediano		2		6	3	3	14	5,46
Abrigo pequeño	10	5	3	14	1	2	35	13,67
Covacho pequeño			4	4	2		10	3,89
Sima				1			1	0,39
Aire libre				2	1	1	4	1,56
Total	30	50	21	106	29	20	256	100

Tabla. 9.4.1. Frecuencias de tipos de cavidades por tamaño

El tipo de cavidad que tiene mayor frecuencia de uso son las cavidades de pequeño tamaño (26,95%). El siguiente hábitat con mayor frecuencia de uso es la cueva de tamaño grande (23,04%). También es el Asón el que presenta mayor número (24). Se utilizan en todas las zonas de forma similar. En el Miera este tipo de hábitat es utilizado de forma preferente en la costa y llanura litoral, y solamente 1 en la parte interior del valle (Campizo). En el Agüera 10 hábitats se asientan en cuevas de tamaño grande, de ellas 8 se encuentran en la llanura litoral.

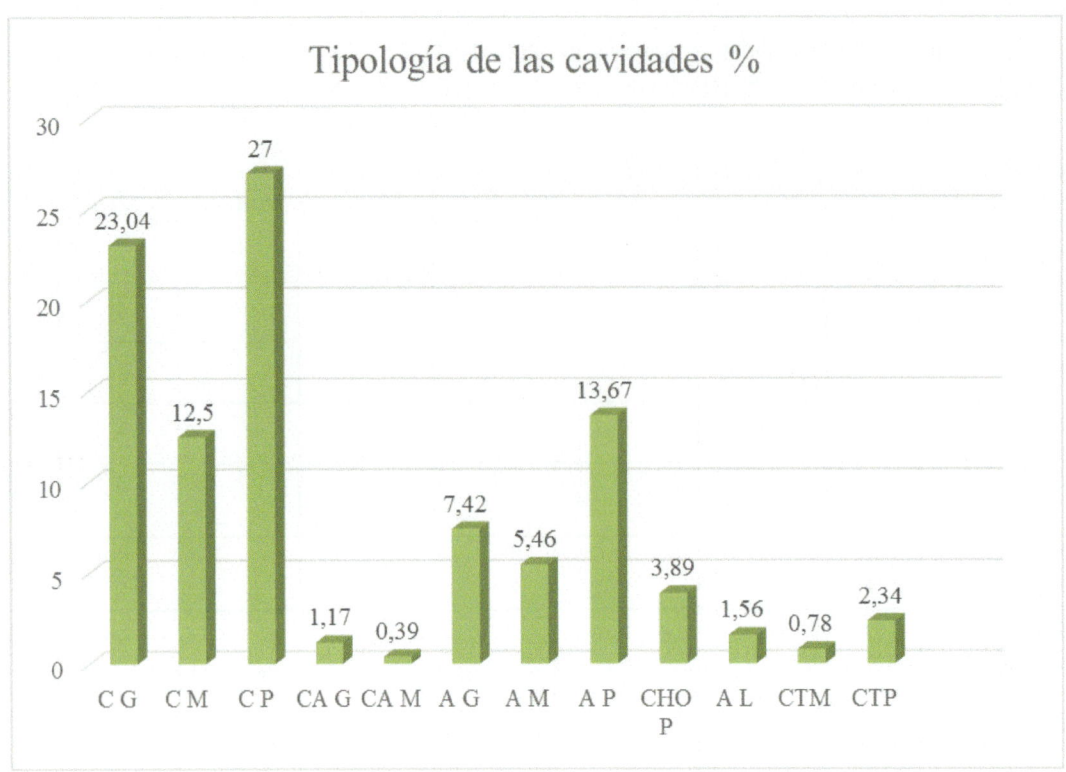

Fig. 9.4. Tipología de las cavidades. Variable tamaño : CG. Cueva grande, CM. Cueva mediana, CP. Cueva pequeña, CAG. Cueva abrigo grande, CAM. Cueva abrigo mediano, AG. Abrigo grande, AM. Abrigo mediano, AP. Abrigo pequeño, CHOP. Covacho pequeño, AL. Aire libre, CTM Cueva túnel mediana. CTP. Cueva túnel pequeña.

El conjunto de cavidades de gran tamaño (cuevas, abrigos, cueva-túnel) equivale al 30% del total. Los abrigos de tamaño grande, en el Asón se utilizan de forma preferente en la costa y llanura litoral (8), mientras que en los valles interiores y altos solamente se ha documentado una cavidad en cada uno de ellos. En el Miera 3 abrigos grandes se utilizan como hábitats en la zona alta de los valles secundarios y uno en la costa. En el Agüera, 2 se encuentran en la costa y uno en valle interior. En la zona costera de Castro Urdiales 5 yacimientos se encuentran depositados en cuevas grandes. Las cavidades con buenas condiciones de habitabilidad también se encuentran en los extremos de las cuencas (costa/valle interior) las zonas estratégicas de captación de recursos.

Los covachos, cavidades de tamaño muy pequeño y prácticamente inhabitable se han utilizado a lo largo del valle del Asón: 5 en la costa, 2 en los valles interiores y 2 en los valles altos y una cavidad en un sima (Sima del Diente). En el Agüera, los 2 covachos documentados se encuentran en la costa.

Si se agrupan las cavidades de tamaño pequeño (cuevas, abrigos y covachos) suponen el 46,85 %. Se trata de cavidades con escasas condiciones de habitabilidad, y su concentración en la zona costera y en parte alta de los valles, probablemente se relacione con una función logística, de explotación de los recursos que ofrecen estas zonas, en la costa la recolección de moluscos y en los valles altos la caza.

Los asentamientos ubicados en abrigos, paredes verticales, en algunos casos con visera, que prolonga la protección del espacio habitable, incluidos todos los tamaños son 68 el 26,56% de las estaciones. Este tipo de hábitat requiere un acondicionamiento exterior para conseguir unas condiciones aceptables de habitabilidad. Esta necesidad de situarse en las cavidades y paredes de los macizos calizos, evidencia una segura protección que ofrecen y, también es conocida la propiedad que tiene la caliza de mantener el calor recibido de la energía solar.

Fig. 9.4.1. Abrigo de Suaria (Arredondo). Valle Alto Asón

Se observa el escaso número de yacimientos ubicados al aire libre. En la cuenca del Asón, Ilso de Hayas (Guriezo) situado en una colina en la llanura litoral y, La Muela en la parte alta del valle, aunque es dudosa la atribución cultural de este último, basada en la localización de industria lítica poco significativa.

En el Agüera, en los acantilados de la playa de San Julián, se ha localizado en un corte del terreno un paquete de conchero y, en diferentes puntos del acantilado hay evidencias de industria en sílex local y arenisca. En el acantilado de Castro Urdiales en una excavación efectuada en la ermita de Santa Ana, bajo el edificio medieval, en el roquedo que forma el roquedo de base, pudimos extraer el sedimento con restos arqueológicos de carbones, e industria lítica. Una datación ^{14}C AMS sobre carbón ha dado una fecha de cronología atribuida al Mesolítico (Valle Gómez et al. 2006).. El escaso conocimiento del poblamiento en superficie, seguramente se debe a la dificultad que tiene la localización de este tipo de yacimientos, por su difícil conservación, expuestos a la erosión y, a la modificación del paisaje por acción antrópica fundamentalmente en la zona litoral, donde el avance del proceso urbanístico ha alterado y destruido el paisaje natural y con él muchos yacimientos.

9.4.2. Orientación de las cavidades

Se produce una gran variabilidad del tipo de orientación a los puntos cardinales, sin embargo, hay una selección en la orientación sureste (22,48%) y oeste (20,54%), seguido de la orientación sur (15,11%), siendo muy escasa la orientación norte (4,65%). Parece que hubo preferencia por las cavidades con orientaciones más cálidas, con mayor número de horas de incidencia solar, y por tanto más secas, lo que favorece las condiciones de habitabilidad. Sin embargo, hay que tener en cuenta que la orientación de las cavidades depende de su situación en el valle y, debido a la formación de los valles en dirección S/N, muchas cavidades abren con orientación E y W. A esto se debe que un buen número de cavidades estén orientadas al oeste (Tabla 9.4.2.).

ORIENTACIÓN	Pas	Miera	Ajo/Quejo	Asón	Agüera	Castro Urdiales	Σ	Frec. Relat
N	1	4	1	4	1	1	12	4,65
NE	2	4	1	7	1	1	16	6,87
NE/E	2						2	0,77
NW	2		1	3		1	7	2,71
NE/SW						1	1	0,38
S	3	9	3	19	3	2	39	15,11
SE	3	9	6	26	12	2	58	22,48
SW	5	6		10	3	1	25	9,68
SE/NE	1	2					3	1,16
N/S		2	1				3	1,16
E	7	6	2	9	2	3	29	11,24
E/W	1	2		1	1	1	6	2,31
W	3	8	6	24	5	7	53	20,54
S/SE				1	1		2	0,77
Total	30	52	20	104	29	20	256	100

Tabla. 9.4.2. Tabla de frecuencias de orientación de las cavidades

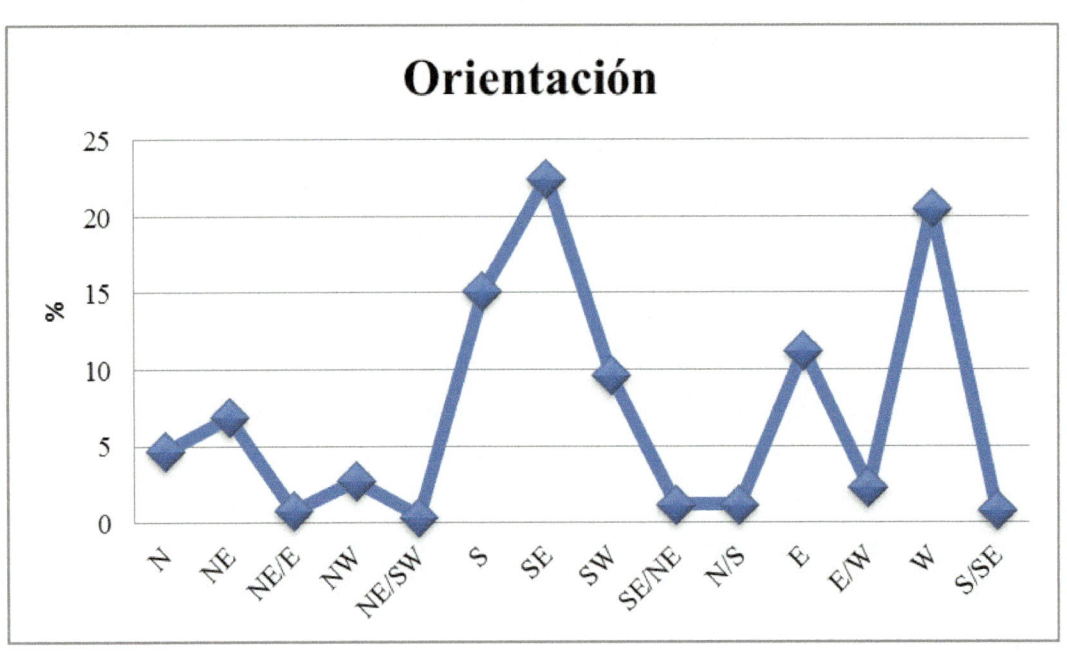

Fig. 9.4.2. Gráfico de frecuencias de orientación de las cavidades

9.4.3. Insolación potencial

En el tipo de hábitat utilizado por el poblamiento mesolítico es importante la posible insolación que reciben las cuevas y abrigos, no solo por la iluminación, si no también, por la influencia que tiene la radiación solar en el microclima de la cavidad y del entorno donde se desarrolla la actividad. De forma genérica siempre se ha valorado este aspecto en el análisis de las características de las cavidades, sin embargo, han sido escasos los trabajos de investigación sobre la radiación solar que reciben los asentamientos. Un trabajo pionero fue el realizado en yacimientos del Perigord francés (Bouvier, 1977) que trató de cuantificar las horas de insolación mediante un complejo sistema de maquetas, cámaras de fotos y fotos (García Moreno, 2008)

En la región cantábrica es destacable el trabajo sobre el hábitat mesolítico en Asturias (Fano Martínez, 1998 b), en el que analiza, mediante el empleo de un Sistema de Información Geográfica (SIG), el número de horas de luz solar que recibían los yacimientos mesolíticos de la Marina Oriental asturiana, tratando de constatar la importancia de la insolación en la elección de los lugares de hábitat.

En Cantabria oriental, García Moreno (2010) ha realizado un estudio con gran precisión y cálculos sobre la insolación que reciben las cavidades en el final del Pleistoceno en el valle del Asón. Se ha tomado el actual ángulo de inclinación del eje de la Tierra y la oblicuidad de la elíptica actual para el caso de la insolación potencial.

En el Tardiglaciar se incluyen yacimientos con poblamiento continuado en el Mesolítico, para los que se ha obtenido una valoración de posible insolación a lo largo del año, por lo que lo tomamos de forma orientativa para estos yacimientos que tienen una continuidad de ocupación en el Holoceno.

Cavidad	Anual	Primavera	Verano	Otoño	Invierno
La Garma A	9,25	10	9	9	9
La Chora	10,25	11	13	9	8
El Perro	8,75	9	10	8	8
La Fragua	8,75	10	10	8	7
El Mirón	8,00	9	10	7	6
Morín	6,58	10	10	4	2
Cubera	5,50	7	7	5	3

Tabla. 9.4.3. Insolación potencial media de las cavidades en el Tardiglaciar (García Moreno, 2010)

Entre las cavidades con mayor insolación media anual, se encuentran La Garma A y La Chora, entre 9,25-10,25 horas, y a lo largo del año, especialmente en invierno con 8-9 horas de sol. Ambas están situadas en la llanura litoral con orientación S y SE respectivamente. En el caso de la Chora, su ubicación en un valle abierto, en un amplio espacio llano, con un potente conchero, y una secuencia de ocupación desde el MSF nos hace pensar que además del entorno y la disponibilidad de los recursos, tuvo que influir en el asentamiento la insolación que generara las buenas condiciones de habitabilidad de la cueva. Lo que hace suponer la hipótesis de que pudiera ser un asentamiento estable y centro de otros secundarios situados en el entorno como los ubicados en el valle de Aras, y en la zona de la ría de Rada, entre ellos El Carabión.

La Garma A, situada en media ladera, no ofrece buenas condiciones de habitabilidad, la cavidad estaba casi colmatada cuando se localizó el yacimiento, sin embargo también tiene un importante depósito de ocupación continuada, desde el Paleolítico Inferior. Probablemente haya influido la insolación. Un poco más elevada en la ladera del monte se encuentra la cueva del Mar, no se ha incluido en este estudio sobre la posible insolación, pero valorando su orientación al SE y el potente yacimiento de conchero, indican unas buenas condiciones de hábitat, tal vez sea debido a ese potencial de insolación. Mientras que en el Truchiro, situado en la base de ladera, el yacimiento tiene menor potencia y se utilizó como depósito funerario mesolítico.

En el segundo grupo, con una insolación anual entre 8-8,75 horas, se encuentran las cavidades de El Perro, La Fragua y El Mirón. Las dos primeras situadas en la costa, con orientación SE ambas. En los dos casos se produce una ocupación continuada desde el MSF- Aziliense-Mesolítico. No obstante, en el Perro, la ocupación parece más continuada por la potencia de la estratigrafía. En esto debe influir la mejor situación topográfica del Perro respecto de La Fragua. El Mirón, situado en media ladera en el valle interior, al límite con la parte alta del Asón, recibe una insolación importante, sin duda debida a su situación estratégica, despejada sobre el valle, sin área de sombra. Sin embargo su orientación es W, lo que le asegura horas de sol al final del día, aunque, vemos que en otoño e invierno se reduce la insolación a 7 y 6 horas, mientras que en los meses de primavera y verano está entre 10-11 horas de insolación. También su yacimiento evidencia una larga ocupación desde el Paleolítico hasta la prehistoria reciente, aunque el yacimiento mesolítico parece tener escasa entidad.

Morín recibiría una menor insolación anual (6,58 h), aunque llegaría a tener 11 h de abril a julio, con una bajada muy drástica en los meses de diciembre y enero, con 0 horas de insolación. Esta reducción es debida a su situación en fondo de valle con orientación norte.

El Abrigo de Cubera recibiría solamente 5,50 horas de insolación media anual, con unas máximas en primavera y verano de 7 horas, si bien, en los meses de mayo-junio llega a tener 8-9 horas de posibles insolación. Su situación en un medio de alta montaña, en base de ladera, sobre la surgencia del Cubera, aunque su altitud relativa es baja (8 m) y su orientación al este, la escasa insolación que recibe se debe a su situación en la parte baja del valle. El yacimiento tiene una potencia de conchero de unos 40 cm sobre un nivel de terraza fluvial. Se ha considerado yacimiento Aziliense. En el estrato de conchero se identifican dos niveles, en el superior hemos datado una muestra de carbón que ha dado una fecha 9190 ± 60 BP cal 10372±86, por lo que podemos considerar una ocupación continuada desde el Aziliense y en el Mesolítico. Una situación similar tienen las cavidades de Los Murciélagos situadas en la parte baja de la misma ladera todas orientadas al este. Próximo se encuentra el Abrigo de Suaria, de grandes proporciones, con orientación sur, emerge sobre un amplio terreno llano, cerca discurre un arroyo de corriente continua. Estos conjuntos de asentamientos, aunque no se ha hecho sobre ellos el cálculo matemático de posible insolación, las características descritas de ubicación y orientación han debido influir en el inicio del poblamiento en el Holoceno, ya que no hay evidencias de ocupación en el Paleolítico.

Por otro lado, si tenemos en cuenta la orientación de las cavidades que veíamos en el apartado anterior, hay una preferencia por la ocupación de las orientaciones S/SE/SW, alcanzando casi el 50 %, que son las que ofrecen más horas de insolación.

9.5. Relaciones interespaciales

La agrupación de yacimientos depende de su ubicación de forma generalizada en cuevas y abrigos, su situación está determinada por la disponibilidad de los macizos calizos. Sin embargo, en la distribución territorial se observan agrupamientos en las diferentes zonas y, grupos aislados con distancias de varios kilómetros. En el registro arqueológico se sitúan las cavidades por áreas de concentración de yacimientos, en mapas de localización, donde se aprecia la distribución espacial.

9.5.1. Los agrupamientos: distancias *intrasite* e *intersite*

Se analizan las distancias de los núcleos de poblamiento ubicados en la zona litoral y en cada uno de los valles. Las distancias se han tomado con la medida de longitudes en el mapa SigPac, trazando las distancias por los itinerarios más asequibles.

9.5.2. Núcleos de poblamiento en el Valle del Pas

En la zona más occidental del Pas, en el interfluvio con la ría de Suances, se encuentran dos estaciones muy próximas, en un espacio inferior a 100m, La Pila y La Trecha. Próximo a estas en la marisma de Usil, ría de Mogro, en la zona baja de un *hum* costero, en el Molinón, se produce un núcleo de poblamiento de cuatro yacimientos contiguos: El Molinón II, III, IV, V, situados en la zona intermareal, están afectados por el flujo de las mareas, que inundan las cavidades, por lo que conservan escasos restos concrecionados. A 150 m del grupo anterior y próximo a la misma ría, en la base de otro *hum* costero, se encuentra el asentamiento de Peñahorá (2 cavidades) y La Garma (2 cavidades).

En la llanura litoral, se encuentran Las Salinas y el abrigo de los Moros a una distancia de 1,2 km del grupo situado en la costa. En la margen derecha del Pas, se ubican dos estaciones, a 5 y 7 km de distancia de los grupos anteriores: el conjunto de La Soledad (3 cavidades) y Llogro, situadas en la base de afloramientos calizos en distancias intragrupo inferiores a 1 km. Próximas se encuentran el grupo de Covalejos (2 cavidades), Cubrizas y Barcenilla en distancias de 2-5 km intergrupo y en distancias inferiores a 1 km intragrupo.

En la zona suroriental del río Pas, se sitúan cuatro áreas de ocupación holocénica. En Camargo: El Gurugú II y Carburo I. En Igollo: El Ruso I, Peña Cuadrada (destruida). En Revilla: El Carmen, La Venta XV. Todas situadas en la llanura litoral, en la base de *hums* y macizos calizos, en un área de unos 2 km. En Escobedo, los grupos de La Rasa II-IV y el conjunto del Peñajorao II, XIV y XXIII se encuentran en distancias inferiores a 2 km

9.5.3. Núcleos de poblamiento en el Valle del Miera

En la zona de acantilados oeste del cabo Mayor (Santander), se ubican dos estaciones, el grupo Cerro del Uro (2 cavidades) y Peña Oreo (3 cavidades), muy próximas, todas situadas en la base de pequeños afloramientos calizos, en distancias de 20-100m. Este agrupamiento se encuentra muy próximo a los yacimientos de sílex de la zona costera de la Virgen del Mar y Rostrío.

En el entorno de la rías de Boo, Solía y San salvador, en la llanura litoral, situadas en la base de macizos calizos emergentes se sitúan un grupo de cavidades muy próximas: Morín y Gallinero, a unos 200m, a una distancia de 1,5 km se encuentra La Peñona. En el oeste de Peña Cabarga, en la parte baja de la ladera se sitúan Los Moros de San Vitores y Murciélagos, a una distancia de los grupos anteriores de unos 7 km.

En la línea de costa se encuentran el Abrigo de Cotrejón y el abrigo del Seminario de Pedreña a una distancia de 0,5 km. En la misma costa, hacia el este el abrigo y cueva de Cucabrera, distantes del grupo anterior unos 8 km.

En la Llanura litoral, en el Monte de la Garma, se concentran un conjunto de 4 yacimientos, La Garma A-B y cueva del Mar, situados en media ladera, y en la base El Truchiro. El monte de La Garma dista del grupo de la costa 8km.

En el valle del Aguanaz, afluente del Miera, se encuentran las cavidades de la Fuente del Francés y las Injanas, en un radio inferior a 1 km. En Solares, la cueva de Solahesa dista de las anteriores unos 3 km.

En la cubeta de Navajeda, a una distancia de unos 3 km de los grupos anteriores, en la base de un macizo calizo, se sitúan las cavidades de Rotizo y Edino.

En el valle interior del Miera, en la divisora de aguas entre los valles de los ríos Miera y Asón, en el valle de Cobadal, la cueva del Campizo se encuentra en un paraje aislado. En Angustina, también aislada y alejada del valle está el grupo de Brenas.

En el valle alto del Miera, en la parte alta de la ladera este, se encuentran muy próximos, los abrigos de Cueva Vieja, La Hazuca y la Puntida en distancias inferiores a 1 km. En la ladera oeste, frente a las cuevas del Piélago, se sitúa la cueva del Llerao. En Merilla, en el valle secundario formado por el arroyo de Carcabal, afluente del Miera, en la cima de la ladera, se ubican el grupo de La Veguilla, en la base de un gran farallón de caliza con varios abrigos corridos, pero con evidencias de conchero solamente en uno de ellos, Veguilla III, y en media ladera, cuatro cavidades muy próximas, el grupo de la Palenciana, con yacimientos de diferentes etapas cronológicas, desde el Paleolítico al Calcolítico. El conjunto se distribuye en un área de unos 200 m².

Otras estaciones se encuentran aisladas junto a collados, en valles secundarios como Sopeña, el Puyo y el Collado, en distancia lineal de unos 3 km. Más alejada en la cima de un collado en un valle colgado está Juntarnosa, lo abrupto del terreno hace que se encuentre bastante alejada del valle principal.

9.5.4. Núcleos de poblamiento en las Rías de Ajo, Quejo y Noja

En la margen izquierda de la ría de Ajo, afloran pequeños bancos calizos en los que se ubican cuatro cavidades muy próximas: Mallaria y Santiago en distancias de unos 200 m y el segundo grupo a una distancia de unos 400 m, La Casetona y La Zorra.

En el pequeño valle formado por un curso de agua, afluente del arroyo de La Bandera, que desemboca en la playa de Cuverris, situadas a ambos lados del arroyo, se encuentran las cuevas de La Presa y El Arco a una distancia de 4,5 km de Cucabrera y a 3 km del grupo de la ría de Ajo.

En la zona costera, desde Ajo a Santoña, se produce una gran concentración yacimientos en el entorno de las rías y estuarios. En la ría de Quejo, en la ladera del Monte Cincho se sitúan tres cavidades: la cueva y abrigo de la Esprilla y la Peña del Agujero, en la parte alta. En las afloraciones calizas situadas en el borde de la ría, Los Mazucos, La Candenosa, El Regato y el covacho de Noja. Todas en una distancia inferior a 1 km.

9.5.5. Núcleos de poblamiento en el Valle del Asón

En la zona costera, en el entorno del estuario y Marismas de Santoña, sobre los acantilados de la Peña de Ganzo y Buciero se concentran 15 yacimientos, en distancias intragrupo de 100-500 y en todo el contorno del acantilado en un área de unos 5-6 km.

En Laredo, el grupo de La Baja, una estación formada por la cueva y tres abrigos inmediatos a ella, en las márgenes del arroyo que surge de la cavidad equidistan unos 100m. Próximos, a una distancia de 1.200m se encuentra la estación formada por dos cavidades Hoyo Villota. Un poco más interior en el valle de Peñaflor, se ubican los abrigos de Peñaflor y la Presa, una distancia de 1.200m de Hoyo Villota y a 2,5 km de La Baja. Otro gran agrupamiento de yacimientos se forma en el Valle de Aras en distancias de 2 a 5 km: Carabión, La Chora, Casa de los Cristales, Tres Ríos, Bádames y La Helguera. Más al fondo de este valle se produce otro agrupamiento de 11 cavidades situdas en ambas laderas: Cierro/Del Túnel, Cueva Grande, Trecherón, La Cubía, Peña Los Tojos, Ventano Lorao, El Llanío, Trampascuevas, Rasa y Cobrante.

En los valles interiores, la mayor concentración se produce en la zona final, área de contacto con la zona de montaña, se ubican muy próximas cuatro cavidades (Los Nombres, Costales, Murciélagos y Mirón), en una distancia entre 1/2,5 km. En el Valle de Matienzo, seis cavidades se sitúan en las laderas en distancias inferiores a 1,2 km: La Cubía Sel de Suto, Cubío Redondo, Abrigo de Cubija, Sima del Diente, Cofresnedo, Los Caracoles y Emboscados.

En la parte alta del valle, en el nacimiento del Asón, se encuentran próximos cinco yacimientos, en una distancia de 2,2 km. En el valle de Ancillo se concentran cinco hábitats (Viar, Cubijiu (2), Cubío y Cabanzón), en un radio de distancia inferior a 1 km. Otra área de concentración de yacimientos se produce en el entorno de Cubera, muy próximos al fondo del valle, en la margen izquierda del Asón, en distancias inferiores a 1 km (El grupo Los Murciélagos, Las Abejas, Suaria y Cubera). En el valle de Bustablado se ubican seis estaciones, situadas en media ladera en ambas márgenes, en una distancia total entre ambas de 1,5km (Jaral, Grupo Vallina, Colorao, abrigo de Bustablado) y un poco más alejado y aislado el Masio.

En el valle de Ruesga se ubica una zona de ocupación en la margen izquierda del río Asón, con tres cavidades en una distancia inferior a 1 km (Carrascal, Sierra, Cañuela). Una segunda zona de ocupación se produce en la margen derecha, en Ogarrio, siete cavidades se encuentran en un ámbito de unos 2 a 3 km (Coverón, Cubillo y grupos de Siñuelo y Campubiju). Por último, en el valle del Calera, a unos 5 km del grupo de Ramales se encuentran la cueva y abrigo del Tarrerón, equidistantes 300 m y Las Pajucas a 500 m de los anteriores.

9.5.6. Núcleos de poblamiento en el Valle del Agüera

En este valle casi la totalidad de yacimientos se encuentran en la zona litoral. Los agrupamientos se producen en ambas márgenes de la ría de Oriñon. En el monte Candina, en la parte oeste de la ría, en media ladera, se encuentran la cueva de La Negra, de tipo cueva-abrigo amplio y, en el entorno a mayor altura, 4 cuevas pequeñas (Cruz I-II-III) y Las Pulgas. En la costa oeste de la ría de Oriñón, en la playa de San Julián, a una distancia de unos 4 km del grupo anterior, se han localizado dos nuevos asentamientos: un abrigo amplio situado a escasa altura sobre la playa y, un segundo depósito situado en superficie, en la parte media del acantilado, próximo al abrigo.

En la zona este de la ría, se ubican 11 hábitats: en bajo de ladera, muy próximas se encontraban La Trecha y Arenillas (destruidas); en lo alto de la ladera se encuentran las dos cuevas del Portalón. En la playa de Arenillas, a 500m de las anteriores, se sitúa el grupo de San Roque, un conjunto de covachos abiertos en la base de un *hum* costero. Siguiendo la línea de costa, a una distancia de 1-2 km se ubican otras 6 cavidades sobre el acantilado y en las laderas.

En la llanura litoral, en el valle de Liendo, se agrupan los abrigos y cueva del Mazo de Rucoba en la base y alto de ladera a una distancia del grupo situado en la costa de unos 3 km. Más al interior del valle, a unos 4 km de los anteriores, el abrigo de la Ermita de Santiago, se encuentra aislado, en el fondo de valle, en un entorno llano y junto a una corriente continua de agua.

En el pequeño valle interior de Manás se ubican dos cavidades, el abrigo de Manás y Los Tornillos, a una distancia de 4-5 km del grupo de Rucoba.

Más al interior, en el valle de Guriezo, en la Peña San José, se encuentran 3 estaciones, cueva Tablas, Las Vacas y Cuevona. Un segundo grupo se encuentra aislado en un valle secundario, los abrigos y cueva Carlos (3) y la Jaya.

En los acantilados de Castro-Urdiales se produce una gran concentración de cavidades, situadas en la base de afloramientos calizos, que lamentablemente, debido al intenso proceso urbanístico, han sido en parte destruidas. La cueva y abrigo del Cuco, El Galo (2) y Agapito (destruidas) y la Negra. Sobre el acantilado un yacimiento al aire libre bajo la ermita de Sta. Ana.

En el valle interior de Sámano se encuentra el grupo de Vallegón, un conjunto de cuatro cavidades, en dos se conserva yacimiento de conchero. En la ladera este, a una distancia de 1 km, la cueva de Ziguste, en la cima del monte. El abrigo de la Oriza, hábitat de gran tamaño con evidencia de ocupación continuada en el Mesolítico y Neolítico, se encuentran aislado, a una distancia de 6 km del grupo situado en la costa.

9.6. Evolución del poblamiento en el Tardiglaciar-Holoceno medio

Con el fin de valorar la evolución del poblamiento y analizar el posible aumento de la población, considerando el número de yacimientos documentados en el Mesolítico, se han revisado los yacimientos catalogados entre el final del Tardiglaciar y el Holoceno medio (12.700-5.500 BP sin calibrar). Etapas culturales del Magdaleniense Superior (12.700-11.800, Würm IV que corresponde con la secuencia polínica del Dryas II); Aziliense (11.800- 9.200, Alleröd-Dryas III- Preboreal inicial), Mesolítico (9.200-5.500, Preboreal- Boreal-Atlántico inicial).

Los datos se han obtenido de la Carta Arqueológica de Cantabria, publicaciones de Monografías y Memorias de excavación.

9.6.1. El Magdaleniense superior-final en el Valle del Pas

En la parte interior del valle está documentado el conjunto de 4 cavidades del Monte Castillo. En la llanura litoral 8 y en la costa 1.

Valle interior: Castillo Nivel 6 inf. (Cabrera, 1983; Soto Barreiros, 2003), Las Chimeneas (Moure y Bernaldo de Quirós, 1995), Monedas (Moure y González Sainz *et al.*, 1996) y Pasiega (Soto Barreiros, 2003).

Llanura litoral: El Pendo Nivel II (González Echegaray; García Guinea; Begines, 1963; Soto Barreiros, 2003), Cubrizas (Morlote y Muñoz, 2000), Covalejos (Obermaier, 196), Nª Sª de Loreto (Sierra, 1909), Alto del Peñajorao (Moure, 1970), El Juyo (Barandiarán *et al.* 1987), El Mazo (Azcuénaga, 1976), La Llosa (González Sainz *et al.,* 2000).

Costa: La Pila Nivel IV (Bernaldo de Quirós *et al.* 1992) y Las Salinas N3 (Pérez-Bartolomé, en este trabajo).

9.6.2. El Aziliense en el Valle del Pas

Se ha documentado 1 yacimiento en el valle interior, 2 en la llanura litoral y 2 en la costa

Valle interior: El Castillo Nivel 6 superior (Soto Barreiros, 2003)

Llanura litoral: Portillo del Arenal (Gutiérrez Cuenca y Hierro Gárate, 2010), El Pendo Nivel II (Soto Barreiros, 2003).

Costa: La Pila Nivel III.3 (Bernaldo de Quirós *et al.* 1992).

9.6.3. El Magdaleniense superior-final en el Valle del Miera

En los valles altos se han documentado 5 yacimientos de cronología Magdaleniense y 7 en la llanura litoral.
Valles altos: Salitre (Alcalde del Río, Breuil y Sierra, 1911) Rascaño N: 2.1-2.3 (González Echegaray y Barandiarán, 1981)) La Bona (Utrilla Miranda, 1994) Puyo (Muñoz *et al.* 1988), Sotarraña (Smith y Muñoz, 2010).

Llanura litoral: Morín (González Echegaray y Freeman, 1973), Castañera 3-4 (Muñoz *et al.*, 1988), Fuente del Francés (Obermaier, 1925) La Garma A nivel N –O y La Grama galería inferior (Arias *et al.*, 1999), Graciosa (Muñoz Fernández y Montes Barquín, 2010).

9.6.4. El Aziliense en el Valle del Miera

En los valles altos están catalogados 11 yacimientos y 8 en la llanura litoral.

Valles altos: Sopeña Nivel 3 (Pérez-Bartolomé, 2016), el Horno (Ruiz Cobo *et al.* 2013), Salitre (Alcalde del Río, Breuil y Sierra, 1911), Rascaño N.1.2 /1.3 (González Echegaray y Barandiarán, 1981), La Bona (Ruiz Cobo *et al.* 2013), Los Espinos (Ruiz Cobo *et al.* 2013), Piélago I, Piélago II Niveles 1/4 (García Guinea, 1985, Soto Barreiros, 2003), Cuadra del Espino (Muñoz Fernández *et al.* 1988), Abrigo del Llerao Sup. (Pérez-Bartolomé, 2016), Covallarco (Muñoz Fernández, 1992).

Llanura litoral: Murciélagos de Navajeda (Ruiz Cobo *et al.* 2013), La Iglesia (Pérez Bartolomé, 2016), Pozo La Hoya (Morlote y Muñoz, 1996), Riocueva (Ruiz Cobo *et al.* 2013), Ruchano (Ruiz Cobo *et al.* 2013), Morín (Carballo, 1923; Vega del Sella, 1921; Obermaier, 1925; González Echegaray y Freeman, 1973) Oso (Muñoz y Montes, 2003), Fuente del Francés (Ruiz Cobo *et al.* 2013).

9.6.5. El Magdaleniense superior-final en el Valle del Asón

En la parte alta del valle no hay yacimientos atribuidos a esta etapa (Fig. 9.6.8.4).

Valle interior: 8 yacimientos están atribuidos al Magdaleniense. El Mirón N: 12 (Straus y González Morales 2003), El Haza (González Sainz y González Morales, 1991), El Horno (García Moreno y Fano, 2011), Sotarriza (San Miguel Llamosas *et al.* 1988), Cullalvera (González Sainz y San Miguel Llamosas, 2001), Valle Nivel II.2/III/1/3 (García Gelabert y Talavera, 2004), Mantequilleros y Risco (Ruiz Cobo *et al.* 2008).

Llanura litoral: La Chora (González Echegaray *et al.* 1963), El Otero (González Echegaray *et al.* 1966), San Juan de Castro, La Baja, La Casetona (Ruiz Cobo *et al.* 2008).

Costa: Peña del Perro Nivel 2c y La Fragua Nivel B 6/4 (González Morales y Díaz Casado, 2000)

9.6.6. El Aziliense en el Valle del Asón

Con la mejora climática del Alleröd, y desaparecida la masa glacial de la cabecera del valle, se produce una intensiva colonización de la parte alta. Se han documentado 9 yacimientos con información sobre los restos localizados en superficie o en estratigrafía. En el valle interior 5 yacimientos (4 con excavación y datación ^{14}C.), en la llanura litoral 3 y en la costa 2 yacimientos, todos con excavación y datación ^{14}C.

Valle alto: El Aspio, Cañuela, Socueva, Cubías Negras, Porracolina 65, Escaleras, Mortero de Astrana, Abejas II y Cubera (Ruiz Cobo *et al.*, 2007).

Valle interior: Mirón: N. 11.1-306 (Straus y González Morales 2003), Valle: Nivel II/III (García Gelabert y Talavera, 2004), Cobrante (Rasines del Río, 2009), Cubillones (Ruiz Cobo *et al.*, 2008), San Roque (^{14}C.Pérez-Bartolomé, 2016)

Llanura litoral: Otero (González Echegaray *et al.* 1966), Carabión (Chaline, 1965; ^{14}C, Pérez-Bartolomé, 2016), La Chora (atribuido González Sainz, 1989).

Costa: Peña del Perro: Nivel 2/b; La Fragua: A4/N3 (González Morales y Díaz, 2000).

9.6.7. El Magdaleniense superior-final en el Valle del Agüera y Castro Urdiales

Solamente dos yacimientos de cronología Magdaleniense se han identificado. Uno en el valle interior y otro en la costa.

Valle interior: Cueva Grande (González Sainz, 1994 y Molinero Arroyabe, 2000).

Costa: Cueva de Urdiales (Montes Barquín, 2002)

9.6.8. El Aziliense en el valle del Agüera y Castro Urdiales

En el valle interior están documentadas 5 cavidades de cronología Aziliense y una en la costa:

Valle interior: Cueva de Los Tornillos (Moure Romanillo, 1976), Juan Gómez (Echegaray y Cuadra, 1981), Cueva Grande (González Sainz, 1994), La Lastrilla: Nivel 7 (atribuida Muñoz Fernández y Montes Barquín, 2007), San Juan (González Cuadra, 1974).

Costa: Cueva del Cuco (Muñoz Fernández y Montes Barquín, 2007).

Las tablas 8.6 y 9.6.1 resumen la frecuencia de yacimientos en cada una de las cuencas en las distintas etapas cronoculturales.

	Situación	Magdaleniense	Aziliense	Mesolítico
Pas	V. I.	4	1	
	LL.L.	8	2	18
	C.	1	2	12
Miera	V. A.	5	11	12
	V. I.			4
	LL.L.	7	8	24
	C.			10
Ajo/Quejo/Noja	LL.L			4
	C			17
Asón	V. A.		9	42
	V. I.	8	5	16
	LL.L.	5	3	30
	C.	2	2	18
Agüera/Castro Urdiales	V. I.	1	5	3
	LL.L.			23
	C.	1	1	23
Total		43	49	256

Tabla. 9.6. Frecuencias de poblamiento en el Magdaleniense, Aziliense, y Mesolítico y su ubicación: C. (Costa), LL.L (Llanura litoral), V.I. (Valle interior), V.A. (Valle alto)

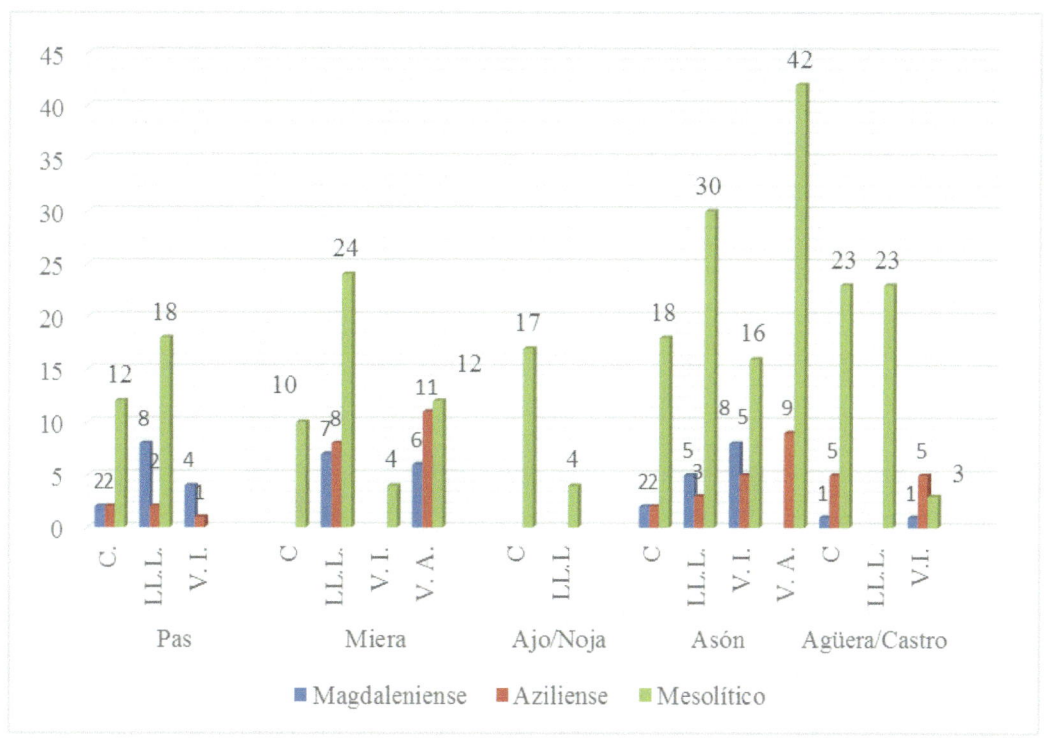

Fig. 9.6. Frecuencias del poblamiento Magdaleniense, Aziliense y Mesolítico en cada uno de los valles.

	Pas	Miera	Ajo/Quejo	Asón	Agüera/Castro Urdiales	Total
Magdaleniense	13	13		15	2	**43**
Aziliense	5	19		19	6	**49**
Mesolítico	30	50	21	106	49	**256**

Tabla 9.6.1. Frecuencias totales del poblamiento

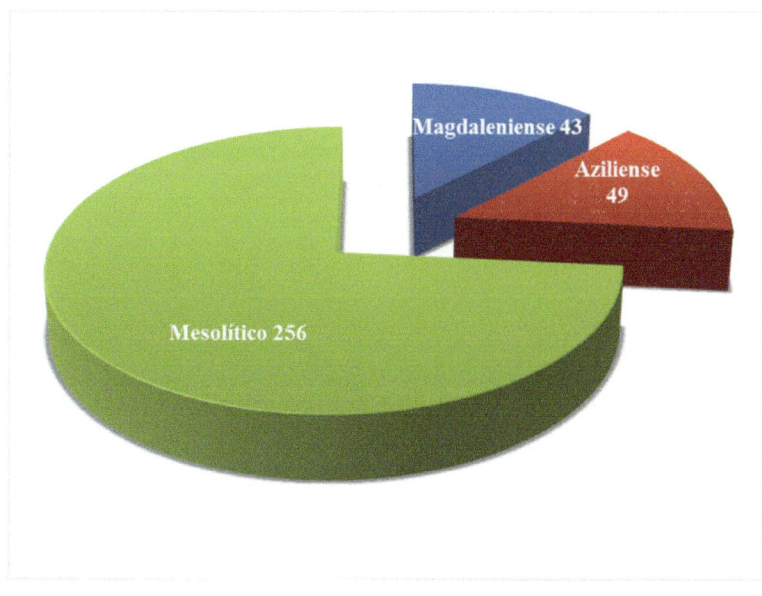

Fig. 9.6.1. Frecuencias totales del poblamiento Magdaleniense, Aziliense y Mesolítico En Cantabria centro-oriental

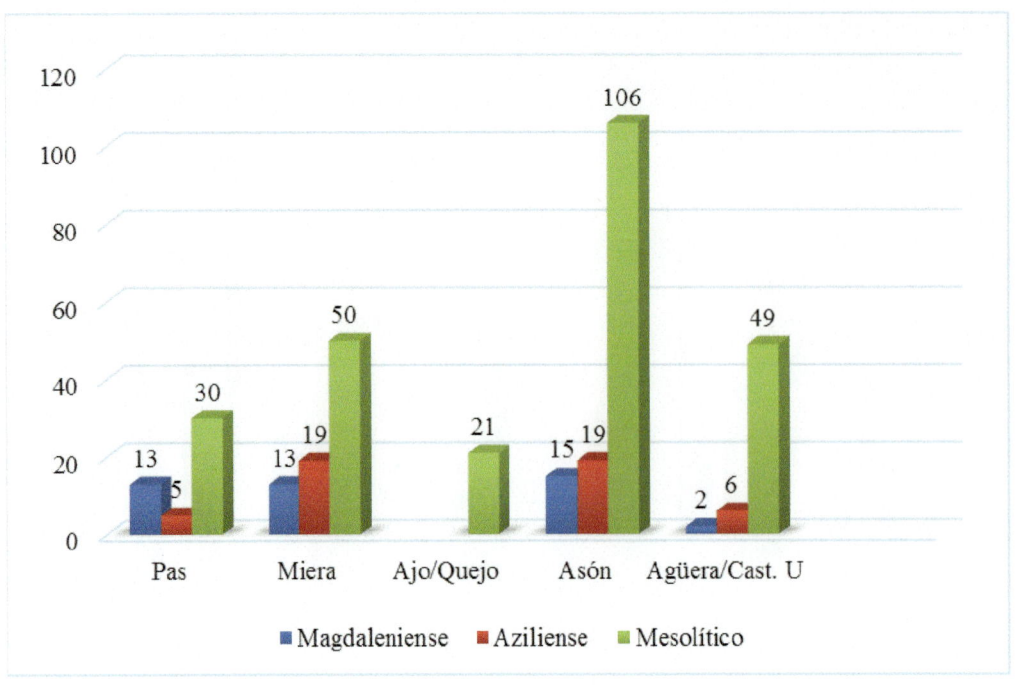

Fig. 9.6.2. Frecuencias del poblamiento Magdaleniense, Aziliense y Mesolítico en cada uno de los valles

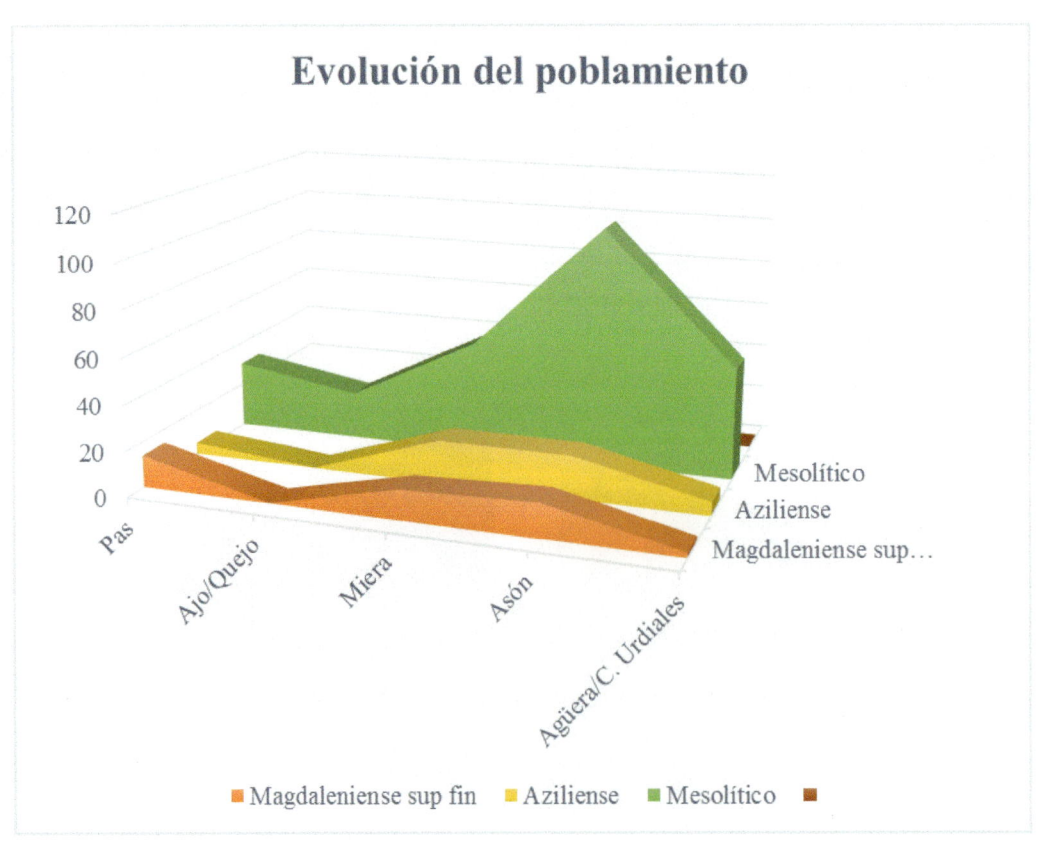

Fig. 9.6.3. Grafica de evolución del poblamiento Magdaleniense, Aziliense y Mesolítico en cada uno de los valles

9.6.9. Hipótesis sobre la evolución de la población desde el Magdaleniense superior-final al Mesolítico en la zona centro-oriental de Cantabria

En el Magdaleniense superior-final y Aziliense la población en esta zona mantiene una cierta estabilidad. Aun asumiendo que alguno de los yacimientos considerados mesolíticos (sin datación radiocarbónica), pudieran pertenecer a una etapa anterior o posterior, es evidente que se produce un aumento progresivo del registro arqueológico en el Mesolítico. También se observa una continuidad del poblamiento en muchas de las estaciones, en algunos casos desde el Magdaleniense (Las Salinas, La Garma A, El Perro, La Fragua, La Chora, Mirón, Puyo, Morín, Pendo), en otros desde el Aziliense (Cubera, Carabión, Sopeña, Llerao, entre otros). Muchos yacimientos parecen tener un nivel de ocupación inicial en el Mesolítico, algunos de los situados en la línea de costa, relacionados con la recolección de moluscos, y en los valles altos del Miera y Asón (Tarrerón, Cubío Redondo), en función de la explotación de los recursos que ofrecen los nuevos paisajes, como ya vimos el poblamiento se inició a partir del Holoceno. Sin embargo debido a que muchos yacimientos aparecen en superficie o están muy mal conservados, y a falta de excavaciones, no es posible determinar los posibles niveles de ocupación.

Una de las características tradicionales que se atribuían a los cazadores-recolectores, es la organización en grupos reducidos que ponían en práctica medidas de control de su población por cuestiones económicas (Rowley-Conwy 2004: 6; en García-Martínez de Lagrán, 2008: 60-61). El principal objetivo de estas disposiciones era mantener un equilibrio dinámico entre la comunidad, entendida como número de individuos que debe alimentarse, y los recursos necesarios para ello. La intensificación de la economía de estos grupos permite un aumento de los recursos, y las medidas de control del crecimiento demográfico desaparecen produciéndose un aumento paralelo de la población (Testart 1982: 524-525; Boone 2002: 6 y 7, Rowley-Conwy: 2004: 6) (en García-Martínez de Lagrán, 2008: 60-61). En este caso, nos encontramos ante la imposibilidad de definir taxativamente cuál de los dos hechos ocurre con anterioridad, la intensificación en la obtención de recursos o el crecimiento demográfico.

También hay que tener en cuenta que un mayor número de yacimientos no indica de forma absoluta un aumento de población, puede producirse una distribución de yacimientos utilizados de forma intermitente, rotativa o estacional, siguiendo las estrategias económicas de aprovechamiento intensivo de los diferentes biotopos. La mayor diversidad de recursos que ofrece el Holoceno, derivada de la mejora climática, tuvo que influir en el aspecto económico y social de los grupos mesolíticos, generando nuevas estrategias de explotación del medio y de organización de los grupos sociales, disgregándose en asentamientos de menor entidad que abarcaran espacios de menor dimensión. Esta dispersión es perceptible en los agrupamientos que hemos analizado en el punto 9.5, los agrupamientos y las relaciones intergrupales que se producen en las zonas costeras, en el interior de los valles y en valles secundarios altos.

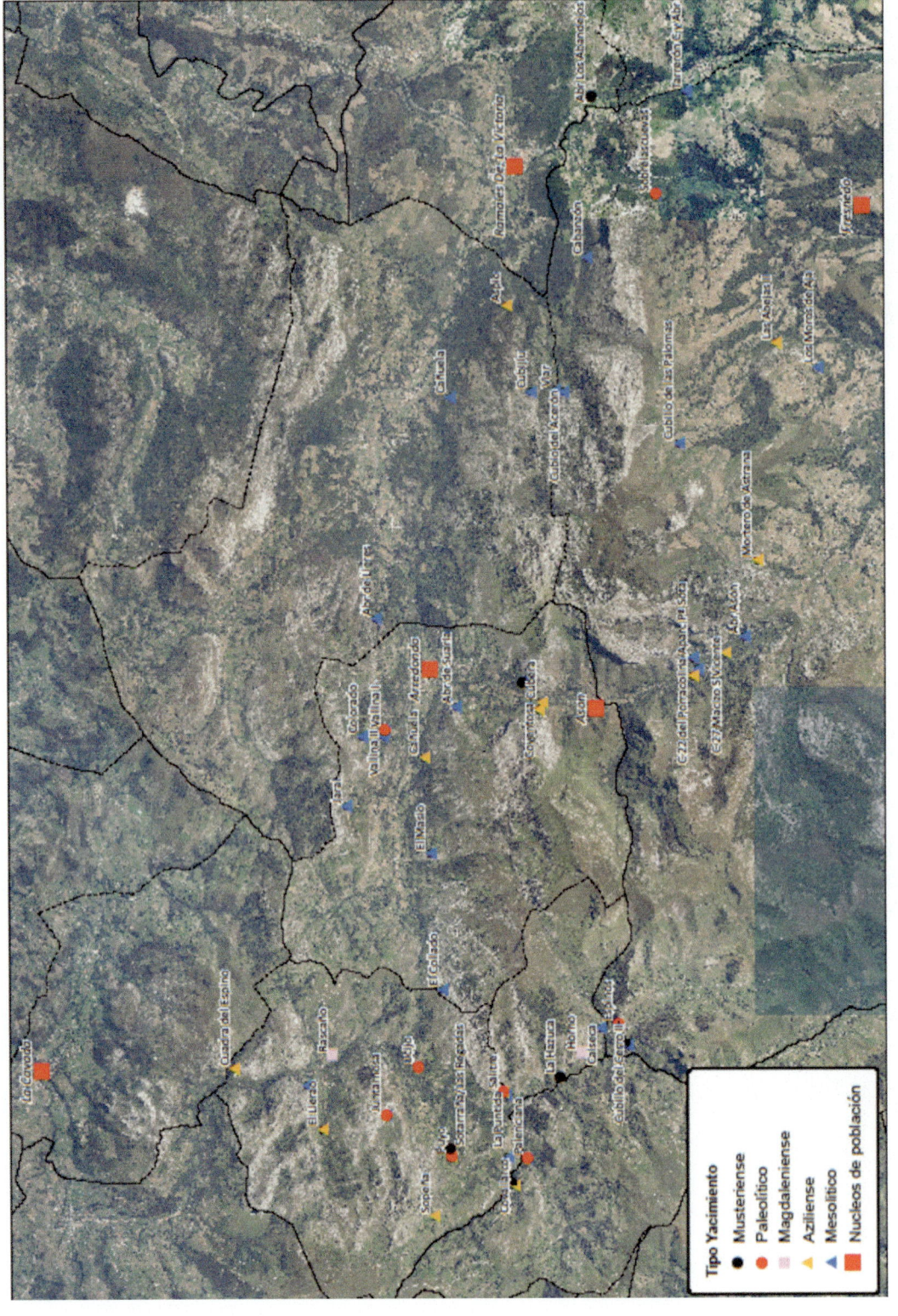

Fig: 9.6.8.4. La colonización de los valles altos del Miera y Asón: El Poblamiento Paleolítico-Aziliense y Mesolítico

9.6.10. La progresión de las dataciones radiocarbónicas

A lo largo de la secuencia cronológica se puede verificar en las frecuencias de dataciones radiocarbónicas en Cantabria oriental, un progresivo crecimiento (Tabla 9.6.10) (con la información disponible), que se acelera hacia la etapa final entre (5920-6240 ka BP) y tiene continuidad en la siguiente fase del Neolítico (5945-4680 ka BP en la región cantábrica). ¿Puede indicar este dato un aumento de la población?

Dataciones	X Milenio BPP	IX Milenio BP	VIII Milenio BP	VII Milenio BP	VI Milenio BP
Frec. Yacimientos	5	7	14	21	20

Tabla: 9.6.10. Frecuencias de dataciones radiocarbónicas en yacimientos mesolíticos/neolíticos de la zona centro-oriental de Cantabria

9.7. Pautas de territorialidad

El análisis del territorio ha evolucionado de forma decisiva en los últimos años dentro de la Prehistoria de la región cantábrica, convirtiéndose en la actualidad en una aproximación básica para la comprensión de las formas de vida de las sociedades prehistóricas que habitaron este territorio, aunque estos análisis se han centrado fundamentalmente en el poblamiento Paleolítico (Ordoño, 2008). Los primeros intentos para establecer analogías culturales entre territorios se producen en el inicio del siglo XX bajo la influencia del Difusionismo, que pretendía establecer comparaciones culturales entre regiones, estableciendo "áreas culturales". En la década de los 50, con la introducción del Funcionalismo se intensifica la comparación cronocultural entre yacimientos para inducir tendencias territoriales cercano al estudio de los "patrones de asentamiento" (Barandiarán, 1953).

En los años 70 la influencia de la visión ecológica-económica impulsada dentro del Procesualismo anglosajón en los años 60, dará lugar a los primeros trabajos interdisciplinares de integración de analíticas de Paleoecología y Sedimentología. En este ámbito se desarrolla la investigación de Clark, J. G. (1952) y Binford (1965, 1983), en el estudio de la adaptación de los grupos humanos a su medio ambiente (para la doctrina procesual ésta era la razón principal del cambio cultural), entendiendo la actividad económica como la base fundamental de la adaptación. Dentro de este marco se hacen las primeras propuestas de modelos territoriales, cuyo objetivo principal será el estudio de los "territorios económicos". Se define el concepto de territorio como aquel cuyos límites y características varían en función de las necesidades económicas del grupo que lo controla. Dentro de este ámbito se dieron dos tendencias:

- La influencia de la escuela Paleoeconómica de Cambridge, seguidora de la obra de Clark y representada por Jarman, Vita-Finzi, Higgs, Jochim o Davidson, aportan propuestas centradas en la delimitación y análisis de los llamados "territorios de captación" o "de explotación" a través de los modelos de SCA (*Site Catchament Analysis*) o SET (*Site Exploitation Territory*), que permiten establecer los límites del supuesto territorio controlado por un grupo humano desde cada yacimiento, valorando los costes de desplazamiento y los posibles recursos que pueden ser explotados, que posteriormente se relacionan con el registro material hallado en los yacimientos.

- En la investigación local se dio mayor importancia a los análisis de las pautas de subsistencia, que tenían como objetivo conocer la función económica de la fauna hallada en el registro arqueológico, y establecer una evolución diacrónica en los patrones de explotación de este recurso, mediante los estudios de arqueofauna que desde los años 70 se incorporan en nuestro territorio (Altuna, 1972; Straus, 1979, en Ordoño, 2008: 86).

El deseo de reconstruir el medio ambiente al que se adaptaron los grupos humanos, llevó también al desarrollo de estudios paleoecológicos. Se desarrollaron las bases conceptuales y metodológicas de la sedimentología, la Paleopalinología y Antracología. Trabajos como los de Boyer-Klein (Rascaño, 1981), Butzer (Covalejos, 1981).

Además del interés por la economía y la ecología, los análisis espaciales, desarrollados por el Procesualismo, cuyo origen está en la Escuela de Cambridge (Hodder y Orton, 1976; Clark, 1977). Este tipo de análisis se basaban en conocer la dimensión espacial de la cultura material, diferenciando entre los análisis *intrasite* o *intersite*. Esta clase de análisis, especialmente el *intersite*, heredero de la Arqueología de los Patrones de Asentamiento, pretendía establecer la relación entre los asentamientos a escala regional, según sus cualidades, situación y funcionalidad, y entre estos y su medio ambiente. Se trataba de inferir posibles patrones y redes de asentamiento, relaciones intergrupales y posibles organizaciones territoriales, que eran explicadas por medio de modelos teóricos preestablecidos, como la Teoría del Lugar Central, los Polígonos de Thiesen, el modelo del "Vecino Más Próximo" etc. que se adecuaron de modo diferente a cada periodo histórico a analizar. En el caso de las sociedades de cazadores-recolectores fue habitual utilizar el modelo SCA o los relacionados con pautas de movilidad estacional y/o jerarquización de asentamientos (Ordoño, 2008: 87).

En la actualidad se observa que los estudios paleoeconómicos siguen siendo importantes dentro de los análisis territoriales. Continúan definiéndose territorios económicos, aunque con menor intensidad, si bien, el análisis de los "patrones de subsistencia" ha alcanzado mayor importancia en los estudios de arqueofauna, gracias a trabajos representativos (Quesada, 1997, Martínez Moreno, 1998; Yravedra, 2005).

Desde mediados de los años 90 se intuye un interés mayor por estudiar otro tipo de recursos económicos como el abastecimiento de materias primas líticas, iniciado desde mediados de los 80 (Sarabia, 1985; Straus y Clark, 1986). El análisis de procedencia, aprovisionamiento y utilización de estas, pueden ser claves para entender la movilidad y el control de los recursos. Los análisis petrográficos de sílex en la Cuenca Vasco-Cantábrica y Pirineo Navarro (Tarriño, 2006), han permitido conocer la importancia de las materias primas no locales en las relaciones de abastecimiento. El estudio de las industrias, los análisis tecno-tipológicos, unido a la gestión de las materias primas han supuesto un avance en el conocimiento de las convergencias entre contextos de territorios distintos. Es el caso de la geometrización en el Mesolítico.

La influencia de las tendencias posprocesualistas, surgidas dentro del propio Procesualismo, como crítica a su visión determinista y materialista, derivarán en el nacimiento de la denominada Arqueología Contextual (Hodder, 1986). Por primera vez se establece la necesidad de interpretar desde un punto de vista social la relación del hombre con el medio ambiente. Desde esta perspectiva se va a impulsar la denominada Arqueología del paisaje (Tilley, 1994), heredera de la Arqueología Contextual, que se ha centrado en determinar la existencia de supuestos "territorios simbólicos" (Santos, Parcero y Criado, 1997). Este concepto se ha aplicado en el Megalitismo peninsular, sin embargo, es difícil poder utilizar este tipo de estudios en el Mesolítico, debido a la escasa presencia de aspectos simbólicos. La desaparición del arte y los exiguos contextos funerarios, hace difícil deducir pautas en este sentido simbólico.

9.7.1. El concepto de territorio

La reflexión sobre las diferentes posturas teóricas respecto al concepto de territorio y tratando de acercarnos a una definición en el área del Mesolítico del centro-oriental de Cantabria, tomamos la propuesta de Ordoño (2008) "entendido como el medio natural socializado o culturizado por un grupo humano", concebido como el resultado de la suma de una serie de interacciones de distinto carácter (aprehensivo, económico, social, cultural, simbólico, cognitivo etc.) entre este y su entorno. Entendido así el concepto de territorio, se hace necesario conocer las características principales del grupo humano y del entorno natural, para valorar las interacciones ocurridas entre ambos. Se sintetizan en la Fig. 9.7. (sobre Ordoño, 2008:93).

La aplicación teórica parece coherente y no presentaría problema, la dificultad se plantea al tratar de aplicarla en el registro arqueológico. Por un lado el conocimiento parcial que se tiene del poblamiento. Es probable que muchos yacimientos al aire libre se encuentren desaparecidos por acción antrópica o por falta de descubrimiento debido a la dificultad que plantea la transformación del suelo por causas naturales, repoblación vegetal, alteración por uso agrario etc. Es probable que otros se encuentren bajo las aguas, debido a la transgresión marina en el Holoceno.

Por otra parte, la escasa información disponible sobre el conjunto de concheros identificados por prospección, y por los estudios parciales realizados sobre los que se ha intervenido arqueológicamente. Otra gran dificultad es el mal estado de conservación de los yacimientos de conchero, su situación en la parte superficial de los depósitos, o concrecionado en las paredes de las cavidades, hace que hayan estado expuestos a procesos erosivos intensos de tipo hidrogeológico: corrientes de agua, precipitación de la caliza, y/o androgénico, por la continuidad en la utilización de las cavidades como rediles o para la extracción de tierras como fertilizantes.

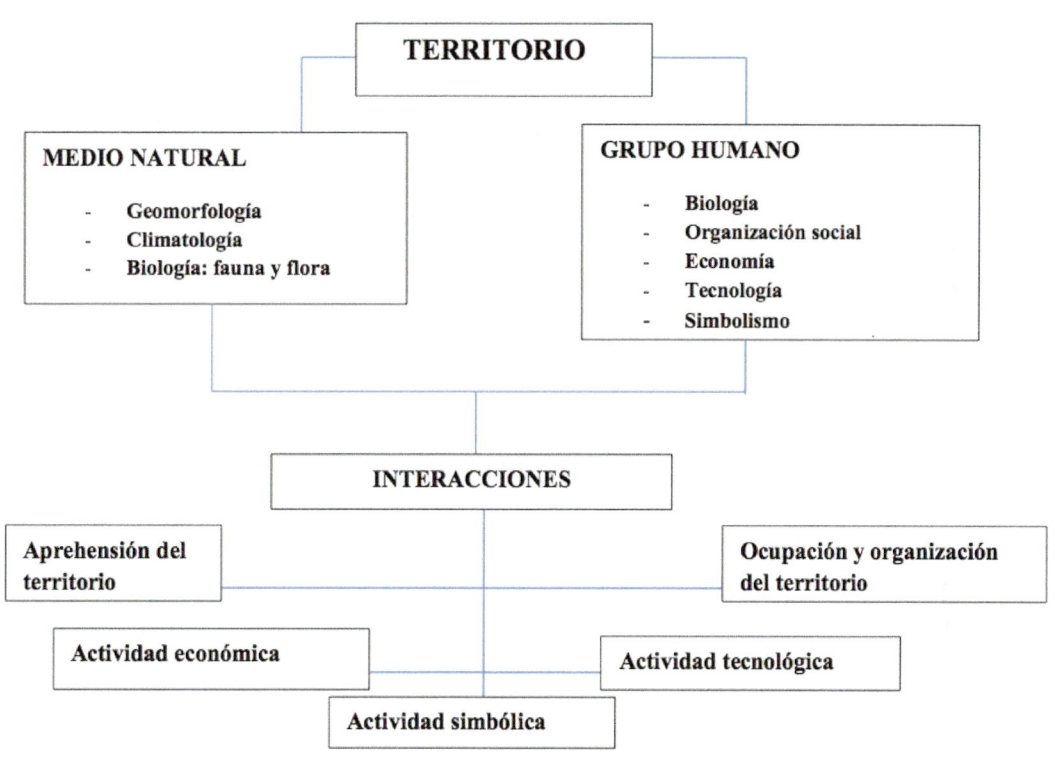

Fig.: 9.7. Elementos que influyen en la configuración de un territorio (sobre Ordoño, 2008)

9.7.2. Preferencias en la ocupación del territorio

Los cambios medioambientales, derivados de la bonanza climática del Holoceno, producen transformaciones en la oferta y disponibilidad de los recursos, que llevan a generar cambios en la preferencia de los asentamientos, destinados a satisfacer las necesidades de subsistencia y organización social.

Analizada la distribución territorial de los asentamientos, vemos la influencia que tiene la geomorfología en la ocupación del territorio. El poblamiento se distribuye siguiendo la geomorfología de Cantabria a lo largo de los valles y parece que con un avance desde la costa hacia la parte alta de los valles.

El cambio climático que supuso la subida de las temperaturas en el Holoceno, con la consecuencia de la subida del nivel del mar y, la deglaciación de la parte alta de los valles del Miera y Asón, produjo cambios en la disponibilidad del territorio. Por un lado se redujo el espacio costero, ya iniciado en el 15.000, con una aceleración más intensa entre el 12.000 y el 7.800 cal BP, el nivel del mar subió desde -50 hasta -7m (Salas, 1993). En el inicio del Mesolítico la línea de costa estaría situada en la isobata -20, lo que supone una pérdida de territorio en torno a 1 km a lo largo de la línea de costa. Pero a la vez se recuperaron amplios espacios en la zona alta de los valles principales y secundarios, dando lugar a paisajes diversos: a) macizos calizos, con alta energía de relieve que ofrecían cazadores de cabras y rebecos; b) bosques mixtos, que debido a la humedad y altas temperaturas, se repoblaron con bastante facilidad en un espacio no muy grande de tiempo; c) Zonas abiertas cubiertas de matorral, hábitat de ciervos, corzos y otros animales de menor tamaño.

Variables que pueden determinar la distribución de los asentamientos son las áreas de captación de los recursos, relacionadas con las características medioambientales de los medios bióticos (fauna y flora). Otra variable que nos puede informar sobre las pautas de territorialidad, es la potencia de los depósitos, derivada de la actividad económica y/o permanencia en los asentamientos.

9.7.2.1. Relacionada con la disponibilidad de los recursos

La importancia que tuvo en la economía y subsistencia del poblamiento la explotación de los recursos del litoral, se aprecia en el alto porcentaje de asentamientos situados en la línea de costa (31,64%) y en distancia entre 1-5 km (28,51%), lo que supone que el 60,15% del poblamiento está asentado muy próximo a la costa. Y dentro de la zona costera se producen concentraciones en el entorno de los estuarios que ofrecen abundancia de recursos: las Marismas de Santoña, Bahía de Santander, Rías de Mogro, Oriñón y Ajo-Quejo.

La segunda área con intensificación del poblamiento es la parte alta de los valles del Miera y Asón, con 54 asentamientos (21,09%). Las zonas intermedias de la llanura litoral y valles interiores (entre 5-20 km), parecen tener un poblamiento de menor intensidad, con cierta concentración en el fondo del valle, en la zona de contacto con el medio de alta montaña. Esto nos lleva a plantearnos la dependencia que se observa en el patrón económico de los recursos del litoral y de la caza en los bosques mixtos de la llanura litoral y de la zona alta de los valles. Pero si comparamos estos datos con el tipo de los soportes, se observa que los que presentan escasas condiciones de habitabilidad por tamaño o situación en medios agrestes, se producen en estas zonas. Casi un 20% de las cavidades con escasas condiciones de habitabilidad se ubican en la zona litoral. Este tipo de hábitats pueden tener ocupaciones temporales, de explotación intensiva del recurso en ciertos momentos. Aunque el tamaño no es determinante en todos los casos, pues la cueva o abrigo, actúan como soportes, el hábitat seguramente en muchos casos, estaba adosado a las cavidades en la parte exterior.

Analizada la distribución territorial de los asentamientos, vemos que el poblamiento se polariza en dos zonas: en la proximidad de la costa y en la parte alta de los valles. La tendencia parece estar en función de dos recursos fundamentales: el marisqueo y la caza, sin olvidar otros que debieron tener gran peso en la dieta, la recolección de vegetales, de caracoles terrestres y la pesca

La hipótesis de considerar que los asentamientos más estables deberían estar situados en la zona media de los valles, con disponibilidad de explotar de forma simultánea diversidad de recursos en un ámbito cercano, la oferta de marisqueo en la costa, la caza y recolección en el valle de alta montaña, implicaría la utilización de asentamientos con buenas condiciones de habitabilidad, por el tamaño de las cavidades, la orientación y proximidad a las corrientes de agua dulce. Con la información disponible, no es verificable esta hipótesis. Precisamente en el Mesolítico se abandonan las grandes cavidades situadas en la zona media de los valles, con secuencias de ocupación continuadas en el Paleolítico y Aziliense, como las situadas en el Monte Castillo (medio Pas), la cueva del Valle (medio Asón) y las cuevas del Piélago y Rascaño (alto Miera)

9.7.2.2. La potencia de los depósitos

Un dato importante sobre la aprehensión del territorio sería la valoración del tamaño del depósito arqueológico que evidencie la permanencia en los asentamientos, temporal o de larga y continuada estancia. Hacemos una selección de depósitos significativos en cada uno de los valles, con la información obtenida en las intervenciones arqueológicas y los datos observados en la prospección, documentados en el registro arqueológico (Tabla. 9.7.2.2)

9.7.2.3. Los depósitos en el Valle del Pas

En el Pas, el depósito con una secuencia de ocupación más amplia es Barcenilla. Contiene 6 niveles de cronología mesolítica (5-10), sin llegar al nivel de base, con una potencia de 81 cm. Cada uno de los niveles tiene un espesor, entre 13 y 21 cm, excepto el nivel 8 que tiene de 8 cm de potencia. La situación de los niveles, sin espacios estériles de separación, parece informarnos que se trata de una ocupación continuada a lo largo de un amplio espacio de tiempo. Las dataciones obtenidas en el nivel 5 (espesor 21 cm), con datación (7,878-7,336 ka BP), indican una ocupación a lo largo de unos 500 años (No se pudo datar el nivel 10 por falta de colágeno en la muestra de hueso) (Muñoz *et al.* 2013)

El sondeo efectuado en Las Salinas, ha permitido exhumar un depósito de conchero de 36 cm de espesor en los niveles 1-2, de cronología mesolítica, muy denso y rico en restos faunísticos. La separación entre niveles se percibe por la diferencia de componentes del sedimento y el espesor del conchero, sin embargo, la abundante presencia de microfauna, puede indicar el abandono de ocupación de la cavidad por los grupos humanos. La secuencia de ocupación en la estratigrafía exhumada se inicia en el N3 Magdaleniense (12.310±60 BP), por el momento no se han obtenido fechas atribuibles al periodo cronocultural Aziliense. El N2 atribuido al Mesolítico se inicia con la fecha (9450±50 BP) en la base, lo que le sitúa en el límite en la transición Aziliense-Mesolítico en la región cantábrica. Otras 3 fechas obtenidas en el Nivel 2 se sitúan todas en el final del VI milenio BP, lo mismo que la obtenida en el N1 (6.990±40 BP, 6930±40 BP y 6870±40 BP) y en el N1 (6910±40 BP).La cavidad contiene evidencias de ocupaciones posteriores y depósito funerario.

Próximo a Barcenilla se encuentra la cueva del Pendo, en la que se ha identificado presencia de conchero holocénico, sin embargo, no se ha realizado un estudio de este nivel, por lo que la información es muy escasa. Otra cavidad que presenta una estratigrafía densa, con evidencias de ocupación desde el Paleolítico, es la cueva del Tasugo, con una estratigrafía de 30 cm de conchero. La cueva de Ñobre, tiene evidencias de ocupación en diferentes etapas. La estratigrafía que se conserva en el vestíbulo contiene 4 niveles, los tres primeros son estériles y el 4º, es un nivel de conchero atribuible al Mesolítico. Posteriormente se ha utilizado como depósito funerario.

En los yacimientos con depósitos más densos, analizados en el valle del Pas, parece que las ocupaciones han sido continuas a lo largo de un amplio espacio de tiempo (Magdaleniense-Aziliense- Mesolítico-Neolítico-Calcolítico).

9.7.2.4. Los depósitos en el Valle del Miera

En el valle del Miera, los yacimientos situados en la llanura litoral, Garma A, contiene una estratigrafía de siete niveles que abarcan desde el Paleolítico al Calcolítico. El nivel Q, mesolítico (no está especificado el espesor, unos 25 cm), formado por un conchero muy denso, parece deberse a una ocupación con una amplitud cronológica por encima del milenio (8,2-6,87 ka BP). Próxima y situada en una zona superior, la cueva del Mar tiene un potente conchero mesolítico – sin especificar potencia del conchero- que abarca una etapa de unos 200 años (7,86-7,66 ka BP). La cueva de Morín, conserva en el vestíbulo un testigo de conchero, con un espesor de unos 25 cm. La cueva de Solahesa conserva concrecionada una estratigrafía de unos 40 cm, lo que indica una ocupación bastante amplia.

En el valle interior del Miera, el depósito del Campizo, tiene un espesor de 20 cm. En la parte alta del valle, la cueva de Sopeña, situada en un valle secundario, contiene un potente depósito de conchero de unos 20 m de longitud y una potencia de 70 cm a 130 cm en la zona más interior. Nos informa de una ocupación a lo largo de un amplio espacio de tiempo (11,43-8,46 ka BP) y en etapas posteriores.

9.7.2.5. Los depósitos en las Rías de Ajo, Quejo y Noja

Las cavidades en el entorno de la ría de Ajo: Mallaria, Santiago y El Arco, contienen depósitos muy potentes con ocupaciones a lo largo de diferentes etapas: Mesolítico, Neolítico y Prehistoria reciente. En Mallaria la estratigrafía se pudo comprobar en un antiguo sondeo efectuado en los años 60 del XX por Escallada. El espesor del conchero es de 50 cm separado de los niveles inferior y superior por colada de travertino. En la cueva de Santiago, el yacimiento se encuentra en superficie en el vestíbulo, en las galerías y redepositado en el interior de la cavidad. Se trata de un conchero muy potente, con evidencias de ocupación en diferentes etapas cronoculturales: Mesolítico, Neolítico y depósito funerario. La cueva de La Casetona, conserva también un potente conchero en superficie y redepositado en la galería inferior. En la cueva del Arco, el yacimiento de conchero se encuentra extendido en superficie en las bocas de los vestíbulos y a lo largo de toda la galería y en los pequeños cubículos. En la galería ascendente, se conservan testigos concrecionados en varios puntos, a una altura de 1-1,20 m del suelo actual. El hábitat se considera una estación con ocupaciones en el Mesolítico, Neolítico y, sepulcral en el Calcolítico-Bronce (Ruiz Cobo *et al.* 2009).

En Isla, las cavidades del Cubo de Gracedo, una cueva y dos abrigos, situados muy próximos en la base de un macizo calizo el depósito de la cueva, conserva una estratigrafía de tres niveles, de los que es fértil el segundo con un espesor de unos 25 cm, que incluye malacología, un "pico asturiense" roto, sobre cuarcita de color gris.

En la ría de Cabo Quejo, la cueva de la Esprilla, conserva una estratigrafía con un nivel de conchero de 30 cm de espesor. Próximo a la ría en el Monte Castillo, la cueva de San Juan de Castro, contiene un importante depósito arqueológico. El nivel atribuido al Mesolítico, tiene un espesor de 0,50 m, los niveles inferiores están atribuidos al Aziliense y Paleolítico (Ruiz Cobo *et al.*, 2009).

Cuencas	Yacimiento	Excavación	Estrat conchero	Datación	Secuencia
Pas	Barcenilla	Si	81 cm	X	Mesol/Neoli/Calcol
	Las Salinas	Sondeo	36 cm	X	Mesol/Neoli/Calcol
	Pendo		X		Paleolít
	Tasugo		30 cm		Paleolít/Mesolítico
	Ñobre	Sondeo	X		Mesol/Neoli/Calcol
Miera					
	La Garma A	Si	25 cm?	X	Magd/Azil/Mesol/Neolit/Calc
	Morín		40 cm	X	Paleolít/Azil/Mesol/Bronce
	Solahesa		40 cm	X	Mesolítico
	Campizo		20 cm	X	Mesol/Neoli/Calcol
	Sopeña	Sondeo	70/130	X	Azil/Mesol/Calcolitico/Bronc
Ajo/Noja	Mallaria	Sondeo	50 cm		Mesol/Neol
	Santiago	Sondeo	Redepositado		Mesol/Neol/Calcol/Bronce

	Casetona		Redepositado		Mesolítico
	Arco		Redeposit/Con		Mesol/Neoli/Calcol
	Cubo Grac.		25 cm		Mesolítico
	Esprilla		30		P. Sup/Azil/Mesol/Calcolit.
	S. Juan Castro	Si	50 cm		Magd/Azil/Mesol
Asón					
	Peña del Perro	Si	30 cm	X	Magd/Azil/Mesolítico
	Fragua	Si		X	Magd/Azil/Mesolítico/Calcol
	Cuartos I		100 cm		Mesolítico/Calcolítico
	Helechal I		Sup/Concrec		Mesolítico/Neolítico
	Carabión	Si	40-45 cm	X	Azil/Mesolít/Neolítico
	Chora		100-150 cm	X	Magd/Azil/Mesolítico
	Trampascuevas	Sondeo	80-150 cm	X	Mesoli/Calcolitico
	Cierro/Túnel		50 cm		Mesolítico
	La Baja		Redepo/Concr		Magd/Mesolít/Neolítico
	Doncella	Destruida			Mesolítico/Calcolitico
	Lamadrid		150 cm		Mesolítico
	Los Nombres		20-25 cm		Mesolítico
	Costales		50 cm		Mesolítico/Calcolítico
	Cubío Redond	Si	20-25 cm	X	Mesolítico/Hierro
	Cofresnedo	Si	30 cm	X	Paleolít/Mesolít/Calcl/Bronce
	Emboscados		60 cm	X	Paleolít/Mesolít/Calcolít/Br
	Tarrerón III	Si	60 cm	X	Mesolít/Neolit/Depos funerario
	Pajucas	Si	200 cm		Mesolítico?
	El Cubillo		128 cm		Mesolítico
	Cubera		15 -20 cm	X	Aziliense/Mesolítico
Agüera/ C. Urdiales	La Trecha	Si destruida		X	Mesolítico/Neolítico
	La Negra		10-15 cm		Mesolítico/Neolítico
	Galo	Si/ destruid	15-35 cm		Mesolítico/Neolítico
	Covacha del Cuco	Si	10 cm		Paleolít/Azili/Mesolítico
	Santa Ana	Si		X	Paleolít/Mesolítico

Tabla. 9.7.2. Estratigrafías y espesor de yacimientos de conchero seleccionados en el sector centro-oriental de Cantabria

9.7.2.6. Los depósitos en el Valle del Asón

La zona costera, en el entorno de las Marismas de Santoña, en la Peña del Perro, el espesor del depósito mesolítico es de 30 cm. La Fragua ha aportado en el nivel 1 un conchero denso en malacología marina- sin especificar- con una secuencia de ocupación también desde el Magdaleniense, Aziliense, Mesolítico y Calcolítico (Morales et al. 2000).

Potentes concheros se conservan también en las cuevas de Los Cuartos I y II, con testigos cementados de 1 m de altura y abundantes restos de malacología, fauna, ictiofauna e industrias líticas. En la cueva de la Doncella (destruida por una cantera), Sierra (1913), describe un potente conchero atribuido al Mesolítico. En el Helechal se agrupan tres yacimientos, en Helechal I, se conserva un potente conchero mesolítico, los otros dos se ha atribuido al Neolítico (Ruiz Cobo *et al.* 2009). En los acantilados del Monte Buciero, se encuentran 16 yacimientos que contienen concheros holocénicos.

En el entorno de la ría de Rada, se concentran un buen número de yacimientos (16). El conchero del Carabión tiene un espesor de 40 cm a 45 cm. En la cueva de La Chora, el yacimiento de conchero mesolítico se encuentra depositado en el vestíbulo y galería que parten de una segunda boca. En el comienzo de la galería interior en superficie y en estratigrafía, se conserva un potente conchero en un nivel de limos y arcillas. Se conservan concrecionados testigos en el techo de la cavidad en diferentes puntos, con potencias de 100 cm de nivel de suelo, 85 cm, 122 cm y 150cm.

Fig.: 9.7.2.6. La Chora. Testigo concrecionado a 1,36 m

Fig. 9.7.2.6 b. La Chora: Detalle de testigo concrecionado

Fig. 9.7.2.6 c La Chora: Testigo con fauna concrecionado a 1,50 m

El gran conchero conservado y la evidencia de colmatación de la cavidad, indican una intensa ocupación. El hábitat probablemente sería exterior, acumulando los restos desde la segunda boca hacia el interior del vestíbulo y de la galería.

En la costa de Laredo, el conjunto de cavidades de La Baja, cueva y dos abrigos contienen depósitos de conchero, el más denso es el redepositado en la cueva, que se encuentra deslizado y concrecionado. La cueva de Lamadrid, próxima también a la costa de Laredo, conserva al fondo del pequeño vestíbulo un conchero que colmataba la cavidad con 1, 50 m de espesor.

En el valle de Aras, se concentran 16 yacimientos, los situados en lugares más elevados y agrestes (7), presentan escasas condiciones de habitabilidad y escasa potencia en los depósitos. Hacia el interior del valle Trampascuevas, contiene un conchero denso que se conserva bajo el suelo actual con una potencia de 0,80 m y en testigos concrecionados 1,5 m de espesor. Hacia el fondo del valle de Aras, la cueva del Cierro/Túnel, a 15 km de distancia de la costa, conserva restos de un potente conchero, en superficie en la galería y en la boca bajo un bloque de caliza, con un espesor de 50 cm.

En el fondo del valle, en Ramales y Matienzo, se concentran un buen número de yacimientos. La zona con preferencia de ocupación en el Holoceno, se sitúa en la parte baja del valle del Calera la cueva de Los Nombres con un depósito de conchero terrestre, de espesor 20-25 cm. Costales, próxima a la anterior, conserva una estratigrafía de tres niveles: el segundo nivel de conchero de *Cepaea nemoralis*, tiene un espesor de 50 cm con abundantes restos de conchas, fauna y carbones.

En el valle de Matienzo El Cubío Redondo, ha aportado una estratigrafía de 5 niveles, el 4 y 5 contienen un conchero de *Cepaea nemoralis*, con un espesor de 20-25 cm (Ruiz Cobo y Smith, 2001). En la misma zona el conchero de Cofresnedo, con especies marinas y *Cepaea nemoralis*, tiene una espesor de 30 cm (Ibídem). Próximo a estas cavidades está Emboscados cuyo depósito conserva testigos de conchero en el vestíbulo con una potencia de 60 cm. Esta cavidad posee un amplio vestíbulo de unos 80 m², con una gran visera, y orientación SE, lo que aporta unas excelentes condiciones como hábitat.

Fig. 9.7.2.6 d. Emboscados. Testigo 1: Estratigrafía nivel de conchero de Cepaea nemoralis

En la zona alta del valle del Carranza, la cueva del Tarrerón, contiene un depósito con tres niveles de ocupación: el nivel III, de cronología Mesolítico avanzado, tiene una potencia de 60 cm. Próximo a esta cavidad se encuentra el Abrigo del mismo nombre con un conchero de 10-15 cm de espesor. La cueva de Las Pajucas, próxima al Tarrerón, aunque en territorio del País Vasco, el nivel 3 o C, ha sido atribuido como posible Mesolítico, tiene una potencia de 200 cm sin llegar a base.

En el Valle de Ruesga, en Ogarrio, la cueva del Cubillo, posee un conchero de especies marinas y de tierra, que llegó a colmatar la cavidad a una altura de 1,28 m, se conserva concrecionado en el techo y paredes de la cavidad, con abundantes restos de fauna (ciervo, cabra y jabalí), carbones y conchas. Este yacimiento se encuentra en proceso de datación en un proyecto de dataciones en el Alto Asón (2017),

En Arredondo, el Abrigo de Cubera, conserva una estratigrafía de 1 m de potencia que incluye dos niveles, el inferior Aziliense y el superior Mesolítico, con un espesor de 15-20 cm.

9.7.2.7. Los depósitos en el Valle del Agüera/Castro Urdiales

La cueva de la Trecha, excavada de urgencia (González Morales et al. 1992), se encontraba muy alterada por excavaciones furtivas se conservaba yacimiento en cuatro zonas, sin que se haya precisado la estratigrafía. No obstante, se cita un testigo conservado en un covacho que indicaba la potencia del depósito, el cual llegó a colmatar gran parte de la cavidad. Las dataciones radiocarbónicas (7,5-6,2-5,6 ka BP), indican una ocupación superior al milenio en el Mesolítico. En los acantilados de Castro Urdiales se concentran un buen número de yacimientos de conchero, con depósitos que fueron muy densos, pero que han sido destruidos por planes urbanísticos. En la cueva del Galo, se hizo una excavación de urgencia, posterior a excavaciones furtivas y haber sido destruido en parte. En el fondo de la cavidad se pudo identificar un estrato de conchero de 15-35 cm de espesor. En la Covacha del Cuco, el nivel mesolítico tiene un espesor de 9 cm (Muñoz Fernández y Montes, Barquín, 2007)

Como valoración final sobre la potencia de los depósitos, la información es parcial, determinada por las escasas excavaciones arqueológicas efectuadas en este sector de Cantabria. En los depósitos analizados, las secuencias más amplias se han registrado en la llanura litoral, en la cueva de La Chora (100-150 cm), valoramos sus buenas condiciones de hábitat y la idónea situación por la proximidad a un amplio espectro de recursos disponibles, del litoral, de bosque y de pesca, por la proximidad al río Clarín y Ría de Rada. La pequeña cavidad de Lamadrid, con una estratigrafía de 150 cm de potencia, hace suponer que se trataría también de un hábitat situado en el exterior, próximo a la costa y en un entorno de bosque mixto, con amplia oferta de recursos y corrientes de agua dulce. En la llanura litoral también, se encuentra Barcenilla, con una amplia estratigrafía de 10 niveles. El poblamiento mesolítico, niveles 10-5 (85 cm) y continuidad en el Neolítico y Calcolítico (niveles 4-1). Se trata de un hábitat adosado a un abrigo, realmente un pequeño frente calizo, ubicado en la cima de una suave elevación cárstica (180m s.n.m.), orientado al SE. La composición del yacimiento nos informa de una explotación intensiva de los recursos del entorno inmediato: recursos del litoral con abundante presencia de bivalvos y gasterópodos marinos, un total de NMI: 2.777. Los restos de fauna se encontraban muy fracturados, por lo que se pudieron identificar un reducido número de individuos, ciervo, cabra y jabalí.

En el entorno de la ría de Rada, el abrigo del Carabión, contiene una estratigrafía densa en restos faunísticos (malacología, fauna, peces y restos vegetales), de 40-45 cm de espesor, con una secuencia de poblamiento desde el Aziliense al Neolítico.

En el valle interior de Aras, Trampascuevas, tiene una estratigrafía de 80-150 cm, con abundante malacología (bivalvos de estuario), abundante fauna (bóvido, suido y ciervo). La situación de la cavidad en media ladera, con un amplio espacio exterior y un vestíbulo seco y orientado al SW, ofrecen muy buenas condiciones de habitabilidad. El Cierro, Cofresnedo y Emboscados, todos en la cuenca del Asón, contienen estratigrafías potentes (50-150 cm).

En la parte alta de los valles, Sopeña (Miera), llegó a tener un depósito muy grande en longitud y potencia (70-130 cm por 20 m de longitud). Las buena condiciones de habitabilidad y diversidad de biotopos, le hacían óptimo como asentamiento de continuidad, como evidencian los niveles azilienses, mesolítico y Prehistoria Reciente. En el valle alto del Asón, el depósito de Cubillo, llegó a colmatar la cavidad, con presencia de malacología marina, terrestre y fauna (128 cm de potencia). Su buena situación y condiciones de habitabilidad le hacen idónea para un hábitat de asentamiento continuado.

En el valle del Calera (Alto Asón), los depósitos del Tarrerón (N. III. 60 cm) y Las Pajucas (Estrato III. N. C. 200cm), evidencian también ocupaciones continuadas en el tiempo.

Podemos observar que existen evidencias de un cierto número de asentamientos, que contiene depósitos potentes, con secuencias cronológicas continuadas, que indican ocupaciones a lo largo del tiempo. Esto nos puede informar del concepto de territorialidad adquirido y transmitido por los grupos sociales.

9.8. Aspectos socioculturales

El rápido cambio climático parece ser el subyacente de los cambios culturales que se producen a partir del Tardiglaciar, sintetizados en una mayor diversificación y disparidad de tecnologías (Burjachs, 2012)[2], pero también estarían ligados a nuestra propia especie.

La tecnología es un aspecto cultural, pero la alimentación y el uso de los recursos naturales están muy pautados, la etnografía así nos lo demuestra. El patrón de la alimentación es uno de los que experimenta un cambio más rápido porque depende de la posibilidad de los recursos disponibles, y de otros factores de tipo ideológico, cultural, etc. En el Mesolítico se deja de cazar fauna mayor simplemente porque no existe y hay que cambiar la dieta a caza menor, a la pesca y a la recolección de determinados recursos que antes no se utilizaban, todo ello en un corto lapso de tiempo. La adaptación es rapidísima. Es una época de perplejidad provocada por unos cambios climáticos tan rápidos, que no dan tiempo a madurar las respuestas durante más tiempo. Cada uno resuelve la crisis como puede porque las condiciones varían en cada sitio. Lo que da lugar a una adaptación a la explotación de los recursos inmediatos del entorno del asentamiento. La perplejidad provocada por las nuevas condiciones genera una adaptación a una economía de amplio espectro. Hay lugares que pueden ser comparados por tecnocomplejos o por otros factores, pero hay también muchos, quizás la mayoría, donde las comparaciones son más difíciles, porque las respuestas al cambio han sido muy específicas y propias de cada ocupación (Riker, 2012).

Para Martzluff (2012) la adaptación sería una respuesta inteligente de los humanos a su entorno, más que una situación de estrés, como paso previo a la sedentarización neolítica.

Uno de los cambios culturales más significativos, derivado de la diversidad que surge por la dependencia del entorno inmediato, sea tal vez la desaparición del arte y la ruptura de la unidad cultural del Paleolítico.

9.8.1. Información sobre paleodietas

La reconstrucción de las dietas aporta una información muy valiosa desde el punto de vista cualitativo, sin embargo, presenta problemas cuando se intenta precisar los valores aportados por los diversos tipos de recursos documentados. Hay que tener en cuenta la desigual recuperación arqueológica de los diferentes tipos de restos y la dificultad de valorar el peso real en la dieta de cada uno de ellos, o si pueden informar sobre los patrones de movilidad

---

2 Mesa Redonda XIII Reunión Nacional del Cuaternario: "Cambios climáticos vs Cambios tecnológico-culturales: las transiciones Paleolítico Superior final, Mesolítico y Neolítico antiguo en el NE de Iberia". Andorra 2011.

de estas sociedades, incluidos posibles comportamientos territoriales y de restricción del acceso a determinados recursos (Sealy, 2006).

Este tipo de análisis permite individualizar o aislar fenómenos con escalas temporales y espaciales muy precisas, y a partir de ahí evidenciar situaciones y dinámicas imposibles de conocer mediante otros medios. Y es que los estudios de isótopos estables en restos arqueológicos, y especialmente en los prehistóricos, nos ofrecen información directa acerca de aspectos como la dieta, que de otra forma sólo se puede deducir mediante evidencias indirectas al estudiar los restos materiales de fauna o industria que aparecen en los yacimientos arqueológicos.

Este método comenzó a desarrollarse a comienzos en los años 80 del XX, cuando se publicaron los primeros estudios de $\delta^{13}C$ (Tauber, 1981; Chisholm *et al.*, 1982). Esta técnica permite valorar el peso relativo en la dieta (en realidad, la ingesta de proteínas) de los alimentos de origen marino o terrestre, y de las plantas que siguen la vía fotosintética Calvin-Benson (denominadas plantas C_3) o la vía Hatch-Slack (plantas C_4)[3.] (Arias, 2006:360).

En la zona de estudio no se dispone de estudios realizados sobre paleodietas. Se trató de realizar análisis de isótopos estables sobre el cráneo recuperado en el Carabión, pero lamentablemente no se conservaba suficiente colágeno para poder obtener resultados.

En la región cantábrica, se dispone de análisis realizados en yacimientos de la zona asturiana. Los primeros análisis de isótopos estables se efectuaron en 1996 por Henry Schwarcz, del Departamento de Geología de la McMaster University, en Hamilton (Ontario, Canadá), sobre muestras de varios esqueletos mesolíticos de la cueva de Los Canes (Arias y Fano, 2005). Posteriormente, se inició, en colaboración con David Lubell, de la Universidad de Alberta, un programa sistemático de análisis de restos humanos de diferentes yacimientos de la región cantábrica. Se muestrearon 7 yacimientos mesolíticos. En tres de ellos (Colomba, Poza l'Egua y J3), situados en la zona litoral, los índices de las tres muestras se sitúan en una posición aproximadamente equidistante entre los extremos de dietas cuyas proteínas son de origen exclusivamente marino y terrestre (-13 ± 0,9 ‰ y -20 ± 0,9 ‰, respectivamente) (Chisholm *et al.*, 1982). Esto sugiere que los tres individuos estudiados consumían proporciones similares de proteínas procedentes del mar y de la tierra. Los valores relativamente altos de $\delta^{15}N$ apuntan a la posibilidad de que las proteínas de origen marino procedieran en mayor medida del consumo de pescado que de la explotación de invertebrados.

En el caso de las muestras de cuatro individuos de la cueva de Los Canes (situada en zona interior de montaña), de cronología en el VI milenio cal BC, los valores de $\delta^{13}C$ se sitúan entre los márgenes de variabilidad de las dietas que obtienen las proteínas de alimentos terrestres (-22/-20 ‰, según Schwarcz y Schoeninger 1991); de cualquier manera, todas ellas entran dentro del rango de la distribución normal (a 1σ) de los valores obtenidos por B.E. Chisholm y sus colaboradores (1982), lo que sugiere que estas personas, en los últimos 5-10 años de su vida, apenas consumieron alimentos de origen marino (Arias, 2006). Estos datos no excluyen que se pudieran aportar a la dieta ocasionalmente algún pez o moluscos marinos como lapas, caracoles y mejillones recuperados en las tumbas de Los Canes, pero su aportación no habría sido significativa desde el aspecto energético (otra cuestión pudiera ser el valor simbólico o social que ocasionalmente hubieran podido tener).

Por otra parte, los valores de $\delta^{15}N$, situados en torno al 8 ‰ en todas las muestras, salvo en la del individuo incompleto de la tumba II, un poco por encima del 9 ‰, se acercan a los niveles característicos de los depredadores, lo que apunta a una dieta cuyas proteínas proceden básicamente del consumo de carne, no obstante, es probable que haya una aportación no despreciable de algún elemento vegetal, que se evidencia en la patología bucodental observada en la mujer de la tumba I de Los Canes serían coherentes con esta última posibilidad, pues el desarrollo de caries se asocia frecuentemente a las dietas ricas en hidratos de carbono. Otro aspecto a destacar es la gran homogeneidad de los resultados en los cuatro individuos de Los Canes y tampoco se observan diferencias entre las edades o los sexos.

Por lo tanto, los isótopos estables demuestran que la dieta de los cazadores-recolectores enterrados en la cueva de Los Canes dependía fundamentalmente (en lo que se refiere a las proteínas) de alimentos de origen terrestre, entre los cuales la carne debió de desempeñar un papel importante. Los indicios disponibles indican que la dieta era similar para todos los individuos del grupo (al menos los adultos y subadultos), independientemente de su edad o su sexo, y que no hubo cambios apreciables durante los 500 años del uso sepulcral de la cueva.

Por otro lado en las poblaciones costeras, representadas por las muestras de Poza l'Egua, Colomba (Asturias) y J3 (País Vasco), (Arias y Fano 2005; Arias 2005/2006, Arias 2007), los valores de $\delta^{13}C$ se sitúan en una posición aproximadamente equidistante entre los extremos de dietas cuyas proteínas son de origen exclusivamente marino y terrestre (hacia -13 δ y -20δ respectivamente), lo que refleja que los tres individuos estudiados consumieron proporciones similares de proteínas procedentes del mar y del medio terrestre. Así mismo, los valores de $\delta^{15}N$ (hacia 11-12 δ) sugieren la posibilidad de que las proteínas procedieran en mayor medida del consumo de pescado que de la explotación de invertebrados. Por otro lado, se constata la existencia de grupos situados en zonas montañosas, cuya subsistencia dependería enteramente de recursos terrestres. Esta variabilidad podría reflejar un comportamiento territorial entre los últimos cazadores-recolectores de la región (Arias, 2006:367).

En la parte oriental de la región cantábrica se ha realizado análisis de isótopos estables de un hueso procedente de la cueva de Lumentxa (Lekeitio-Vizcaya), de cronología en el segundo cuarto del V milenio (OxA-18236: 6122 ± 38 BP; 4724-4523 cal BC). Los resultados demuestran que este individuo consumía un elevado porcentaje de proteínas marinas (en torno al 50%:$\delta^{13}C$:-16,74 ‰; $\delta^{15}N$: 11,95 ‰), lo que parece más compatible con una asignación al Mesolítico aunque tampoco se puede descartar que corresponda a un grupo del Neolítico antiguo dependiente en gran medida de la explotación de los recursos silvestres. (Arias 2005/2006). La dieta de la mujer de Aizpea (Navarra) era también de origen terrestre (Rúa de la *et al.* 2001).

Desde otro punto de vista, la evidencia obtenida en el oriente de Asturias confirma la existencia en el Mesolítico de la región Cantábrica de grupos de cazadores-recolectores que vivían fundamentalmente en las áreas interiores montañosas, aspecto que ha sido cuestionado por algunos investigadores (Straus y González Morales, 2003) (Arias Cabal, 2005). Es obvio que la distribución de yacimientos, aun estando probablemente muy sesgada por la gran visibilidad arqueológica de factores asociados al litoral, como los concheros y los picos asturienses, sugiere una densidad mucho más elevada en la zona costera; no obstante, esto no implica que las zonas interiores estuvieran desiertas o fueran visitadas únicamente de forma esporádica. Los datos de los Canes apuntan, por el contrario, a la existencia de poblamiento permanente en zonas interiores (Arias, 2006).

9.8.2. El tipo de hábitat

Las condiciones de habitabilidad, las propias características del emplazamiento, que deben hacer viable su ocupación: dimensiones, morfología y accesibilidad, son un aspecto importante en la elección de los asentamientos. El tipo de hábitat hipogeo ha planteado un debate desde el inicio de las investigaciones, Vega del Sella (1916 y 1923), reconoció que el estado de colmatación en que se encontraban muchas cavidades no permitía el uso como lugar de habitación.

Hemos visto en el análisis de la morfología de las cavidades, la alta frecuencia de yacimientos en cuevas, abrigos y covachos de reducido tamaño, en otros casos, el conchero se encuentra colmatando la cavidad, lo que no las hace habitables. La ocupación también de abrigos bajo roca, en muchos casos paredes casi verticales que ofrecen escasa cobertura y, sin embargo, contiene depósitos potentes que indican una prolongada ocupación (Barcenilla, Cubera, Suaria y Lleres, entre otros), acogedores por su orientación y accesibilidad, disponibilidad de agua y situados estratégicamente en la confluencia de biotopos complementarios. Además de los posibles asentamientos al aire libre, escasamente documentados, por la dificultad que presenta este tipo de hallazgo. Incluso en las cuevas habitadas, la ocupación es en la parte exterior, en los vestíbulos y abrigos exteriores. Necesariamente deberían existir construcciones complementarias anexas.

Una propuesta puede ser la imagen ofrecida por Barandiarán en la reconstrucción del espacio ocupado en el abrigo de Kampanoste (Fig. 9.8.).

Fig.9.8. Reconstrucción del espacio ocupado de Kampanoste (según I. Barandiarán, 2006: 262)

La etnografía nos ofrece soluciones en el uso actual de estos abrigos rocosos como aprisco de ganado o almacén. En Monte (Cantabria) (Fig. 9.8.1.), un reducidísimo covacho (con yacimiento mesolítico), se complementa con la construcción de la cabaña adosada. En el segundo ejemplo (Fig. 9.8.2.) cabaña en Balmori (Asturias). Son muchos los abrigos utilizados actualmente, protegidos a veces simplemente con unos postes y plásticos o uralitas (La Meaza, La Torca del Alloru entre otros.).

Fig.9.8.1. Cueva Cerro del Uro utilizada como Aprisco en Monte (Santander)

Fig. Fig.9.8.2. Cabaña adosada en Balmori (Asturias)

9.8.3. El registro funerario

El comportamiento ante la muerte puede informarnos sobre aspectos de la organización social, pero también es un hecho trascendental en cuyo ritual, se pueden expresar sentimientos, utilizar símbolos, depositar objetos personales o de homenaje que pueden informarnos sobre la actividad o la función social del difunto en el grupo.

"... el desarrollo a partir del decenio de 1970 de la llamada "Arqueología de la muerte" ha proporcionado a la disciplina nuevos métodos para el estudio de los aspectos sociales, ideológicos y religiosos de los grupos prehistóricos. De hecho, tanto desde la perspectiva "procesualista" como desde las alternativas "postprocesualistas", el estudio de las tumbas ha sido una de las más importantes fuentes (si no la principal) de la Arqueología social. (Arias, 2013: 49).

La región cantábrica después del centro y sur de Portugal es la zona con mayor número de evidencias funerarias (Arias, 2012; Arias y Álvarez 2004; Arias, Armendáriz *et al.*, 2009; Arias y Garralda, 1996; Drak y Garralda, 2009). Ahora bien, la información no se distribuye de forma homogénea por las zonas del poblamiento mesolítico. La mayor parte de los sitios conocidos hasta el presente se localiza en el sector centro-occidental de la región Cantábrica (Tabla. 9.8.3.).

Comunidad Autónoma	Asturias	Cantabria	País Vasco	Castilla León
yacimientos	VIII Milenio cal BC			
	Tito Bustillo			
	La Poza l'Egua		J3*	
	Arangas			
	VII Milenio cal BC			
	Molino Gasparín * fecha no segura		Linatzeta	
	Los Canes * 2 enterramientos			
	Paré de Nogales *			
	Cuartamentero			
	Mazaculos (dudoso)			
	VI Milenio cal BC			
	Los Canes * 3 sepulturas	Truchiro*		La Braña-Arintero * 2 enterramientos
	Colomba			
	V Milenio cal. BC			
		Portillo del Arenal	Lumentxa	
		Abrigo del Carabión	Aizpea * (Navarra)	

Tabla 9.8.3. Yacimientos de la Región Cantábrica con restos humanos. (*) Restos humanos hallados en sepulturas

En Cantabria oriental las evidencias son menores y de cronología tardía en un momento avanzado del Mesolítico. Se han documentado enterramientos en la cueva del Truchiro, y en El Portillo del Arenal, este último en un momento ya Neolítico. El resto de la información disponible corresponde a restos humanos aislados en El Carabión, que corresponderían a un momento Neolítico (sin evidencias de economía productiva).

9.8.4. El uso funerario de las cuevas en el VI milenio calibrado BC: el enterramiento de la cueva de El Truchiro

En los comienzos del VI milenio se datan en la región cantábrica además de Los Canes (Asturias), los depósitos sepulcrales de la cueva de El Truchiro (Cantabria) y de dos sitios no localizados *sensu stricto* en la región cantábrica, pero inmediatos a ella: la cueva de La Braña-Arintero (León) y el abrigo de Aizpea (Navarra).

La cueva del Truchiro es una pequeña cavidad situada en la base del Monte de La Garma, en la llanura litoral a una distancia de la costa de unos 8 km. La inhumación se efectuó en una fosa excavada (sin límites precisos) en un conchero situado en la galería estrecha y baja (Fig. 9.8.4.). Se trata de un individuo inmaduro acostado de espaldas, con las piernas flexionadas, ha sido datado en el inicio del VI milenio (OxA-23367: 7015 ± 45 BP; 5997-5790 cal BC). Los restos se encontraban fuertemente cementados por lo que se ha trasladado en bloque para su extracción en el laboratorio. El ajuar parece haber estado compuesto por al menos 30 núcleos de sílex y concentraciones de conchas perforadas de *Cerastoderma edule* (probablemente pertenecientes a un objeto de adorno), ambos situados próximos a la cabeza, lo que indica se trata de un depósito intencionado. Dos rasgos arqueológicos particularmente interesantes destacan en esta sepultura: en primer lugar, la presencia (no se sabe si deliberada o accidental) de fuego, que calcinó todo el contenido de la tumba después de descomponerse el cadáver; el segundo, documentado gracias a la circunstancia anterior, la presencia de una capa de materia vegetal (corteza de roble) inmediatamente bajo el esqueleto, que sugiere que el cadáver habría sido depositado sobre una plancha de madera o algo similar (Arias, 2012: 263).

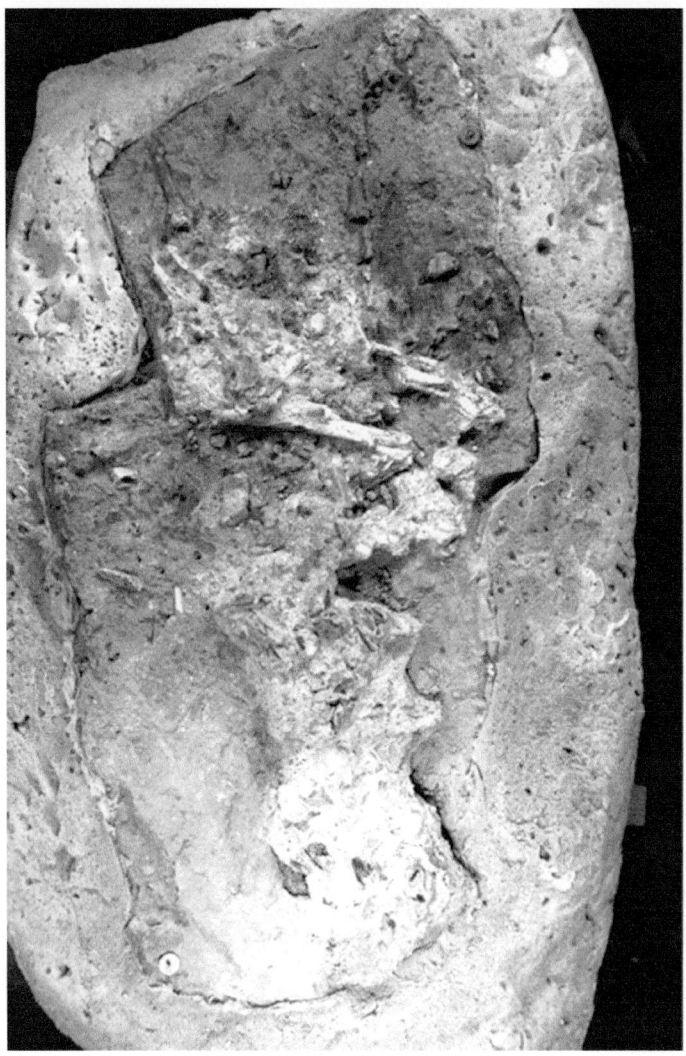

Fig.9.8.4. Depósito funerario El Truchiro (Arias, 2012)

Al margen de los contextos de carácter claramente sepulcral, existen otros, también con restos humanos, de más difícil interpretación. En la zona Arqueológica de La Garma, por lo menos dos fuentes mencionan posibles enterramientos mesolíticos. "La Garma C posible uso extenso de cuevas como lugares de enterramiento durante el Mesolítico" (Arias,1999; Arias y Álvarez-Fernández,2004: 233) indican "que la presencia de restos humanos en otros contextos en el Mesolítico como La Garma B (OxA-7300: 7165 ± 65 BP; 6156-5925 cal BC) y el conchero de La Garma A (siete fechas entre 6500 y 5700 cal BC). Sin embargo, la cita de Garma B (OXA-7300 como 7165) (Arias, 1999, Arias y Álvarez-Fernández, 2004; Straus, 2008) es un error de laboratorio. La fecha correcta es 4165 ± 55 BP (Arias, 2005) (Meiklejohn, 2009: 14).

9.8.5. Manifestaciones funerarias en el V milenio.

La continuidad con las prácticas funerarias anteriores parece haber sido limitada. Es evidente el contraste entre la elevada densidad de enterramientos en el VI milenio y su escasa presencia durante los dos primeros tercios del V hasta la expansión del Megalitismo hacia el 4.300 cal BC. Un cambio que no parece poder atribuirse a un mero error estadístico, pues la muestra de sitios en cueva de la primera mitad del V milenio es bastante grande. Por tanto, parece que se deba a una modificación del comportamiento funerario. Aparentemente, la concentración de sepulturas individuales en cuevas, propia del Mesolítico final, se abandona (Arias, 2012).

La información disponible se limita a los escasos datos proporcionados por tres cuevas en las que se han recuperado restos humanos datados en esta época: Los Canes (Asturias), Lumentxa (País Vasco), El Portillo del Arenal (Cantabria) (Arias, 2012) y el depósito funerario del Abrigo de Carabión (Cantabria).

9.8.5.1. Enterramiento en El Portillo del Arenal

En el Portillo del Arenal (Piélagos), en la denominada "Sala Sepulcral", situada al pie de la sima de entrada, se ha documentado un depósito funerario en superficie que incluía restos de dieciséis individuos de distintas cronologías, asociados a cerámicas e instrumentos líticos y óseos (Muñoz y Morlote 2000). Uno de ellos ha sido datado a mediados del V milenio cal BC (AA-20043: 5743 ± 111 BP; 4830-4360 cal BC). Desgraciadamente, el conjunto incluía materiales de cronología heterogénea, en su mayor parte muy posteriores (Calcolítico, Edad del Bronce e incluso de época visigótica), por lo que la información contextual para este individuo, probablemente del Neolítico inicial, es casi inexistente (Arias, 2012).

9.8.5.2. El depósito funerario del Carabión

El abrigo del Carabión (San Mamés de Aras-Voto) posee un denso conchero con ocupaciones desde el Aziliense-Mesolítico y posiblemente Neolítico. El depósito funerario se encontraba en un cubículo situado en el extremo oeste de la cavidad (zona muy alterada por erosión hidrológica). Consiste en seis fragmentos craneales que se relacionan anatómicamente y corresponden al área bregmática en la bóveda del cráneo, concretamente representan una parte menor de ambos parietales. Pertenecen a un cráneo de edad juvenil, sin poder precisar el sexo debido a la escasa evidencia de los restos (Etxeberría, 2016). Ha sido datado en el V milenio cal BC (Poz-30592: 5440 ± 40 BP, 6251±34 cal BP, 4301 ± 34 cal BC) (Pérez-Bartolomé, 2014). Esta fecha le sitúa en un momento del Neolítico ya bien introducido en la región cantábrica. No se ha podido precisar el tipo de inhumación debido al proceso erosivo que ha sufrido el área donde ha sido recuperado

Por otra parte, los huesos muestran la acción del fuego tanto en la tabla externa, en donde predomina una zona de color negruzca desigualmente distribuida, como de la tabla interna en donde la coloración es tostada y brillante de forma homogénea con aspecto cristalino en la cortical del hueso. Todo lo anterior se interpreta como consecuencia de que el cráneo, o parte de él, se ha visto afectado por el calor de un fuego en su inmediata proximidad muy probablemente de forma casual o accidental cuando ya no conservaba partes blandas, es decir, en estado de esqueletización completa. La temperatura a la que habrían sido sometidos los restos no superaría los 200° C° (Etxeberría, 2016).

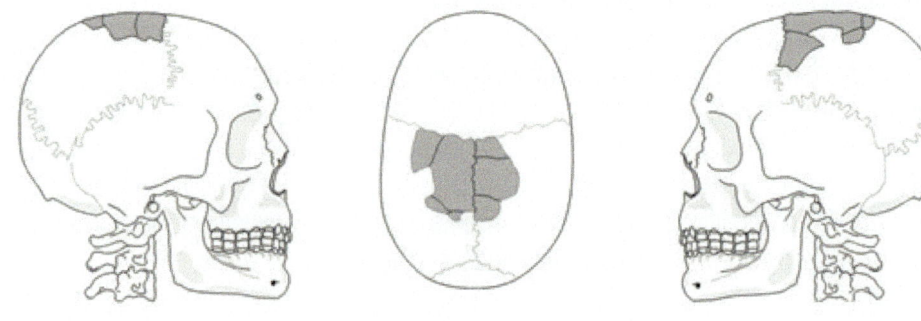

Fig. 9.8.5. Representación esquemática de los huesos conservados (Etxeberría, 2016)

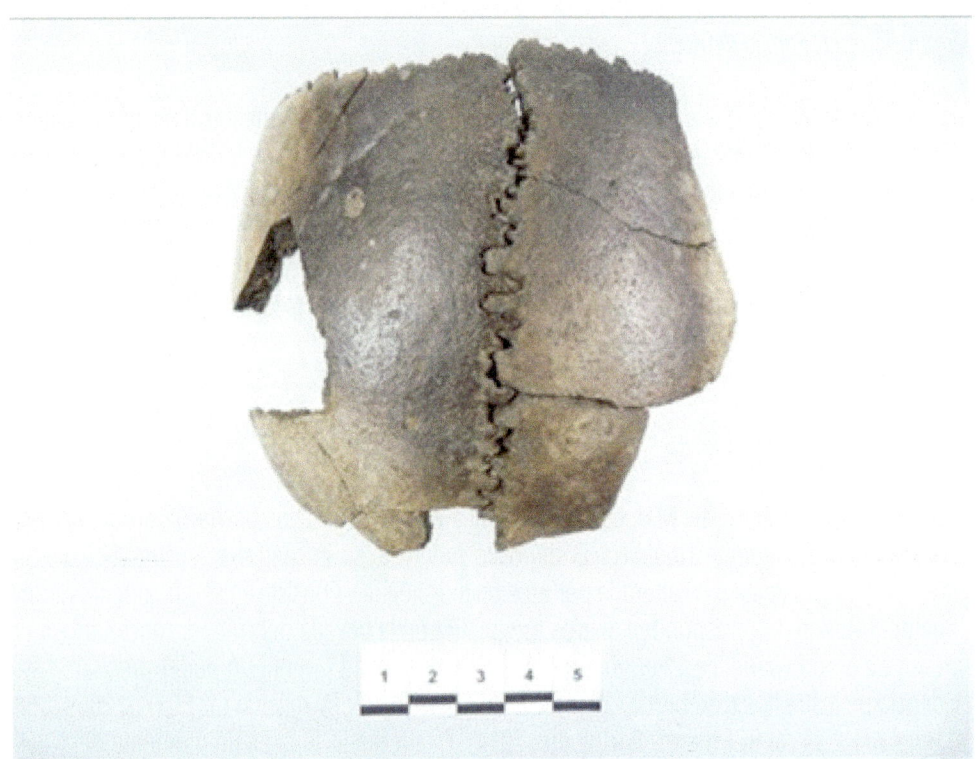

Fig. 9.8.5.1. Parte externa de los huesos de la región parietal

A modo de conclusión, podemos señalar que la mayor parte de las manifestaciones funerarias se encuentran en cuevas y abrigos. Se observa, en primer lugar, que los grupos mesolíticos del Cantábrico no parecen establecer una separación marcada entre el espacio doméstico y el espacio funerario. Probablemente el hecho más relevante a destacar sea el notable incremento de las evidencias funerarias durante el Mesolítico, en especial durante el sexto milenio cal BC.

Las evidencias disponibles en Cantabria centro-oriental son exiguas, si tenemos en cuenta el elevado número de la muestra del Mesolítico ibérico, con 29 sitios y, en torno a 450 inhumaciones, es una de las más importantes para cazadores-recolectores de todo el mundo. Por otro lado no existen evidencias correspondientes en la etapa inicial del Mesolítico.

El tipo más común de enterramiento parece haber sido la inhumación individual en fosa o en depósito directo sobre el suelo. Particularmente interesante es la aparición en El Truchiro de indicios de la existencia de una estructura de madera, posiblemente una especie de plataforma de corteza de roble sobre la que se habría depositado el cadáver o sobre una material de madera. La posición de los cuerpos en casi todos los esqueletos es en posición flexionada en decúbito supino o en posición lateral.

Un rasgo común en los depósitos del Truchiro, Los Canes y El Carabión es que los restos han sido afectados por el fuego, en algún momento posterior a la descomposición del cadáver. No se ha podido precisar si la acción del fuego ha sido casual o se ha producido como forma ritual.

Los objetos asociados a los cadáveres son de carácter variado (instrumentos de uso cotidiano, restos de fauna (tal vez ofrendas de carne), objetos de adorno personal, y su valoración no siempre es fácil al estar mezclado con otros restos correspondientes a actividades de hábitat. La alta frecuencia de colgantes, en su mayor parte conchas de moluscos perforadas, parece relacionarse con los ornamentos que el difunto portaba, bien directamente sobre su cuerpo, bien fijados a sus vestidos o a un sudario. Raramente se encuentran restos de colorante rojo, uno de los temas recurrentes en la bibliografía sobre el mundo funerario.

En el aspecto simbólico, se percibe un rasgo común, la inhumación en el propio yacimiento del conchero.

De especial interés y difícil explicación resulta el hallazgo aislado de restos humanos en algunos concheros de la región. Pudieran ser producto de algún otro tipo de práctica funeraria, pero las evidencias y la común presencia de inhumaciones en concheros abogan más bien por la idea de que se trate de restos de estructuras desmanteladas, bien por la actividad humana bien por procesos naturales.

9.9. Patrones de asentamiento: el concepto de patrón de asentamiento y planteamientos teóricos

La información arqueológica aportada por los yacimientos, junto con el análisis de la distribución espacial de los asentamientos mesolíticos en la zona centro-oriental de Cantabria, nos permite un acercamiento a los patrones de asentamiento y movilidad que puede ser un indicativo de las estrategas económicas y de la organización social.

El concepto de patrón de asentamiento, formulado por Gordon Willey en el Proyecto del Valle de Virú (1953), se ha vuelto imprescindible en el proceso de reconstrucción de los modos de vida del pasado y ha sido presentado como un punto de partida estratégico y obligatorio al momento de interpretar las culturas arqueológicas (Trigger, 1968), particularmente en lo referente a la apropiación y uso del espacio.

Este tipo de estudio ha sido rápidamente aceptado e introducido como una herramienta fundamental para el trabajo arqueológico (Salazar, 2008:246), manteniéndose así hasta el día de hoy, dentro de las corrientes de pensamiento y los marcos explicativos por constituirse principalmente en la "base primordial de cualquier investigación integral que intente abordar desde una perspectiva arqueológica procesos sociales de cualquier tipo en su dinámica histórica" (ibídem: 247).

El patrón de asentamiento se ha definido desde el principio como la forma en que la gente se distribuye y apropia del entorno geográfico en el cual desarrolla sus actuaciones en un determinado momento histórico, siendo el objetivo principal de dicha apropiación, asegurar la subsistencia del grupo y así cumplir sus funciones sociales (Chang, 1962: 29-32). El estudio de los patrones de asentamiento, está concebido como una herramienta crucial y útil para aproximarnos a los ambientes culturales contenidos en el espacio físico (Willey, 1956: 1). Por lo que la información que se desprende del análisis de los patrones de asentamiento, proporcionan al investigador una clave sustancial para la reconstrucción de los sistemas ecológicos, culturales y sociales imperantes en un determinado momento y lugar (Willey, 1953: 270).

Esto es posible, debido a que los patrones de asentamiento de una comunidad humana están relacionados con sus necesidades económicas y sociales, su bagaje cultural y su percepción y concepción del mundo y con sus relaciones con otras comunidades, todo ello en el marco de un medio ambiente y un territorio que va a proporcionar el contexto en el que y sobre el que se tomarán las decisiones humanas (Chang, 1962:29-32).

> *Existe una relación de causalidad entre el registro arqueológico y la sociedad que lo produjo. El patrón de asentamiento, como aspecto analítico "fundamental" del registro arqueológico, es el efecto de la "impresión" espacial de la complejidad y dinámica sociales. El término de complejidad se utiliza para expresar lo complejo como característica fundamental de la sociedad humana, y se relaciona semánticamente con la dinámica inherente a la misma, con la articulación de acciones, prácticas y procesos sociales* (Ardelean, 2015: 100).

Una revisión breve sobre los planteamientos de algunos autores del campo de la arqueología respecto a la problemática de los factores causales del patrón de asentamiento:

Gordon R. Willey (1953), reconocido como iniciador de la arqueología de patrón de asentamiento, no se ocupa expresamente de la discusión sistemática de los factores causales de esta manifestación espacial de lo social, pero en sus discusiones se pueden entrever algunos de ellos. Las definiciones de Willey hacen referencia a los aspectos inferibles a partir de los datos ofrecidos por el registro del patrón de asentamiento, de lo cual se puede intuir que el autor reconocía por lo menos cinco factores causales: el ambiente natural, "el nivel de tecnología", la política manifestada a través de las instituciones, los procesos sociales y, finalmente, la cultura.

Irving Rouse (1972), en el marco del desarrollo conceptual enfocado en las unidades analíticas de *activity locus, activity assemblage* y *remnant settlement pattern*, hace una tipología de los tipos de patrones, basada en el grado de nucleación. Los factores que determinan, en última instancia, si un asentamiento se caracteriza por un patrón disperso, compacto, etc., son los recursos disponibles en la zona, los patrones de subsistencia y la manera concreta en que la sociedad se aprovecha de los recursos, lo que definiríamos como modo de vida.

Clarke (1979) propone los cuatro paradigmas que rigen los enfoques al nivel de la arqueología espacial: morfológico, antropológico, ecológico y geográfico. Sobre todo en relación con los últimos tres, se pueden identificar algunos factores causales del patrón de asentamiento. El paradigma antropológico aborda el estudio del asentamiento humano en su relación orgánica con los procesos sociales y como resultado de los mismos; el paradigma ecológico pone más énfasis en "el estudio detallado de los sitios arqueológicos como parte integrada de los sistemas ambientales y ecológicos mutuamente ajustables en los cuales una vez fueron enredados adaptativamente"; el paradigma geográfico se refiere a la ubicación de un sistema de sitios en el paisaje de acuerdo a factores de orden geográfico.

Hodder y Orton (1976), también preocupados por los estudios de asentamientos al nivel macro espacial, siguiendo los planteamientos de Clark, consideran que los factores principales que determinan la ubicación de los sitios en el "paisaje" son la distancia hasta las fuentes de agua, el tipo de suelo y de vegetación, la presencia/ausencia de otros asentamientos, la defensa, la distancia hasta los yacimientos de minerales y materiales de construcción, la cercanía de rutas y mercados. Las diferentes reacciones particulares respecto a estas clases de factores determinan el tipo de patrón de asentamiento.

Flannery (1976:195) sostiene que la espacialidad entre los sitios es dada por factores socio-políticos. Una vez establecida la espacialidad, factores ambientales actúan en escoger la ubicación del asentamiento en su área de sustento (*catchment area*).

William Allan (1972) desde un enfoque centralizado en la ecología, da prioridad a dos clases principales de factores causales: los ambientales y los tecnológicos. Entre los ecológicos destacan básicamente el tipo de suelo, el clima, la disponibilidad de agua, la vegetación y el tipo de plantas comestibles o cultivables. Entre los tecnológicos se encuentran factores que tienen que ver con los elementos componentes de las fuerzas productivas y que accionan sobre el asentamiento de acuerdo al grado de desarrollo de las mismas. El patrón de asentamiento no es abordado tanto desde el punto de vista de su composición estructural, sino con el aspecto demográfico, básicamente con la densidad de la población. Este patrón demográfico es determinado fundamentalmente por el potencial de sustentabilidad del ambiente, idea muy difundida en la arqueología y que gira en torno a los conceptos de *sustentability* y capacidad de carga (*carrying capacity*). Se asume una relación entre el tipo de cultivo, aspectos del modo de vida y tecnología, por un lado, y características formales y demográficas del asentamiento humano, por el otro. Allan sostiene que, además de las dos clases básicas de factores causales, intervienen otros como las preferencias humanas, las necesidades y tradiciones, en resumen, los factores culturales (Ardelean, 2015)

Trigger (1968) propone un modelo explicativo multifactorial integrado, además de enfatizar la estructuración en tres niveles del análisis de patrones de asentamientos (la estructura individual, la relación entre las estructuras dentro de una sola comunidad y la distribución de las comunidades en el paisaje), plantea un modelo de explicación de la conformación espacial de la sociedad humana en base a la articulación compleja de distintos factores determinantes de diferentes índoles, organizado sistemáticamente de acuerdo a los tres niveles analíticos mencionados. Para Trigger, los factores determinantes (*the determinants*) significan "*those classes of factors that interact with each other to produce the spatial configuration of a social group*" (1968:53). Es una definición que establece un vínculo sustancial con el concepto de espacio social. Un patrón de asentamiento, puede ser el compromiso entre un número de determinantes opuestos. Los factores varían en importancia de acuerdo tanto a la situación local, como a la relación temporal que hay entre ellos. Trigger despliega la presentación de los factores por cada uno de los tres niveles.

Para el caso de la estructura individual, la conformación estructural de esta depende de los siguientes factores: Primero, el régimen de subsistencia de la sociedad, el cual incluye de hecho aspectos esenciales de los modos de producción y de vida. Los nómadas, argumenta el autor, tendrán viviendas transportables, fáciles de construir, insistiendo en la relación estrecha que existe entre el ambiente, el material de construcción disponible y el tipo de vivienda.

Siguen los factores climáticos (temperatura, humedad, presencia de agua potable, altitud, latitud, precipitaciones), las habilidades y el grado de conocimiento del ambiente y de las tareas constructivas, la estructura de la familia y en general las relaciones de parentesco, lo que establecerá prácticamente el tamaño y la manera de distribuir el espacio en el interior de la vivienda, la institucionalidad, las diferencias de rango y de riqueza de los ocupantes, la funcionalidad de la estructura, la especialización económica, la religión.

El segundo nivel, del sitio, (*community layouts*), el diseño comunitario se caracteriza por la interacción de otra serie de factores: el tamaño del asentamiento se encuentra limitado por los factores ambientales y la eficacia de la tecnología disponible, siendo muy importantes las prácticas relacionadas con el almacenamiento de productos; la cercanía del agua, los aspectos cualitativos y cuantitativos de los recursos alimenticios disponibles; la seguridad del lugar; el aspecto agradable del mismo; la calidad de los suelos. Una cierta importancia se le otorga al sistema de parentesco, el cual puede influir de manera significativa en la distribución espacial de edificios y espacios asociados a grupos sociales definibles a través del criterio del parentesco. Se agregaría la presencia de diferentes grupos étnicos, religiosos y de clases sociales, lo que implica eventualmente la constitución de zonas distinguibles separadas por elementos físicos visibles.

Para el tercer nivel analítico, el de patrones de asentamiento regionales, destacan ahora con más énfasis los factores ambientales, puesto que la densidad y la distribución de asentamientos en la región dependen principalmente de la naturaleza y disponibilidad de recursos naturales. Se evitan áreas con escasez de recursos, enfermedades y diferentes peligros. Los patrones zonales son regidos en gran medida por los factores económicos como el comercio, por ejemplo, lo que supone el emplazamiento de los asentamientos en posiciones ventajosas respecto a la distribución de las redes de intercambio y comerciales. Se agregan como factores causales importantes la organización política, la guerra, las zonas tampón entre comunidades en conflicto, la religión, los símbolos, los gustos, estos últimos dos factores manifestándose escasamente al nivel regional.

Recapitulando se puede inferir la influencia determinante que tienen sobre el poblamiento los factores ambientales, geográficos, económicos y, dentro de los sociales la demografía, es decir, la densidad de población que va a determinar el espacio físico sostenible del grupo humano.

Tomando como centro de atención el factor económico, otro aspecto que merece atención es el análisis de las áreas de influencia de los yacimientos arqueológicos (*Site catchment analysis*), aspecto importante teniendo en cuenta el tipo de economía de amplio espectro que practican los cazadores-recolectores mesolíticos. Aunque el objeto principal de estas técnicas sea la economía de subsistencia, matiza los intereses paleoecológicos en una dirección y los sociológicos en otra. En el análisis por "áreas de influencia" se pueden observar los intentos por llevar a cabo al menos seis objetivos:

1. Definir el área utilizada habitualmente por los habitantes de un yacimiento para sus subsistencia diaria

2. Rastrear los puntos de procedencia, en el entorno circundante para los recursos materiales cuyos restos arqueológicos aparecen en el interior del yacimiento.

3. Reconstruir los micro-ambientes que rodean el yacimiento, como indicio de las variaciones que muestran los datos ambientales presentes en el yacimiento.

4. Reconstruir los recursos alimenticios potencialmente disponibles para los ocupantes de un yacimiento, e inferir a partir de ahí, la economía de subsistencia que practicaron.

5. Reconstruir la función de los yacimientos (como viviendas estables, campamentos temporales, cazaderos logísticos etc.).

6. Reconstruir las relaciones socio-económicas entre yacimientos como miembros de sistemas regionales de asentamiento

El desarrollo fundamental optó por el reconocimiento de la importante diferencia entre el Territorio de yacimiento (*Site Terrotory*) y el área de influencia del mismo (*Site Catchment*) Higgs y Vita-Finzi (1972,30) definieron el *territorio de un yacimiento* como el área habitualmente explotada a partir de un único yacimiento. Por otra parte, *el área de influencia de un yacimiento*, incluye el terreno cubierto en las redadas realizadas en busca de materias primas para herramientas y otros propósitos. Davidson y Bailey (1984: 26) proponen estas técnicas bajo un epígrafe más genérico, el de análisis de exteriores del yacimiento (*off-site analysis*). Este comprende estudios con objetivos similares para el "análisis de áreas de influencia" y el "análisis de territorios de explotación", pero trata con áreas carentes de lo que podríamos llamar núcleos de yacimientos arqueológicos (Folley, 1981; Hallam, 1977), cuyo enfoque es más regional, dejando aparte los yacimientos específicos (Higgs *et al.* 1967; Jochim, 1976; Sturdy, 1975; Zarky, 1976)

Ahora bien, la identificación de estos contextos, económicos, culturales y sociales, en el registro arqueológico mesolítico del área de estudio, presenta cierta dificultad por la sesgada información disponible del conjunto del poblamiento. Son escasos los asentamientos de los que se dispone información sobre medioambiente, economía, cultura y manifestaciones simbólicas. Por lo que analizaremos los factores que inciden en la configuración de los modelos de asentamiento con las evidencias disponibles, para tratar de identificar dichos patrones de asentamiento en el área de estudio y en el marco cronológico del Mesolítico.

9.9.1. El patrón de asentamiento en Cantabria centro-oriental en el Mesolítico.

Partimos del concepto del patrón de asentamiento como la forma en que la gente se distribuye y apropia del entorno geográfico en el cual desarrolla sus actuaciones en un tiempo determinado, siendo el objetivo principal de dicha apropiación, asegurar la subsistencia del grupo y así cumplir sus funciones sociales.

El análisis del poblamiento y la distribución territorial nos ha aportado conocer el corpus de yacimientos y su ubicación en el territorio. Esto nos permite observar cambios en los patrones de asentamiento, con una tendencia iniciada al final del Tardiglaciar[3], hacia el poblamiento bipolar intensivo en los extremos de las cuencas, especialmente en el Miera y el Asón, posiblemente debido al interés por situarse en la proximidad del recurso. La dispersión por los diferentes valles secundarios, indica una articulación del territorio destinada al aprovechamiento de los recursos disponibles en esos espacios.

9.9.1.1. La incidencia del medioambiente en el patrón de asentamiento

Los factores ambientales intervienen en la ubicación del poblamiento en un área dada, su posición específica respecto a las formas de relieve y los elementos componentes del entorno, la orientación respecto a los puntos cardinales, los vientos predominantes, los elementos topográficos, el clima.

Los cambios del clima en el Holoceno, con la consecuente transformación del territorio, los paisajes y los cambios en la biocenosis, sin duda debieron influir en el reajuste del poblamiento. Esto es evidente si se considera el corto espacio de tiempo en que dichos cambios sucedieron (debido a los procesos de *feedback* positivo) (Uriarte Cantolla 2003), así como la velocidad de respuesta de la vegetación (Sánchez Goñi *et al.* 2002). La elección de los lugares de asentamiento y los ciclos de movilidad y estacionalidad estarían en gran parte influidos por la disponibilidad y accesibilidad de los recursos.

Desde una óptica determinista, los cambios ambientales se han identificado con las nuevas formas de vida que se desarrollan desde el final del Tardiglaciar (Straus, 1992). Estos incluirían, una reducción de la movilidad de los grupos humanos, una economía más diversificada (denominada de amplio espectro) o una serie de cambios tecnológicos, provocando un cambio en el modelo de ocupación del territorio (González Morales *et al.* 2004; González Sainz, 1989).

Por una parte, la mejoría climática que favoreció la deglaciación, supuso también la subida del nivel del mar, lo que sin duda ocasionó la pérdida de un amplio territorio en la plataforma litoral y de una fuente de recursos, que parece se compensa con las zonas que se recuperan en la alta montaña y en los nuevos biotopos a explotar. Los movimientos del poblamiento están condicionados de forma más directa con el patrón económico, basado en la economía de amplio espectro y en la explotación de los recursos que ofrecen los nuevos paisajes surgidos del cambio paleoambiental: la explotación de los moluscos que ofrecen las nuevas formaciones en la costa y la caza y recolección en la zona alta de los valles. Estos serían factores de causalidad de la distribución territorial que se ha podido comprobar, de forma bipolar, con una alta concentración del poblamiento en la línea de costa (30,5%) y un paralelo en la zona alta de los valles, en distancias superiores a 20 km de la costa y en altitudes por encima de los 300m (21%). En cuanto a la incidencia de la topografía del terreno, aunque se coloniza la parte alta de los valles, los asentamientos se ubican de forma preferencial en altitudes bajas, entre 0-100 m de altitud absoluta (48,17 %) y en altitudes medias, entre 100-300m (33,59%).

Aunque el Holoceno es un periodo caracterizado por un ascenso térmico generalizado, sin embargo, se han

---
3 García Moreno, A. (2010). El poblamiento en el valle del Asón pasa de habitar en el Magdaleniense Inferior sitios elevados como El Mirón, a ocupar a partir del Magdaleniense Superior-Final sitios en el fondo de valle (Cullalvera, Valle, Horno y Cubera), en valles secundarios de la cuenca (El Otero y La Chora) y de forma más intensa la zona litoral (El Perro, La Fragua, La Chora).

producido oscilaciones climáticas a lo largo de sus más de 11.000 años de duración. En la primera parte del Holoceno (11784-5000 cal BP), se produce el efecto 8.2 con una bajada de las temperaturas que dio lugar a una pulsión de gran humedad en la región cantábrica, que tuvo algunas consecuencias sobre el poblamiento. Se le ha atribuido la producción de un agujero poblacional, aunque lo más probable, con las dataciones disponibles, la consecuencia fuera una redistribución del poblamiento, es decir, el abandono de ciertas cavidades que se han visto mermadas sus condiciones de habitabilidad, debido a los procesos de reactivación, inundación o infiltraciones, como se ha podido comprobar en Carabión (bajo Asón) y en Sopeña (alto Miera), entre otros yacimientos.

9.9.1.2. Incidencia de la geomorfología del territorio

El poblamiento de forma generalizada se distribuye siguiendo las cuencas de los valles fluviales en que se encuentra estructurado el territorio, en las áreas formadas por sustratos calizos, siguiendo una tendencia iniciada desde el Paleolítico. En esta etapa se incrementa el poblamiento en los valles subsidiarios y cabecera de los valles en altura no superando los 700 m de altitud absoluta. Entre los 500-700m, en un biotopo montano inferior se asienta un 6,64% del poblamiento. En niveles medio-altos entre los 300 y 500m los biotopos son de tipo colino o submontano, se ubican el 11,32% de los asentamientos de montaña. En estas zonas, en alturas por encima de los 1000 m, en el ambiente montano superior, se encuentra el hábitat propio de la cabra pirenaica y el rebeco.

La mitad del poblamiento se sitúa en zonas media-bajas que coinciden con la llanura litoral y la costa. Un 33,33%se sitúa en altitudes absolutas inferiores a 50m, 14,84% en altitudes entre 50/100m y en altitudes medias entre 100/300 un 33,59%. Los biotopos son de tipo colino con predominio de bosques mixtos, encinar y bosques de ribera, hábitat de ciervos, corzos jabalíes y animales de pequeño tamaño como mustélidos, aves y carnívoros, además del caracol de tierra.

La dependencia del tipo de hábitat, de forma masiva en cuevas y abrigos, determina que el poblamiento se adapte a la disponibilidad que ofrecen las formaciones cársticas, se utilizan todo tipo de cavidades cuevas y abrigos, a veces basta un pequeño frente calizo (como sucede en Barcenilla) para establecer un asentamiento de larga duración. En cuanto a la preferencia en relación con las condiciones de iluminación, protección de vientos dominantes, se comprueba la preferente utilización de cavidades con orientación E/S/SE, que ofrecen más horas de sol y por tanto mejores condiciones de iluminación y temperatura.

Respecto a la proximidad a los cursos de agua dulce, en la distribución espacial se observa que el poblamiento se encuentra asociado a los cursos de agua: en los valles principales y en los secundarios se asientan en las laderas, con preferencia a la situación en media ladera. Los situados en la zona litoral y costera también están asociados a cursos de agua, rías y arroyos. Aunque existe un reducido número de estaciones alejadas de corrientes fluviales, probablemente se debe a su función logística de captación de un recurso concreto en un tiempo limitado, como sucede en los cazaderos de montaña, sin embargo, en muchos casos el agua es posible obtenerlo de surgencias en el entorno cárstico o por goteo en la propia cavidad.

9.9.2. La incidencia de los aspectos económicos

Desde el punto de vista paleoeconómico, el tipo de ocupación del territorio constituyó una de las manifestaciones de adaptación de los grupos cazadores-recolectores para optimizar el acceso a los recursos y permitir una explotación eficiente del medio. Se ha considerado tradicionalmente que la accesibilidad a los recursos habría influido en la localización de los asentamientos, mientras que su disponibilidad sería la que condicionaría los desplazamientos de los grupos humanos (Kelly, 1983). Desde el punto de vista exclusivamente económico, el ser humano, como otras especies, tendería a mantener territorios fijos para asegurarse el sustento, defendiéndolos de otros posibles competidores (Ardrey, 1996, en Marín Arroyo, 2008). Esta postura tiene su máxima expresión en los supuestos de la Teoría del Forrajeo Óptimo (Smith, 1983), que en líneas generales asume que un yacimiento nunca se localizará a una distancia de un recurso determinado cuya adquisición suponga un gasto energético mayor que el obtenido por él. Aunque ampliamente empleada en Arqueología (Marín Arroyo, 2009)[4] esta teoría es cuestionable. La Teoría del Forrajeo Óptimo se basa en una serie de supuestos teóricos que de no cumplirse invalidan la predicción de dieta efectuada. Por un lado, se asume que los recursos están distribuidos de forma homogénea a lo largo del territorio, y que el cazador-recolector realiza una búsqueda igualmente homogénea por ese territorio (Kelly, 1995: 90); este supuesto es la base del cálculo del denominado tiempo de forrajeo, que se considera estable para cada tipo de recurso. Sin embargo, ambos supuestos son en la mayoría de los casos falsos, puesto que los recursos suelen aparecer localizados en el espacio, mientras que habitualmente un cazador-recolector planificará sus partidas de caza de forma que acudirá a puntos donde espere encontrar el recurso deseado (García Moreno, 2010).

Straus[5], influenciado por el modelo de Clark (1972) para el Mesolítico del Norte de Inglaterra, predijo la existencia de un modelo estacional de ocupación, en el que los grupos cazadores-recolectores alternarían la ocupación de las llanuras costeras en invierno con las zonas de montaña en verano.

La aparición de los primeros resultados de estacionalidad en yacimientos de la zona asturiana, el mismo autor reformuló su tesis (1986), estableciendo la existencia exclusiva de asentamientos residenciales en la llanura litoral, lo que destacaría el papel predominante del ciervo y de los recursos marinos en la dieta humana. Dichos asentamientos serían escogidos por sus condiciones de habitabilidad, por su cercanía al agua y al combustible y por su ubicación estratégica para la explotación de distintos medioambientes, y serían empleados alternativamente. Desde estos asentamientos costeros se desplazarían a campamentos logísticos próximos a las zonas de caza. La movilidad costa/interior se produciría de forma parcial y continua a lo largo de todos los meses del año.

Este modelo que es coherente con la climatología de la zona y con el comportamiento migratorio de las manadas de ciervos, la principal fuente alimenticia de estas sociedades, se propuso para el poblamiento paleolítico y se ha seguido considerando como patrón de movilidad en las épocas siguientes. Se basa en la especialización en la caza del ciervo que se mantiene desde el Paleolítico- Aziliense y perdura en el Mesolítico, con la variante en este último, de la implantación de una economía de amplio espectro, con diversificación de especies que ofrecen los bosques mistos y la caza de especies de roquedo en las áreas de montaña.

En este contexto ambiental y geográfico que determina los patrones de movilidad de los cazadores-recolectores, valoramos los datos cuantitativos para la etapa cronocultural que es objeto de estudio.

9.9.2.1. Áreas de captación de recursos

Las zonas de poblamiento parecen estar determinadas por la oferta de los recursos disponibles. En determinados aspectos las decisiones humanas se adoptan teniendo como objetivo la maximización del ratio neto de energía obtenido. Estos aspectos incluyen decisiones sobre la dieta, el lugar de captación, el tiempo empleado en la obtención de recursos, el tamaño de las expediciones forrajeadoras y la ubicación de los asentamientos (Bettinger, 1991). Según Kaplan y Hill (1992), las desviaciones de conducta que maximizasen el ratio de adquisición de recursos tenderían por selección natural a ser trasmitidas a futuras generaciones debido a que: el incremento en la adquisición de comida aumenta la fertilidad y/o supervivencia, el tiempo empleado forrajeando puede ser empleado en otras tareas que aumenten las posibilidades de supervivencia y, forrajear es en ocasiones peligroso. El proceso operativo consiste en ordenar los recursos disponibles en función de la energía proporcionada entre el tiempo de su adquisición, es decir, sin tener en cuenta el tiempo de búsqueda (Smith, 1983).

Analizando la caza de las especies de ungulados más frecuentes en el registro faunístico de los yacimientos

---

4 Marín Arroyo, A. B. (2009) analiza los patrones de movilidad y control del territorio en el Cantábrico oriental durante el Tardiglaciar. 3 Straus, L. G. (1975). *A study of the Solutream in Vasco-Cantabria, Spain*. Tesis doctoral (Ined.) University of Chicago.
5 Straus, L. G. 1975. *A study of the Solutream in Vasco-Cantabria, Spain*. Tesis doctoral (Ined.) University of Chicago.

cantábricos en la época de estudio (*Bos/bison*, *Cervus elaphus*, *Capreolus capreolus* y *Sus scrofa*, asociados a los biotopos de llanuras herbáceas o forestal y *Capra hispanica* y *Rupicapra rupicapra*, asociados a entornos montañosos, con menor cobertera vegetal), se pretende establecer los ecosistemas a los que se adaptaron los grupos cazadores-recolectores del Holoceno a la hora de decidir el tipo de estrategia de subsistencia a adoptar.

9.9.2.2. Áreas de captación de la fauna

Los datos cuantitativos, sobre fauna de yacimientos del área de estudio son escasos, no obstante disponemos de ejemplos de los diferentes territorios y paleoambientes (Tabla. 9.9.2.2.).

	Costa		Llanura litoral		Valle Int/montaña
Taxones	**Fragua NMI**	**Perro NMI**	**Carabión NMI**	**Barcenilla NMI**	**Cubío Redondo NMI**
Bovini	2		1		
Capra hispanica	3		1	1	1
Rupicapra rupicapra			1	1	2
Cervus elaphus	2	1	13	1	4
Capreolus capreolus	3		3		2
Sus scrofa	4		2	2	3
Total	**14**	**1**	**21**	**5**	**12**

Tabla. 9.9.2.2. Frecuencias de taxones de fauna NMI en diferentes zonas del territorio en el Mesolítico

Se puede comprobar la preferencia cinegética del ciervo en todos los casos, excepto en la Fragua y, de forma especializada en el Carabión. Se aprecia la diversificación de especies con el incremento de los taxones de corzo y jabalí, excepto en el Perro, que ha aportado escasa información de fauna. La presencia de especies de roquedo (cabra y rebeco) en yacimientos situados en el área litoral puede indicar desplazamientos hacia la parte alta de los valles y el traslado de las piezas a los asentamientos en la zona litoral, sin que se haya producido un desplazamiento temporal del campamento, simplemente un pequeño grupo de caza en un corto espacio de tiempo, que puede ser de uno o dos días, teniendo en cuenta el desplazamiento, la disponibilidad de la caza y el procesado, en el caso de piezas grandes que no se trasladan enteras al yacimiento. El tiempo estimado para este proceso (Simms, 1987) ofrece estimaciones sobre el tiempo de adquisición o *handling* del ciervo de cola blanca y el muflón, asimilables para el *Cervus elaphus* y *Capra hispanica* respectivamente. Así, el tiempo medio de captura tras su avistamiento se puede cifrar en media hora. A este tiempo hay que añadir 1,5 horas necesarias para las tareas mínimas de procesado para un posible transporte (degollado, despellejado, eviscerado, desmembrado y descuartizado en partes transportables). En total, el *handling time* para ciervo y cabra se situará en torno a 2 horas. Para corzo y rebeco, teniendo en cuenta sus dimensiones más reducidas, se puede rebajar hasta las 1,5 horas (Marín Arroyo, 2007). Binford (2001) establece una duración máxima para una expedición exitosa de caza de ciervo en 8 horas a partir de observaciones etnográficas. Estos tiempos se han calculado para el traslado completo de las piezas al campamento base, por lo que serían necesarios varios porteadores. Teniendo en cuenta las distancias, aun considerando las pendientes, este proceso en los valles de Cantabria es realizable en una o dos jornadas.

Otra posibilidad que pudiera darse es que el transporte de este escaso número de piezas se debiera al aporte en los momentos puntuales de los traslados. Regresar con las piezas de caza al campamento base al finalizar la etapa de estancia en la cabecera de los valles, del mismo modo que se trasladarían los moluscos más interesantes económicamente (*Mytilus* y *Ostrea*) a la parte alta en el momento puntual del traslado a esas zonas. Para comprobar esto es necesario contar con datos de estacionalidad de la caza, del que hay escasa información. Y por último, otra posibilidad es que se debiera al intercambio de productos entre los grupos, lo que es difícilmente comprobable.

Para autores como Arias (1992) o Yravedra (2002), la fauna cazada y consumida es interpretada como el reflejo de la disponibilidad y abundancia de recursos en el medio, más que como una selección intencionada de los grupos humanos, que en cambio, tenderían a explotar las especies más accesibles independientemente de su rentabilidad. Altuna (1995) indica que se selecciona lo más abundante, pues difícilmente se elegirá lo raro y lo escaso.

De las especies de ungulados disponibles, la alta presencia de ciervo pudiera estar motivada por su aporte de masa, después de *Bos visón* (escaso), es la especie que aporta más masa y calorías a la dieta seguido del jabalí que se incrementa de forma significativa y corzo.

Las áreas de captación de los ungulados se encuentran próximas a los asentamientos. En distancias inferiores entre 5-10 km se encuentran los biotopos que albergan estas especies, excepto el rebeco. La uniformidad del clima de Cantabria templado y húmedo favorece el desarrollo de las masas boscosas en las llanuras, laderas y márgenes de los ríos, hábitat de ciervos, corzos, jabalíes y bovinos. En unidades de relieve moderado con amplias laderas se desarrollan bosques de *Quercus, Corylus* y, en los fondos de valle bosques mixtos (*Betula, Alnus, Corylus*), hábitat propicio de ciervos, corzos y jabalíes. Un tercer grupo incluiría las zonas de roquedo, con bosques de encinar y mixtos, hábitat de cabras y rebecos. En lo que respecta a la cabra, se trata de un animal euritermo que utiliza preferentemente zonas con escaso arbolado sobre sustrato rocoso, mientras que el rebeco constituye un especie ecotonal, que habita en el límite entre el bosque y los pastos supraforestales, en zonas con gran pendiente y rocosas que utiliza como escape y refugio. Ocupa, por tanto, zonas montañosas más forestadas, desplazándose en primavera hacia las cumbres.

Teniendo en cuenta la superficie del territorio, la distancia máxima de los asentamientos entre la zona de montaña y la costa es inferior a 30 km y la distribución de los paisajes vegetales y biotopos se distribuyen siguiendo la geomorfología del relieve. Como se observa en la distribución territorial los asentamientos se encuentran distribuidos de forma más intensa: costa/llanura litoral y fondo de valle interior/valle alto, siguiendo un patrón de proximidad a los diferentes recursos.

Por otro lado la información sobre estacionalidad de la caza, es una información relevante en la interpretación de los modelos de ocupación del territorio. El uso estacional de un asentamiento estaría relacionado con la disponibilidad variable de recursos a lo largo del año según los ciclos biológicos, en el caso de las especies vegetales y marinas, y de los movimientos migratorios en el caso de los ungulados, principalmente del ciervo en el Cantábrico (Marín Arroyo, 2008). El ciervo constituye manadas pero con una diferenciación espacial entre sexos: las hembras y sus crías suelen ocupar zonas más bajas que los machos (Clutton-Brock *et al.* 1982), agrupándose solo durante el otoño en el periodo de apareamiento. En la época de invierno las manadas suelen permanecer en las partes bajas más abrigadas, sin embargo, en verano suelen ascender a la parte alta del valle en busca de nuevos pastos.

Los datos sobre estacionalidad disponibles se han efectuado en la Fragua sobre fauna en el Magdaleniense (verano-otoño) y Aziliense (invierno) (Marín Arroyo y G. Morales, 2004). En los niveles mesolíticos, la presencia de hembras, neonatos y juveniles en la Fragua y Carabión pueden indicar el apresamiento en los meses de verano (junio-julio), sin embargo, la caza del ciervo en el Carabión parece que se ha realizado a lo largo de todo el año. La casi total ausencia de restos de machos en el Carabión indica una estrategia cinegética centrada fundamentalmente en los rebaños de hembras y crías que suelen permanecer en la parte baja del valle. Algunas de las presas abatidas son transportadas enteras al lugar de habitación pero otras fueron descuartizadas *in situ* y posteriormente transportadas con el abandono del espinazo y parte del armazón torácico formado por las costillas (Castaños, 2016). En el caso del transporte de piezas enteras puede indicar la proximidad del recurso cinegético al asentamiento y en el segundo caso el trasporte parcial, puede ser debido a que se trate de piezas adultas o de mayor distancia al campamento base.

En la zona occidental de la región cantábrica, el estudio sobre la caza de mamíferos estacional en La Riera

(G. Morales, 1992:189; Straus y Clark, 1986:268), indica que el yacimiento fue ocupado a lo largo de todo el año. En Mazaculos II (Marín Arroyo y G. Morales, 2009), en el Asturiense inicial, la ocupación de la cavidad pudo ser más intensa en los meses de marzo a octubre (las edades de las piezas cazadas son en su mayoría infantiles) reduciéndose en el Asturiense pleno a los meses finales de primavera (las edades son también infantiles, excepto un corzo de 1 año), posiblemente debido a un uso más esporádico.

Recapitulando, la preferencia cinegética sobre el ciervo en la estrategia de subsistencia, pudiera ser debida a la rentabilidad, pero si se tiene en cuenta que muchos de los individuos cazados son juveniles y neonatos, tal vez esté relacionada con el biotopo en que se ubica el yacimiento. Por otro lado las capturas se incrementan con jabalí y corzo especies propias del mismo ambiente ecológico. Es posible que la causa de la especialización esté motivada por un sedentarismo del poblamiento como ya fue observado en etapas anteriores en el final del Tardiglaciar (Quesada, 1997, 1998).

9.9.2.3. Áreas de captación de malacofauna

Sobre el recurso de origen marino, importante en la economía del Mesolítico, se observa un patrón territorial: en los asentamientos situados en la línea de costa, los principales taxones recolectados pertenecen al grupo de los gasterópodos (*Patella* y *Phorcus lineatus*), especies de acantilados, mientras que los situados hacia el interior y en el entorno de las rías y marismas, son más frecuentes los bivalvos de estuario y fangos. Todo apunta a que el marisqueo se realiza en el entorno próximo a la cavidad.

Sobre el patrón estacional solamente se dispone de estudios en la región cantábrica en yacimientos de la zona asturiense. Los datos proceden de los estudios de Deith (1983); Deith y Shackleton (1986); Craighead (1995:344-346); Bailey y Craighead, (2003:197-199). Los trabajos de Deith, sobre *Phorcus lineatus* en los depósitos del Penicial, La Riera, La Llana y Mazaculos II, manifestaron una explotación durante los meses de invierno. Los estudios de Craighead en La Riera sobre *Patella vulgata* indican que fue recolectada durante todo el año, pero de forma preferente en los meses de verano/otoño, mientras que *Patella intermedia*, fue recolectada de forma preferente en los meses de otoño/invierno. La cavidad se visitó todos los meses del año, sin embargo la explotación de las diferentes especies de moluscos estuvo programada para concentrar su recolección en las estaciones que generaron la cantidad óptima de alimento.

La información disponible, sobre yacimientos asturienses, debido a que el poblamiento es más intensivo en la zona costera, no es extrapolable de forma absoluta a la parte oriental de Cantabria, con una intensa ocupación de la parte interior y alta de los valles. En Cantabria centro-oriental se puede inducir que ciertos yacimientos con depósitos densos, indican una ocupación continuada y los datos sobre la caza a lo largo del año, complementada con el marisqueo, puede indicar la existencia de estaciones con funciones de campamentos estables en la costa y llanura litoral (Las Salinas, Barcenilla, El Perro, La Fragua, La Chora, Carabión, Trampascuevas, Solahesa, El Arco, entre otras) desde las que se produjeran desplazamientos temporales y/o puntuales a los valles altos. En estos, también se aprecia la ocupación intensiva en algunos yacimientos: en el alto Miera (Sopeña), en el valle interior del Asón (El Cubillo, Costales, Cofresnedo, Emboscados), en los valles altos (abrigo de Suaria, Murciélagos, Cubera, Tarrerón). En la costa de Castro Urdiales los concheros son densos en algunos casos con ocupaciones continuadas desde el Paleolítico (El Cuco) y en los valles interiores de Sámano (Abrigos de Vallegón) y Mioño (Abrigos de Vicuédrano), también contiene evidencias de ocupaciones prolongadas.

En cuanto a la recolección del caracol terrestre, esta especie está disponible en los bosques y maleza en el entorno de las cavidades. Se comprueba su presencia en todas las áreas de ocupación, aunque con mayor intensidad en la parte alta de los valles donde es casi exclusivo el molusco que se consume. Es un recurso estacional, debido a que hiberna en los meses fríos por lo que la recolección se efectuaría en los meses de abril a octubre.

9.9.2.4. Áreas de captación de Ictiofauna

Sobre la pesca, se dispone del estudio de dos pequeños conjuntos recuperados en Las Salinas y en el Carabión.

Lo más significativo del conjunto de Las Salinas, es la identificación de 6 taxones en una colección reducida de 20 restos. Tal riqueza se traduce en una diversidad importante para un yacimiento de la prehistoria cantábrica. Lo que todo ello nos indica es que las gentes de Las Salinas capturaron un apreciable número de especies. Tal hecho, apunta a una pesca de carácter "oportunista", sin centrarse demasiado en una determinada especie en ecosistemas acuáticos con una diversidad piscícola notable. Por lo que se refiere a los hábitats que cabe inferir que el conjunto pertenece a especies capaces de penetrar en agua salobre (es decir, mújoles y doradas) Dado que tanto mújoles como doradas penetran masivamente en zonas de estuario o desembocadura de ríos (los primeros a diario con las mareas y las segundas sobre todo en la época del desove) cabe especular con que la abundancia relativa de estos peces en Las Salinas nos remite a una zona litoral de este tipo. Lo que indica que la zona de captación se encuentra en la ría de Mogro- Pas, próxima al yacimiento.

En el Carabión se produce una circunstancia similar. La captura de los peces, en su mayoría Mugílidos se ha efectuado en el entorno inmediato de la cavidad, próxima al estuario y ría de Rada. Las especies están asociadas a un biotopo de ría o estuario, en donde, por la densidad y tallas que alcanzan, la pesca del mújol hubo de ser una actividad sumamente productiva (Roselló-Izquierdo y Morales-Muñiz, 2016).

9.9.2.5. Áreas de captación de recursos vegetales

El consumo y explotación de recursos vegetales durante el Mesolítico es probablemente uno de los temas donde mayor escasez de información hay, fundamentalmente debido a la falta de evidencias directas de esta práctica. Esto se debe sin duda al carácter perecedero de estos materiales. Los restos más frecuentes en los depósitos arqueológicos son los fragmentos de carbones y maderas carbonizadas, ya que son los que mejores condiciones de conservación presentan, aunque el consumo de productos vegetales susceptibles de ser consumidos o utilizados por las comunidades de cazadores-recolectores es muy amplio: frutos, semillas, raíces y tubérculos, fibras, hojas y tallos no leñosos, etc. (Zapata Peña, 2001-2002). Entre los frutos es frecuente la presencia de fragmentos de pericarpio de avellana y bellota. Estos frutos se encuentran de forma abundante en los bosques surgidos de las transformaciones del paisaje debido a la bonanza climática del Holoceno. *Corylus* es frecuente en los bosques mixtos es la especie que presenta mayor frecuencia y se encuentran de forma abundante en diferentes altitudes. *Quercus* crece en las formaciones calizas en las laderas orientadas al sur y es muy frecuente en la franja de la llanura litoral y en la zona de montaña. Los grupos mesolíticos tuvieron a su disposición un amplio registro de recursos vegetales comestibles. Algunos estudios de paleodietas señalan la importancia del componente vegetal (Arias, 2005). Sobre la estacionalidad, la época de recolección de avellanas y bellotas sería en el otoño.

La utilización de la madera como combustible está bien documentada (en el capítulo 6 se analizan los restos hallados en los yacimientos del Carabión, Barcenilla, Salinas, Sopeña), donde se comprueba la utilización de las maderas de las áreas inmediatas a las cavidades. Finalmente la madera se utilizaría como recurso para la fabricación de útiles, aunque como decíamos falten las evidencias por la deficiente conservación.

9.9.2.6. Áreas de captación de materias primas líticas

Sobre las áreas de captación de materias primas no se han efectuado estudios en esta etapa. Un primer problema es la escasa presencia de industria lítica en los yacimientos intervenidos. Sí se ha podido comprobar el gran cambio que se produce respecto de la etapa anterior Aziliense, tanto en la cantidad como en la variedad del tipo de sílex. En el Carabión, el nivel Aziliense con una superficie menor excavada el número de piezas es 651 (99% en sílex de muy buena calidad y variedades foráneas). En el nivel mesolítico 229 (98% en sílex, la mayoría de procedencia local, pendiente de estudio). Lo mismo sucede en Las Salinas, con predominio del sílex local y del tipo del Rostrío (próximo a la cavidad). Se comprueba la escasa variedad de sílex, con preferencia del sílex local aptense y litoral del tipo calcedonítico, frecuente en la zona costera de Langre. En La Garma A aparece una variedad de sílex procedente de pequeños nódulos del tipo calcedonítico y en Barcenilla hay presencia del sílex del monte Picota, próximo a la cavidad.

Los tipos de sílex identificados en el conjunto de yacimientos, se han clasificado por su color, granulometría y, por comparación con sílex localizados en las formaciones silíceas de Cantabria. Un buen número procede de sílex de filones locales del tipo aptense en color negro y beis, de grano grueso equivalente al sílex de Loza, que se encuentran en el sinclinal de S. Román, cerca de Monte Picota (Cantabria), en las inmediaciones de Santander.

Yacimientos	Nº Piezas	Sx buena calidad %	Sx aptense %	Sx lit./calcedonític %	Otros Foráneo %
Las Salinas	198			38 %	45%
La Fragua	77	63%	5%	30%	
El Perro	150	28%	5,33	7,33%	59%
Barcenilla	149	48,28%		16,76%	14,37
Cubío Redondo	304		64	32,6	

Tabla 9.9.2.6. Tipos de sílex en yacimientos de costa llanura litoral y montaña

En la pequeña muestra que ofrecen cinco yacimientos, parece percibirse un mayor porcentaje de sílex foráneo de buena calidad en los yacimientos situados en la costa (La Fragua, El Perro, Las Salinas) o en la llanura litoral (Barcenilla). Por el contrario, en la parte interior del valle (Cubío Redondo) predomina el sílex local aptense y el litoral calcedonítico. Estos datos apuntan a una mayor diversidad en la zona costera, debido probablemente a una mayor movilidad o accesibilidad hacia los filones de sílex de la zona oriental del Flysch del País Vasco (sinclinorio entre Guetxo y Guernica).

Recapitulando sobre la captación de recursos, de fauna, malcofauna, ictiofauna y materias primas líticas, se percibe una captación en áreas próximas a las cavidades, con movimientos sur/norte a lo largo de las cuencas y respecto a la adquisición de sílex, se utilizan de forma preferente los más próximos al yacimiento y los que proceden de la zona litoral, el tipo calcedonítico de color melado o morado. Los sílex foráneos del tipo flysch de buena calidad, indican desplazamientos horizontales en la zona costera, facilitados por la geomorfología del territorio, hacia la zona oriental donde se encuentran los filones de sílex de buena calidad.

9.10. La incidencia de los aspectos socioculturales

Si bien es cierto que los cambios climáticos y culturales parecen suceder de forma paralela, el hecho de que los segundos sean consecuencia directa de los primeros es ampliamente discutible (González Sainz, 1994); más bien, podemos pensar en una conjunción de factores, tanto internos como externos, que den lugar a las transformaciones sociales (Mcglade, 1995). No obstante, no debemos olvidar el importante papel que el bagaje cultural debió jugar en estas sociedades, modificando la forma en que el medio era percibido por sus pobladores, y propiciando la pervivencia de determinadas tradiciones (Silberbauer, 1994).

La capacidad del ser humano para transmitir y acumular conocimiento (su cultura, en definitiva), da lugar a respuestas propias y diversificadas, más allá de los meros condicionamientos medioambientales. A pesar de la influencia que éstos debieron tener sobre unas sociedades con escasa capacidad de transformación del medio natural, los procesos de cambio que en ellas se operaron no se limitarían a una respuesta fija y automática de tipo causa-efecto; más bien debió tratarse de una relación dialéctica, en la que las capacidades culturales (la tecnología, los lazos sociales, el régimen demográfico, etc.) se integrarían en el contexto ecológico de cada momento (entendido como las posibilidades de explotación que el medio ofrecía, a la vez que como una realidad física, interpretable y simbólica).

Los patrones de asentamiento, permiten aproximarnos a la peculiar forma en la que los grupos humanos ven, piensan, viven, construyen, e interactúan en los paisajes culturales por ellos creados y habitados se encuentran en constante proceso de transformación, y es que más allá de existir patrones y recurrencias en el tiempo y el espacio, el uso y concepción del mismo varía según la cosmovisión, intereses y motivaciones de los conglomerados que ahí hacen vida, sin importar en mayor medida, su papel dentro del orden jerárquico establecido. Los sistemas de asentamiento corresponden al grupo de reglas culturales que generan dichos patrones y paisajes, los cuales no siempre pueden ser determinados empíricamente puesto que los mismos, "reflejan las relaciones subyacentes en la cultura, responsables de esa distribución física..." (Flannery, en: Rey; 2003: 19).

La territorialidad, en el estudio de la proxémica, se utiliza para designar la tendencia humana por delimitar un espacio (Lara, 1997:301). La territorialidad informa de los límites de posesión o de propiedad, ocupación y explotación del espacio por parte de un grupo social, en un tiempo determinado. Arqueológicamente, la territorialidad se puede discriminar en función de los principios de homogeneidad y variabilidad de los indicadores. La autora hacía referencia a un aspecto fundamental: la vinculación entre la territorialidad, la proxémica y las relaciones de propiedad.

Brüggemann (1991) hace la distinción importante entre los factores causales externos(o naturales) y los sociales. Los externos son básicamente los naturales, como los ya mencionados, mientras que los sociales "representan el mundo interno de la sociedad". La observación que el autor hace es esencial: "Los factores naturales sólo son el punto de partida cuyo destino es ser cambiados por las actividades que ejerce el grupo humano en una región" (ibídem). Cada asentamiento humano depende de las características sociales, políticas, económicas y culturales de la sociedad a la que pertenece. El desarrollo mismo de la sociedad humana implica la transformación de la superficie de la tierra y la estructuración del espacio es el "producto de todas las situaciones y acciones de un grupo humano sobre una superficie definida".

Ardelean (2015), analizando el planteamiento de Brüggemann, da mucha más importancia a las condiciones internas y sociales para la estructuración y configuración de un asentamiento, aunque no excluye ni infravalora que el marco geográfico ambiental influya, sino que lo considera como un referente en el que habrá muchas opciones de soluciones y desarrollos que corresponden, en último término, a un proceso social con su propia lógica, y no a un proceso mecánico y natural. Es imposible llegar a conclusiones sobre los asentamientos humanos sin tener en cuenta el conflicto permanente dentro de la comunidad, sin pensar en los sujetos que actúan, con razón o sin ella.

La integración del estudio del espacio como agente activo en la estructuración social tiene actualmente su mayor exponente en la arqueología del paisaje, que ha retomado numerosas ideas del planteamiento original de Willey (Anschuetz *et al.* 2001; Gramsch, 1996), especialmente que los asentamientos reflejan el medio ambiente, el nivel tecnológico con que operan sus constructores, y las diversas instituciones de interacción social y de control que mantenía la cultura. Es decir que en la espacialidad puede leerse la totalidad de variables sociales, sin reducirlas a determinismos (Salazar, 2008).

Esta breve revisión de las diferentes teorías sobre la relación entre el espacio material y la apropiación por los grupos sociales puede llevar a generar conceptos culturales grupales de entidad social y cultural dentro de un espacio determinado. La organización y composición de los grupos sociales, sus relaciones con otros grupos, su bagaje cultural y su concepción del mundo condicionan los patrones de movilidad de los grupos de cazadores-recolectores.

9.10.1. Movilidad residencial logística

Las estrategias de movilidad desarrolladas por un grupo de cazadores-recolectores nómadas pueden definirse como "the nature of the seasonal movements of hunter-gatherers across a landscape" (Kelly, 1983: 277). Esta definición introduce a su vez el concepto de estacionalidad, entendida como la "coincidencia temporal de una actividad cultural o económica con eventos naturales" (Mateos Cachorro, 2002). Éste es un concepto clave en la identificación de los modelos de movilidad de las sociedades de cazadores-recolectores, puesto que generalmente se considera que dichos modelos están de alguna manera condicionados o influidos por ciclos naturales, de las estaciones del año. A su vez, estos asentamientos tendrán un carácter muy distinto según su función, localización, el tamaño del grupo en ese momento, o duración.

La movilidad es concebida como garantía de supervivencia, por lo que no se debe pensar en unos desplazamientos más o menos aleatorios, sino en una utilización racional y cíclica del espacio (Moure y González Morales 1992).

De forma general pueden distinguirse dos tipos de movilidad: una residencial, que implica el cambio de ubicación del campamento base, y otra logística, que tiene como objetivo el aprovechamiento económico del entorno circundante a un asentamiento permanente (Bettinger, 1991; Binford, 1988; Butzer, 1982).

La movilidad residencial consistiría en el traslado de todo el grupo hasta un nuevo lugar de asentamiento, formando campamentos residenciales, es decir, asentamientos de mayor tamaño, más estables y donde se llevan a cabo una mayor variedad de actividades. Por su parte, la movilidad logística sería el desplazamiento de una parte del grupo a un lugar determinado, generalmente durante periodos cortos de tiempo, con el objetivo de explotar algún recurso específico que más tarde sería transportado al campamento residencial, formando durante estas incursiones yacimientos logísticos, generalmente con una función concreta.

En el ámbito del territorio de estudio hemos podido comprobar la estructura de los asentamientos en núcleos situados en cortas distancias intragrupos e intergrupos en las áreas de ocupación intensiva del territorio. Esto plantea alguna hipótesis sobre la movilidad:

1) Sobre el tipo de movilidad entre la costa y el interior, los grupos se trasladarían de forma conjunta cuando la movilidad fuera del tipo residencial, cíclico y complementario, pero tal vez no estrictamente del tipo estacional.

2) La estrategia de ocupación del territorio pudiera ser más compleja que una de tipo trashumante entre la costa y el interior. Esta segunda hipótesis reflejaría el hecho de que algunos de los yacimientos pudiesen ser habitados en diferentes épocas del año: Los situados en la costa (Las Salinas, La Garma, Morín, El Perro, La Fragua, La Trecha, Arenillas y costa de Castro Urdiales), alternando con asentamientos en los fondos de valle y valles altos, donde se producen también núcleos de asentamientos en Ramales-Calera (Los Nombres, Tarrerón), valle de Matienzo (Cofresnedo, Emboscados, entre otros), Ogarrio (Cubillo, Cubijiu), en los que se efectuaran varias ocupaciones discontinúas a lo largo del año. En otros casos, ocupaciones más prolongadas, de tipo semi-permanentes en áreas de la llanura litoral (Barcenilla, La Chora, Carabión), y en los valles altos (área de Cubera, valle de Bustablado y Sopeña), de las que no tenemos datos de estacionalidad debido a problemas de conservación del registro arqueológico.

3) Paralelamente se producirían desplazamientos de tipo logístico. Teniendo en cuenta la distancia y duración de este tipo de desplazamiento se producirían dos clases de movilidad logística (Binford, 1988), en función del tipo de recursos que se pretende explotar. Por una parte pequeños grupos con objetivos concretos de tipo cinegético o de pesca y recolección en varias jornadas de duración. Se pueden considerar esta función en cavidades de reducido tamaño con escasas condiciones de habitabilidad, aisladas en zonas altas (Llaníaño, Trecherón, Sobrelascuevas) o en la línea de costa (Peña Oreo, Cerro del Uro, Los Mazucos, El Regato, entre otras).

4) Por otra parte, denominados *foragers* practicarían una gran movilidad residencial, es decir, trasladarían con cierta asiduidad sus campamentos residenciales, desplazándose todo el grupo a lugares cercanos a los recursos.

Los campamentos residenciales se situarían en lugares apropiados para el establecimiento relativamente estable de la comunidad, mientras que los recursos serían recolectados mediante incursiones logísticas y transportados al campamento. Los desplazamientos grupales aseguran el apoyo mutuo en tareas de caza, pesca, recolección, y seguridad frente a riesgos por causas ambientales, ataque de animales o competitividad con otros grupos.

El registro arqueológico parece confirmar la captación de los recursos en el entorno más inmediato de los asentamientos. Esto puede indicar que exista una cierta compartimentación territorial y se respeten determinados límites. Por otro lado, todo apunta, debido a la geomorfología del territorio, a que se produzcan movimientos sur-norte dentro de cada una de las cuencas.

5) Es posible considerar hacia la etapa final una cierta sedentarización, en la que pudo influir la estabilización definitiva de las condiciones templadas en las costas nordatlánticas hacia el 7,7 ka BP. Marcadores de cambios en la movilidad pueden ser las estrategias de caza centradas en la especialización cinegética en la caza del ciervo, la escasa presencia de moluscos marinos en la parte alta de los valles, la disminución de la presencia de la caza de roquedo en la parte baja y costa, y el predominio de utilización de materias primas locales.

En definitiva, por ahora no es posible confirmar estas hipótesis, debido a la escasa información disponible sobre el conjunto de los depósitos de conchero en estudios de paleoeconomía, industrias y estacionalidad, motivado en gran parte por la falta de intervenciones arqueológicas y el mal estado de conservación de este tipo de depósitos.

9.10.2. Incidencia en paleodietas.

Se ha analizado en el punto 9.8.2. la valiosa información que aportan los análisis de paleodietas para conocer el tipo de alimentación y su relación con la territorialidad de los asentamientos. Por el momento solo se dispone de los análisis realizados en yacimientos de Asturias (Los Canes), País Vasco (Lumentxa, J3 y Santimamiñe) y Aizpea (Navarra).

En Los Canes se ha podido comprobar que la dieta dependía fundamentalmente (en lo que se refiere a las proteínas) de alimentos de origen terrestre, entre los cuales la carne debió de desempeñar un papel importante, al menos en los últimos 10 años de su vida. Mientras que los situados en la zona litoral (Colomba, Poza l'Egua y J3), los tres individuos consumían proporciones similares de proteínas de origen marino y terrestre. El mismo resultado se ha obtenido en un hueso procedente de la cueva de Lumentxa (Lekeitio-Vizcaya), de cronología en el segundo cuarto del V milenio demuestra que este individuo consumía un elevado porcentaje (50%) de proteínas marinas (Arias, 2005/2006). En el análisis efectuado en Santimamiñe, la muestra del nivel mesolítico solo evidenció un consumo terrestre, y en Aizpea (Navarra) sobre restos de una mujer, se comprueba que la dieta era también de origen terrestre.

La evidencia obtenida en el oriente de Asturias y en el País Vasco sobre paleodietas, evidencia aspectos de territorialidad en el Mesolítico de la región Cantábrica, de grupos de cazadores-recolectores que vivían fundamentalmente en las áreas interiores montañosas, y que parece no tuvieran contacto o acceso a los recursos de la zona litoral. Lo que también indicaría una cierta sedentarización.

9.10.3. El registro funerario

El comportamiento ante la muerte puede informarnos sobre aspectos de la organización social. Vimos en el punto 9.8.3. las escasas evidencias disponibles en Cantabria Centro-oriental. El enterramiento de la cueva del Truchiro con una cronología en el VI milenio cal. BC forma parte de un conjunto de hábitats ubicados en el Monte de La Garma en el que pudiera haber evidencias de otros posibles depósitos de restos humanos.

En el V milenio cal BC, la información disponible se limita a los escasos datos proporcionados por cuatro cavidades en las que se han recuperado restos humanos datados en esta época: Los Canes (Asturias), Lumentxa (País

Vasco), El Portillo del Arenal (Cantabria) (Arias, 2012) y el Abrigo del Carabión en Cantabria (Pérez Bartolomé, 2014 y Pérez-Bartolomé *et al.* 2016).

En el Portillo del Arenal (Piélagos), en la denominada "Sala Sepulcral", se ha documentado un depósito funerario en superficie que incluía restos de dieciséis individuos de distintas cronologías. Uno de ellos ha sido datado a mediados del V milenio cal BC lo que le sitúa en un momento Neolítico.

El depósito del Carabión (parte del cráneo de un individuo joven) se encontró depositado en el interior del yacimiento de conchero en un cubículo en el extremo izquierdo de la cavidad. Su cronología es también tardía, posiblemente en el Neolítico inicial en esta zona de Cantabria (sin evidencias de economía productiva).

Por el momento la evidencia de enterramientos en sepultura se reduce a los casos del Truchiro y Portillo del Arenal. En el Carabión no se ha podido identificar el tipo de depósito.

Con los datos disponibles se pueden obtener algunas conclusiones:

- Se observa, en primer lugar que los grupos mesolíticos del Cantábrico no parecen establecer una separación marcada entre el espacio doméstico y el espacio funerario. Los depósitos se hacen en las cavidades de habitación.

- Se observa la ausencia de enterramientos colectivos o cementerios en el Mesolítico en esta zona.

- Los restos humanos del Truchiro y Carabión corresponden a personas jóvenes. El ajuar funerario suele consistir en conchas de moluscos marinos y objetos de uso común.

- Un rasgo común en los depósitos del Truchiro, Los Canes y El Carabión es que los restos han sido afectados por el fuego, en algún momento posterior a la descomposición del cadáver. Sin que se haya podido precisar si la acción del fuego fue causal o se ha producido como forma ritual.

- El hallazgo aislado de restos humanos en algunos concheros de la región, pudieran ser producto de algún otro tipo de práctica funeraria, tal vez estructuras desmanteladas por acción antrópica o por procesos erosivos.

CAPÍTULO 10. CONCLUSIONES: CARACTERÍSTICAS CULTURALES DEL MESOLÍTICO EN CANTABRIA CENTRO ORIENTAL

La realización de este trabajo supone la primera revisión global de los yacimientos de conchero con atribución cronocultural al Mesolítico en Cantabria centro-oriental. Por lo que este estudio viene a completar la investigación sobre el Mesolítico en la región cantábrica, con la incorporación de diversos estudios inéditos, así como la revisión de análisis anteriores.

El estudio llevado a cabo se ha realizado sobre un total de 256 yacimientos, con grandes diferencias en lo que respecta a su importancia cuantitativa y cualitativa. Se han revisado todos los yacimientos de conchero de las cuencas del Pas-Miera- Asón-Agüera y zonas costeras de la rías de Ajo-Quejo y Castro Urdiales. Se partía de la información disponible en Cartas Arqueológicas y de un reducido número de publicaciones sobre intervenciones arqueológicas en yacimientos del área (capítulo 2, Tabla 2.1). A partir de estos datos se han iniciado proyectos de prospección y revisión de todos los yacimientos de conchero, con los objetivos de obtener información sobre los yacimientos y el contenido de los depósitos, elaborar documentación planimétrica y fotográfica, así como, localizar nuevos yacimientos, principalmente al aire libre, tan escasos en la región cantábrica.

Los resultados de estos proyectos se han actualizado en este trabajo con la obtención de dataciones ^{14}C AMS en cada una de las cuencas del área y excavaciones en los yacimientos de Las Salinas, Sopeña y Carabión. Esto ha permitido obtener datos empíricos sobre Paleovegetación, Paleoeconomía, tecnología e inferir aspectos sociales como patrones de asentamiento y ritual funerario.

10.1. Registro arqueológico: estudio de los yacimientos

En el apartado 1.2 se define el concepto de conchero y se delimita el criterio utilizado en esta investigación. Se ha considerado como conchero mesolítico los depósitos que integran en estratigrafía y/o concrecionados en las paredes de las cavidades restos de moluscos marinos y terrestres en proporciones diferentes, que incorporan otros restos arqueológicos de fauna, ictiofauna, carbones, macrorrestos e industrias y no presentan evidencia de cerámica, fauna doméstica o plantas de cultivo que evidenciarían una economía productiva de cronología neolítica.

El análisis de este tipo de yacimientos se inició con la revisión del catálogo de "concheros holocénicos" atribuidos al Mesolítico por Muñoz (1997). Una primera observación que percibimos es que se atribuyen al espacio cultural Asturiense los yacimientos de conchero de Cantabria hasta la zona este de la Bahía de Santander, señalado claramente en los yacimientos de la Garma, aunque en ese momento no se disponía de fechas radiocarbónicas, sin embargo, el estudio que realiza Muñoz de los materiales marcaba diferencias en las industrias líticas con el Asturiense. Desde aquí hasta Castro Urdiales, se atribuyen culturalmente de forma casi general al Mesolítico. Un segundo aspecto observado es la atribución de los concheros situados en el interior de los valles al periodo cultural Aziliense, mientras que los próximos a la costa se atribuyen al Mesolítico, siguiendo la propuesta señalada por Straus (1981) de contemporaneidad adaptativa. El conjunto total de yacimientos atribuidos por Muñoz al Asturiense/Mesolítico entre los valles del Pas y Agüera asciende a 57 yacimientos.

Una segunda revisión se ha efectuado sobre yacimientos de conchero atribuidos al Mesolítico en los valles del Miera y Asón (Ruiz Cobo *et al.* 2008/2009/2010). En este caso la atribución cultural de forma generalizada se ha hecho al Mesolítico, siguiendo la última tendencia y situando el límite en la Bahía de Santander.

En este conjunto de yacimientos se ha discriminado un grupo en los que se han obtenido dataciones que quedan fuera de la cronología del Mesolítico. Es el caso de los yacimientos de La Iglesia y San Roque en el Valle del Asón, y el Abrigo del Llerao en el Valle del Miera, debido a las dataciones radiocarbónicas obtenidas que los sitúan en una cronología atribuida al periodo cultural Aziliense. Otras dataciones han dado fechas recientes, debido probablemente a error en la toma de la muestra o a contaminación (La Yornal y Los Moros de San Vitores, en el valle del Miera) y también se han retirado del registro. En otros casos, yacimientos considerados Neolíticos como Las Salinas (Valle del Pas) y Sopeña (Valle del Miera) han aportado cronología que se sitúa culturalmente en el Mesolítico.

Por otro lado, no se han incluido yacimientos que se atribuyeron al Mesolítico (Ruiz Cobo *et al*. 2009, 2010) en los que se han efectuado excavaciones arqueológicas y dataciones radiocarbónicas, sin que por el momento los resultados correspondan a la cronología del Mesolítico: La cueva del Valle (Rasines- Asón) (García Gelavert *et al*. 2004), Recueva (Hoznayo -Miera), (Gutiérrez Cuenca; Hierro Gárate, 2010-2012) y lo mismo sucede en la cueva del Aspio, las intervenciones realizadas no han documentado yacimiento mesolítico (Bolado y Cubas, 2016).

En la parte alta de los valles, se han discriminado algunos yacimientos por la presencia abundante de industria lítica característica de tipología aziliense: Coventosa, Porracolina 65, Escaleras, Mortero de Astrana, Moros de Aja, Cubillo de las Palomas y La Mina.

En los casos de agrupamientos de yacimientos situados próximos y en continuidad en un mismo frente calizo (cueva, abrigo, covacho), se han tratado como un único asentamiento, los Murciélagos (Arredondo, Alto Asón) y los conjuntos de Cerro del Uro y Peña Oreo (Acantilados Monte, Santander).

Los yacimientos atribuidos al Mesolítico entre los años 1990 y 2010 y los incluidos en esta investigación se cuantifican en la tabla 10. Los proyectos de prospección que hemos realizado en los valles del Asón y Miera (Ruiz Cobo *et al,* 2007-2010) y los incluidos en esta investigación (Miera, Pas y Agüera) han incrementado significativamente el registro.

	Pas	Miera	Ajo-Asón	Agüera	Castro Urdiales	Total
Muñoz 1997	14	8	25	5	5	**57**
Ruiz Cobo *et al.* 2008/2010		47	132			**179**
Pérez Bartolomé, 2015	30	50	127	29	20	**256**

Tabla 10. Evolución del Registro Arqueológico de yacimientos mesolíticos de Cantabria centro-oriental entre los años 90-2015

10.2. Delimitación del territorio cultural

El territorio cultural mesolítico en la región cantábrica desde sus inicios quedó adscrito como hemos visto al Asturiense, definido por Vega del Sella (1923) como una cultura local que abarcaba la zona central costera de la región cantábrica. Posteriormente se generalizó esta atribución cultural a lo largo de la cornisa cantábrica a los yacimientos de conchero hasta los años 70 del siglo XX. La excavación de la cueva del Tarrerón (Cantabria) (Apellániz y Nolte, 1979), puso en evidencia diferencias culturales con el Asturiense, fundamentalmente en la tecnología lítica (diferencias que ya habían sido observadas por Vega del Sella, en su visita al yacimiento del conchero de Santimamiñe), surgiendo así el concepto de diversidad cultural en la región cantábrica, diferenciando la zona occidental, sin un límite preciso como área del Asturiense, y la oriental como Mesolítico del País Vasco.

Los proyectos arqueológicos desarrollados en Las Marismas de Santoña (González Morales *et al.* 1990 y 2000) y el proyecto de La Garma (Arias Cabal *et al,* 1999), donde se han identificado secuencias de conchero mesolítico con características diferenciadoras del Asturiense, han dado lugar a que se generalizara el término Mesolítico, para referirse a los yacimientos de conchero que no se encuentran dentro del área asturiense. Se han ido situando los límites entre ambas culturas sucesivamente en las Marismas de Santoña y en la Bahía de Santander, donde de forma genérica se sitúa actualmente.

La excavación efectuada en el abrigo de Barcenilla (Piélagos-Bajo Pas) (Muñoz *et al.* 2000 y 2013), con una secuencia estratigráfica en la que se han documentado 5 niveles mesolíticos, que han aportado una industria lítica basada fundamentalmente en la utilización de forma absoluta del sílex como materia prima, y, un predominio de talla laminar, con presencia de microlitos geométricos, lo que evidencia ciertas diferencias con el Asturiense.

Por otro lado, el yacimiento de la cueva de La Pila (Miengo-Bajo Pas) (Bernaldo de Quirós *et al.* 1992), en el que se han exhumado 5 niveles desde el Magdaleniense superior final (N.4), Aziliense (Ns.3-2) y el nivel superior (N1) por encontrarse muy revuelto, ha sido atribuido a conchero tardío. Toda la industria está fabricada de modo absoluto sobre sílex, con abundancia del tipo litoral, próximo a la cavidad. Tanto en los útiles identificados, como en los restos de talla hay un predominio de talla sobre lascas, láminas y laminillas, muy diferente de las industrias que observamos en los yacimientos asturienses.

La reciente excavación en la cueva de Las Salinas (Pérez-Bartolomé, 2012), ha permitido exhumar una estratigrafía con una amplia secuencia cronocultural, en la que los niveles 1-2 contienen un potente conchero mesolítico. En este depósito, como en los yacimientos anteriores, se observa una industria lítica totalmente fabricada en sílex, con presencia de microlitos geométricos y abundante soporte laminar.

Prescindiendo de los fósiles guía ("pico marisquero"), la industria en el área Asturiense está elaborada principalmente sobre cuarcita (derivado de la disponibilidad de esa materia prima y la escasa presencia del sílex en la zona occidental), lo que determina diferencias en la tecnología lítica (macrolitismo, técnica NUPC), aunque también hay que considerar que están apareciendo microlitos geométricos recientemente en el Abrigo del Mazo (Llanes, Gutiérrez-Zugasti *et al.* 2014).

En cuento a la industria ósea, en el Asturiense son relativamente frecuentes los anzuelos sobre hueso o asta, mientras que en la zona oriental prácticamente no se ha documentado ninguno. Sobre asta también son característicos en el Asturiense los bastones perforados que han desaparecido totalmente en Cantabria.

Por otro lado, la composición de los concheros en Cantabria centro-oriental es más variada en especies e inferior en las frecuencias de moluscos que se observan en los concheros del oriente de Asturias.

Estos datos nos han llevado a establecer una primera hipótesis, que propone delimitar el territorio cultural del Asturiense en el occidente de Cantabria, en Suances (Ría de San Martín de la Arena), desembocadura de la cuenca Saja-Besaya. Desde el interfluvio situado al este de esta Ría hasta la Ría de Ontón, límite con el País Vasco, es el área de estudio y objeto de esta investigación del Mesolítico de Cantabria centro-oriental. La diferenciación cultural entre estas tres áreas es uno de los debates planteados. Por el momento, parece que el tema diferenciador es la presencia y proporción de microlitos geométricos, pero tal vez deberían valorarse otros aspectos, no solo los tecnológicos -aunque la tecnología es el reflejo de la cultura de un grupo social-, sino también el medioambiente, la geomorfología del territorio, la oferta de recursos, la territorialidad, pueden incidir en soluciones adaptativas diferentes en aspectos económicos y socioculturales.

10.3. Características paleoambientales: los cambios en el medio biótico.

El Mesolítico en Cantabria se desarrolla en el Holoceno inicial y medio entre las fases paleoclimáticas del Preboreal-final, Boreal y el Atlántico (9500-6000 BP), cambio ambiental y sociocultural que responde, entre otras circunstancias, a una rápida subida de las temperaturas en unos pocos años. Esta mejora climática estuvo acompañada de un aumento de la humedad en las costas atlánticas del continente europeo, lo que produjo una rápida expansión de la vegetación arbórea de tipo caducifolio en el área Atlántico-Cantábrica (Iriarte y Hernández, 2009).

La información paleobotánica recuperada en los depósitos es escasa. El análisis antracológico (es la mayor información disponible) describe la vegetación circundante, pero puede estar filtrada por las preferencias antrópicas. Los análisis de polen también dependen de la situación de la cavidad o de la zona donde se haya tomado la muestra, si es muy interior es posible que disminuya la proporción de polen, aunque también se cuenta con información de turberas en la costa y en alta montaña.

Los análisis sedimentológicos aportan también información cronoclimática. Este es un aspecto escasamente investigado en esta zona de Cantabria. El estudio sedimentológico efectuado en el yacimiento del Carabión ha podido constatar un hiato estéril, con un proceso de gran humedad, en el que se abandona la cavidad. En Cubío Redondo, la cavidad fue ocupada tras un periodo muy húmedo en el que estuvo casi colmatada, quedando la evidencia de una costra estalagmítica colgada. En otros casos, se registran hiatos debido a reactivación de las cavidades (Sopeña) o abandono (Mirón, Peña de Perro, La Fragua). Estos análisis han permitido identificar los eventos climáticos ocurridos en el Holoceno en el 9.3 ka BP y 8.2, ka BP con hiatos estériles o abandono de las cavidades. (Tratado en los temas 4, 7 y 8).

Con los datos disponibles de Paleovegetación (Tema 4: doce análisis de polen/antracología en la zona centro-oriental de Cantabria), que se comparan con los obtenidos en la zona occidental (4 sobre turberas) y País Vasco cantábrico (4 yacimientos). Los datos proceden de yacimientos situados en la costa y en áreas de montaña. La mejora climática se refleja en la extensión del bosque mixto caducifolio con inicio en el Preboreal, siendo de forma más temprana en la zona costera. Se comprueba en la costa la expansión del bosque mixto con presencia de castaños, abedules, encinar y matorral propio de zonas calcáreas.

En el Boreal la progresión del bosque y las herbáceas es muy clara, indicando unas condiciones climáticas muy atemperadas. Las especies más cálidas comienzan a desarrollarse de forma continua, estando presentes constantemente e1 robledal mixto, avellano y abedul. El porcentaje de pólenes arbóreos alcanza el 90 % (Río Frío). En las zonas montañosas, se observa un retraso en el desarrollo forestal, ya que los bosques de pinos inician su expansión en el Boreal, acompañados de Quercetum mixtum (Peña Oviedo, Río Frío).

En el Atlántico se produce la expansión del bosque mixto en las zonas altas. Sin embargo, en el Atlántico avanzado, se percibe un descenso de la masa arbórea por efecto de la acción antrópica (Carabión, Turbera de los Tornos), aunque también pudiera deberse al efecto 8.2 (Peñalba, 1989). En la costa, la deforestación probablemente sea debida al efecto de la transgresión del mar (Playa de Jerra 2) (López, P. s.f.).

10.3.1. Situación cronoclimática del poblamiento mesolítico

Como conclusión de la información obtenida de los datos paleobotánicos, sedimentológicos y de la cronología, se pueden atribuir a periodos cronoclimáticos una serie de yacimientos que cuentan con dataciones radiocarbónicas. Se toma la propuesta de INQUA 1948-1973, y de la cronología polínica para periodos recientes, con fechas antes del presente sin calibrar (BP). Límites de los estadios isotópicos de Uriarte, 2003. (Tabla. 10.3).

Las fechas más tempranas del poblamiento mesolítico se sitúan en un momento avanzado del Preboreal en yacimientos de valle interior/valle alto (Mirón y Cubera), probablemente se deba a estancias estacionales o temporales con objetivos cinegéticos. El resto se sitúan en la zona costera (El Perro, Morín, Las Salinas). Es evidente el progresivo aumento de frecuencias de poblamiento a partir del 7.5 ka BP en el periodo Atlántico, si bien algunos yacimientos en su tramo final se consideran ya neolíticos (Tarrerón, La Trecha, Cubío Redondo, y Carabión).

Preboreal 10200-8700BP	Boreal 8700-7500 BP	Atlántico 7500-5000 BP
9500-9000 BP	Mirón (10.1)	La Trecha
Mirón (10.1)	Sopeña (N. 2)	Ermita de Santiago (N. 2)
Las Salinas (N. 2 base)	Garma A (N.2)	C. Del Mar (Conch. Aislado)
El Perro (N.1)	Ilso de Hayas	Barcenilla (N. 8)
Cubera (N. 1)	Carabión (N1. Base)	Garma A 2
Morín (E. 27)	La Fragua (N.1 Inf.)	La Fragua (N. 1 Medio)
Mirón (10.1)	La Trecha (Z. 4)	La Fragua (N. 1. Superficie)
	Cueva del Mar (Conch. Base)	Garma A (Estrato 2)
	Truchiro (N.2)	Las Salinas (N.2- N.1)
		Solahesa (Nivel 3 base)
		Barcenilla (N. 5)
		Cofresnedo (Conchero)
		Trampascuevas (N.2)
		Campizo (N.2)
		Cubío Redondo (1)
		El Truchiro (Hueso Humano)
		Sta. Ana (Sup)
		La Chora (Conchero)
		Cucabrera (Conchero.)Neol?
		Tarrerón III Neol?
		La Trecha (Conchero) Neol?
		Cubío Redondo (2) Neol?
		Carabión (Nivel 1a) Neol?

Tabla 10.3. Situación cronoclimática de yacimientos de Cantabria centro-oriental en el Mesolítico

10.3.2. Las variaciones en la línea de costa y la formación de nuevos paisajes

El cambio en las condiciones climáticas en el Holoceno produjo modificaciones en el nivel del mar y en la situación de la línea de costa. La transgresión Flandriense (8900-7800 cal BP) dará lugar a la reducción del territorio disponible a lo largo de la costa y a la formación nuevos paisajes, como rías y estuarios, que ofrecerán la posibilidad de explotación de nuevos biotopos. Por otro lado, amplió la disponibilidad de territorios en la parte alta de los valles, liberados como consecuencia de la deglaciación. La importancia de ambos espacios en el patrón económico de las sociedades mesolíticas fue fundamental, como se comprueba en la explotación de los recursos litorales y, la caza en la zona alta de los valles.

La inundación del territorio costero seguramente afectó, además de al poblamiento paleolítico, a yacimientos mesolíticos del inicio del Holoceno, que se hayan visto afectados por la transgresión Flandriense y tal vez se encuentren bajo las aguas. Una evidencia se ha hallado en la ría de Mogro (desembocadura del Pas), el núcleo de poblamiento del Molinón, agrupa 4 yacimientos de conchero que se encuentran situados en la zona intermareal, expuestos a la subida de las mareas.

10.4. El patrón económico

La diversidad de recursos que ofrecían los nuevos biotopos surgidos de la mejora climática, fue explotada intensamente por los pobladores mesolíticos. Se comprueba un patrón económico basado en la captación de un amplio espectro de recursos basado en la caza, pesca y recolección de moluscos y vegetales.

10.4.1. La caza de ungulados

En el conjunto del territorio, se comprueba que la caza es un recurso esencial, tanto en los valles interiores y altos, como en la zona litoral. Algunas características del registro faunístico, podrían indicar una intensificación en su explotación, como la edad de las presas, las características del procesado y las diferentes partes del cuerpo de las mismas trasladadas al yacimiento.

Sin embargo, los datos cuantitativos son escasos, debido al deficiente estado de conservación de la fauna en los depósitos. Los restos óseos se encuentran en algunos casos muy fragmentados, como sucede en Barcenilla, por lo que el número de restos identificados es muy exiguo. La situación del hábitat sobre el mismo yacimiento, es probablemente la causa del fraccionamiento de los huesos, o tal vez se deba al aprovechamiento intensivo del contenido interior, lo que ha dificultado la identificación posible de las presas. Esto se observa también en el Carabión (3.267 NR sin identificar de 3.734 NR) y lo mismo sucede en el Tarrerón. En la Fragua sobre 547 NR, no son identificables 475; en la Peña del Perro solamente se ha identificado la presencia de un ciervo. En otros casos, la mala conservación se debe a erosión por reactivación hidrológica, que ha arrastrado el yacimiento y, a procesos de cementación calcítica (Sopeña).

En cuanto a las especies observadas, son las comunes en el Holoceno: *Cervus elaphus, Sus scrofa, Capreolus capreolus* y, en menor proporción, *Capra hispanica* en la llanura litoral y en los valles interiores. En la parte alta de los valles se observa una mayor frecuencia de *Capra hispanica* junto con *Cervus elaphus* y *Rupicapra rupicapra* (Cubío Redondo). En todos los casos (excepto en la Fragua) se comprueba la preferencia cinegética de *Cervus elaphus* (Carabión: 83,9%; Cubío Redondo: 50,34%) y en ascenso *Sus scrofa* (Cubío Redondo: 12,24%; Carabión: 6%, La Fragua: 3,47%) y *Capreolus capreolus* (Cubío redondo: 15,64% y Carabión: 7,4%).

Los datos cualitativos obtenidos en observación superficial en yacimientos con datación radiocarbónica, coinciden en los taxones y preferencias. En las zonas bajas están presentes *Cervus elaphus, Sus scrofa, Capreolus capreolus* y en menor proporción *Capra hispánica*. En los valles altos, en Cubera (Asón) hay presencia de *Capra hispanica, Cervus elaphus* y *Bos sp*.

La fauna observada en superficie en los yacimientos documentados refleja una información paralela. En 36 yacimientos se identifican *Cervus elaphus* y *Capra hispanica*; en 11 se identifica, *Capreolus capreolus* y *Sus scrofa* y en 6 *Rupicapra rupicapra*. La muestra no es muy amplia debido a la fragmentación en que se encuentran los restos.

Se comprueba la caza de otras especies de menor tamaño como carnívoros: *Meles meles, Vulpes vulpes* (La Fragua y Carabión), *Felix silvestris, Linx sp.* y *Martes foina* (Cubío Redondo), *Canis sp* (La Fragua). Las aves están escasamente representadas. Se ha recuperado un ave no identificada en el Carabión.

Sobre las estrategias de caza, se desconocen las técnicas empleadas para la captura de animales, ya que la presencia de industrias específicas es muy escasa. Es probable que se utilizaran útiles fabricados con madera o trampas, por la presencia de neonatos, juveniles y hembras.

10.4.2. La explotación de moluscos y otros recursos marinos

En el análisis de la explotación de los moluscos se han valorado las frecuencias de taxones, en relación con la distancia de los yacimientos a la línea de costa actual. La malacofauna presente en los yacimientos está relacionada con la disponibilidad en su entorno litoral más próximo. Se comprueba en los yacimientos situados en la zona costera, que la mayor frecuencia de taxones corresponde a los gasterópodos marinos (*Patella y Phorcus lineatus*), cuyas áreas de explotación son el roquedo y acantilados de la zona intermareal media y alta. Tomando los datos cuantitativos obtenidos en los yacimientos con estudio malacológico, se comprueba que la especie más explotada es el género *Patellae* con 59% en la costa, mientras que en la llanura litoral desciende a 54,4%, con descenso general de *Patella vulgata* (9,81% en la costa y 4,28% en la llanura litoral) y predominio absoluto de *Patella intermedia* (21,53 % en la costa y 25,44% en la llanura litoral) y ascenso de *Patella ulyssiponensis* (4,57% en la costa y 6,4% en la llanura litoral). *Phorcus lineatus* tiene una frecuencia en la costa de 21% y en la llanura litoral desciende ligeramente a 12%. Una excepción se produce en el Perro en el que el taxón más frecuente es *Mytilus galloprovincialis*, si bien su área de recolección es también la costa abierta.

En los gasterópodos marinos se comprueba de forma general la reducción de los tamaños y la sustitución total de *Littorina littorea* por *Phorcus lineatus* en los concheros de todos los yacimientos analizados. Se comprueba también el descenso de *Patella vulgata* y el predominio de *Patella intermedia*, con un avance de *Patella ulyssiponensis*.

En la llanura litoral, en el área de influencia de las rías y marismas, se incrementan las especies de estuario (*Ostrea edulis*), de fangos y arenas (*Scrobicularia plana, Ruditapes decussatus* y *Solem marginatus*), presentes en el entorno del estuario del Asón, con influencia en los valles interiores, muy evidente en el valle de Aras-Voto (yacimientos del Carabión, Chora, Trampascuevas, Llanío, Cierro, Helguera...), incluso ascienden hacia el interior hasta unos 20 km, con presencia en Cofresnedo, Suaria, Cubillo y, abundante en Tarrerón. Hay que tener en cuenta, que las rías penetran en el interior de los valles, por lo que acercan el recurso y ofrecen especies de estuario mixto que se encuentran en los bordes de roquedo de los estuarios, con mayor aporte cárnico, como la ostra (presente actualmente en la ría de Rada), y otras especies propias de áreas de inundación y fangos como las almejas y navajas.

Por otro lado, se aprecia la explotación de crustáceos y equinodermos en la zona costera. *Paracentrotus lividus, Brachyura sp.* y *Pollicipes pollicipes* se encuentran en La Pila, Las Salinas, La Fragua, La Chora y La Trecha, aunque son recursos puntuales, por las cantidades marginales que representan, ya que no alcanzan el 1% del NMI del total.

De los valles interiores no se dispone de datos cuantitativos de malacofauna, salvo del Cubío Redondo, que por su situación en un paraje muy agreste y con difícil acceso a la cavidad se comporta como un medio de montaña.

En la parte alta de los valles, en distancias superiores a los 20 km, los moluscos marinos son sustituidos por el caracol terrestre, cuyo hábitat son las zonas de bosque, maleza y praderías inmediatas a las cavidades. En Cubío Redondo se han identificado NMI 482, si bien, el cálculo estimado de presencia en 1 m² es de 2.500 (Ruiz Cobo *et al.* 2001). La malacofauna marina es testimonial con *Mytilus* (NMI 4) y una concha de *Patella ulyssiponensis*. En Sopeña, se ha podido recuperar un pequeño conjunto de *Cepaea nemoralis* (NMI 55) y fragmentos de *Mytilus* y una valva de *Ostrea edulis*.

La reducida presencia de malacofauna marina se focaliza en dos especies, *Mytilus y Ostrea*, observada también en superficie de forma muy puntual en Cañuela, Campuvijo, Siñuelo, Suaria, Abrigo del Asón y Tarrerón.

Se evidencia la abundante explotación del caracol de tierra en los yacimientos situados en los valles altos y la escasísima presencia de malacofauna marina. Probablemente la razón de esta ausencia sea debida a la situación geográfica. Los testimonios basados en *Mytilus y Ostrea*, se puede considerar la hipótesis de que fueran llevados a la cavidad en el momento de ocupación, tal vez estacional o en periodos cortos de caza, como primer recurso. La exclusividad de preferencia de estas dos especies tal vez sea debida a que se consideraran más rentables por la relación entre el coste energético que supone el transporte y el aporte cárnico de estas especies, y tal vez, fueran también más valoradas como lo son actualmente.

Sobre las épocas de recolección se dispone de estudios de la zona asturiense efectuados sobre *Phorcus lineatus* procedentes del Penicial, La Riera, La Llana y Mazaculos II. Los análisis de isótopos 16O-18O y análisis de líneas de crecimiento de las conchas indican que la recolección de moluscos fue una actividad estacional, realizada principalmente en otoño e invierno (Deith y Shackleton, 1986; Bailey y Craighead, 2003). Los estudios sobre *Patella vulgata* y *Patella intermedia* en la cueva de la Riera (Craighead, 1995:344-346) indican que estas especies fueron capturadas durante el otoño e invierno.

10.4.3. Ictiofauna

Los datos sobre la pesca son muy escasos, seguramente debido a los procesos de recuperación de los restos.

Un pequeño conjunto del Carabión nos informa de la pesca de Anguilla anguilla (22%) *Chelon labrosus* (12%), *Liza sp.* (11%) y *Sparidae* (11%). En el conjunto recuperado en Las Salinas, lo más significativo es la identificación de 6 taxones en una colección reducida de 20 restos. Lo que indica que las gentes de Las Salinas capturaron un apreciable número de especies. Tal hecho, apunta a una pesca de carácter "oportunista". Las especies capturadas, tanto mújoles como doradas, penetran masivamente en zonas de estuario o desembocadura de ríos, presentes en la zona de captación de los recursos marinos, la ría de Mogro-Pas, próxima a la cavidad.

En La Chora, en una actuación arqueológica de recuperación de materiales extraídos de un cubículo exterior por un animal, se ha recuperado una vértebra de salmón (Pérez-Bartolomé, 2004 y 2011).

En un reducido número de yacimientos, en superficie se han identificado vértebras, mandíbulas y restos de peces, que permanecen en los yacimientos y no han sido identificados.

Sobre las técnicas de pesca, no se han hallado hasta el momento, útiles relacionados con esta actividad en los yacimientos analizados en esta zona de Cantabria, salvo el citado anzuelo biapuntado hallado en Cullalvera, sin contexto mesolítico. La ausencia de este tipo de útiles en el registro arqueológico, puede ser debida a la deficiente conservación, tal vez por su fabricación en materiales vulnerables como la madera, aunque la materia de los "anzuelos biapuntados" suele ser de tipo óseo o en asta. Otra posibilidad, que se apunta en el estudio del Carabión, por la presencia de peces de tamaño muy pequeño y, por tanto, sin interés bromatológico, pudiera ser la utilización de trampas, nasas y empalizadas construidas con materia vegetal, situadas en los cursos de agua para interceptar los flujos de peces anfídromos que se producirían con el régimen de mareas. (Roselló-Izquierdo y Morales Muñiz, 2016).

En la región cantábrica se han localizado anzuelos biapuntados en varios yacimientos: en Asturias, en Mazaculos II, 5 anzuelos biapuntados en hueso y uno procedente de las antiguas excavaciones de Vega del Sella (González Morales, 1982: 107 y 170). En La Riera, Vega del Sella (1930:15-18) cita hallazgos de esquirlas de hueso que considera como el preludio de anzuelos. En Tresenroque (Llanes) se ha recuperado un anzuelo biapuntado sobre hueso (Pérez-Bartolomé *et al.* Prospección 2016-2017). En Cantabria occidental, en la cueva Subida de la Cruz (Comillas) un anzuelo en proceso de fabricación (Montes *et al.* 2013).

En el País Vasco, en Marizulo un biapuntado (Arias, 1991:137-138). En Santimamiñe 2 puntas dobles lisas (González Morales, 1982: 175), Kobeaga un anzuelo datado en el VII milenio BP y en Aizpea (Barandiarán, 2001) 15 piezas incluidas en biapuntados, relacionables con anzuelos rectos.

En la zona sur de la cordillera Cantábrica, en el Espertín (Neira Campos, 2008), se ha recuperado uno de estos anzuelos biapuntados con una característica diferenciadora, preparación de la zona de enmangue con dos escotaduras centrales, en un nivel datado en el VIII milenio BP (Bernaldo de Quirós y Neira Campos, 2007-2008).

En recientes proyectos de investigación en el norte y este de Europa, se han identificado técnicas de pesca con trampas y especie de redes fabricadas con estructuras de madera (costa del Mar Báltico, Haväng Sur de Suecia) de cronología 9.100-8.400 cal BP, que debieron estar unidas con cuerdas y se utilizaron como redes para la pesca en el mar (Hansson *et al*, 2016: 7-59 y arqueologiaenred.paleorama.es/2016/). En yacimientos de Europa del este se han encontrado evidencias de útiles de pesca, que muestran una tecnología muy desarrollada y dirigida para la práctica de diversas técnicas pesqueras en niveles mesolíticos y neolíticos (Zamostje 2, Sergiev Possad- Moscow) (Maigrot *et al.* 2014).

Otro aspecto iniciado en la investigación sobre las técnicas de pesca en el Mesolítico, se fundamenta en el uso de los microlitos en el yacimiento de Katras I (Lituania) (Rimkus, 2016), basado en arqueología experimental sobre uso-desgaste de láminas y microlitos incrustables en la fabricación de herramientas compuestas.

10.4.4. La recolección de vegetales

Diferentes estudios paleobotánicos son concluyentes al presentar la presencia de semillas de frutos silvestres y carbones en los depósitos. Los análisis efectuados en Barcenilla (Ruiz Zapata, 2013), en el Carabión (Gil García y Ruiz Zapata, 2016) y de macrorrestos en Cubío Redondo (Ruiz Cobo y Smith, 2001), informan de la presencia en los yacimientos de abundantes restos de vegetales silvestres, entre los que se incluyen avellanas, bellotas, pomoideas y los frutos comestibles de las rosáceas como la serba o la manzana silvestre.

Las avellanas, aun siendo escasos los restos recuperados en los yacimientos, son el fruto más documentado, probablemente por su abundante presencia en la zona atlántica y su conservación carbonizadas, ya sea por almacenamiento o por acción del fuego. Se han identificado fragmentos de pericarpio de avellana en las Salinas (en estudio), el Carabión, Sopeña y Cubío Redondo. En este último se han recuperado también fragmentos de bellota (*Quercus sp*).

Valorando los análisis polínicos, los grupos mesolíticos tuvieron a su disposición un amplio registro de recursos vegetales comestibles. Los frutos de las avellanas y, en menor frecuencia de las bellotas, son los únicos que por el momento se han identificado en los yacimientos, posiblemente se debe a su conservación diferencial y a su procesamiento, ligado a su relación con el fuego. Algunos estudios de paleodietas señalan la importancia del componente vegetal (Arias, 2005).

Por otro lado, los análisis antracológicos aportan información sobre las maderas utilizadas como combustible. Los restos de madera quemada son muy frecuentes en los concheros mesolíticos, corresponde a los restos de hogares, y se encuentran acumulados junto con los restos faunísticos y demás productos derivados de la actividad humana.

La extensión del bosque caducifolio, así como la presencia del encinar cantábrico, serían las características florísticas más sobresalientes de estos momentos del Holoceno inicial-medio, según los resultados antracológicos obtenidos. Las especies identificadas más frecuentes son: *Quercus robur, Corylus avellana, Castanea sativa, Fagus silvática, Betula, Rhamnus alaternus, Arbutus unedo*. En la costa son más frecuentes el robledal acidófilo, *Castanea y Betula*, junto al matorral de los macizos kársticos (*Crataegus, Prunus, Sorbus*).

Los cazadores-recolectores mesolíticos habrían explotado los recursos del bosque, tanto para el consumo, como para el hogar. La madera para el fuego y la posible fabricación de instrumentos y útiles: cuerdas, trampas y demás instrumentos de caza y pesca, así como, para la construcción de cabañas y soportes, que debido a su mala conservación, no se han podido recuperar en los yacimientos.

10.5. Las industrias

La información que aporta la industria lítica es importante para comprender el nivel cultural y técnico de las sociedades prehistóricas, las relaciones intergrupales, los intercambios de materias primas y las influencias tecnológicas. Los útiles son un reflejo de la economía lítica y de los patrones de ocupación del territorio. Sin embargo, la documentación que poseemos de la zona centro-oriental de Cantabria es muy reducida debido al escaso número de excavaciones realizadas y muy limitadas espacialmente.

10.5.1. Industrias líticas: los restos de talla

El conjunto lítico se compone de 2.755 piezas, de los que el 91,73 % son restos de talla, mientras que el material retocado con 171 ítems representa el 6,20 % del conjunto.

Las características más destacadas de los restos de talla es el dominio absoluto del sílex, con porcentajes mínimos de cuarcita, arenisca, cuarzo y ofita. Este acusado dominio del sílex continúa la tendencia del Epipaleolítico. Hay un predominio del soporte sobre lascas (80,24%), con mayor frecuencia de las simples sobre las corticales. Los productos laminares suponen un 19,76%, con predominio de las laminillas sobre las láminas. El índice laminar es más frecuente en los niveles inferiores de las secuencias, en continuidad con los niveles infrayacentes de cronología aziliense, incluso es superior en el Carabión, que mantiene unos índices elevados desde la talla 10 (64% base del conchero) a la talla 6 (50% medio conchero) y desciende en las tallas 4-1 (17%). En las Salinas la base del nivel 2 (mesolítico) tiene un índice laminar de 35,48% y desciende en las siguientes tallas a 28,57%- 25%- 10,52%. En Barcenilla el escaso número de piezas recuperadas en cada nivel dispara los índices, pero podemos apreciar también una reducción del índice laminar hacia la parte final de la secuencia. El nivel 10 tiene un índice laminar de 50% y se va reduciendo a 33,33% en el nivel 7 y en el nivel 5 a 21,42%.

Los núcleos, con 48 piezas, suponen el 1,48% de los restos, todos en sílex, menos uno en cuarcita, de la Garma A, aparecen agotados o en fragmentos. Hay un predominio de los irregulares, uno con plataforma natural (Las Salinas) y otro discoidal recuperado en La Garma A. El agotamiento de los núcleos nos informa de su explotación al límite. Por otro lado, la escasa presencia de lascas primarias, indica que los núcleos se llevaron ya preparados al yacimiento.

10.5.2. Industrias líticas retocadas

El conjunto de las industrias retocadas se compone de 171 piezas, todas en sílex. Ninguna de las colecciones ha proporcionado series por encima de los cien ejemplares, la más numerosa es la recuperada en La Garma A con 75 piezas. Los índices de los yacimientos analizados son escasamente representativos por corresponder a colecciones de industrias muy reducidas. El índice en La Fragua (12,08%), Cubío Redondo (10,83%) y Carabión (9,85%) y los más bajos en el Tarrerón (6,06%), Las Salinas (5,52%), La Garma A (5,37%) y La Peña del Perro (5%).

En la tipología, el índice más frecuente es el raspador con el 19,18% de la industria retocada. Son de diferentes tipos, aunque predominan los raspadores sobre lasca y los unguiformes. Los buriles representan el 4,06%, entre estos predomina el tipo más sencillo, de rotura, los diedros y sobre truncatura retocada. Los perforadores solamente el 1,74% del conjunto. Las puntas de la Gravette y Microgravette también están presentes con 1,16% ambas. Las piezas con retoques simples en los bordes son muy numerosas con 19 ejemplares (11,04 %), destacando dos láminas estranguladas. Predomina el utillaje de sustrato: escotaduras, denticulados, astillados y raederas con el 29,06%. Las escotaduras y denticulados suponen 16,27% del conjunto. Este tipo de útiles está destinado a las funciones domésticas del trabajo y sobre la madera.

10.5.3. El índice microlaminar

El utillaje microlaminar es numeroso, con 36 piezas que suponen el 20,9%, del material retocado, con predominio de las laminillas de dorso, y presencia de laminillas truncadas y de dorso truncadas, puntas azilienses, laminillas Dufour y microgravettes. Es interesante la presencia de dos microburiles, piezas importantes en la tecnología de producción de los microlitos geométricos, aunque no son estrictamente útiles.

Los microlitos geométricos no son abundantes, con 8 ejemplares alcanzan el 4,67% del conjunto del material retocado. En todos los casos se trata de piezas cortas y de pequeño módulo. Los tres tipos: segmentos (2), triángulos (3) y trapecios (3) piezas, tienen índices 1,16% y 1,75%. El triángulo escaleno hallado en Las Salinas (de reducidísimo tamaño 12-5-3 mm) y con retoque abrupto, el de la Fragua y el hallado en Barcenilla en el nivel 8, también con retoque abrupto. Los trapecios con retoque abrupto proceden del nivel 10 de Barcenilla y La Garma A. Los segmentos de círculo, se han recuperado en el Tarrerón y Carabión. El hallado en el Tarrerón con retoque directo e inverso semiabrupto y, el del Carabión con retoque simple doble bisel. Este tipo de retoque también aparece en un trapecio del Cubío Redondo, ambos en una cronología avanzada, atribuible al Neolítico inicial.

La incorporación de los geométricos en las técnicas de caza, supuso una verdadera innovación tecnológica que facilitó y aumentó el rendimiento de las actividades cinegéticas, puesto que, la mayoría fueron empleados como proyectiles (Domingo, 2004: 81, 2005:41-44, 2005:84-105). Diferentes estudios experimentales han puesto de manifiesto su enorme efectividad, ya que traspasan con facilidad los cuerpos, provocando heridas letales de consideración, y, al mismo tiempo, presentan una gran dificultad de extracción que incide en su eficacia (Gibaja y Palomo, 2004: 86), mayor que la de los proyectiles realizados únicamente en materia orgánica (madera y hueso).

Sobre la funcionalidad de los microlitos geométricos, los de retoque abrupto, especialmente los trapecios, se emplearían para la caza de animales de talla menor, mientras que los de doble bisel, triángulos y segmentos, se introducirían para la caza de animales de mayor tamaño por la capacidad para penetrar más y causar mayor daño en el animal.

Los microlitos geométricos tienen una función casi de "fósil director", para caracterizar una etapa del Mesolítico en la región cantábrica, que lo diferencia del Mesolítico occidental asturiense. En el estudio efectuado por Arias y Fano, en el marco de la región cantábrica, sobre el índice de microlitos geométricos en depósitos con un número de material retocado superior a 20 piezas, se analizan en Cantabria los yacimientos mesolíticos de La Garma A/Q, con un índice de 2,1 (sobre 47 piezas retocadas), Cubío Redondo, 4,8 (sobre 21 piezas retocadas). Los índices de los depósitos mesolíticos están entre 0,9 de Los Canes (Asturias) a 15,8 en el mismo yacimiento y 22,7 en Kobeaga (País Vasco). Vemos que los índices de La Garma A y Cubío Redondo quedan muy debajo de estos porcentajes.

En esta investigación, se incrementan los microlitos geométricos con los hallados en el Carabión (1 segmento de círculo, de cronología atribuible al Neolítico), La Fragua (1 triángulo) y Las Salinas (1 triángulo), lo que ha dado un índice en el Carabión de 4,76, en la Fragua 9,09 y en Las Salinas 9,09. En los casos de Barcenilla (22,22%), La Fragua (9,09%), Las Salinas (9,09%) y Tarrerón (7,14%), el número de piezas retocadas está por debajo de 20, lo que incrementa el índice, por lo que no son referentes estadísticos debido a la baja presencia de material retocado. Por otro lado, los segmentos procedentes del Carabión (5750±40 BP -4611±57 cal. BC), Tarrerón (5780±120BP - 4643±133 cal BC) y el trapecio del Cubío Redondo (5780±50 BP - 4631±62 cal BC), tienen una cronología paralela, V milenio cal BC, atribuida a un momento ya Neolítico.

Si comparamos estos índices, con los obtenidos en niveles mesolíticos de algunos yacimientos del País Vasco y el Valle del Ebro (Alday Ruiz, y Cava Almuzara, 2009: 118), las frecuencias son muy bajas en Cantabria. Los trapecios son los microlitos más frecuentes en Aizpea I (Navarra) representan el 56,67%, en Mendandia (Alto Ebro) el 51,16%, en Peña d. (Alto Ebro) el 50%. Los triángulos en Peña d alcanzan el 40,91% y en Aizpea I el 21,74%.

En yacimientos del País Vasco cantábrico, Arenaza Nivel IIC sobre 26 piezas retocadas tiene un índice de 7,7 microlitos geométricos, Santimamiñe Nivel IV sobre 537 piezas tiene un índice de 1,1; Kobeaga III está en 22,7 sobre 22, los trapecios representan el 34,21% y los triángulos el 23,68%.

Respecto del microlitismo geométrico, en Cantabria centro-oriental, por el momento y con los datos disponibles, no es posible definir un nivel concreto de Mesolítico geométrico como el definido en el País Vasco, en el paso entre el VII y VI milenio. Los microlitos geométricos en Cantabria centro-oriental aparecen en toda la secuencia, desde el inicio del Mesolítico y en el periodo cultural anterior, en el Aziliense, y continúan en los niveles superiores, apareciendo el retoque en doble bisel en el V milenio cal BC, en momentos de transición al Neolítico, pero siempre en porcentajes muy bajos y más abundantes en el Neolítico, bien documentado en Los Gitanos (Ontañón, 2013).

10.5.4. La técnica doble bisel

La presencia de la técnica del doble bisel se evidencia en yacimientos de la región cantábrica en contextos del VI milenio cal BC, en yacimientos del País Vasco en Pico Ramos, Pareko Landa, Kobaederra (Bizkaia) y Linatzeta (Guipúzcoa). El retoque en doble bisel es considerado como un indicador fiable de la neolitización en la cuenca del Ebro y en el Cantábrico oriental, apareciendo simultáneamente con las cerámicas en los primeros yacimientos neolíticos, en enclaves plenamente neolíticos como es el caso de Chaves, como en contextos donde todavía está ausente la economía productiva (Cava, 2000: 106). En el Neolítico antiguo I (Alday, 2009:167) valora, entre los caracteres propios de la industria lítica, el desarrollo del retoque en doble.

En Cantabria centro-oriental la talla en doble bisel, por el momento, se ha encontrado en el Cubío Redondo (un yacimiento de montaña), y en el Carabión (situado en la llanura litoral), ambos con datación en el V milenio cal BC, dentro de una cronología ya neolítica, sin evidencias de domesticación ni economía productora y en La Sima del Diente En Los Gitanos (Ontañón, 2013), se ha recuperado un conjunto de 12 microlitos geométricos con talla doble bisel: 9 en el nivel 2 lo que da un índice de 32,14 % sobre 28 útiles y 3 en el nivel 3, en este nivel el índice se eleva a 25% sobre 12 útiles (hay que considerar que el número de piezas recuperadas es muy reducido). Se observa un incremento de estos útiles hacia los niveles superiores de la secuencia. Las dataciones obtenidas en este yacimiento identifican la cerámica y domesticación en el V milenio cal BC (A2: 5669± 541 BP cerámica, MAD-654 y A3: 5945±55 BP, AA-5788, Arias *et al.* 1999 y Ontañón, 2000, 2005 y 2013).

Esta cronología es coincidente con la de Kobaederra (Bizkaia) en donde se han documentado triángulos y segmentos con retoque doble bisel (NIII datado 5820 ± 240 BP, 5260-4160 cal BC, UBAR-471; NIV cronología (5630 ± 100BP; 4720-4260 cal BC, UBAR-470 y N V (Zapata *et al.* 1997: 51-63).

En la parte asturiana, en la cueva de Los Canes (Arangas), los niveles holocénicos datados entre el VII y V milenio cal BC, han proporcionado un conjunto de 27 microlitos geométricos, de los que seis están realizados con la técnica de doble bisel (cuatro triángulos y dos segmentos de círculo[1]) y cinco combinan esta técnica con el retoque abrupto.

La cronología de los microlitos con retoque doble bisel se considera un indicador de cambio cultural y aparece en contextos del VI milenio calibrado BC, en yacimientos que incluso carecen de evidencias de economía productiva, como se ha especificado en yacimientos del Valle del Ebro y en Cantabria. Esta técnica es importante, no solo por el uso como discutible "fósil director", sino también, por la difusión de esta técnica, que se ha considerado un indicio de transferencia tecnológica entre poblaciones de cazadores-recolectores y agricultores (Arias,1992:409, 2007: 53-71; Marchand, 2007; Guilaine *et al.* 2007:315) en (Arias y Fano, 2009:85) y su posible introducción en la región cantábrica a través del valle del Ebro (Alday, 1999:135).

---

1 La cronología del segmento de círculo hallado en la U.E. 6-III-C es dudosa, pudiera haberse aportado con la tierra que rellenó la fosa, por lo que esa datación se debe considerar un terminus ante quem. (Arias y Fano, 2008:81).

10.5.5. Características tecnológicas

La preferencia en la utilización del sílex como soporte de las industrias, aporta unas características de continuidad con las etapas precedentes aziliense y magdaleniense, si bien se comprueba una simplificación. La gestión del sistema de talla es de preferencia unipolar. Se concreta en una talla por percusión directa, en algún caso sobre plataformas naturales o preparadas con las que obtener productos estandarizados, orientada a extraer soportes alargados o combinar lascas pequeñas y laminillas cortas. La superficie explotada se convierte en una plataforma que permite seguir explotándose obteniendo nuevos productos. Este proceso de reducción genera núcleos multifaciales o poliédricos de pequeño tamaño, tallados por todas sus caras y de complicada lectura tecnológica. Los 48 núcleos recuperados aparecen agotados o en fragmentos. Por otro lado, no se aprecia la presencia del proceso primario de preparación, por lo que debieron llegar ya preparados al yacimiento.

La simplificación en el método de talla es una alternativa, frente a la necesidad de limitarse a la disponibilidad de sílex de procedencia local, en muchos casos de baja calidad y, probablemente se deba a un proceso de territorialidad, y tal vez también responda a evolución cultural: buscar soluciones rápidas, con escasa complicación que resuelvan las necesidades.

10.5.6. El macroutillaje

La industria sobre cantos, generalmente de arenisca, es cuantitativamente mucho menos abundante. Está representada por el pico marisquero, choppers, percutores y yunques. El pico marisquero es más frecuente en la parte occidental de la Bahía de Santander, donde aparecen varios ejemplares, en los yacimientos del Rostrío (denominado Liencres por Clark, G.1976). Arias (1991: 82-83), señala la posibilidad de que las industrias pertenezcan a varios momentos cronoculturales. Los hallados en San Juan de la Canal, se encuentran en un contexto neolítico.

En la zona oriental de la Bahía de Santander, únicamente han aparecido picos aislados en la cueva del Mar (Omoño- Ribamontán al Monte) un pico sobre ofita; en Mallaria (Cabo de Ajo), un pico asturiense atípico, con la base muy estrecha; en el Cubo de Gracedo I (Isla), un pico roto, y, en el yacimiento al aire libre en Isla, otro pico roto junto con restos líticos de diferentes etapas cronoculturales.

Un número significativo de cantos de arenisca muestran huellas de uso como percutores, machacadores o yunques, lo que indica su utilización en diferentes contextos de uso. En muchos casos presentan desgaste por fricción y depresiones producidas por percusión centradas en el canto. Esto sugiere el uso para romper el exocardio de frutos secos y el machacado posterior. En la Fragua se ha recuperado un conjunto de 90 minúsculos cantitos de arenisca muy pulidos, que pudieran ser geológicos, pero también pudieran indicar el uso en alguna actividad productora, tal vez el curtido de pieles.

10.5.7. Materias primas líticas

La materia prima absolutamente dominante es el sílex, con valores casi siempre por encima del 90%. Los sílex son muy variados, dominando generalmente los sílex negros y grises, mientras que los calcedónicos del tipo Picota, apenas representan el 20%. Un buen número procede de sílex de filones locales del tipo aptense en color negro y beis, de grano grueso equivalente al sílex de Loza, aparecen en el sinclinal de San Román, cerca de Monte Picota (Cantabria), en las inmediaciones de Santander. Los sílex de Loza y Monte Picota no eran utilizados normalmente en el Paleolítico, debido a su mala calidad de talla, aparecen de vez en cuando en morfologías nodulares (Tarriño, 2015). Es menos frecuente la utilización del sílex Urgoniano del Cretácico Inferior que aflora en la costa de Sonabia

(Castro Urdiales, Cantabria) (Tarriño, 2015). Los sílex foráneos de gran calidad aparecen ocasionalmente y con mayor frecuencia en los asentamientos situados en la línea de costa.

Las cuarcitas y areniscas aparecen con menor frecuencia en forma de canto la mayoría, presentes en los cursos y terrazas fluviales. El cuarzo también tiene porcentajes muy bajos, y la radiolarita, el cristal de roca y la lutita, solamente aparecen en un ejemplar.

10.5.8. Las características de la industria lítica en el Mesolítico de Cantabria centro-oriental

Como avance sobre las características de la industria lítica, deducido de la información obtenida en los datos cuantitativos sobre las colecciones estudiadas, se presentan algunas conclusiones:

1) Un rasgo característico es la reducción y simplificación de las industrias en los conjuntos de los niveles mesolíticos estudiados en Cantabria centro-oriental. El cambio, que es común en la producción lítica en el Mesolítico de la Península Ibérica, se explica como una simplificación en los procesos de fabricación de los útiles y una menor inversión en la búsqueda de los soportes minerales (Gassiot Ballve, 2002: 36). Este autor observa que en la cornisa cantábrica este fenómeno se manifiesta tanto en los conjuntos orientales que evidencian una progresiva microlitización, como en los procedentes de yacimientos al oeste de Santander y adscritos a la llamada cultura Asturiense (Clark, 1976: 131-147, Fernández-Tresguerres 1980, González Morales 1982: 156-170, González Sáinz 1989, Laplace y Merino 1979, etc.). La reducción del valor de la industria lítica se comprueba también si se consideran en su totalidad los diferentes conjuntos de muchos niveles mesolíticos de la parte occidental de la cornisa, donde la densidad de artefactos cae de forma muy acusada (Arias, 1991: 91-139, Clark 1976, González Morales 1982). Aunque menos general, este hecho también puede observarse en algunos yacimientos de Euskal Herria, como Atxeta y Marizulo (Arias, 1991: 111-139, González Morales, 1982: 78-79). Se observa también la mayor presencia de materias primas de procedencia local dentro de los conjuntos tallados a partir del final del Magdaleniense. Más allá, o de forma complementaria, a las alteraciones de los territorios económicos al principio del Holoceno, las modificaciones de las industrias líticas deben entenderse también dentro de un proceso amplio y profundo de cambio productivo (Gassiot Ballve, 2002: 40).

2) En segundo lugar, parece perdurar una tendencia de tradición aziliense, por la continuidad en la frecuencia del índice laminar y microlaminar (20,9%) en algunos de los conjuntos analizados en los niveles de transición IX-VIII milenio cal BC y la presencia de algunas puntas del tipo Aziliense, Gravette y Microgravettes

3) En cuanto a la tipología de las industrias mesolíticas, una característica es la disminución de la diversidad. Los tipos se reducen, siguiendo la tipología de Sonneville-Bordes y Perrot, a 40 de los cuales es más variable el tipo raspador (33 piezas, 11 tipos diferentes). La abundante presencia de denticulados, muescas, raederas y astillados, indica un instrumental poco especializado. Si se agrupan el conjunto de escotaduras y denticulados representan el (16,5%), astillados (6,39%), raederas (6,39%) junto con raspadores (19,18%) configuran casi el 50% de la diversidad tipológica de los retocados.

4) Respecto de la métrica, son habituales piezas muy pequeñas, microlitos inferiores a 2 cm de longitud, que solo tiene un sentido funcional como piezas insertadas o enmangadas. La utilización de armaduras compuestas está bien documentada en diversos contextos Mesolíticos europeos (Gassiot Ballve, 2002: 37): en el yacimiento mesolítico del Vale of Pickering, (6.000-3.400 ane), se recuperó una armadura completa de madera con varios geométricos adheridos a modo de barbas (Myers, 1989: 81). También en Loshult (Suecia) se encontró a principios de siglo XX otra armadura completa con microlitos laminares asignada a la "cultura" Maglemose, del Mesolítico antiguo. Otro aspecto observado en la investigación sobre las técnicas de pesca en el yacimiento mesolítico de

Katras I (Lituania) se fundamenta en el uso de los microlitos en herramientas compuestas con láminas y microlitos (Rimkus, 2016).

5) En cuanto a la frecuencia de microlitos geométricos, el índice es muy bajo (4,67%), con retoque abrupto en toda la secuencia, y en doble bisel en la transición VI-V milenio cal BC. Parece que estuviera motivado por procesos de aculturación procedente del Valle del Ebro (Alday, 1999).

6) En el aspecto tecnológico, el sistema de talla es de preferencia unipolar. Se concreta en una talla por percusión directa, en algún caso sobre plataformas naturales o preparadas, orientada a extraer soportes alargados, o combinar lascas pequeñas y laminillas cortas. La producción de los microlitos geométricos (triángulos y trapecios) se realiza a partir de soportes laminares mediante la técnica del microburil (identificada en los restos de talla).

7) En cuanto a las materias primas en la fabricación de industria lítica se caracteriza por la utilización del sílex de forma absoluta, con predominio de los sílex de procedencia local y, escasa presencia de sílex foráneos. Las cuarcitas y areniscas aparecen principalmente en el macroutillaje.

8) Respecto de la identificación cultural, con los datos disponibles actualmente, no se pueden establecer secuencias culturales diferenciadas. Dentro de la homogeneidad que ofrecen los yacimientos en todo el área, se percibe un primer tramo de tradición microlaminar, una simplificación y reducción de industrias hacia la parte final (VII-VI milenio) y una presencia escasa de microlitos geométricos en toda la secuencia, sin poder establecer una fase de "Mesolítico Geométrico". [2]

10.5.9. Características de la industria ósea

Una característica general en el Mesolítico de la región cantábrica es la casi absoluta desaparición de la industria sobre hueso y asta. Lo más destacado son los anzuelos biapuntados, frecuentes en el Asturiense. En la zona centro-oriental de Cantabria, este útil ha sido identificado únicamente en Cullalvera, fuera de contexto, aunque parece corresponder a un momento mesolítico (González Sainz; Muñoz y Morlote, 1997:73- 100).

En el registro arqueológico es reducidísima la presencia de útiles óseos, únicamente se han recuperado en el Tarrerón un punzón y un pitón de base preparada y, en el Carabión y Las Salinas, sendas lascas de hueso.

10.6. El marco cronológico

El espacio cronológico del Mesolítico en la cornisa cantábrica se extiende entre (9550±50 BP; 8961 ± 134 cal BC) del Mirón (Cantabria) y (6040±75; 5210-4780 cal BC) de Arenaza (País Vasco) y en Cantabria (5945 BP; 4980-4710 cal BC) de Los Gitanos. La fecha del Mirón se solapa con fechas atribuidas al Aziliense en la región cantábrica. En el País Vasco: Ekain (9540±210BP) y Sta. Catalina (9540±120BP y 9180±110BP). En Asturias: Los Azules I (9540±120BP y 9430±120BP), Mazaculos II (9290±440BP), Oscura de Ania (9280±230BP) y La Riera (9230±90BP). La fecha de La Fragua (9600±180BP) también está cuestionada por la presencia de fauna característica de bosque templado. En este ámbito de unos 3.500 años se considera la etapa del poblamiento de los últimos cazadores-recolectores entre el Epipaleolítico-Aziliense y el paso a la economía productora en la Región Cantábrica.

---

2 Arias y Fano (2009). "¿Mesolítico geométrico o mesolítico con geométricos? El caso de la región cantábrica". En *El Mesolítico geométrico en la Península Ibérica*. Zaragoza- Jaca 2008.
Neira *et al* (2006- 2009). Estos autores reconocen en el Cantábrico un Mesolítico que incluye un repertorio de microlitos geométricos, pero no una fase de "Mesolítico Geométrico".

Las fechas más tempranas en el X milenio BP se encuentran en Mirón, Las Salinas, la Peña del Perro, Cubera y Morín. Las escasas fechas documentadas en este periodo pueden estar motivadas por falta de dataciones, o tal vez, pueda indicar una prolongación en la reducción del poblamiento, relacionado con el cambio brusco medioambiental que se produce entre 10,1/9,6 ka BP, que impulsara movimientos migratorios o de reajuste. En el IX milenio BP se produce una acumulación apreciable de fechas (7), aunque de un reducido número de yacimientos (Mirón, Garma A (3), Truchiro y Sopeña). Sobre este espacio cronológico se ha atribuido la incidencia del evento 8.2. como causa de un agujero poblacional, aunque lo más probable, con las dataciones disponibles, la consecuencia pudiera ser una redistribución del poblamiento, es decir, el abandono de ciertas cavidades que se han visto mermadas sus condiciones de habitabilidad, debido a los procesos de reactivación, inundación o infiltraciones, como se ha podido comprobar en Carabión (estuario del Asón) y en Sopeña (alto Miera), entre otros yacimientos. En el VIII milenio se produce un incremento de fechas, con 14 dataciones obtenidas en nueve yacimientos.

Finalmente, en el VII milenio BP, entre (6920 BP de la Garma A, y 5960 BP de Los Gitanos, atribuido este último al Neolítico) se encuentran 20 yacimientos. Las dataciones correspondientes al VI milenio (14 fechas), en principio atribuidas al Mesolítico por ausencia de evidencias de economía productora o presencia de cerámica, a partir de las fechas del Mirón y Los Gitanos, se están atribuyendo al Neolítico: Tarrerón, Cubío Redondo (5780BP), Carabión (5750 BP) y La Trecha (5600 BP).

10.7. Patrones de asentamiento: distribución espacial de los yacimientos

Se ha analizado el patrón de asentamiento valorando la incidencia de los aspectos geográficos del territorio, la disponibilidad de los recursos y sin olvidar la influencia de otros aspectos sociales inmersos en el acervo cultural de las sociedades prehistóricas.

10.7.1. La incidencia geomorfológica del territorio

El poblamiento de forma generalizada se distribuye a lo largo de la línea de costa, con agrupamientos en torno a rías y estuarios y, siguiendo las cuencas de los valles fluviales en que se encuentra estructurado el territorio, en las áreas formadas por sustratos calizos, siguiendo una tendencia iniciada desde el Paleolítico.

Tomando como referencia la línea de costa actual, un 30,46% del poblamiento se ubica en distancias inferiores a 1 km y entre 1-5 km el 27,34%. Lo que indica que casi el 58% del poblamiento mesolítico se encuentra en distancias entre 0-5 km de la costa. En los valles interiores entre 10-20 km de la costa se sitúan el 11,71% y en los valles altos entre 20-36 km 21,17%.

En cuanto a la altitud, la mitad del poblamiento se sitúa en zonas media-bajas que coinciden con las zonas de la llanura litoral y la costa: un 33,33% se sitúa en altitudes absolutas inferiores a 50m, en altitudes entre 50/100m se encuentran el 14,84%. En altitudes medias, entre 100/300 un 33,59%. Los biotopos son de tipo colino con predominio de bosques mixtos, encinar y bosques de ribera, hábitat de ciervos, corzos jabalíes y animales de pequeño tamaño como mustélidos, aves y carnívoros, además del caracol de tierra.

En el Holoceno se incrementa el poblamiento en los valles subsidiarios y cabecera de los valles en altura, no superando los 750 m de altitud absoluta. En niveles medio-altos entre los 300m y 500m en biotopos de tipo colino o submontano, se ubican el 11,32% de los asentamientos de montaña. Entre los 500-750m, en un biotopo montano inferior, se asienta un 6,64% del poblamiento. Estas ocupaciones situadas en cotas de altitud por encima de los 300 m, responden a la colonización de las zonas altas de los valles, tras la deglaciación del glaciar de Castro Valnera, que se extendía por la cabecera de los valles del Miera y Asón (Pérez Bartolomé *et al.* 2015). La datación radiocarbónica del conchero de Cubera en Val de Asón (próximo a Los Collados del Asón) (9190±90 BP), le sitúa en un momento inicial del Mesolítico, sobre un nivel inferior atribuido al Aziliense. La excavación en Sopeña (Alto Miera), donde se han exhumado una secuencia de tres niveles con 2 dataciones en el tercer nivel (11730±70 y 11630±70 BP) (atribución Aziliense). El nivel 2, un potente conchero de *Cepaea nemoralis* muy erosionado, ha dado la fecha (8460±100 BP) plenamente mesolítica. Se comprueba la colonización de la parte alta del valle más temprana en el Miera debida a la situación del glaciar a mayor altura que en el Asón que descendió hasta los 300 m de altitud.

En cuanto a la preferencia, en relación con las condiciones de iluminación, protección de vientos dominantes, se comprueba la preferente utilización de cavidades con orientación E/S/SE, que ofrecen más horas de sol y por tanto mejores condiciones de iluminación y temperatura.

Respecto a la proximidad a los cursos de agua dulce, en la distribución espacial se observa, que el poblamiento se encuentra asociado a los cursos de agua: en los valles principales, y en los secundarios se asientan en las laderas, con preferencia a la situación en media ladera. Los situados en la zona litoral y costera, también están asociados a cursos de agua, rías y arroyos. Un reducido número de estaciones se encuentran alejadas de corrientes fluviales, probablemente se debe a su función logística de captación de un recurso concreto en un tiempo limitado, como sucede en los cazaderos de montaña, sin embargo, en muchos casos el agua es posible obtenerlo de las numerosas surgencias que ofrece el entorno cárstico o por goteo en la propia cavidad.

La bonanza climática que favoreció la deglaciación, supuso también la subida del nivel del mar, lo que sin duda ocasionó la pérdida de un amplio territorio en la plataforma litoral, que parece ser compensada con las zonas recuperadas en la alta montaña y la oferta de los nuevos biotopos a explotar. Estos serían factores de causalidad de la distribución territorial que se han podido comprobar, de forma bipolar, con una alta concentración del poblamiento en la línea de costa y un paralelo en la zona alta de los valles.

10.7.2. La incidencia del patrón económico

Desde el punto de vista paleoeconómico, la ocupación del territorio constituyó una de las manifestaciones de adaptación de los grupos cazadores-recolectores, para optimizar el acceso a los recursos y permitir una explotación eficiente del medio. Las zonas de poblamiento parecen estar determinadas por la oferta de los recursos disponibles. En determinados aspectos las decisiones humanas se adoptan teniendo como objetivo la maximización del ratio neto de energía obtenido. Estos aspectos incluyen decisiones sobre la dieta, el lugar de captación, el tiempo empleado en la obtención de recursos, el tamaño de las expediciones forrajeadoras y la ubicación de los asentamientos.

Los movimientos del poblamiento están condicionados de forma directa con el patrón económico, basado en la economía de amplio espectro y en la explotación de los recursos que ofrecen los nuevos paisajes surgidos del cambio paleoambiental: la explotación de los moluscos que ofrecen las nuevas formaciones en la costa y la caza y recolección en la zona alta de los valles.

La incidencia de la explotación de los recursos costeros parece ser determinante en la ubicación de los asentamientos con respecto a la línea de costa. Casi el 60% se encuentran en distancias entre 0-5 km de la costa. Analizando el poblamiento en el *hinterland* más inmediato de aprovisionamiento de los recursos marinos, valorando las distancias inferiores a 5 km, se observa la formación de agrupamientos en las orillas y márgenes de las rías y marismas. Un total de 165 yacimientos se encuentran situados en este entorno. La mayor densidad se produce en la Bahía de Santander y en las Marismas de Santoña- Estuario del Asón. A la vez que se comprueba, como este recurso pierde peso a medida que el poblamiento se aleja de la costa, con un límite de unos 20 km. A partir de esta distancia, junto con el aumento de altitud, los moluscos marinos tiene una escasísima presencia en los yacimientos de los valles altos, siendo sustituidos por el gasterópodo terrestre de la especie *Cepaea nemoralis*.

La caza es un recurso importante en todos los yacimientos, explotada de forma intensiva. Se puede comprobar la preferencia cinegética del ciervo en todos los casos, excepto en la Fragua y, de forma especializada en el Carabión. Se aprecia la diversificación de especies con el incremento de los taxones de corzo y jabalí. Las áreas de captación de estos ungulados se encuentran próximas a los asentamientos. En distancias inferiores entre 5-10 km se encuentran los biotopos que albergan estas especies, excepto el rebeco. La uniformidad del clima de Cantabria templado y húmedo favorece el desarrollo de las masas boscosas en las llanuras, laderas y márgenes de los ríos, en unidades de relieve moderado con amplias laderas se desarrollan bosques de *Quercus, Corylus* y, en los fondos de valle, bosques mixtos (*Betula, Alnus, Corylus*), hábitat propicio de ciervos, corzos y jabalíes. Un tercer grupo incluiría las zonas de roquedo, con bosques de encinar y mixtos, hábitat de cabras y rebecos.

Teniendo en cuenta la superficie del territorio, la distancia máxima de los asentamientos entre la zona de montaña y la costa es inferior a 30 km y la distribución de los paisajes vegetales y biotopos se distribuyen siguiendo la geomorfología del relieve. Como se observa en la distribución territorial, los asentamientos se encuentran distribuidos de forma más intensa: costa/llanura litoral y fondo de valle interior/valle alto, siguiendo un patrón de proximidad a los diferentes recursos.

La presencia de especies de roquedo (cabra y rebeco) en yacimientos situados en el área litoral puede indicar desplazamientos hacia la parte alta de los valles y el traslado de las piezas a los asentamientos en la zona litoral, sin que se haya producido un desplazamiento temporal del campamento, simplemente un pequeño grupo de caza especializada en un corto espacio de tiempo.

Sobre estacionalidad de la caza no se dispone de resultados concretos en el área de estudio en los niveles mesolíticos. Las presencias de hembras, neonatos y juveniles en la Fragua y Carabión pueden indicar el apresamiento en los meses de verano (junio-julio), sin embargo, la caza del ciervo en el Carabión parece que se ha realizado a lo largo de todas las estaciones. El transporte de las piezas al yacimiento nos informa también de la proximidad o lejanía del recurso En el caso del transporte de piezas enteras puede indicar la proximidad del recurso cinegético al asentamiento y en el caso del trasporte parcial, puede ser debido a que se trate de piezas adultas o de mayor distancia al campamento base.

La pesca está documentada en el Carabión y Las Salinas y, algunos hallazgos en superficie no identificados. La captura de los peces en el Carabión se ha efectuado en el entorno inmediato de la cavidad, próxima al estuario y ría de Rada. En las Salinas la abundancia de taxones en un conjunto tan pequeño, indica una pesca "oportunista". Las especies están asociadas a un biotopo de ría o estuario. En este caso también se encuentra el medio en el entorno cercano del asentamiento, en la ría de Mogro.

Sobre las áreas de captación de materias primas no se han efectuado estudios. Se comprueba la escasa variedad de sílex, la mayoría procede de filones de sílex local aptense. Los tipos de sílex identificados en el conjunto de yacimientos, proceden un buen número, de filones locales del tipo aptense del Cretácico inferior, que se encuentran en el sinclinal de San Román, cerca de Monte Picota (Cantabria), en las inmediaciones de Santander y litoral del tipo calcedonítico, frecuente en la zona costera de Langre.

En la pequeña muestra que ofrecen cinco yacimientos, se percibe la presencia de un porcentaje de sílex foráneo de buena calidad en yacimientos situados en la costa (La Fragua, El Perro, Las Salinas) y en la llanura litoral (Barcenilla). Por el contrario en la parte interior del valle (Cubío Redondo) predomina el sílex local aptense y el litoral calcedonítico. Estos datos apuntan a una mayor diversidad en la zona costera, debido probablemente a una mayor movilidad o accesibilidad hacia los filones de sílex de la zona oriental del Flysch del País Vasco (sinclinorio entre Guetxo y Guernica).

10.8. Tipos de asentamientos

El poblamiento en su totalidad se ubica en refugios rocosos de diferentes tamaños en forma de cuevas, abrigos y covachos, asentamientos relacionados con las áreas de distribución de la caliza, con la excepción de 4 asentamientos situados al aire libre. La mayor proporción se observa en las cuevas de pequeño tamaño (26,95%) y cuevas grandes (23,04%). Los abrigos - paredes rocosas-, se ocupan en un 26,55% de los casos y en gran parte de las cavidades, la zona habitada es la parte exterior, vestíbulo-abrigo. Las cuevas y covachos de pequeño tamaño, se encuentran en muchos casos colmatados, o con escasas condiciones de habitabilidad, por lo que el hábitat estaría situado en la plataforma exterior.

La colmatación de las cavidades por las conchas y otros restos de la actividad humana, junto con el reducido tamaño de muchas cavidades o las escasas condiciones de habitabilidad, apuntan a que el hábitat estuviera situado en campamentos en el entorno inmediato de las cavidades, lo que puede considerarse como asentamientos al aire libre. Esto ya fue considerado por Vega del Sella (1916: 62) en sus estudios sobre el Asturiense, que había espacios con evidencias de vida al aire libre cerca de las cuevas y abrigos en los que se conservan los yacimientos arqueológicos característicos de este complejo cultural (sin que se probara en su tiempo).

Un primer intento de probar esta hipótesis se debe a G. A. Clark (1974) mediante una excavación arqueológica frente a la entrada a la cueva La Riera, en la que creía haber encontrado ocupaciones asturienses al aire libre, pero las revisiones posteriores de los resultados obtenidos dieron lugar a que sus hallazgos fueran cuestionados (González Morales, 1982a, Arias, 1991). Unos años más tarde, el hallazgo de suelos de ocupación, en el conchero de Mazaculos II N. 3.3 fue interpretado como evidencia del acondicionamiento de las cavidades (González Morales, 1978 y 1982a). La nueva información dejó abierta la posible utilización de las cavidades como un lugar hábitat (Arias *et al.* 2016:160).

Recientes investigaciones en yacimientos de la zona asturiense han aportado indicios de estructuras localizadas en el exterior de las cavidades que pudieran indicar la ocupación del espacio exterior. Es el caso de El Alloru donde se ha comprobado la ocupación del espacio exterior próximo a la cavidad con conchero, por la variedad relativa de los restos arqueológicos documentados, las características identificadas y los signos de pisoteo en la base del nivel de ocupación principal. No se ha determinado aún si se trataba de un campamento o de un área en la que se realizaban actividades específicas (Arias *et al.* 2016:160 y 183). En la excavación efectuada en El Toral III se han identificado diferentes estructuras interpretadas como agujeros de postes cavados en una unidad de conchero intacto o ligeramente alterado (US 8, Noval, 2013: 382).

No se descarta la posible utilización como hábitat de aquellas cavidades amplias y con buenas condiciones de habitabilidad como es el caso de Sopeña (Miera), o de las pequeñas cavidades situadas en zonas de explotación de determinados recursos, que pudieran ser utilizadas en periodos puntuales por un reducido grupo humano que realizara actividades concretas, como la caza o recolección.

Por ahora es muy reducida la información sobre asentamientos situados al aire libre, a pesar de los diferentes proyectos de prospección realizados en el territorio de estudio. Se han documentado en la cuenca del Asón dos asentamientos: en la estación megalítica del Alto de Guriezo-Hayas, inmediato al menhir Ilso de Hayas, en un sondeo efectuado se ha obtenido una datación (IH-3 8440±130BP, GrN-21231) y un pequeño lote de industria lítica en sílex de diferentes tipos (de atribución dudosa) y restos de carbones (Serna González, 2000 y Serna González y Villar Quinteiro, 1997). En la parte alta del valle, en La Muela, la atribución cultural de este asentamiento es dudosa, basada en la localización de industria lítica poco significativa.

En el Agüera, en los acantilados de la playa de San Julián, se ha localizado en un corte del terreno un paquete de conchero, en sedimento terroso, entre bloques de caliza emergentes y, en diferentes puntos del acantilado, hay evidencias de industria en sílex local y arenisca. En el acantilado de Castro Urdiales en una excavación efectuada en la ermita de Santa Ana, bajo el edificio medieval, en el roquedo de base, se recuperó sedimento con restos arqueológicos de carbones e industria lítica. La datación obtenida sobre carbón ha dado la fecha (6440±40BP, Poz-7428) (Valle Gómez et al. 2006) atribuida al Mesolítico.

El escaso conocimiento del poblamiento en superficie, seguramente se debe a la dificultad que tiene la localización de este tipo de yacimientos, por su difícil conservación, expuestos a la erosión y, a la modificación del paisaje por acción antrópica agropecuaria y fundamentalmente en la zona litoral, donde el avance del proceso urbanístico ha alterado y destruido el paisaje natural y con él muchos yacimientos.

En cuanto a la orientación, como factor de insolación potencial y visibilidad, la preferencia está en las orientaciones SE (22,48%), S (15,11%) y E (11,24 %), aunque hay que tener en cuenta que también está determinada por la ubicación de las cavidades en las laderas de las cuencas, y estas por su trayectoria sur/norte, en muchos casos están orientadas al este y oeste. Se percibe en ciertas cavidades con buena orientación y abundantes horas de insolación, que contienen depósitos muy potentes que indican una ocupación prolongada o permanente como campamento base. Podría ser el caso de La Chora, en la llanura litoral, entorno de las rías de Rada y estuario del Asón. Tal vez también la Cueva del Mar (Monte de la Garma), El Perro (Estuario del Asón), El Cubillo (Ogarrio-Asón) y Sopeña (Valle secundario del Alto Miera).

Una característica observada es el abandono de las grandes cavidades, situadas en la parte media de los valles: Cuevas del Monte Castillo (Pas), Piélago (Miera), Valle (Asón) con denso poblamiento en el Paleolítico y Aziliense.

La falta de excavaciones no permite diferenciar los asentamientos ex novo de los de continuidad. Aun así, en la muestra disponible se comprueba la continuidad en la utilización de las cavidades desde el Magdaleniense, Aziliense y Mesolítico en Morín, El Pendo, Las Salinas, Garma A, La Chora, El Perro, La Fragua, Mirón y muy posiblemente en La Pila. Continuidad Aziliense-Mesolítico-Neolítico, en El Carabión, Sopeña. En algún caso no se ha llegado al nivel de base como en Barcenilla, donde se comprueba la continuidad de ocupación Mesolítico-Neolítico-Calcolítico.

En otros casos se produce la continuidad del uso de las cavidades durante el Mesolítico-Neolítico y depósito funerario Neolítico en Carabión, Truchiro y tal vez Calcolítico en Las Salinas.

10.9. Movilidad residencial

Sobre las pautas de movilidad en el ámbito del territorio de estudio, se ha podido comprobar la estructura de los asentamientos en núcleos situados en cortas distancias *intrasite* e *intersite* en las áreas de ocupación intensiva del territorio. Esto plantea algunas hipótesis sobre la movilidad:

1) Sobre el tipo de movilidad entre la costa y el interior, los grupos se trasladarían de forma conjunta cuando la movilidad fuera del tipo residencial, cíclico y complementario, pero tal vez no estrictamente del tipo estacional.

2) La estrategia de ocupación del territorio pudiera ser más compleja que una de tipo trashumante entre la costa y el interior. Esta segunda hipótesis reflejaría el hecho de que algunos de los yacimientos pudiesen ser habitados en diferentes épocas del año: los situados en la costa, en el entorno de las rías y estuarios, alternando con asentamientos en los fondos de valle y valles altos, donde se producen también núcleos de asentamientos, (Ramales-Calera), (valle de Matienzo), (Ogarrio), en los que se efectuaran varias ocupaciones discontinúas a lo largo del año. En otros casos, ocupaciones más prolongadas, de tipo semipermanentes en áreas de la llanura litoral (Barcenilla, La Chora, Carabión), y en los valles altos (área de Cubera, valle de Bustablado y Sopeña), de las que no tenemos datos de estacionalidad debido a problemas de conservación del registro arqueológico.

3) Paralelamente se producirían desplazamientos de tipo logístico. Teniendo en cuenta la distancia y duración de este tipo de desplazamiento se producirían dos clases de movilidad logística, corta o larga, en función del tipo de recursos que se pretende explotar. Por una parte pequeños grupos con objetivos concretos de tipo cinegético o de pesca y recolección en varias jornadas de duración. Por otra parte, se producirían desplazamientos de campamentos residenciales, desplazándose todo el grupo a lugares cercanos a los recursos. Los campamentos residenciales se situarían en lugares apropiados para el establecimiento relativamente estable de la comunidad, mientras que los recursos serían recolectados mediante incursiones logísticas y transportados al campamento.

4) El registro arqueológico confirma la captación de los recursos en el entorno más inmediato de los asentamientos. Esto puede indicar que exista una cierta territorialidad y se respeten determinados límites. Por otro lado, todo apunta, debido a la geomorfología del territorio, a los movimientos norte-sur dentro de cada una de las cuencas.

5) Es posible considerar hacia la etapa final una cierta sedentarización, en la que pudo influir la estabilización definitiva de las condiciones templadas en las costas nord-atlánticas hacia el 7,7 ka BP. Marcadores de cambios en la movilidad pueden percibirse en el patrón económico: las estrategias de caza centradas en la especialización en la caza del ciervo y la sobreexplotación de esta especie (por la presencia de hembras, animales de pequeño tamaño y neonatos), la disminución de la presencia de la caza de roquedo en la parte baja y costa, la escasa presencia de moluscos marinos en la parte alta de los valles, y el predominio de utilización de materias primas locales. En cuanto a la recolección de vegetales, se observa en los análisis de paleobotánica la presencia de plantas silvestres de interés económico como Apiaceae, Brassicaceae y Fabaceae, documentado en el Carabión, que pudieran haber sido potenciadas directa o indirectamente por los grupos humanos en la etapa más avanzada del Mesolítico. En esta etapa son también frecuentes la presencia de frutos de la familia de las Rosáceas, subgénero Pomoideas o Maloideas, grupo que incluye árboles como el manzano, peral, serbal, mostajo, espino blanco, documentadas en el País Vasco (Aizpea) (Zapata, 2000:160).

Otro indicador de una posible sedentarización son los depósitos funerarios en cuevas, en el interior de los concheros.

En definitiva, por ahora no es posible confirmar estas hipótesis sobre la movilidad del poblamiento mesolítico, debido a la escasa información disponible sobre el conjunto de los depósitos de conchero en estudios de paleoeconomía, industrias y estacionalidad, motivado en gran parte por la falta de intervenciones arqueológicas y el mal estado de conservación de este tipo de depósitos.

10.10. Evolución del poblamiento: crecimiento demográfico

Analizado el poblamiento del área de estudio en el Magdaleniense superior-final, Aziliense y Mesolítico, la población en esta zona mantiene una cierta estabilidad en los dos primeros periodos. Se observa un aumento muy significativo en el Mesolítico, con una curva de crecimiento más elevada hacia la parte final, basada en el número de yacimientos y la progresión de dataciones radiocarbónicas.

Considerando, que alguno de los yacimientos documentados como mesolíticos (sin datación radiocarbónica), pudieran pertenecer a una etapa anterior o posterior, es evidente que se produce un aumento progresivo del registro arqueológico de yacimientos de conchero en el Mesolítico. También se observa una continuidad del poblamiento en muchas de las estaciones, en algunos casos desde el Magdaleniense (Las Salinas, La Garma A, El Perro, La Fragua, La Chora, Mirón, Puyo, Morín, Pendo), en otros desde el Aziliense (Cubera, Carabión, Sopeña, Llerao, entre otros). Otros muchos yacimientos parecen tener un nivel de ocupación inicial en el Mesolítico, algunos de los situados en la línea de costa, relacionados con la recolección de moluscos, y en los valles altos del Miera y Asón (Tarrerón, Cubío Redondo, Pajucas), en función de la explotación de los recursos que ofrecen los nuevos paisajes, como ya vimos, el poblamiento se inició a partir del Holoceno.

Generalmente se ha asumido un crecimiento demográfico a lo largo del Mesolítico a partir del incremento del número de yacimientos (altos de caza) y de la mayor ocupación de los mismos (Barandiarán y Cava 2001: 520; Alday 2002: 31, Cava 2004: 17), en García-Martínez de Lagrán (2008:61). Este incremento demográfico se pone en relación directa con la intensificación en la obtención de recursos y la disminución de la movilidad del poblamiento.

10.11. Modelo hipotético de sociedad

La incidencia que los cambios climáticos puedan tener sobre los cambios culturales es cuestionable. No obstante no se puede obviar la importancia que el bagaje cultural debió jugar en las sociedades, modificando la forma en que el medio era percibido por sus pobladores y propiciando la pervivencia de ciertas tradiciones. Debemos considerar una conjunción de factores, tanto internos, como externos, que den lugar a las transformaciones sociales (Silberbauer, 1994).

La capacidad del ser humano para transmitir y acumular su conocimiento (su cultura en definitiva), da lugar a respuestas propias y diversificadas, más allá de los condicionamientos medioambientales. A pesar de la influencia que éstos debieron tener sobre unas sociedades con escasa capacidad de transformación del medio natural, los procesos de cambio no se limitarían a una respuesta fija y automática de tipo causa-efecto, más bien debió tratarse de una relación dialéctica, en la que las capacidades culturales (la tecnología, los lazos sociales, el régimen demográfico, etc.) se integrarían en el contexto ambiental de cada momento (entendido como las posibilidades de explotación que el medio ofrecía, a la vez que como una realidad física, interpretable y simbólica).

Un aspecto característico de los yacimientos de conchero es su ubicación en las entradas de las cavidades, próximos a las áreas de habitación. Actualmente se está tratando de explicar la situación de los concheros como elementos configuradores de un paisaje social cognitivamente construido. La consecuencia de acumulación a lo largo del tiempo o de un proceso intencional o planificado ha dado lugar a la formación de paisajes salpicados de concheros. Con estos amontonamientos ya sean intencionales o simplemente acumulación de la basura, se construyen por primera vez elementos que suponen las primeras prácticas de antropización de los paisajes (Gallego Lletjos, 2013:468).

Si tenemos en cuenta el espacio cronológico en que se forman los concheros, en los casos que se dispone de secuencias cronológicas, se puede comprobar que son el resultado de una acumulación a lo largo de milenios en algunos casos (La Fragua, Las Salinas, Carabión y Cubío Redondo, entre otros), y probablemente en ocupaciones discontinuas, lo que puede informarnos de una transmisión generacional del uso y utilización de los hábitats y de los territorios. Existe también la asociación de los enterramientos en los concheros: en los estuarios portugueses al aire libre y en el Cantábrico en el interior de las cuevas. Esto parece alejarles de la mera acumulación de desechos consumidos.

La tecnología es también un aspecto cultural, pero la alimentación y el uso de los recursos naturales están muy pautados, la etnografía así nos lo demuestra. El patrón de la alimentación es uno de los que experimenta un cambio más rápido porque depende de la posibilidad de los recursos disponibles. En el Mesolítico se cambia la dieta a caza menor, a la pesca y a la recolección de determinados recursos que antes no se utilizaban, todo ello en un corto lapso de tiempo. La adaptación es rapidísima. Cada uno resuelve la crisis como puede porque las condiciones varían en cada sitio, lo que da lugar a una adaptación a la explotación de los recursos inmediatos del entorno del asentamiento. La perplejidad provocada por las nuevas condiciones genera la adaptación a una economía de amplio espectro. Para Martzluff (2012) la adaptación sería una respuesta inteligente de los humanos a su entorno, más que una situación de estrés, como paso previo a la sedentarización neolítica.

10.11.1. Cambios en la dieta

El efecto inmediato del cambio paleoambiental y de la disponibilidad de recursos tiene repercusión inmediata sobre la dieta de los humanos. La investigación sobre el uso de recursos marinos y terrestres en la Prehistoria se ha intensificado en las últimas décadas (Arias, 2005; Salazar-García *et al.* 2014). Son escasos los estudios de isótopos que se han llevado a cabo en esta área, y los casos más cercanos están representados por la investigación de Arias y Schulting (Arias, 2005; Arias y Schulting, 2010). Sus estudios se efectuaron sobre yacimientos mesolíticos de La Poza l'Egua, Colomba y Los Canes (Asturias), J3 (País Vasco) y Braña Arintero (León) y hasta el Neolítico (Cotero de la Mina) y la Edad del Bronce (La Garma A). La investigación se centró principalmente en la transición a la agricultura en la región.

En la zona de estudio no se dispone de análisis sobre paleodietas (el intento sobre el hueso humano del Carabión ha fallado por falta de colágeno, un problema frecuente). Los resultados de los estudios efectuados en la zona occidental en la cueva de Los Canes, situada en un medio interior, nos informan que dependía fundamentalmente (en lo que se refiere a las proteínas) de alimentos de origen terrestre, entre los cuales la carne debió de desempeñar un papel importante. Por otro lado en las poblaciones costeras, representadas por muestras de Poza l'Egua, Colomba (Asturias) y J3 (País Vasco), (Arias y Fano 2005; Arias 2005/2006 y 2007), indican que consumieron proporciones similares de proteínas procedentes del mar y del medio terrestre. Sugieren también la posibilidad de que las proteínas procedieran en mayor medida del consumo de pescado que de la explotación de invertebrados. En el caso de Los Canes, sobre la ausencia de proteínas marinas, se argumenta la posibilidad de que los grupos asentados en primera línea de la costa no permitieran el paso de los habitantes del interior a los recursos marinos.

El estudio realizado sobre dos individuos, muy bien conservados, en el yacimiento de La Brañara-Arintero (León), situado en la vertiente meridional de la Cordillera Cantábrica (Arias y Schulting, 2010:130-137), los resultados de $\delta^{13}C$ (-19‰) pudieran indicar alguna presencia de proteínas de origen marino. Dada su distancia a la costa y, aunque pudieran darse intercambios directos o indirectos con la costa, parece que pueden explicarse estos resultados por otras causas más complejas de conservación, o tal vez, es posible que sea más relevante a este respecto, el consumo de determinados recursos vegetales ricos en proteínas, como las avellanas (Corylus avellana), lo cual contribuiría a una reducción del valor del $\delta^{15}N$, indicador del consumo de proteína animal.

En la zona oriental de la región cantábrica, un reciente estudio sobre el origen de la dieta efectuado en Santimamiñe (Kortezubi, Bizkaia) y Pico Ramos (Muskiz, Bizkaia) (Sarasketa-Gartzia *et al.* 2017:1-14), basado en el análisis de multi-isótopos, efectuado sobre un total de 67 muestras arqueológicas (restos humanos, huesos de animales y esmalte de dientes) correspondientes a niveles del Mesolítico, el Neolítico Tardío y el Calcolítico aporta nuevos datos. Los resultados de ambos sitios son indicativos de una dieta basada principalmente en el consumo de recursos terrestres. En Santimamiñe los recursos marinos pueden haber sido consumidos esporádicamente (pero no en cantidad suficiente como para reflejarse significativamente en la firma del colágeno).

Un estudio reciente sobre análisis de ADN aplicado al estudio del genoma de grupos mesolíticos y neolíticos en la cuenca del Bajo Danubio (González-Fortes *et al.* 2017: 1-10) en el que se han incluido restos humanos de Los Canes (Asturias) han aportado alguna información sobre la dieta. Los restos de la mujer (de unos 60 años de edad) recuperados en Los Canes han evidenciado que presentaba intolerancia a la lactosa, que padeció diversas enfermedades y numerosas caries en la dentadura, lo que se asocia a carencias alimentarias, sin que se haya precisado más.

Por el momento, los resultados no son muy precisos sobre la incidencia del consumo de recursos de origen marino por los pobladores mesolíticos en la dieta. Los estudios de arqueofauna y macrorrestos vegetales muestran que los grupos mesolíticos explotaron tanto en el medio marino como el terrestre, pero en el estado actual de la investigación, no es posible estimar la contribución relativa de los diferentes recursos a la dieta.

10.11.2. Objetos de adorno

Los objetos de adorno pueden informarnos de manifestación de riqueza de distinción intergrupal, de diferencias económicas y otros aspectos sociales sobre costumbres y arreglo personal.

La información disponible se reduce a hallazgos aislados en algunos yacimientos y de los depositados en ajuares funerarios, estos a su vez, son escasísimos. En el Mesolítico se han utilizado casi exclusivamente las conchas de moluscos como objetos de adorno, y de forma preferente los gasterópodos, en forma de colgantes. En el conjunto de la región cantábrica los colgantes sobre conchas de gasterópodos se elevan al 99%. (Álvarez-Fernández, 2006)

Los objetos de adorno personal asociados a los cadáveres, se reducen a conchas de moluscos perforadas, parece relacionarse con los ornamentos que el difunto portaba, bien directamente sobre su cuerpo, bien fijados a sus vestidos o a un sudario. En Cantabria centro-oriental este tipo de ajuar se ha recuperado en el enterramiento de un individuo joven en la cueva del Truchiro, colocados sobre el pecho, conchas de *Cerastoderma edule*, perforados y sin perforar, lo que parece indicar formaran parte de un collar.

En yacimientos de habitación se han recuperado una concha de *Naticidae* en la Garma A, cuatro *Nassarius reticulatus* perforados en el Carabión y en la cueva de Los Cuartos (Santoña), se halló un ejemplar de *Naticidae*, en superficie, en un nivel atribuido al Mesolítico.

10.11.3. El pensamiento simbólico

La desaparición del arte es un hecho significativo en las sociedades mesolíticas de la cornisa cantábrica. Tal vez su función simbólica dejó de ser necesaria, debido a que las funciones que cumplía desaparecieran como consecuencia de los cambios ambientales y su repercusión en los cambios sociales. Quizá la ruptura de la unidad cultural del Paleolítico fuera una de las causas de la desaparición de esta manifestación simbólica.

En este sentido, González Morales (1997), plantea la posibilidad de que la profusión de ocupaciones en la entrada de las cavidades a partir del Aziliense, y especialmente en el Mesolítico, esté relacionado con un cambio en la concepción simbólica del mundo, y una menor relación con la oscuridad y el mundo subterráneo. Esto se traduciría en un menor sentimiento atávico respecto a esos lugares, y un interés cada vez menor en su visita y ocupación. La realidad es que, por ahora, los datos sobre el poblamiento mesolítico evidencian el asentamiento de forma casi total en cuevas y abrigos rocosos.

Como manifestación del pensamiento simbólico está el comportamiento ante la muerte y la interpretación del más allá, un hecho trascendental en cuyo ritual se pueden expresar sentimientos, utilizar símbolos, depositar objetos personales o de homenaje que pueden informarnos sobre la actividad o la función social del difunto en el grupo.

La región cantábrica, después del centro y sur de Portugal, es la zona con mayor número de evidencias funerarias. La mayor parte de los sitios conocidos hasta el presente se localizan en el sector occidental.

En Cantabria oriental las evidencias son menores y de cronología tardía, en un momento avanzado del Mesolítico. Se han documentado enterramientos en la cueva del Truchiro, y en El Portillo del Arenal, este último en un momento ya Neolítico. El resto de la información disponible corresponde a restos humanos aislados en el interior del conchero en El Carabión, que corresponderían a un momento Neolítico antiguo. No obstante, se puede considerar que la falta de evidencias esté motivada por la escasa investigación realizada sobre estos yacimientos.

En el aspecto simbólico, se percibe un rasgo común, la inhumación en el propio yacimiento del conchero. Se observa, en primer lugar, que los grupos mesolíticos del Cantábrico no parecen establecer una separación marcada entre el espacio doméstico y el espacio funerario.

El tipo más común de enterramiento parece haber sido la inhumación individual en fosa o en depósito directo sobre el suelo. Particularmente interesante es la aparición en El Truchiro de indicios de la existencia de una estructura de madera, posiblemente una especie de plataforma de corteza de roble sobre la que se habría depositado el cadáver (Arias *et al.* 2009). La posición de los cuerpos en casi todos los esqueletos es flexionada en decúbito supino o en posición lateral. Un rasgo común en los depósitos del Truchiro, Los Canes y El Carabión es que los restos han sido afectados por el fuego, en algún momento posterior a la descomposición del cadáver. No se ha podido precisar si la acción del fuego ha sido casual o se ha producido como forma ritual.

Los objetos asociados a los cadáveres son de carácter variado (instrumentos de uso cotidiano, restos de fauna (tal vez ofrendas de carne) y objetos de adorno personal, de forma generaliza moluscos, fijados a sus vestidos o a un sudario. Raramente se encuentran restos de colorante rojo, uno de los temas recurrentes en la bibliografía sobre el mundo funerario.

El hallazgo aislado de restos humanos en algunos concheros de la región, pudiera ser muestra de algún otro tipo de práctica funeraria, pero las evidencias y la común presencia de inhumaciones en concheros abogan más bien por la idea de que se trate de restos de estructuras desmanteladas, bien por la actividad humana bien por procesos naturales.

10.12. Cronología del Mesolítico en la región cantábrica

Las fechas más tempranas del Mesolítico (Anexo Tabla 10.12), se encuentran en el periodo Preboreal, en el X milenio BP (8 fechas). En Cantabria centro-oriental 5 yacimientos se encuentran en esta cronología: el Mirón (9550±50BP), Las Salinas (9450±50 BP), Peña del Perro (9260±110 BP), Cubera (9190±60BP) y Morín (9000±150 BP). En la zona occidental, en Asturias 2 yacimientos: Mazaculos II (9290±440 BP), El Mazo (9067±1415 BP) y uno en el País Vasco: Arenaza (9600±180 BP).

En el IX milenio BP sin calibrar se dispone de 40 dataciones de las que 19 se encuentran en yacimientos asturienses, 11 en el País Vasco cantábrico y 10 en Cantabria centro-oriental: Mirón (8700±40 BP y 8380±75BP), Sopeña (8460±100BP), Ilso de Hayas (8440±130 BP), Truchiro (8296±31BP), Garma A (8848±1987 BP; 8295±65; 8.175±65; 8.165±65 BP, 8175±65 BP y 8165±65 BP). En este milenio, la fecha más temprana para el Mesolítico en la zona oriental se encuentra en Berrobería (8860±100 BP).

En el VIII milenio BP, el número de dataciones aumenta significativamente con 56 fechas, de las que 35 pertenecen a yacimientos de Asturias (incrementadas en investigaciones recientes en El Mazo (Gutiérrez Zugasti *et al*, 2014 y 2016) El Toral (Noval Fonseca, 2014) y El Alloru (Arias *et al*, 2016); 2 en León (Espertín), 6 en el País Vasco atlántico y 13 a Cantabria oriental: Garma A (7985±65; 7710±90; 7685±65BP), Carabión (7800±50BP), La Trecha (7500±70BP), La Fragua (7530±70BP), Ilso de Hayas (7529±130BP), Ermita de Santiago (7390±40BP), Arenillas (7374±38; 7143±36BP), Barcenilla (7020±30 BP), Truchiro (7015±45BP) y Cueva del Mar (7013±42BP). En toda la región cantábrica se produce un aumento de fechas en el VIII milenio BP. En Asturias y Cantabria se comprueba el aumento de fechas debido a los proyectos de dataciones realizados en los últimos años.

En el VII milenio BP, se mantiene la frecuencia con 54 fechas. De ellas, 19 se encuentran en yacimientos de Asturias, 16 en el País Vasco atlántico y 19 en Cantabria centro-oriental: Las Salinas (6990±40 BP; 6930±40 BP; 6.910±40 BP;

6870±40BP), Garma A (6920±50 BP; 6721±493 BP y 6870±50BP), La Fragua (6860±60BP), Cubío Redondo (6630±50BP), Campizo (6630±50BP), Truchiro (6470±70BP), Sta. Ana (6440±40BP), Barcenilla (6.380±40BP), La Chora (6360±80BP), La Trecha (6240±100BP). En la secuencia final, están atribuidas culturalmente al Neolítico 5 fechas en el País Vasco atlántico: Linatzeta (6.110BP), Pico Ramos y Arenaza (6040BP), Marizulo (6035BP) y Herrico Barra (6010BP).

Recapitulando, en el aspecto cronológico, las fechas disponibles para Cantabria centro-oriental, sitúan el inicio del Mesolítico en el X milenio BP sin calibrar con 5 fechas obtenidas en cinco yacimientos. Se extiende a lo largo del IX milenio BP, documentado con diez fechas sobre cinco yacimientos, VIII milenio BP con 13 fechas obtenidas en nueve yacimientos y en el VII milenio BP con 19 fechas obtenidas en 10 yacimientos. Lo que aporta un ámbito cronológico de unos 3.600 años.

10.13. La transición Mesolítico-Neolítico en la región cantábrica

En el VI milenio se dispone de 27 fechas, de las que 6 se encuentran en el País Vasco cantábrico, 2 en Asturias y 19 en Cantabria oriental. Estas fechas están en una cronología en la que se considera introducida en la región algunos factores de la economía productiva. En Cantabria la fecha de Los Gitanos (5.945±55BP) está atribuida al Neolítico, con presencia de fauna doméstica y cerámica. Algunos yacimientos se han atribuido de forma dudosa al Mesolítico y/o Neolítico por no presentar evidencias de economía productora (Cubío Redondo, Tarrerón, La Trecha, Cucabrera, Carabión) y Las Aguas (Cantabria occidental) del que solo se tiene la datación del conchero. El resto se han atribuido culturalmente al Neolítico, por contener evidencias de economía productora o cerámica.

Esta etapa de transición cultural Mesolítico-Neolítico en el País Vasco es algo más temprana. La cultura neolítica se introduciría en el País Vasco a través del valle del Ebro durante la primera mitad del sexto milenio calibrado BC, principalmente en el lado mediterráneo de la región (Fernández Eraso et al, 2015). Las fechas obtenidas en yacimientos del País Vasco atlántico son algo posteriores: Arenaza nivel IC2 (6040±75 BP) (Apelláñiz y Altuna, 1975; Arias y Altuna, 1999), Pico Ramos (6040±90 BP) (Zapata, 2002), Marizulo I techo (6035±100 BP) (Alday y Múgica, 1999) con presencia de domesticación, Herriko Barra Ca (6010±90 BP) (Alday y Múgica, 1999; Zapata et al., 2004; Iriarte et al., 2005; Fernández-Eraso, 2008; Iriarte-Chiapusso, 2011; Mujika-Alustiza y Edeso-Fito, 2012) con presencia de cereal y sin evidencia de domesticación y Kobaederra (5820±240 BP) con presencia de cerámica, agricultura y domesticación (Fernández Eraso, 2010). La presencia de macrorrestos de plantas cultivadas está documentada en el quinto milenio cal BC en El Mirón, Kobaederra, Pico Ramos y Lumentxa, todos en el centro-este de la región. La introducción de plantas cultivadas pudiera haber sido introducida por el sur de Francia y por el norte de la Meseta (Zapata et al. 2007).

En Cantabria, en Los Gitanos (subniveles A4 y A3) la economía productora se ha datado en (5945±55 BP y 5.869±541 BP, esta última por TL) con presencia de cerámica y fauna doméstica (Ontañón, 2000: 280). En el Mirón (Niveles 10 de la zona de la cabaña y 303-303.3 de la zona de "trinchera") se ha datado cerámica (5790±90 BP) con evidencias de domesticación (Vega, 2012) y la primera evidencia de cereal en Cantabria oriental (5550±40 BP) (Peña Chocarro et al, 2005).

En Asturias, por el momento, la fecha más temprana atribuida al Neolítico es la obtenida en Los Canes SU 7 datada AA-5788: 5865 ± 70; 4910-4550 cal BC (Arias y Pérez 1995; Cubas et al. 2013 y 2016).

El proceso de transición Mesolítico/Neolítico no se produce de forma sincrónica en la región cantábrica. En Cantabria un buen número de yacimientos datados en el VI milenio BP, no presentan evidencias de economía productora ni de cerámica, lo que parece demostrar la continuidad en las formas de vida mesolíticas, a las que se irán incorporando a veces la cerámica, la domesticación o el cultivo de cereal.

La continuidad en las formas de vida y economía mesolíticas en el Neolítico inicial supone que las comunidades mesolíticas desempeñaron un papel clave para instalar con éxito la economía agrícola. El conocimiento de las condiciones climáticas de la geomorfología del territorio por el poblamiento mesolítico, debieron influir en el proceso de adaptación cultural. En este aspecto, Alday (2012:83), considera a los últimos grupos mesolíticos, no sólo como participantes activos en el proceso neolítico, sino también, como los agentes necesarios para su comprensión dentro del marco indicado por los hallazgos arqueológicos. La cohabitación cronológica así lo atestigua.

10.14. Unidad o diversidad cultural en el Mesolítico de la región cantábrica

Se trata de establecer comparaciones en los diferentes aspectos económicos y socioculturales, con el fin de identificar las posibles diferencias o semejanzas entre estas áreas culturales en el Mesolítico en la región cantábrica.

10.14.1. Marcadores de diferencia cultural con el Asturiense

En los aspectos físico-geográficos, teniendo en cuenta la incidencia del medio en las formas de vida de las sociedades que los ocupan, se pueden observar ciertas diferencias entre el Asturiense y la zona centro-oriental de Cantabria.

10.14.1.1. Diferencias en el patrón de asentamiento:

El medio geográfico en Asturias es un estrecho territorio entre la costa y un sistema montañoso litoral al sur, formado por sierras paralelas y próximas a la línea de costa con altitudes entre 1000-1300 msnm. (Sª Plana de la Borbolla, Sª del Cuera, Sª del Purón, Sª del Sueve), con suelos someros, poco aptos para el desarrollo del medio vegetal y forestal. Estas características morfogeológicas del territorio han determinado que el poblamiento asturiense se situara de forma preferente en la franja litoral, en el entorno de las rías y estuarios, en distancias de 0-5/6 km, con escasa penetración hacia el interior (Concheros de Meré, Los Canes, Arangas, Sª Plana de la Borbolla C) y del otro lado de la cordillera (El Espertín). La ocupación del interior se percibe algo más intensa en la parte de Cantabria occidental, culturalmente dentro del Asturiense (La Calvera-Camaleño; Valles del Nansa y Saja).

En Cantabria oriental, se produce una intensa colonización de los valles altos del Miera y Asón en el inicio del Holoceno, con asentamientos probablemente temporales, y con mayor intensidad y permanencia en el final del Mesolítico, con un buen número de asentamientos ubicados en distancias superiores a 20/25 km de la costa.

10.14.1.2. Diferencias en el patrón económico

Ambas sociedades practican una economía diversificada, de amplio espectro, explotando todos los recursos que los diferentes biotopos ofrecen. Las diferencias dependen de la oferta de biodiversidad de los biotopos disponibles en cada uno de los medios. En este aspecto, la oferta faunística en el oriente del Cantábrico es mayor y más variada, debido a las formaciones costeras, con amplios espacios de estuarios que ofrecen variedad de recursos marinos, por otro lado, la diversidad de oferta de los recursos faunísticos, vegetales y de gasterópodos que ofrecen los valles interiores y altos en el Cantábrico Oriental.

La información disponible sobre aspectos faunísticos es parcial. Tradicionalmente se ha atribuido una escasa presencia de este recurso por diferentes causas: como consecuencia de un uso marginal de estos yacimientos por parte de grupos humanos asentados en campamentos al aire libre no conservados (Straus, 1979, 1992), como consecuencia de presión demográfica creciente (Clark y Straus, 1983, 1986; Clark y Lerner, 1980;

Clark, 1987, 2004; Straus *et al.* 1980), debido a una crisis alimenticia severa derivada de una reducción súbita de los recursos disponibles (Cueto *et al.* 2005/2006; Estévez, 2005) o como resultado de una visibilidad diferencial de yacimientos debida a la transgresión marina (Bailey, 1978, 1983; Fano, 1996, 2004; González Morales, 1982), lo que no permite analizar aspectos relevantes de los últimos grupos cazadores-recolectores cantábricos, así como la estrategia de subsistencia desarrollada, la funcionalidad y estacionalidad de sus asentamientos o los primeros indicios de cambio hacia sociedades agropastoriles (Marín Arroyo, y González Morales, 2009). A esto hay que añadir el problema que representan algunas excavaciones antiguas (p. e. Cueto de la Mina, Penicial, Coberizas), que únicamente ofrecen datos cualitativos.

Arias (1991: 296) ofrece información sobre la fauna en la zona asturiense, en la que se observa el dominio absoluto de *Cervus elaphus*: en Cueto la Mina (9 NMI), en La Riera (5 NMI), que se completa en mucha menor proporción con las especies propias de áreas forestales, *Capreolus capreolus* y *Sus scrofa*. Se documenta también la caza de *Bison priscus, Equus caballus, Rupicapra rupicapra* y *Capra hispanica*, además de presencia de carnívoros.

Estudios efectuados en los últimos años van llenando este vacío documental. El estudio realizado sobre la fauna de Mazaculos (Marín Arroyo, y González Morales, 2009) ofrece unos índices taxonómicos del NMI de presas cazadas que no difieren mucho del área del Cantábrico oriental. Se observa la preferencia en la caza del ciervo, frecuencias similares en las especies de bosque (corzo y jabalí) y menor frecuencia en especies de roquedo (cabra no aparece y rebeco solamente 1 individuo en el Asturiense inicial). Hay que tener en cuenta que Mazaculos está situado en la línea de costa, lo que indicaría una cierta territorialidad.

Sobre estacionalidad, en el Asturiense inicial, la ocupación de la cueva pudo producirse con una mayor intensidad entre los meses de marzo a octubre, reduciéndose en el Asturiense pleno, a los meses finales de primavera, posiblemente debido a un uso más esporádico.

Un reciente estudio sobre arqueofauna efectuado en los yacimientos del Mazo y el Toral (Andreu Alarcón, 2013), aporta amplia información sobre la fauna de estos yacimientos, que se exponen de forma resumida:

La macrofauna estudiada en el Abrigo del Mazo procede de los cuadros V15 y V16, una superficie de 2 m^2 y 8 niveles (100/101-107) (no se especifica el volumen excavado). Se observa el predominio de ungulados (94,20%). El taxón más abundante en número mínimo de individuos (NMI) es *Cervus elaphus* (14), seguido de *Sus scrofa* (6) y *Capreolus Capreolus* (4). Se identifican tres carnívoros (*Canis lupus, Felis silvestris* y *Halichoerus grypus*). La caza se ha realizado en los meses de verano. El hueso de foca gris infantil, sin evidencias antrópicas, se recogió en el mes de febrero.

La macrofauna analizada en El Toral procede de los cuadros M8 y M9, niveles 17, 20, 21 y 22 (la superficie excavada deben ser 2 m^2 y no se especifica el volumen). Los ungulados representan el 95,53%. El NMI de ungulados cazados ofrece una preferencia sobre *Sus scrofa* (11), *Cervus elaphus* (9), *Capreolus capreolus* (9) y 4 carnívoros (*Felis silvestris, Meles meles, Vulpes vulpes* y *Ursus arctos*) y un ave. Los datos sobre estacionalidad ofrecen una variabilidad creciente, así en los niveles inferiores (N. 22 datado 6810±30 BP), las presas se cazaron en los meses de verano; en el (N. 21: 6750±30 BP) la caza se hizo en primavera y verano y, finalmente (N17: 6430±30 BP) la caza se efectuó durante todo el año, excepto en los meses de septiembre-octubre. Estos resultados son similares a los disponibles en la zona oriental.

La pesca fue practicada de forma habitual, se documenta con la presencia de restos de peces marinos y los anzuelos que se han hallado en los concheros. Álvarez-Fernández (2015: 192) cita Serranidae en El Águila (1), Soleidae en La Riera (nº indet.) y en Fonfría (2) (Arias *et al.* 2007 a, b; Clark, 1976). Presencia de huesos craneales en

La Poza l'Egua y Colomba (Arias *et al.*, 2007a y b). En los niveles mesolítico y neolítico de Mazaculos II, E. Rosello (1990) citó restos de *Sardina pilchardus, Engraulis encrasicolus, Dicentrarchus labrax, Trachurus trachurus*, Fam. Labriade, Fam. Gobiidae, Fam. Blaniidae y Fam. Sparidae.

El rasgo más destacado de los depósitos asturienses es el abundante contenido de moluscos marinos. La especie más abundante cuantificada en NR es *Patellae*, alcanzando en algunos sitios (95%) (Álvarez-Fernández, 2015: 190) con incremento de *Patella intermedia*, seguida de *Phorcus lineatus* en los yacimientos (Arnero, Bricia, Lloseta, Mazaculos, Pedroses, Penicial y Riera). *Mytilus* y equinodermos tienen escasa representación (Arias, 1991 y Álvarez-Fernández, 2015).

Un reciente estudio de arqueomalacología efectuado en los subcuadros A y B de la UE 21 de El Toral III (Llanes, Asturias) (Bello Alonso, s.f. y Bello Alonso *et al.* 2015:91-99) (no se especifica el volumen excavado) actualiza la información en datos cuantitativos en NMI. Los moluscos más explotados son los gasterópodos marinos (97, 61%), siendo el taxón más abundante *Patellae* (93,2%) y *Patella intermedia* la más frecuente (47,8%). El siguiente taxón es *Phorcus lineatus* (4,3%). Las otras especies *Mytilus*, crustáceos y equinodermos están escasamente representados. Esto indica que la explotación de los moluscos se hizo en costa abierta. La malacología analizada en El Toral III es resultado de un aprovechamiento no selectivo, lo que indicaría un proceso de intensificación con respecto no sólo al Paleolítico, sino también con respecto a los momentos iniciales del Mesolítico (Gutiérrez Zugasti 2009, 2010).

Reciente análisis de arqueomalacología efectuado también en el Abrigo del Mazo (García-Escarza *et al.* 2015: 77-89) sobre los restos de moluscos recuperados en la mitad sur de los sectores C y D de los cuadros X15 y X16 de la UE 108, un área total de 0,5 m2 y un volumen total de 22 dm^3 datado en el IX milenio cal BP. Se comprueba también la intensificación de la recolección de gasterópodos marinos (88,2%), siendo el taxón más abundante *Patella* (73%) y *Phorcus lineatus* con un valor muy inferior (14,5%). El resto de moluscos tienen un valor muy bajo inferior al 1%, excepto *Cepaea nemoralis* (1,1%) y el equinodermo *Paracentrotus lividus* (3,9%).

Estos datos concuerdan con los obtenidos en otros yacimientos mesolíticos situados en áreas carentes de estuarios y con una presencia exclusiva de costa abierta, como son La Riera, Poza l´Egua, Mazaculos II, El Mazo y La Llana. En estos yacimientos se ha constatado, que tanto el género *Patella* como *Phorcus lineatus*, siempre superan el 80% del NMI, siendo bastante bajo el porcentaje presentado por otros taxones habituales como, *Mytilus galloprovincialis, Paracentrotus lividus* o restos de crustáceos (orden *Brachyura, Pollicipes pollicipes, Balanus sp.*) (Ortea, 1986; Arias *et al.*2007; Gutiérrez Zugasti, 2009, 2009b; Álvarez-Fernández, 2010; Álvarez-Fernández *et al.* 2013).

Esta misma proporción de especies se ha observado también en yacimientos asturienses de la zona occidental de Cantabria, en recuento efectuados en superficie. Los gasterópodos marinos son los más abundantes: *Patella intermedia* (30%), *Patella vulgata* (19%), *Patella ulyssiponensis* (8%) y *Phorcus lineatus* (28%). Los bivalvos (*Mytilus, Ostrea*), los equinodermos (*Paracentrotus lividus*) y crustáceos (*Pollicipes pollicipes*) tiene frecuencias inferiores al 1%. El caracol de tierra (*Cepaea nemoralis*) alcanza el 5,26%. (Pérez-Bartolomé y Muñoz Fernández, 2013).

Concluyendo, el patrón económico asturiense presenta bastante similitud con el de Cantabria centro-oriental. En las estrategias de caza coinciden las preferencias en la especie más cazada el ciervo y las de bosque mixto (corzo y jabalí) y es menor la caza de especies de roquedo (Cabra y rebeco). En la explotación de los recursos marinos, está documentada la presencia de diferentes especies peces (no cuantificada) y en los moluscos es inferior la diversidad de especies en algunos yacimientos, ya que dependiendo de las formaciones costeras, se explotan de forma intensa las especies de roquedo de costa abierta, mientras que en Cantabria oriental hay mayor diversidad de moluscos, especialmente de bivalvos, debido a la explotación intensa de las zonas de estuarios y marismas.

10.14.1.3. Diferencias en la tecnología

El rasgo más destacado en todas las colecciones de industria lítica asturienses es el dominio absoluto de la cuarcita, de procedencia local, con una presencia limitada del sílex, atribuido a su escasez en el sustrato geológico de esta parte del Cantábrico, compuesto esencialmente por materiales paleozoicos. Esto condiciona la tecnología, que da lugar a una técnica adaptada a la materia prima, la técnica de núcleo unidireccional con plano de percusión cortical (NUPC) (Arias, 1987).

La talla sobre sobre cantos rodados, genera lascas cortas de talón cortical con buen corte. Gran parte de ellas de decorticado secundario, de dimensiones bastante regulares (unos 3 cm. de longitud y anchura). En los restos de talla el mayor porcentaje está representado por las lascas (50-60%). Los conjuntos presentan un registro muy pobre en materiales, en los que destaca la escasa presencia de productos laminares y ausencia de microlaminares. Son abundantes los núcleos y fragmentos de núcleo. Los rasgos fundamentales de la estructura industrial, con reserva por la escasa fiabilidad estadística de la muestra (Arias, 1991: 101), se compone de un utillaje sobre lasca o lámina muy escaso, con predominio de muescas y denticulados (45,45%), raspadores (36,36 %) ausencia de laminitas y puntas de dorso y buriles. El material retocado sobre lascas y láminas, generalmente se realiza en sílex, y con presencia en fases avanzadas de microlitos geométricos. En el macroutillaje, el útil representativo es el pico asturiense, presente en casi todas las colecciones. Se han cuantificado un buen número de piezas de este útil en la zona asturiense. González Morales (1982:120) documenta 231 picos. En la reciente excavación efectuada en El Alloru (Arias *et al*, 2016), se han recuperado 13 picos asturienses, lo que supone una alta densidad en este yacimiento. En la prospección arqueológica efectuada en yacimientos mesolíticos de Ribadesella y Llanes (Pérez-Bartolomé *et al*, 2015-2016), se han recuperado 6 picos y documentado 3 en estratigrafía. En Cantabria occidental, sobre datos obtenidos en superficie, la característica más destacada es la presencia del utillaje sobre canto rodado. El 71% de la macroindustria son picos asturienses. El mayor número de ejemplares procede de yacimientos al aire libre: Oyambre, (32 picos), El Cúlebre-Río Pozo (6), Liandres (2), La Tablía-Suances A (2) (Pérez-Bartolomé y Muñoz, 2013). La presencia de este útil en la parte centro-oriental de Cantabria es reducidísima: en San Juan de la Canal (3), Mallaria (1 atípico), Cueva del Mar (1) y En El Cubo (1 roto) (Ruiz Cobo *et al*. 2007-2008-2009)

Las investigaciones efectuadas en los últimos años en yacimientos de interior, han proporcionado, en el caso de Los Canes, un conjunto amplio con presencia de material retocado con abundantes hojitas de dorso (> 60%) en los milenios VIII o VII cal BC y (40%) en VI y comienzos del V cal BC. En menor proporción, muescas y denticulados (10-15%) en toda la secuencia. Los microlitos geométricos están presentes en toda la secuencia mesolítica entre el 0,9 a 8,7% en el VI milenio y el 8,4 % en los inicios del V milenio. En El Espertín (Sur de la Cordillera Cantábrica) (Neira *et al*, 2004), se ha documentado algo más del 25% de utillaje laminar, compuesto por hojitas de dorso y, en proporción similar, los útiles de sustrato (denticulados, muescas, raederas...) y raspadores (con abundantes unguiformes), buriles (con predominio de diedros), truncaturas, retoque continuo y, en menor proporción, perforadores y microlitos geométricos (triángulos y trapecios), lo que le da unas características más semejantes con el Mesolítico de la parte oriental del Cantábrico.

En la tecnología del Espertín (Cuénabres-León) (Fuertes, 2004), se ha identificado entre los tipos de roca tallados con intensidad, una cadena operativa de talla laminar destinada a la obtención de hojas y hojitas, producidas a partir de núcleos prismáticos con dirección de talla unipolar. También se ha verificado la producción de lascas, a partir de un esquema de talla centrípeto, sobre todo en cuarcita. La producción de los microlitos geométricos se llevó a cabo a partir de soportes laminares, mediante la técnica del microburil (identificada fundamentalmente por los restos de talla) y mediante la llamada técnica de rotura transversal. Es decir, se emplearon dos procedimientos distintos para fracturar las láminas utilizadas para la elaboración de los geométricos. El empleo de la técnica del microburil para la fabricación de geométricos se ha identificado igualmente en otros yacimientos como Los Canes, La Garma, Barcenilla y Kobeaga II.

Una reciente intervención arqueológica en el Abrigo del Mazo (Andrín-Llanes) (Gutiérrez Zugasti *et al*, 2012) aporta información sumaria sobre las industria lítica recuperada en las UEs 1, 3 y 100-101. Las materias primas son diversas y proceden del entorno del yacimiento (2-5 km). La más abundante es radiolarita seguida, aunque en unas proporciones mucho menores, de sílex, cuarcita, cuarzo lechoso, cristal de cuarzo, caliza y argilitas (lutitas muy compactadas). En la tipología abundan los restos de talla (debris, fragmentos pequeños, chunks...), mientras que los núcleos son escasos. Los objetivos de la talla son lascas y hojitas. Entre las piezas retocadas destaca la presencia de geométricos con retoque abrupto (segmentos de círculo y trapecios), algunas piezas con dorso y muesca y los microburiles. En cuanto a los útiles de fondo común se han documentado denticulado, raspador, raedera, posible buril, truncatura, perforador y escotaduras predominantemente sobre hojita.

En el Sondeo Exterior, entre el material retocado destaca la presencia de geométricos con retoque abrupto y doble bisel en la UE 1, que parecen pertenecer a un momento avanzado del Mesolítico y/o Neolítico.

En la reciente excavación efectuada en El Alloru (Balmori) (Arias *et al*, 2016), Se ha recuperado un pequeño conjunto de industria lítica en el que se puede observar alguna diversidad en las materias primas y diferencias en las fases de ocupación. En la fase C, ocupación asturiense, la cuarcita representa el 38%, el cuarzo 29,4%, el sílex 28,3% y la radiolarita el 3,7%. Estos materiales se encuentran en las proximidades del yacimiento. Se comprueba la utilización preferente de la cuarcita en la zona asturiense, utilizada en la producción de útiles. Las herramientas encontradas en El Alloru están casi exclusivamente dominadas por los picos asturienses, producidos sobre cantos de cuarcita aplanados. La cuarcita más fina, homogénea y de color gris oscuro fue empleada para producir algunas lascas, una de estas lascas presenta un denticulado que puede ser debido a desgaste de uso o a alteración postdeposicional. Dos núcleos, uno en cuarzo lechoso y otros sobre radiolarita, completan la industria recuperada en la fase C.

Un conjunto de material lítico recuperado en el Abrigo de Sta. María (Roiz-Cantabria), en el área asturiense de Cantabria occidental, en depósito secundario, aporta información sobre la industria lítica (Pérez-Bartolomé y Ruiz Cobo, 2013). Las materias primas predominantes en los restos de talla (156) son cuarcita (62,2%) y arenisca (28,8%). Los soportes sobre lasca representan el 71,8%, mientras que los índices laminares son escasísimos: las láminas 0,75% y laminillas 2,25%. Las piezas retocadas, tal vez sea debido al tipo de la muestra, son escasas: un buril diedro sobre lasca secundaria de borde de núcleo, en sílex calcedonítico, 6 útiles están elaborados sobre lasca con retoque simple directo o dorso natural, y en otros casos presentan huellas de uso. Se han recuperado también seis núcleos: tres en cuarcita, uno en cuarzo y dos irregulares, en sílex local de mala calidad. La tecnología responde al tipo unidireccional con plano de percusión cortical (NUPC). La macroindustria está elaborada sobre cantos de cuarcita y arenisca, con evidencias de utilización como percutores, presentan un típico piqueteado, por la utilización como yunques. Resulta destacable la presencia de un pico asturiense, algo atípico, roto en la zona medial, aunque responde, tanto por sus características tipológicas, como por su patrón de desgaste de uso, al útil propio de la cultura asturiense.

En resumen, el material lítico no es demasiado abundante, y parece tener tipologías paralelas con la zona oriental aunque con menores frecuencias. Una diferencia notable es la variedad de materias primas líticas con escasa presencia del sílex y absoluto predominio de la cuarcita. Existe la duda, si esta diversidad en la tipología lítica que se aprecia en la excavación reciente de El Mazo, que no suele encontrarse en otros yacimientos, sea debida al procesado de los materiales. El lavado sobre cribas de paso de malla fino, permite recuperar la industria microlaminar y por tanto los geométricos, que tan raros resultan en la zona occidental, salvo el caso de Los Canes, El Mazo y El Espertín. Sin embargo, en El Alloru, donde el procesado del sedimento se ha efectuado con muchísima precisión, no hay evidencia de esta variedad tipológica.

La industria ósea asturiense es escasa numérica y tipológicamente. El conjunto se reduce a la rareza de algunos bastones perforados no decorados, como los hallados por Vega del Sella en Fonfría y Trescalabres, huesos aguzados y espátulas. Los anzuelos biapuntados cobran especial significado con una escotadura central o bien una forma ligeramente curva. Se han localizado en Mazaculos, La Riera, Kobeaga II y Marizulo (González Morales, 1982; Arias, 1991; López Quintana, 2000). Un hallazgo reciente en la cueva de Tresenroque (Llanes) (Pérez Bartolomé *et al.*)[3]. El recuperado en El Espertín (León) es similar, aunque con mayor entallamiento en la parte central.

Es excepcional un largo punzón de hueso que acompaña a un bastón similar a los astmienses en la tumba II de Los Canes (Arias y Pérez, 1990). Es así mismo muy destacable la total ausencia de objetos decorados.

En Cantabria oriental es rarísima la presencia de industria ósea, ni siquiera los anzuelos biapuntados, se reduce a algunas lascas de hueso, un anzuelo fuera de contexto en La Cullalvera (González Sainz *et al.* 1997) y algunos candiles de ciervo apuntados.

10.14.2. Diferencia o semejanza cultural con el Mesolítico del País Vasco cantábrico

La investigación en yacimientos de conchero en la vertiente cantábrica del País Vasco es inferior numéricamente (tal vez este vacío esté motivado por falta de prospección arqueológica), sin embargo, se dispone de algunos estudios definitivos.

10.14.2.1. Revisión de la documentación disponible

La revisión de antiguas excavaciones de yacimientos paleolíticos que tienen continuidad de ocupación holocénica, contienen industrias que presentan características campiñoides, si bien resulta insegura la definición concreta de un Mesolítico organizado para estas piezas, por el estado de las colecciones, por falta de referencias cronológicas, por la seguridad de ciertas remociones, se recogen como elementos menores del conjunto (Alday y Cava, 2006:258). Tomando como referencia Santimamiñe, el más significativo, pero inseguro en su coherencia estratigráfica, se encuentra un ambiente muy laminar con presencia de trapecios, triángulos, segmentos y puntas de flecha (Alday y Cava 2009: 101). Se ha revisado y actualizado la estratigrafía (López Quintana *et al.* 2011), y se hace un estudio y análisis interdisciplinar de los restos arqueológicos, geología y sedimentología etc. Sin embargo, la información del nivel mesolítico (IV H-Sln12), en el que se obtiene una fecha (Beta-240899:7.580±50BP), las industrias y materiales documentados son muy escasos y poco significativos.

En Arenaza (Apellániz y Altuna, 1975; Arias y Altuna, 1999) las memorias de excavación se reducen a informes sumarios. En su estratigrafía se han diferenciado tres grandes niveles, en el II, lechos IIA, IIB y IIC, datado 9600±180 BP (CSIC-173), caracterizado de muescas, denticulados y raederas, con un trapecio (en dudosa situación estratigráfica), y tres triángulos escalenos (Zapata y Ajangiz, 2017).

En Kobeaga II, cercana a la línea de costa, excavada inicialmente por Apellániz (1973) y reexcavada sobre una superficie muy reducida por López Quintana (1998/2000), esta intervención ha revelado una estratigrafía paralela a los dos niveles superiores de Pareko Landa. Dentro de una estructura sedimentológica relativamente homogénea (nivel Amck), los tramos medio e inferior, encuadrables en la fase terminal del Boreal y durante los inicios del período Atlántico, representan una dilatada ocupación (1500años) a lo largo del Epipaleolítico pleno o Mesolítico (c. 6.000-4.500 BC.); el tramo superior (Amk-s) con evidencias de cerámica, sería asignable a un momento antiguo del Neolítico, entorno al último tercio del VII milenio durante el Atlántico pleno (la fecha obtenida GrN-24779: 4200±130 BP, se considera errónea).

---

[3] Hallado en el Proyecto de Prospección en el concejo de Llanes (2016-2017) (Pérez Bartolomé *et al.* 2017 en prensa)

En la unidad estratigráfica inferior (Amck) un hogar ha sido datado: UBAR-792: 7690±270 BP, que lo sitúa cronológicamente en un momento del Mesolítico avanzado o Epipaleolítico Geométrico, con algo más del 27% de la colección, caracterizado por una industria de armaduras microlíticas (13,63%) (PD, PDT, LD, LDT y BT) al que le siguen las raederas (R), los ecaillés (E) y denticulados (D). Los microlitos geométricos (PDT y BT) están representados por triángulos de base cóncava.

La subestructura arqueológica superior (Amk-i) se integra en el horizonte sedimentológico superior Amk, la datación de un anzuelo biapuntado ha aportado la fecha: Ua-4286: 6945±65 BP, que le sitúa culturalmente en la etapa final del Mesolítico avanzado o Epipaleolítico Geométrico. Industrialmente se caracteriza por las armaduras microlíticas seguido de los denticulados. Los microlitos geométricos siguen las mismas características que los del nivel infrayacente (López Quintana, 1998/2000). En cuanto a la industria ósea solamente el anzuelo recto biapuntado.

Las excavaciones en Pareko Landa (526 msnm) (Aguirre, López Quintana y Sáenz de Buruaga, 1998-2000: 22), han exhumado una secuencia estratigráfica con diferentes niveles o facies: un nivel inferior (Smb), aunque carece de datación, se define como Epipaleolítico microlaminar aziloide. Sobre este se superpone el nivel I-Smk, datado: GrN-24782: 7510±100 BP, se singulariza en lo microlítico, por las puntas de dorso truncadas, triangulares de tamaño pigmeo; aparecen denticulados con retoque campiñoide. El subnivel superior Is-Smk, fechado GrN-22429: 6650±130BP, se caracteriza en las armaduras microlíticas, por los trapecios de retoque abrupto, pareciendo un triángulo con retoque plano inverso en la base. La técnica del doble bisel se documenta en la parte superior de Is-Smk, ya en contacto con la estructura estratigráfica superior, atribuido al Neolítico antiguo.

La excavación efectuada en Linatzeta (Lastur-Deva- Guipúzcoa) (Tapia *et al.* 2008), ha aportado una secuencia preliminar que se inicia en el VII milenio cal BC con un enterramiento infantil; un nivel III datado en VI milenio cal BC, en el que aparecen restos de sílex tallados que se localizan en todos los cortes realizados. En el hogar de la galería (nivel III) aparece un segmento de círculo con retoque en doble bisel, acompañado de varias lascas y láminas pequeñas. Las excavaciones arqueológicas en el Cordal de Sollube y entornos de Urdaibai están aportando nueva información sobre los depósitos del País Vasco atlántico. Dos conjuntos al aire libre Sollube Txikerra I (Bermeo) en el que se han identificado 9 útiles sobre lascas carenadas y frentes denticulados (López Quintana, 1996) y referencia a tipologías del tipo geométrico (Aguirre *et al*, 1998-2000: 23).

Excavaciones en Sustrigi (Bizkaia, valle interior, 734 msnm). En Areatza (Parque natural de Gorbea), asentamiento al aire libre con tres áreas de ocupación, se ha identificado un conjunto lítico con tipología general caracterizado por puntas y laminitas de dorso y por ausencia de geométricos, con presencia de denticulados de retoque campiñoide y un microburil. El conjunto se ha caracterizado de forma provisional en un "Epipaleolítico genérico" (López Quintana, 2003a y 2003b).

10.14.2.2. Secuencia cronocultural del Mesolítico vasco

Las fases iniciales del Holoceno en Urdaibai, tal y como se ha descrito para la provincia de Álava, a través de una completa información estratigráfica (Alday, 1995), se pueden dividir en dos grandes ciclos culturales: Epipaleolítico-Mesolítico/Neolítico Antiguo Estas recientes investigaciones confirman una secuencia cronocultural para el Mesolítico vasco en tres etapas (Alday Ruiz, 1999: 171). Se observa que en el conjunto de yacimientos que se citan mesolíticos, no se encuentra ninguno de los situados en la zona del País Vasco cantábrico o atlántico, aunque reconoce la secuencia con cierta precaución en yacimientos del País Vasco atlántico. En la tabla (10.4.2, Alday, 1999) se han incluido los yacimientos situados en la zona atlántica: Berroberría, J3, Herrico Barra, Kobeaga II, Linatzeta, Marizulo Pareko Landa, Santimamiñe y Urratxa. (c.7.000-4.000 cal BC) (López Quintana y Aguirre, 1997).

	Etapas	Caract. Industriales	Poblamiento	Economía y sociedad	Cronología BP (*)
Boreal	Mesolítico antiguo laminar	Pervivencia de lo aziloide: soportes laminares, confección de puntas y láminas de dorso; elementos de sustrato	En el cantábrico: Persistencia en cuevas e indicios de un poblamiento interior en abrigos	Continuidad y adaptación a las nuevas condiciones paleoambientales: caza, recolección, marisqueo y pesca	ZA Ib 8260±550; MD V. 8500±60 **BRC2: 8860±100; 8800±80** **J3 8470±100**
	Mesolítico Antiguo Campiñoide (Muescas y denticulados Aday y Cava, 2006)	Formas capiñoides: soportes en lascas carenadas para producción de muescas y denticulados	Persistencia de abrigos bajo roca y signos de poblamiento aire libre	Caza mayoritaria ciervo, corzo y jabalí. Intercambio materiales: sílex regionales, conchas marinas	AZ V 8030±50 KGIII-inf. 7860±330; MDIV 7810±50
Atlántico	Mesolítico avanzado geométrico	Imposición de formas geométricas: soportes laminares para la producción de microlitos geométricos (triángulos y trapecios de retoque abrupto). En su etapa final se equilibran trapecios triángulos. Tendencia a generar las áreas geográficas elementos geométricos propios (Alday, 2009)	Continuidad general en territorios y espacios: ubicaciones estratégicas, menor interés en ocupar cuevas.	Continuidad socioeconómica: redes de yacimientos, estrategias de movilidad, intensificación de los intercambios.	AZ.IV.8080±50; LP.d.7890±120; AIZ Iinf 7790±70; MD.III-inf. 7620±50 **KB.II:7690±270; 6945±65; PLIsmk: 7510±100 SMIVH-Sln: 7580±50 LN Ent: 7315±35 UR: 6955±80;**
	Neolítico Antiguo I:6800-6500 BP) II:6500-6300BP III: 6300-6000 BP	Incorporación de segmentos y del retoque doble bisel. Primeras cerámicas lisas, cardiales y "boquique"	Continuidad en la ocupación de yacimientos antiguos y fundación de nuevos campamentos: Herrico Barra	Predominio de caza-recolección. Primeras evidencias agrícolas y ganaderas	AIZ.III: 6370±70; AIZ IIIb1. 6220±60; CPLIV: 6150±230; ARI C2: 6040±70 **LNIII: 6110±30BP PR: 6040±90 MZ:6035±100 HB: 6010±90**

Tabla. 10.4.2. Secuencia crono-cultural para el Mesolítico del País Vasco atlántico. Abreviaturas (ZA= Zatoya; MD= Mendandia; AZ= Atxoste; KG= Kampanoste Goikoa; AIZO Aizpea; PL= Peña Larga; ARI= Arenaza. (Alday Ruiz, 1999:171). (*)(Alday y Cava, 2006) precisiones sobre esta cronología: Zatoya Epipaleolítico indeterminado.
Incluimos: BR= Berroberría, J3, KB= Kobeaga II; LN= Linatzeta, MZ= Marizulo, HB= Herrico Barra, PL= Pareko Landa, PR= Pico Ramos; SM= Santimamiñe, UR= Urratxa

Las secuencias culturales basadas en la tipología lítica en el País Vasco atlántico comparadas con las industrias de Cantabria centro-oriental, parece haber ciertas coincidencias y algunas diferencias:

1) Una coincidencia se encuentra en la primera secuencia cultural en el Boreal X milenio BP sin calibrar, con tendencia de continuidad aziloide por la presencia de soportes laminares, junto con elementos de sustrato, se produce en ambas zonas. En Cantabria, se encuentra en Barcenilla y Las Salinas y en cronología VIII milenio BP en el Carabión. La Garma A tiene un porcentaje de 14,5% de índice laminar en el nivel total sobre la muestra estudiada. El Abrigo del Perro 16,87% en el nivel total del conchero.

2) La segunda secuencia, Mesolítico campiñoide de Muescas y Denticulados, de cronología en el Boreal, en el IX milenio BP sin calibrar, como complejo tecnológico, por el momento, no se ha podido identificar en Cantabria. Alday y Cava (2006: 261), identifican la secuencia de muescas y denticulados a lo largo del IX y VIII milenios BP en la región cantábrica o en las secuencias del Asturiense (en su mitad occidental). Identifica también esta secuencia en las escasas industrias de yacimientos de la Chora, la Fragua, El Perro, o el Mirón. En la Chora no se dispone de industria lítica estudiada del conchero mesolítico. Las industrias de la Fragua y el Perro (estudiadas en este trabajo), presentan conjuntos muy reducidos de piezas y solamente se han documentado en la Fragua 1 escotadura, en el Perro 1 muesca y 1 denticulado.

3) La tercera etapa, Mesolítico avanzado geométrico, de cronología en la transición Boreal-Atlántico IX milenio (en Aizpea-Navarra); VIII milenio BP sin calibrar en Kobeaga III. Esta etapa de microlitos geométricos tan diferenciada, no está tan clara en Cantabria. Los microlitos geométricos en forma de triángulos y trapecios con retoque abrupto se encuentran en Cantabria centro-oriental en todos los niveles y cronologías, sin esa especificidad, aunque en menor proporción que en el País Vasco atlántico, como hemos visto en el Capítulo 7 (apartado 7.5.). En el País Vasco los índices están entre 2,8 en el IX milenio; 2 en el VII milenio y 4,5 en el VI milenio cal BC (Arias y Fano, 2009: 85). En Cantabria los porcentajes de microlitización están entre 1,1 IX milenio; 1,1 en el VII milenio; 2,9 en el VI milenio. En Cantabria el índice de microlitos geométricos es más alto en el VI milenio cal BC, pero inferior al índice del País Vasco

4) Hay una coincidencia en el V mileno cal BC, etapa de Neolítico antiguo, con la introducción de los segmentos de círculo y la talla en doble bisel, característica tecnológica atribuida a una aculturación neolítica, introducida desde el valle del Ebro (Arias, 2007; Marchand, 2007; Guilaine *et al.* 2007:315) en (Arias y Fano, 2009:85). Los factores de la economía productiva se introducen en el País Vasco en una cronología algo más temprana que en Cantabria. Las fechas de Arenaza, Marizulo, Herrico Barra, Linatzeta y Pico Ramos, todas en el VII milenio BP, son anteriores a las de Los Gitanos y el Mirón situadas en el VI milenio BP. Por otro lado, se observa en Cantabria oriental una prolongación de la economía, basada en la captación y posible potenciación de los productos silvestres, que podrían ignorar las prácticas agrícola-ganaderas, incluso no se ha documentado presencia de cerámica en cronologías del VI milenio BP (5780 BP del Tarrerón y Cubío Redondo, 5750 BP del Carabión y 5600 BP de la Trecha), que pudiera indicar una situación de tránsito en la adaptación al territorio de las nuevas especies de cultivos.

10.15. Reflexión final

Los criterios sobre la posible unidad cultural del área cantábrica no son compartidos por todos los investigadores. En este sentido, Alday (1999:132), sobre la parcelación en "regiones naturales" (Arias 1994: 21-22), le parece legítimo, del mismo modo que en el País Vasco y Navarra prefieren analizar de forma conjunta toda la depresión vasca. A este respecto, el citado autor, considera irreal la supuesta unidad de lo cantábrico, y debiera reconocerse así, en climas, paisajes y posibilidades, y más aún su "oposición neta" frente a la vertiente mediterránea. La opinión de los investigadores parece que efectivamente ven diferencias, expresadas fundamentalmente en la industria lítica en el proceso de microlitización.

Respecto de los microlitos geométricos, se constata la presencia a lo largo de la región cantábrica, y del otro lado de la cordillera. El 75% de las colecciones con más de 20 piezas retocadas incluyen algún microlito geométrico. La opinión de los investigadores (Arias, Fano, 2009; Neira Campos y Fuertes Prieto, 2009) ven diferencias, expresadas fundamentalmente en el inferior índice de microlitización, comparados con el valle del Ebro y el área mediterránea. El aumento de la frecuencia de microlitos geométricos en el VI milenio cal BC, no justifica distinguir una fase geométrica en el Mesolítico cantábrico.

Sobre la supuesta unidad de muescas y denticulados en la Región Cantábrica (Alday y Cava, 2009), identifican esta secuencia a lo largo del noveno y octavo milenio BP en las secuencias del Asturiense (en su mitad occidental). Efectivamente el Asturiense tiene un índice de MD del 45,45% y de Raederas 36,36 %, con reservas por la escasa fiabilidad de la muestra (Arias, 1991:101). Identifican también esta secuencia en las escasas industrias de yacimientos de la Chora, la Fragua, El Perro, o el Mirón (Alday y Cava, 2006) y Nuria Gallego Letjos (2013:63) también atribuye una industria con carácter macrolítico en la zona oriental de Cantabria en los yacimientos de La Fragua y el Perro, con un predominio de industrias pesadas, y dominio de muescas y denticulados. Se supone que esta atribución se debe a la información genérica que se ha utilizado de una industria "escasa y poco diagnóstica", al referirse a la recuperada en esos yacimientos, y por otro lado, no se ha efectuado excavación en el conchero de La Chora[4], excepto un pequeño lote recuperado en superficie (Pérez Bartolomé, 2004), y no se habían realizado estudios de las industrias mesolíticas de los yacimientos citados, que por otro lado, no responden a esas características.

Con los datos actuales, como hemos visto en las recientes excavaciones en el área asturiana, aportan materiales más diversos, con tipologías similares a las de la zona oriental, aunque en mucha menor proporción.

Estos nuevos hallazgos han dado lugar a un posible giro en la discutida diferencia cultural entre el Asturiense y el Mesolítico vasco. Arias y Fano (2009) mantenían una diferenciación en la industria lítica en el caso de los microlitos geométricos, estos nuevos hallazgos (Arias *et al.* 2015)[5] , respecto de esta tecnología, lo relacionan con la cronología y funcionalidad de los asentamientos más que con los aspectos geográficos o culturales de la región. Concluyendo se admite cierta variabilidad en el Mesolítico Cantábrico que se relaciona principalmente con la funcionalidad de cada asentamiento.

Por nuestra parte, encontramos diferencias entre el Asturiense y la zona oriental de la región cantábrica:

- En el patrón de asentamiento. Predominio de la ubicación en la llanura litoral y en distancias entre 0-5/6km en el Asturiense, relacionado con la geomorfología del territorio. Mientras que en la parte oriental se ocupan la cabecera de los valles y la zona de montaña en distancias superiores a los 20/25 km de la línea de costa actual.

- En la tecnología. Derivadas fundamentalmente de la materia prima lítica, que determina un tipo de tecnología basado en la talla del núcleo unidireccional con plano de percusión cortical (NUPC) y, unos restos de talla característicos, con predominio de lascas cortas de talón cortical. La producción laminar es escasa y suele fabricarse sobre sílex local. La presencia constante y abundante del pico asturiense, núcleos, *choppers* y grandes lascas en cuarcita en los concheros asturienses[6] . En la zona centro-oriental de Cantabria y País Vasco, la materia prima utilizada de forma absoluta es el sílex, lo que produce diferencias en el tipo de talla, en los soportes con mayor frecuencia de la talla laminar y mayor diversidad en la tipología de los útiles. Puntual presencia del pico asturiense, en algún caso en dudosa situación cronológica y cultural.

Parece clara la coincidencia de Cantabria centro-oriental con el País Vasco atlántico en la continuidad en la tradición aziliense en una primera secuencia cronocultural en el IX milenio BP, que en Cantabria se prolonga en el VIII BP, con abundantes soportes laminares que se ha podido comprobar en las industrias recuperadas en El Carabión y Las Salinas, así como en las estudiadas en La Fragua y Peña del Perro.

---

4   Se ha estudiado un pequeño lote recuperado en superficie extraído de un cubículo por erosión de un animal. Dos escotaduras sobre 14 piezas retocadas. Pérez Bartolomé, M.2014. Actuaciones arqueológicas de gestión en Cantabria 2004-2011, 45-50
5   Arias *et al.* 2015. "The 'Asturian' and its Neighbours in the twenty-first century: Recent perspectives on the Mesolíthic of northern Spain". *Communication 9th International Conference on the Mesolíthic in Europe*. Belgrade/Serbia/14th-18th September, 2015.
6   Recuperados 6 picos y localizados 3 más en estratigrafía en Proyecto de Prospección en el Concejo de Llanes (Pérez-Bartolomé *et al*, 2016-17) y 1 pico en Ciernes II (Ribadesella). Proyecto Prospección En el Concejo de Ribadesella (Pérez-Bartolomé *et al*. 2015).

La introducción de la talla en doble bisel en el VI milenio es contemporánea en el País Vasco y en Asturias (Los Canes VI milenio cal BC). En Cantabria centro-Oriental, por el momento, los hallazgos son más tardíos. Se ha documentado en el V milenio cal BC en Cubío Redondo (conchero) y en El Carabión (N. 1 a), que podría relacionarse con la introducción foránea desde el valle del Ebro y su avance hacia el oeste de la región cantábrica. Lo que significa una aculturación alóctona en la transición Mesolítico/Neolítico. Aspecto este que parece no encontrar suficientes evidencias, Arias (2009:78), por no haberse contrastado explícitamente en el Cantábrico.

Finalmente, el objetivo general que se planteaba en esta investigación, de contribuir al conocimiento de las formas de vida de las sociedades de los últimos cazadores-recolectores que habitaron la región cantábrica entre el IX y el VI milenio cal BC, abordada mediante los análisis efectuados sobre la gestión de los recursos, la distribución territorial y la variación de los patrones de asentamiento, los cambios tecnológicos y socioculturales, con los datos disponibles, se aporta un primer estudio del poblamiento mesolítico en Cantabria centro-oriental. La investigación se ha basado en el análisis de la documentación disponible, la revisión de todos los yacimientos de conchero documentados y, la prospección del territorio de estudio, localizando nuevos yacimientos. Se aporta también la información obtenida en las excavaciones efectuadas en esta investigación, que aportan nuevos datos sobre paleoambiente, paleobotánica, explotación de los recursos marinos y del bosque, la caza y pesca. Se aporta el estudio de las industrias recuperadas en las excavaciones efectuadas y de las depositadas en la Universidad de Cantabria y en el MUPAC. Se analiza la relación del poblamiento con el medio, la distribución territorial y patrones de asentamiento, así como otros aspectos socioculturales relacionados con el ritual funerario y objetos de adorno.

Además de la revisión y documentación de los yacimientos de conchero que se atribuyen al Mesolítico, se aportan un conjunto de 15 nuevas dataciones sobre estos yacimientos en Cantabria centro-oriental, lo que ha permitido hacer una atribución cronocultural a 9 asentamientos, con situaciones diversas en cada uno de los valles y topografías (costa, llanura litoral, valles interiores y altos).

Esta atribución cronológica permite verificar la distribución territorial del poblamiento y comprobar la ocupación de los valles altos desde el inicio del Holoceno, uno de los temas de debate, ya que se ha considerado tradicionalmente, que el área del poblamiento mesolítico se circunscribía en la proximidad de la costa, con escasas excepciones en el interior de los valles. La información obtenida en los yacimientos de Cubera en el valle del Alto Asón y Sopeña en el valle del Alto Miera, ubicados en un medio de montaña ambos, junto con los núcleos de asentamientos ubicados en el entorno, confirman la colonización de las zonas altas de los valles con la bonanza del Holoceno.

Por otro lado, las excavaciones efectuadas en tres yacimientos: Las Salinas (costa), El Carabión (Llanura litoral- Estuario del Asón) y Sopeña (alta montaña) han ofrecido información sobre paleobotánica, el patrón económico y tecnológico. Estos datos nos han permitido observar la explotación de los recursos marinos, diferenciada según los medios costeros, y la distancia de los asentamientos a la línea de costa. Se ha podido comprobar el límite de la explotación de estos recursos de forma intensiva hasta unos 20 km de distancia de la costa. Por encima de estas distancias, la presencia de moluscos marinos es testimonial, a la vez que se impone el consumo del caracol de tierra, tan cuestionado también.

El estudio geológico y sedimentológico del Carabión ha permitido conocer la génesis de la cavidad y del yacimiento, los procesos geológicos sedimentarios, los procesos erosivos del yacimiento y los cambios medioambientales ocurridos en la región cantábrica.

Los estudios de la fauna, malacofauna, ictiofauna y recursos vegetales han aportado información importante sobre la explotación intensiva y diversificada del territorio, que junto con los análisis de paleobotánica y antracología, nos acercan al conocimiento de las formas de vida de los últimos cazadores-recolectores-pescadores de la región Cantábrica.

Las industrias recuperadas, no son muy abundantes, y se observa una simplificación en el proceso tecnológico, característica general del Mesolítico en la región, lo que puede indicar una limitación debida, probablemente, a la carencia del sílex de buena calidad y, una posible sedentarización y territorialismo en las etapas finales. Por otro lado, tal vez responda a una solución eficiente, una gestión más práctica, adaptada a las estrategias de caza y cambios económicos que se producen. En este sentido, Gassiot (2002:37-38) ve en esta simplificación de la tecnología, un sentido práctico de adaptación

> *"...aquellos medios/instrumentos que se observan de trabajo que mantienen un carácter fundamentalmente circulante experimentan una clara reducción de su valor que en ocasiones puede revertir también en una menor eficiencia (¿quizás en las lascas sin retoque del "Asturiense"?). En definitiva, aquellos artefactos cuyo valor refluye enteramente en cada ciclo de producción (o unos pocos) comportan una menor inversión laboral previa. Por la otra, aparecen medios de trabajo que, aunque puedan implicar mayores inversiones laborales, se amortizan durante un mayor intervalo de tiempo y a lo largo de un número superior de ciclos productivos de otros objetos. La combinación entre una talla más expeditiva con una progresiva microlitización y la aparición de otras herramientas complejas (cestería, canoas, etc.) supone la concreción de este fenómeno".*

En los conjuntos líticos analizados en Cantabria centro-oriental se pueden observar características propias. Se mantiene una homogeneidad tecnológica en la zona centro-oriental, con un inicio de tradición aziliense, sin que puedan diferenciarse secuencias o facies, más que la reducción y simplificación hacia la parte final. Respecto de los microlitos geométricos, se han recuperado ocho: 3 triángulos (en Las Salinas, La Fragua y Barcenilla), 3 trapecios (1 en Barcenilla, 1 en doble bisel en Cubío Redondo y en La Garma A), 2 segmentos de círculo (1 con retoque abrupto en Tarrerón y 1 con retoque doble bisel en el Carabión). Parece que los microlitos geométricos tienen una continuidad de tradición también aziloide, con presencia en toda la secuencia y cronologías, con la precisión del retoque en doble bisel en la transición en el VI milenio BP, en un momento inicial del Neolítico. Estos índices tan bajos y su cronología, confirman la tesis que mantienen los investigadores Arias y Fano (2009) y Neira (2009), no se dispone de datos suficientes que fundamenten la posibilidad de establecer una fase de microlitos geométricos en el Mesolítico de la región cantábrica.

Sobre los debates planteados:

A) Delimitación del área de expansión del Asturiense.

Con los datos disponibles, se observan ciertas diferencias en las industrias, en la tecnología y patrones de asentamiento entre el Asturiense y el Mesolítico de la zona oriental del Cantábrico. Parece mantenerse el área cultural del Asturiense hasta la ría de Suances (Desembocadura de los ríos Saja-Besaya). A partir de la margen derecha, se observan cambios significativos:

a) En la tecnología de las industrias líticas.

- En la zona oriental se observa en los soportes mayor frecuencia del índice laminar entre el X y VIII milenios BP y piezas de formato más reducido.
- En la tipología de los útiles mayor diversidad y microlitización.
- En las materias primas líticas dominio absoluto del sílex.
- Disminución de la macroindustria y en especial del pico asturiense, con presencia puntual.

b) La industria ósea, aun siendo escasa en ambas zonas, en el Asturiense son frecuentes los anzuelos biapuntados y en menor proporción los bastones perforados. Mientras que en Cantabria centro-oriental, la pesca está documentada, sin la presencia de este útil, excepto como ya dijimos, el anzuelo hallado fuera de contexto en Cullalvera (Ramales de la Victoria).

c) En el patrón de asentamiento:

- En la zona asturiense los asentamientos mesolíticos se concentran en la zona litoral y prelitoral (en distancias entre 0-5/6 km) (Bailey y Craighead, 2003, Fano, 2007, Pérez-Bartolomé *et al,* 2017 en prensa) con escasa frecuencia en la zona interior y en la montaña costera.
- La distribución territorial está más expandida y diversificada en la zona oriental de Cantabria, con ocupación de la parte alta de los valles y dispersión por los valles secundarios.

B) El debate sobre el poblamiento en la parte alta de los valles

Se han documentado en prospección superficial 38 yacimientos de conchero en el Alto Asón y 12 en el Alto Miera. La dataciones obtenidas en Sopeña (Miera) (684 msnm), (11730±70BP; 11630±70BP) y (8460±100BP), confirman la ocupación de la parte alta del valle en el Aziliense y Mesolítico. La datación obtenida en el conchero de Cubera (Val de Asón) (9190±60BP) sobre un nivel infrayacente, atribuido al Aziliense, confirman el poblamiento de las áreas de montaña en el inicio del Holoceno. Estas ocupaciones situadas en cotas de altitud por encima de los 300 m, responden a la colonización de las zonas altas de los valles, tras la deglaciación en el Tardiglaciar y Holoceno del glaciar de Castro Valnera, que se extendía por la cabecera de los valles del Miera y Asón hasta altitudes de 300 msnm en los Collados del Asón (Pérez Bartolomé *et al.* 2014).

C) El debate sobre la transición Mesolítico-Neolítico

La investigación en la región hasta los años 90 se concentró en identificar la existencia del Neolítico, cuyo inicio se situó hacia el cuarto milenio BC (Altuna, 1980, Cava 1988 y 1990). Las décadas de 1980 y 1990 constituyen un avance en la investigación del poblamiento neolítico de la región cantábrica, con la publicación de las primeras revisiones generales del Neolítico (Alday, Cava y Mújica, 1996, Arias 1991, 1994,1996, 1999; Cubas *et al,* 2016; Fernández-Eraso, 2004; Fernández-Eraso *et al,* 2005; Fernández-Eraso *et al,* 2015; González-Morales, 1992, 1995, 1996; González Urquijo, Ibáñez y Zapata, 1999 y Ruiz-Cobo, 1991 (Ined.), relacionado con la cronología, contemporánea o anterior al megalitismo y, la introducción previa o simultánea de la ganadería respecto de la agricultura. No obstante mantienen un retraso en la introducción de la economía productiva en la región cantábrica González-Morales (1992), no existe evidencia que apoye la existencia de un neolítico pre-megalítico en el norte de España, siendo el comienzo del Neolítico y el megalítico sincrónico (Blas Cortina y Fernández-Tresguerres, 1989).

Investigaciones recientes sobre asentamientos neolíticos en la región cantábrica han aportado documentación significativa sobre la contextualización estratigráfica y cronológica. Estudios de paleobotánica, y económicos han permitido precisar la detección de las primeras evidencias de domesticación de plantas y animales.

En el caso de la cuestión cronológica, la mayor parte del debate parece haber derivado de la diferencia en los criterios que se estiman suficientes para reconocer la neolitización y, por extensión, dentro de ella, la introducción de la ganadería y/o agricultura. También se consideran otros factores importantes de tipo industrial, como la producción de cerámica o los cambios en la tecnología lítica, como el retoque a doble bisel.

A lo largo del Golfo de Vizcaya, la información es suministrada por Arenaza, Herriko Barra, Kobaederra, Kobeaga, Linatzeta, Lumentxa, Marizulo, Pico Ramos y Santimamiñe. En Cantabria la información procede de los proyectos realizados en La cueva del Mirón (Ramales de la Victoria) y de Los Gitanos (Castro Urdiales).

La presencia de fauna doméstica en el Cantábrico oriental se reconoce desde inicios del V milenio cal BC en Arenaza (nivel IC2, Arias *et al.*1999; Cubas y Fano, 2011), donde se produce un predominio de los domésticos sobre los salvajes y a lo largo del milenio en Kobaederra (N. III, Zapata *et al.* 1997), Los Gitanos (sub-nivel A3, Arias *et al*, 1999; Cubas y Fano, 2011), El Mirón (nivel 303.3, Peña Chocarro *et al.* 2005b). La fauna doméstica se compone de ovicápridos y bóvidos, sin embargo, sigue presente en el registro arqueológico la fauna salvaje, especialmente en los ocupados durante la primera mitad del milenio. En El Mirón, el nivel 10, atribuido a mediados del quinto milenio cal BC, está claramente dominado por el ganado doméstico, con un porcentaje del 66,8%, significativamente mayor que el de los ungulados silvestres. Los taxones domésticos más abundantes son ovicaprinos (90,1%), mientras que el ganado vacuno y porcino sólo alcanza el 6,3% y el 3,6%, respectivamente.

Sin embargo, permanecen yacimientos donde no hay presencia de fauna doméstica como es el caso de Herriko Barra (Zarauz), una ocupación al aire libre, donde la abundante fauna está formada sobre todo por ciervo (Mariezkurrena y Altuna 1995). En este yacimiento se atribuye a su funcionalidad como campamento especializado en la caza del ciervo. Esta presencia exclusiva de fauna salvaje ocurre también en otras pequeñas cavidades, como Pico Ramos (Zapata 1995), La Trecha (González Morales, 1996), Tarrerón (Apellániz 1971), Cubío Redondo (Castaños, 2001) y Carabión (Castaños, 2016).

La presencia de polen de cereales en la zona de costa se ha documentado en contextos datados en el V milenio calibrado BC en Herriko Barra nivel C (5960±95 BP) (Alday, y Mújica, 1999; Fernández-Eraso, 2008; Iriarte *et al.* 2005; Iriarte-Chiapusso, 2011; Mujika-Alustiza y Edeso-Fito, 2012; Zapata *et al.* 2004). Las prácticas agrícolas aparecen en la región documentadas con restos carbonizados, al menos desde mediados del V milenio. En El Mirón, se ha obtenido sobre grano de *Triticum dicoccum* la fecha: GX-30910:5550±40 BP (Peña-Chocarro *et al*, 2005:274). En Kobaederra NIII (5820±240 BP) y Lumentxa (5180±70 BP) sobre *Hordeum vulgare* (cebada) (Iriarte y Zapata, 2004; Zapata *et al.* 1997; Zapata, 1999, Cubas y Fano, 2011).

Teniendo en cuenta los datos arqueobotánicos actuales, se cree que un conjunto relativamente diverso de plantas domesticadas ha sido adoptado progresivamente (y provisionalmente) por las poblaciones locales (Zapata *et al.*, 2004), aunque no se descarta la introducción de ellas por la llegada de poblamiento exterior, con la permanencia de sitios especializados o estacionales sin actividades de procesamiento de plantas domésticas (Zapata, 2002). Las vías potenciales de introducción de cultivos también están en debate, pero parecen más probables el sur de Francia y la Meseta norte (Zapata y Peña-Chocarro 2005, Zapata *et al.* 2007).

Las primeras producciones cerámicas del Cantábrico también se datan en la primera parte del V milenio, pero la relación entre esta tecnología y la nueva concepción de la economía no está clara, al menos de momento. Los primeros conjuntos cerámicos de la región cantábrica se documentan en el yacimiento asturiano de Los Canes (Arias, 2005), en los cántabros de Los Gitanos (Arias *et al.* 1999) y El Mirón (González Morales y Straus, 2000) y los vizcaínos de Kobaederra (Zapata Peña *et al.* 1997) y Arenaza (Apellániz Castroviejo y Altuna Etxabe, 1975). El estudio de la cadena operativa de la producción cerámica, basándose exclusivamente en los procesos tecnológicos ha permitido comprobar que los procesos de elaboración son conocidos y se han elaborado en la zona. (Cubas, 2010). La escasez de restos diagnósticos no permite determinar claramente formas y tamaños de las piezas, ni su decoración. Parece producirse una permanencia de formas lisas con bases planas.

Concluyendo, en el primer tercio del V milenio cal BC parece consolidado el núcleo del primer Neolítico regional, el denominado Neolítico pleno cantábrico. Este se caracteriza por una economía en la que las nuevas técnicas productivas conviven con la continuidad en la caza, pesca, marisqueo, recolección de vegetales y con la presencia de cerámicas lisas.

Futuros proyectos de investigación permitirán ir completando el vacío que existe de datos empíricos sobre este amplio conjunto de yacimientos de conchero documentados en la región cantábrica con evidencias de ocupación en el Holoceno.

10.16. Proyectos futuros de investigación

El proyecto inmediato es ampliar el estudio del Mesolítico al ámbito general de la región cantábrica, ya iniciado con proyectos de prospección en la zona occidental de la región, en Asturias y occidente de Cantabria.

Un proyecto, en continuidad también, es profundizar en la investigación en yacimientos de Cantabria, mediante dataciones radiocarbónicas, y la realización de posibles sondeos en yacimientos de conchero atribuidos a la etapa cronocultural del Mesolítico.

BIBLIOGRAFÍA

AGUIRRE RUIZ DE GOPEGUI, M.; LÓPEZ QUINTANA, J. C.; SÁENZ DE BURUAGA BLAZQUEZ, A. (2000). "Medio ambiente, industrias y poblamiento en Urdaibai (Gernika, Bizkaia) del Würm reciente al Holoceno medio". *ILLUNZAR, 4* 98/00, 13-38.

AIMÉ, G.; JACCOTTEY, L.; THÉVENIN, A. (1989). "Les occupations humaines entre le Paléolithique Supérieur et le Néolithique ancient dans le secteur de Montbéliard. EpiPaleolíthique et Mesolíthique entre Seine et Rhin". *Table Ronde D'Ancerville 1989. Annales Littéraires de l'Université de Besançon,* 79-100.

ALLAN, W. (1972). "Ecology, techniques and settlement patterns". En Ucko, *et al. Man Settlement and Urbanism.* London: Duckworth & Co. Ltd. 211 – 226.

ALCALDE DEL RÍO, H.; BREUIL, H.; SIERRA, L. (1912). *Les Cavernes de la Région Cantabrique.* Monaco. Imp. V. A. Chêne.

ALDAY RUIZ, A. (1998). *Kanpanoste Goikoa. El depósito prehistórico de Kanpanoste Goikoa (Virgala, Alava). Memoria de las Actuaciones Arqueológicas, 1992-1993. Memorias de yacimientos alaveses 5.* Diputación Foral de Álava. Vitoria-Gasteiz.

ALDAY RUIZ, A. (1999). "Dudas, manipulaciones y certezas para el Mesoneolítico vasco". *Zephirus, 52,* 129-174.

ALDAY RUIZ, A. (2002). "Las unidades industriales mesolíticas en la alta-media Cuenca del Ebro". *Complutum* 13, 19–50.

ALDAY RUIZ, A. (2005a). "The transition between the last hunter-gatherers and the first farmers in Southwestern Europe: The basque perspective. *Journal of Anthropological Research* 61 (4), 469–494.

ALDAY RUIZ, A. (2005b). "Temas del Neolítico vasco: territorialidad, economía, industria lítica y cerámica". P. Arias, R. Ontañón y C. García-Moncó (eds.): III Congreso del Neolítico en la Península Ibérica, Univ. De Cantabria, Santander, 913-918.

ALDAY RUIZ, A. (2005c). "La dinámica cultural del Mesolítico laminar: Mendandia y la cuenca valle del Ebro". En A. Alday (ed.): *El campamento prehistórico de Mendandia: ocupaciones mesolíticas y neolíticas entre el 8500 y el 6400 B.P.* Colección Barandiarán 9, Fundación J. M. de Barandiarán y Diputación Foral de Álava. Vitoria-Gasteiz, 607-611.

ALDAY RUIZ, A. (2005d). *El campamento prehistórico de Mendandia: ocupaciones mesolíticas y neolíticas entre el 8500 y el 6400 BP.* Diputación Foral de Álava. Colección Barandiarán, 9. Vitoria.

ALDAY RUIZ, A. (2006). "El Mesolítico de muescas y denticulados en la Cuenca del Ebro y el litoral mediterráneo peninsular: síntesis de los datos". En A. Alday (ed.): *El mesolítico de muescas y denticulados en la Cuenca del Ebro y el litoral mediterráneo peninsular. Memorias de yacimientos alaveses 11.* Diputación Foral de Álava, Departamento de Cultura, 303–317.

ALDAY RUÍZ, A. (Coord.) (2006). *El legado arqueológico de Mendandia: los modos de vida de los últimos cazadores-recolectores en la Prehistoria de Treviño.* Arqueología en Castilla y León Memorias 15, Junta de Castilla y León.

ALDAY RUIZ, A. (2009). "El final del Mesolítico y los inicios del Neolítico en la Península Ibérica: cronología y fases". *Munibe Nº 60,* 157-173.

ALDAY, A. (2011). "New data for the study of the Neolithic in the Interior of the Iberian Peninsula. Comments on J. Zilhão interpretation of the Mendandia site", *Munibe, 62*, 197-205.

ALDAY, A. (2012). "The Neolithic in the Iberian Peninsula: an explanation from the perspective of the participation of Mesolíthic communities", *Zephyrus, LXIX*, 75-94.

ALDAY, A; MÚGICA, J. A. (1999). "Nuevos datos de cronología absoluta concerniente al Holoceno Medio en el área vasca". El Mundo indígena (XXIV Congreso Nacional de Arqueología). Instituto de Patrimonio Histórico, Murcia, 95-106.

ALDAY RUIZ, A.; FERNÁNDEZ ERASO, J.; YUSTA, I. (2003). "Suelos de habitación – suelos de corrales: los casos de Atxoste y Los Husos". *Veleia*, 183-225.

ALDAY RUIZ, A., ELVIRA, G. ÁLVAREZ, A. (2005). *El campamento prehistórico de Mendandia: ocupaciones mesolíticas y calcolíticas entre el 8500 y el 6500 B.P.* Fundación José Miguel de Barandiarán. Vitoria-Gasteiz: Diputación Foral de Álava 2005.

ALDAY, A. Y CAVA, A. (2006). "La unidad de muescas y denticulados del Mesolítico en el País Vasco: La formalización de un modelo cultural. En Alfonso Alday (coord.). *El Mesolítico de muescas y denticulados en la cuenca del Ebro y el litoral mediterráneo,* 223-300.

ALDAY RUIZ, A.; CAVA ALMUZA A.; TARRIÑO, A. (2007-2008). "La circulación de materias primas líticas en la transición Mesolítico/Neolítico antiguo en el País Vasco. Los abrigos de Mendandia, Kanpanoste y Aizpea". *Veleia* 24-25, 581-610.

ALDAY, A.; CAVA ALMUZARA, A. (2009). "El Mesolítico geométrico en Vasconia". En Utrilla Miranda, P. y Montes Ramírez, L. (eds.). *El Mesolítico geométrico en la Península Ibérica.* Monografías Arqueológicas Prehistoria 44. Zaragoza-Jaca 2008, 93-130.

ALDAY, A.; CASTAÑOS, P. y PERALES, U. (2012b). "Quand ils ne vivaient pas seulement de la chasse: preuves de domestication ancienne dans le gisements néolithiques d'Atxoste et de Mendandia (Pays Basque)", *L'Anthropologie, 116,* 127-147.

ALLEY R. B; CLARK P.U. (1999). "The deglaciation of the Northern Hemisphere: A global perspective". *Annu. Rev. Earth Pl. Sc.* 27, 149-182.

ALIMEN, M. H. (1966). "Généralités sur les faunes et les flores de l'Europe Occidentale". En Lavocat, R. (Dir). *Atlas de Préhistoire, T. III: Faunes et flores préshistoriques del l'Europe Occidentale.* París, De. N. Boubée e Cíe, 13-38.

ALMAGRO-BASCH, M. (1944). "Los problemas del Epipaleolítico y Mesolítico en España". *Ampurias, VI,* 1-38.

ALMAGRO GORBEA, M. (1970). "Las fechas de C-14 para la Prehistoria y Arqueología Peninsular". *Trabajos de Prehistoria,* 9-43.

ALONSO, J. L.; PULGAR, J. A.; PEDREIRA. D. (2011). "El relieve de la Cordillera Cantábrica". *Enseñanza de las Ciencias de la Tierra, 2007 (15.),* 151-163.

ALTUNA, J. (1972). "Fauna de mamíferos en los yacimientos prehistóricos de Guipúzcoa". *Munibe, XXIV,* 1-4, 1-464.

ALTUNA, J.; CEARRETA, A.; EDESO, J. M.; ELORZA, M.; ISTÚRIZ, M. J.; MARIEZCURRENA, K.; MÚJICA, J. A.; UGARTE, F. (1993). "El yacimiento de Herrico-Barra (Zarauz, País Vasco) y su relación con las transgresiones marinas holocenas". *Actas II reunión del Cuaternario Ibérico,* 923-942.

ALTUNA, J.; CUENCA BESCOS, G.; ELORZA, M.; GARCÍA PIMIENTA, J. C.; LOBO, J.; PÉREZ RIPOLL, M.; MARIEZCURRENA, K; SANCHÍZ, B.; GONZÁLEZ MORALES, M.; STRAUS, L. G. (2004). "Post-Pleistocene faunas from the archeogical site of El Mirón cave (Ramales de la Victoria, Cantabria, Spain): a preliminary summary". Zona arqueológica: Miscelánea en homenaje a Emiliano Aguirre. II Paleontología, 40-49.

ÁLVAREZ-FERNÁNDEZ, E. (2006a)."La explotación de los moluscos marinos durante el Paleolítico superior y el Mesolítico en la Región Cantábrica y en el Valle del Ebro: pasado y presente de la investigación". *Munibe (Antropologia-Arkeologia)*, 57, Tomo I. Homenaje a Jesús Altuna, 359-368.

ÁLVAREZ-FERNÁNDEZ, E. (2006b). *Los objetos de adorno-colgantes del Paleolítico Superior y del Mesolítico en la Cornisa Cantábrica y en el Valle del Ebro: una visión europea.* Tesis doctoral. Universidad de Salamanca

ÁLVAREZ-FERNÁNDEZ, E. (2007). "La explotación de los moluscos marinos en la Cornisa Cantábrica durante el Graventiense: primeros datos de los niveles E y F de La Garma A (Omoño, Cantabria)". *Zephyrus LX,* 43-58.

ÁLVAREZ-FERNÁNDEZ, E. (2008). "Food & more: Marine Mollusks Exploitation during the Upper Paleolíthic an Mesolíthic in Cantabrian Spain and in the Ebro Valley" *Archaeofauna 17,* 47-61

ÁLVAREZ-FERNÁNDEZ, E. (2010). "Una de cal y otra de arena: primeras evidencias de explotación de moluscos marinos en la Península Ibérica". *Férvedes* Nº 6, 95-106.

ÁLVAREZ-FERNÁNDEZ, E. (2011). "Humans and marine resource interaction reappraised: Archaeofauna remains during the late Pleistocene and Holocene in Cantabrian Spain". *Journal of Anthropological Archaeology 30,* 327–343.

ÁLVAREZ-FERNÁNDEZ, E. (2013a). Upper Pleistocene—Early Holocene transition at La Garma A cave (Omoño, Cantabria, Spain): Preliminary report on the marine molluscs. In G. N. Bailey, K. Hardy, & A. Camara (Eds.), *Shell energy: Mollusc shells as coastal resources,* 167–181). Oxford: Oxbow Books.

ÁLVAREZ-FERNÁNDEZ, E. (2013b). "Retour á Marizulo (Urnieta, Guipúzcoa, Espagne): Etude préliminaire des ressources marines". In M.-Y. Daire, C. Dupont, A. Baudry, C. Billard, J. M. Large, L. Lespez, E. Normand, & C. Scarre (Eds.). *Anciens peuplements littoraux et relations Homme/Milieu sur les côtes de l'Europe atlantique, BAR International Series 2570,* 403–409. Oxford: Archaeopress.

ÁLVAREZ-FERNÁNDEZ, E. (2014)."Personal Ornaments Made from Mollusks Shells in Europe during the Upper Paleolíthic and Mesolíthic News and Views". Conference Mexico City 2006. In *Archaeomalacology Revisitec,* 1-8.

ÁLVAREZ-FERNÁNDEZ, E. (2015). "Continuity of human-marine fauna interaction during the Holocene in Cantabrian Spain". *Quaternary International 364,* 188-195. Online publication date: 1-Apr-2015. DOI: 10.1016/j. quaint.2014.08.014.

ÁLVAREZ-FERNÁNDEZ, E.; IRIARTE, M. J.; ARRIZABALAGA, A. (2010). "El Abrigo de J3 (Hondarribia, Guipúzcoa): consideraciones de tipo metodológico y primeros resultados sobre los recursos marinos de un conchero de época mesolítica". *Férvedes,* 17-24.

ALVÁREZ-FERNÁNDEZ, E.; CHAUVIN GRANDELA, A.M.; CUBAS MORERA, M.; ARIAS, P.; ONTAÑÓN PEREDO, R., (2011). "Mollusc shell sizes in archaeological contexts in northern Spain (13200 to 2600 cal BC): New data from La Garma A and Los Gitanos (Cantabria)". *Archaeometry,* 53 (5), 963-985.

ÁLVAREZ-FERNÁNDEZ, E.; ALTUNA ETXABE, J. (2013a). "La cueva de Marizulo (Urnieta, Guipúzcoa), 50 años después: Revisión de los restos arqueozoológicos de los niveles mesolíticos. *Kobie Serie Antropológica,* Nº 32, 131-152.

ÁLVAREZ-FERNÁNDEZ, E.; APARICIO-ALONSO, Mª T.; ARMENDÁRIZ, A.; ONTAÑÓN, R.; ARIAS, P. (2013b). Étude archéomalacologique di gisement mésolithique de El Truchiro (Omoño, Ribamontán al Monte, Cantabrie). *ANTHROPOZOOLOGICA 48 (1)*, 153-170.

ÁLVAREZ-FERNÁNDEZ, E.; BARRERA MELLADO, I.; BORJA YERRO, Á.; FERNÁNDEZ GÓMEZ, M.ª; IRIARTE CHIAPUSSO, Mª. J. y ARRIZABALAGA VALBUENA, Á. (2013c). "Biometric analysis of the stalked barnacle Pollicipes pollicipes from a Holocene archaeological site in the Jaizkibel Mountains (Gipuzkoa, Basque Country, Northern Spain)". The Holocene, 23(10), 1373-80.

ÁLVAREZ-FERNÁNDEZ, E.; IRIARTE-CHIAPUSSO, M. J.; ARRIZABALAGA, A.; BARRERAERA-MELLADO, I.; CARRIOL, R. P.; FERNÁNDEZ-GÓMEZ, M. J.; y GABRIEL, S. (2014). "Entre lapas: primera valoración de los restos de origen marino del yacimiento holoceno de J3 (Hondarribia, País Vasco)". *MUNIBE Antropologia-Arkeologia* nº 65, 67-78.

ÁLVAREZ-FERNÁNDEZ, E.; ALTUNA, J.; BARRERA-MELLADO, I.; CUBAS, M.; FERNÁNDEZ-GÓMEZ, Mª. J.; FERNÁNDEZ, R.; GRUET, Y.; MARIEZKURRENA, K. Y ONTAÑÓN, R. (2014). "Évolution de l'exploitation des ressources animales dans la région cantabrique entre 4500 et 2000cal BC: la grotte de Los Gitanos (Cantabrie, Espagne)". *Comptes Rendus Palevol 13*, 307-316. Online publication date: 1-May-2014.

ANDREU ALARCÓN, S. (2013). *La gestión de los recursos faunísticos en el Mesolítico del oriente de Asturias: Estudio arqueozoológico de los yacimientos de El Mazo y el Toral.* Trabajo fin de master Universidad de Cantabria.

ANÓNIMO (1981). "Noticiario". *Ariotxa*, 1, 75-76.

ANSCHUETZ, K.; WILSHUSEN, R.; SCHEICK, C. (2001). "An Archæology of Landscapes: Perspectives and Directions". *Journal of Archæological Research,* vol. 9, Nº 2, 152-197.

APARICIO, M. T. (2001). "Malacofauna terrestre del yacimiento de Cubío Redondo (Matienzo, Cantabria)". *Munibe / Antropología- Arkeología*) nº 53, 61-66.

APELLÁNIZ, J. M., (1970). "La datación por el C 14 del estrato mesolítico de la cueva del Tarrerón". *KOBIE* 2, 49-51.

APELLÁNIZ CASTROVIEJO, J. (1971). "El Mesolítico de la Cueva de Tarrerón y su datación por el C – 14". *Munibe,* 23.1, 91-104.

APELLÁNIZ, J. M. (1975a). "El campamento mesolítico de Kobeaga II (Ispaster). *Noticiario Arqueológico Hispano, Prehistoria*, 4. Dirección General del Patrimonio Artístico y Cultural, 4. Madrid, 229-240.

APELLÁNIZ, J. M. (1975b). "El grupo de Santimamiñe durante la Prehistoria con cerámica. *Munibe 27, 1-2,* 2-136.

APELLÁNIZ, J. M.; NOLTE, E. (1967)." Cuevas sepulcrales de Vizcaya. Excavación, estudio y datación por el C-14". *Munibe: 19*, 159-226.

APELLÁNIZ, J. M.; ALTUNA, J. (1975a). "Excavaciones en la cueva de Arenaza I (San Pedro de Galdames, Vizcaya). Primera campaña. Neolítico y Mesolítico Final". *Noticiario Arqueológico Hispano, Prehistoria,* 4, 121-154.

APELLÁNIZ, J. M.; ALTUNA, J. (1975b). "Memoria de la II de la segunda campaña de excavaciones arqueológicas en la Cueva de Arenaza I (San pedro de Galdames, Vizcaya". *Noticiario Arqueológico Hispano, Prehistoria, 4,* 155-181.

APELLANIZ, J.M. & ALTUNA, J. (1975c). "Memoria de la III campaña de excavaciones arqueológicas en la cueva de

Arenaza I (San Pedro de Galdames, Vizcaya)". *Noticiario Arqueológico Hispánico. Prehistoria 4*, 183-197

APELLÁNIZ, J. Mª. ; NOLTE ARAMBURU, E. (1979). "Memoria de la excavación de las cuevas de Tarrerón (Santander), Cuestalaviga (Vizcaya) y Ojerones de Montescusu (Burgos)". *KOBIE, 9,* 73-101.

ARANZADI, T. Y BARANDIARAN, J.M. (1928). *Exploraciones prehistóricas en Guipúzcoa los años 1924 a 1927. Cavernas de Ermittia (Sasiola), Arbil (Lástur) y Olatzaspi (Asteasu), Dolmen de Basagañ (Murumendi) y Caverna de Irurixo (Vergara)*, 48 pp. Diputación de Guipúzcoa. San Sebastián.

ARANZADI, T. DE; BARANDIARÁN, J. M. DE. (1931). Exploraciones en la caverna de Santimamiñe (Basondo-Cortezubi). 2ª Memoria. Los yacimientos con cerámica y el conchero. En Barandiarán, J. M. (Ed.). *Obras Completas de José Miguel de Barandiarán IX*. La Gran Enciclopedia Vasca. Bilbao, 91-243.

ARANZADI, T. DE; BARANDIARÁN, J. M. DE. (1935). "Exploraciones en la caverna de Santimamiñe (Basondo-Cortezubi). 3ª Memoria de Yacimientos azilienses y paleolíticos". En Barandiarán, J. M. (Ed.). *Obras Completas de José Miguel de Barandiarán IX*. La Gran Enciclopedia Vasca. Bilbao, 245-344.

ARANZADI, T. DE; BARANDIARÁN, J. M. DE. (1948). "Exploraciones en la Cueva de Urtiaga (Itziar, Guipúzcoa) II". *Eusko-Jakintza, II,* 285-330.

ARDELEAN, C. F. (2004). "Factores causales del patrón de asentamiento en arqueología". *Boletín de antropología americana nº 40*. Enero-Diciembre, 99-138.

ARESO BARQUÍN, P. y URIZ, A. (2000). "Estudio sedimentológico del ,yacimiento de Kobeaga II (Ispaster, Bizcaia)". *Illunzar Nº 4,*163-169.

ARIAS CABAL, P. (1985). *Transformaciones económicas y cambio social en el paso de la Prehistoria reciente en el Oriente de Asturias. Memoria de Licenciatura*. Universidad de Cantabria.

ARIAS CABAL, P. (1987). "Acerca de la clasificación de un tipo de cantos tallados postpaleolíticos de la Región cantábrica". *Veleia,* 4, 99-118.

ARIAS CABAL, P. (1989). *Los procesos de neolitización en la región Cantábrica. Tésis dotoral. T. 1*. Universidad de Cantabria.

ARIAS CABAL, P. (1991a). *De cazadores a campesinos. La transición al Neolítico en la Región Cantábrica*. Servicio de Publicaciones de la Universidad de Cantabria-Asamblea Regional de Cantabria. Santander.

ARIAS CABAL, P. (1991b). "La transición de sistemas de caza y recolección a sociedades productoras de alimentos en la región cantábrica. Estado de la cuestión". *Crónicas del XX Congreso Nacional de Arqueología. Santander, 25-28 septiembre 1989, 145-154.*

ARIAS CABAL, P. (1992a). "Estrategias económicas de las poblaciones del Epipaleolítico avanzado y el Neolítico en la región cantábrica". En A. Moure (ed.): *Elefantes, ciervos y ovicaprinos: economía y aprovechamiento del medio en la Prehistoria de España y Portugal*. Servicio de Publicaciones de la Universidad de Cantabria. Santander, 163-184.

ARIAS CABAL, P. (1992b). "Adaptaciones al medio natural de las sociedades humanas de la región cantábrica durante el Boreal y el Atlántico". En Cearreta, A. y Ugarte, F. (eds.): *The Late Quaternary in the Western Pyrenean Region*, 269-284.

ARIAS CABAL, P. (1995). "La cronología absoluta del Neolítico y el Calcolítico de la región cantábrica. Estado de la cuestión. *Cuadernos de Sección. Prehistoria-Arqueología 6,* 15-39.

ARIAS CABAL, P. (1996). "Los concheros con cerámica de la costa cantábrica y la neolitización del norte de la Península Ibérica". En Moure, A. (ed.): *El Hombre Fósil 80 años después.* Santander, 391-416. Servicio de Publicaciones de la universidad de Cantabria.

ARIAS CABAL, P. (1997). *Marisqueros y agricultores. Los orígenes del Neolítico en la fachada atlántica europea. Lecciones Festividad de San Isidoro.* UC Santander, Cantabria. Curso 1996-97.

ARIAS CABAL, P. (1999a). "La colonisation holocène des Monts Cantabriques (Espagne): Le cas de la région des Picos de Europa". En Thévenin, A. (ed.): *L´Europe des Deniers Chasseurs. ÉpiPaleolíthique et Mesolíthique,* 93-100.

ARIAS CABAL, P. (1999b). "The origins of the Neolithic along the Atlantic Coast of Continental Europe: a survey". *Journal of World Prehistory* 13 (4), 403-464.

ARIAS CABAL, P. (2006). "Determinaciones de isótopos estables en restos humanos de la región Cantábrica. Aportación al estudio de la dieta de las poblaciones del Mesolítico y el Neolítico". En Homenaje a Jesús Altuna. Tomo III Arte, Antropología y Patrimonio arqueológico. *Munibe,* 2005/06, 359-374.

ARIAS CABAL, P. (2007). "Neighbours but diverse: social change in north-west Iberia during the transition from the Mesolíthic to the Neolithic". En Whittle, A. y Cummings, V. (eds.): Going Over. *The Mesolíthic-Neolithic transition in North-West Europe,* 53-71.

ARIAS P. (2010). "La Braña-Arintero en el contexto del mundo funerario del Mesolítico en la Península Ibérica". En: Vidal JM, Prada ME, editores. *Los hombres mesolíticos de la cueva de La Braña-Arintero (Valdelugueros, León).* León: Junta de Castilla y León. Museo de León, 82-91.

ARIAS, P. (2012a). "Después de Los Azules. Las prácticas funerarias en las sociedades mesolíticas de la región cantábrica". In *Ad Orientem Del final del Paleolítico en el norte de España a las primeras civilizaciones del Oriente Próximo.* Estudios en Homenaje al profesor Juan Antonio Fernández-Tresguerres Velasco. Universidad de Oviedo. Ménsula Ediciones, 253-273.

ARIAS, P. (2012b). "Funerary practices in Cantabrian Spain (9000-3000 cal BC)." In *Funerary practices in Cantabrian Spain (9000-3000 cal. BC).* Archaeopress, Oxford, 7-20.

ARIAS, P. (2012c). "O povoamento humano do paleo-estuário do Sado (Portugal): problemáticas em torno da ocupação dos concheiros mesolíticos". In *Environmental changes and human interaction along the western Atlantic edge/Mundanças ambientais e interação humana na fachada atlântica ocidental. APEQ,* Coimbra, 139-157.

ARIAS CABAL, P. (2013). "Los últimos cazadores. El Mesolítico asturiano visto desde la cueva de Los Canes". En: DE BLAS CORTINA, Miguel Ángel (coord.), *De neandertales a albiones: cuatro lugares esenciales de la Prehistoria en Asturias.* Oviedo, Real Instituto de Estudios Asturianos, 37-67.

ARIAS CABAL, P.; PÉREZ SUÁREZ, C. (1990a). "Las sepulturas de la cueva de Los Canes (Asturias) y la neolitización de la Región Cantábrica". *Trabajos de Prehistoria 4,* 39-62.

ARIAS, P. Y PÉREZ, C. (1990b): "Investigaciones prehistóricas en la SierraPlana de la Borbolla (1979-1986)", Excavaciones Arqueológicasen Asturias 1983-86. Oviedo, 143-153.

ARIAS CABAL, P. y PÉREZ SUÁREZ, C. (1990b). "Las excavaciones en la cueva de Los Canes y otros trabajos en la Depresión Prelitoral del Oriente de Asturias (1981-1986)". En: *Excavaciones arqueológicas en Asturias 1983-86*. Oviedo, Servicio de Publicaciones del Principado de Asturias. Consejería de Cultura, 135-141

ARIAS CABAL, P.; PEREZ, C. (1992). "Las excavaciones arqueológicas en la cueva de Los Canes (Arangas, Cabrales). Campañas de 1987 a 1990". *Excavaciones arqueológicas en Asturias, 1987-90,* Principado de Asturias, Oviedo, 95-101.

ARIAS CABAL, P. y PÉREZ SUÁREZ, C. (1995). "Excavaciones arqueológicas en Arangas, Cabrales (1991-1994). Las cuevas de Los Canes, el Tiu Llines y Arangas". En: *Excavaciones arqueológicas en Asturias 1991-1994*. Oviedo, Servicio de Publicaciones del Principado de Asturias. Consejería de Cultura, 79-92.

ARIAS CABAL, P.; ONTAÑÓN, R. (1995). "El Neolítico en Cantabria ensayo de caracterización industrial". *Rubricatum* Nº 1, 735-743.

ARIAS CABAL, P.; GONZÁLEZ SAINZ, C.; MOURE ROMANILLO, J. A.; Y ONTAÑÓN PEREDO, R. (1996). "El proyecto "Estudio integral del complejo arqueológico de La Garma (Omoño, Cantabria). Primeros resultados". *II Congreso de Arqueología Peninsular Paleolítico y Epipaleolítico*. Tomo I, 147-162.

ARIAS, P. Y GARRALDA, M. D. (1996): "Mesolíthic burials in Los Canes cave (Asturias, Spain)". *Human Evolution, 11* (2), 129-138.

ARIAS CABAL, P.; ALTUNA, J. (1999). "Nuevas dataciones absolutas para el Neolítico de la Cueva de Arenaza (Bizkaia)". *Munibe (Antropologia-Arkeología) 51*, 161-171.

ARIAS CABAL, P.; GONZÁLEZ SAINZ, C.; MOURE ROMANILLO, A. y ONTAÑÓN PEREDO, R. (1999). *La Garma. Un descenso al pasado*. Gobierno de Cantabria. Consejería de Cultura y Deporte. Santander.

ARIAS CABAL, P.; ALTUNA, J. ARMENDÁRIZ, J.; GONZÁLEZ URQUIJO, J. E.; IBÁÑEZ ESTÉVEZ, J. J.; ONTAÑÓN PEREDO, R.; ZAPATA LYDIA (1999). "Nuevas aportaciones al conocimiento de las primeras sociedades productoras en la Región Cantábrica". *Actes del II Congrés del Neolitic a la Península Ibérica (Universitat de Valencia, 7-9 d'Abril* 1999), 549-557.

ARIAS CABAL, P.; GONZÁLEZ SAINZ, C.; MOURE ROMANILLO, J. A.; ONTAÑÓN PEREDO, R. (2000)."Estudio integral del Complejo Arqueológico de La Garma (Omoño, Ribamontán al Monte)". En Ontañón R. (ed.): *Actuaciones arqueológicas en Cantabria 1984-199*, Gobierno de Cantabria, Santander, 270-277.

ARIAS, P., ALTUNA, J., ARMENDÁRIZ, Á., GONZÁLEZ URQUIJO, J. E., IBÁÑEZ ESTÉVEZ, J. J., ONTAÑÓN, R. Y ZAPATA, L. (2000). "La transición al Neolítico en la Región Cantábrica. Estado de la Cuestión". En Oliveira Jorge, V. (ed.): *Actas III Congresso de Arqueologia Peninsular. (Vila Real,* 21-27. Septiembre 1999, vol. 3. *Neolitização e megalitismo da Península Ibérica,* 115-131.

ARIAS, P. y FANO MARTÍNEZ, M.A. (2003)." Shell Middens and Mesolíthic funerary context in Cantabrian Spain and their relation to the Neolithic". En Burenhult, G. y Westergaard, S. (eds.): *Stones and Bones. Formal disposal of the dead in Atlantic Europe during the Mesolíthic-Neolithic interface 6000-3000. BAR International Series*, Archaeopress, 1201, Oxford, 145-166.

ARIAS, P.; ÁLVAREZ-FERNÁNDEZ, E. (2004): "Iberian Foragers and Funerary Ritual -A Review of Paleolíthic and Mesolíthic Evidence on the Peninsula". En González Morales, M. y Clark, G. A. (eds.): *The Mesolíthic of the Atlantic Façade: Proceedings of the Santander Symposium*, 225-248.

ARIAS, P. y FANO MARTÍNEZ, M. A. (2005). "Le rôle des ressources marines dans le Mésolitique de la région Cantabrique (Espagne): l'apport des isotopes stables". En G. Marchand y A. Tresset (eds.): *Unité y diversité des processus de néolithisation sur la façade atlantique de l'Europe (6°-4° millenaires avant J.C.).Table Ronde de Nantes 26-27 Avril 2002,* Mémoire XXXVI de la Société Préhistorique Française, 173-188.

ARIAS, P.; FANO, M. Á.; ARMENDÁRIZ, Á.; ÁLVAREZ, E.; CUETO, M.; FERNÁNDEZ, R.; GARRALDA, M. D.; MENSUA, C.; TEIRA, L. C. (2007). "Programa de Sondeos en Concheros Holocenos del Oriente de Asturias". *Excavaciones Arqueológicas en Asturias, 1992-2002,* 107-116.

ARIAS, P.; FERNÁNDEZ-TRESGUERRES, J.A.; ÁLVAREZ-FERNÁNDEZ, E.; ARMENDARIZ, A.; CUETO, M.; FANO, M.A.; FERNÁNDEZ, R.; GARRALDA, M.D.; MENSUA, C.; TEIRA, L.C. (2007). "Excavación arqueológica de urgencia en la cueva de La Poza l'Egua (Lledías, Llanes). En: *Excavaciones Arqueológicas en Asturias V,* 227e239.

ARIAS CABAL, P.; ONTAÑÓN PEREDO, R. (2008). "Zona Arqueológica de La Garma (Omoño, Ribamontán al Monte). Campañas 2000-2003". En Ontañón Peredo (coord.). *Actuaciones Arqueológicas en Cantabria 2000-2003*, 43-60.

ARIAS, P., FANO MARTÍNEZ, M.A. (2009). "¿Mesolítico geométrico o Mesolítico con geométricos?: el caso de la región cantábrica". *El mesolítico geométrico en la Península Ibérica.* Eds. Pilar Utrilla Miranda, Lourdes Montes Ramírez. *Monografías Arqueológicas Prehistoria 44,* 69-92.

ARIAS, P., ARMENDÁRIZ, A., BALBÍN, R., FANO, M., FERNÁNDEZ-TRESGUERRES, J., GONZÁLEZ MORALES, M.R., IRIARTE, M.J., ONTAÑÓN, R., ALCOLEA, J., ÁLVAREZ FERNÁNDEZ, E., ETXEBERRÍA, F., GARRALDA, M.D., JACKES, M.;ARRIZABALAGA, A. (2009). "Burials in the Cave: New evidence on mortuary practices during the Mesolíthic of Cantabrian Spain". En McCartan, S., Schulting, R., Warren, G. & Woodman, P. *Mesolíthic Horizons. Proceedings of the 7th International Conference on the Mesolíthic in Europe, 2005.* Vol. II, 650-656. Oxbow Books.

ARIAS, P., CERRILLO, E., ÁLVAREZ, E., GÓMEZ, E.; GONZÁLEZ, A. (2009): "A view from the edges: the Mesolíthic settlement of interior areas of the Iberian Peninsula reconsidered". En McCartan, S. B., Schulting, R. J., Warren, G. y Woodman, P. (eds.): *Mesolíthic Horizons. Papers presented at the 7th International conference on the Mesolíthic in Europe, Belfast, 2005,* vol. I, 303-311.

ARIAS, P.; SCHULTING, R. J. (2010). "Análisis de isótopos estables sobre los restos humanos de La Braña-Arintero. Aproximación a la dieta de los grupos mesolíticos de la cordillera Cantábrica". En Vidal, J. M. y Prada, M. E. (eds.): *Los hombres mesolíticos de la Cueva de la Braña-Arintero (Valdelugueros-León),* vol. 18, 130-137.

ARIAS P, ÁLVAREZ FERNÁNDEZ, E CUBAS M, TEIRA LC, TAPIA J, CUETO M, FERNÁNDEZ SÁNCHEZ P, LÓPEZ-DÓRIGA I. (2013). "Intervención arqueológica en el sistema kárstico de Arangas (Cabrales). Campaña 2007". En: *Excavaciones arqueológicas en Asturias 2007-2012 en el centenario del descubrimiento de la caverna de La Peña de Candamos.* Oviedo: Consejería de Educación, Cultura y Deporte del Principado de Asturias, 121-133.

ARIAS CABAL, P. CUBAS, M.; FANO MARTÍNEZ, M. A.; JORDÁ PARDO, J. F. SALZMANN, C.; TEICHNER, F.; TEIRA MAYOLINI, L. C. (2015). "Where are the "Asturian" dwellings? An integrated survey programme on the Mesolíthic of northern Spain". *Antiquity*, Vol. 89, Nº 346, 783-799.

ARIAS CABAL, P.; ONTAÑÓN, R. (2016). "Investigaciones en la zona arqueológica de La Garma (Omoño, Ribamontán al Monte). Campañas 2004 a 2011, 17-27.

ARIAS, P.; CUBAS, M.; FANO, M. A.; ÁLVAREZ-FERNÁNDEZ, E.; ARAÚJO, A. C.; CUETO, M.; DUARTE, C.; FERNÁNDEZ

SÁNCHEZ, P.; IRIARTE, E.; JORDÁ PARDO, J. F.; LÓPEZ-DÓRIGA, I.; NÚÑEZ DE LA FUENTE, S.; SALZMANN, CH.; TAPIA, J.; TEICHNER, F.; TEIRA, L. C.; UZQUIANO, P. AND VALLEJO, J. (2016). "Une nouvelle approche pour l'étude de l'habitat mésolithique dans le Nord de la Péninsule Ibérique : recherches dans le site de plein air d'El Alloru (Asturies, Espagne) / A New Approach to the Study of Mesolíthic Settlement in the Northern Part of the Iberian Peninsula: Research Carried Out at the Open Air Site of El Alloru (Asturias, Spain)". En *Archéologie des chasseurscueilleurs maritimes de la fonction des habitats à l'organisation de l'espace litoral*. Actes de la Scéance de la Société Préhistorique Française. Rennes, 10-11 Avril 2014, 159-190.

ARIAS, P.; ÁLVAREZ-FERNÁNDEZ, E.; ARRIZABALAGA, A.; CUBAS, M.; FANO, M. IRIARTE, M. J.; PÉREZ-BARTOLOMÉ, M. AND TAPIA, J. (in press). "The "Asturian and its neigbours in the twenty-first century: Recent perspectives on the Mesolíthic of northern Spain (Regional Identities). Comunicación *9th International Conference on the Mesolíthic in Europe. Belgado/Serbia/14th-18th September, 2015.*

ARDREY, R. (1966). *The territorial imperative*. Published by Antheneum. New York.

ASOCIACIÓN ESPELEOLÓGICA RAMALIEGA. A.E.R. (1971): "La zona kárstica de Ramales de la Victoria (Santander)". *Cuadernos de Espeleología, 5-6*, 216-217.

AURA TORTOSA, J. E.; VILLAVERDE, V.; GONZÁLEZ MORALES, M.R.; GONZÁLEZ SAINZ, C.; ZILHAO, J.; STRAUS, L.G. (1998). "The Pleistocene-Holocene transition in the Iberian Península: continuity and change in human adaptations". *Quaternary International* 49-50, 87-103

AURA J. E.; MARCO Y.; GARCÍA O.; JARDÓN P.; JORDÀ J. F.; MOLINA L.; MORALES J. V.; PASCUAL J. L.; PÉREZ G.; PÉREZ M.; RODRIGO M. J.; VERDASCO C. (2006). "Epipaleolítico-Mesolítico en las comarcas centrales valencianas. In A. Alday (ed.), *El mesolítico de muescas y denticulados en la Cuenca del Ebro y el litoral mediterráneo peninsular*. Diputación Foral de Álava, Departamento de Cultura: 65–118.

AURA J. E.; FERNÁNDEZ LÓPEZ DE PABLO J.; GARCÍA O.; JUAN-CABANILLES J.; MARTÍ B. (2009). "El Mesolítico Geométrico de tipo "Cocina" en el País Valenciano". In P. Utrilla and L. Montes (ed.) *El Mesolítico Geométrico en la Península Ibérica*, 205-258.

AURÉADE HENRY; LAURENT BOUBY; NICOLAS VALDEYRON (2011). "Environment and plant economy during the Mesolíthic in the Haut-Quercy (Lot, France): anthracological and carpological data". *SAGVNTVM EXTRA -11*, 79-80.

AYARZAGÜENA SANZ, M. (2000). "Surgimiento y creación del concepto de Mesolítico". *Espacio, Tiempo y Forma, Serie I, Prehistoria y Arqueología, t. 13*, 11-32.

BAENA PREYSLER, J. (2003). "La Arqueología peninsular y los SIG: presente y futuro". *Arqueoweb*. http:/www.ucm.es/info/arqueoweb- 5 (1)

BAILEY, G. N. (1973). "Concheros del Norte de España: una hipótesis preliminar". *Actas del XII Congreso Arqueológico Nacional*, 73-84.

BAILEY, G. N. (1978). "Shell middens as indicators of Postglacial economies: a territorial perspective". En Mellars, P. A. (ed.): *The Early Postglacial Settlement of Northern Europe*, 37-63.

BAILEY, G.N. (1983). "Economy change in late Pleistocene Cantabria". *Hunter-Gatherer Economy in Prehistory* (G.N. Bailey, ed.), Cambridge University Press, 149-165.

BAILEY, G. N. Y DAVIDSON, I. (1983). "Site exploitation territories and topography: two case studies from Paleolíthic Spain". *Journal of Archaeological Science 10,* 87-115.

BAILEY, G. N.; CRAIGHEAD, A. S. (2003): "Late Pleistocene and Holocene Coastal Paleoeconomies. A Reconsideration of the Molluscan Evidence from Northern Spain". *Geoarchaeology,* Vol. 18 Nº 2, 175-204.

BAILEY, G. N.; HARDY, K.; CÁMARA, A. (eds.). (2013). *Shell Energy Mollusc Shells as Coastal Resources.* Oxbow Books. Oxford and Oakville.

BALDEÓN, A.; BERGANZA, E. (2003). *El yacimiento Epipaleolítico de Kukuma. Un asentamiento de cazadores-recolectores en la Llanada alavesa /Araia, Alava).* Diputación Foral de Álava.

BALDINI, J. U.; McDERMOTT, F.; FAIRCHILD, I J. (2002). "Structure of the 8200- Year Cold Event Revealed by a Speleothem Trace Element Record. *Science,* Vol. 296, 2203-2206.0

BARANDIARÁN, J. M. DE. (1947). "Exploraciones en la caverna de Urtiaga (Itziar, Guipúzcoa) I". *Eusko-Jakintza, I*: 111-126, 434-456 y 679-696.

BARANDIARÁN, J. M. DE (1960). "Exploración de la Cueva de Urtiaga (XIª y XIIª Campañas)". En de Barandiarán, J. M. (ed.)- *Obras Completas de José Miguel de Barandiarán XII.* La Gran Enciclopedia Vasca. Bilbao, 297-312.

BARANDIARÁN, J. M. DE. (1961). "Excavaciones en Aitzbitarte IV (Trabajos de 1960). Munibe, Año XIII. Cuadernos 3º y 4º. En de Barandiarán, J. M. (ed.) *Obras Completas de José Miguel de Barandiarán XV.* La Gran Enciclopedia Vasca. Bilbao, 345-368.

BARANDIARÁN, J. M. DE (1962a). "Exploración de la Cueva de Urtiaga, en Itziar-Deva (Segunda época). En de Barandiarán, J. M. (ed.) *Obras Completas de José Miguel de Barandiarán XII.* La Gran Enciclopedia Vasca. Bilbao, 315-324.

BARANDIARÁN, J. M. DE. (1962b). *Santimamiñe.* Excavaciones Arqueológicas en España 7. Madrid.

BARANDIARÁN, J. M. DE. (1962c). "Excavaciones en Goikolau (Campaña 1962)". En de Barandiarán, J. M. (ed.)- *Obras Completas de José Miguel de Barandiarán XV.* La Gran Enciclopedia Vasca. Bilbao, 405-415.

BARANDIARÁN, J. M. DE. (1964). "Excavaciones en la caverna de Aitzbitarte IV (Campaña 1963). Munibe, 1-2. En de Barandiarán, J. M. (ed.) *Obras Completas de José Miguel de Barandiarán XV.* La Gran Enciclopedia Vasca. Bilbao, 405-419.

BARANDIARÁN, J. M. DE. (1965a). "Excavaciones en Lumentxa (Campaña de 1963). En de Barandiarán, J. M. (ed.) *Obras Completas de José Miguel de Barandiarán X.* La Gran Enciclopedia Vasca. Bilbao, 93-98.

BARANDIARÁN, J. M. DE. (1965b). "Excavaciones en Lumentxa (Campaña de 1964). En de Barandiarán, J. M. (ed.) *Obras Completas de José Miguel de Barandiarán X.* La Gran Enciclopedia Vasca. Bilbao, 101-109.

BARANDIARÁN, J. M. DE. (1969). "Excavaciones en Abittaga (Amoroto-Vizcaya). (Campaña de 1965). En de Barandiarán, J. M. (ed.) *Obras Completas de José Miguel de Barandiarán XVI.* La Gran Enciclopedia Vasca. Bilbao, 279-287.

BARANDIARÁN MAESTU, I. (1977). "El proceso de transición Epipaleolítico – Neolítico en la cueva de Zatoya. Informe preliminar". *Príncipe de Viana* Nº 142-143, 5-19.

BARANDIARÁN MAESTU, I. (1979). "Excavaciones en el covacho de Berroberría (Urdax). Campaña de 1977. *Trabajos de Arqueología Navarra,* 1, 11-60.

BARANDIARÁN MAESTU, I. (1983): "Los comienzos del Holoceno en la Prehistoria vasca. Algunas reflexiones". *Eusko Ikaskunza. Cuadernos de Sección. Antropología-Etnografía Prehistoria-Arqueología* 1, 237-258.

BARANDIARÁN MAESTU, I. (2009). "El Mesolítico geométrico en el espacio nororiental de la Península: el progreso de su conocimiento". En Utrilla Miranda, P. y Montes Ramírez, L. (eds.). *El Mesolítico geométrico en la Península Ibérica.* Monografías Arqueológicas Prehistoria 44. Zaragoza-Jaca 2008, 13-32.

BARANDIARÁN MAESTU, I.; CAVA ALMUZARA, A. (1985). *El yacimiento prehistórico de Zatoya (Navarra. Evolución ambiental y cultural a fines del Tardiglaciar y en la primera mitad del Holoceno.* Trabajos de Arqueología Navarra 8. Pamplona. (354 pp.).

BARANDIARÁN MAESTU, I.; CAVA ALMUZARA, A (1989). *Moluscos terrestres y acuáticos.* En Barandiarán, I. y Cava, A. (eds.). *El yacimiento prehistórico de Zatoya (Navarra).* Trabajos de Arqueología Navarra, Bellaterra. 135 pp.

BARANDIARÁN MAESTU, I.; CAVA ALMUZARA, A. (2001). "La ocupación de Aizpea: medio, aprovisionamiento y usos". En Barandiarán, I. y Cava, A.: *Cazadores-recolectores en el Pirineo Navarro. El sitio de Aizpea entre 8.000 y 6.000 años antes de ahora.* Universidad del País Vasco, Vitoria, 459-527.

BARBER, D.C.; DYKE, A.; HILLARIE-MARCEL, C.; JENNINGS, A.E.; ANDREWS, J.T.; KERWIN, M.W.; BILODEAU, G.; MCNEELY, R.; SOUTHON, J.; BARRIOS GIL, I. (2002)." Los inicios del poblamiento neolítico en la provincia de la Rioja". Veleia 22 71- 56, 51-76.

BATE, L.F. (1989)."Notas sobre el materialismo histórico en el proceso de investigación arqueológica". *Boletín de Antropología Americana,* 26, 18-29.

BATE, L. F. (1992)."Del registro estadístico al pasado dinámico: entre un salto mortal y un milagro dialéctico. *Boletín de Antropología Americana,* 26, 49-67.

BAZIN, P.; HALLEY, J-P.; THÉVENIN, A. (1989). "Pointes à cran et pointes à dos de la region de Gien (Loiret). EpiPaleolíthique et Mesolíthique entre Seine et Rhin". *Table Ronde D'Ancerville 1989. Annales Littéraires de l'Université de Besançon,* 101-106.

BAZIN, P.; HALLEY, J. P.; THÉVENIN, A. (1989). "Les stations mésolithiques d´Autry-le-Châtel (Loiret)). EpiPaleolíthique et Mesolíthique entre Seine et Rhin". *Table Ronde D'Ancerville 1989: Annales Littéraires de l'Université de Besançon*: 181-212.

BEGINES RAMÍREZ, A. (1965): "Avance al Catálogo de Cavidades de la Provincia de Santander". *Cuadernos de Espeleología, 1,* 43-45.

BELLO ALONSO, P. M. (Sf.). *Análisis arqueomalacológico de la Zona B del yacimiento mesolítico de la cueva de El Toral III (Llanes, Asturias).*Universidad de Cantabria. Santander.

BELLOT, F.; VIEITEZ, E. (1945). "Primeros resultados del análisis polínico de las turbas galaicas". *Anal. Inst. Español Edaf y Ecol. Vegetal, IV,* 280-307

BERGANZA, E. (1990). "El Epipaleolítico en el País Vasco". *Munibe (Antropologia-Arkeologia) 42,* 81-89.

BERGANZA, E (2006). "El tránsito del Tardiglaciar al Holoceno en el País Vasco". *Munibe (Antropòlgia-Arqueología)* 57, 249-258.

BERIHUETE AZORÍN, M.; PIQUÉ I HUERTA, R. (2006). "Semillas, frutas, leña, madera: el consumo de plantas entre las sociedades cazadoras-recolectoras". *Revista Atlántica-Mediterránea de Prehistoria y Arqueología Social,* 8, 35-51.

BERNALDO DE QUIRÓS, F.; NEIRA CAMPOS, A. (1997). "Panorama del Paleolítico Superior y del Epipaleolítico en el norte de la cuenca del Duero. Excavación arqueológica en la cueva de La Pila: Cuchía, Miengo". *II Congreso de Arqueología peninsular. Paleolítico y Epipaleolítico. Tomo I.* Zamora, 367-381.

BERNALDO DE QUIRÓS, F. GUTIÉRREZ, C.; DE LAS HERAS, C.; LAGÜERA, m. a.; PUMAREJO GÓMEZ, p.; UZQUIANO OLLERO, P. (1992): "Nouvelles dones sur la transsition Magdalenien Superior-Azilien. La grotte de "La Pila" (Cantabria, Espagne)". *Le Peuplement Magdalénien. Paléogéographie Physique et Humaine,* 259-269. París.

BERNALDO DE QUIRÓS, F.; GUTIÉRREZ, C.; DE LAS HERAS, C; LAGÜERA, M. A; PUMAREJO GÓMEZ, P.; UZQUIANO OLLERO, P. (2000)."Excavación arqueológica en la cueva de La Pila (Cuchía, Miengo)". En Ontañón Peredo, (Coord.). *Actuaciones arqueológicas en Cantabria 1984-1999,* 53-56.

BERNALDO DE QUIROS, F. y NEIRA CAMPOS, A. (2007-08). "Una pieza excepcional del Mesolítico cantábrico: el anzuelo de la cueva de "El Espertín" (Cuenabres, Burón, León). *Veleia 24-25, 1,* 571-579.

BEUGNIER, V.; CROMBE, P. (2005). "Étude fonctionelle du matériel en silex du site mésolithique ancien de Verrebroek (Flandes, Belgique): premiers résultats". *Bulletin de la Société préhistorique française. 2005.* Tome 102, 527-538.

BETTINGER, R. (1980). "Explanatory/Predictive Models of Hunter-Gatherer Adaptation". *Advances in Archaeological Method and Theory, 3,* 189-255. Retrieved from http://www.jstor.org/stable/20170157.

BETTINGER, R.L. (1991). *Hunter-Gatherers. Archaeological and Evolutionary Theory.* Plenun Press. New York.

BINFORD, LEWIS, R. (1965). Archaeological Systematics and the Study of Culture Process. *American Antiquity* 31, 203-210.

BINFORD, LEWIS, R. (1998). *En busca del pasado. Descifrando el registro arqueológico.* Ediciones Crítica, Barcelona.

BOHIGAS ROLDAN, R., GARCÍA IRIONDO, A., TOCINO MARTÍN, J. A. RUIZ GÓMEZ, F. (1984): "El karst de Tarrueza (Laredo)". *BCE nº 5.* Santander.

BOHIGAS ROLDÁN, R., MUÑÓZ FERNÁNDEZ, E., PEÑIL. (1986). "Las ocupaciones recientes en las cuevas". *B. C. E.4: Las culturas prehistóricas en las cuevas de Cantabria,* 140-159.

BOHIGAS, R. y MUÑOZ, E. (2002). "Excavaciones arqueológicas de urgencia en el covacho de Arenillas (Islares, Castro Urdiales). 1992. En *Actuaciones arqueológicas en Cantabria 1987–1999* (ed. R. Ontañón Peredo), 45–47. Gobierno de Cantabria. Consejería de Cultura, Turismo y Deporte, Santander.

BOLADO DEL CASTILLO, R.; CUBAS, M. (2016). "La cueva del Aspio (Ruesga). Nueva intervenciones arqueológicas". *Cantabria nuevas evidencias arqueológicas,* 93-118.

BJÖRCK, S.; RUNDGREN, M.; INGÓLFSSON, Ó y FUNDER, S. (1997). "The Preboreal oscillation around the Nordic Seas: terrestrial and lacustrine responses". *Journal of Quarternary Science,* 12 (6), 455-465.

BOND, G.; SHOWERS, W.; CHESEBY, M.; LOTTI, R.; ALMASI, P.; DEMENOCAL, P.; PRIORE, P.; CULLEN, H.; HAJDAS, I. y BONANI, G. (1997). "A pervasive millenial-scale cycle in North Atlantic Holocene and glacial climates". *Science* 278,

1257-1266.

BÖRJCK, S. E. A. (1998). "An event stratigraphy for the Last Termination in the North Atlantic Region based on the Greenland ice-core record: a proposal by the INTIMATE group". *Journal of Quaternary Science* 13 (4), 283-292.

BOSCHIN, M. T. (1991). "Arqueología: categorías, conceptos y unidades de análisis". *Boletín de Antropología Americana* 24. IPGH, México, 79-109.

BOYER KLEIN, A. (1981). "Análisis palinológico de la cueva del Rascaño. El Paleolítico Superior de la cueva del Rascaño (Santander)" Monografías Centro de Investigación y Museo Altamira, 3. Santander: 217-220.

BRÜGGEMANN, JÜRGEN, K. (1982). *Aspectos fundamentales de la investigación arqueológica*. Colección Científica, Arqueología 107, Dirección de Monumentos Prehispánicos, INAH, México.

BRÜGGEMANN, JÜRGEN, K. (1991). "Análisis urbano en Tajin". *Cuaderno de trabajo INHA*. México, 81-125.

BUFFORD, R. Y CHALINE, J. (1965): "La campagne 1961 du Spéléo Club de Dijon a Arredondo (Province de Santander), Espagn. *Sous le Plancher, Organe du Spéléo-Club de Dijon (2), IV,* 4, 49-53.

BURJACHS, F.; MAROTO, J.; TURU, V. (2012). "Cambios climáticos vs Cambios tecnológico-culturales: las transiciones Paleolítico Superior final, Mesolítico y Neolítico antiguo en el NE de Iberia". *Cuaternario y Geomorfología, 26 (3-4),* 5-10.

BUTZER, K. W. (1964). *Medio ambiente y la arqueología: una introducción a la geografía del pleistoceno.* Ed. Aldine Publiser Company. Chicago.

BUTZER, K. W. (1971). "Comunicación preliminar sobre la geología de cueva Morin (Santander)". En González Echegaray, J. & Freeman, L.G. (coord.): *Cueva Morín. Publicaciones del Patronato de las cuevas prehistóricas de la provincia de Santander,* VI, 345-356.

BUTZER, K. W. (1973). "Notas sobre la geomorfología regional de la parte occidental de la provincia de Santander y la estratigrafía de cueva Morin". En González Echegaray, J. y Freeman, L.G. (coord.): *Cueva Morin. Publicaciones del Patronato de las cuevas prehistóricas de la provincia de Santander,* 267-276.

BUTZER, K. W. (1981). "Cave sediments, Upper Pleistocene stratigraphy and Musterian Facies in Cantabrian Spain". *Journal of Archaeological Science, 8,* 133-183.

CAEAP. (1981). "Nuevos hallazgos de yacimientos arqueológicos". *Memorias de la ACDPS, 1980-81,* 25-30. Santander.

CAEAP. (2003): "Las investigaciones del CAEAP y su aportación a la arqueología de Cantabria (1978-2003). En: *1978-2003 CAEAP. Veinticinco años de investigaciones sobre el Patrimonio Cultural de Cantabria.* Ayuntamiento de Camargo. CAEAP, 15-37.

CARBALLO, J. (1924). *Prehistoria Universal y Especial de España.* Imp. De la Viuda de L. del Horno. Madrid: 29, 125-150.

CARBALLO, J. (1926). *El esqueleto humano más antiguo de España.* Santander.

CARBALLO, J. (1927). "Bastón de mando prehistórico: procedente de la Caverna del Pendo (Santander)". Santander. Id. De Prehistoria. Un notable bastón de mando. *Ibérica* 699 Octubre, 248-251.

CARBALLO, J. (1960a). *Investigaciones Prehistóricas II*. Museo Provincial de Prehistoria. Santander.

CARBALLO, J. (1960b). "Esqueleto humano del periodo asturiense". En *Investigaciones Prehistóricas II*, 125-157.

CARRIOL, R. P. Y ÁVAREZ-FERNÁNDEZ, E. (2015) "Balanomorphs from late Upper Pleistocene and Holocene caves in northern Spain, with a new genus and species, and their palaeoclimatological implications". Annales de *Paléontologie Vol. 101*, 21-27.

CASTAÑOS, P. (1992). "Evolución de los macromamíferos durante el *Tardiglaciar* cantábrico". *The Late Quaternary in the Western Pyrlenean Regían,* 45-56.

CASTAÑOS, P. (2001). "Estudio arqueozoológico de la fauna del Yacimiento de Cubío Redondo (Matienzo, Cantabria)". *Munibe (Antropología-Arkeología)* Nº 53, 71-74.

CASTAÑOS, P. (2016.). "Estudio arqueozoológico de la fauna del Carabión" (San Mamés de Aras, Cantabria)

CAVA, A. (1975). "La industria lítica de los niveles postazilienses de Santimamiñe (Vizcaya)". *Sautuola* I, 53-73. SANTANDER.

CAVA, A. (1978). "El depósito arqueológico de la Cueva de Marizulo (Guipúzcoa)". *Munibe*, 30,4, 55-172.

CAVA, A. (1990). "El Neolítico en el País Vasco". *Munibe (Antropología-Arkeología)* Nº 42, 97-106.

CAVA, A. (1994). "El Mesolítico en la Cuenca del Ebro. Un estado de la cuestión". *Zephirus XLVII, 65-91.*

CAVA, A. (2000). "La industria lítica del Neolítico de Chaves (Huesca)" *Saldvie I*, 77-164.

CAVA, A. (2004). "Los "procesos culturales" del comienzo del Holoceno en la Cuenca del Ebro y su contextualización". *Salduie* 4: 17-40.

CAVA, A.; ALDAY, A.; TARRIÑO, A. (2008). "La circulación de materias primas líticas en la transición Mesolítico/Neolítico antiguo en el País Vasco. Los abrigos de Mendandia, Kampanoste y Aizpea". *Veleia* 24-25 (Homenaje a Ignacio Barandiarán Maestu), I, 581-609.

CEARRETA, A. (1992). "Cambios medioambientales en la ría de Bilbao durante el Holoceno". *Cuadernos de Sección. Historia 20.* Donostia, 435-454.

CEARRETA, A., EDESO, J.M., UGARTE, F. (1990): "Cambios en el nivel del mar durante el Cuaternario Reciente en el Golfo de Bizcaia". En: The environment and the human society in the Western Pyrenees and the Basque Mountains during the upper Pleistocene and the Holocene, 57-94. U. P.V. Vitoria.

CEARRETA, A.; EDESDO, J. M.; UGARTE, F. (1992). "Cambios en el nivel del mar durante el Cuaternario reciente en el Golfo de Bizkaia". En, A. Cearreta y F.M. Ugarte (edts.) *The Late Quaternary in the Western Pyrenean Region, Publisher*. Servicio Editorial UPV/EHU. Vitoria, 57-94.

CEARRETA, A.; MURRAY, J. (1996). "Holocene paleoenvironmental and relative sea-level changes in the Santoña Estuary, Spain". *Journal of Foraminiferal Research,* 26, Nº 4, 289-299.

CEARRETA, A.; MONGE-GANUZAS, M.; IRIARTE, E. (2006). "Análisis micropaleontológico (foraminíferos) y evolución ambientológica del estuario superior del Oka (área de Portuzarra, Gernika-Lumo)". *Illunzar, 6*, 57-68.

CEARRETA, A.; LEORRI, E.; SOLAR, G.; MONGE-GANUZAS, M.; IRIARTE, E. (2007). "Cambios de nivel del mar en el lioral cantábrico oriental: ¿Qué sabemos a partir del registro sedimentario estuarino? *Resúmenes XII Reunión Nacional de Cuaternario, Ávila (2007)*, 181-182.

CEARRETA, A.; LEORRI, E.; IRABIEN, G. (2009). "Las marismas costeras como archivos geológicos de las variaciones recientes en el nivel marino". *Geogaceta* Nº. 47, 109-112.

CEARRETA, A.; MURRAY, J. (2017). "Holocene sea-level rise in the southern Bay of Biscay: the estuarine geological record and its possible contribution to the study of archaeological deposits". En Zapata (Ed.) *The shell midden of Pico Ramos (Muskiz, Bizkaia) Humans on the Basque coast during the 6 th and 5th millennium B.C*, 15-20.

CENDRERO UCEDA, A.; DÍAZ DE TERÁN, J.R. (1977). "Caracterización cuantitativa del desarrollo histórico del relleno de la bahía de Santander; un proceso natural activado por el hombre". *Revista de Obras Públicas*, 797-808.

CENTRO NACIONAL DE INFORMACIÓN GEOGRÁFICA (2005). *Mapa Topográfico Nacional de España. E. 1:50.000*. Ministerio de Fomento. Dirección General del Instituto Geográfico Nacional.

CENTRO NACIONAL DE INFORMACIÓN GEOGRÁFICA (2005). *Mapa Topográfico Nacional de España. E. 1:25.000*. Ministerio de Fomento. Dirección General del Instituto Geográfico Nacional.

CHAIX, L. (2003). "A short note on the Mesolíthic fauna from Zamostje 2 (Russia)". En L.Larsson, H.Lindgren, K.Knutsson, D.Loeffler, A.Akerlund (eds.), Mesolíthic on the move. Oxbow Books, Oxford, 645–648.

CHALINE, J. (1965). "Observaciones preliminares sobre los terrenos cuaternarios en los alrededores de Arredondo (Provincia de Santander)". *Cuadernos de Espeleología I, 21-26*. Santander.

CHAMPION, T. GAMBLE, C.; SHENNAN, S. WITTLE, A. (1996). *Prehistoria de Europa*. Ed. Crítica. Barcelona.

CHANDLER, H.; SYKES, B.; ZILHAO, J. (2005). "Using ancient DNA to examine genetic continuity at the Mesolíthic-Neolithic transition in Portugal". *III Congreso del Neolítico en la Península Ibérica*. Santander, 781-786.

CHANG, J. K. (1962). "A typology of settlement and community patterns in some circumpolar societies". *Arctic Anthropology 1*, 28-41. Madison: University of Wisconsin Press.

CHEYNIER, A. y GONZÁLEZ ECHEGARAY, J. (1964). "La grotte de Valle. En (E. Ripoll. Ed.). *Miscelánea en Homenaje al Abate Breuil (1877-1961) vol. I*. Instituto de Prehistoria y Arqueología de la Exma. Diputación Provincial de Barcelona. Barcelona, 327-346.

CHISHOLM, B. S.; NELSON, D. E.; SCHWARCZ, H.P. (1982). "Stable-Carbon Isotope ratios as a measure of marine versus terrestrial protein in ancient diets". *Science 216*, 1131-1132.

CLARK, G. A. (1971). "The Asturian of Cantabria: Subsistence Base and the Evidence for Post-Pleistocene Climatic Shifts". *American Anthropologist, New Series*, Vol. 73, No. 5, 1244-1257. URL: http://www.jstor.org/stable/672835. Accessed: 26-01-2017 20:47 UTC.

CLARK, G. A. (1972). "El Asturiense de Cantabria: bases sustentadoras y evidencias de los cambios climáticos post-pleistocenos". *Trabajos de Prehistoria 29, 17-30*.

CLARK, G. A. (1975a). *Liencres: una estación al aire libre de estilo asturiense cerca de Santander.* Universidad de Deusto. Cuadernos de Arqueología N. 3, 84 páginas.

CLARK, G.A. (1975b). "Liencres: la recogida de la superficie de 1972". Apéndice III. Cuadernos de Arqueología Nº 3, 71-77. Bilbao: Seminario de Arqueología, Universidad de Deusto.

CLARK, G. A. (1976). *El Asturiense Cantábrico.* CSIC, Instituto Español de Prehistoria- Instituto de Estudios Asturianos (*Biblioteca Praehistórica Hispana XIII*) Madrid.

CLARK, G. A. (1983). "Una perspectiva funcionalista en la Prehistoria de la Región Cantábrica. "Homenaje al Prof. Martín Almagro Basch". Eds. Balil *et al.*Vol.1, 155-170. Ministerio de Cultura. Madrid.

CLARK, G.A. (1995). "Complementariedad funcional en el Mesolítico del Norte de España". En Villaverde, v. (ed.): *Los últimos cazadores. Transformaciones culturales y económicas durante el Tardiglaciar y el inicio del Holoceno en el ámbito mediterráneo.* Instituto de Cultura "Juan Gil-Albert" y Diputación de Alicante. Alicante, 63-78.

CLARK, G.A (2004). "The Iberian Mesolíthic in the European context". En González Morales, M. R. y Clark, G. A. (eds.): *The Mesolíthic of the Atlantic Façade: proceedings of the Santander Symposium. Anthropological Research Papers 55.* Arizona, 205-224.

CLARK, G.A.; STRAUS, L.G. (1977). "La Riera Paleoecological Proyect: Preliminary Report, 1976 Excavations". *Current Antropology,* 18 (2), 354-355.

CLARK, G. A. MENÉNDEZ AMOR, J. (1975). "Muestras polínicas de Liencres niveles 1-2". Apéndice II. *Cuadernos de Arqueología Nº3,* 63-70. Seminario de Arqueología. Universidad de Deusto.

CLARK, G. A.; LERNER, S. (1980). "Prehistoric resource utilisation in early Holocene Cantabrian Spain". *Antropology. UCLA* 10, 53-96.

CLARK, G.A.; STRAUS, L.G. (1983). "Late Pleistocene hunter-gatherer adaptations in Cantabrian Spain". En G. Bailey (ed.): *The Pleistocene Old World: a European perspective.* Cambridge, 131-148.

CLARK, G. A.; STRAUS, L.G. (1986). "Synthesis and conclusions- Part I: Upper Pala- eolithic and Mesolíthic hunter-gatherer subsistence in northern Spain". En L.G. Straus y G.A. Clark (eds.): *La Riera Cave: Stone Age Hunter-Gatherer Adaptations in northern Spain.* Arizona State University Anthropological Research Papers 36. Tempe, 351-366.

CLARK, J. G. D. (1952). *Prehistoric Eorope: The Econpmic Basis, Methuen.* Londres.

CLARKE, D. L. (1977). "Spatial information in archaeology", en D. L. Clarke (ed.), *Spatial Archaeology,* Academic Press Inc., 1-32. Londres.

CLARKE, D. L. (1979). "Models and paradigms in contemporary archaeology", en D.L. Clarke (editor), Analytical Archaeology , Academic Press, Nueva York y Londres, 21-81

CLARKE, D. L. (1984). *Arqueología analítica.* Ed. Bellaterra, S.A. Barcelona.

CLEMAM (Museo Nacional de Historia de París, http://www.somali.asso.fr/clemam/index.clemam.htm),

CLUTTON-BROCK, T. H.; GUINNESS, F. E.; ALBON, S. D. (1982). *Red Deer: Behavior and Ecology of Two Sexes.* The University of Chicago Press.

COSTA, L. (1992). "Ecología del corzo en las montañas cantábricas. Modelo de gestión". Tesis doctoral. Universidad de León. Facultad de Ciencias Biológicas. León.

CRAIGHEAD, A. S., (1995). *Marine mollusca as palaeoenvironmental and palaeoeconomic indicators in Cantabrian Spain.* Tesis doctoral (Ined.) University of Cambridge, 485 pp.

CRANE H. R. y GRIFFIN J. B. (1960). "University of Michigan radiocarbon dates V". *American Journal of Science Radiocarbon Supplement,* Vol. 2, 31-48]

CRIADO BOADO, F. (1993). "Límites y posibilidades de la Arqueología del Paisaje". *SPAL 2,* Universidad de Sevilla, 9-55.

CRUSAFONT, M. (1963). "¿Es la industria asturiense una evolucionada "peble-culture"?". *Speleon, XIV,* 1-4, 77-89.

CUBAS, M. (2007). *Las primeras cerámicas en la región cantábrica (5000-3000 cal BC). Contexto arqueológico y características mor-fotécnicas.* Trabajo de Investigación de Tercer Ciclo, Universidad de Cantabria, Santander. Inédito.

CUBAS MORERA, M. (2008). "La producción cerámica en la primera mitad del V milenio calibrado BC: el caso de la Región cantábrica". *IV Congreso del Neolítico Peninsular 27-30 de Noviembre de 2006.* MARQ. Eds. Hernández Pérez, M. S.; Soler Díaz, J.A.; López Padilla, J.A. Tomo II, 282-289. Alicante

CUBAS, M. (2009). "Tendencias en la investigación de la cerámica neolítica en la región cantábrica". *Munibe (Antropologia–Arkeologia), 60,* 187–200.

CUBAS, M. (2011a). "El aprovisionamiento de materias primas para la manufactura cerámica. El ejemplo de Los Gitanos (Sámano, Castro Urdiales)". *Estrat Crític (Actas de las III Jornadas de Jóvenes en Investigación Arqueológica),* 5(3), 91-102.

CUBAS, M. (2011b). "Las primeras evidencias cerámicas en la región cantábrica. El yacimiento de Los Gitanos (Sámano, Castro Urdiales)". *Estrat Crític (Actas de las III Jornadas de Jóvenes en Investigación Arqueológica),* 5(2), 327-334.

CUBAS, M. (2012). "La utilización de desgrasantes en las manufacturas cerámicas del V milenio cal BC en el norte de la PenínsulaIbérica". *Actes Xarxes al Neolític. Circulació i Intercanvi de Matèries, Productes i Idees a la Mediterrània Occidental (VII-IIImil•lenni aC), Rubricatum 5,.* Gavà, 375-382.

CUBAS, M. (2013). *La aparición de la tecnología cerámica en la región cantábrica.* Oxford, Archaeopress. BAR International Series; 2566.

CUBAS, M. y ONTAÑÓN-PEREDO, R. (2009). "The material evidence of the «production sequence. The case of the pottery ensemble of Los Gitanos cave (Castro Urdiales, Cantabria, Spain)". *Journal of Iberian Archaeology,* 12, 7-22.

CUBAS, M.; FANO, M. A. (2011). "Los primeros campesinos del cantábrico: una revisión de la información disponible y de los modelos propuestos". *Fervedes nº 7,* 77-86.

CUBAS, M.; GARCÍA-HERAS, M.; MÉNDEZ, D.; PEDRO, I. De; ZAPATA PEÑA, L.; IBÁÑEZ ESTÉVEZ, J. J. y GONZÁLEZ URQUIJO, J. E. (2012). "La tecnología cerámica de los niveles IV y III en el yacimiento de Kobaederra (Cortézubi, Bizkaia). Aprovisionamiento y modificación de las materias primas". Trabajos de Prehistoria, 69(1), 51-64.

CUBAS, M.; BOLADO DEL CASTILLO, R.; PEREDA ROSALES, E. M. y FERNÁNDEZ VEGA, P. (2013). "La cerámica en Cantabria desde su aparición (5000 cal BC) hasta el final de la Prehistoria: técnicas de manufactura y características morfo-decorativas". *Munibe (Antropologia- Arkeologia) 64*: 69-88.

CUBAS, M.; DOHERTY, C.; GARCÍA-HERAS, M.; DE PEDRO, I.; MÉNDEZ, D.; ONTAÑÓN, R. (2013). "Pottery manufacturing during the Neolithic in the north of Spain: raw material procurement and modification in the cave of Los Gitanos (Castro Urdiales, Spain)". *Archaeometry*. Oxford, 1-17.

CUBAS, M.; DE PEDRO, I.; ARIAS, P. (2014). "La aparición de la tecnología cerámica en Asturias: la aportación de la cueva de Los Canes (Arangas, Cabrales)". *Nailos. Estudios interdisciplinares de Arqueología,* 23-48. (online), http://nai-los.org/ (consulta: 16 / X / 2015).

CUBAS, M.; DOHERTY, Ch.; GARCÍA-HERAS, M. PEDRO, I. De y MÉNDEZ, D. (2014). "Pottery manufacturing during the Neolithic in the North of Spain: raw material procurement and modification in the cave of Los Gitanos (Castro Urdiales, Spain)". *Archaeometry, 56(3a)*. Online versión available.

CUBAS, M; ALTUNA, J.; ÁLVAREZ-FERNÁNDEZ, E.; ARMENDARIZ, A.; FANO, M. A.; LÓPEZ-DÓRIGA, I.; MARIEZKURRENA, K.; TAPIA, J.; TEIRA, L. C.; ARIAS, P. (2016). "Re-evaluating the Neolithic: The Impact and the Consolidation of Farming Practices in the Cantabrian Region (Northern Spain). *J. World Prehist (2016) 29*,79–116. Published online: 24 March 2016

CUENCA-BESCOS, G.; STRAUS, G. L., GONZÁLEZ MORALES, M. R. GARCÍA PIMIENTA, C. (2008). "Paleoclima y paisaje del final del Cuaternario en Cantabria: los pequeños mamíferos de la cueva del Mirón (Ramales de la Victoria)". Revista Española de Paleontología, 23 (1), 91-26.

CUENCA SOLANA, DAVID (2009). *Las "tecnologías invisibles" en los grupos de cazadores recolectores del litoral durante los inicios del Holoceno (9.500-5.00 uncal BP) en la Región Cantábrica. Utilización de las conchas de molusco en la realización de actividades productivas.* Trabajo de Investigación de Tercer Ciclo inédito. Dpto. de Ciencias Históricas, Universidad de Cantabria. Santander.

CUENCA SOLANA, D. (2010). "Los efectos del trabajo arqueológico en conchas de *Patella sp.* y *Mytilus galloprovincialis* y su incidencia en el análisis funcional". *Férvedes, 6*, 43-51.

CUENCA SOLANA, D. (2012). *Utilización de instrumentos de concha para la realización de actividades productivas en las formaciones económicas sociales de los cazadores-recolectores-pescadores y primeras sociedades tribales de la fachada atlántica europea.* Publican. Servicio de publicaciones de la Universidad de Cantabria. Serie Tesis doctorales 4.

CUENCA SOLANA, D. (2013). "Utilización instrumental de recursos malacológicos en la Península Ibérica: una visión crítica de los enfoques teórico-metodológicos propuestos". Revista Atlántica-Mediterránea 15, 39-51

CUENCA SOLANA, D.; CLEMENTE, I. y GUTIÉRREZ-ZUGASTI. F. I. (2010). "Utilización de instrumentos de concha durante el Mesolítico y Neolítico inicial en contextos litorales de la región cantábrica: Programa experimental para el análisis de huellas de uso en materiales malacológicos". *Trabajos de Prehistoria 67*, 211-225.

CUENCA SOLANA, D., GUTIÉRREZ ZUGASTI, F.I. and CLEMENTE CONTE, I., (2011). "The use of molluscs as tools by coastal human groups: contribution of ethnographical studies to research on Mesolíthic and early Neolithic contexts in Northern Spain". *Journal of Anthropological Research, 67*(1), 77-102.

CUENCA SOLANA, D; CLEMENTE CONTE, I.; OLIVA POVEDA, M.; GUTIÉRREZ ZUGASTI, I. (2014). "Estudio de la manufactura y/o uso de instrumentos de trabajo y elementos de adorno de concha desde la metodología del análisis funcional". *Archaeofauna,* 23, 9-24.

CUENCA SOLANA, D.; GUTIÉRREZ-ZUGASTI, I.; GONZÁLEZ-MORALES, M. R. (2017). "Use-wear analysis: An optimal methodology for the study of shell tools". *Quaternary International, V. 427*, 192-200.

CUETO, M., MARÍN, A. B.; ESTÉVEZ, J. (2005/2006). "Apuntes para un cambio de ritmo en la explicación del cambio Potsglaciar". *Munibe (Antropología-Arkeología). Homenaje al Prof. Jesús Altuna* 57 (1), 399-410.

CUNNINGHAM, P. (2005). Agujeros supuestos y cómo llenarlos: Una serie de experimentos que investigan el potencial de almacenamiento de avellanas y bellotas. *EuroRea, 2, 55 - 66. Google Académico*

DAVIES, S. J. (1989). *La arqueología de los animales*. Eds. Bellaterra, Barcelona

DAVIS, B. A. S.; BREVER, S.; STEVENSON, A. C.; GUIOT, J. (2003). "The temperature of Europe during the Holocene reconstructed from pollen data". *Quaternary Science Reviev* 22, 1701-1716.

DAVIDSON, I.; BAILEY, G.N. (1984). "Los yacimientos, sus territorios de explotación y la topografía". *Boletín del Museo Arqueológico Nacional*, vol. II, 25-46. Madrid.

DEAN, W.E.; FORESTER, R.M.; BRADBURY, J. P. (2002). "Early Holocene change in atmospheric circulation in the Northern Great Plains: an upstream view of the 8.2 ka cold event". *Quaternary Science Reviews 21*, 1763-1775.

DEITH, M. R. (1983). "Seasonality of shell collecting, determined by oxygen isotope analysis of marine shells from Asturian sites I Cantabrian". En Grigson, C. y Clutton-Brock, J. (eds.). *Animals and Archaeology. BAR International Series, 183 (2)*. Oxford, 67-76.

DEITH, M. R.; SHACKLETON, N. (1986). "Seasonal exploitation of marine molluscs: oxygen isotope analysis of shell from La Riera cave". En Straus, L. D. y Clark, G. A. (eds.). *La Riera Cave. Stone Age hunter-gatherer adaptations in northern Spain*. Arizona State University, Tempe, 299-313.

DEWEZ, M. C. (1973). *Mesolíthique ou EpiPaleolíthique?* Universidad de Liege. E.R.A.U.L. Serie A. Nº 1. Liege.

DIEZ CASTILLO, A. (2005). "El contacto entre cazadores - recolectores y agricultores en los valles occidentales de Cantabria". *Actas del III Congreso del Neolítico en la Península Ibérica. Santander, 5 a 8 de octubre de 2003*. En Ontañón, R. García MOncó, C; Arias, P. (coord.), 425-434.

DIEZ CASTILLO, A. (2010). "Nuevas tecnologías y viejas piedras: un repaso al megalitismo en Cantabria". *Illunzar*, 7-35.

DIEZ CASTILLO, A.; ROBLES FERNÁNDEZ, G. (1967). "Essai d´adaptation del methodes statisques a l´Épipaléolithique ("Mésolithique"). Liste-type proviso ire et premiers resultats". *Bull. S.P.F*, 209-226.

DIEZ CASTILLO, A., ROBLES FERNÁNDEZ, G (1997): *El Abrigo de La Calvera (Camaleño, Cantabria). Memoria de las actividades realizadas durante la campaña de 1996*. Departamento of Anthropology. UC Berkeley.

DIEZ CASTILLO, A.; ROBLES FERNÁNDEZ, G. (1978). "Excavaciones en el conchero asturiense de la cueva de Mazaculos II (La Franca, Ribadedeva, Asturias)". *Boletín del Instituto de Estudios Asturianos*. Oviedo

DOMINGO MARTÍNEZ, R. (2004a). "La funcionalidad de los microlitos geométricos en yacimientos del Bajo Aragón: los casos de Botiquería dels Moros y Secans (Mazaleón, Teruel) y Costalana (Maella, Zaragoza)". *Saldvie 4*, 41-83.

DOMINGO MARTÍNEZ, R. (2004b). "Análisis funcional de los geométricos y de láminas de Mendandia". En ALDAY, A. *et alii*: *El campamento prehistórico de Mendandia: ocupaciones mesolíticas y neolíticas entre el 8500 y el 6500*. Anejos de Veleia Universidad del País Vasco. Vitoria.

DOMINGO MARTÍNEZ, R. (2005a). *La Funcionalidad de los microlitos geométricos. Bases experimentales para su estudio*. Monografías Arqueológicas, 41, Universidad de Zaragoza, Zaragoza.

DOMINGO MARTÍNEZ, R. (2005b). "Análisis funcional de los microlitos geométricos del Abrigo de Aizpea, Arive, Navarra". *Veleia 22*, 27-49.

DOMINGO MARTÍNEZ, R. (2009). "Caracterización funcional de los microlitos geométricos. El caso del Valle del Ebro". *El Mesolítico Geométrico en la Península Ibérica*. Edts. Utrilla Miranda, P. y Montes Martínez, L. Monografías Arqueológicas 44, 378-389. Zaragoza-Jaca 2008.

DOMINGO MARTÍNEZ, R. (2011). "Usos de los geométricos en el Neolítico del Valle el Ebro". *Rubricatum. Actes Xarxes at Neolítico. Congreso Internacional. Redes en el Neolítico. Circulación e intercambio de materias, productos e ideas en el Mediterráneo occidental (VII-III milenio a C)*. Gavá Bellaterra 2-4/2/2011, 137-144.

DOUGLAS PRICE, T. (1991). "The Mesolíthic of Northern Europe". Annual Review of Antropology. Vol. 20, 211-233.

DRAK, L.; GARRALDA, Mª D. (2006). "Los restos humanos mesolíticos de las cuevas de La Poza l'Egua y Colomba (Asturias)". *Diversidad Biológica y Salud Humana*, 87-92.

DRAK, L.; GARRALDA, Mª D. (2009a). "Restos humanos mesolíticos en la Cordillera Cantábrica (Note de España)". *Estudios de Antropología XIV-1*, 261-282. México.

DRAK, L.; GARRALDA, m. d. (2009b). "Mesolíthic human remains from Poza l'Egua and Colomba caves (Asturias, Spain)". En (Ed.) Sinéad McCartan, Rick Schulting, Graeme Warren and Peter Woodman. *Mesolíthic Horizons Papers presented at the Seventh International Conference on the Mesolíthic in Europe, Belfast 2005*, 871-872.

DUPONT, C. (2006). *La malacofaune des sites mésolithiques et néolithiques de la façade atlantique de la France. Contribution à l´economie et à l´identité culturelle*. *BAR International Series* 1571, Oxford, Archaeopress.

ESTÉVEZ, J. (1979). *La fauna del Pleistoceno catalán*. Tesis doctoral inédita. Universidad de Barcelona, 338 pp.

ESTÉVEZ, J. (2005). *Catástrofes en la Prehistoria*. Ed. Bellaterra, Barcelona.

ESTÉVEZ, J. y VILA, A. (1995). *Encuentros en los canchales fueguinos*. Treballs d' Etnoarqueología, 1. Edc. Jordi Estévez Escalera y Assumpció Vilá y Mitja. 342pp.

ESTÉVEZ, J. y GASSIOT BALLBÈ, E. (2002). "El cambio en sociedades cazadoras litorales: tres casos comparativos". *Revista Atlántica Mediterránea de Prehistoria y Arqueología Social*. V. 5, 2002. Universidad de Cádiz: 43-85.

FAIRBRIDGE, R. W. (1961). "Eustatic changes in sea level". En Ahrens, L. H. (ed), *Physics and chemistry of the Earth*. Pergamon Press, 4, 99-187.

FANO MARTÍNEZ, M. A. (1996a). "Algunas reflexiones acerca de la historia de la investigación sobre el Mesolítico en el extremo occidental de la Región Cantábrica: a propósito de Jordá". *I Simposio de Prehistoria Cueva de Nerja*, 381-395.

FANO MARTÍNEZ, M. A. (1996b). "El Mesolítico en Asturias: delimitación cronológica y espacial". *Complutum*, 7. Madrid, 51-62.

FANO MARTÍNEZ, M. A(1997). "El poblamiento mesolítico al oeste de Berbes (Ribadesella, Asturias): una interpretación del registro arqueológico conocido". *Zephirus, 50*, 107-124.

FANO MARTÍNEZ, M. A. (1998a). *El Hábitat Mesolítico en el Cantábrico Occidental. Transformaciones Ambientales y Medio Físico durante el Holoceno Antiguo.* BAR Internacional Series 732. Oxford.

FANO MARTÍNEZ, M. A. (1998b). "La insolación como factor condicionante en la elección de los espacios destinados al hábitat: propuesta metodológica y primeros resultados para el Mesolítico del Cantábrico occidental". *Arqueología Espacial 19-20,* 121-134.

FANO MARTÍNEZ, M. A (1998c). "Algunas reflexiones acerca de la historia de la investigación sobre el Mesolítico en el extremo occidental de la región cantábrica: a propósito de Jordá". En Sanchidrián, J. L. Ma. D. Simón (eds.), *Las Culturas del Pleistoceno Superior en Andalucí,* 381-395. Patronato de la Cueva de Nerja, Nerja.

FANO MARTÍNEZ, M. A. (1998d). "La insolación como factor condicionante en la elección de los espacios destinados al hábitat: propuesta metodológica y primeros resultados para el Mesolítico del Cantábrico occidental. Arqueología del Paisaje". *Arqueología Espacial 19-20. Comunicaciones 5º Coloquio Internacional de Arqueología Espacial.* Teruel.

FANO MARTÍNEZ, M. A. (1999). "Informe de los trabajos de prospección llevados a cabo en la costa centro-oriental de Asturias, 1995-1997". *Excavaciones Arqueológicas en Asturias 1995-98.* Consejería de Cultura. Principado de Asturias, 89-100.

FANO MARTÍNEZ, M. A. (2000). "Después del Asturiense: ocho décadas de incertidumbre acerca del inicio del Neolítico en el Cantábrico occidental". *Veleia* 17, 9-30.

FANO MARTÍNEZ, M. A. (2001). "Habitability of prehistoric settlements: proposal for the study of one of the elements involved, and first results for the Cantabrian Mesolíthic (Northern Spain)". *Journal of Iberian Archaeology,* 25-34.

FANO MARTÍNEZ, M. A. (2004). "Un nuevo tiempo: el Mesolítico en la Región Cantábrica". *Kobie, Anejo* 8, 337-402.

FANO MARTÍNEZ, M. A. (2005). "Los inicios de la investigación sobre el Mesolítico en el Cantábrico occidental: la contribución de Hugo Obermaier". *Archaia 3, 4 y 5 (El nacimiento de la Prehistoria y la arqueología científica,* Cabrera, V. y Ayarzagüena, M. (eds.), 231-239.

FANO, M. A. (2007a). "The use of the marine resources by the Mesolíthic and Early Neolithic societies of Cantabrian Spain: the current evidence. Milner, N., Craig, O. E. y Bailey, D. (eds.): Shell middens in Atlantic Europe. Oxbow Books, Oxford, 136-149.

FANO, M. A. (2007b) Un nuevo tiempo: el Mesolítico en la Región Cantábrica. M.A. Fano (coord.): Las Sociedades del Paleolítico en la Región Cantábrica. Anejo nº 8 de Kobie (2004). Diputación Foral de Bizkaia, Bilbao,

FANO, M. A. (2008). "Asturian shell middens: the cases of El Toralete and Cuevas del Mar (Asturias). E. Álvarez, D.R. Calvajal y L. Teira, L. (eds.): *Not only food. 2nd meeting of the ICAZ Archaeomalacology working group (Santander, Spain, February 19th-22nd 2008). Abstracts & Field trips guidebook.* Instituto Internacional de Investigaciones Prehistóricas de Cantabria (IIIPC), Santander, 91-97.

FANO, M. A.; GONZÁLEZ MORALES, M. R. (2004) "Nine decades of research on the "Asturian" of Cantabria". En González Morales, M. R. Clark, G. A. (eds.) *The Mesolíthic of the Atlantic Façade: Proceedings of the Santander Symposium,* 167-179. Anthropological Research Papers NO. 55, Arizona.

FANO, M.A.; CUBAS, M. (2010). "But...are all Asturian shell-middens Mesolíthic? Continuity or rupture between the sixth and fifth millennium cal BC on the western Cantabrian coast. P. Arias y M. Cueto (eds.): Final programme and abstracts. The Eighth International Conference on the Mesolíthic in Europe. Instituto Internacional de Investigaciones Prehistóricas de Cantabria, Santander, 194-195.

FANO MARTÍNEZ, M. Á.; GUTIÉRREZ ZUGASTI, F. I.; ÁLVAREZ-FERNÁNDEZ, E. y FERNÁNDEZ GARCÍA, R. (2013). "Late Glacial and Postglacial use of marine resources in the Bay of Biskay, North Spain". In: BAILEY, G.; HARDY, K. y CAMARA, A. (eds.), *Shell Energy. Molluscs Shells as Coastal Resources.* Oxford: Oxbow, 155-166.

FANO, M.A.; CUBAS, M.; WOOD, R. (2015). "The first farmers in Cantabrian Spain: Contribution of numerical chronology to understand an historical process". *Quaternary International vol. 364,353-361.*

FERNÁNDEZ ERASO, J. (2004). "El Neolítico Inicial en el País Vasco Meridional. Datos recientes". *Kobie. Anejo 6,* 181-190.

FERNANDEZ-ERASO, J. (2008). "La secuencia del Neolítico en la Rioja Alavesa desde su origen hasta las primeras edades del metal". *Veleia* 24-25, 669-687.

FERNÁNDEZ ERASO, J.; MUJICA ALUSTIZA, J. A. y TARRIÑO VINAGRE, A. (2005). "Relaciones entre la Cornisa Cantábrica y el valle del Ebro durante los inicios del Neolítico en el País Vasco". *III Congreso del Neolítico en la Península Ibérica.* Santander, 201-210.

FERNÁNDEZ ERASO, J.; MUJICA ALUSTIZA, J. A. y PEÑALVER IRIBARREN, X. (2010). "Hábitat y mundo funerario en la prehistoria reciente del País Vasco: nuevas evidencias". *Munibe. Suplemento 32,* 205-269.

FERNÁNDEZ-ERASO, J.; MUJIKA-ALUSTIZA, J.A.; ZAPATA-PEÑA, L.; IRIARTE-CHIAPUSSO, M.J.; POLO-DÍAZ, A.; CASTAÑOS, P.; TARRIÑO-VINAGRE, A.; CARDOSO, S.; SESMA-SESMA, J. Y GARCÍAGAZOLAZ, J. (2015). "Beginnings, settlement and consolidation of the production economy in the Basque Region". *Quaternary International,* 364, 162-171.

FERNÁNDEZ, J.; GIBAJA, J. F.; PALOMO, A. (2008). "Geométricos y puntas usados como proyectiles en contextos neolíticos de la fachada mediterránea". En M. S. Hernández, J. A. Soler y J. A. López Padilla (eds.) *IV Congreso del Neolítico Peninsular: 27-30 de noviembre de 2006, vol. 2,* 305-312. Museo Arqueológio de Alicante.

FERNÁNDEZ LÓPEZ DE PABLO, J., GÓMEZ PUCHE, M. (2009). "Climate change and population dynamics during the Late Mesolíthic and the Neolithic transition in Iberia". *Documenta Praehistorica XXXVI,* 67-96. University of Ljubljana

FERNÁNDEZ-TRESGUERRES, J. A. (1980). *El Aziliense en las provincias de Asturias y Santander.* Monografías Nº 2.Centro de Investigación y Museo de Altamira. Santander. 214pp.

FERNÁNDEZ VERGARA, R.; MOLINERO ARROYABE, J. T. (2003). "El Macizo de Punta Peña (Castro Urdiales- Guriezo, Cantabria): Noticia de los antiguos cierres de ganaderos de cuevas y los yacimientos protohistóricos del Alto de La Jaya". *CAEAP. 25 años de Investigaciones sobre el Patrimonio Cultural de Cantabria.* Ayuntamiento de Camargo. Concejalía de Cultura. Santander: 145-159.

FLANAGAN, J.G. (1989). "Hierarchy in simple "egalitarian" societies". *Annual Review of Anthropology* 18, 245-266.

FLANNERY, K. V. (1976). "The Early Mesoamerican House". En Flannery (editor), *The Early Mesoamerican Village*. Academic Press, Nueva York, pp. 16-24.

FLOR, G.; MARTÍNEZ, P. (1997). *La costa de Laredo*. Consejería de Medio Ambiente y Ordenación del Territorio. Gobierno de Cantabria. 86 pp.

FLOR, G.; MARTÍNEZ, P. (2002): *Patrimonio geológico de la comarca del Asón-Agüera*. PRODER Asón-Agüera, (inédito). 118 pp.

FLOR, G., MARTÍNEZ, P.; FLOR BLANCO, G. (2003). "Morfologías glaciares en cotas bajas de la zona oriental de Cantabria (N de España)". En: *Actas de la XI reunión nacional de Cuaternario*. Oviedo, 67-78.

FORTEA, J. (1973). *Los complejos microlaminares y geométricos del Epipaleolítico mediterráneo español*. Salamanca. 550 pp.

FORTIN, P.; ÉVIN, J. (1999). "Les datations radiocarbone de L'Epipaléolithique et du Mésolithique français". *Actes du 5 Colloque International UISPP, Commission XII*. Grenoble, 109-113.

FREEMAN, L.G. (1971). "Significado ecológico de los restos de animales". *Cueva Morín. Excavaciones 1966-1968* (J. González Echegaray y L.G. Freeman), 419-429.

FREEMAN, L.G. (1973). "The significance of mammalian faunas from Paleolíthic occupations in Cantabrian Spain". *American Antiquity*, 38, 3-44.

FROCHOSO SÁNCHEZ, M. y COSTOÑÁN ÁLVAREZ, J. C. (1997). "El relieve glaciar de la Cordillera Cantábrica". En *Las huellas glaciares de las montañas españolas*. Universidad de Santiago de Compostela, 65-137.

FROCHOSO SÁNCHEZ M, GONZÁLEZ PELLEJERO R, ALLENDE ÁLVAREZ F. (2013). "Pleistocene glacial morphology and timing of Last Glacial Cycle in Cantabrian Mountains (Northern Spain): new chronological data from the Asón Area". *Central European Journal of Geoscience. 2013*: 5 (1) 12-27.

FUERTES, N. (2000-2001). "El método de producción de los microlitos geométricos: el caso del Espertín. *Lancia 4*, 51-70.

GALLEGO LLETJÓS, N. (2013). *El Mesolítico en la Península Ibérica. Historia crítica de la investigación y estado actual del conocimiento*. Tesis presentada en la Universidad Complutense de Madrid.

GARCÍA ALONSO, M. Y BOHIGAS ROLDÁN, R. (1995): *El Valle de Soba. Arqueología y Etnografía*. Ed. Tres. Santander

GARCÍA-AMORENA, I.; GÓMEZ MANZANEQUE, F.; RUBIALES, J.M.; GRANJA H.M.; SOARES DE CARVALHO, C.; MORLA, C. (2007). "The Late Quaternary coastal forests of western Iberia: A study of their macroremains". *ScienceDirect. Palaeogeography, Palaeoclimatology, Palaeoecology 254*, 448–461

GARCÍA-AMORENA, I., MORLA, C., RUBIALES, J. M., GÓMEZ-MANZANEQUE, F. (2008). "Taxonomic composition of the Holocene forests or the northern coast of Spain, as determined from their macroremains". *The Holocene*, 18, 819-829.

GARCÍA ARTOLA, A.; CEARRETA, A.; LEORRY, E. (2011). "Cambios en el nivel marino y transformación ambiental del estuario de la Reserva de la Biosfera de Urdaibai (País Vasco, España) durante el Holoceno y Antropoceno". *Bol. R. Soc. Esp. Hist. Nat. Sec. Geol.*, 105 (1-4), 45-51.

GARCÍA- CASTRILLO, G. (2003). "El entorno biológico de la Bahía de Santander y su evolución". En: *La Arqueología de la Bahía de Santander*, 47-82. Santander.

GARCÍA ESCÁRZAGA, A. (2013). "El Mesolítico Asturiense en el occidente de Cantabria: revisión de la información disponible a través de una reflexión crítica". *Kobie, 32*, 113-130.

GARCÍA-ESCÁRZAGA, A.; GUTIÉRREZ-ZUGASTI, I. Y GONZÁLEZ-MORALES, MR (2015). "Análisis arqueológico de la unidad estratigráfica 108 del conchero mesolítico de El Mazo (Llanes, Asturias): conclusiones socio-económicas y metodológicas". En: Gutiérrez-Zugasti, I *et al. La Investigación Arqueomalacológica en la Península Ibérica: Nuevas Aportaciones.* Santander: Nadir Ediciones, 77-89.

GARCÍA-GELABERT, M. P. (2000). "Excavaciones en la cueva del Valle (Rasines)". *Actuaciones arqueológicas en Cantabria 1984-1999.* En Ontañón, R. (ed.), *Actuaciones arqueológicas en Cantabria, 1984-1999,* Gobierno de Cantabria, Consejería de Cultura, 315-318. Santander.

GARCÍA-GELABERT, M. P.; y TALAVERA, J. (2004). *La cueva del Valle, Rasines, Cantabria, España.* BAR International Series 1252. Oxford. 551 pp.

GARCÍA GÓMEZ, P.; PÉREZ BARTOLOMÉ, M. Y RUIZ COBO, J. (2014). "Prospección en el entorno de las rías de Rada y Oriñón (2010)". Ed.: Roberto Ontañón Peredo y Gustavo Sanz Palomera. *Actuaciones arqueológicas en Cantabria, 2004-2011.* Consejería de Educación, Cultura y Deporte, 242-254. Santander.

GARCÍA GUINEA, M. A. (1975). "El Mesolítico en Cantabria". En *La Prehistoria en la Cornisa Cantábrica.* Universidad Internacional Menéndez Pelayo, 177-197, Santander.

GARCÍA GUINEA, M. A. (1985). "Las cuevas azilienses de El Piélago (Mirones, Cantabria) y sus excavaciones de 1967-1969". *Sautuola, IV,* 13-154. Santander.

GARCÍA-MARTÍNEZ DE LAGRÁN, I. (2008). "La cuestión de la complejidad socioeconómica en las comunidades de cazadores-recolectores mesolíticas de la cuenca Alta y Media del Ebro". *Trabajos de Prehistoria 65*, Nº 2, 49-71.

GARCÍA MORENO, A. (2007). "La evolución del paisaje en la transición al Holoceno. Desarrollo de un modelo predictivo de vegetación en el Valle del Asón (Cantabria)". *Trabajos de Prehistoria 64, Nº 2,* 55-71.

GARCIA MORENO, A. (2008). "Predictive models and the evolution of tree vegetation during the Final Pleistocene-Holocene transition. A case study from the Asón river valley (Cantabria, Spain)" in *Posluschny, A., Lambers, K., Herzog, I. (eds.), Layers of Perception. Proceedings of the 35th International Conference on Computer Applications and Quantitative Methods in Archaeology (CAA). Berlin, April 2-6,* 2007, 392-398.

GARCÍA PUCHOL, O.; MOLINA BALAGUER, LL. (2005). "La secuencia prehistórica de l`Abric de La Falguera (Alcoy, Alacant). Las ocupaciones recientes del Mesolítico Reciente y del Neolítico". *III Congreso del Neolítico en la Península Ibérica,* 893-902. Santander.

GARRALDA, MD (1981). "Las mandíbulas de Balmori y Mazaculos II (Asturias): Estudio antropológico". Boletín del Instituto de Estudios Asturianos, 103, 595-603. Google Académico.

GARRALDA, MD (1982). El cráneo asturiense de Cuartamentero (Llanes, Asturias). *Kobie, 12,* 7 - 29.

GASSIOT BALLBÉ, E. (2001a). "Adaptación ecológica y formaciones cazadoras recolectoras del Paleolítico Superior Final y Mesolítico en la Península Ibérica. Revisión crítica". *Revista Atlántica-Mediterránea de Prehistoria y Arqueología Social*, IV, 61-90.

GASSIOT BALLBÉ, E. (2001b). *Anàlisi arqueològica del canvi cap a lexplotació del litoral*. Tesis Doctoral presentada en Universidad Aútonoma de Barcelona. [http://www.tdx.cat/handle/10803/5498]

GASSIOT BALLBÉ, E (2002). "Análisis funcional y producción en las sociedades cazadoras-recolectoras. Significación de los cambios tecnológicos durante el Mesolítico". En Clemente, I.; Risch, R. y Gibaja, J.F. (Eds.), *Análisis funcional: su aplicación al estudio de sociedades prehistóricas. (1er Congreso de Análisis Funcional en España y Portugal)*. BAR International Series, 1073. Oxford Archaeopress, 31-42.

GASSIOT, E.; ESTÉVEZ, J. (2002a). "El cambio en las sociedades cazadoras litorales: tres casos comparativos". Revista atlántica-mediterránea de prehistoria y arqueología social 5, 43-85.

GASSIOT, E.; ESTÉVEZ, J. (2002b). "Last Foragers in Coastal Environments: A Comparative Study of the Cantabrian Mesolíthic, Yamana of Tierra del Fuego and Archaic Foragers of the Central American Coast". *9th ICAZ Conference, Durham 2002 Beyond Affluent Foragers* (eds Colin Grier, Jangsuk Kim and Junzo Uchiyama), 90–105.

GEIS Y CAEAP (1986). "Catálogo topográfico de las cavidades con interés arqueológico (1ª Parte)". *Boletín Cántabro de Espeleología nº 7*, 89-107. Santander.

GIBAJA, J. F. CARVALHO, A. F.; DINIZ, M. (2002). "Traceología de peças líticas do Neolítico antiguo do Centro e Sur de Portugal: primeiro ensaio". En Clemente, I. Risch, R. y Gibaja, J. F. (eds.). *Análisis funcional. Su aplicación al estudio de las sociedades prehistóricas, 215-226*. Oxford, BAR.

GIBAJA, J. F.; PALOMO, A. (2004). "Geométricos usados como proyectiles. Implicaciones económicas, sociales e ideológicas en sociedades neolíticas del VI-IV milenio cal BC en el noroeste de la Península Ibérica". *Trabajos de Prehistoria* 61/1, 81-97.

GOMEZ CALDERÓN, M. (1971). "Reseña espeleológica de la cueva de Recueva (Hoznayo, Santander)". *Cuadernos de Espeleología* 5-6: 113-128. Santander.

GÓMEZ GARCÍA, P.; PÉREZ BARTOLOMÉ, M. Y RUIZ COBO, J. (2016). "Prospección en el entorno de las rías de Rada y Oriñón (2010)". Actuaciones Arqueológicas en Cantabria. Arqueología de Investigación 2004-2011. Ed.: Roberto Ontañón Peredo y Gustavo Sanz Palomera. Consejería de educación, Cultura y Deporte, 296-308.

GÓMEZ TABANERA, J.M. (s.f.). *Sobre alimentación humana durante el postglacial en la Cornisa Astur-Cantábrica*.

GONZÁLEZ DÍEZ, A.; FERNÁNDEZ MAROTO, G.; DOUGHTY, M; BONACHEA PICO, J.; REMONDO TEJERINA, J.; DÍAZ DE TERÁN MIRA, J. R. FLOR BLANCO, J.; FLOR RODRÍGUEZ, G.; MARTÍNEZ CEDRÚN, P.; MARIA BRUSCHI, V. (2012). *Guías de Campo*. XII Reunión Nacional de Geomorfología. Santander. González-Díez, A.; Flor Blanco, J; Díaz de Terán Mira, J. R. (eds.). Universidad de Cantabria. Santander.

GONZÁLEZ ECHEGARAY, J.; GARCÍA GUINEA, M. A.; BEGINES RAMÍREZ, A.; MADARIAGA DE LA CAMPA, B. (1963). *Cueva de la Chora (Santander)*. Excavaciones Arqueológicas en España, 26. Servicio Nacional de Excavaciones Arqueológicas. Ministerio de Educación Nacional. Madrid.

GONZÁLEZ ECHEGARAY, J. (1966). *Excavaciones Arqueológicas en España El Otero 53*. Madrid.

GONZÁLEZ ECHEGARAY, J.; FREEMAN L. G. (1971). "La cueva Morín". *Ibérica* 111, 380-383.

GONZÁLEZ-FORTES, G.; JONES, E. R.; LIGHTFOOT, E.; BONSALL, C.; LAZAR, C.; GRANDAL-D'ANGLADE, A.; GARRALDA, M. D.; DRAK, L.; SISKA, V.; SIMALCSIK, A.; BORONEANT, A.; VIDAL ROMANÍ, J. R.; VAQUEIRO RODRÍGUEZ, M.; ARIAS, P.; PINHASI, R.; MANICA, A.; HOFREITER, M. (2017). "Paleogenomic Evidence for Multi-generational Mixing between Neolithic Farmers and Mesolíthic Hunter-Gatherers in the Lower Danube Basin". En *Current Biology 27,* 1-10.

GONZÁLEZ MORALES, M. R. (1978). "Excavaciones en el conchero asturiense de la cueva de Mazaculos II (La Franca, Ribadedeva, Asturias)". *Boletín del Instituto de Estudios Asturianos,* 370-383. Oviedo.

GONZÁLEZ MORALES, M. R. (1982). *El Asturiense y otras culturas locales. La explotación de las áreas litorales de la región cantábrica en los tiempos epipaleolíticos.* Monografías del Centro de Investigación y Museo Altamira 7. Ministerio de Cultura. Santander.

GONZÁLEZ MORALES, M. R. (1990)."La Prehistoria de las Marismas: excavaciones en el Abrigo de la Peña del Perro (Santoña, Cantabria)". *Cuadernos de Trasmiera, 2*, 13-28.

GONZÁLEZ MORALES, M.R. (1992). "Mesolíticos y megalíticos: la evidencia arqueológica de los cambios en las formas productivas en el paso al megalitismo en la costa cantábrica". En A. Moure (ed.), *Elefantes, cienos y ovicaprinos: economía y aprovechamiento del medio en la Prehistoria cíe España y Portugal*, 185-202. Servicio de Publicaciones de la Universidad de Cantabria, Santander.

GONZÁLEZ MORALES, M. R. (1995a). "La transición al Holoceno en la Región Cantábrica: el contraste con el modelo del mediterráneo español". En V. Villaverde (ed.): *Los últimos cazadores. Transformaciones culturales y económicas durante el Tardiglaciar y el inicio del Holoceno en el ámbito mediterráneo.* Instituto de Cultura Juan Gil-Albert y Diputación de Alicante, 63-78. Alicante.

GONZÁLEZ MORALES, M. R. (1995b). "La transición al Neolítico en la costa cantábrica: la evidencia arqueológica". *I Congrés del Neolitic a la Península Ibérica. Gavá-Bellaterra. Rubricatum, 1 Vol. 2*, 879-885. Barcelona.

GONZÁLEZ MORALES, M. R. (1995c). "Memoria de los trabajos de limpieza y toma de muestras en los yacimientos de las cuevas de Mazaculos y el Espinoso (La Franca, Ribadeva) y La Llana (Andrín, Llanes) en 1993". *Excavaciones Arqueológicas en Asturias 1991-94*, 65-78. Oviedo.

GONZÁLEZ MORALES, M.R. (1996). "Obermaier y el Asturiense: ocho décadas de investigación". En A. Moure (ed.), "El Hombre Fósil" ochenta arios después: volumen conmemorativo del 50 aniversario de la muerte de Hugo Obermaier, 371-389. Universidad de Cantabria, Fundación Marcelino Botín e Institute for Prehistoric Investigations, Santander.

GONZÁLEZ MORALES, M. R. (1999). "Costa e interior: algunas observaciones sobre el uso de las cuevas en el Mesolítico". En *De Oriente a Occidente, Homenaje al Dr. Emilio Olavarri.* Universidad Pontificia de Salamanca, 237-246.

GONZÁLEZ MORALES, M. R. (2000). "La Prehistoria de las Marismas: Excavaciones en la Cueva de La Fragua (Santoña). Campañas de 1990, 1991, 1993,1994 y 1996". En Ontañón, R. (ed.), *Actuaciones arqueológicas en Cantabria, 1984-1999,* Gobierno de Cantabria, Santander, 177-179.

GONZÁLEZ MORALES, M. R.; MORAIS ARNAUD, J. E. (1990). "Recent Research on the Mesolíthic in the Iberian Península:

Problems and Perspectives". *Contributions to the Mesolíthic in Europe. Studia Praehistorica Belgica, 5,* Lovaina, 451-462.

GONZÁLEZ MORALES, M. R.; DÍAZ CASADO, Y. (1992). "Excavaciones en los abrigos de la Peña del Perro (Santoña, Cantabria). Estratigrafía, cronología y comentario preliminar de sus industrias". *Veleia* 8-9, 43-64.

GONZÁLEZ MORALES, M. R; GARCÍA CODRÓN, J.C.; MORALES-MUÑIZ, A. (1992). "El bajo Asón del X al V milenio B.P: cambios ambientales, económicos y sociales en el paso a la prehistoria reciente". En Cearreta, A. y Ugarte, F. M. (eds.) *The Late Quaternary in the Western Pyrenean Region.* Universidad del País Vasco, Vitoria-Gasteiz, 333-342.

GONZÁLEZ MORALES, M. R.; DÍAZ CASADO, Y. (2000). "La prehistoria de las Marismas: excavaciones arqueológicas en los abrigos de la Peña del Perro (Santoña)". En Ontañón Peredo, R (ed.). *Actuaciones Arqueológicas en Cantabria 1984-1999*: 93-96. Santander.

GONZÁLEZ MORALES, M. R.; STRAUS, L. G. (2000a). "La prehistoria del Valle del Asón: La Cueva del Mirón (Ramales de la Victoria). Excavaciones 1996-1999". En *Actuaciones Arqueológicas en Cantabria, 1984-1999,* 331-336. Santander.

GONZÁLEZ MORALES, M. R.; STRAUS, L. G. (2000b). "La Cueva del Mirón (Ramales de la Victoria, Cantabria): Excavaciones 1996-1999". *Trabajos de Prehistoria* 57, Nº 1. 121-133.

GONZÁLEZ MORALES, M. R.; YUDEGO ARCE, C.; ITUARTE LÓPEZ, C. (2000). "La Prehistoria de las Marismas: prospección arqueológica de la zona del bajo Asón y marismas de Santoña y toma de muestras en los yacimientos de las cuevas del Otero, La Chora y El Valle". En: Ontañón Peredo, R. (ed.). *Actuaciones arqueológicas en Cantabria. 1984-1999, 151-153.* Santander.

GONZÁLEZ MORALES, M. R.; DÍAZ CASADO, Y.; YUDEGO ARCE, C. (2002)."Excavaciones en la Cueva de la Trecha de la Fuente La Corredora (Islares, Castro Urdiales)". *Actuaciones Arqueológicas en Cantabria 1987-1999 Arqueología de Gestión.* En Ontañón Peredo, R. (ed.). Gobierno de Cantabria. Consejería de Cultura Turismo y Deporte Cantabria. Santander, 49-53.

GONZÁLEZ MORALES, M. R.; STRAUS, LAWRENCE G.; DÍEZ CASTILLO, A.; RUIZ COBO, J. (2004). "Postglacial Coast & Inland: the EpiPaleolíthic -Mesolíthic - Neolithic transitions in the Vasco-Cantabrian Region". *Munibe, 56,* 61-78.

GONZÁLEZ MORALES, M. R.; FANO MARTÍNEZ, M. A. (2005). "The Mesolíthic of Cantabrian Spain: a critical review", en Milner, N. y Eoodman, P. (eds.), *Mesolíthic studies at the beginning of the 21 st Century.* Oxbow Books, Oxford, 14-29.

GONZÁLEZ PÉREZ, S. (2006). *Ficha informativa de los Humedales de Ramsar (FIR).* Dirección General de Conservación de la Naturaleza Consejería de Ganadería, Agricultura y Pesca Gobierno de Cantabria. Santander

GONZÁLEZ SAINZ, C.; GONZÁLEZ MORALES, M. (1986): *La Prehistoria en Cantabria.* Tantín. Santander.

GONZÁLEZ SAINZ, C.; MUÑOZ FERNÁNDEZ, E. y MORLOTE EXPÓSITO, J. M. (1997). "De nuevo en La Cullalvera (Ramales, Cantabria). Una revisión de su conjunto rupestre paleolítico". Veleia, 14,73-100.

GONZÁLEZ URQUIJO, J. E.; IBÁÑEZ ESTÉVEZ, J. J. (1994). *Metodología de análisis funcional de instrumentos tallados en sílex.* Universidad de Deusto Cuadernos de Arqueología nº 14.

GONZÁLEZ URQUIJO, J. E.; IBÁÑEZ ESTÉVEZ, J. J. (1995). "Fabrication et utilisation de l'outillage à dos à la fin du Paleolíthique Superieur au Pays Basque". En *L'Europe des derniers chasseurs, 5 Colloque internacional.* UISPP, 109-113.

GONZÁLEZ URQUIJO, J. E.; IBÁÑEZ ESTÉVEZ, J. J.; ZAPATA PEÑA, L. (1999). "El V milenio Cal BC en el País Vasco atlántico: la introducción de la agricultura y la ganadería". En *SAGVUNTVN-PLAV. Extra-2*, 559-564.

GORET, A.; THÉVENIN, A. (1989). "Le site Mésolithique moyen de Walschbronn (Moselle)". En *EpiPaleolíthique et Mesolíthique entre Seine et Rhin. Table ronde d'Ancerville 1989, sous la direction d'André Thévenin. Annales littéraires de l'Université de Besançon, série Archéologie, vol. 41.*París, 165-174.

GRAMSCH, A. (1996). "Landscape Archaeology: of making and seeing". *Journal of European Archaeology 4*, 19-38.

GUILAINE, J. (2001). "La diffusion de l'agriculture en Europe: une hypothèse arythmique. *Zephyrus* 53-54, 267-272.

GUILAINE, J. y MANEN, C. (2007). "Du Mésolithique au Néolithique en Méditerranée de l'Ouest: aspects culturels". In GUILAINE, J.; MANEN, C.; VIGNE, J.-D. (ed). *Pont de Roque-Haute (Portiragnes, Hérault). Nouveaux regards sur la néolithisation de la France méditerranéenne. Archives d'Écologie préhistorique.* Toulouse, 303-322.

GUILLOT, G.; THÉVENIN, A. (1989). "Nouvelles stations à Federmesser de la Moyenne et Basse Saulx, Departament de La Meuse". En *EpiPaleolíthique et Mesolíthique entre Seine et Rhin. Table ronde d'Ancerville 1989, sous la direction d'André Thévenin. Annales littéraires de l'Université de Besançon, série Archéologie, vol. 41.* París, 25-31.

GUILLOT, G.; THÉVENIN, A. (1989). "Les gisements préhistoriques de Trémont-sur-Saulx/Beurey-surSaulx (Meuse). Mesolíthique moyen, Néolithique moyen et final". En *EpiPaleolíthique et Mesolíthique entre Seine et Rhin. Table ronde d'Ancerville 1989, sous la direction d'André Thévenin. Annales littéraires de l'Université de Besançon, série Archéologie, vol. 41.* París, 145-156.

GUTIÉRREZ CUEVAS, V. (1968). "Informe arqueológico. Campaña Arqueológica-Espeleológica a Liendo". *Cuadernos de Espeleología, 3*, 135-136. Santander.

GUTIÉRREZ ZUGASTI, F. I. (2005). *La explotación de moluscos en la cuenca baja del río Asón (Cantabria, España) a inicis del Holoceno (10000-5000BP) y su importancia en las comunidades humanas del Aziliense y del Mesolítico.* Trabajo de Investigación de Tercer Ciclo inédito. Universidad de Cantabria, Santander, 362 pp.

GUTIÉRREZ ZUGASTI, F. I. (2006). "Análisis arqueomalacológico de la Cueva de La Fragua (Santoña, Cantabria, España)." En: Ferreira Bicho, Nuno (ed.), *Animais na Pré-história e Arqueologia da Península Ibérica*. Actas do IV Congresso de Arqueologia Peninsular (Faro, 14 a 19 de Setembro de 2004), 197-210. Universidade do Algarve; Faro.

GUTIÉRREZ ZUGASTI, F. I., (2008). "Análisis tafonómico en arqueomalacología: el ejemplo de los concheros de la región cantábrica". *KREI*, Nº. 10, 53-74.

GUTIÉRREZ ZUGASTI, F. I. (2009). *La explotación de moluscos y otros recursos litorales en la Región Cantábrica durante el Pleistoceno Final y Holoceno Inicial.* Gobierno de Cantabria. Consejería de Cultura, Turismo y Deporte.

GUTIÉRREZ ZUGASTI, I. (2010). "La biometría al servicio de la arqueomalacología: estrategias de recolección de moluscos en la región Cantábrica entre el final del Paleolítico y los inicios del Neolítico". *Férvedes*, 6, 65-72.

GUTIÉRREZ ZUGASTI, F. I. (2011a). "Changes in Molluscan Exploitation Patterns During the Late Pleistocene and Early Holocene in Eastern Cantabria (Northern Spain)". In (Edit. Bicho, N.; Haws, J. A.; Davis, L. G.) *Trekking the Shore: Changing Coastlines and the Antiquity of Coast Settlement.* London, 179-202. DOI: https://doi.org/10.1007/978-1-4419-8219-3_8.

GUTIÉRREZ ZUGASTI, I. (2011b). "Shell fragmentation as a tool for quantification and identification of taphonomic processes in archaeomalacological analysis: the case of the Cantabrian region (northern Spain)". *Archaeometry,* 53 (3), 614-630.

GUTIÉRREZ ZUGASTI, I. (2011c). "The use of echinoids and crustaceans as food during the Pleistocene-Holocene transition in northern Spain: methodological contribution and dietary assessment". *Journal of Island & Coastal Archaeology,* 6, 115–133.

GUTIÉRREZ ZUGASTI, I. (2011d). "Coastal resource intensification across the Pleistocene-Holocene transition in Northern Spain: Evidence from shell size and age distributions of marine gastropods". *Quaternary International,* 244, 54-66.

GUTIÉRREZ ZUGASTI, I. (2011e). "Early Holocene land snail exploitation in northern Spain: the case of La Fragua cave". *Environmental Archaeology 16* (1), 36-48.

GUTIÉRREZ-ZUGASTI, I. (2011f). "Explotación precoz de caracoles terrestres en el norte de España: el caso de la cueva de La Fragua". *Arqueología ambiental 16* (1): 36-48, DOI: https://doi.org/10.1179/146141010X12640787648306.

GUTIÉRREZ ZUGASTI, I.; ANDERSEN, S. H.; ARAÚJO. A. C. DUPONT, C.; MILNER, N.; ANTONIO M. MONGE-SOARES, A. M. (2011). "Shell midden research in Atlantic Europe: State of the art, research problems and perspectives for the future". *Quaternary International,* Volumen 239, Temas 1-2, 70-85.

GUTIÉRREZ-ZUGASTI I, GONZÁLEZ-MORALES M.R. (2014). "Intervención arqueológica en la Cueva de El Mazo (Andrín, Llanes): Campañas de 2009, 2010 y 2012". En: *Excavaciones Arqueológicas en Asturias 2007–2012.* Oviedo: Consejería de Cultura y Deporte del Gobierno de Principado de Asturias, 159–67.

GUTIÉRREZ ZUGASTI, I.; GONZÁLEZ MORALES, M. R.; CUENCA SOLANA, D.; FUERTES, N.; GARCÍA MORENO, A.; ORTIZ, J. E.; RISSETTO, J.; TRINIDAD DE TORRES (2014). "La ocupación de la costa durante el Mesolítico en el Oriente de Asturias: primeros resultados de las excavaciones en la cueva de El Mazo (Andrín, Llanes)". *Arqueofauna* 23, 25-38.

GUTIÉRREZ-ZUGASTI, I.; GARCÍA-ESCÁRZAGA, A.; MARTÍN-CHIVELET, J.; GONZÁLEZ-MORALES M.R. (2015). "Determination of sea surface temperatures using oxygen isotope ratios from *Phorcus lineatus* (Da Costa, 1778) in northern Spain: implications for palaeoclimate and archaeological studies. *The Holocene* 25(6), 1002–14.

GUTIÉRREZ-ZUGASTI, I.; TONG, E.; GARCÍA-ESCÁRZAGA, A.; CUENCA-SOLANA, D.; BAILEY, GN Y GONZÁLEZ-MORALES, MR. (2016). "Recolección y consumo de equinodermos y crustáceos en el yacimiento mesolítico de El Mazo (norte de Iberia): comportamiento oportunista o estrategia social?". *Quaternary International,* 118-130. http://www.sciencedirect.com/science/article/pii/S1040618216002111.

GUYODO, JEAN-NOËL; MARCHAND GRÉGOR (2005). "La percussion bipolaire sur enclume dans l'Ouest de la France de la fin du Paléolithique au Chalcolithique: une lectura économique et sociale". En *Bulletin de la Société préhistorique française.* Tome 102, nº 3, 539-549.

HALLAM, S. J. (1977). "Topografic archaeology and artifactual vidence". En (R. V. WRIGHT, Ed.). *Stone Tools as Cultural Markers.* Canberra. Australian Institute of Aboriginal Studies, 163-177.

HANSSON, A.; NILSSON, B.; SJÖSTRÖM, A.; BJÖRCK, S.; HOLMGREN, S.; LINDERSON, H.; MAGNELL, O.; RUNDGREN, M.; HAMMARLUND, D. (2016). "A submerged Mesolithic lagoonal landscape in the Baltic Sea, south-eastern Sweden – Early Holocene environmental reconstruction and shore-level displacement based on a multiproxy approach".

Quaternary International, Vol. 44, 7-59.

HARRISON, S. P, DIGERFELDT, G. (1993). "European lakes as palaeohydrological and palaeoclimatic indicators". *Quaternary Science Reviews*12, 233-248.

HEIRI, O.; TINNER, W. y LOTTER, A.F. 2004: "Evidence for cooler European summers during periods of changing meltwater flux to the North Atlantic". *Proceedings of the National Academy of Sciences of the United States of America 101* (43): 15285-15288.

HERAS MARTÍN DE LAS, C.; BERNALDO DE QUIRÓS, F.; GUTIÉRREZ SÁEZ, C.; ZQUIANO OLLERO, P.; PUMAREJO GÓMEZ, P.; LAGÜERA, M. A. (2000). "Excavación arqueológica en la cueva de La Pila (Cuchía, Miengo)". *Actuaciones arqueológicas en Cantabria 1984-1999* / coord. Roberto Ontañón Peredo, 53-56

HERNANDO GONZALO, A. 1992. "Enfoques teóricos en Arqueología". *SPAL 1,* 11-35. Sevilla.

HERNANZ, A. (1968). "Consideraciones en torno a los Poljés Cársticos". *Cuadernos de Espeleología, III.* Publicaciones del Patronato de las Cuevas Prehistóricas de Santander. S.E.S.S., 31-50.

HIGGS, E. S.; VITA-FENZI, C. (1972). "Prehistoric economies: A territorial approach. In Higgs, E. S. (ed.). *Papers in Economic Prehistory.* Cambridge, 27-36.

HIGGS, E. S.; VITA-FENZI, D.; HARRIS, D. T.; FAGG, A. E. (1967). "The climate, environment and industries of Stone age Greece, part III". *Proceedings of the Prehistoric Society 33,* 1-29.

HOBSBAWM, E. (1994). Historia del siglo XX. Ed. Crítica. Grijalbo Mondadori. Buenos Aires (1998). 612 pp.

HODDER, I. (1986). *Reading the Past.* Cambridge University Press.

HODDER, I. (1988). *Interpretación en Arqueología. Corrientes actuales.* Ed. Crítica. Barcelona.

HODDER, I. (2004). "The "Social" in Archaeological Theory: An Historical and Contemporary Perspective". En *Companion to social archaeology.* Ed. Por L. Meskell y W. Preucel. 23-42. Blackwell.

HODDER, I.; ORTON, C. (1976). *Spatial Analysis in Archaeology.* New Studies in Archaeology, 1. New York & London: Cambridge University, 270 pp.

HOYOS, M. (1995). "Paleoclimatología del Tardiglacial en la Cornisa Cantábrica basada en los resultados sedimentológicos de yacimientos arqueológicos kársticos". En Moire, J.A.G.S, C. (ed.), *El final del Paleolítico cantábrico,* Universidad de Cantabria, Santander, 15-75.

HUET, FRANCOIS (1989 a). "Une pointe à cran de type hambourgien à Eclaron, canton de Saint-Dizier (Haute-Marne)". *EpiPaleolíthique et Mesolíthique entre Seine et Rhin. Table ronde d'Ancerville 1989, sous la direction d'André Thévenin. Annales littéraires de l'Université de Besançon, série Archéologie, vol. 41.* París, 23-25.

HUET, FRANCOIS (1989 b). "Le gisement Mésolithique ancien de Verseilles-le-Bas, canton de Longeau (Haute-Marne)". *EpiPaleolíthique et Mesolíthique entre Seine et Rhin. Table ronde d'Ancerville 1989, sous la direction d'André Thévenin. Annales littéraires de l'Université de Besançon, série Archéologie, vol. 41.* París, 125-144.

HUET, F.; GUILLOT. G.; OLIVER, KRZYZANOWSKI, J.; THÉVENIN, A. (1995). "Les occupations à Federmesser entre Meuse et Marne dans les valles de LÒrnain et de la Saulx". In: *Epipaléolithique et Mésolithique entre Seine et Rhin. Table ronde d'Ancerville 1989, sous la direction d'André Thévenin. Annales littéraires de l'Université de Besançon, série Archéologie, vol. 41*. Paris, 43-48.

IBÁÑEZ, J. J.; GONZÁLEZ, J. E.; ZAPATA, L.; DE LA RÚA, C.Y COURTY, M. A. (1999). "La inhumación de Kobaederra en el contexto de los enterramientos neolíticos del País Vasco". SAGVNTVM-PLAV, Extra-2. II Congreso Neolítico en la península Ibérica, 447-452.

IGME (1978). *Mapa geológico de España.* Escala 1:50.000. Servicio de Publicaciones, Ministerio de Industria y Energía, D. L. Madrid.

IMAZ, M. (1990). "Estratigrafía de los Moluscos marinos en los yacimientos prehistóricos vascos". *Munibe (Antropologia-Arkeologia)*, 42, 269-275.

IRIARTE, M. J. (2009). "Vegetation landscape and the anthropization of the environment in the central sector of the Northern Iberian Peninsula: Current status". *Quaternary International 200*, 66–76

IRIARTE-CHIAPUSSO, M.J. (2011). "Polen y vegetación en la secuencia estratigráfica de Santimamiñe (Kortezubi, Bizkaia). En: López -Quintana, J.C. (Ed*.), La cueva de Santimamiñe: revisión y actualización (2004-2006).* Diputación Foral de Bizkaia, Bilbao, 321-342.

IRIARTE-CHIAPUSSO, M.J.; ZAPATA, L. (2004). "la adopción de la economía de producción: la aportación de la arqueobotánica". *Kobie. Serie Anejos* Nº 6, vol. 1. Bilbao, 203-216.

IRIARTE, M. J.; ARRIZABALAGA, A.; ETXEBARRÍA, F.; HERRASTI, L. (2005 a). "La inhumación humana de J3 (Hondarribia, Guipuzcoa)". En Arias, P.; Ontañón, R. Y García-Moncó, C. (eds.). *III Congreso del Neolítico en la Península Ibérica.* Monografías del Instituto Internacional de Investigaciones Prehistóricas Servicio de Publicaciones, Universidad de Cantabria, Santander, 607-613.

IRIARTE, M. J.; MUJICA, J.; TARRIÑO, A. (2005 b). "Herriko Barra (Zarautz, Guipuzcoa): caractérisation industrielle et économique des premiers groupes de producteurs sur le littoral basque". En Marchand, G. y Tresset, A. (eds.). *Unité et diversité des processus de néolithisation sur la façade atlantique de l'Europe* (6-4 millénaires avant J.-C.). Table ronde de Nantes 26-27 avril 2002. Mémoire XXXVI de la Société Prehistorique Française, 127-136.

IRIARTE, M. J.; PÉREZ DÍAZ, S.; RUIZ ALONSO, M.; ZAPATA, L. (2007-2008). "Paleobotánica del Epipaleolítico y Mesolítico vascos." *Veleia*, 24-25, Vol. I, 629-642.

IRIARTE, M. J.; PÉREZ DIAZ, S.; RUIZ ALONSO, M.; Zapata, L. (2008). "Paleobotánica del Epipaleolítico y Mesolítico vascos. *Veleia* 24-25 (Homenaje a Ignacio Barandiarán Maestu), I, 629-642.

IRIARTE-CHIAPUSSO, M. y HERNÁNDEZ BELOQUI, B. (2009). "Evolucion del bosque durante el Pleistoceno superior y Holoceno en Bizkaia: un estado de la cuestion provisional". *KOBIE (Serie Paleoantropología)*. Bilbao, Nº XXVIII, 9-24.

IRIARTE-CHIAPUSSO, M. J.; ARRIZABALAGA, A.; ETXEBERRIA, F.; HERRASTI, L. y ÁLVAREZ-FERNÁNDEZ, E. (2010). "Shell midden people in northern Iberia. New data from the Mesolíthic rock shelter of J3 (Basque Country, Spain). Zephyrus, LXV, enero-junio, 117-127.

ISTÚRIZ, M. J. y SÁNCHEZ GOÑY, M.F. (1990). "Investigaciones palinológicas en la Prehistoria vasca". *Munibe* 42, 277-

JANSSENS, J., GONZALEZ ECHEGARAY, J. y P. AZPEITIA (1958). *Memoria de las Excavaciones de la Cueva del Juyo (1955-1956)*. Patronato de las Cuevas Prehistóricas, Santander.

JARMAN, M. R. (1972). "A territorial model for archaeology: a behavioral and geographical approach". *Models in Archaeology*. (D. L. Clarke Ed.). 705-733. London. Methuen.

JARMAN, M. R.; VITA-FINZI, C.; HIGGS, E. S. (1972). "Site cachememnt analysis in archaeology". Dimbley, G. W.; Tringham, R. y Ucko, P. J. *Man, Settlement and Urbanism,* 61-66.

JARMAN, M. R.; BAILEY, G. N.; JARMAN H. N. (1982). *Early European Agriculture. Its foundations and development.*

JOCHIM, M. A. (1976). Hunter-Gatherer Subsistence and Settlement. Nueva York. Academic Press.

JOCHIM, M. A. (1988) (En línea (2009) "Optimal foraging and the Division of Labor" American Antropologist, 130-136.

JORDÁ CERDÁ, F. (1959). "Revisión de la cronología del Asturiense". *V Congreso Arqueológico Nacional de Zaragoza*, 63-66. Zaragoza.

JORDÁ CERDÁ, F. (1970). "Asturiense". En *Gran Enciclopedia Asturiana,* T 2, 140-141. Gijón.

KAPLAN, H. y HILL, k. (1992) "The Evolutionary Ecology of Food Acquisition". In *Evolutionary Ecology and Human Behavior*. (Ed.) E. Smith and B. Whinterhalder, 167-202. New York.

KELLY, R.L. (1995). *The Foraging Spectrum*. Smithsonian Institution Press, Washington D.C.

KLITGAARD-KRISTENSEN, D.; PETTER SEJRUP, H.; HAFLIDASUN, H.; JHONSEN, S.; Y SPURK, M. (1998). "A regional 8200 cal. yr BP cooling event in northwest Europe, induced by final stages of the Laurentide ice-sheet deglaciation?" *Journal of Quaternarie Sciencie,* 165-169.

KOZLOWSKI, K.K. (2003). "The Mesolíthic: What we know and what do we relieve?" En L. Larsson (ed.): Mesolíthic on the move. Papers presented at the Sixth International Conference on the Mesolíthic in Europe, Stockholm 2000, Oxbow Books, XVII-XXI.

KRZYZANOWSKI, J.; THÉVENIN, A. (1989). "Nouvelles stations à Federmesser et Mésolithques dans le Canton D ´Ancerville, Departement de La Meuse, et la région proche". *EpiPaleolíthique et Mesolíthique entre Seine et Rhin*. París, 35-42.

KUREK, J.; CWYNAR, L.; SPEAR, R.W. y SCHULZ, M. (2002). "A high resolution Holocene climate record from the White Mountains of Eastern North America". *Geological Society of America Abstracts with Programs 34,* 49.

LABORDE, M; BARANDIARÁN, J. M. de; ATAURI, T. de; y ALTUNA, J. (1966). "Excavaciones en Marizulo". *Munibe XVII* (1-4), 33-36.

LACALLAILLE, A. D. (1954). *The Stone Age in Scotland*. Publication of the welcome historical medical museum. New Series, 6 Oxford University Press. London. 345 pp.

LAMBECK, K. y CHAPPELL, J. (2001). "Sea level change through the last glacial cycle". *Sciencie*, 292 (5517), 679-686.

LARA MÉNDEZ, A. (1997). "La proxémica como una alternativa más para la investigación ergonómica", en Andrés del Ángel (ed.), *Estudios de Antropología Biológica, vol. VII.*, Instituto de Investigaciones Antropológicas, Universidad Nacional Autónoma de México, México, 297-307.

LARSSON, LARS. (sf.) *Tierra, mar y los aspectos mentales del Mesolítico en Escandinavia.* Departament of Archeology and Ancient History, University of Lund, Sandgatan 1, Sweden. www.waspress.co.uk/journals/beforefarming/journal.

LARSSON, LARS. (1996). "Late Atlantic Settlement in Southern Portugal. Results of an excavation of and Mesolíthic shell midden by the River Sado". *Current Swedish Archeology Vol 4,* 123-139.

LEORRI, E.; CEARRETA, A. (2009b). "El registro geológico de la transformación ambiental de la ría de Bilbao durante el Holoceno y el Antropoceno". *Munibe.* Nº. 26, (Ejemplar dedicado a: El registro geológico de la transformación ambiental de la ría de Bilbao durante el Holoceno y el Antropoceno), 13-172.

LEPAGE, L.; THÉVENIN, A. (1989). "Le gisement en Abri de Vaubeton à Courcelles-en Montagne, Canton de Sangres (Haute-Marne)". *EpiPaleolíthique et Mesolíthique entre Seine et Rhin.* París, 49-59.

LEROI-GOURHAN, A. (1959). "Resultats de l'analyse pollinique de la grotte d' Isturitz". *BSPF,* 56, 619-624.

LEROI-GOURHAN, A. (1971). "Análisis polínico de Cueva Morín. Cueva Morín Excavaciones 1966-1968". *Publicaciones del Patronato de las Cuevas Prehistóricas de la Provincia de Santander.* Santander, 358-366.

LEROI-GOURHAN, A. (1980): "Análisis polínico de El Pendo." En: GONZÁLEZ ECHEGARAY, J. (ed.), *El yacimiento de la cueva de El Pendo (Excavaciones 1953-57).* Bibliotheca Praehistorica Hispana XVII, 263-266. Instituto Español de Prehistoria, Consejo Superior de Investigaciones Científicas; Madrid.

LIÉGER, A.; MARGUET, R.; THÉVENIN, A. (1989). "Une série mésolithique au Musée de Toul: Avrainville, canton de Domèvre-en-Haye (Meurthe-et-Moselle)". *EpiPaleolíthique et Mesolíthique entre Seine et Rhin.* París, 157-164.

LINDNER, G. (1977/2000). *Moluscos y caracoles de los mares del mundo.* Ediciones Omega. Barcelona.

LÓPEZ DÓRIGA, I. (2015). *La utilización de los recursos vegetales durante el Mesolítico y Neolítico en la costa atlántica de la península ibérica.* Tesis doctoral presentada en la Universidad de Cantabria. Santander.

LÓPEZ GARCÍA, P. (1981): "Los pólenes de la Cueva de El Salitre". *Trabajos de Prehistoria, 38,* nº 1, 93-96.

LÓPEZ GARCÍA, P. (s.f.). "Resultados polínicos del Holoceno en la Península Ibérica", 1-44. *Digital csic.es*

LÓPEZ GARCÍA, P. (2000): "La reconstrucción del clima a través de la Palinología". En: GARCÍA CODRÓN, JUAN CARLOS (ed.), *La reconstrucción del clima en época preinstrumental,* 123-146. Universidad de Cantabria; Santander.

LÓPEZ GARCÍA, P.; LÓPEZ SÁEZ, J.A.; UZQUIANO, P. (1996): "Paleoambiente y hábitat en las Marismas de Cantabria en los inicios del Holoceno: el caso del Abrigo de la Peña del Perro". En: RAMIL, P.; FERNANDEZ, C.; RODRIGUEZ, M. (eds.), *Biogeografía Pleistocena-Holocena de la Península Ibérica,* 333-348. Xunta de Galicia. Santiago de Compostela.

LÓPEZ, J.A., LÓPEZ, L. y PÉREZ, S. (2008). "Crisis climáticas en la Prehistoria de la Península Ibérica: el evento 8200 cal BP como modelo". En S. Rovira, M. García-Heras, M. Gener y I. Montero (eds.): *VII Congreso Ibérico de Arqueometría. CSIC.* Madrid, 77-86.

LÓPEZ QUINTANA J. C. (1996a). "Los yacimientos neolíticos de superficie de Sollube (Bizkaia): materias primas y territorio". *Rubricatum. I Congrés del Neolític a la Península Ibérica.* Gavá-Bellaterra, 177-182.

LÓPEZ QUINTANA J. C. (1996b). "Yacimiento al aire libre de Pareko Landa (Busturia-Bermeo)". *Arkeoikuska* 1996, 84-88.

LÓPEZ QUINTANA J. C. (2000). "El yacimiento prehistórico de la cueva de Kobeaga II (Ispaster, Bizkaia): secuencia estratigráfica y dinámica industrial. Avance de las campañas de excavación 1995-2000". *Illunzar*, 4, (1998/200), 83-162.

LÓPEZ QUINTANA J. C. (2003a). "El asentamiento prehistórico al aire libre de Sustrigi (Areatza-Bilaro, Parque Natural de Gorbea)". *Krei 7,* 39-52.

LÓPEZ QUINTANA J. C. (2003b). "El asentamiento al aire libre de Sustrigi /Areatza)". *Arkeoikuska 02*, 39-52

LÓPEZ QUINTANA J. C. (2005). "Organización del territorio durante la transición al Neolítico en el Cantábrico oriental: los ejemplos de Urdaibai y Gorbeia". *III Congreso del Neolítico en la Península Ibérica.* Santander, 435-445.

LÓPEZ QUINTANA J. C. (2007). "Avance a la secuencia estratigráfica de la cueva de Santimamiñe (Kortezubi), tras la revisión de su depósito arqueológico en las campañas de 2004 a 2006". *Krei 9*, 73-103.

LÓPEZ-QUINTANA, J. C. (ed.) (2011a). *La cueva de Santimamiñe: revisión y actualización (2004-2006).* Kobie-Bizkaiko Arkeologi Indusketak/Kobie-Excavaciones Arqueológicas en Bizkia 1, Bilbao.

LÓPEZ-QUINTANA, J. C. (2011b): "La ocupación humana de Santimamiñe (Kortezubi): paisaje, recursos y estrategias de explotación del medio desde el Magdaleniense Inferior al CalcolítiCo-Edad del Bronce". *La Cueva de Santimamiñe: Revisión y Actualización (2004-2006)* (J.C.López-Quintana ed.), Kobie-Bizkaiko Arkeologi Indusketak/Kobie-Excavaciones Arqueológicas en Bizkia 1, Bil-bao: 421-446.

LÓPEZ QUINTANA J. C.; AGUIRRE RUIZ DE GOPEGUI, M. (1997). "Patrones de asentamiento en el Neolítico litoral vizcaino". *Coloquio Internacional O Neolítico Atlántico e as orixes do Megalitismo* (Santiago de Compostela, 1996). Universidade de Santiago de Compostela, 335-351.

LÓPEZ QUINTANA, J.C.; GUENAGA LIZASU, A. (2005). "La cueva de Santimamiñe (Kortezubi). Iª campaña de revisión estratigráfica". *Arkeoikuska-2004,* 89-92.

LÓPEZ QUINTANA, J.C.; GUENAGA LIZASU, A. (2006). "La cueva de Santimamiñe (Kortezubi). IIª campaña de revisión estratigráfica". *Arkeoikuska-2005,* 85-88.

LÓPEZ QUINTANA, J.C.; GUENAGA LIZASU, A. (2007a). "Avance a la secuencia estratigráfica de la cueva de Santimamiñe (Kortezubi), tras la revisión de su depósito arqueológico en las campañas de 2004 a 2006". *Krei 9*, 73-103.

LÓPEZ QUINTANA, J.C.; GUENAGA LIZASU, A. (2007b). "La cueva de Santimamiñe (Kortezubi). IIIª campaña de revisión estratigráfica", *Arkeoikuska-2006,* 124-126.

LÓPEZ QUINTANA, J.C.; GUENAGA LIZASU, A. (2008). "La cueva de Santimamiñe (Kortezubi). IVª campaña de excavación arqueológica". *Arkeoikuska-2007,* 254-259.

LÓPEZ-QUINTANA, J. C. Y GUENAGA, A. (2011). "Revisión estratigráfica del depósito arqueológicO de la cueva de Santimamiñe (Kortezubi, Bizkaia): campañas de 2004 a 2006. Cronoestratigrafía y paleoambiente". *La Cueva de*

Santimamiñe: Revisión y Actuali- zación (2004-2006).(J. C.López-Quintana ed.), Kobie-Bizkaiko Arkeologi Indusketak/Kobie-Excavaciones Arqueológicas en Bizkia1, Bilbao, 7-70.

LÓPEZ QUINTANA, J.C.; GUENAGA LIZASU, A.; SÁENZ DE BURUAGA BLÁZQUEZ, A. (2011) "Dinámica evolutiva de la industria lítica tallada en la secuencia estratigráfica de Santimamiñe. Campañas de 2004 a 2006", Cueva de Santimamiñe: revisión y actualización (2004-2006), *Kobie, Excavaciones Arqueológicas en Bizkaia, Monografía 1,* Diputación Foral de Bizkaia, Bilbao.

LOPEZ-QUINTANA, J.C., GUENAGA, A. (2014). "La cueva de Santimamiñe". In: Sala-Ramos, R., Carbonell, E., Bermúdez de Castro, J.M., Arsuaga, J.L. (Eds.), *Pleistocene and Holocene Hunter-Gatherers in Iberia and the Gibraltar Strait: the Current Archaeological Record*. Universidad de Burgos and Fundaci on Atapuerca, Burgos, 114-121.

LOPEZ-QUINTANA, J.C., GUENAGA, A., ETXEBERRIA, F., HERRASTI, L., MARTÍNEZ DE PANCORBO, M.A., PALENCIA, L., VALVERDE, L., CARDOSO, S. (2015). "Nuevos datos sobre la secuencia de uso sepulcral de la cueva de Santimamiñe (Kortezubi, Bizkaia). *ARPI 03 extra, Homenaje a Rodrigo de Balbín Behrmann,* 180-196.

LÓPEZ SÁEZ, J.A.; LÓPEZ GARCÍA, P. y LÓPEZ MERINO, L. (2006). "La transición Mesolítico-Neolítico en el Valle Medio del Ebro y en el Prepirineo aragonés desde una perspectiva paleoambiental: dinámica de la antropización y origen de la agricultura". *Revista Iberoamericana de Historia* 1, 4-11.

LÓPEZ SÁEZ, J. A.; LÓPEZ MERINO, L.; PÉREZ DÍAZ, S. (2008). "Crisis climáticas en la prehistoria de la Península Ibérica: el evento 8200 cal. BP como modelo". En Rovira Llorens *et al* (Edt.) *Actas VII Congreso Ibérico de Arqueometría,* 77-86.

LOZOVSKI, V.; LOZOVSKAYA, O.; CLEMENTE CONTE, I.; MAIGROT, Y.; GYRIA, E.; RADU, V.; DESSE-BERSET, N.; GASSIOT BALLBÈ, E. (2013)." Fishing in the late Mesolíthic and early Neolithic of the Russian Plain: the case of site Zamostje 2". En *Zamostje 2 lake settlement of the Mesolíthic and Neolithic fisherman in upper Volga Region*. Editors Vladimir M. Lozovski Olga V. Lozovskaya Ignacio Clemente Conte. San Petesburgo,1-73.

LLOPIS LLADÓ, N. y JORDÁ CERDÁ, F. (1957). "Mapa del Cuaternario de Asturias". *V Congreso Internacional del I.N.Q.U.A.*, Oviedo.

LUMBRERAS, L. G. (1974). *La arqueología como ciencia social*. Ediciones Histar. Perú.

LUQUE MARÍN, J. A. (2002). *El lago de Sanabria: un sensor de las oscilaciones climáticas del Atlántico norte durante los últimos 6000 años*. Universidad de Barcelona, Facultad de Geología.

MACDERMOTT, F.; MATTEY, D. P.; OEX, U.K. y HAWKESWORTH, C. J. (2001). "The impact of the '8200 year' cooling event on the eastern Atlantic margin: evidence from an oxygene isotope speleothem record from S.W. Ireland". *Geological Association of Canada–Mineralogical Association of Canada Joint Annual Meeting, St. John's,* Newfoundland Abstracts 26, 99.

MCGLADE, J. (1995). "Archaeology and the ecodynamics of human-modified landscapes". *Antiquity, 69*, 113-132.

MADARIAGA DE LA CAMPA, B. (1968). "Estudio experimental sobre utilización de los picos asturienses". *Avigan*, 187, 19-22.

MADARIAGA DE LA CAMPA, B. (1971). "La fauna marina de la cueva de Morín. Cueva Morín. Excavaciones 1966-1968". *Publicaciones del Patronato de las Cuevas Prehistóricas de la Provincia de Santander*. Santander, 400-415.

MADARIAGA DE LA CAMPA, B. (1972). *Hermilio Alcalde del Río. Una escuela de Prehistoria en Santander*. Publicaciones del Patronato de las Cuevas Prehistóricas de Santander. 255 pp.

MADARIAGA DE LA CAMPA, B. (1976a). "Historia de los descubrimientos prehistóricos". Separata del libro "*La Prehistoria en la Cornisa Cantábrica*". Inst. Cultural de Cantabria. Instituto de Prehistoria y Arqueología. "Sautuola". Santander, 13-32.

MADARIAGA DE LA CAMPA, B. (1976b). "Consideraciones acerca de la utilización del pico marisquero del Asturiense. *XL Aniversario del Centro de Estudios Montañeses, vol. 3,* 437-451. Institución Cultural de Cantabria, Santander.

MADARIAGA DE LA CAMPA, B. (1994). "Consideraciones sobre la fauna malacológica en el Paleolítico cantábrico". *Homenaje al Dr. Joaquín González Echegaray, Museo y Centro de Investigación de Altamira Nº 17*, Santander, 131-139.

MADARIAGA DE LA CAMPA, B. (2002). *Escritos de Marcelino Sanz de Sautuola y primeras noticias sobre la cueva de Altamira*. Ed. Benito Madariaga. Santander.

MAGNY, M.; BÉGEOT, C.; GUIOT, J. y PEYRON, O. 2003: "Contrasting patterns of hydrological changes in Europe in response to Holocene climate cooling phases". *Quaternary Science Reviews* 22, 1589-1596.

MAIGROT Y., CLEMENTE CONTE I., GYRIA E., LOZOVSKAYA O., LOZOVSKI V. (in print). "Des hameçons en os aux techniques de pêche: le cas de Zamostje 2 (Mésolithique et Néolithique de la plaine centrale de Russie)". A l'honneur de P. Petrequin 2012.

MANCHESTER UNIVERSITY SPELEOLOGICAL (1982). "Las cavidades de Matienzo. Expediciones 1974-1979". *Cuadernos de Espeleología* nº 9-10. Santander, 309-368.

MANEN, C.; SABATIER, P. (2003). "Chronique radiocarbone de la néolithisation en Méditerranée occidentale. *Bulletin de la Société préhistorique française* 100-3, 479-504.

MARCOS SAIZ, F. J.; DÍEZ FERNÁNDEZ-LOMANA, J.C. (2008). "Propuesta y síntesis metodológica de Arqueología del Paisaje: un diseño para la prehistoria reciente de la Meseta Norte". *BIBLID* XLI, enero-junio, 131-154.

MARIEZKURRENA, K. y ALTUNA, J. (1989). "Análisis arqueozoológico de los macromamíferos del yacimiento de Zatoya. Trabajos de Arqueología Navarra 8, 237-266.

MARIEZKURRENA, K.; ALTUNA, J. (1995). "Fauna de mamíferos del yacimiento costero de Herriko Barra (Zarautz, País Vasco)". *Munibe* Nº 47, *(Antropologia-Arkeologia),* 22-32.

MARÍN ARROYO, A. B. (2004a). "El macroespacio de los cazadores-recolectores en el Valle del Asón (Cantábrico oriental, España): un enfoque arqueozoológico". *Actas do IV congreso de arqueología peninsular,* 159-210.

MARÍN ARROYO, A. B. (2004b): "Análisis arqueozoológico, tafonómico y espacial de los restos de mamíferos de la Cueva de la Fragua". *Munibe (Antropologia-Arkeologia),* 56, 19-44.

MARÍN ARROYO, A. B. (2005a). "Aplicación de un sistema de información geográfica (SIG) al estudio arqueozoológico-tafonómico de la Cueva de La Fragua (Santoña, Cantabria)". *Complutum*, 2005, Vol. 16, 73-87 73

MARÍN ARROYO, A. B. (2005b). "Evolución de la fauna de La Fragua del Pleistoceno al Holoceno". *III Congreso del*

Neolítico en la Península Ibérica. Santander, 145-154.

MARÍN ARROYO, A. B. (2008): "Demografía y cambio ambiental. Hipótesis para el cambio económico en el Cantábrico Oriental durante el Tardiglaciar". *Complutum,* vol. 19 (1), 47-66.

MARÍN ARROYO, A. B. (2010). *Arqueozoología en el Cantábrico oriental durante la transición Pleistoceno/Holoceno, La Cueva del Mirón.* Tesis presentada en la Universidad de Cantabria. Santander.

MARÍN ARROYO, A. B. (2013). "Human response to Holocene warming on the Cantabrian Coast (northern Spain): an unexpected outcome". *Quartenary Science Reviews*, 81, 1-11.

MARÍN ARROYO, A. B.; GONZÁLEZ MORALES, M. R. (1990). "La Prehistoria de las Marismas: excavaciones en el Abrigo de la Peña del Perro (Santoña, Cantabria)". *Cuadernos de Trasmiera*, 2, 13-28.

MARÍN ARROYO, A. B.; GONZÁLEZ MORALES, M. R. (2007). "La Fragua cave, a seasonal hunting camp in the lower Asón Valley (Cantabria, Spain) at the Pleistocene-Holocene transition." *Anthropozoologica*, 41 (1), 61-84.

MARÍN ARROYO, A. B.; GONZÁLEZ MORALES M. R. (2009). "Comportamiento económico de los últimos cazadores-recolectores y primeras evidencias de domesticación en el occidente de Asturias. La Cueva de Mazaculos II". *Trabajos de Prehistoria 66,* Nº 1, 47-74.

MARÍN ARROYO, A. B.; GONZÁLEZ MORALES M.; ESTÉVEZ, J. (2011). "Paleoclimatic inference of the mid-Holocene record of monk seal (Monachus monachus) in the Cantabria Coast". *Procedings of the Geologists' Association, 122,* 113-124.

MARTÍNEZ CEDRÚN, P.; FLOR, G.; FLOR-BLANCO, G.; FERNÁNDEZ MAROTO, G. (2014). "Características geológicas y morfologías singulares de la región del Alto Asón (Cantabria)". *Boletín nº 10 Sedeck. Sociedad española de espeleología y ciencias del karst.*

MARY, G. (1979). *Evolution de la bordure côtiere asturienne (Espagne) du Néogène al'Actuel.* Tesis Doctoral Inédita. Université de Caen.

MARY, G. y MEDUS, J. (1993). "El Holoceno de la región de San Vicente de la Barquera (Cantabria y Asturias). En *El cuaternario en España y Portugal, 961-963.* Instituto Técnico Geominero de España. Madrid.

MATEOS CACHORRO, A. (2002). "Apuntes sobre estacionalidad y subsistencia de los grupos humanos del Cantábrico occidental en torno al 13000 bp". *Trabajos de Prehistoria Vol. 59. Nº 2,* 27-41.

MAYEWSKI, P. A.; TWICKLER, M. S. ; WHITLOW, S. I.;MEEKER,L. D. ; YANG, Q.;THOMAS, J. KREUTZ, K.; GROOTES, P. M. ; MORSE, D; STEIG,E.; WADDINGTON, E. D. ; SALTZMAN, E. S. ; P.-Y. WHUNG, P. AND TAYLOR, K. C. (1996). "Climate change during the last deglaciation in Antarctica". *Science,* 272, 1636- 1638.

MAYEWSKI, P.A., ROHLING, E.E., STAGER, J.C.; KARLÉN, W.; MAASCH, K.A.; MEEKER, L. D.; MEYERSON, E.A.; GASSE, F.; VAN KREVELD, S.; HOLMGREN, K.; LEE-THORP, J.; ROSQVIST, G.; RACK, F.; STAUBWASSER, M.; SCHNEIDER, R.R. Y STEIG, E.J. (2004). "Holocene climate variability". *Quaternary Research,* 62, 243-255.

MCCORRISTON, J. (1994). "Acorn eating and agricultural origins: California ethnographies as analogies for the ancient Near East". *Antiquity, 68,* 97-107.

MCGLADE, J. 1995. *Complexity and Co-evolution: Continuity and Change in Socio-economic Systems.* Edited by Elizabeth

Garnsey and James Mcglade. Massachusetts. USA.

MEEHAN, B. (1977). *Shell bed to shell midden.* Australian Institute for Aboriginal Studies, Canberra.

MEIKLEJOHM, C. (2009). "Radiocarbon dating of Mesolíthic human remains in Spain *Mesolíthic Miscellany December 2009* Volume 20: Number 2 University of Winnipeg, Winnipeg, MB Canada, R 3B 2E9.

MEMORIA: Estudio integral de la cuenca del río Pas. dma.medioambientecantabria.es/estudios/cuenca_pas.htm

MENÉNDEZ DE LA HOZ, M., STRAUS, L.G. Y CLARK, G.A. (1986). "The icthyology of La Riera Cave". En Straus, L.G., Clark, G.A. *et al. La Riera cave. Stone age hunter-gatherer adaptations in northern Spain,* Anthropological Reserch Papers 36, Arizona State University, 289-298.

MENÉNDEZ FERNÁNDEZ, M.; QUESADA LÓPEZ J. M. (2008). "Artistas y cazadores de ciervos. El papel del ciervo en el arte y la caza del Paleolítico Superior Cantábrico". *Espacio, Tiempo y Forma. Serie I, Nueva época. Prehistoria y Arqueología, t. 1, 155-166.*

MERINO, J. Mª. (1994). Tipología líica. Munibe (Antropologia-Arkeologia). Suplemento nº 9. Sociedad de Ciencias Aranzadi. San Sebastián. 480pp.

MOLINERO ARROYABE, J. T.; ROZAMENA VIZCAYA, J. F. (1993): "Cueva de Los Tornillos (CS-04)", *Boletín Cántabro de Espeleología, 9*: 42-46. Santander.

MOLINERO ARROYABE, J. T.; GRUPO ESPELEOLÓGICO LA LASTRILLA (GELL) (1998). "Aportación a la Carta Arqueológica de Castro-Urdiales (Cantabria)". *Trabajos de Arqueología en Cantabria. Monografías Arqueológicas, 4* Asociación Cántabra para la Defensa del Patrimonio Subterráneo (ACDPS), 92-94. Santander.

MOLINERO ARROYABE, J. T.; GRUPO ESPELEOLÓGICO LA LASTRILLA (GELL) (2000). *Carta Arqueológica de Castro-Urdiales (Cantabria). Paleolítico-Edad del Hierro.* Ed. Ayuntamiento de Castro-Urdiales.

MONGE SOARES, A. M.; GUTIÉRREZ ZUGASTI, I.; GONZÁLEZ MORALES, M.; MATOS MARTINS, J.M.; CUENCA SOLANA, D.; BAILEY, G.N. (2016). "Marine Radiocarbon Reservoir Effect in *Late Pleistocene and Early Holocene Coastal Waters off Northern Iberia". Radiocarbon.* http://journals.cambridge.org/RDC.

MONTES RAMÍREZ, L. (2007). "El Epipaleolítico reciente o Mesolítico en la Península Ibérica. Estado de la cuestión". *Cesaraugusta,* (78). *XXVI Congreso Nacional de Arqueología,* 39-48.

MONTES, L.; ALDAY, A. (2012). "Enredados en la malla neolítica de la cuenca del río Ebro. Redes, continuidades y cambios". *Congrés Internacional Xarxes al Neolític – Neolithic Networks Rubricatum.* Revista del Museu de Gavà, 5, 51-60.

MOÑINO, M. CENDRERO, A. (1987). "Glaciarismo en el alto Miera (Cantabria)". VII *Reunión sobre el Cuaternario (AEQUA),* Santander, 21-26 septiembre, 179-182

MORA TORCAL, R.; MARTÍNEZ MORENO, J.; RODA GILABERT, X.; ROY SUNYER, M. y VEGA BOLIVAR, S. (2014). "Métodos de excavación: del trabajo de campo a la interpretación arqueológica. *Treballs d'Arqueología* 20, 7-20.

MORALES, J. I.; VERGES, J.M.; FONTANALS, M. (2013). "Procesos técnicos y culturales durante el Holoceno inicial en el noroeste de la Península Ibérica. Los niveles B y Bb de La Cativera (El Catllar, Tarragona)". *Trabajos de Prehistoria* Nº 1 enero-junio 2013, 54-75.

MOREHEAD, M.D. y GAGNON, J. M. 1999: "Forcing of the cold event of 8200 years ago by catastrophic drainage of Laurentide lakes". *Nature* 400, 344-348.

MORENO NUÑO, R. (1994). *"Análisis arqueomalacológicos en la Península Ibérica. Contribución metodológica y biocultural"*. Tesis Doctoral Inédita, Universidad Autónoma de Madrid. Madrid.

MORENO NUÑO, R. (1995a). "Catálogo de malacofaunas de la Península Ibérica". *Archaeofauna 4,* 143-272.

MORENO NUÑO, R. (1995b). "Arqueomalacofaunas de la Península Ibérica: un ensayo de síntesis". *Complutum 6*, 353-383.

MOURE ROMANILLO, J. A. (1968). "La cueva de Covalejos en Puente Arce, Santander, y su industria paleolítica". *Ampurias, XXX,* 181-195. Barcelona.

MOURE ROMANILLO, J. A. (1970). "Un yacimiento paleolítico en Escobedo de Camargo". *Pyrene, 6,* 9-12.

MOURE ROMANILLO, J. A. (1976). "Magdaleniense y Aziliense en la provincia de Santander". En *XL Aniversario del Centro de Estudios Montañeses, III*, 323-334.

MOURE ROMANILLO, A. y GONZÁLEZ MORALES, M.R. (1992*). La expansión de los cazadores: Paleolítico Superior y Mesolítico en el Viejo Mundo.* Síntesis. Madrid. 159 pp.

MOVIUS, h. l. (1969). *The Iris Stone Age.* Greenwood Press, New York. 339 pp.

MUJIKA ALUSTIZA, J.A. (2004). "La investigación sobre las culturas prehistóricas con cerámica en el País Vasco. Estado de la cuestión (1972-2002)". *KOBIE* (Serie *Anejos).* Bilbao. Bizkaiko Foru Aldundia-Diputación Foral de Bizkaia N.° 6 (vol. 1), 161-180.

MUJIKA-ALUSTIZA, J.A., EDESO-FITO, J.M. (2012). "Lehenengo nekazari-abeltzainak Gipuzkoan Neolitikotik Burdin Arora/ Los primeros agricultores y ganaderos en Gipuzkoa del Neolítico a la Edad del Hierro". *Arkeologia 0.3,* 382 (Diputación Foral de Gipuzkoa. Donostia-San Sebastián).

MUGNIER, C. (1969). "El karst de la región del Asón y su evolución morfológica". *Cuadernos de Espeleología nº 4*, 4-146. Santander.

MUÑOZ FERNÁNDEZ, E. (1984). "El Asturiense y las culturas post-asturienses". *Boletín Cántabro de Espeleología* 4 (*Las culturas prehistóricas en las cuevas de Cantabria),* 103-128.

MUÑOZ FERNÁNDEZ, E. (1997). *Los concheros Holocénicos en Cantabria.* (Trabajo de investigación de Tercer Ciclo). Dirección Arias Cabal, P. Universidad de Cantabria. Inédita.

MUÑOZ FERNÁNDEZ, E. (2003). *"*La explotación de los moluscos marinos desde el Neolítico hasta la época medieval en las rías del Sur de la Bahía de Santander (Solía, Tejero y Boo)". En A. Cabezas Ruiz (Dir.). *Estuarios de Cantabria. Aportaciones al conocimiento de la historia y la evolución de las especies en una ría de la Bahía de Santander, la ría de Solía,* 19-27, Santander.

MUÑOZ FERNÁNDEZ, E.; BERMEJO CASTRILLO, A. (1987). "Aportaciones de los grupos de espeleología al conocimiento del patrimonio arqueológico de Cantabria (1900-1987)". *Boletín Cántabro de Espeleología* nº 8, 33-52.

MUÑOZ FERNÁNDEZ, E. Y GÓMEZ AROZAMENA, J. (1988). "Carta arqueológica de Santoña". *Sautuola V. (Estudios en homenaje al Padre Carballo).* Santander1986-1988, 439-445.

MUÑOZ FERNÁNDEZ, E..; SAN MIGUEL LLAMOSAS, C.; CAEAP (1988). *Carta Arqueológica de Cantabria.* Ed. Tantín. Santander.

MUÑOZ FERNÁNDEZ, E.; SERNA GANCEDO, A.; MALPELO GARCÍA, B.; MORLOTE EXPÓSITO, J. M. (1992). "Las industrias con picos asturienses en Cantabria". *NIVEL CERO,* 2,13-31. Santander.

MUÑOZ FERNÁNDEZ, E.; SAN MIGUEL LLAMOSAS, C. y GÓMEZ AROZAMENA, J. (1991). "Carta Arqueológica de los Municipios de Argoños, Arnuero, Escalante, Meruelo y Noja". *Arquenas I Cartas Arqueológicas y Yacimientos Arqueológicos,* Ed. CAEAP/GEIS, 2-52 pp.

MUÑOZ FERNÁNDEZ, E..; GÓMEZ AROZAMENA, J. (1995). "Catálogo topográfico de las cavidades con interés arqueológico: Asón-Castro Urdiales (Zona VII)". *Boletín Cántabro de Espeleología* 11, 137-145.

MUÑOZ FERNÁNDEZ, E..; MALPELO GARCÍA, B.; GÓMEZ AROZAMENA, J. (1996). "Topografía de las cavidades con interés arqueológico. Parte IX". *Boletín Cántabro de Espeleología,* 12, 105-121. Santander.

MUÑOZ FERNÁNDEZ, E.; SAN MIGUEL LLAMOSAS, C.; BERMEJO CASTRILLO, A. (2000). "Prospecciones arqueológicas en la zona geográfica comprendida entre los ríos Miera y Asón. Campaña de 1986". En: R. Ontañón Peredo (Ed.): *Actuaciones arqueológicas en Cantabria 1984-1999.* Consejería de Cultura, y Deporte del Gobierno de Cantabria, 105-107. Santander.

MUÑOZ FERNÁNDEZ, E.; GÓMEZ, J.; MALPELO, B.; SAN MIGUEL LLAMOSAS, C.; GONZÁLEZ LUQUE, C; BERMEJO, A.; SMITH, P.; MORLOTE, J. M.; MONTES, R.; CRESPO, V.; CRESPO, R.; PERLACIA, D. (2002). *Catálogo de cavidades del municipio de Camargo. Actuaciones Espeleológicas 1986-2002.* Coord. Víctor Crespo. Ayuntamiento de Camargo. Parlamento de Cantabria.Santander. 160 pp.

MUÑOZ FERNÁNDEZ, E.; SANTAMARÍA SANTAMARÍA, S.; SAN MIGUEL LLAMOSAS, C. (2003). "Nuevas aportaciones a la historia de la investigación de los años 1950-1970. El manuscrito Las Cuevas de La Montaña que contienen interés arqueológico, de V. Gutiérrez Cuevas 1969". En *1978-2003 C.A.E.A.P. veinticinco años de investigaciones sobre el Patrimonio Cultural de Cantabria.* Ayuntamiento de Camargo – Colectivo para la Ampliación de Estudios de Arqueología Prehistórica, 311-317. Santander.

MUÑOZ FERNÁNDEZ, E.; MONTES BARQUÍN, R. (Coord.) (2007). *Actuaciones Arqueológicas en Castro Urdiales Tomo III. Arqueología y Arte Rupestre Paleolítico en las cavidades del Cuco o Sobera y La Lastrilla.* Ed: Excmo. Ayuntamiento de Castro Urdiales. Concejalía de Medio Ambiente y Patrimonio Arqueológico. Santander.

MUÑOZ FERNÁNDEZ, E; GÓMEZ, J.; SAN MIGUEL LLAMOSAS, C.; GONZÁLEZ LUQUE, C; BERMEJO, A.; SMITH, P.; MORLOTE, J. M.; MONTES, R.; RUIZ, J.; CRESPO, V.; BARREDA, E.; GUTIÉRREZ, E.; HIERRO, J. A. (2007). *Catálogo de cavidades del municipio de Piélagos. Actuaciones Espeleológicas 1986-2003.* Coord. Víctor Crespo. Ayuntamiento de Piélagos. Santander. 215pp.

MUÑOZ FERNÁNDEZ, E.; MORLOTE ESPÓSITO, J. M.; SANTAMARÍA SANTAMARÍA, S.; CASTAÑOS UGARTE, P.; RUIZ

ZAPATA, B.; GIL GARCÍA, Mª. J.; UZQUIANO OLLERO, P. (2013). "Sondeo arqueológico en el Abrigo de Barcenilla (T.M. de Piélagos, Cantabria)". *Kobie Serie Paleoantropología* nº 32, 79-112.

MURELAGA, X.; LOPEZ QUINTANA, J. C.; CASTAÑOS, P.; GUENAGA, A., ZUBELDIA, H. (2005). "Micromamíferos del yacimiento holoceno de Kobeaga II (Ispaster, Bizkaia). *Illunzar* 5: 49-55.

MUSCHELER, R.; BEER, J.; VONMOOS, M. (2004). "Causes and timing of the 8200 yr. BP event inferred from the comparison of the GRIP 10Be and the tree ring D 14C record". *Quaternary Science Reviews* 23, 2101-2111.

MYERS, A. (1989). "Reliable and maintainable technological strategies in Mesolíthic of mainland Britain". En Torrence, R. (ed.), *Time, energy and stone tools*. Cambridge University Press, Cambridge, 78-91.

NEIRA CAMPOS, A.; FERNÁNDEZ RODRÍGUEZ, C.; BERNALDO DE QUIRÓS, F.; FUERTES PRIETO, N. Y YÁGÜEZ JUÁREZ, R. (1997). "Avance al estudio de la cueva de La Uña (La Uña, Acebedo, León)". *Lancia, 2*, 47-81.

NEIRA CAMPOS, A.; FUERTES PRIETO, N.; FERNÁNDEZ, C.; BERNARDO DE QUIRÓS, F. (2004). "Le gisement mésolithique de la "Cueva del Espertín". León, Espagne". En *Actes du XIVéme Congrés UISPP. Section 7: Le Mesolíthique (Université de Liège, septiembre 2001)*, 129-136. Britis Archaeological Reports. International Series 1302. Oxford.

NEIRA CAMPOS, A.; FUERTES PRIETO, N. (2009)."La cueva de "El Espertín" (Cuénabres, Burón, León)". *El Mesolítico Geométrico en la Península Ibérica*. Eds. Pilar Utrilla Miranda y Lourdes Montes Ramírez. Zaragoza-Jaca 2008, 307-326.

NOVAL FONSECA, M. (2014). "Excavación arqueológica en la cueva de El Toral III (Andrín, Llanes)". Excavaciones arqueológicas en Asturias 2007-2012, Conejería de Cultura y Deporte del Gobierno del Principado de Asturias, Oviedo, 381-382.

NEIRA A, BERNALDO DE QUIRÓS F, FUERTES MN. (2012). "El nivel III de la cueva de la Uña (La Uña, Acebedo, León): Industria lítica y elementos artísticos de un yacimiento mesolítico en la vertiente sur de la cordillera Cantábrica". En: Muñiz JR, editor. *AD ORIENTEM. Del final del Paleolítico en el norte de España a las primeras civilizaciones del Oriente Próximo*. Oviedo: Universidad de Oviedo. Ménsula Ediciones, 217-233.

NUIN CABELLO, J., BORJA SIMÓN, J. A. (1991). "El poblamiento holocénico y su medio en las cuencas Prepirenáicas de Pamplona y Aoiz-Lumber". *Cuadernos de Sección. Prehistoria-Arqueología*: 61-96.

OBERMAIER, H. (1914). *Estudio de los glaciares de los Picos de Europa*. Museo Nacional de Ciencias Naturales. Madrid.

OBERMAIER, H. (1916a). *El Hombre Fósil*. Memorias del C.I.P.P., Mem. nº 9. Madrid.

OBERMAIER, H. (1916b). "Las fases de transición del Cuaternario a la actualidad geológica (Epipaleolítico y Protoneolítico)". *El Hombre fósil Cap. X*.

OLÀRIA I PUYOLES, C. (2003). "La muerte como rito transcendental. Los rituales funerarios del epipaleolítico-mesolítico y su probable influencia en el mundo megalítico". *Cuadernos de Prehistoria y Arqueología Castellonenses*, 85-106.

OLARRIA, C.; GUSI, F.; GÓMEZ, J. L. (2005). "Un enterramiento Meso-Neolítico en el Cingle del Mas Nou (Ares del Maestre Castellón) del 7000 BP en territorio de arte levantino". *Actas del III Congreso del Neolítico en la Península Ibérica*, 615-625. Santander.

ONTAÑÓN PEREDO, R. (2000a). "Investigaciones arqueológicas en Montealegre (Sámano, Castro Urdiales). *Actuaciones Arqueológicas en Cantabria 1984-1989, Coordinador Roberto Ontañón Peredo.* Edita Gobierno de Cantabria. Consejería de Cultura y Deporte, 279-282. Santander

ONTAÑÓN PEREDO, R. (2000b). "Prehistoria reciente en la cueva del Castillo (Puente Riesgo)". *SAUTUOLA VI*, 229-233.

ONTAÑÓN-PEREDO, R. (2005). "La secuencia de la Cueva de Los Gitanos (Castro Urdiales, Cantabria) y el Neolítico cantábrico". En *III Congreso del Neolítico en la Península Ibérica* (eds. P. Arias, R. Ontañón-Peredo y C. García Moncó), 1035–43, Universidad de Cantabria (Monografías del IIIPC, 1), Santander.

ONTAÑÓN PEREDO, R. (2008). "Investigaciones arqueológicas en Montealegre (Sámano, Castro Urdiales). 5ª, 6ª y 7ª Campañas (2000-2002)". *Actuaciones Arqueológicas en Cantabria 2000-2003,* Coord. Roberto Ontañón. Edt. Gobierno de Cantabria, Consejería de Cultura, Turismo y Deporte, 131-137. Santander.

ONTAÑÓN-PEREDO, R.; CUBAS, M.; ALTUNA, J.; ÁLVAREZ-FERNÁNDEZ, E.; CHAUVIN, A.; FERNÁNDEZ, R.; GRUET, Y.; IRIARTE, Mª. J.; LÓPEZ-DÓRIGA, I.; MARIEZCURRENA, K.; Y ZAPATA, L. (2013). "Contribution a l'ètude de la Neo-lithisation dans la région Cantabrique. La grotte de Los Gitanos (Cantabrie, Espagne)", Anciens Peuplements Littoraux et Relations Homme/Milieu sur les Côtes de l'Europe Atlantique (M. Y. Daire *et alii.* eds.). BAR. International Series 2570, Oxford, 383-390.

ORDOÑO, J. (2008). "Apuntes sobre la evolución del concepto de "territorio" en la investigación del Paleolítico Cantábrico". *Munibe* nº 59, 81-89. San Sebastián.

OREJAS SACO DEL VALLE, A. (1998). "El estudio del Paisaje: visiones desde la Arqueología". *Arqueología espacial 19-2*, 9-19.

ORTIZ, J. E.; TORRES, T.; GONZÁLEZ-MORALES, M. M.; ABAD, J.; ARRIBAS, I.; FORTEA, F. J.; GARCÍA-BELENGUER, F. and GUTIÉRREZ-ZUGASTI, I. (2009). "The aminochronology of man-induced shell middens in caves in northern Spain". *Archaeometry 51, 1*, 123–139.

PALACIO PÉREZ, E. (2003). "Jesús Carballo y su interpretación del Magdaleniense cantábrico". *CAEAP veinticinco años de investigaciones sobre el Patrimonio Cultural de Cantabria,* Santander, 299-309.

PALACIOS EGÜEN, N.; VEGA de la TORRE, J. J. (1997). *Guía de conchas de las playas y rías de Cantabria.* Con el patrocinio de la Consejería de Medio Ambiente de la Diputación Regional de Cantabria, Santander.

PARSONS, J. R. (1972). "Archaeological settlement patterns". *Annual Review of anthropology. 1*, 127-150.

PEÑA CHOCARRO, L.; ZAPATA, L.; GARCÍA CAZOLAZ, J., GONZÁLEZ MORALES, M.; SESMA, J.; STRAUS, L.G. (2005a). "The spread of agriculture in northern Iberia: new archaeobotanical data from El Mirón cave (Cantabria) and the open-air site of Los Cascajos (Navarra)". *Vegetation History and Archaeobotany*, 14 (4), 268-278.

PEÑA-CHOCARRO, L.; ZAPATA, L.; IRIARTE, M.J.; GONZÁLEZ MORALES, M.; STRAUS, L. G. (2005b). "The Oldest Agriculture in northern Atlantic Spain: new evidence from El Mirón Cave (Ramales de la Victoria, Cantabria)". *Journal of Archaeological Science 32,* 579-587.

PEÑALBA, M. C. (1989a). *Dynamique de végétation tardiglaciaire et holocene du centre-nord de l'Espagne d'apres l'analyse pollinique.* Tesis Doctoral, Université d'Aix, Marseille III, 165 pp.

PEÑALBA, M. C. (1989b). "La Turbera de Los Tornos". En *Cinco millones de años de cambio florístico y vegetal en la Península Ibérica e Islas Baleares*. Edit. José Carrión. 963 pp.

PEÑALBA, M. C. (1992). "Biogeografía holocena de las principales especies forestales del norte de la Península Ibérica". *Cuadernos de Sección. Historia 20*, 391-409.

PEÑALBA, M. C. (1994). "The history of the Holocene vegetation in nothern Spain from pollen analysis". *Journal of Ecology*, 82, 815-832.

PEÑIL, J.; RUIZ, F. (1971). "Reseña arqueológica de Recueva". *Cuadernos de Espeleología* 5- 6, 129-*133*.

PÉREZ BARTOLOMÉ, M. (2002). "La cueva de Santián". En *Las Cuevas con Arte Paleolítico en Cantabria. ACDPS,* 147-150. Santander.

PÉREZ BARTOLOMÉ, M. (2004). "Subsanación de las alteraciones detectadas en las cuevas de La Chora, Piélago II y Cudón". *Memorias de la ACDPS* 1998-2004, 33-50. Santander.

PÉREZ BARTOLOMÉ, M. (2005). *El poblamiento Epipaleolítico y Mesolítico en el Alto Miera*. Trabajo de investigación del Tercer Ciclo (Inédito). Universidad Nacional de Educación a Distancia (UNED). Madrid, 197 pp.

PÉREZ BARTOLOMÉ, M. (2010a). "El Carabión Rock-Shelter in the Context of the Mesolíthic in the Asón Valley (Cantabria, Spain). *Actas del Congreso MESO 2010. Mesolítihic in Europe.* Santander, 13th-17th September 2010. (accepted).

PÉREZ BARTOLOMÉ, M. (2010b). "La cueva de Santián". En *Las Cuevas con Arte Paleolítico en Cantabria. ACDPS,* 171-174. Santander

PÉREZ BARTOLOMÉ, M. (2011). "El Abrigo del Carabión, estado vulnerable en el que se encuentran algunos yacimientos de Cantabria". *Actas de las XI Jornadas de Acanto. Sobre Patrimonio Cultural y Natural de Cantabria. Laredo (Cantabria)*, 20-24.

PÉREZ BARTOLOMÉ, M. (2014a). "Subsanación de las alteraciones detectadas en las cuevas de La Chora, Piélago II y Cudón". *Actuaciones Arqueológicas en Cantabria. Arqueología de Gestión 2004-2011*. Ed. Roberto Ontañón Peredo y Gustavo Sanz Palomera. Consejería de Educación, Cultura y Deporte de Cantabria 2014, 45-50. Santander

PÉREZ BARTOLOMÉ, M. (2014b). "El Abrigo del Carabión: Recuperación de materiales, consolidación y conservación de la estratigrafía (San Mamés de Aras - Voto)". *Actuaciones Arqueológicas en Cantabria. Arqueología de Gestión 2004-2011*. Ed.: Roberto Ontañón Peredo y Gustavo Sanz Palomera. Consejería de Educación, Cultura y Deporte 2014, 373-380. Santander

PÉREZ-BARTOLOMÉ, M. (2016a). "Documentación gráfica y reconocimiento de estratigrafías en cavidades del alto Miera". Actuaciones Arqueológicas en Cantabria. Arqueología de Investigación 2004-2011. Ed.: Roberto Ontañón Peredo y Gustavo Sanz Palomera. Consejería de educación, Cultura y Deporte de Cantabria, 113-120. Santander

PÉREZ-BARTOLOMÉ, M. (2016b). "Proyecto de dataciones C14 AMS en los valles del Asón y Agüera (2006)". *Actuaciones Arqueológicas en Cantabria. Arqueología de Investigación 2004-2011*. Ed.: Roberto Ontañón Peredo y Gustavo Sanz Palomera. Consejería de Educación, Cultura y Deporte de Cantabria, 121-126. Santander

PÉREZ-BARTOLOMÉ, M. (2016c). "Proyecto de dataciones C14 AMS en el valle del Miera (2011)". *Actuaciones Arqueológicas en Cantabria. Arqueología de Investigación 2004-2011*. Ed.: Roberto Ontañón Peredo y Gustavo Sanz Palomera. Consejería de Educación, Cultura y Deporte de Cantabria, 127-141. Santander.

PÉREZ-BARTOLOMÉ, M. (2016d). "Mesolíthic Settlement Patterns and Occupation of the Territory in central and eastern Cantabria (Spain). *Actas The Ninth International Conference on the Mesolíthic in Europe Belgrade/Serbia/14th-18th September, 2015.* (Acepted).

PÉREZ BARTOLOMÉ, M.; SMITH, P. ACDPS. (2002). "La Cueva del Castillo". En "Las Cuevas con Arte Paleolítico en Cantabria". ACDPS, 155-164. Santander.

PÉREZ-BARTOLOMÉ, M.; SMITH, P. Y VALLE, A. (2004). "La Conservación de nuestros yacimientos arqueológicos excavados, tras el paso de los años". *Actas de las IV Jornadas de Acanto sobre Patrimonio Cultural y Natural de Cantabria.* Centro Cultural de Agüero Puente Agüero, 28 y 29 de mayo de 2004, 47-54.

PÉREZ-BARTOLOMÉ, M. Y RUIZ COBO, J. (2004). "La Arqueología de Santander: El Patrimonio Arqueológico del Municipio de Santander. Exposición y conferencias". *Memorias de la ACDPS. 1998-2004*, 93-96. Santander.

PÉREZ BARTOLOMÉ, M. y RUIZ COBO, J. (2008). "El Mesolítico en el Bajo Asón". grupos.unican.es/acanto/portadacanto.

PÉREZ-BARTOLOMÉ, M. Y RUIZ COBO, J. (2013). "El yacimiento del Abrigo de Santa María (Valdáliga, Cantabria)". *Sautuola XVI-XVII años* 2010-12, 53-67. Santander.

PÉREZ-BARTOLOMÉ, M, y MUÑOZ FERNÁNDEZ, E. (2013). "The Asturian in Cantabria: the current state of research". Comunicación *Congreso 150th anniversary of the discovery of the Mesolíthic Shellmiddens Comemoração dos 150 anos da descoberta dos concheiros mesolíticos Muge 150 th March 2013*, Portugal.

PÉREZ-BARTOLOMÉ, M. Y MUÑOZ FERNÁNDEZ, E. (2014). "Colonisation of the Upper Miera and Asón Valleys (Cantabria, Spain) in the Late Glacial Period and the Holocene". Comunicación *XVII Mundial Congress of Prehistoric and Protohistoric Sciencies 2014" held in Burgos, from September 1st to 7th, 2014.* Burgos.

PÉREZ-BARTOLOMÉ, M.; MUÑOZ FERNÁNDEZ, E. (2015). "Colonisation of the Upper Miera and Asón Valleys (Cantabria, Spain) in the Late Glacial Period and the Holocene". *EXPRESSIÓN Nº 7. Quaterly E-Journal of Atelier in cooperation whit UISPP-CISNET. International Scientific Commission on the intellectual and spiritual expressions of non- literate peoples. Nº 7.* Marzo 2015, 45-57. Edt. Atelier Etno: http//:www.atelier-etno.it.

PÉREZ-BARTOLOMÉ, M.; CASTAÑOS, P; ETXEBERRIA, F.; MORALES MUÑIZ, A.; ROSELLÓ IZQUIERDO, E.; GIL GARCÍA, Mª. J.; RUIZ ZAPATA, B.; PRADA, A.; SOLAR, M. UZQUIANO, P. (2016). "El Abrigo del Carabión (San Mamés de Aras-Cantabria, España) en el contexto mesolítico del Estuario del Asón y Marismas de Santoña". *MUNIBE* Antropologia-Arkeologia Nº 67, 5-34.

PÉREZ IGLESIAS, J. M. (2013). "Las prácticas funerarias en la Península Ibérica durante el Paleolítico Superior y Epipaleolítico". *ArqueoWeb. Revista sobre Arqueología en Internet 14, 2012-2013*, 227-267.

PÉREZ-OBIOL, R.; GARCÍA-CODRON, J. C.; PÈLACHS, A.; PÉREZ-HAASE, A.; SORIANO, J. M. (2016). "Landscape dynamics and ire activity since 6740 cal yr BP in the Cantabrian region (La Molina peat bog, Puente Viesgo, Spain)". *Quaternary Science Reviews,* 135 (1), 65-78.

PÉREZ PÉREZ, M. (1974). "Sobre la tipología del pico asturiense". *Boletin del Real Instituto de Estudios Asturianos año 28.* nº 81, 215-233. Oviedo.

PÉREZ PÉREZ, M. (1982). "Precisiones acerca de la tipología del pico asturiense". *BIDEA*-107: 739-758.

PÉREZ PÉREZ, M. (2000). "Aproximación a la traceología del pico asturiense". *SAUTUOLA VI*, 211-217. Santander.

PERLMAN, S. (1980). "An Optimum Diet Model, Coastal Variability, and Hunter-Gatherer Behavior". *Advances in Archaeological Method and Theory*, 3, 257-310. Retrieved from http://www.jstor.org/stable/20170158.

PERRIN, T. (2002). "La fin du Mesolíthique dans l'arc jurassien: aproche statistique des industries lithiques taillées". En *Bulletín de la Sociedad Préhistorique Française*.Tome 99 nº 3, 487-499.

PIETTE, E. (1889). "L'époque de transition entre l'áge du renne et celui de la pierre polie". *Congrés International Anthropologique de Paris*, 203-209 y 210-211.

PIETTE, E. (1895). "Hiatus et lacune. Vestiges de la période de transition dans la grotte du Mas-d'Azil". In: *Bulletins de la Société d'anthropologie de Paris, IVº Série, tome 6, 1895,* 235-267.

PHILIBERT, S. (1995). "Modalités d'ocupation des habitats et territories mésolithiques par l' analyse tracéologique des industries lithiques: l' exemple de Quatre sites saisonniers". *L'Europe des derniers chasseurs". 5 Colloque internacional UISPP*, 145-155.

PINTO GARRIDO, A. (1981). "Cuevas prehistóricas en el municipio de Riotuerto". *Memorias de la A.C.D.P.S.* 1980-1981, 30.

PINTO GARRIDO, A. (1982). "La Cueva del Mar (C. de La Garma o del Calobro), (Omoño, Ribamontán al Monte)". *Boletín Cántabro de Espelología* 3, 23-25.

PINTO GARRIDO, A.; PALACIOS, T.; CANALES, F. (1996). "Trabajos en el karst de Riotuerto". *Boletín Cántabro de Espeleología* 12, 5-50.

POTTERIE, J.; ROZOY, C.; ROZOY, J-G. (2003). "La cabane du Mesolíthique ancient des Beaux Sarts (Bogny-sur-Meuse, Ardennes)". *Actualités scientifiques en Bulletin de la Société préhistorique française.* Tomo 100, nº 1, 157-177.

PRIETO RODRÍGUEZ, M. (2011) "Los patrones de asentamiento: una herramienta metodológica para la reconstrucción del pasado". *Boletín Antropológico*. Año 29, Nº 82, Julio-Diciembre. Universidad de Los Andes. Museo Arqueológico / Centro de Investigaciones, 116-131.

QUESADA LÓPEZ, J. M. (1997). "Modelos de asentamiento y estrategias de subsistencia en el Paleolítico Superior Cantábrico". (Tesis doctoral. Universidad Complutense de Madrid. (Inédita).

QUESADA LÓPEZ, J. M. (1999a). "Apuntes tafonómicos sobre los cazaderos de cabra: las labores de carnicería en el yacimiento de Rascaño (Miera)". *Espacio, Tiempo y Forma. Serie I, Prehistoria y Arqueología, t.11,* 109-149.

QUESADA LÓPEZ, J. M. (1999b). "Paleoeconomía Asturiense". *Boletín del Real Instituto de Estudios Asturianos. Nº 153.* Oviedo, 7-41.

QUESADA LÓPEZ, J. M (2003-2005). "El Árbol de la Ciencia. Escuelas de la Arqueología Prehistórica y Protohistórica española durante el primer tercio del siglo XX". *Archaia, 3-5* (El nacimiento de la Prehistoria y de la Arqueología Científica), 178-182.

QUESADA LÓPEZ, J. M. (2006a). "El Epipaleolítico/Mesolítico: Zona cantábrica y Litoral atlántico". En MENÉNDEZ, M. (Coord.): *Prehistoria y Protohistoria de la Península Ibérica. Tomo I. Unidad Didáctica UNED.* Universidad Nacional de Educación a Distancia. Madrid, 472-514.

QUESADA LÓPEZ, J. M. (2006b). "El Epipaleolítico/Mesolítico: Región mediterránea". En MENÉNDEZ, M. (Coord.): *Prehistoria y Protohistoria de la Península Ibérica. Tomo I. Unidad Didáctica UNED.* Universidad Nacional de Educación a Distancia. Madrid, 515-548.

QUESADA LÓPEZ, J. M. (2012). *Paleoetnografía de las comunidades mesolíticas de la Península Ibérica.* En Menéndez, M. (Coord.). Prehistoria Antigua de la península Ibérica. Universidad Nacional de Educación a Distancia. Madrid, 425-466.

RAMIL REGO, P.; MUÑOZ SOBRINO, C.; IRIARTE CHIAPUSSO, M.J.; GÓMEZORELLANA, L.; RODRÍGUEZ GUITIÁN, M.A. (2001). "Vegetación y cambio climático en los territorios del norte de la Península Ibérica durante los últimos 18.000 años." En: Gómez Mercado, F.; Mota Poveda, J. F. (eds.), *Vegetación y cambio climático*, 139-149. Universidad de Almeria.

RAMSEY, C. B. (2001). "Development of the radiocarbon calibration program". *Radiocarbon, 43(2a),* 355–63.

RAT, P. (1959). *Les pays cretaces basco-cantabriques (Espagne).* Publicactions de L'Université de Dijon. XVIII. Presses Universitaires de France, 1959 (Dijon: Bernigaud et Privat).

REGISTRO PALEOBOTÁNICO DE CANTABRIA (Sin fecha). Varios autores.

RENSSEN, H.; GOOSSE, H., FICHET, T.; CAMPIN, J. M. (2001). "The 8.2 kyr BP event simulated by global atmosphere-sea-ocean model". *Geophysical Research Letters* 28, 1567-1570.

REY, J. (2003). *Aportes al estudio macro-regional de las sociedades prehispánicas de los llanos occidentales venezolanos.* Trabajo Final para optar al título de Antropólogo. Universidad Central de Venezuela, Caracas.

RIGAUD, S.; GUTIÉRREZ-ZUGASTI, I. (2016). "Symbolism among the last hunter–fisher–gatherers in northern Iberia: Personal ornaments from El Mazo and El Toral III Mesolíthic shell midden sites". *Quaternary International 407*, 131-144. Online publication date: 1-Jul-2016.

RIMKUS, T. (2016). "Microliths in fisheries? Use-wear and experimental study of composite tools of the Mesolíthic south Lithuania". *RHEOLOGIJA UN ETNOGRĀFIJA.* – Riga, 31-45.

RIZNER, M., VUKOSAVLJEVIÉ, N., MIRACLE, P. (2009). "Paleoecological and paleodietary significance of edible land snails (*Helix* sp.) across the Pleistocene-Holocene transition on the eastern Adriatic coast. U". *Mesolíthic Horizons, S. MacCartan, R. Schulting, G. Warren, P. Woodman (ur.),* Oxford 2009, 527-532.

ROBERT L. KELLY. (1983). "Cazadores-recolectores Estrategias de Movilidad" *Diario de Investigaciones Antropológicas* 39, Nº 3, 277-306.

ROJO GUERRA, M.; ROYO GUILLÉN, J. I.; GARRIDO PEÑA, R.; GARCÍA MARTÍNEZ DE LAGRÁN, I.; TEJEDOR RODRÍGUEZ, C.; ARCUSA MAGALLÓN, H.; GARCÍA GAZOLAZ, J.; JESÚS SESMA SESMA, J.; BEGUIRISTAIN GÚRPIDE, J.; AMOR BEGUIRISTAIN GÚRPIDE, Mª A. (2012). "Los caminos del Neolitico: un proyecto de investigación en el valle del Ebro". *Congrés Internacional Xarxes al Neolític – Neolithic Networks Rubricatum. Revista del Museu de Gavà, 5,* 43-50.

ROWLEY-CONWY, P. (1993). "Mesolíthic Animal Bones From Forno da Telha, Portugal". En *Actas 1º Congresso de*

Arqueologia Peninsular. (Porto, 12-18 de Outubro de 1993) Vol. 1, 45-48.

ROZOY, J.G. (1978a). "Typologie de l'Épipaléolithique (Mesolíthique) franco-belgue". *Bulletin de la société archeologique champenoise*. (Nº especial juin 1978), 227-240

ROZOY, J.G. (1978b). "Essai d`adaptation des métodos statistiques a l´Épipaléolithique (Mésolithique). Liste-type provisoire et premiers résultats". *Bulletin de la société archéologique champenoise*, 209-225.

ROZOY, J.G. (1999). "Les limites spatiales du Tardenoisien-Nord". *L'Europe des derniers chasseurs*. París, 119-124.

ROWLEY-CONWY, P. (2004). "Complexity in the Mesolíthic of the Atlantic Façade: Development or Adaptation". En M. González Morales y G.A. Clark (eds.): *The Mesolíthic of the Atlantic Façade: Proceedings of the Santander Symposium*, Anthropological Research Papers N.º 5, Arizona State University, 1-12.

RÚA, C. DE LA; BARANYBAR, J.; IRIONDO, M.; IZAGUIRRE, N. (2001). "Estudio antropológico del esqueleto mesolítico del yacimiento de Aizpea". En I. Barandiarán y A. Cava (dir.): *Cazadores-recolectores en el Pirineo Navarro. El sitio de Aizpea entre 8.000 y 6.000 años antes de ahora. Anejos de Veleia* 10. Universidad del País Vasco. Vitoria, 363-429.

RUIZ ALONSO, M. y ZAPATA, L. (2015). "Transformation and human use of forests in the Western Pyrenees during the Holocene based on archaeological wood charcoal". *Quaternary International XXX*, 1-8.

RUIZ COBO, J. (1991). *Implantación y desarrollo de las economías de producción en Cantabria*. Tesis doctoral. Universidad de Cantabria. (Ined.).

RUIZ COBO, J. (2000). "La Prehistoria Reciente del valle de Matienzo. Excavación de la cueva 739 (Cubío Redondo, Matienzo, Ruesga)". En Ontañón, R. (ed.): *Actuaciones Arqueológicas en Cantabria 1984-1999*, 307-309. Consejería de Cultura del Gobierno de Cantabria. Santander.

RUIZ COBO, J. (2003). "La ocupación mesolítica del arco de la Bahía de Santander". En Fernández Ibáñez, C. y Ruiz Cobo, J. (Eds.). *La Arqueología de la Bahía de Santander vol. I*, Fundación Marcelino Botín, 251-284. Santander.

RUIZ COBO, J. (2015). "Gasterópodos continentales en yacimientos arqueológicos de los valles Asón y Miera (Cantabria) durante el Holoceno: aspectos paleo-ecológico". En *La Investigación Arqueomalacológica en la Península Ibérica: Nuevas Aportaciones (Eds.)* Gutiérrez Zugasti; Cuenca Solana y González Morales. Actas de la IV Reunión de Arqueomalacología de la Península Ibérica. Santander 2014, 43-54 (50-51).

RUIZ COBO, J., MUÑOZ FERNÁNDEZ, E.; SMITH, P. (2000). "Los concheros de caracoles (*Cepaea*) en el sector oriental de Cantabria)". *Altamira XL, Revista de Estudios Montañeses, 7-27*. Santander.

RUIZ COBO, J.; SMITH, P. (2001a). *The archaeology of the Matienzo Depresión, North Spain*. British Archaeological Reports, International Series Nº 975. Oxford.

RUIZ COBO, J.; SMITH, P. (2001b). "El yacimiento del Cubío Redondo (Matienzo, Ruesga): Una estación mesolítica de montaña en Cantabria". *Munibe* Nº 53, 31-55.

RUIZ COBO, J., SMITH, P. (2003). *La cueva de Cofresnedo en el valle de Matienzo. Actuaciones arqueológicas 1996-2001*. J. Ruiz Cobo y P. Smith (Drs.). Monografías Arqueológicas de Cantabria. Gobierno de Cantabria. Santander, 198 pp.

RUIZ COBO, J.; MUÑOZ FERNÁNDEZ, E. (2003a). "Las primeras culturas campesinas en el entorno de la Bahía de Santander. La evidencia arqueológica". En Fernández Ibáñez, C. y Ruiz Cobo, J. (Eds.): *La Arqueología de la Bahía de Santander 1,* Fundación Botín, 285-332. Santander.

RUIZ COBO, J., MUÑOZ FERNÁNDEZ, E.; SMITH, P. (2003). "La Cueva de Cofresnedo en el Valle de Matienzo". *Actuaciones Arqueológicas 1996-2001.* Gobierno de Cantabria Consejería de Educación, Cultura, Deporte. Santander.

RUIZ COBO, J. Y FERNÁNDEZ IBÁÑEZ, C. (2006). "Epipaleolítico y Mesolítico en la Cuenca Alta del río Asón (Cantabria, España)". En Maillo, J. M. y Baquedano, E. (eds.): *Miscelánea en homenaje Bibliografía 781 a Victoria Cabrera, vol. I,* 518-532. Madrid, Zona Arqueológica, 7.

RUIZ COBO, J.; PÉREZ BARTOLOMÉ, M. (2006). "Epipaleolítico y Mesolítico del Alto Asón". *Acanto.* Acceso: 2007.

RUIZ COBO, J.; PÉREZ BARTOLOMÉ, M. (2008). "El Mesolítico en el Bajo Asón". Acanto. Acceso: 2008.

RUIZ COBO J. Y PÉREZ BARTOLOMÉ, M. (2009). "El Mesolítico en el Bajo Asón". *BAR Internacional Series 2.Oxford Archaeopress*, 85-110.

RUIZ COBO, J.; PÉREZ BARTOLOMÉ, M.; CAEAP. (2008). "El registro arqueológico del Valle de Liendo y la cuenca del Agüera: su estado de conservación". *Actas de las VIII Jornadas de Acanto. Sobre Patrimonio Cultural y Natural de Cantabria.* Guriezo (Cantabria), 43-48.

RUIZ COBO, J.; MUÑOZ FERNÁNDEZ, E.; GARCÍA GÓMEZ, P.; CRESPO, V.; MOÑINO SAEZ, M.; SMITH, P. (2007). *Paisaje y arqueología en el Alto Asón (Cantabria, España). Resultados de prospección arqueológica del Alto Asón.* BAR Internacional Series 1614. Oxford, 216 pp.

RUIZ COBO, J.: MUÑOZ FERNÁNDEZ. E.; BERMEJO CASTRILLO, A.; GARCÍA GÓMEZ. P.; PÉREZ BARTOLOMÉ, M.; SMITH P. (2008). *Entre La Marina y La Montaña. Arqueología del Medio Asón (Cantabria. España).* BAR International Series 1799. Oxford, 353 pp.

RUIZ COBO, J.; MUÑOZ FERNÁNDEZ, E.; BERMEJO CASTRILLO, A.; GARCÍA GÓMEZ, P.; PÉREZ BARTOLOMÉ, M. y SMITH, P. (2009): *La Prehistoria del Bajo Asón. Registro arqueológico e interpretación cultural (Cantabria, España).* BAR International Series 1936. Oxford, 304 pp.

RUIZ ZAPATERO, G.; MURILLO MOZOTA, F. (1988). "Metodología para la investigación en arqueología territorial". *Munibe Antropología-Arqueología Suplemento* Nº 66, 45-64.

SÁENZ DE BURUAGA, A. (1998). "Estrategias de excavación y análisis estratigrá!co: una reflexión sobre su proceso histórico". *Krei,* 3, 107-141.

SÁENZ DE BURUAGA, A. (2006). "Estratigrafía Analítica: una profundización de la sistemática laplaciana en el movimiento estratigráFco". *Dialektikê. Cahiers de Typologie Analytique. Hommage à Georges Laplace.* Servei d'Investigacions Arqueològiques i Prehistòriques, Castelló de la Plana,126-139.

SÁENZ DE BURUAGA, A. (2015) "Recorrido y reflexiones en torno al pensamiento analítico de Georges Laplace: Movimiento, interdependencia y arquetipos en la construcción de una Arqueología científica, en CALVO, A., SÁNCHEZ, A., GARCÍA-ROJAS, M. y ALONSO-EGUÍLUZ, M. *Seis décadas de tipología analítica. Actas en homenaje a Georges Laplace 13,14 y15 de noviembre de 2012,* 23-39. Vitoria-Gasteiz.

SAIZ DE OMEÑACA, J. (1975). "Primeros datos sobre el karst del valle medio del río Miera (Santander)". *Cuadernos de Espeleología* nº 8, 13-16. Santander.

SAIZ DE OMEÑACA, J.; SAIZ DE OMEÑACA, J. (1982). "El karst de Río Tuerto (Valle medio del río Miera, Santander)". *Cuadernos de Espeleología* nº 9-10, 113-116. Santander.

SALAS, L. (1995). "Correlación entre el clima y la transgresión marina holocena en el Cantábrico". *Actas da 3ª Reuniao do Quaternário Ibérico,* 309-313.

SALAS, I.; REMONDO, J.; MARTÍNEZ, P. (1996). "Cambios del nivel del mar durante el Holoceno en el Cantábrico a partir del estudio de la turbera de Trengandin". *IV Reunión de Geomorfología.* Grandal d'Anglade, A. y Pagés Valcarlos, J. (eds.). Sociedad Española de Geomorfología. O Castro (A Coruña), 237-247.

SALAVERT FABIANI, V. L.; PELAYO LÓPEZ, F.; GOZALO GUTIÉRREZ, R. (2003). *Los inicios de la Prehistoria en la España del siglo XIX: Juan Villanova y Piera y el Origen y antigüedad del hombre.* Universidad de Valencia. Fundación Marcelino Botín. Instituto de Historia de la Ciencia y Documentación (CSIS–Universitat de Valencia).

SALAZAR, J. (2008). "Aportes de Gordon R. Willey a la comprensión histórica de la arqueología americana". *Comechingonia virtual. Revista Electrónica de Arqueología Año 2008.* Número 4, 245-254.

SALAZAR-GARCÍA, D.C., EMILI-AURA, J., OL/ARIA, C., TALAMO, S., MORALES, J., RICHARDS, M.P. (2014). "Isotope evidence for the use of marine resources in the Eastern Iberian Mesolíthic". *J. Archaeol. Sci.* 42, 231-240.

SAN PEDRO, Z.; CASTAÑOS. P. "Taphonomy of faunal remains from Pico Ramos". En Zapata (Ed.). *The shell midden of Pico Ramos (Muskiz, Bizkaia) Humans on the Basque coast during the 6th and 5th millennium BC,* 87-110.

SAN MIGUEL LLAMOSAS, C.; MUÑOZ FERNÁNDEZ, E.; FERNÁNDEZ ACEBO, V. y SERNA GANCEDO, M. (1991). "La Cueva del Puyo (prospecciones arqueológicas destructivas en el año 84)". *Arquenas,* 1, 181-191.

SÁNCHEZ GOÑI, MARÍA FERNANDA (1993). *De la taphonomie pollinique à la reconstitution de l'environnement. Le exemple de la región cantabrique.* BAR International Series, 586. Hadrian Books; Oxford.

SÁNCHEZ MARCO, A. (2001). "Aves del yacimiento del Cubío Redondo (Cantabria). *Munibe (Antropología-Arkeología)* nº 53, 57-60.

SANTOS ESTÉVEZ, M.; PARCERO OUBIÑA, C.; CRIADO BOADO, F. (1997). "De la arqueología simbólica del paisaje a la arqueología de los espacios sagrados". *Trabajos de Prehistoria* Nº 2, 66-80.

SANZ DE SAUTUOLA, M. (1880). *Breves apuntes sobre algunos objetos prehistóricos de la Provincia de Santander.* Santander.

SCHWARCZ, H. P.; SCHOENINGER, M.J. (1991). "Stable isotope analyses in human nutritional ecology". *Yearbook of Physical Anthropology 34,* 283-321.

SARASKETA-GARTZIA, I. (2015). "La aplicación de los isótopos estables en la reconstrucción de paleodietas". En *Revista Arkeogazte Actas JIA,* 310-317.

SARASKETA-GARTZIA, I. (2015): "Las primeras necrópolis en la Europa Atlántica: prácticas funerarias y dieta durante el Mesolítico". CKQ, 5, 157-174.

SARASKETA-GARTZIA, I.; VILLALBA-MOUCO, V; LE ROUX, P.; ARRIZABALAGA, A. y SALAZAR-GARCÍA, D. C. (2017). "Late Neolithic-Chalcolithic socio-economical dynamics in Northern Iberia. A multi-isotope study on diet and provenance from Santimami~ne and Pico Ramos archaeological sites (Basque Country, Spain)". *Quaternary International xxx*, 1-4.

SEALY, J. (2006): "Diet, mobility and settlement pattern among Holocene huntergatherers in Southermost Africa." *Current Anthropology*, 47 (4), 569-595.

SÉARA, F. (1999a). "Pointes à dos dans le nord de La Vallée de La Saône". *L'Europe des derniers chasseurs.* París, 69-72.

SÉARA, F. (1999b). "Une nouvelle station mésolithique dans le Nord de la vallée de la Saône: le gisement du Bois du Aut. Du Cros, commune de Montureux-lès-Baulay (Haute-Saône)". *L'Europe des derniers chasseurs.* París, 175-180.

SÉARA, F.; THÉVENIN, A. (1999). "La station D´Aubigney, Canton de Pesmes (Haute-Saône)". *L'Europe des derniers chasseurs.* París, 59-68.

SEMENOV, S. A. (1981). *Tecnología prehistórica. (Estudio de las herramientas y objetos antiguos a través de las huellas de uso).* Editorial Akal, Madrid, 370 pp.

SERNA GONZÁLEZ, M.R (2000): "Excavación en la Estación Megalítica de Alto Guriezo-Hayas (Ampuero). Campañas de 1991-1999". En Ontañón, R. (ed.): *Actuaciones Arqueológicas en Cantabria 1984-1999:* 197-202. Santander, Consejería de Cultura del Gobierno de Cantabria.

SERNA GONZÁLEZ, M.R.; VILLAR QUINTEIRO, R., (1997). "Estudio preliminar de la industria lítica de la estación megalítica de Guriezo-Hayas (Cantabria)". *Gallecia 16,* 173-190. Santiago de Compostela.

SERRANO, E.; GÓMEZ LENDE, M.; GONZÁLEZ TRUEBA, J.J.; TURU, V.; ROS, X. (2013). "Fluctuaciones glaciares pleistocenas y cronología en las Montañas Pasiegas (Cordillera Cantábrica)". *Cuaternario y Geomorfología.* ww.rediris.es /Cuaternario y Geomorfología.

SERRANO, E.: GONZÁLEZ AMUCHASTEGUI, M. J. (sf.). "Secuencias tobáceas y cambio del paisaje en el alto Ebro". *Geoecología, cambio ambiental y paisaje: Homenaje Al profesor José María González Ruiz.* Edt.: Arnáez, González Sampériz, Lasanta y Valero-Garcés, 117-128.

SERRANO, E.; GÓMEZ-LENDE, M.; GONZÁLEZ-AMUCHASTEGUI, Mª. J.; GONZÁLEZ-GARCÍA, M.; GONZÁLEZ-TRUEBA, J.J.; PELLITERO, R. y RICO, I. (2015). "Glacial chronology, environmental changes and implications for human occupation during the upper Pleistocene in the eastern Cantabrian Mountains". *Quaternary International 364*, 22-34.

SIERRA, L. (1909). "Notas para el mapa paleoetnográfico de la provincia de Santander". *Actas y Memorias del 1º Congreso de Naturalistas Españoles.* Zaragoza 1908, 103-117.

SIERRA, L. (1913). "Las cuevas de Monteano (Santander)". *Boletín de la Socie3dad Aragonesa de Ciencias Naturales, XII,* 24-60.

SILBERBAUER, GEORGE B. (1994): "A sense of Place". En: BURCH, ERNEST S.; ELLANA, L. J. (eds.), *Key issues in Hunter-Gatherer research.*119-143. Berg Publishers; Oxford.

SIMMS, S. (1987). *Behavioural Ecology and Hunter-Gatherer Foraging: An Example from the Great Basin.* BAR International, Series 381.

SMITH, E. A. (1983). "Anthropological applications of optimal foraging theory". A critical review. *Current Anthropology,* 24 (5), 625-651.

SMITH, P. (2001). "Estudio preliminary de los restos de pequeños mamíferos del Cubío redondo (Matienzo, Cantabria)". *Munibe (Antropología-Arkeología)* nº 53, 67-69.

SMITH, P.; RUIZ COBO, J. (1999). "Avance al inventario arqueológico de la depresión cerrada de Matienzo". *Sautuola VI. Estudios en homenaje al profesor Dr. García Guinea,* 243-256. Santander.

SONNEVILLE BORDES, D. y PERROT, L. (1954). "Lexique typologique du Paléeolithique superieurr. *Boulletin de la Société préhistorique de France* 51(7), 327-335.

SOTO BARREIROS, M.J. (2003). *Cronología Radiométrica, Ecología y Clima del Paleolítico Cantábrico.* Monografías 19. Museo Nacional y Centro de Investigación de Altamira.

SPIKINS, P. (2008): "Mesolíthic Europe: Glimpses of another world". En G. Bailey y P. Spikins (eds.): *Mesolíthic Europe.* Cambridge University Press, 1-17.

STEVENS, R. E.; HERMOSO-BUXÁNB, X. L.; MARÍN-ARROYO, A. B.; GONZÁLEZ-MORALES, M. R.; STRAUS, L. G. (2014). "Investigation of Late Pleistocene and Early Holocene palaeoenvironmental change at El Mirón cave (Cantabria, Spain): Insights from carbon and nitrogen isotope analyses of red deer". *Palaeogeography, Palaeoclimatology, Palaeoecology 414,* 46-60. Journal homepage: www.elsevier.com/locate/palaeo.

STRAUS, L.G. (1979). "Mesolíthic adaptations along the northern coast of Spain". *Quaternaria* 21, 305-327.

STRAUS, L.G. (1992). *Iberia before the iberians. The Stone Age Prehistory of Cantabrian Spain.* University of New Mexico Press, Alburquerque.

STRAUS, L.G. (1995). "Diversity in the face of adversity: Human adaptations to the environmental changes of the Pleistocene-Holocene transition in the Atlantic regions of Aquitaine, Vasco-Cantabrian and Portugal". En V. Villaverde (ed.): *Los últimos cazadores. Transformaciones culturales y económicas durante el Tardiglaciar y el inicio del Holoceno en el ámbito mediterráneo.* Instituto de Cultura Juan Gil-Albert y Diputación de Alicante. Alicante: 63-78.

STRAUS, L. G. (2004). "Transitions: Into and out of Mesolíthic adaptations along the Atlantic Façade of Europe and beyond". En M. R. González Morales y G. A. Clark (eds.): The Mesolíthic of the Atlantic Façade: Proceedings of the Santander Symposium. Anthropological Research Papers 55. Arizona, 249-260.

STRAUS, L. G. (2008)."The Mesolíthic of Atlantic Iberia". En Bailey, G. N. y Spikins, P. (eds.). *Mesolíthic Europe, Cambridge University Press. Cambridge,* 302-327.

STRAUS, L. G.; CLARK, G.A. (1978). "Prehistoric Investigations in Cantabrian Spain". Journal of Field Archaeology, 5, 289-317. http://about.jstor.org/terms.

STRAUS, L.G.; ALTUNA, J.; CLARK, G.A.; MORALES M.G; LAVILLE, H.; LEROI-GOURHAN, A.; DE LA HOZ, M.M.; ORTEA, J.A.; BAHN, P. G.; CLOTTTES, J.; DAVIDSON, I.; FARRAND,W.R.; GUINEA, M.A.G.; GÓMEZ TABANERA, J.M.; ECHEGARAY, J.G.: GOODTEAR, A.C.; y RIGAUD, J.P.(1981). "Paleoecology at La Riera (Asturias, Spain) [and Comments and Reply]. *Current Anthropology, 22* (6), 655-682.

STRAUS, L.G. y CLARK, G.A. (eds.) (1986). *La Riera Cave Stone Age hunter-gatherer adaptations in northern Spain*. Arizona State University. Tempe, 499 pp.

STRAUS, L. G.; GONZÁLEZ MORALES, M. R., FANO, M. A., GARCÍA-GELABERT, M. P. (2002). "Last Glacial human settlement in eastern Cantabria". *Journal of Archaeological Science* 29, 1403-1414.

STRAUS, L. G.; GONZÁLEZ MORALES, M. R. (2003a). "The Mesolíthic in the Cantabrian interior: fact or fiction?" En L. Larsson, H. Kindgren, K. Knutsson, D. Leoffler y A. Åkerlund (eds.) *Mesolíthic on the Move*. Oxbow Books. Oxford, 359-368.

STRAUS, L. G.; GONZÁLEZ MORALES, M. (2003b). "El Mirón cave and the ^{14}C chronology of Cantabrian Spain". *Radiocarbono, Vol. 45,* 41-58

STURDY, D. A. (1975). "Some reindeer economies in prehistoric Europe". En (E. S. HIGGIS, Ed.). *Palaeoeconomy*. Londres; Cambridge Universite Press, 55-95.

SURGE, D.; WANG, T.; GUTIÉRREZ ZUGASTI, I. Y KELLEY, P. (2013). "Isotope sclerochronology and season of annual growth line formation in limpet shells (*Patella vulgata)* from cold- and warm-temperate zones in the eastern North Atlantic". *Palaios*, v. 28, 386-393.

TAPIA SAGARNA, J.; ÁLVAREZ FERNÁNDEZ, E.; CUBAS MORERA, M.; CUETO RAPADO, M.; ETXEBERRÍA GABILONDO, F.: GUTIÉRREZ ZUGASTI, I.; HERRASTI ELOGORRI, L.; RUIZ ALONSO, M. (2008). "La cueva de Linatzeta (Lastur, Deba, Guipúzcoa) Un nuevo contexto para el estudio del Mesolítico en Guipúzcoa". *Munibe* nº 59, 119-131.

TARRIÑO, A. (2006). *El sílex en la cuenca vasco-cantábrica y Pirineo navarro: caracterización y su aprovechamiento en la prehistoria*. Museo Nacional y Centro de Investigación de Altamira. Ministerio de Cultura. Monografías 21.

TARRIÑO, A. (2015). "Flint as raw material in prehistoric times: Cantabria Mountain and Western Pyrenees data". *Quaternary International 364,* 94-108.

TAUBER, H. (1981). "δ^{13}C evidence for dietary habits of Prehistoric man in Denmark". *Nature 292,* 332-333.

TERRADAS, X. (1996). "La gestió dels recursos minerals entre les comunitats caçadores-recolectores: vers una representació de les estratègies de proveïment de matèries primeres". Tesis Doctoral, Universitat Autònoma de Barcelona.

TERRADAS, X.; GONZÁLEZ URQUIJO, J. E; IBÁÑEZ, J. J. (2007). "Los territorios durante el paso al Holoceno en los dos extremos del Pirineo". En Cazals, N.; González Urquijo.J. E. y Terradas X. (eds.): *Frontières naturelles et frontiers culturelles dans les Pyrénées prehistoriques. Actas de la reunión celebrada en Tarascon-sur-Ariage en marzo de 2004*. Publican-Ediciones de la Universidad de Cantabria: 183-203.

TERS, M. (1973). "Les variations du niveau marin depuis 10.000 ans, le long du litoral Atlantique Français". *Le Quaternaire: Geodinamique, stratigarphie et Environnement*. Travaux recent, 9éme Congres Internationale de l´INQUA, Christchurch, New Zealand, 114-135.

TESTART, A. (1982). "The significance of food storage among hunter-gatherers: residence patterns, population densities, and social inequalities". *Current Anthropology* 23, 523-537.

THÉVENIN, ANDRÉ (1968). "Typologie de l´Epipaléolithique franco-belge. Les Pointes tardenoisiennes à base retouchée". *Bulletin.Archeologique Champenoise.* Charleville., 227-260.

THÉVENIN, ANDRÉ. (1995). "L'Épipaléolithique et le Mésolithique en France et Régions voisines". *L'Europe des derniers chasseurs.* París

THÉVENIN, ANDRÉ (1999). "Le peuplement de l`Est de la France au Tardiglaciaire et au début du Postglaciaire". *L'Europe des derniers chasseurs.* París, 213-267.

TILEY, C. (1994). *A phenomenology of landscape: Places, Paths and Monuments.* Oxford. Berg.

TINNER W, LOTTER A. F. (2001). "Central European vegetation response to abrupt climate change at 8.2 ka." *Geology 29*: 551-554.

TRESSET, A.; VIGNE, J. D. (2007). "Substitution of species, techniques and symbols at the Mesolíthic-Neolithic transition in Western Europe". *Proceedings of the British Academy 144, 189*-210.

TRIGER, B (1968). "The determinates of settlement patterns". In *Settlement archaeology.* Edited by K. Chang. Palo Alto. California. National Press, 53-78

URIARTE CANTOLLA, A. (2003). *Historia del clima de la Tierra.* Gobierno Vasco. Vitoria, pp. 305.

UTRILLA, P. (2002). "Epipaleolíticos y neolíticos en el Valle del Ebro". *El paisaje en el Neolítico mediterráneo. Saguntum, Extra-5,* 179-208.

UTRILLA, P. y MAZO, C. (1997). "La transición del Tardiglaciar al Holoceno en el Alto Aragón: los abrigos de Las Forcas (Graus, Huesca)". En Balbín, R. y Bueno, P. (eds.): *II Congreso de Arqueología Peninsular: Zamora, 24-27 de Septiembre de 1996, vol. 1, Paleolítico y Epipaleolítico,* 349-365. Zamora, Fundación Rei Alfonso Enriques.

UTRILLA, P., CAVA, A., ALDAY, A., BALDELLOU, V., BARANDIARÁN, I., MAZO, C. Y MONTES, L. (1998). "Le passage du Mesolíthique au Neolithique Ancien dans le Bassin de l'Ebre (Espagne) d'apres les datations C14". *Prehistorire Européenne, 12,* 171-194.

UTRILLA, P. Y MONTES, L. (2009). *El Mesolítico geométrico en la Península Ibérica.* Zaragoza-Jaca, Universidad de Zaragoza. Monografías Arqueológicas.

UTRILLA, P. Y MONTES, L, MAZO, C., MARTÍNEZ BEA, M. Y DOMINGO, R. (2009). "El Mesolítico Geométrico en Aragón". En Utrilla, P. y Montes, L. (eds.): *El Mesolítico Geométrico en la Península Ibérica,* 131-190. Zaragoza-Jaca, Universidad de Zaragoza. Monografías Arqueológicas.

UZQUIANO, P. (1992a). "Recherches anthracologiques dans le secteur Pyréneo-cantabrique (Pays Basque, Cantabria et Asturias): Environnements et relations homme-milieu au Pléistocène supérieur et début de l'Holocène". *Thèse Biologie des Organismes et Populations, Environnements et Archéologie.* U.S.T.L. Montpellier II.

UZQUIANO, P. (1992b). "The Late-glacial/Postglacial transition in the Cantabrian Cordillera (Asturias and Cantabria, Spain) based on charcoal analysis". *Palaios 7*(5), 540-547. SEMP (Society for Sedimentary Geology). L.A. California.

UZQUIANO, P. (1995). "L' evolution de la vegetation a l'Holocene inicial dans le nord de l'Espagne a partir de l'etude anthracologique de trois sites archeologique". *Quaternaire* 6 (2), 77-83.

UZQUIANO, P. (1998). "La végétation cantabrique de 13000 à 9000 BP d'après l'analyse anthracologique. Habitats et ramassages de bois dans un milieu changeant. Proceedings of the XIIIth". *U.I.S.P.P. Congress, Forli, Italia* Septiembre 1996.

UZQUIANO, P. (2000). "El aprovechamiento del bosque durante el Tardiglaciar y Holoceno en la cuenca del Arudy (Pirineos Occidentales, Francia). Antracoanálisis de las cuevas de Espalungue y Malarode". *Complutum, 11,* 143-156

VALLE, A.; PÉREZ BARTOLOMÉ, M. Y ACDPS. (2004). "Seguimiento y evaluación del estado de conservación en que se encuentran los yacimientos arqueológicos intervenidos en Cantabria, tras el paso de los años". *Memorias de la ACDPS. 1998-2004, 21-32.* Santander.

VALLE GÓMEZ, A.; SERNA GANCEDO, M. L.; MARTÍNEZ VELASCO, A.; MOLINERO ARROYABE, J. T. GARCÍA MINGO, M. I. (2006). *Excavaciones en la Ermita de Santa Ana. Castro Urdiales 2002-2003-2004.* Edita: Excmo. Ayuntamiento de Castro Urdiales. Santander.

VAN BERG, P. L. (1991). "Ceramiques de chasseurs et ceramiques d'agriculteurs en europe". En J. Pavúk (ed.). *Actes du XII Congrés Internacional des Sciences Préhistoriques et Protohistoriques. Vol. II, 413-415.* Bratislava. Institut Archéologique de l'Académie Slovaque des Sciences.

VAQUERO RODRÍGUEZ, M.; GARCÍA-ARGÜELLES I ANDREU, P. (2009). "Algunas reflexiones sobre la ausencia de Mesolítico geométrico en Cataluña". *El Mesolítico Geométrico en la Península Ibérica. Monografías Arqueológicas 44:* 191-203. Zaragoza.

VARGAS ARENAS, I. (1990). *Arqueología, Ciencia y Sociedad.* Editorial Abre Brecha.

VEGA-MAESO, C. (2006). *La cerámica de la cueva del Mirón. Manu-factura, Morfología y Abandono.* Santander, Trabajo de Investigación de Tercer Ciclo. Inédito.

VEGA-MAESO, C. (2012): "The ceramics of El Mirón cave: production, morphology and discard". El Mirón Cave, Cantabria Spain. The Site and its Holocene Archaeological Record (L.G. Straus, M.R. González-Morales eds.), Univeristy of New Mexico Press, Alburquerque, 372-425.

VEGA DEL SELLA, R. E. conde de la (1914). *La cueva del Penicial (Asturias).*Trabajos de la Comisión de investigaciones Paleontológicas y Arqueológicas Nº 4. Edt. Junta para Ampliación de Estudios e Investigaciones Científicas. Instituto Nacional de Ciencias Físico-Naturales. Museo Nacional de Ciencias Naturales. Madrid.

VEGA DEL SELLA, R. E. Conde de la (1916). *El Paleolítico de cueto de la Mina (Aturias).* Serie Prehistórica, Memoria Nº 13. Comisión de Investigaciones Paleontológicas y Prehistóricas. Madrid, 118 pp.

VEGA DEL SELLA, R. E. Conde de la (1921). *El Paleolítico de Cueva Morín (Santander) y Notas para la climatología cuaternaria.* Serie Prehistórica, Nº 25. Comisión de Investigaciones Paleontológicas y Prehistóricas. Madrid, 168 pp.

VEGA DEL SELLA, R. E. Conde de la (1923). *El Asturiense. Nueva industria preneolítica.* Serie Prehistórica 27, Vol. 32, Museo Nacional de ciencias Naturales, Madrid.

VEGA DEL SELLA, R. E. Conde de la (1927). "La industria asturiense y el ídolo de prehistórico de Peña Tú". *Ibérica,*

683:292-293.

VEGA DEL SELLA, R. E. Conde de la (1930). *Las cuevas de La Riera y Balmori Asturias*. Comisión de Investigaciones Paleontológicas y Prehistóricas. Serie Prehistoria Nº 29. Memoria Nº 38. Museo Nacional de Ciencias Naturales. Madrid, 116 pp.

VIDAL, J. Y PRADA, ME. (2010). "Los hombres mesolíticos de la cueva de La Braña-Arintero (Valdelugueros, León)". *Estudios y Catálogos 18* . León: Junta de Castilla y León. Google Académico.

VILANOVA Y PIERA, J. (1997). *Conferencias dadas en Santander*. Servicio de Publicaciones Universidad de Cantabria. Santander. 129 pp.

VITA-FINZI, c. (1969). *The Mediterranean Valleys*. Cambridge University Press, Cambridge, 140 pp.

VON GRAFENSTEIN, U.; ERLENKEUSER, H.; MULLER, J.; JOUZEL, J. y JOHNSEN, S. (1998). "The cold event 8200 years ago documented in oxygene isotope records of precipitation in Europe and Greenland". *Climate Dynamics 14*, 73-81.

WASELKOV, G. A. (1987). "Shellfish gathering and Shell midden archeology", en Shiffer, M. B. (Ed.). *Advances in Archaeological Method and Theory, 10,* San Diego, 93-210.

WEGINER, B.; JÖRIS, O.; DANZAGLOCKE, U. (2008). CalPal-2007, *Cologne Radiocarbon Calibration & Paleoclimate Research Package*. http:/www.calpal. de 26/11/08

WESTROPP, H. (1866). "Analogous forms of implements among early and primitive races". *Memoirs of the Anthropological Society II*, 288-293.

WIERSMA, A.P. y RENSSEN, H. (2006). "Model-data comparison for the 8.2 ka BP event: confirmation of a forcing mechanism by catastrophic drainage of Laurentide Lakes". *Quaternary Science Reviews 25*: 63-88.

WILLEY, G. R. (1953). *Prehistoric Settlement Patterns in the Virú Valley, Peru*. Bureau of American Ethnology Bulletin 155. Washington, D.C.

WILLEY, G. R. (1956). "The structure of ancient Maya Society: Evidence from the southern lowlands". Am. *Anthropol. 58*,777-782.

WILLEY, G.R. (1974). "The Viru Valley settlement pattern study". *Archaeological Researches in Retrospect,* ed. G. R. Willey, 149-178. Cambridge: Winthrop Publishers. WoRMS (World Register of Marine Species, http://www.marinespecies.org/).

YANES, Y.; GUTIÉRREZ-ZUGASTI, I.; DELGADO, A. (2012). "Late-glacial to Holocene transition in northern Spain deduced from land-snail shelly accumulations". *Quaternary Research 88,* 373-385.

YRAVEDRA SAINZ DE LOS TERREROS, J. (2005). "Patrones de aprovechamiento de recursos animales en el Pleistoceno Superior de la Península Ibérica: estudio tafonómico y zooarqueológico de los yacimientos del Esquilleu, Amalda, cueva Ambrosio y la Peña de Estebanvela". Tesis doctoral. Madrid: UNED.

YUDEGO, C. (1995). "Estudio arqueológico de las ocupaciones postmagdalenienses de los yacimientos de la cuenca baja del Asón y del valle de Aras (cuevas de La Chora, el Otero, El Valle y Cobrantes)". Tesis de licenciatura. Departamento de

Ciencias Históricas. Universidad de Cantabria.

ZAPATA PEÑA, L. (1995). "Modos de subsistencia en el Cantábrico Oriental durante el Cuarto Milenio BC". *Rubricatum* Nº 1, 101-107.

ZAPATA, L. (1997). "El combustible y la agricultura prehistórica: estudio arqueobotánico de los yaciminetos de Arenaza, Kanpanoste Goikoa y Kobaederra". *Isturitz. Cuadernos de Sección de la Sociedad de Estudios Vascos.*

ZAPATA PEÑA, L. (1999). "La explotación de los recursos vegetales y el origen de la agricultura en el País Vasco: análisis arqueológico de macrorrestos vegetales". Tesis doctoral. Geografía, Prehistoria y Arqueología. Universidad del País Vasco/Euskal Herrico Univertsitatea, Vitoria-Gasteiz.

ZAPATA PEÑA, L. (2000a). "La recolección de plantas silvestres en la subsistencia mesolítica y neolítica. Datos arqueobotánicos del País Vasco". *Complutum* 11, 157-169.

ZAPATA PEÑA, L. (2000b). "La transición al Neolítico en la región cantábrica. Estado de la cuestión". *3º Congresso de Arqueologia Peninsular. Actas vol.* 3, Oporto, 115-134.

ZAPATA PEÑA, L. (sf.). *Cazadores-recolectores y recursos vegetales.*

ZAPATA, L. (2002). *Origen de la agricultura en el País Vasco y transformaciones en el paisaje: Análisis de restos vegetales arqueológicos.* Kobie. Anejo 4. Bilbao. Diputación Foral de Bizkaia.

ZAPATA, L. (2006). "Agricultura Prehistórica en el País Vasco litoral". Munibe (Antropologia-Arkeologia) 57(1), 553-561.

ZAPATA, L. (2007). "First Farmers along the coast of the Bay of Biscay". En: Colledge, S. y Conolly, J. (eds) *The Origins and Spread of Domestic Plants in Southwest Asia and Europe,* 189-208. Left Coast Press, California.

ZAPATA PEÑA, L. (2017). *The shell midden of Pico Ramos (Muskiz, Bizkaia) Humans on the Basque coast during the 6 th and 5th millennium B.C.* Zapata (Ed.). Bilbao.

ZAPATA PEÑA, L. (2017). "Level 4 of the cave of Pico Ramos (Muskiz, Bizkaia): excavation, stratigraphy, chronology and materials". En Zapata (Ed.). *The shell midden of Pico Ramos (Muskiz, Bizkaia) Humans on the Basque coast during the 6th and 5th millennium B.C.* 1-14.

ZAPATA PEÑA, L. (2017)."The shell midden of Pico Ramos (Muskiz, Bizkaia) in context". En Zapata (Ed.). *The shell midden of Pico Ramos (Muskiz, Bizkaia) Humans on the Basque coast during the 6th and 5th millennium B.C.* 112-139.

ZAPATA, L.; IBÁÑEZ, J. J. Y GONZÁLEZ URQUIJO, J. E. (1997). "El yacimiento de la cueva de Kobaederra (Orna, Kortezubi, Bizkaia). Resultados preliminares de las campañas de excavación 1995-97". *Munibe.* 49: 51-63.

ZAPATA, L.; PEÑA-CHOCARRO, L.; PÉREZ JORDÁ, G.; & STIKA, H.P. (2004) "Early Neolithic Agriculture in the Iberian Peninsula". *Journal of World Prehistory 18 (4).* 285-326.

ZAPATA, L.; PEÑA-CHOCARRO, L.; PÉREZ-JORDÁ, G. Y STIKA, HP (2005). "Difusión de la agricultura en la Península Ibérica". En P. Arias, R. Ontañón-Peredo y C. García-Moncó (Eds.). *Actas III Congreso del Neolítico en la Península Ibérica,* 103-104.

ZAPATA, L. Y PEÑA-CHOCARRO, L. (2005). "L'agriculture néolithique de la Façade Atlantique Européenne". *Bulletin de la*

Société Préhistorique Française. Memoire XXXVI, 189-199.

ZAPATA, L.; MILNER, N. Y ROSELLÓ, E. (2007). "Pico Ramos cave shell midden: Mesolíthic-Neolithic transition by the Bay of Biscay". En: Milner, N., Craig, O.E. y Bailey, G.N. (ed.) Shell middens in Atlantic Europe, 28-36. Oxbow Books, Oxford.

ZAPATA, L.; HARDY, K.; MCCLATCHIE, M. y OUT. W. A. (2013). Plant Use during the Mesolíthic along European coastlines. Muge 150th, March 2013, Portugal.

ZARKY, A. (1976). "Statistical analysis of site catchments at Ocós Guatemala". En (K. V. FLANERY, Ed.) *The Early Mesoamerican Village.* Nueva York: Academic Press, 117-130.

ZILHAO, J. (1998). "Apassagem do Mesolítico ao Neolítico na costa do Alentejo". *Revista Portuguesa de arqueología.* Volume 1 nº 1.

ZVELEBIL, M. (1986). "Mesolíthic prelude and Neolithic revolution". En M. Zvelebil (ed.): *Hunters in transition. Mesolíthic societies of temperate Eurasia and their transition to farming,* Cambridge University Press, 5-15.

ZVELEBIL, M. (1992). "Les chasseurs pecheurs de la Scandinavie préhistorique". *La Recherche* 246 Septiembre Volume 23.

ZVELEBIL, M. (2000). "Les derniers chasseurs-collecteurs d'Europe temérée. En M. Zvelebil (ed.). *Les derniers chasseurs-collecteurs d' Europe Occidental. Actes du colloque international de Besançon,* 379-406. Besançon: Presses Universitaires Franc-Comtoises (*Anales Littéraires,* 699. *Série Environnement, Sociétés et Archéologie,* 1).

ZVELEBIL, M. y LILLIE, M. (2000)."Transition to agriculture in eastern Europe". M. Zvelebil (ed.) *Hunters in transition. Mesolíthic societies of temperate Eurasia and their transition to farming, 67-93.* Cambridge University.

APÉNDICE DOCUMENTAL

Anexo 6. Datos cualitativos de fauna del valle del Asón

Anexo 6.3.7.1. Datos cualitativos de malacofauna del valle del Pas

Anexo 6.3.7.2. Datos cualitativos de malacofauna del valle del Miera

Anexo 6.3.7.3.1.a. Datos cualitativos de malacofauna del valle del Asón: costa y llanura litoral

Anexo 6.3.7.3.1.b. Datos cualitativos de malacofauna del valle del el Asón: valles interiores

Anexo. 6.3.7.3.1. c. Datos cualitativos de malacofauna en los valles altos del Asón

Anexo 6.3.7.4. Datos cualitativos de malacofauna del valle del Agüera

Anexo 6.3.9. Barcenilla Frecuencias de taxones de malacología

Anexo 6.4.1. Diagrama polínico de Barcenilla

Anexo 6.4.2. Diagrama polínico del Abrigo del Carabión (Ruiz Zapata y Gil García, 2016)

Anexo 6.4.3. Representación de Taxones de polen (Ruiz Zapata y Gil García, 2016)

Anexo 10.12. Dataciones radiocarbónicas para el Mesolítico en la Región Cantábrica

Anexo 6. Datos cualitativos de fauna Valle del Asón

Asón	Fauna: datos cualitativos presencia de fauna						
	Cervus elaphus	C. capreolus	Sus scrofa	C. pyrenaica	R. rupicapra	Ictiofauna	Gran bóvido
Llanura litoral							
Arco	P						
Esprilla	P						
Casa Blanca	P		P			P	
Helguera							
Los Tojos			P		P		
Rasa							
A. de La Baja						P	
Hoyo Villota					P	P	
Valle interior							
Cierro							
Trecherón							
S. Ciruelo	P						
Peñaflor	P			P		P	
Mazo	P			P			
Cubija	p						
Caracoles				P			
Costales				P			
Aguas				P	P		
A de Basobrón	P	P		P			
Valles altos							
A. del Asón	P	P		P	P		
Pª Sota				P			
Sobrelascuevas		P					
Pª Busta				P			
Viar/Ancillo				P			
Cubijiu				P			
Cubijiu II	P	P		P			
Cubío del Acerón	P						
Cabanzón	P			P			
Jaral	P	P		P			
Vallina	P						
Vallina II	P		P	P			
Colorao	P			P			
El Masio	P		P	P			
A Río Bustablao				P			
A de Lleres	P			P			
Carrascal	P			P	P		
Cañuela		P					
Coverón	P			P			
Siñuelo	P		P				
Cubillo	P	P	P	P			
Campubiju	P			P			
A de Suaria		P					
Murciélagos				P	P		P

Anexo 6.3.7. Datos cualitativos de malacofauna del Valle del Pas

Datos cualitativos: abundancia de taxones en el Mesolítico en Cantabria centro-oriental																								
Pas																								
Frecuencias en superficie	Costa								Llanura litora															
Yacimiento	Peñahora I	Peñahora II	Garma II	Molinón II	Molinón III	Molinón IV	Molinón V	Tasugo	Ñobre	Covalejos IV	Pendo	Cenovalle	Gies I	Riegos I	Soledad	Llogro	Mato	Ruso	Coteros	Rasa II	Gurugú II	Carburo I	Venta XV	Peñajorao XIV	Peñajorao XXIV
Bivalvos marinos																									
Mytilius galloprovincialis													P												
Mytilus edulis	P	P	P	F	P	P	F	P	P	P	F	P							P				P	P	
Mytilus sp.														P			12								
Ostrea edulis	P	F	P	P	P	F	P	P		A	P						4					P			
Pholas dactilus																									
Ruditapes decuss-satus										P															
Scrobicularia plana										P				P											
Solem marginatus																									
Veneridae sp.																						P			P
Gasterópodos marinos																									
Littorina littorea																							P		
Littorina obtusata																									
Nassarius reticulatus																									
Nassarius sp.																									
Phorcus lineatus	P	A	P	P	P	A	F		F	A	P	P	P	P	P	P	67	30	P	P	P	P	P	P	P
Patella vulgata	P	P				P			P	A	P	P		P		P	44		P	P	P				
Patella intermedia	P			P						F						P	32	P	P	P		P			
Patella ulyssiponensis.																				P	P	P			
Patella sp.											P									P					
Gasterópodos terrestres																									
Cepaea nemoralis		P		P	P		P	P	A	P		P		P			P	73				P	A	P	
Elona quimperiana																									

Anexo 6.3.7.2. Datos cualitativos de malacofauna del Valle del Miera

MIERA	Costa									Llanura litoral			V. int	Valle alto					
Yacimiento y nivel	Cerro del Uro	Peña Oreo II	Peña Oreo I	Calabazas	Peñona II	Abrigo de Cucabrera	Los Moros de S. Salvador	Murciélagos	Santibáñez II	Seminario Pedreña II	Injanas	Matorras	Promontorio	Rotizo	Veguilla	Palenciana	Puyo	Collado	Juntarnosa	C. Llerao
Bivalvos marinos																				
Mytilius galloprovincialis														P						
Mytilus edulis											P	P								
Mytilus sp.		1		3	P		1	P	P				P							
Ostrea edulis	1			1			13			P		P	P	P						
Pholas dactilus																				
Ruditapes decusssatus			1		P			P		P		P								
Scrobicularia plana					P		P	P	P											
Solem marginatus							1	P	P	P										
Veneridae sp.							P													
Total bivalvos marinos	1	1	1	4			15													
Gasterópodos marinos																				
Littorina littorea																				
Phorcus lineatus	192	10	17	14	P	P	P													
Patella vulgata	23	5	5	1			P													
Patella intermedia	18	9	2	1	P				P					P						
Patella ulyssiponensis.	11	3	1	1							P									
Patella sp.	6																			
Total gasterópodos marinos	250	27	25				1													
Gasterópodos terrestres																				
Cepaea nemoralis	7						10	P	P	P		P		P	P	P	P	A	P	P
Elona quimperiana																				
Total gasterópodos terrestres	7						10													
Crustáceos																				
Balanus balanoides							1													
Equinodermos																				
Paracentrotus lividus		1	1																	

Anexo 6.3.7.3.1.a. Datos cualitativos de malacofauna del valle del Asón: costa y llanura litoral

Datos cualitativos: abundancia de taxones durante el Mesolítico en Cantabria centro-oriental																									
	Costa																				Llanura litoral				
Asón	Mallaria	Santiago	Casetona	Arco	Esprilla	Mazucos	Ccho Noja	Candenosa	Injanas	Gracedo	Cubo I	Cubo II	Cubo III	Aroños	Patalea	Oscura	Faro del pescador	Casa Blanca	Yedra II	Horca Pª del Fraile	Helechal I	Lamadrid	S Juan de Castro	La Baja	Hoyo Villota	Hoyo Villota II
Yacimiento	Sp	Sp	Sp	Sp	Es	Sup	Sup	Sup	Sup	Sup	Sup	Sup	Sup	Sp	Sup	Sup	Sup	Sup	Sup	Sup	Sup	Est	Cc	Sp	Sp	Sp
Bivalvos marinos																										
Gryphaea angulata	1							1							4						2	5				
Mytilius galloprovincialis																						A		3		2
Mytilus edulis		4						P							1			39				10				
Mytilus sp.	1		1														1	44		P						
Ostrea edulis	2	9													6	6				10		A		3		2
Ruditapes decussatus											1		1					1			2	P		2		3
Scrobicularia plana		1	2																			A				
Solem marginatus																		1				P				
Veneridae sp.																								1		
Total bivalvos marinos	4	14	3					1			1		1		12	6	1	85			4			9		7
Gasterópodos marinos																										
Gibbula umbilicalis	2	3						1																		
Littorina littorea					5	1																				
Littorina neritoides														15												
Littorina obtusata														7						1						
Nassarius reticulatus																		1								
Phorcus lineatus	166	249	58	19	7	4	8	49		P	P	P			1	13	38		1	1		10	P	25	P	12
Patella vulgata	176	366	66	9	39	5	4	18	P	P	P				7	20	67	P	8	8		2		43	P	11
Patella intermedia	184	21	89	12	7	4	7	6	P	P	P	P			4	10	80	P	2	18		3		37	P	8
Patella ulyssiponensis.	108		19	5	1	2		7	P							6	15	P		3		3	P	25		3
Patella sp.					2																					
Total gasterópodos marinos	636	639	232	45	59	18	20	80	P	P	P	P		22	12	49	201		12	30		18	P	130		34
Gasterópodos terrestres																										
Cepaea nemoralis	4	1	6		9	1										1		2				58		A		1
Total gasterópodos terrest	4	1	6		9	1										1		2				58				1
Crustáceos																										
Carcinus maenas	1																					P				
Pollicipes pollicipes	10 frg.	1		4					P																	
Equinodermos																										
Paracentrotus lividus		1			1			1																		
Total	647	656	241	49	69	19	20	82										288								

Anexo 6.3.7.3.1.b. Datos cualitativos de malacofauna del valle del Asón: valles interiores

Datos cualitativos: abundancia de taxones durante el Mesolítico en Cantabria centro-oriental																							
Valle interior																							
Asón	Abr. Peñaflor	La Presa	Abr. de la Cueva	Tres Ríos	Helguera	Cierro	Trecherón	Cubía	Peña Los Tojos	Ventano Lorao	Llanío	Rasa	Cobrante	Mazo	Cubía	Cubija	Sima del Diente	Emboscados	Caldereras II	Basobrón	Esquiente	Los Nombres	Costales	Las Aguas	Total
Yacimiento																								
Bivalvos marinos																								
Gryphaea angulata	1				P						10														P
Mytilius galloprovincialis			P								3														P
Mytilus edulis	2		P		P	P					2														P
Mytilus sp.			P					P				P	P				P	P							P
Ostrea edulis		8			A	P	P	P	P	P	30	4	P	4											F
Pholas dactilus																									
Ruditapes decusssatus	1		P		P							7													P
Scrobicularia plana			P								1	2													P
Solem marginatus			P	P							1														P
Veneridae sp.	2																								
Total bivalvos marinos	6	8									47	13													**P**
Gasterópodos marinos																									P
Phorcus lineatus	30	3									2														P
Patella vulgata	40	17			A						3		P	1											F
Patella intermedia	35	19	P									5	P	1							P				F
Patella ulyssiponensis.	4	3																							P
Patella sp.																									
Total gasterópodos marin	109	42									5	5													**P**
Gasterópodos terrestres																									
Cepaea nemoralis		86	P	P	P	P			P		4	8		25	A	A	A	A	A	A	A	A	A	A	A
Elona quimperiana																									
Total gasterópodos terrest		86	P	P	P	P			P		4	8		25	A	A	A	A	A	A	A	A	A	A	A
Crustáceos																									
Balanus balanoides		1																							
Total	115	137									56	26													

Anexo. 6.3.7.3.1. c. Datos cualitativos de malacofauna en los valles altos del Asón

Datos cualitativos: abundancia de taxones durante el Mesolítico en Cantabria centro-oriental																											
Asón	**Valle alto**																										
Yacimiento	Sobrelascuevas	Peña Busta	Cubijiu I	Cubijiu II	Abr. Suaria	Murciélagos	Las Abejas	Abr. d la Carretera	Jaral	Vallina	Colorao	Masio	Abr. Río Bustablao	Ojo Martín	Abr. Lleres	Carrascal	Cañuela	Lastras II	Coverón	Siñuelo I	Cubillo	Campuviju	Abr del Asón	Peña Sota	C 22 Porracolina	Abr. del Tarrerón
Bivalvos marinos																										
Gryphaea angulata																										
Mytilius galloprovincialis				P																						
Mytilus edulis																	P			P	P	P	P			P
Mytilus sp.																										
Ostrea edulis				P																P	P					
Gasterópodos marinos																										
Nassarius reticulatus																										
Phorcus lineatus																										
Patella vulgata																										
Patella intermedia																										
Patella ulyssiponensis.																										
Patella sp.																										
Turritella sp.			1																							
Gasterópodos terrestres																										
Cepaea nemoralis	30	P	25	A	A	A	A	A	A	A	A	A	P	A	P	P	A	A	A	A	A	P	P	A	P	P

Anexo 6.3.7.4. Datos cualitativos de malacofauna del valle del Agüera

Datos cualitativos: abundancia de taxones durante el Mesolítico en Cantabria centro-oriental																		
Agüera	Costa																	
Yacimiento	C Negra	Cruz I	Cruz II	Cruz III	Pulgas II	S. Julián	Sbr. Playa S. Julián	S. Roque	S. Roque II	Abr. Portalón	C Portalón II	Covacha del Cuco	Galo	La Yunta	Cío	La Carnicería	C del Cojo	Encinar II	Total
Nivel	Ccr	Sp	Sp	Sp	Sp	Al	Sp	Ccr	Ccr	Sp	Sp	N1	N c	Sp	Sp	Sp	Estr	Sp	
Bivalvos marinos																			
Mytilius galloprovincialis	9		P	3										P					**P**
Mytilus edulis		P		2				P	P		P		1	P				P	**P**
Mytilus sp.							P												**P**
Ostrea edulis							P												**P**
Total bivalvos marinos	9			5									1						**15**
Gasterópodos marinos																			
Gibbula sp								P	P										**P**
Gibbula umbilicalis												2	14		1				**16**
Littorina littorea													3					27	**30**
Littorina neritoides													2						**2**
Littorina saxatalis								P	P										**P**
Phorcus lineatus	4		3			13	4		4			36	1751	P	6	9	23	P	**1.853**
Patella vulgata	14		5	4		12		P	P	P	P	16	747	P	24	5	10	P	**837**
Patella intermedia	9		6	5		15	6	P	P	P		5	1500	P	71	5	13	P	**1.635**
Patella ulyssiponensis.	14		7		P		1	P	P	P		10	484	P	32	1	14	P	**563**
Patella sp.					P														**P**
Triton nodifer															1				**1**
Turritella sp.																			
Total gasterópodos marinos	41		21	9		40	11					69	4501		134	20	60		**4.937**
Gasterópodos terrestres																			
Cepaea nemoralis	6	P			2							2	10	P					**20**
Hélix aspersa													4						**4**
Total gasterópodos terrestres	6	P			2	11						2	14	P					**35**
Crustáceos																			
Cancer pagurus													2						**2**
Carcinus maenas								P	P										**P**
Pollicipes pollicipes															3				**3**
Equinodermos																			
Paracentrotus								P	P				A						**P**
Total	47		21	14		42	11					71	4.517		137		60		**4.966**

Anexo 6.3.9. Barcenilla Frecuencias de taxones de malacofauna

BARCENILLA: FRECUENCIAS DE TAXONES DE MALACOFAUNA														
Bivalvos marinos	N. 1	N. 2	N. 3	N. 4.4	N. 4.5	N.4.6	Σ	N.5	N. 6	N. 7.9	N.7.10	N.8	N.9	N. 10	Σ
Mytilus galloprovincialis		2	15	7	51	31	106	59	343	223	87	70	9	4	795
Mytilus edulis	7	6	12	11	24	22	82	6	1						7
Ostrea edulis	1		1	1	5		8	P	7	6	2	9	5	1	31
Crassostrea ungulata						1	1	P	1		3				6
Scrobicularia plana	1	1	6	5	8	2	23	1	12	19	P		P		34
Venerupis decussata	1	1	P		P	P	2+P	P	8	5	P		P		16
Cardium edule											1	1			2
Macrocallista chione														P	1
Pholas dactilus	P						P					1			1
Ensis siliqua				P			P								
Bivalvos marinos indet.						P	P		P		P				2
Total bivalvos mar.	**11**	**10**	**35**	**25**	**89**	**58**	**228**	**69**	**373**	**253**	**96**	**81**	**16**	**6**	**894**
Gasterópodos marinos															
Patella vulgata	19	6	13	8	35	14	95	2	29	33	43	42	8	3	160
Patella intermedia	12	5	21	29	65	54	186	17	126	195	153	266	11	9	777
Patella ulyssiponensis	5	1	8	1	38	10	63		35	30	23	47	3	2	140
Patella atletica					2		2	1							1
Patella pequeña perforada											1				1
Phorcus lineatus	13	4	29	48	105	24	223	3	28	17	37	25	10	4	124
Gibbula umbilicalis					1		1		P	1	3				5
Thais hemastoma	P						P		P	P					2
Littorina neritoides												1			1
Total Gasterópodos mar.	**50**	**16**	**71**	**86**	**246**	**102**	**571**	**23**	**220**	**278**	**159**	**381**	**32**	**18**	**1071**
Equinodermos															
Paracentrotus lividus	1c		1p				2					2 sp.			2
Crustáceos															
Pollycipes cornucopia						2 uñas	2								
Balanus balanoides					1	1	2		15	10	52	9			86
Carcinus maenas			P				1								
Total	**63**	**26**	**108**	**111**	**337**	**162**	**783**	**93**	**609**	**541**	**407**	**473**	**47**	**24**	**2.218**

6.3.9. Tabla de Malacología Barcenilla. Frecuencias de taxones en los niveles Neolíticos (1-4) y Mesolíticos (5-10). Sobre datos de Muñoz *et al*, 2013.

Anexo 6.4.1. Diagrama polínico de Barcenilla

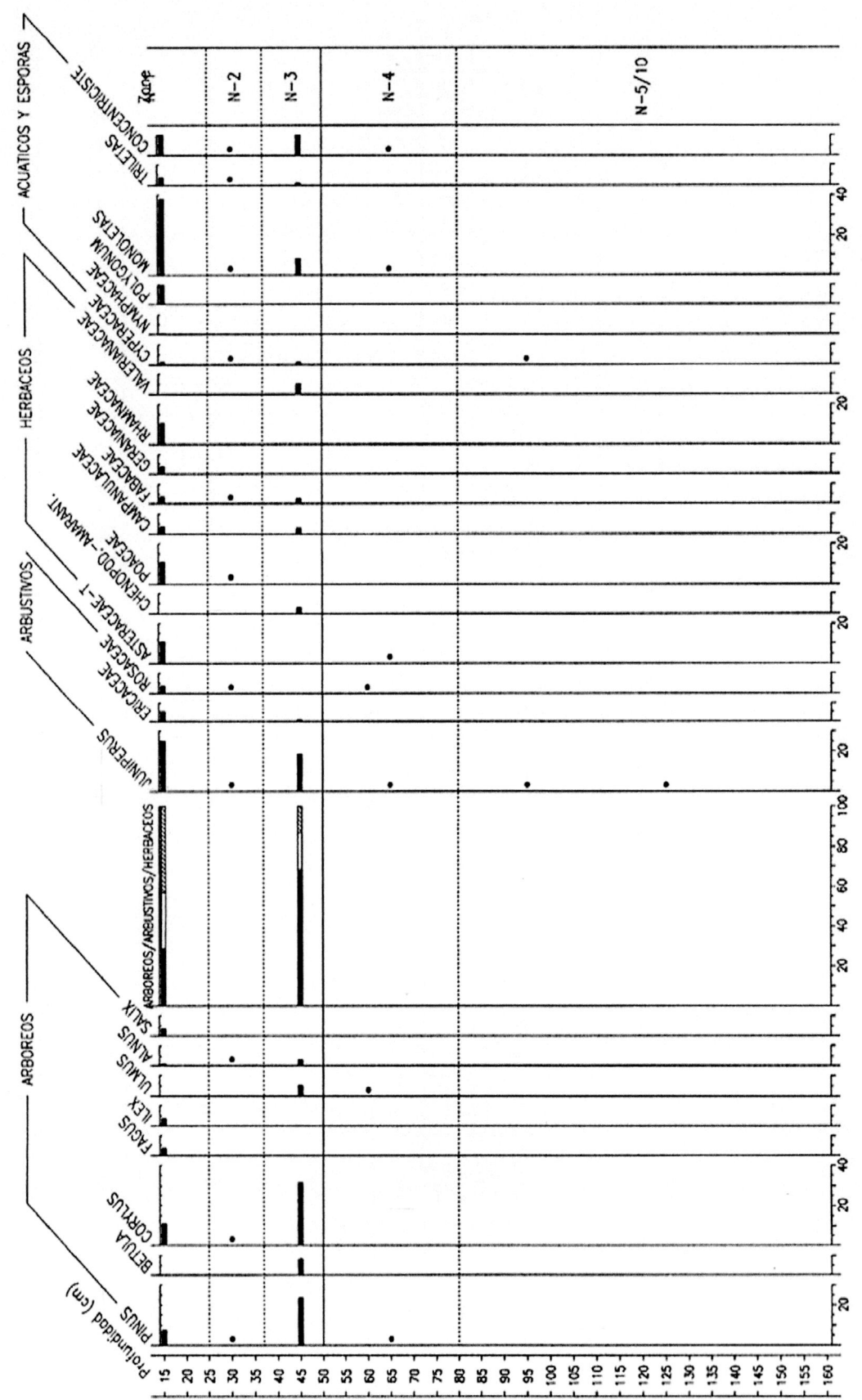

ANEXO 6.4.2. Diagrama polínico del Abrigo del Carabión (Ruiz Zapata y Gil García, 2016)

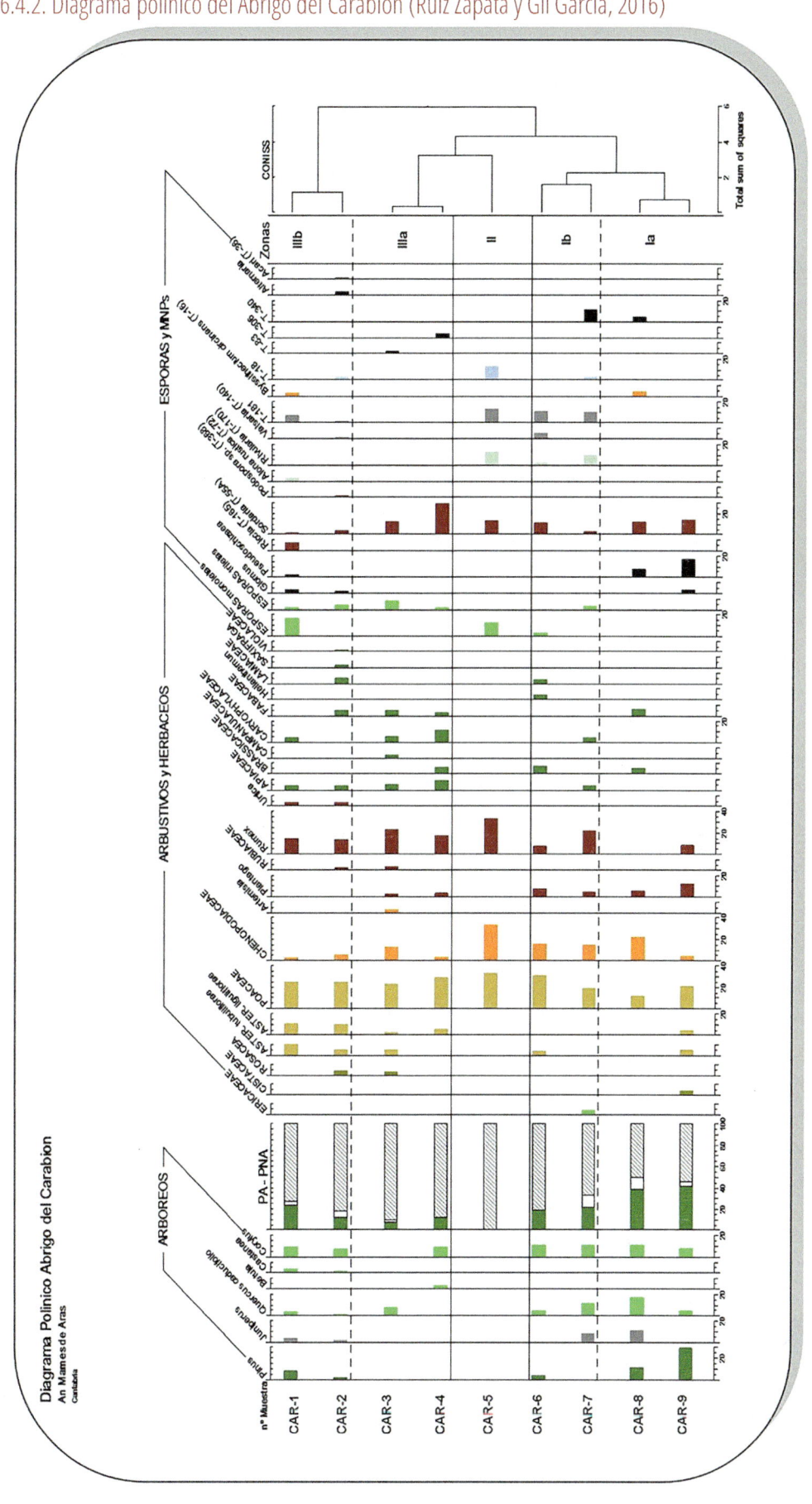

ANEXO 6.4.3. Representación de Taxones de polen (Ruiz Zapata y Gil García, 2016)

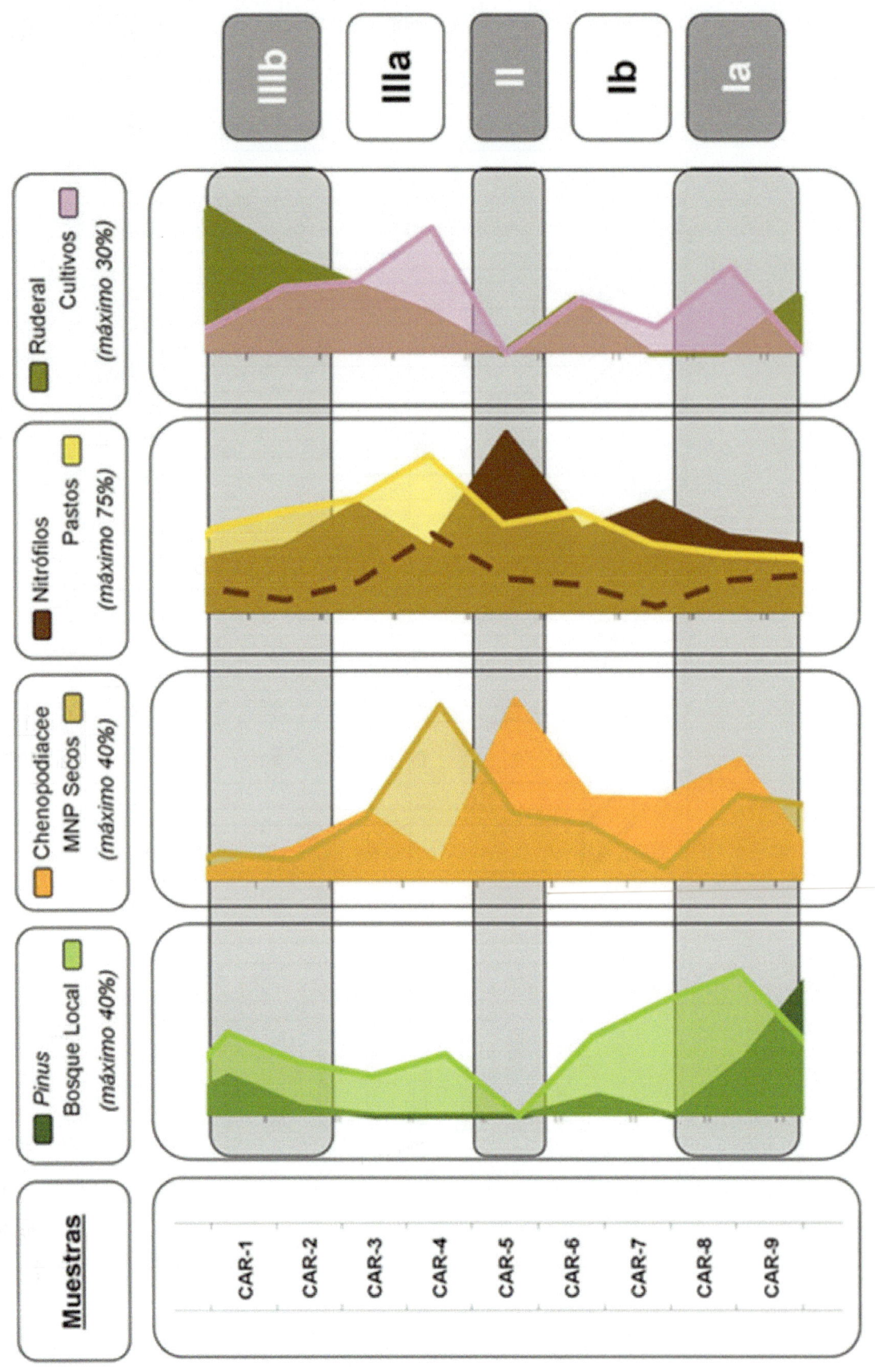

Anexo 10.12. Dataciones radiocarbónicas para el Mesolítico en la Región Cantábrica

DATACIONES MESOLÍTICO EN LA REGIÓN CANTÁBRICA											
Yacimiento	CC. AA	Nivel	BP	sd	Cal BP 1σ	sd.	Adscripción	Material	Ref. Lab.	Método	Bibliografía
La Fragua	Cantabria	N 3	9600	140	10930	200	Aziliense?	Carbón	GrN-20966	C14	González Morales, 2000
Arenaza	P. Vasco	III	9600	180	10921	238	Mesolítico	Carbón	CSIC-173	C14	Arias et al. 2000
Mirón	Cantabria	10.1 I4c	9550	50	10910	140	Mesolítico	Carbón	Gx-24464	C14 AMS	Straus; G.Morales 2003b
Las Salinas	Cantabria	N. 2	9450	50	10688	69	Mesolítico	Hueso	Poz-64246	C14 AMS	Pérez Bartolomé, 2015
Mazaculos II	Asturias	3.3	9290	440	10557	609	Mesolítico	carbón	Gak-6884	C14 conv	González Morales, 1978
El Perro	Cantabria	1.3	9260	110	10450	140	Mesolítico	Carbón	GrN-18116	C14	G. Morales, 1995
Cubera	Cantabria	N. 2	9190	60	10372	86	Mesolítico?	Carbón	Poz-18733	C14 AMS	Pérez Bartolomé, 2016
Morín	Cantabria	Est. geol 27	9000	150	10080	230	Mesolítico		I-5150	C14	Butzer, 1973, citado por Clark, 1995
El Mazo	Asturias	107/V16	9067	1415			Mesolítico	Patella	LEB-9445-9454	AAR	Gutiérrez, I. et al. 2014
La Calvera	Cantabria		8950	50	10070	110	Mesolítico	Carbón	GrA-6999	C14 AMS	Díez Castillo, 2005
Berroberría	P. Vasco	C2	8860	100	9940	178	Mesolítico		GrN-18425	C14	Barandiarán,1999/2000
Berroberría	P. Vasco	B (parte baja)	8800	80	9887	181	Mesolítico		GrN-18424	C14	Barandiarán,1999/2000
Mirón	Cantabria	10.1 I4b	8700	40	9660	70	Mesolítico	Carbón	GX-25852	C14 AMS	Straus; G.Morales 2003b
La Riera	Asturias	B(sondeo) N29	8650	50	9720	380	Mesolítico	Carbón	Gak-2909	C14	Straus y Clrak, 1986:21
Penicial	Asturias	SondeoIH-3	8650	180	9762	240	Mesolítico	Carbón	Gak-2906	C14	Clark, 1976:235
La Calvera	Cantabria		8640	50	9612	53	Mesolítico	Carbón	GrA- 6994	C14 AMS	Diez Castillo, 2005
Berroberría	P. Vasco	C3	8630	70	9624	69	Mesolítico		GrN-18426	C14	Barandiarán, 1999/2000
Berroberría	P. Vasco	B	8580	80	9586	74	Mesolítico		GrN-18422	C14	Barandiarán, 1999-2000
Poza l' Egua	Asturias	2	8550	80	9552	63	Mesolítico	Hueso	TO-1022	C14 AMS	Arias y Fano, 2003
Toral III	Asturias	U. 13	8550	30	9530	20	Mesolítico	Carbón	UGAMS-5404	C14AMS	Noval Fonseca, 2013
Berroberría	P. Vasco	C	8510	90	9499	61	Mesolítico		GrN-16618	C14	Barandiarán, 1999/2000
Tito Bustillo	Asturias	Enterramiento	8470	50	9492	29	Mesolítico	Diente	Beta-197042	C14	Arias, 2012
J3	P. Vasco	G	8470	100			Mesolítico		GrN-28387	C14	Iriarte-Chiapuso et al. 2010
J3	P. Vasco	G techo	8470	50	9492	29	Mesolítico	Carbón	GrA-25776	C14 AMS	Iriarte-Chiapuso et al. 2010
Berroberría	P. Vasco	B	8470	70	9476	47	Mesolítico		GrN-16619	C14	Barandiarán, 1999/000
Sopeña	Cantabria	N2	8460	100	9431	94	Mesolítico	Hueso	Poz-45937	C14 AMS	Pérez Bartolomé, 2016
Garma A	Cantabria	Estrato 1	8448	1987			Mesolítico	Carbonato	MAD-646	TL	Arias et al., 2000

Yacimiento	CC. AA	Nivel	BP	sd	Cal BP 1σ	sd.	Adscripción	Material	Ref. Lab.	Método	Bibliografía
Ilso de Hayas	Cantabria	SondeoIH-3	8440	130	9397	131	Mesolítico	Carbón	GrN-21231	C14	Serna;Villar Quinteiro,1997
Toral III	Asturias	U. 10	8400	30	9440	40	Mesolítico	Carbón	UGAMS-5405	C14AMS	Noval Fonseca, 2013
Mirón	Cantabria	J4/10.1/34	8380	175	9320	190	Mesolítico	Carbón	OX-24463	Conv-x	Straus; G.Morales 2003b
Alloru	Asturias	Conchero	8360	70			Mesolítico	Concha	UBAR-781	C14	Mestres, 2006
J3	P. Vasco	D inhumación	8300	50	9310	89	Mesolítico	Hueso hum	GrA-23733	C14 AMS	Iriarte et al, 2005:611
Arangas	Asturias	4	8300	50	9310	89	Mesolítico	Carbón	OxA-6887	C14AMS	Arias et al, 1999
Truchiro	Cantabria	N. 2	8296	31	9335	56	Mesolítico	Hueso	OxA-23190	C14 AMS	Álvarez Fernández et al, 2013:157
Garma A	Cantabria	2 Q	8295	65			Mesolítico	Concha	UBAR-655	C14	Mestres y Arias, 2006
Arangas	Asturias	3	8280	55	9278	106	Mesolítico	Carbón	OxA-6888	C14 AMS	Arias et al, 1999
Arangas	Asturias	2B	8240	40	9215	68	Mesolítico	Hueso hum	OxA-24799	C14	Arias et al. 2007
El Mazo	Asturias	108 (X16-10)	8222	36	9193	63	Mesolítico	Hueso	OxA-27904	C14 AMS	Soares A. M. et al. 2016
Arangas	Asturias	3	8195	60	9163	93	Mesolítico	Hueso	OxA-7149	C14 AMS	Fano, 1998
J3	P. Vasco	F- bajo inhum	8190	100	9175	133	Mesolítico	Carbón	GrN-27984	C14 AMS	Iriarte et al, 2005
Garma A	Cantabria	2 Q	8175	65			Mesolítico	Concha	UBAR-657	C14	Mestres y Arias, 2006
Garma A	Cantabria	2 Q	8165	65			Mesolítico	Concha	UBAR-656	C14	Mestres y Arias, 2006
Mazaculos II	Asturias	13(H11)	8133	39			Mesolítico	Concha	OxA-27155	C14 AMS	Soares A. M. et al. 2016
Berroberría	P. Vasco	C	8130	200	9037	276	Mesolítico		GrN- 16510	C14	Barandiarán, 1999-2000
Arangas	Asturias	2B	8025	80	8879	127	Mesolítico	Hueso	OxA-7160	C14 AMS	Arias et al, 1999
El Mazo	Asturias	108 (X16-C)	8022	39	8899	91	Mesolítico	Hueso	OxA-28411	C14 AMS	Soares A. M. et al. 2016
Garma A	Cantabria	2Q	7985	65			Mesolítico	Concha	UBAR-658	C14	Mestres y Arias, 2006
Alloru	Asturias	SU-104	7979	38	8863	92	Mesolítico	Hueso	OxA-29116	C14 AMS	Arias et al. 2015:789
Toralete	Asturias	Conchero	7890	80			Mesolítico	Concha	UBAR-780	C14 conv	Mestres, 2006
Carabión	Cantabria	C5 N1 Inf.	7.800	50	8576	52	Mesolítico	Hueso	Poz-32691	C14 AMS	Pérez Bartolomé, 2014
Espertín	León	Nivel fértil	7.790	120	8655	175	Mesolítico	Hueso		C14	Neira et al, 2004
J3	P Vasco	Conchero	7.780	130			Mesolítico	Concha	GrN-28008	C14 AMS	Iriarte et al, 2005
J3	P. Vasco	D techo	7.770	50	8538	55	Mesolítico	Carbón	GrA-257774	C14 AMS	Iriarte et al, 2010
Mazaculos II	Asturias	13 H11	7755	38	8529	49	Mesolítico	Hueso	OxA-26953	C14 AMS	Soares A. M. et al. 2016
Mazaculos II	Asturias	1.3 H11	7700	30	8847	40	Mesolítico	Hueso	UGAM-9081	C14 AMS	Soares A. M. et al. 2016
Garma A	Cantabria	2Q	7710	90	8510	80	Mesolítico	Hueso	OxA-7495	C14 AMS	Arias et al. 2000

Yacimiento	CC. AA	Nivel	BP	sd	Cal BP 1σ	sd.	Adscripción	Material	Ref. Lab.	Método	Bibliografía
El Águila	Asturias	Conchero	7705	50			Mesolítico	Concha	UBAR-795	C14	Mestres, 2006
Garma A	Cantabria	Estrato 2	7685	65	8490	60	Mesolítico	Hueso	OxA-7284	C14 AMS	Arias et al., 2000
Kobeaga II	P. Vasco	Amck-h	7690	270	8581	326	Mesolítico	Carbón	GrN-24780	C14	López Quintana, 2000
Cueto la Hoz	Asturias	Conchero	7690	130			Mesolítico	Concha	UBAR-792	C14	Mestres, 2006
Toralete	Asturias	Conchero	7680	50			Mesolítico	Concha	UBAR-776	C14	Mestres, 2006
El Mazo	Asturias	105 V15	7640	30	8432	22	Mesolítico	Carbón	UGANS- 4508	C14 AMS	Gutiérrez, I. et al. 2014
El Mazo	Asturias	105 (X15-D-2)	7625	45			Mesolítico	Concha	OxA-30976	C14 AMS	Soares A. M. et al. 2016
El Mazo	Asturias	105 (X15-D-2)	7595	40			Mesolítico	Concha	OxA-30977	C14 AMS	Soares A. M. et al. 2016
Covajorno	Asturias	Conchero	7.580	60			Mesolítico	Concha	UBAR-774	C14	Mestres, 2006
Santimamiñe	P. Vasco	IV H-Sln	7.580	50			Mesolítico	Carbón	Beta-240899	C14 AMS	López Quintana; Güenaga Lizasu, 2011
Colomba	Asturias	Conchero	7.570	140			Mesolítico	Concha	UBAR-782	C14	Mestres, 2006
El Mazo	Asturias	113 /X16-C)	7.565	34			Mesolítico	Concha	OxA-28404	C14 AMS	Soares A. M. et al. 2016
Sierra Plana	Asturias	IC	7.550	190	8367	190	Mesolítico	Carbón	UGRA-209	C14	Arias y Pérez, 1990
Covajorno	Asturias	Conchero	7.540	100			Mesolítico	Concha	UBAR-773	C14	Mestres, 2006
La Fragua	Cantabria	N. 1 Inferior	7530	70	8320	80	Mesolítico	Carbón	GrN-20965	C14	González Morales, 1991
Pareko Landa	P. Vasco	I-Smk (hogar)	7510	100	8308	90	Mesolítico	Carbón	GrN-24782	C14	López Quintana, 2005
La Trecha	Cantabria	Zona 4/ CC6-1	7500	70			Mesolítico	Concha	URU-0038	C14	G. Morales et al., 2002
Colomba	Asturias	Conchero	7450	120			Mesolítico	Concha	UBAR-773	C14	Mestres, 2006
El Mazo	Asturias	120 (X16-C)	7412	36	8255	50	Mesolítico	Hueso	OxA-28405	C14 AMS	Soares A. M, 2016
Ermit. Santiago	Cantabria	N. 2	7390	40			Mesolítico	Concha	Poz-18258	C14 AMS	Pérez Bartolomé, 2016
El Mazo	Asturias	105 (X15-D-2)	7380	55	8209	86	Mesolítico	Coryl. quem	OxA-30535	C14 AMS	Soares A. M. et al.2016
Arenillas	Cantabria	Conchero	7374	63			Mesolítico	Concha	OxA-27154	C14 AMS	Soares A. M. et al. 2016
Linatzeta	P. Vasco	Ent. Infantil	7315	35	8115	51	Mesolítico	Hueso hum	KIA-33193	C14 AMS	Tapia et al. 2008
El Mazo	Asturias	101(X15-C- 2)	7310	40			Mesolítico	Concha	OxA-30806	C14 AMS	Soares A. M. et al. 2016
Mazaculos II	Asturias	I.1	7280	220	8104	210	Mesolítico	Carbón	GaK-8162	C14	González Morales, 2000
Cueva del Mar	Cantabria	Conchero-base	7225	44	8060	70	Mesolítico	Carbón	AA-45575	C14 AMS	Fano, 2007
El Mazo	Asturias	103 V16	7152	599			Mesolítico	*Patella*	LEB-8765-8773	AAR	Gutiérrez, I. et al. 2014
Arangas	Asturias	E2	7150	470	8030	460	Mesolítico	Carbón	UBAR-465	C14	Arias et al., 2000

Yacimiento	CC. AA	Nivel	BP	sd	Cal BP 1σ	sd.	Adscripción	Material	Ref. Lab.	Método	Bibliografía
Arenillas	Cantabria	Conchero	7143	36	7973	30	Mesolítico	Hueso	OxA-X-2488-43	C14 AMS	Soares A. M. *et al.* 2016
El Mazo	Asturias	101(X15-C-2)	7105	40	7927	42	Mesolítico	Hueso	OxA-30780	C14 AMS	Soares A. M. *et al.* 2016
Coberizas	Asturias	IB	7100	170	7937	174	Mesolítico	Carbón	Gak-2907	C14	Clark, 1976:235
Colomba	Asturias	Conchero	7090	60	7915	53	Mesolítico	Hueso	TO-10223	C14 AMS	Arias y Fano, 2003
Pendueles	Asturias	Conchero	7080	80			Mesolítico	Concha	UBAR-793	C14	Mestres, 2006
Espertín	León	2, techo	7080	40	7912	38	Mesolítico	Hueso	Beta-193760	C14 AMS	Bernaldo de Quirós y Neira, 2007
Toral III	Asturias	U. 21	7080	30	7580	30	Mesolítico	Hueso um.	UGAMS-5400	C14AMS	Noval Fonseca, 2013
Toralete	Asturias	Conchero	7060	80			Mesolítico	Concha	UBAR-777	C14	Mestres, 2006
Mazaculos II	Asturias	A3	7030	120	7851	111	Mesolítico	Carbón	Gak-15222	C14	González Morales, 1995:71
Los Canes	Asturias	6-II	7025	80	7849	82	Mesolítico	Hueso hum	AA-1174	C14 AMS	Arias, 2002
Colomba	Asturias	Conchero	7020	90	7844	89	Mesolítico	Carbón	UBAR-833	C14	Mestres, 2006
Barcenilla	Cantabria	N. 8 T11	7020	30	7878	42	Mesolítico	Hueso	Poz-18849	C14 AMS	Muñoz Fernández *et al.* 2013
Truchiro	Cantabria	N. 2. bajo Inhumación	7015	45	7862	56	Mesolítico	Carbón	OxA-23367	C14 AMS	Álvarez-Fernández *et al*, 2013: 157
Cueva del Mar	Cantabria	Conchero aisl.	7013	42	7860	60	Mesolítico	Carbón	AA-45572	C14 AMS	Fano, 2007
Urratxa	P. Vasco	Nivel fértil	6955	80	7801	86	Mesolítico	Hueso	Ua-11435	C14 AMS	Muñoz y Berganza, 1997
Kobeaga II	P. Vasco		6945	65	7786	71	Mesolítico	Hueso	Ua-4286	C14 AMS	López Quintana, 1997
Urratxa	P. Vasco	Nivel fértil	6940	75	7785	78	Mesolítico	Hueso	Ua-11434	C14 AMS	Muñoz y Berganza, 1997
Los Canes	Asturias	6-III	6930	95	7781	92	Mesolítico	Hueso hum	AA-3071	C14 AMS	Arias, 2002
Las Salinas	Cantabria	N. 2 medio	6930	40	7764	48	Mesolítico	Hueso	Poz-75995	C14 AMS	Pérez Bartolomé, 2015
Garma A	Cantabria	Estrato 2	6920	50	7760	60	Mesolítico	Hueso	OxA-6889	C14 AMS	Arias *et al.*, 2000
Solahesa	Cantabria	N3 base	6910	50	7752	52	Mesolítico	Hueso	Poz-45934	C14 AMS	Pérez Bartolomé, 2016
Las Salinas	Cantabria	N2 alto	6910	40	7747	44	Mesolítico	Hueso	Poz-75993	C14 AMS	Pérez Bartolomé, 2015
Las Salinas	Cantabria	N.1	6870	40	7713	40	Mesolítico	Hueso	Poz-75996	C14 AMS	Pérez Bartolomé, 2015
Garma A	Cantabria	Estrato 2	6870	50	7720	60	Mesolítico	Hueso	OxA-7150	C14 AMS	Arias *et al.*, 2000
La Fragua	Cantabria	A4/1 medio	6860	60	7710	60	Mesolítico	Carbón	GrN-20964	C14	González Morales, 2000
Los Canes	Asturias	6-II	6860	65	7709	67	Mesolítico	Hueso hum	AA-5295	C14 AMS	Arias, 2002
Cofresnedo	Cantabria	Conchero V0	6845	45	7680	50	Mesolítico	Carbón	GrA-20146	C14 AMS	Ruiz Cobo y Smith, 2003
Pico Ramos	P. Vasco	4	6840	75	7696	72	Mesolítico	Hueso		C14?	Moreno, 1995

Yacimiento	CC. AA	Nivel	BP	sd	Cal BP 1σ	sd.	Adscripción	Material	Ref. Lab.	Método	Bibliografía
Pico Ramos	P, Vasco	4	6850	75	7704	74	Mesolítico	Hueso	Beta 191083	C14	Alday y Cava, 2008
Sierra Plana	Asturias	Paleosuelo	6830	55	7681	59	Mesolítico	Carbón	OxA-6916	C14 AMS	Arias et al., 1999
Cueva del Mar	Cantabria	Conchero med.	6825	41	7660	40	Mesolítico	Carbón	AA-45573	C14 AMS	Fano, 2007
Marizulo	P. Vasco	IV	6820	150	7694	133	Mesolítico	Hueso	I-16190	C14	Alday y Mújica, 1997
Linatzeta	P. Vasco	Hogar 4D/5D	6810	30	7647	24	Mesolítico	Carbón	KIA-34976	C14 AMS	Tapia et al, 2008
Toral III	Asturias	U. 22	6810	30	7650	30	Mesolítico	Carbón	UGAMS-5402	C14AMS	Noval Fonseca, 2013
Bricia	Asturias	A	6800	160	7676	143	Mesolítico	Carbón	GaK-2908	C14	Clark, 1976
El Mazo	Asturias	3/S10	6790	30	7638	24	Mesolítico	Hueso	UGAMS-5407	C14 AMS	Gutiérrez, I. et al. 2014
Trampascuevas	Cantabria	N. 2	6.770	50	7628	34	Mesolítico	Carbón	Poz-18730	C14 AMS	Pérez Bartolomé, 2016
Los Canes	Asturias	A	6.770	65	7628	43	Mesolítico	Hueso hum	AA-5296	C14 AMS	Arias, 2002
Toral III	Asturias	U. 21	6.750	30	7620	30	Mesolítico	Carbón	UGAMS-5401	C14AAMS	Noval Fonseca, 2013
Cueva del Mar	Asturias	Conchero sup	6.725	52	7590	49	Mesolítico	Carbón	AA-45576	C14 AMS	Fano, 2007
Garma A	Cantabria	Estrato 1	6721	493			Neolítico	Cerámica	MAD-647	TL	Arias et al., 2000
La Fragua	Cantabria	N. 1 Superior	6650	120	7540	90	Mesolítico	Carbón	GrN-20963	C14	González Morales, 2000
Pareko Landa	P. Vasco	Is-smk	6650	130	7538	98	Mesolítico	Carbón	GrN-22429	C14	López Quintana, 2005
Cubío Redondo	Cantabria	Conch.3-6	6630	50	7520	50	Mesolítico	Hueso	Beta-106050	C14 AMS	Ruiz Cobo y Smith, 2003
La Riera	Asturias	29 top	6500	200	7375	86	Mesolítico	Hueso	Gak-3046	C14	Straus y Clark, 1986
El Mazo	Asturias	105/V15	6495	582			Mesolítico	Patella	LEB-8915-8924	AAR	Gutiérrez, I. et al. 2014
Kobeaga	P. Vasco	Amk-s	6495	65			Neolítico	Cerámica	Ua-4280		Fernández Eraso, 2010
El Mazo	Asturias	3/S10	6467	778			Mesolítico	Patella	LEB-8790-8798	AAR	Gutiérrez, I. et al. 2014
Arenillas	Asturias	Conchero	6455	50			Mesolítico	Concha	UBAR-775	C14	Mestres, 2006
Sta. Ana	Cantabria	Superficie	6440	40	7368	42	Mesolítico	Carbón	Poz-7428	C14 AMS	Valle Gómez et al, 2006
Toral III	Asturias	U. 17	6430	30	7370	40	Mesolítico	Carbón	UGAMS-5403	C14AMS	Noval Fonseca, 2013
Marizulo	P. Vasco	I-base	6425	85	7348	70	Mesolítico	Hueso	Ua-10272	C14 AMS	Alday y Mújica, 1999
Barcenilla	Cantabria	N. 5 T6	6380	40	7336	55	Mesolítico	Hueso	Poz-18850	C14 AMS	Muñoz Fernández et al. 2013
El Mazo	Asturias	100/101/V15	6373	1008			Mesolítico	Patella	LEB-8905-8914	AAR	Gutiérrez, I. et al. 2014
Chora	Cantabria	Conch. Interior	6360	80	7300	70	Mesolítico	Carbón	GrN-20961	C14	Yudego 1995
El Mazo	Asturias	107/V15	6280	517			Mesolítico	Patella	LEB-8770 8789	AAR	Gutiérrez, I. et al. 2014

Yacimiento	CC. AA	Nivel	BP	sd	Cal BP 1σ	sd.	Adscripción	Material	Ref. Lab.	Método	Bibliografía
Los Canes	Asturias	6-I	6265	75	7162	100	Mesolítico	Hueso hum	AA-5294	C14 AMS	Arias, 2002
La Trecha	Cantabria	Zona 2/Conch.	6240	100			Mesolítico	Concha	URU-0039	C14 AMS	González Morales et al., 2002
Los Canes	Asturias	6I	6160	55	7067	78	Mesolítico	Hueso hum	OxA-7148	C14 AMS	Arias et al 1999
Linatzeta	P. Vasco	Hogar galería	6110	30	7029	78	Mesolítico?	Carbón	KIA-30181	C14 AMS	Tapia et al, 2008
El Mazo	Asturias	103.1/V15	6070				Mesolítico	*Patella*	LEB-8774-8779	AAR	Gutiérrez, I. et al. 2014
Pico Ramos	P. Vasco	4	6040	90			Mesolítico?	Concha			Moreno, 1985
Arenaza	P. Vasco	IC2	6040	75	6904	100	Neolítico?	Hueso	Oxa-7157	C14 AMS	Arias y Altuna, 1999
Marizulo	P. Vasco	I. techo	6035	100	6914	138	Neolítico?	Hueso	Ua-4819	C14 AMS	Alday y Mújica, 1997
Herriko Barra	P. Vasco	C	6010	90	6871	113	Neolítico?	Hueso	Ua-4820	C14 AMS	Alday y Mújica, 1997
Los Canes	Asturias	N. 7	5980	80	6830	97	Mesolítico	Hueso	TO-11219	C14 AMS	Arias, 2005/2006
Herriko Barra	P. Vasco	C	5960	95	6809	115	Neolítico?	Hueso	Ua-4821	C14 AMS	Alday ; Mújica, 1999
Los Gitanos	Cantabria	A3	5945	55	6780	70	Neolítico?	Hueso	AA-5788	C14 AMS	Ontañón, 2000-280
Cucabrera	Cantabria	Carbón	5880	50	6709	51	Mesolítico	Carbón	Poz-45935	C14 AMS	Pérez Bartolomé, 2016
Las Aguas	Cantabria	Conchero	5860	35				Concha	GrA-32788	C14	C. I. Altamira; Pérez Bartolomé, M. 2013
Mirón	Cantabria	Tr/1.5/303/16	5790	90	6600	100	Neolítico	Carbón	GX-25856	Conv-x	Straus; G. Morales 2003b
Cubío Redondo	Cantabria	Conch.3-6	5780	50	6580	60	Mesolítico	Carbón	Beta-106049	C14 AMS	Ruiz Cobo y Smith, 2003
Tarrerón	Cantabria	N. III	5780	120	6590	130	Mesolítico	Carbón	I-4030	C14	Apellániz, 1971
Los Gitanos	Cantabria	A3	5771	499			Neolítico	Cerámica	MAD-656	TL	Ontañón, 2000
Carabión	Cantabria	C5 N1 Sup	5.750	40	6561	57	Neolítico	Hueso	Poz-18732	C14 AMS	Pérez Bartolomé, 2014
Portillo Arenal	Cantabria	Superficie	5743	111	6550	119	Neolítico?	Hueso hum.	AA-20043	C14	Muñoz y Morlote, 2000
Mirón	Cantabria	10 I3C	5690	50	6490	60	Neolítico	Carbón	GX-23413		Straus; G. Morales 2003b
Garma A	Cantabria	Estrato 1	5687	796				Carbonato	MAD-648	TL	Arias et al., 2000
Los Gitanos	Cantabria	A2	5669	541			Neolítico	Cerámica	MAD-654	TL	Ontañón, 2000-280
La Trecha	Cantabria	Conchero	5600	310	6410	360	Meso/Neolit	Carbón	URU-0051	C14	González Morales et al., 2002
Arenillas	Cantabria	Conchero	5580	80	6380	70	Neolítico?	Carbón	GrN-19596	C14	Bohigas y Muñoz, 2002
Mirón	Cantabria	303.3	5550	40	6350	40	Neolítico	Triticum	GX-30910	C14 AMS	Peña-Chocarro et al,2005:274
Mirón	Cantabria	303.1	5520	70	6324	77	Neolítico	Carbón	GX-25855	C14 AMS	G. Morales, M.R., Straus, L.G. 2000
Carabión	Cantabria	H1 N1	5.440	40	6251	34	Neolítico	Hueso hum.	Poz-30592	C14 AMS	Pérez Bartolomé, 2014